Berufsbezogene Kreativitätsdiagnostik

Carolin Palmer

Berufsbezogene Kreativitätsdiagnostik

Beschreibung und Messung der personalen Voraussetzungen von Innovationen

 Springer

Carolin Palmer
Bad Nauheim, Deutschland

ISBN 978-3-658-12432-8 ISBN 978-3-658-12433-5 (eBook)
DOI 10.1007/978-3-658-12433-5

Die Deutsche Nationalbibliothek verzeichnet diese Publikation in der Deutschen Nationalbi-
bliografie; detaillierte bibliografische Daten sind im Internet über http://dnb.d-nb.de abrufbar.

Springer

Gedruckt auf säurefreiem und chlorfrei gebleichtem Papier

Springer Fachmedien Wiesbaden ist Teil der Fachverlagsgruppe Springer Science+Business Media
(www.springer.com)

Inhaltsverzeichnis

Abkürzungsverzeichnis

16 PF	16 Persönlichkeits-Faktoren / -Test
4p	Produkt (procuct), Person (person), Prozess (process), Umwelt (press)
ACL	Adjective Check List
ADF	Asymptotivally Distribution Free
ANOVA	Varianzanalyse
ASK	Analyse schlussfolgernden und kreativen Denkens
ASK-KD	Analyse des Schlussfolgernden und Kreativen Denkens – Modul Kreatives Denken
ASK-SD	Analyse des Schlussfolgernden und Kreativen Denkens – Modul Schlussfolgerndes Denken
BFI-10	Big-Five-Inventory-10
BIC	Bayesian Information Criterion
BIS	Berliner Intelligenzstruktur-Modell
BIS-4	Berliner Intelligenzstruktur-Test Form 4
BIS-4-E	Berliner Intelligenzstruktur-Test Form 4 – Operation Einfallsreichtum
CAT	Consensual Assessment Technique
CFA	konfirmatorische Faktorenanalyse
CFI	Comparative Fit Index
CFT 20-R Matr.	Matrizenaufgabe aus dem Grundintelligenztest Skala 2 - Revision
CPS	Creative Personality Scale
DBK-PG	Diagnose berufsbezogener Kreativität – Planung und Gestaltung
DBK-TE	Diagnose berufsbezogener Kreativität – Technik und Entwicklung
EDT	Elliptical Distribution Theory
EFA	explorative Faktorenanalyse
F&E	Forschung und Entwicklung
FFM	Fünf-Faktoren-Modell
g	allgemeine Intelligenz
g_c	kristalline Intelligenz

g_f	fluide Intelligenz
GLS	Generalized Least Squares
HEXACO-PI-R	HEXACO Personality Inventory – Revised
HMT	Hagener Matrizen-Test
HMT-S	Kurzform Hagener Matrizen-Test
HPI	Hierarchisches Rahmen- bzw. Protomodell der Intelligenzstrukturforschung
IST-Screening	Intelligenz-Struktur-Test – Screening
KAI	Kirton's Adaptation-Innovation Inventory
LMI	Leistungsmotivationsinventar
LMI-K	Kurzversion des Leistungsmotivationsinventars
MAP-Test	Minimum-Average-Partial-Test
MIC	mittlerer Itemzusammenhang
ML	maximum likelihood
MPCI	Multidimensional Perfectionism Cognitions Inventory
MSA	Measure of sampling adequacy
NEO-FFI	Neo-Fünf-Faktoren-Inventar (NEO-FFI) nach Costa und McCrae
NEO-PI-R	NEO-Persönlichkeitsinventar nach Costa und McCrae, Revidierte Fassung
NfC	Need for Cognition
RIBS	Runco Ideational Behavior Scale
RMSEA	Root Mean Square Error of Approximation
SOI	Strukturmodell der Intelligenz
SRMR	Standardized Root Mean Square Residual
TTCT	Torrance Tests of Creative Thinking
ULS	Unweighted Least Squares
VFbK	Verhaltensbezogener Fragebogen zur berufsbezogenen Kreativität;
WPI	Work Preference Inventory
WPT	Wonderlic Personnel Test

Anmerkung: Die maskuline Form in diesem Text schließt bei allen Bezeichnungen Frauen mit ein.

1 Einleitung und Aufbau der Arbeit

Nach von Hentig (1998) lässt sich der Zustand der Menschen und Kulturen an ihren „Heilswörtern" erkennen, also jenen Konzepten, in denen sie Erfüllung oder Rettung suchen. Waren dies in der Neuzeit Begriffe wie zum Beispiel Aufklärung, Fortschritt und Leistung, so scheint ein aktuelles Heilswort *Kreativität* zu lauten. Allein die Internetsuchmaschine Google liefert für den Suchbegriff „creativity" über 211 Millionen Einträge. Dabei ist der Kreativitätsbegriff schon längst nicht mehr auf künstlerische Ausdrucksformen oder den Freizeitbereich beschränkt. In nahezu jeder Stellenanzeige, ganz gleich für welche Branche und Zielposition, wird Kreativität als unabdingbare Voraussetzung gefordert. Zugleich rühmen sich Unternehmen mit kreativen Mitarbeitern und preisen innovative Produkte und Dienstleistungen an. So häufig wie der Gebrauch des Begriffes, so vielzählig und individuell scheinen auch die Definitionen der Kreativität. Schnell entsteht der Eindruck, bei Kreativität handele es sich um nicht mehr als ein schickes und inflationär verwendetes Modewort.

Doch auch die psychologische Forschung beschäftigt sich nun bereits seit über sechzig Jahren mit dem Kreativitätskonstrukt. Befassten sich in den Anfängen gerade einmal 186 der circa 121.000 in den *Psychological Abstracts* geführten Titel mit Kreativität (Guilford, 1950), liegen heute zahlreiche Artikel, Studien, Zeitschriften und andere Publikationen vor. Nahezu alle psychologischen Teilbereiche erforschen kreative Leistungen und deren Voraussetzungen. So betrachten etwa die Entwicklungspsychologie und die Pädagogische Psychologie die Entstehung und Förderung kreativen Potenzials bereits im Kindesalter, die Neuropsychologie erforscht die biochemischen Prozesse im Gehirn während kreativer Leistungserbringung, die Kognitionspsychologie untersucht Zusammenhänge zwischen kognitiven Fähigkeiten und Kreativität und die Persönlichkeitspsychologie beschäftigt sich mit den Zusammenhängen von kreativer Leistung und Personmerkmalen.

All diesen Forschungsbestrebungen gemein ist die Suche nach jenen Eigenschaften und Verhaltensweisen, die kreative Personen auszeichnen. Auch diese Arbeit widmet sich der Identifikation und Diagnostik kreativen Potenzials. Der Fokus wird hierbei auf kreativen Leistungen und deren personalen Voraussetzungen *im Berufskontext* liegen.

Nachfolgend sind die zentralen Fragestellungen im Zusammenhang mit der Diagnose berufsbezogener Kreativität aufgeführt, die in diesem Text bearbeitet werden.

1.1   Zentrale Fragestellungen hinsichtlich berufsbezogener Kreativität

Wie lautet die Definition von Kreativität?

Wie in Kapitel 1 ausgeführt wird, existieren für Kreativität vielfältige Definitionen und unterschiedliche diagnostische Zugänge parallel. Dies ist bereits ein erster Hinweis darauf, wie vielschichtig und komplex das Kreativitätskonstrukt ist. Für eine wissenschaftliche Arbeit zur berufsbezogenen Kreativitätsdiagnose muss folglich zunächst eine geeignete Definition von Kreativität erarbeitet werden. Damit einhergehend ist für die weiteren Betrachtungen auch der relevante Konstruktbereich festzulegen. Wie etwa lassen sich die Begriffe Kreativität und Innovation voneinander abgrenzen? Welcher Blickwinkel auf Kreativität ist für die Erfassung kreativen Potenzials im Berufskontext besonders dienlich? Diese und weitere Fragen, deren Beantwortung eine theoriegeleitete Beschäftigung mit den personalen Voraussetzungen kreativer Leistungen im Berufskontext ermöglicht, werden in Kapitel 1 geklärt.

Welche Bedeutung hat Kreativität für den beruflichen Erfolg?

Unternehmensvertreter und Personalverantwortliche stellen die Bedeutung von Kreativität für beruflichen Erfolg explizit heraus. Inwiefern kreativ zu sein jedoch wirklich eine erfolgskritische Anforderung an Mitarbeiter ist und ob damit die Beschäftigung mit den personalen Voraussetzungen für kreative Leistungen im Berufskontext überhaupt sinnvoll erscheint, wird in Kapitel 3 erörtert.

Welche theoretischen Überlegungen und empirischen Befunde aus der (psychologischen) Kreativitätsforschung sind für den Berufskontext relevant?

In der langen Historie der Kreativitätsforschung wurde so mancher interessante oder zumindest amüsante Zusammenhang nachgewiesen. Bei Fertigstellung dieses Textes etwa erschien in der Huffington Post ein Artikel mit dem Titel „Kreative Menschen haben mehr Sex, nehmen häufiger Drogen und bleiben länger wach" (Metzler, 2014). Auch wenn hier einzelne Befunde aus dem Zusammenhang heraus und unter einem reißerischen Titel zusammengetragen werden, lässt sich bereits erahnen, dass kreative Personen wohl offen für Anregungen und Reize unterschiedlicher Art sein werden. Ein Blick in die psychologische Forschung zum nomologischen Netz der Kreativität bestätigt die Annahme, dass unter Kreativen bestimmte Eigenschaften und Verhaltensweisen ganz besonders ausgeprägt sind. In Kapitel 1 werden die zentralen Befunde zum Zusammenhang von Kreativität mit Intelligenz, Persönlichkeit und Motivation vorgestellt. Dabei wird ein besonderes Gewicht auf die Übertragung der Ergebnisse in den Berufskontext gelegt. Wenn möglich, werden Studien integriert, die Kreativität und ihre verwandten Eigenschaften unter eignungsdiagnostischen Gesichtspunkten betrachten.

Ein noch tieferes Kreativitätsverständnis wird durch die Hinzunahme einer prozessualen Sicht auf die Erbringung kreativer Leistungen gewonnen. In Kapitel 5 werden unterschiedliche Prozessmodelle der Kreativität vorgestellt. Das Prozessmodell nach Schuler und Görlich (2007) erweist sich für die Kreativitätsdiagnostik im Berufskontext als besonders passend. Es bietet einerseits eine differenzierte Sicht auf die einzelnen Stufen des kreativen Prozesses und erlaubt andererseits auch die Ableitung konkreter, stufenbezogener Anforderungen an Personen, die diesen Prozess erfolgreich durchlaufen wollen.

Welche diagnostischen Möglichkeiten zur Erfassung berufsbezogener Kreativität sind bereits gegeben? Wie geeignet sind die bestehenden Verfahren zur Identifikation kreativen Potenzials?

Anhand des trimodalen Ansatzes der Berufseignungsdiagnostik (Schuler, 2002) können individuelle Potenziale eigenschaftsbasiert, simulationsbasiert oder biografiebasiert erfasst werden. In Kapitel 1 wird gemäß dieser Einteilung ein Überblick über die verschiedenen diagnostischen Zugänge zur Kreativitätsmessung gegeben. Den meisten der vorliegenden Verfahren zur Kreativitätsmessung liegt der eigenschaftsbasierte Ansatz zugrunde. Dem trimodalen Ansatz der Berufseignungsdiagnostik folgend dürfte jedoch gerade in der Kombination unterschiedlicher Erhebungsmethoden ein Validitätsgewinn liegen. Der (bisherige) Verzicht auf eine multimodale Messung von Kreativität ist jedoch nur eine Limitation der vorliegenden Kreativitätsverfahren. In der kritischen Wertung der Diagnoseinstrumente werden zum Abschluss von Kapitel 1 sowohl Limitationen bestehender Kreativitätsverfahren als auch Perspektiven zu deren Weiterentwicklung aufgezeigt.

Wie könnte ein berufsbezogenes, multimodales Verfahren zur Kreativitätsdiagnostik aussehen? Welche Anforderungen sollte es erfüllen?

Basierend auf der eingehenden Beschäftigung mit den Indikatoren kreativer Leistung in Kapitel 1 und 5 sowie der Bewertung der bereits verfügbaren Kreativitätsverfahren in Kapitel 1 wird deutlich, dass ein adäquates berufsbezogenes Verfahren zur Kreativitätsdiagnostik derzeit noch nicht vorhanden ist. Bevor in Kapitel 7 mit der *Diagnose berufsbezogener Kreativität – Technik und Entwicklung (DBK-TE)* ein solches Verfahren vorgestellt wird, werden zunächst die

Zielsetzungen bei seiner Entwicklung vorgestellt. Darunter fallen die Definition von Geltungsbereich und Zielgruppe des Verfahrens, aber auch die Realisierung der in Kapitel 1 bereits aufgezeigten Optimierungspotenziale moderner Kreativitätstests. Neben dem Berufsbezug standen besonders die anforderungsanalytisch begründete Itementwicklung sowie die Abbildung des Prozessverständnisses von Kreativität im Fokus.

Nach einer Beschreibung der verschiedenen Entwicklungsschritte der *DBK-TE* wird der Test mit seinen Aufgaben und Durchführungsbedingungen vorgestellt.

Welche Verteilungseigenschaften ergeben sich für die DBK-TE als neuartigen, berufsbezogenen Kreativitätstest? Welche interne Struktur unterliegt dem Verfahren?

Bevor weitere Berechnungen zur *DBK-TE* angestellt werden können, ist zunächst ihre interne Struktur zu überprüfen. Nachdem in Kapitel 1 erklärende Hinweise zu den folgenden statistischen Auswertungen gegeben werden, werden in Kapitel 9 die Ergebnisse der Binnenanalyse vorgestellt. Sie umfassen einerseits die Ergebnisse der Itemanalyse und geben andererseits auf Basis einer exploratorischen und einer konfirmatorischen Faktorenanalyse Aufschluss über die interne Faktorstruktur der *DBK-TE*.

Gelten im Berufskontext dieselben Beziehungen der Kreativität zu anderen Konstrukten wie in der Grundlagenforschung?

Das Beziehungsgefüge von Kreativität, wie sie durch die *DBK-TE* operationalisiert ist, zu verwandten, aber auch konzeptionell fremden Konstrukten wird durch eine breite Konstruktvalidierung untersucht. Hierzu werden bewährte standardisierte Tests eingesetzt, mit denen die alternativen Konstrukte Intelligenz, Persönlichkeit und Motivation messbar gemacht werden. Die Ergebnisse der konvergenten und diskriminanten Konstruktvalidierung sind in Kapitel 1 dargestellt.

Welche Kriteriumsvaliditäten können durch einen berufsbezogenen und prozessbasierten Kreativitätstest wie die DBK-TE erzielt werden?

Sofern Kreativität als zentrale Anforderung an die Mitarbeiter identifiziert wurde, wird das Augenmerk der betrieblichen Eignungsdiagnostik vornehmlich auf der Prognosekraft von Kreativitätstests liegen. Aber auch für die Forschung ist die Frage interessant, inwiefern spätere kreative Leistungen vorhergesagt werden können bzw. mit welchen weiteren Außenkriterien kreatives Potenzial zusammenhängt. Aus der Kriterienvalidität eines Kreativitätstests wie der *DBK-TE* lässt sich nämlich nicht nur dessen praktischer Nutzen im Sinne einer verbesserten Auswahlentscheidung ableiten. Die Betrachtung differenzieller Validitäten, also der Vergleich der Korrelationen zu unterschiedlichen Kriterien, ermöglicht zugleich auch entscheidende Einblicke in die Wirkzusammenhänge des Kreativitätskonstrukts. In Kapitel 1 werden die Ergebnisse der umfassenden Kriterienvalidierung der *DBK-TE* vorgestellt. Sie umfassen Kriterien aus den Bereichen Schule, Studium und Ausbildung, Kriterien zum Berufserfolg sowie zu Interessen und Freizeit.

Wie fair ist ein berufsbezogener Kreativitätstest? Welche Akzeptanz erreicht ein Verfahren wie die DBK-TE bei den Testnehmern?

Berufsbezogene psychometrische Verfahren unterliegen noch mehr der Anforderung „fair" zu sein als dies beim Verfahrenseinsatz zu Forschungszwecken der Fall ist. Die Prüfung auf Geschlechts- und Alterseffekte sowie den Einfluss weiterer demografischer Variablen bei der Bearbeitung der *DBK-TE* wird in Kapitel 12 beschrieben. Die psychometrische Güte und die Ökonomie von Verfahren tragen zur Akzeptanz dieser Instrumente bei den Testanwendern, also jenen Personen, welche die Verfahren einsetzen, bei. Seitens der Testnehmer, also jenen Personen, die das Verfahren bearbeiten, entscheidet hingegen eher die subjektiv wahrgenommene Messqualität über die Akzeptanz von Verfahren. Daneben spielen auch die empfundene Belastungsfreiheit sowie die Kontrollierbarkeit in der Testbearbeitung eine Rolle. Auch die Augenscheinvalidität des Aufgabenmaterials, also ob die Aufgaben als offensichtlich relevante Items bewertet werden, beeinflusst die Einstellung der Testnehmer gegenüber eines Verfahrens. Dass es gelingen kann, für einen berufsbezogenen Kreativitätsleistungstest durch die Konzeption augenscheinvalider und abwechslungsreicher Aufgaben gute Akzeptanzwerte zu erzielen und welche Facetten der Akzeptanz hierbei besonders hohe Werte erreichen, ist in Kapitel 1 dargestellt. In diesem Kapitel werden auch die Nützlichkeit, die Einsatzbreite sowie die Ökonomie als weitere wichtige Nebengütekriterien der *DBK-TE* bewertet.

Lassen sich die theoretischen Befunde zum nomologischen Netz der Kreativität empirisch bestätigen?

Nach der umfassenden Auseinandersetzung mit der theoretischen Verortung von Kreativität in den Kapiteln 1 und 5 liegen im Zuge der Validierung der *DBK-TE* ausreichend Daten vor um sich dem nomologischen Netz der Kreativität auch empirisch zu nähern. Um Aussagen auf Konstruktebene und nicht verfahrensabhängige Einzelzusammenhänge zu gewinnen, wird hierbei darauf geachtet, die interessierenden Merkmale jeweils durch mehrere Verfahren zu erfassen. Die Ergebnisse zur Verortung der Kreativität im nomologischen Netz aus Intelligenz, Persönlichkeit und Motivation finden sich in Kapitel 1.

Eine abschließende Integration der Befunde aus Theorie und Empirie zur berufsbezogenen Kreativitätsdiagnostik sowie ein Ausblick zu weiterer Forschung enthält Kapitel 15, das letzte Kapitel dieser Arbeit.

1.2   Zielsetzung der Arbeit

Thema und zugleich Ziel dieser Arbeit ist die berufsbezogene Kreativitätsdiagnose, also die Erfassung der personalen Voraussetzungen von Innovationen. Nach einer breiten theoretischen Einarbeitung in das Thema können die konzeptionellen und inhaltlichen Anforderungen an einen ökonomischen, reliablen und validen Kreativitätsleistungstest abgeleitet werden. Zu dessen Entwicklung werden bestehende Ansätze der Kreativitätsdiagnostik aufgegriffen und optimiert und zugleich um gänzlich neue Ansätze wie etwa die Integration simulativer Items ergänzt. Theoretische Basis für die Testentwicklung stellt das Prozessmodell der Kreativität nach Schuler und Görlich (2007) dar, wodurch eine differenzierte Diagnose und Rückmeldung des kreativen Potenzials ermöglicht wird. Zusammengefasst soll das neu entwickelte Verfahren, die *Diagnose berufsbezogener Kreativität – Technik und Entwicklung (DBK-TE)*, sowohl im Hinblick auf die psychometrische Qualität als auch auf die Berücksichtigung von Anforderungen aus der beruflichen Praxis eine Weiterentwicklung der bestehenden Kreativitätsverfahren darstellen und somit eine verlässliche Anwendung des Verfahrens zu eignungsdiagnostischen Zwecken ermöglichen.

Teil I
Theoretische Grundlagen

2 Kreativität – die schöne Unbekannte?

Wir erwachen in von Architekten geschaffenen Häusern mit kreativ eingerichteten und dekorierten Zimmern, kleiden uns entweder in der neuesten Designermode oder gleich in einem ganz eigenen kreativen Stil ein, steigen in Autos, die technologisch auf dem neuesten Stand sind und fahren zur Arbeit. Dort werden von uns dann innovative Ideen und Verbesserungsvorschläge erwartet. Später, beim Einkauf auf dem Nachhauseweg, begegnen uns immer neue Produkte. Und manche von diesen befinden sich schon kurze Zeit später in unserer Einkaufstasche und befriedigen einen plötzlich aufgetretenen Bedarf, von dem wir bis gerade noch gar nichts wussten. In unserer Freizeit dann entspannen wir bei kreativen Hobbies oder buchen unseren nächsten Urlaub in Reisebüros, die mit „kreativen Reiseverläufen" locken. Auch wenn sich über den Kreativitätsgehalt so mancher Angebote diskutieren lässt, Kreativität ist in unserem Alltag omnipräsent (Simonton, 2000). Und trotz teils inflationären Gebrauchs des Begriffs, hat er nichts von seiner Anziehungskraft verloren. Kreativität ist schillernd, geheimnisvoll und (dadurch?) attraktiv – und dabei so unpräzise umgrenzt (Schuler & Görlich, 2007).

Aus einer romantischen Sichtweise heraus wird Kreativität samt all ihrer Begleitphänomene und Ergebnisse oftmals als mystisch oder spirituell (Sternberg & Lubart, 1999), magisch oder gar gottesgleich beschrieben (Howard, Culley & Dekoninck, 2008). Damit werden kreative Personen beziehungsweise deren Leistungen jedoch in einem Ausmaß verklärt, das aus einer wissenschaftstheoretischen Position heraus kaum mehr vertretbar ist (Sternberg & Lubart, 1999). Zumal es uns vor ein ganz praktisches Problem stellt: wenn Kreativität eine scheinbar himmlische Gabe zu sein scheint, dann dürfte sie sich wohl einer Messung mit irdischen Instrumenten, wie sie die moderne psychologische Diagnostik einsetzt, entziehen. Und: wer überhaupt erlaubte sich ein Urteil über eine solch außergewöhnliche Gabe?

Im Wissen um die gesellschaftliche und wirtschaftliche Bedeutung kreativer Köpfe war die psychologische Forschung jedoch schon vor langer Zeit bemüht, einen wissenschaftlichen Zugang zum Phänomen Kreativität zu finden. Die interessanten historischen Entwicklungen auf diesem Feld müssen hier leider aus Platzgründen ausgespart bleiben, lassen sich jedoch unter anderem bei Batey und Furnham (2006), Schuler und Görlich (2007) und Sternberg und Lubart (1999) wunderbar nachvollziehen. Besonders in den letzten knapp 70 Jahren intensivierte sich die Kreativitätsforschung, das Thema wird nicht nur in der Psychologie, sondern auch in den Ingenieurswissenschaften, der Pädagogik oder den Betriebswissenschaften untersucht. Auch wenn – wie von Sternberg und Lubart (1999) im Rückblick auf die Forschungsanfänge kritisiert – die Kreativitätsforschung noch immer nicht als eigene Teildisziplin der Psychologie gilt, so steuern die Erkenntnisse aus verschiedenen psychologischen Teildisziplinen wertvolle Erkenntnisse zu den Bedingungen, Ausprägungen und Auswirkungen der Kreativität bei. So können (oder gilt hier noch der Konjunktiv?) mittlerweile Ergebnisse aus der Persönlichkeits- und der Kognitionspsychologie, der Neuropsychologie, aus der Entwicklungs- und der Pädagogischen Psychologie oder auch aus der Arbeits- und Organisationspsychologie zu einer Gesamtschau auf das Konstrukt integriert werden.

Was wie ein Gewinn klingt, stellt uns aber auch noch nach Jahrzehnten intensiver Forschung vor eine Herausforderung. Durch die unterschiedlichen theoretischen Hintergründe herrscht eine starke Heterogenität bezüglich der Modellbildung zum Konstrukt Kreativität vor, die sich zugleich in einer fehlenden Vergleichbarkeit ihrer Operationalisierungen niederschlägt (Hell, 2003).

Hoch gelobt, häufig gefordert und deutlich positiver besetzt als andere generell erfolgsversprechende Merkmale, wie etwa die allgemeine Intelligenz oder ein verträglicher Umgang mit den Mitmenschen, bleibt die Kreativität also vorerst noch die schöne Unbekannte. In den folgenden Kapiteln wird zunächst der Begriff Kreativität untersucht. Hierfür werden zunächst Klassifikationsmöglichkeiten aufgezeigt, welche die unterschiedlichen Sichtweisen auf Kreativität strukturieren helfen. Nachfolgend wird eine für diese Arbeit dienliche (Arbeits-)Definition des Konstrukts Kreativität vorgeschlagen und letztlich ein Rahmenmodell zur Strukturierung der im Rahmen dieser Arbeit angesprochenen Forschungsbereiche vorgestellt.

2.1 Klassifikationsmöglichkeiten von Kreativität

Obwohl Kreativität auch in der Gesamtschau der bisherigen Forschungsergebnisse als flüchtiges und schwer zu fassendes Konzept erscheint (King, B. J. & Pope, 1999), lassen sich die zahlreichen Strömungen der Kreativitätsforschung doch immerhin klassifizieren. Bereits Francis Galton (1822-1911) faszinierten die Leistungen eminenter Persönlichkeiten. Er verweigerte sich dabei allerdings dem zu seiner Zeit noch vorherrschenden Glauben, herausragende Leistungen seien Ausdruck besonderer göttlicher Vorsehung. Viel eher ging er der Frage nach, inwiefern sich Unterschiede in Wesen und Verhalten auf Erziehung und vor allem auf eine genetische Basis zurückführen lassen (Schuler & Görlich, 2007). Auch spätere Forschung fokussierte häufig vor allem auf Personen, die in einem Gebiet (manch Begnadete gar über mehrere Gebiete hinweg) besonders kreativ waren und dort herausragende Beiträge leisteten. Demgemäß liegt eine erste

Klassifikationsmöglichkeit nahe: Die Unterscheidung von Modellen, Studien und Ergebnissen zu Kreativität in Abhängigkeit des Kreativitätsniveaus (s. Kapitel 2.1.1). Eine andere Ordnung wird in Kapitel 2.1.2 vorgestellt. Hier wird nach dem vordergründigen Untersuchungsobjekt unterschieden; konkreter: interessiert eher das kreative Ergebnis oder stehen viel mehr die kreativen Personen selbst, der Prozess, den sie auf dem Weg hin zu einem kreativen Produkt durchlaufen oder die dabei nötigen Kontextbedingungen im Vordergrund?

2.1.1   Kreativitätsniveau

Am offensichtlichsten wird Kreativität natürlich in kreativen Produkten. Anders als das kreative Potenzial oder die inneren Denk- und Bewältigungsprozesse, die kreative Personen durchlaufen, sind kreative Lösungen, wie etwa eine neue wissenschaftliche Theorie oder eine Idee zur Prozessoptimierung in einem Unternehmen, direkt beschreibbar und manchmal sogar, wie zum Beispiel im Falle neuartiger Konsumgüter, auch unmittelbar sicht- und greifbar. Da liegt es nahe, kreative Produkte nach ihrer Bedeutung einzuteilen und im nächsten Schritt ihre Schöpfer daraus abgeleitet als mehr oder weniger kreativ zu beurteilen. Hierbei ist der Produktbegriff keinesfalls auf wissenschaftliche oder wirtschaftliche kreative Lösungen beschränkt, sondern schließt auch künstlerische „Produkte" wie etwa abstrakte Performances, Gemälde oder Literatur ein.

Eine einfache Trennung in kleine (minor) und größere (major) kreative Leistungen schlagen etwa Mumford und Gustafson (1988) vor. Als kleine kreative Leistungen sehen sie Lösungen an, bei denen ein bestehendes Verständnis erweitert oder umgedeutet wird und damit wichtige, aber eher kleinere Probleme gelöst werden können. Bei großen kreativen Leistungen hingegen wird eine radikalere Umdeutung vollzogen oder gar ein gänzlich neues Verständnis entwickelt. Die dabei entstehenden Ideen können zur Lösung einer Vielzahl an Problemen dienen. Mumford und Gustafson (1988) erwarten unterschiedliche kognitive Strukturen und Prozesse zwischen Personen mit niedrigerer Kreativität (und kleineren kreativen Leistungen) und jenen mit hoher Kreativität (und damit der Chance auf größere kreative Leistungen). Den Nachweis für diese Annahme bleiben sie jedoch schuldig. Zudem dürfte eine rein dichotome Einstufung in kleine und große kreative Leistungen der Vielfalt an kreativem Ausdruck nicht gerecht werden. Interessanterweise verweisen die Autoren selbst darauf: „a great deal of variability in the nature of creative behavior can be expected" (S. 28), stellen dennoch ihre dichotome Klassifikation aber nicht in Frage.

Aus der zweistufigen Einteilung ergibt sich jedoch noch ein weiteres, sehr praktisches Problem. Sicherlich eignete sich die Beschäftigung mit Personen, denen herausragend kreative Beiträge gelingen, zur anfänglichen Kreativitätsforschung. Wie wir später noch sehen werden, wurden gerade zu Beginn der Erforschung personaler Grundlagen von Kreativität häufig Eminenzstudien (Arbeiten zu den Wesenszügen besonders herausragend Kreativer) durchgeführt. Auch der beginnende Einbezug neuropsychologischer Aspekte führte in jüngerer Zeit zu einer Renaissance dieses Ansatzes. Man denke nur an den Abgleich von Aufnahmen des Einstein'schen Gehirns mit neueren MRT-Untersuchungen, welcher erst kürzlich unter starkem medialen Interesse vorgestellt wurde (Men et al., 2014). Dem Vergleich zwischen herausragend kreativen Personen und nichtkreativen Personen liegt diagnostisch allerdings eine „falsche" Schlussrichtung zugrunde: man schließt aufgrund der Ereignisse (z. B.: Gruppenzugehörigkeit hohe Kreativität) auf die diagnostische Information, während man beim aktuarischen Ansatz in der Diagnostik (siehe Wiggins, 1973, S. 81 f.) aufgrund der diagnostischen Information auf die Ereignisse schließen will. Für die Zwecke der (Personal-)Eignungsdiagnostik ist eine Fokussierung auf herausragend kreative Personen aus einem anderen Grund heraus ebenfalls nicht zweckdienlich, denn hier interessieren auch Differenzen auf niedrigerem Niveau. Abgesehen von der ohnehin nur sehr geringen Wahrscheinlichkeit, eminent kreative Personen zur Beurteilung vorgestellt zu bekommen, werden für kreative Tätigkeiten nicht nur ausschließlich außergewöhnlich Kreative gesucht, sondern auch solche Menschen, die zwar einen entscheidenden Beitrag zu Innovationen beitragen, diesen aber gerade auch im ressourcenbegrenzten und wettbewerbsorientierten Wirtschaftsleben in effizienter Weise erbringen. Ausschließlich auf bahnbrechende Innovationen zu setzen, würde Unternehmen im alltäglichen Wettbewerb, der auch über kleinere Produktinnovationen gewonnen werden kann, nicht bestehen lassen.

Das Modell von Kaufman und Beghetto (2009, 2013) umfasst vier Klassen kreativer Leistung. Außer der Erweiterung der Kategorienzahl unterscheidet sich ihre Einordnung von der Klassifikation nach Mumford und Gustafson (1988) aber vor allem darin, dass eine Person nicht entweder mehr oder eben weniger kreativ ist als andere Menschen, sondern dass sich Personen über Erfahrungen, durch die Unterstützung des Umfelds, aber auch durch eigene Entscheidungen von geringeren Kreativitätslevels zum höchsten Kreativitätsniveau entwickeln können. Die vier Klassen kreativer Leistungen stehen hier also in einem hierarchischen Bezug zueinander. Auf unterster Ebene des Modells verankern die Autoren *mini-c*, welches kreative Leistungen im täglichen Leben umfasst und bei allen Menschen zu beobachten ist. Jedoch sind Neuartigkeit und Originalität dieser Lösungen minimal. Die nächste Stufe ist durch den Aufbau von Expertise in einem Bereich erreichbar. Die Autoren unterscheiden hier danach, ob der Erfahrungserwerb formell erfolgt, wie das zum Beispiel im Rahmen einer Ausbildung oder eines Studiums möglich ist, oder informell durch eher zufälliges Ausprobieren und „Herumspielen" mit den Problemen und Themen eines Feldes. Letzteres führt zu *little-c*, also kleinen, kreativen Beiträgen, die von nahezu allen Menschen erwartet werden können. Die Abgrenzung zwischen *mini-c* und *little-c* ziehen Kaufman und Beghetto (2009) nur sehr ungenau, indem sie *mini-c* als „a ‚little-c' for the little-c category" (S. 3) definieren. Deutlicher wird die dritte Klasse kreativer Leistungen, die durch den langjährigen Erfahrungsaufbau[1] aus *mini-c*-Leistungen resultieren kann: *Pro-C*. Hierunter fallen alle Formen der Kreativität, die auf einem Expertenlevel erreicht werden und weit über alltägliche Lösungen hinausgehen, die aber zugleich noch nicht bahnbrechend genug sind um einen „legendary status" zu erzielen (Kaufman & Beghetto, 2013, S. 230). Denn diese Formen besonders herausragender Kreativität werden schließlich in eine letzte Kategorie einsortiert: *Big-C*.

Auch wenn die Autoren des Modells zahlreiche Beispiele von Persönlichkeiten benennen, welche die vier Klassen repräsentieren, bleibt die Abgrenzung der einzelnen Klassen und die Frage, wer sich für einen Weg „nach oben" zum *Big-C* überhaupt Willens zeigt und eignet, weitgehend offen. In einer späteren Arbeit zeigt sich, dass sich *Pro-c* und *little-c* in der Wahrnehmung von Laien ($N = 1$ 364 Collegestudenten) zu einem gemeinsamen Faktor verbinden, *Big-C* und *mini-c* ließen sich hingegen, ebenso wie *not-c* (die Kategorie für gänzlich unkreative Leistungen), unterscheiden (Kaufman & Beghetto, 2013).

Beide bislang vorgestellten Klassifizierungen ordnen kreative Leistungen nach dem Kreativitätsniveau. Taylor (1959; zitiert nach Torrance, 1988, S. 46) schlägt für sein Klassifikationssystem eine weitere Ordnungsvariable vor: die Bereiche, in denen kreative Leistungen erbracht werden. Bei ihm ergeben sich damit 5 Klassen: Hier werden *Ausdruckskreativität* (umfasst zum Beispiel Kinderzeichnungen), *Produktive Kreativität* (umfasst zum Beispiel Kunstwerke oder wissenschaftliche Produkte), *Erfinderische Kreativität* (umfasst zum Beispiel technische Neuheiten), *Innovative Kreativität* (umfasst neue Konzepte auf Basis von Modifikationen) und *Emergenative Kreativität* (umfasst ein völlig neues Prinzip, das Anstoß zu neuen Bewegungen, Lehren et cetera gibt) unterschieden.

Bei all diesen Klassifikationssystemen bleibt jedoch eine Frage offen: anhand welcher Kriterien kann das Kreativitätsniveau festgelegt werden? Und: welche Personen können diese Einteilung vornehmen? Beide Fragen werden uns im nächsten Kapitel (s. Kapitel 2.1.2) noch näher beschäftigen. Einen ersten Hinweis darauf, welche Kriterien es bei der Einordnung kreativer Leistungen bzw. Produkte zu berücksichtigen gilt, liefert das letzte hier vorgestellte Modell. Schuler und Görlich (2007) charakterisieren kreative Produkte danach, wie originell sie sind und welche Wirkung sie erzielen. Dabei sind die beiden Kriterien unabhängig voneinander anzulegen, was einerseits die Anwendung des Modells vereinfacht, andererseits aber auch eine genaue Skalierung ermöglicht. In Abbildung 1 ist das Modell anhand von Beispielen dargestellt.

---

[1] Kaufman und Beghetto (2009) erachten eine Dauer von ungefähr 10 Jahren Wissenserwerb als notwendig. Der Bezug von Wissen zu Kreativität wird in Kapitel 4.1.4 näher diskutiert.

Abbildung 1:   Originalität und Wirkung als Grundmerkmale kreativer Produkte
(Schuler & Görlich, 2007, S. 9)

Auf der Originalitätsdimension erfolgt eine Einteilung der Produkte in Anlehnung an Mumford und Gustafson (1988) nach geringeren und höheren Kreativitätsniveaus. Um nicht nur positive Einflüsse eines Produktes, sondern auch negative Auswirkungen erfassen zu können, wird die zweite Dimension als Wirkung definiert. Eine hohe Wirkung kann neben einem hohen (positiven) Nutzen damit auch schädliche Effekte bedeuten. Beispielsweise machte (und macht) der zunehmende Einsatz von Industrierobotern den Einsatz vieler Arbeiter im Fertigungsbereich überflüssig bzw. veränderte die Anforderungen an Tätigkeiten in diesem Bereich grundlegend.

Beide Dimensionen, Originalität und Wirkung, erlauben neben einer dichotomen Einordnung auch eine beliebig genaue Kalibrierung. Die Skalen bleiben daher bewusst nach oben offen. Eine feinere Klassifizierung kreativer Produkte wird dadurch möglich, dass sich das Modell auch gezielt für bestimmte Felder, Berufs- oder Tätigkeitsbereiche anpassen lässt. Wie die in der Abbildung aufgeführten Beispiele zeigen, sind anhand dieses Modells nahezu alle Bereiche menschlicher Kreativleistungen charakterisierbar.

2.1.2   Die 4p der Kreativität

Neben der Ordnung kreativer Leistungen anhand des Kreativitätsniveaus ging die Kreativitätsforschung schon früh dazu über, die unterschiedlichen Ansätze und Betrachtungsweisen anhand des primären Zugangs zur Kreativität zu klassifizieren (Mooney, 1963; Rhodes, 1961). So werden traditionell das kreative Produkt (*product*), die kreative Person (*person*), der kreative Prozess (*process*) und die kreative Umwelt (*press*) unterschieden. Im Folgenden werden die „4p" kurz einzeln vorgestellt.

2.1.2.1   Das kreative Produkt

Kreative Ideen und innovative Produkte begeistern seit jeher. Wer erinnert sich nicht (sofern er nicht aus Altersgründen davon „befreit" ist) an die ersten tragbaren Computer, Handys, selbst einparkenden Autos oder 3D-Filme. Neben der Faszination solch bahnbrechender Neuerungen begegnet uns im Alltag zudem ständig eine Unzahl an Produktinnovationen und origineller Neuerungen – zumindest wollen uns das Marketing und Werbung glaubhaft machen. Was liegt da also näher, als Kreativität über Produkte zu definieren?

Kreative Produkte werden typischerweise als Kreativitätskriterium gesehen (Taylor, 1988). Wer kreative Ideen hervorbringt oder gar implementieren kann, muss kreativ sein. Somit erlaubt dieser Schluss auch ein indirektes Urteil über das kreative Potenzial von Personen (Amabile, 1988). Diese Gleichsetzung von kreativen Leistungen und kreativem Potenzial wurde in den bereits vorgestellten Klassifikationsmöglichkeiten zur Kreativität vorgenommen. Im Verständnis der 4p sind jedoch kreative Produkte, sozusagen der „outcome", von kreativitätsbegünstigenden (aber auch -hemmenden) Eigenschaften einer Person zu trennen.

Ein verbreitetes Verfahren um Produkte als kreativ bestimmen zu können, stammt von Amabile (1982). Gemäß der *Consensual Assessment Technique (CAT)* ist ein Produkt oder eine Idee dann kreativ, wenn mehrere Beurteiler unabhängig voneinander übereinstimmend das Produkt oder die Idee als ebenso einschätzen. Dies zeigt, dass die Zuweisung des Attributs „kreativ" immer auf Basis des Wissensstandes derjenigen, die das Produkt beurteilen, sowie vor dem Hintergrund ihrer sozialen und kulturellen Gegebenheiten erfolgt. Ein begrenzter Kenntnisstand bei den Beurteilern führt dazu, dass kreatives Potenzial von Produkten nicht sofort erkannt wird (Cropley, A. J., 2006). So geschehen zum Beispiel beim Tesa-Speichermedium. Bereits 1935 kam der „Beiersdorf-Kautschuk-Klebefilm" in den Handel. Als tesa-Klebeband war es also schon über 50 Jahre in Verwendung bis die beiden Physiker Steffen Noehte und Matthias Gerspach im Jahr 1998 eher zufällig entdeckten, welch enormes Potenzial als Datenspeicher tesa-Bänder haben. Mittlerweile kommt das tesa-Band nicht mehr nur in seiner originären Bestimmung zum Einsatz, sondern wird zum Speichern großer Datenmengen, vor allem aber auch zum fälschungssicheren Kennzeichnen von Markenprodukten eingesetzt.

Kaufman, Baer, Cole und Sexton (2008) zeigten, dass Experten unter Verwendung der CAT zu ganz anderen Kreativitätsurteilen gelangen können als

Laien. Demgemäß hängt die Einschätzung von Produkten stark von der Expertise der Beurteiler ab. Als objektives Verfahren zur Kreativitätsdiagnostik kann die CAT damit nicht gelten.

Die Produktsicht auf Kreativität birgt demzufolge auch einige Probleme. Zum einen offenbaren sich manche Ideen großartiger Vordenker und Erfinder deren Mitmenschen erst Jahre später oder sogar erst posthum als kreativ. So hat etwa Apple-Gründer Steve Jobs zum Zeitpunkt seiner ersten hochkreativen Einfälle, wie etwa des LISA (der erste PC mit grafischer Benutzeroberfläche und Computermaus), nicht als auffällig kreativ gegolten, sondern wurde vielmehr als Spinner abgetan. Zum anderen muss ein kreatives Produkt auch stets an die herrschenden Aufgabenbedingungen angepasst werden (Sternberg & Lubart, 1999). Damit kann sich die Bewertung eines Produktes im Zeitablauf aber auch ändern. Ideen, Theorien und Produkte verlieren zunächst ihren Neuigkeitswert, dann auch ihren Nutzen und gelten später nicht mehr als kreativ. Die noch vor rund 20 Jahren aktuelle Telex-Technologie möge hier als Beispiel dienen. Zudem können besonders herausragende Leistungen, wie etwa das erste Flugzeug der Gebrüder Wright, wunderbar als Ausdruck hoher Kreativität erkannt und bewertet werden. Wie aber ist aus Produktsicht die Kreativität von Personen zu beurteilen, die nie ein solch wegweisendes Produkt geschaffen haben, dafür aber zahlreiche kleinere Kreativitätsbeiträge leisteten?

Für die Eignungsdiagnostik ist der Aspekt der Kreativitätsmessung über die Betrachtung kreativer Produkte sicher nicht irrelevant. Bei (berufs- und lebens-)erfahrenen Kandidaten können dem biografischen Ansatz folgend die bisher erbrachten Kreativitätsleistungen als erste Einschätzung des kreativen Potenzials dienen. Wie wir in den folgenden Kapiteln jedoch sehen werden, hängt die erfolgreiche Implementierung kreativer Produkte von einer Vielzahl individueller, sozialer und struktureller Bedingungen ab. Vor allem aber spielt, wie gezeigt, die Kompetenz der Personen, die Produkte nach ihrer Kreativität beurteilen eine große Rolle. Nicht immer ist, wie beispielsweise im Falle der ersten Telefaxgeräte, der kreative Wert eines neuen Produkts sofort jedem offensichtlich. Und nicht immer sind die Beurteiler frei von strategischen Überlegungen in der Bewertung kreativer Leistungen. Das kreative Potenzial von Personen kann bei einer Gleichsetzung von kreativen Produkten und kreativem Potenzial unter Umständen verkannt werden.

2.1.2.2 Die kreative Person

Zur Erfassung der personalen Voraussetzungen von Kreativität bzw. Innovativität erscheint ein auf die Person konzentrierter Zugang daher erfolgversprechender. In Kapitel 1 wird ein Überblick über die kreativitätsbegünstigenden, aber auch kreativitätshemmenden Eigenschaften und Merkmale kreativer Personen gegeben. Wie wir sehen werden, ignoriert dieser Zugang zur Kreativität keinesfalls die Komplexität, der Kreative in der Realität begegnen. Selbstverständlich darf die Fokussierung auf die kreative Person nicht in einer isolierten Betrachtung Einzelner münden. Vielmehr sind auch die unterschiedlichen Formen sozialer Interaktion zu berücksichtigen. Denn selbst hoch Kreative sind auf die Unterstützung und Akzeptanz anderer und damit auch auf die verschiedensten Formen der Zusammenarbeit (wie etwa in Netzwerken, Teams bzw. Gruppen oder Organisationen) angewiesen.

2.1.2.3 Der kreative Prozess

Kreative Produkte stellen das Endergebnis dar, zu dem kreative Personen – so sie denn erfolgreich alle Zwischenschritte meistern und allen Widrigkeiten begegnen – gelangen können. Wie bereits diskutiert wurde, ist ein Analogieschluss zwischen dem kreativen Output und dem kreativen Potenzial einer Person jedoch nicht immer gerechtfertigt. Gerade bei jungen Menschen, die sich in manchen Bereichen noch gar nicht bewähren konnten, wäre dieser Ansatz ungeeignet. Daher scheint eine Betrachtung der „kreativen Assets" einer Person, also der mit kreativer Leistung assoziierten Fähigkeiten und Eigenschaften erfolgreich. Eine noch präzisere Diagnose wird möglich, wenn zusätzlich eine prozessuale Sicht auf Kreativität eingenommen wird. Wie in Kapitel 5 beschrieben wird, stellt der Weg vom initialen Problem bzw. Bedarf nach einer kreativen Lösung hin zu deren Realisation eine Vielzahl von Anforderungen an die Kreativen. Gerade in stark erfahrungs- oder wissensabhängigen Domänen, fallen kreative Lösungen oder marktreife innovative Produkte nicht über Nacht vom Himmel. Insofern ist eine differenzierte Betrachtung der jeweiligen Kompetenzen auf den Teilstrecken des kreativen Prozesses ein erfolgversprechender Zugang zur Diagnostik individueller Kreativität.

2.1.2.4 Die kreative Umwelt

Der letzte der vier Aspekte der 4p-Klassifikation bildet die *kreative Umwelt*. Wie in Kapitel 3.2 für den Berufskontext ausgeführt wird, wirken eine Vielzahl an Faktoren auf die Motivation, den Handlungsspielraum, die nötige Unterstützung und damit auf den Erfolg kreativer Menschen ein. Die Umweltbedingungen, der sich Kreative ausgesetzt sehen bzw. der sie sich teilweise ganz bewusst aussetzen, sind damit zugleich Stimulus wie Moderator kreativen Schaffens (Taylor, 1988). Im Rahmen dieser Arbeit werden die Umweltaspekte nicht weiter verfolgt, da der Fokus auf den personalen Voraussetzungen von Kreativität und Innovation unter Berücksichtigung einer prozessualen Perspektive liegt.

Ein letztes Wort zur Klassifikation der mannigfaltigen Bestrebungen zur Erforschung von Kreativität durch die Einteilung in die vier Bereiche Produkt, Person, Prozess und Umwelt: keinesfalls sind die einzelnen Kategorien als vollkommen unabhängig voneinander zu verstehen. Zur umfassenden Beschreibung von Kreativität und ihren Ausprägungen in Kindheit und Erwachsenenalter, in Forschungskontext und realem Alltags- und Berufsleben, aus statusdiagnostischer Sicht oder im Kontext einer prozessorientierten Diagnostik und Entwicklungsmaßnahme sind alle vier p der vorgenannten Klassifikation integriert zu betrachten. Ein kreatives Produkt entsteht nicht ohne Personen, welche die notwendigen Voraussetzungen erfüllen, den kreativen Prozess erfolgreich zu durchlaufen und dabei Unterstützung durch ihr Umfeld erfahren.

2.2   Definition Kreativität

Wissenschaft und Praxis betonen die weitreichende Bedeutung von Kreativität für den individuellen, gesellschaftlichen aber auch organisationalen Erfolg und treiben die Forschung zu den personalen, sozialen und situativen Bedingungen kreativer Leistung voran. Trotz einer Fülle an Arbeiten und auch bereits erarbeitetem Konsens bezüglich kreativitätsförderlicher Eigenschaften (wie etwa Divergentes Denken oder Offenheit für Erfahrungen, vgl. Kapitel 1) existieren bis heute unterschiedliche Definitionen von Kreativität. Häufig zitiert werden in diesem Zusammenhang zwar die Beschreibungen von Kreativität als Phänomen, als Komplex, als Syndrom oder als Symphonie (Mumford & Gustafson, 1988; Runco, 2006; Ward, 2004). Doch anstatt der Begriffsklärung zu dienen, bleiben diese Vergleiche letztlich doch nur diffus und drücken allenfalls aus, dass es bei der Beschreibung und Erfassung von Kreativität auf eine Vielzahl an Definitionsmerkmalen anzukommen scheint.

Und so legten viele Autoren ihre jeweils ganz eigenen Definitionen zur Kreativität bzw. zu kreativen Produkten vor. Eine (kleine) Auswahl daraus ist in Tabelle 1 aufgeführt. Weitere Zusammenstellungen von Kreativitätsdefinitionen finden sich bei Batey und Furnham (2006), Howard et al. (2008) und Plucker, Beghetto und Dow (2004).

Tabelle 1: Ausgewählte Kreativitätsdefinitionen

Autor(en)	Definition
Amabile (1988, S. 126)	„creativity is the production of novel and useful ideas by an individual or small group of individuals working together."
Barron (1955, S. 479)	„if a response is to be called original [...] it must be to some extent adaptive to reality."
Feist (1998, S. 290)	„Creative thought or behavior must be both novel-original and useful-adaptive."
Plucker et al. (2004, S. 90)	„Creativity is the interaction among aptitude, process, and environment by which an individual or group produces a perceptible product that is both novel and useful as defined within a social context."
Simonton (1999, S. 5f.)	„creativity must entail the following two separate components. First a creative idea or product must be original. [...] However, to provide a meaningful criterion, originality must be defined with respect to a particular sociocultural group. What may be original with respect to one culture may be old news to the members of some other culture. [...] Second, the original idea or product must prove adaptive in some sense. The exact nature of this criterion depends on the type of creativity being displayed."
Sternberg und Lubart (1999, S. 3)	„Creativity is the ability to produce work that is both novel (i.e., original, unexpected) and appropriate (i.e., useful, adaptive concerning task constraints)."

Wieder einmal fällt auf, dass Kreativität von den zitierten Autoren über Ergebnisse, also die Schaffung kreativer Produkte, definiert wird. Noch vor 30 Jahren galt als Bewertungsmaßstab für die Kreativität eines Produkts „the extent that appropriate observers independently agree it is creative" (Amabile, 1982, S. 1001). Zwischenzeitlich besteht Einigung darüber, dass kreative Produkte zwei Attribute erfüllen: sie sind *neuartig* und *nützlich* (Mumford, 2003). *Neuartig* bedeutet: ungewöhnlich, einzigartig, aus neuen Blickwinkeln betrachtet, variiert, originell, von bisherigen Mustern abweichend, adaptiert. Und *nützlich* umfasst: wertvoll, effektiv, effizient und einen Beitrag für die Gemeinschaft leistend (Palmer, Cesinger, Gelléri, Putsch & Winzen, 2015). Mit diesen umschreibenden Adjektiven ist Nützlichkeit auch auf den künstlerischen Bereich als Kreativitätskriterium übertragbar, auch wenn hier statt *nützlich* oftmals andere Bezeichnungen, wie etwa „Schönheit" (Arden, Chavez, Grazioplene & Jung, 2010) vorgeschlagen werden.

Dass der soziale Kontext sowohl als relevante Umgebungsvariable als auch als Bewertungshintergrund kreativer Leistungen fungiert, wurde vorstehend bereits erwähnt, ist in den Definitionen von Plucker et al. (2004) und Simonton (1999) aber auch nochmals explizit enthalten.

Die Definition, welche die unterschiedlichen Facetten der Kreativität am besten berücksichtigt und damit ihrer Komplexität Rechnung trägt, ist jene von Plucker et al. (2004). Der vorliegenden Arbeit unterliegt daher dieses, hier nochmals wiederholte, Kreativitätsverständnis: „Creativity is the interaction among aptitude, process, and environment by which an individual or group produces a perceptible product that is both novel and useful as defined within a social context" (Plucker et al., 2004, S. 90).

2.3   Definition Innovation

Besonders in der Managementliteratur und im Wirtschaftskontext werden Kreativität und Innovation häufig synonym verwendet. In der psychologischen Literatur werden die beiden Begriffe jedoch häufig voneinander abgegrenzt. Demgemäß ist Kreativität zwar ein mit Innovation eng verwandtes, doch letztlich verschiedenes Konzept. Während Kreativität auf die Ideengenerierung fokussiert, beschreibt Innovation die Implementierung dieser kreativen Ideen (Amabile, 1988; Hammond, Neff, Farr, Schwall & Zhao, 2011; Palmer et al., 2015).

Eine erfolgreiche Implementierung kann nur erfolgen, wenn kreative Ideen erkannt, aufgegriffen, weiterentwickelt und letztlich eingeführt werden. Einige Autoren sehen daher in der Innovation einen breiteren Prozess als in der reinen Ideengenerierung, auf die sie Kreativität reduzieren (Axtell, Holman, Unsworth, Wall & Waterson, 2000; Hammond et al., 2011; Unsworth, 2001). Cummings und Oldham (1997) treiben diese Trennung sogar noch weiter und sehen in den kreativen Ideen den Kreativitätsbeitrag von Einzelnen (z. B. Mitarbeitern). Innovationen, also die letztliche Implementierung kreativer Ideen, finden hingegen auf Organisationsebene statt und sind damit einzelnen Personen nicht mehr zuordenbar. Diese harte Trennung ist, wie wir noch sehen werden, aus einer Prozesssicht auf Kreativität heraus, nicht haltbar. Denn sehr wohl kommt es in der Implementierung kreativer Ideen, auf die Fähigkeiten und Leistungen Einzelner an. Die Fähigkeit, Innovationen hervorzubringen bzw. innovative Lösungen zu finden, erhält mit *Innovativität* sogar eine eigene Bezeichnung (Duden, 2001).

Die Trennung der beiden Konzepte Kreativität und Innovativität auf Eigenschaftenebene oder die Unterscheidung kreativer von innovativen Produkten auf Ergebnisebene sollte folglich nicht zu starr erfolgen. Schon längst nicht mehr beschränkt sich die Kreativitätsforschung rein auf die Problem- bzw. Bedarfsentdeckung und Ideengenerierung, sondern bezieht auch die Ausarbeitung konkreter Lösungsansätze und deren erfolgreiche Einführung in ihre Forschung mit ein.

Neuere Prozessmodelle der Kreativität verschmelzen gar kreative und innovative Phasen miteinander (vgl. Kapitel 5.3), indem Innovativität eine Erweiterung der Kreativität in Richtung Prozessende darstellt. Und auch auf der Praxisseite wird nicht ausschließlich auf Ergebnisse (Innovationen), sondern auch auf den kreativen Prozess zu deren Entstehung geschaut. Insofern liegen mit Kreativität und Innovation bzw. Innovativität, wie dargestellt, keine unabhängigen oder gar gegensätzlichen Konzepte vor. Viel eher stellt Kreativität, so die Annahme der vorliegenden Arbeit, die Vorbedingung von Innovationen dar (Palmer et al., 2015).

2.4 Heuristisches Rahmenmodell der Kreativität

In Anbetracht der vielfältigen Erscheinungsformen von Kreativität soll zum Abschluss dieses einleitenden Kapitels und zur Sortierung der unterschiedlichen Zugänge ein Übersichtsmodell geboten werden. Das hier dargestellte Modell stellt eine Erweiterung des von Batey (2012) vorgeschlagenen Modells dar. Neben den grundsätzlich nach der 4p-Klassifikation zu unterscheidenden Zugängen zur Kreativität (Produkt, Person, Prozess, Umwelt), führt es auch verschiedene soziale Betrachtungsebenen an. So mag man sich für Kreativität auf individueller, Gruppen- bzw. Team oder auf Organisationsebene interessieren (Sternberg & Lubart, 1999). Seltener untersucht, aber nicht weniger spannend, kann auch die Kreativität auf kultureller Ebene im Fokus stehen. Die dritte Dimension, die das würfelförmige Modell komplettiert, stellen die verschiedenen diagnostischen Zugänge zu Kreativität dar. Hier werden neben Ergebnissen (wie z. B. die Anzahl verkaufter Kunstwerke, eingereichter Patente oder gewonnener Ausschreibungen und Wettbewerbe), Selbst- und Fremdbeschreibungen kreativer Einstellungen, Fähigkeiten und Leistungen angeführt. Unbedingt ist jedoch noch eine Messverfahrensklasse zu nennen, mittels derer die Diagnose kreativen Potenzials ebenfalls sehr gut gelingen kann: Kreativitätstests im Sinne psychometrisch konstruierter Leistungstests. Auch wenn hier das „Angebot" an brauchbaren Verfahren derzeit noch sehr spärlich ist (vgl. Kapitel 1), sollten sie angesichts ihrer Vorteile (Standardisierung, weitgehend alters- und biografieunabhängige Diagnostik etc.) unbedingt berücksichtigt werden.

Das vorgestellte Modell ist als heuristisches Rahmenmodell zur Beschreibung, Messung und Entwicklung von Kreativität (und gem. obiger Herleitung auch Innovativität) zu verstehen. Das bedeutet, dass es noch erweitert bzw. genauer differenziert werden kann und eine Einordnung von Befunden oder Messinstrumenten die aufgespannten Zellen überschneiden darf. Das heuristische Rahmenmodell der Kreativität ist in Abbildung 2 dargestellt. Hierbei sind die in dieser Arbeit besonders thematisierten Zellen eingefärbt.

Abbildung 2:   Heuristisches Rahmenmodell der Kreativität (in Anlehnung an
                Batey, 2012)

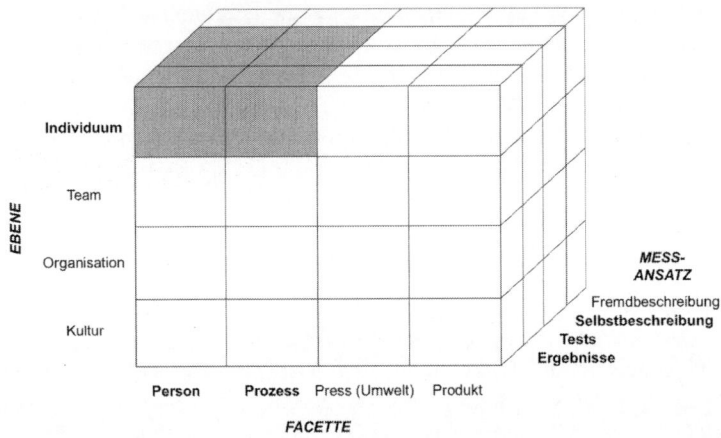

Anmerkung. Die in dieser Arbeit besonders thematisierten Zellen sind grau eingefärbt.

3 Kreativität im beruflichen Kontext

Schon längst ist der Kreativitätsbegriff nicht mehr ausschließlich für musische Tätigkeiten oder Künstler reserviert. Gerade im Wirtschaftsleben begegnet man ihm in nahezu jedem Bereich. Durch die Entwicklung neuer Strategien, effizienterer Prozesse und immer noch innovativeren Produkten versuchen Unternehmen ihre Zukunftsfähigkeit sicherzustellen (Schüttel, Bullinger & Hermann, 2000). Denn kreative Lösungen ermöglichen Wettbewerbsvorteile und sind somit Schlüssel zum (Unternehmens-)Erfolg (Agars, Kaufman, Deane & Smith, 2012; Caroff & Lubart, 2012). Die Konzernlenker sind sich bewusst, dass es die „kreativen Köpfe", also die Mitarbeiter eines Unternehmens sind, die neben unternehmensstrategischen Entscheidungen und einer offenen Innovationskultur, hauptsächlich zu innovativen Produkten und Prozessen und damit zum Erfolg beitragen. Prof. Dr. Martin Winterkorn, Vorstandsvorsitzender der Volkswagen AG, etwa stellt fest: „Das Potential und die Kreativität in den Köpfen unserer Mitarbeiter sind unser höchstes Gut." (zitiert nach Maxeiner, 2007, S. 17).

3.1 Kreativität als berufliche Anforderung

Kreativität findet sich heute in nahezu jeder Stellenanzeige als Anforderung an Bewerber. Sogar bei Studierenden wird Einfallsreichtum bereits als zentrale Anforderung genannt (Trapmann, 2008). Doch geht der Bedarf an kreativen Mitarbeitern tatsächlich über die sogenannten „Kreativberufe", wie etwa Architekten, Designer, Film- und Medienschaffende oder Marketingexperten, hinaus?

Um diese Frage zu beantworten, bedarf es einer systematischen Sammlung von Berufen oder Tätigkeiten und ihren spezifischen Anforderungen. Die hier führende Aufstellung bietet O*Net, eine Online-Datenbank, deren Aufbau und Pflege vom U.S. Department of Labor gefördert wird (National Center for O*NET Development). O*Net kann nach verschiedenen Kriterien durchsucht werden, etwa nach konkreten Berufen, nach *job zones* (ein Maß für das Anforderungsniveau von Berufen) oder eigenen Suchworten. Gelléri, Garda und Winter (2011) bieten eine Übersicht an Berufen, für deren erfolgreiche Ausübung gemäß O*Net die Fähigkeiten *Originalität* bzw. *Ideenflüssigkeit*[2] relevant sind (s. Abbildung 3 bzw. 4). Die Relevanz berechnet sich nach dem Maß der Überein

---

[2] Originalität und Ideenflüssigkeit (die Anzahl an Ideen) stellen zwei klassische Operationalisierungen kreativer Leistung dar.

stimmung des Suchbegriffs mit den jobbezogenen Informationen, wie etwa Job-bezeichnung, Tätigkeitsbeschreibung und Aufgaben[3].

Abbildung 3:   Berufe geordnet hinsichtlich der Relevanz des Suchbegriffes „originality" (Auszug aus dem O*Net; Gelléri, Garda & Winter, 2011)

Relevanz	Beruf(e)
≥ 80	Regisseure (Bühne, Film, TV, Radio); Art Directors; Dichter, Lyriker und Schriftsteller
≥ 70	Physiker, Biochemiker und -physiker, Gestalterische Künstler (inkl. Maler, Bildhauer und Illustratoren); Architekten (außer Landschaft und See); Innengestalter; Choreographen; Geschäftsführer/Vorstände
≥ 60	Biomed.-Ingenieure; Mathematiker; Produktionsingenieure; Designer für Ausstellungen; Ingenieure für Sicherheit und Schutz; Dirigenten; Handwerkliche Künstler (Glasbläser, etc.); Kuratoren; Desktop Publisher; Sonderpädagogen; Floristen; Mittelstufenlehrer; Schauspieler; Wissenschaftler Boden- und Pflanzenkunde; Ingenieure für Agrikultur; Astronomen; Förster; Sales Manager; Chirurgen; Manager Training und Entwicklung; Marketing Manager; kommerzielle und industrielle Designer; Ingenieure für Computersysteme; Editoren; Produzenten; Archäologen; Ökotrophologen; Landschaftsarchitekten; Spezialisten für Training und Entwicklung; Anwälte; A&O-Psychologen; Programmdirektoren; Grundschullehrer; Familientherapeuten; Mittelstufenlehrer; Vorschullehrer; Chemie-Ingenieure; Photonik-Ingenieure; Wissenschaftler Lebensmittel, Lebensmitteltechnologie; Materialwissenschaftler
≥ 50	Ingenieure für Mechanik; Wissenschaftler aus dem Bereich Computer/Informationsverarbeitung; Softwareingenieure; Petroleumingenieure; Luft- und Raumfahrtingenieure; Materialingenieure; Netzwerkdesigner; Stadtplaner; Klinische Psychologen; Tänzer; Energie-Ingenieure; Töpfer; PR-Spezialisten; Sänger; Hydrologen; Detektive (Polizei); Ökonomen; Schaufenstergestalter; Psychiater; Nuklearingenieure; Soziologen; Anthropologen; Umweltingenieure; Netzwerk- und Systemadministratoren; Elektro-Ingenieure; Geographen; Webentwickler; Webadministratoren; Geowissenschaftler; Polsterer; Kriminalinspektoren und Agenten; Zoologen; Systemanalysten; Medizinwissenschaftler; Datenbankadministratoren; Schulpsychologen; Chemiker; Hardware-Ingenieure; Internisten; Sicherheitsingenieure (Produkte);

---

[3] Für eine nähere Beschreibung siehe http://www.onetonline.org/help/online/search#relevance, abgerufen am 18.08.2014.

Abbildung 4: Berufe geordnet hinsichtlich der Relevanz des Suchbegriffs „fluency of ideas" (Auszug aus dem O*Net; Gelléri, Garda & Winter, 2011)

Relevanz	Beruf(e)
≥ 70	Architekten (außer Landschaft und See); Regisseure (Bühne, Film, TV, Radio); Dichter, Lyriker und Schriftsteller; Art Directors; Physiker; Geschäftsführer/Vorstände; Geistliche; Manager für Promotion-und Werbung; Klinische Therapeuten; Archäologen; Gestalterische Künstler (inkl. Maler, Bildhauer und Illustratoren); Dirigenten; Choreographen; Mode-Designer
≥ 60	Biochemiker und-physiker; Marketing-Manager; Operations Research Analysten; Vertriebsingenieure; Logopäden; PR-Manager; Manager Training und Entwicklung; Desktop Publisher; Innengestalter; Sales Manager; Grundschullehrer; Mathematiker; Wissenschaftler aus dem Bereich Computer/Informationsverarbeitung; Mikrobiologen; Editoren; Designer für Ausstellungen; Ingenieure für Agrikultur; Kommerzielle und industrielle Designer; Therapeuten; Versicherungsprüfer; Anwälte; Marktforscher; Epidemiologen; Finanzmanager; Ingenieure für Sicherheit und Schutz; Handwerkliche Künstler (Glasbläser, etc.); Kindergärtner; Photonik-Ingenieure; Biomed.-Ingenieure; Computersystemanalysten; Umweltingenieure; Wissenschaftler Boden- und Pflanzenkunde; Software-Ingenieure; Kuratoren; HR-Manager; A&O-Psychologen; Netzwerkdesigner; Produzenten; Chirurgen; Chemie-Ingenieure; Manager für Industrieproduktion; Industrieingenieure; Astronomen; Elektroingenieure; Kriminalermittler und Agenten
≥ 50	Umweltwissenschaftler (inkl. Gesundheit); Feuerschutz-Ingenieure; Netzwerk und Systemadministratoren; Luft- und Raumfahrt-Ingenieure; Lehrer für Kunst, Theater und Musik; Logistiker; Ingenieure für Mechanik; Webentwickler; Computersystemingenieure; Schauspieler; Ökonomen; Energie-Ingenieure; Management-Analysten; Materialwissenschaftler; Spezialisten für Training und Entwicklung; Material-Ingenieure; Finanzanalysten

Wie wir den Auflistungen entnehmen können, sind kreative Fähigkeiten für weit mehr als nur die künstlerischen Berufsfelder relevant. Auch für scheinbar theoretische Berufe, wie etwa Physiker, oder auch für Funktionen in der Wirtschaft, wie sie zum Beispiel Geschäftsführer oder Vorstände bekleiden, werden kreativ denkende und handelnde Personen gesucht.

Gelléri et al. (2011) führen in ihrem Beitrag einige empirische Ergebnisse an, die den Zusammenhang zwischen kreativem Potenzial und Berufserfolg bei Mitarbeitern in Forschung und Entwicklung, in Marketing und Werbung oder bei Entrepreneuren (Unternehmensgründern) belegen. Wenn wir im folgenden Kapitel die personbezogenen Voraussetzungen für Kreativität näher betrachten, werden uns weitere Studien begegnen, die für unterschiedliche Tätigkeiten und Berufsfelder die Kriterienvalidität von kreativitätsförderlichen Eigenschaften und Fähigkeiten für beruflichen Erfolg aufzeigen. An dieser Stelle sei eine Gruppe beispielhaft herausgehoben: die Entrepreneure.

Eine wichtige, wenn nicht die zentrale, Grundlage erfolgreicher Unternehmensgründungen sind kreative Ideen. Ohne eine innovative Produktidee – ganz gleich, ob es sich hierbei um ein manifestes Produkt, Prozess-Know-how oder eine Dienstleistung handelt – gelingt es neuen Firmen nicht, sich gegen bewährte Wettbewerber zu behaupten. Allerdings umfasst der Unternehmensgründungsprozess weitaus mehr als die reine Ideengenerierung (Baron, 2000). So sind aus ersten Ideen perfekt zugeschnittene Lösungen zu erarbeiten, die es ermöglichen, bestehende Nachfragen zu befriedigen. Erfolgreiche Entrepreneure zeichnen sich gleichsam gerade dadurch aus, dass es ihnen gelingt, stets neue, rentable Möglichkeiten zur Verbreitung ihrer Produkte zu erkennen oder diese – und darin liegt sicherlich die größte Kunst – selbst zu schaffen. Alle diese Aufgaben erfordern ein hohes Maß an Kreativität (Ward, 2004) und so verwundert es nicht, dass sich gerade Entrepreneure als besonders kreative Berufsgruppe erweisen (Palmer et al., 2015).

Kreativität ist also zugleich Unternehmensziel wie auch eine wichtige Anforderung an Unternehmer und eine Vielzahl an Angestellten aus Wissenschaft und Wirtschaft. Letztlich ist Kreativität für all jene Tätigkeiten relevant, die „a) ein gewisses Ausmaß an Autonomie zulassen, sowie für diejenigen, die b) darauf ausgerichtet sind, Produkte und Prozesse zu verbessern" (Schuler & Görlich, 2007, S. 4).

Wenn Kreativität eine so große Rolle im beruflichen Kontext spielt, dann lohnt es, sich mit der Identifikation kreativen Potenzials eingehend und auf breiter Ebene zu befassen. Aufgabe der Personaleignungsdiagnostik ist es demgemäß, geeignete Instrumente zu entwickeln, die Kreativität als Eigenschaft bei Bewerbern, aber auch bei Stelleninhabern messbar machen. Zugleich gilt es kreativitätsförderliche wie auch -hemmende Bedingungen zu entdecken um kreativen Mitarbeitern einen optimalen Rahmen bieten zu können. So leiten zum Beispiel ein offenes, innovationsfreundliches Klima und ein unterstützender Führungsstil wertvolle Beiträge in der Förderung von Kreativität auf allen Unternehmensebenen. Für Unternehmen, die sich der Bedeutung kreativer Beiträge bewusst sind, haben die Ergebnisse der Kreativitätsforschung jedoch noch weitreichendere Implikationen (Zhou & Shalley, 2003). Neben der Personalauswahl können auch Personalentwicklungsprogramme auf die Mehrung kreativen Potenzials im Unternehmen zugeschnitten werden. Weiterhin sollten sowohl Leistungsbeurteilungs- wie auch generell Feedbacksysteme kreative Beiträge würdigen. Damit einhergehen Bonus- und Gehaltssysteme, die Kreativität belohnen.

3.2   Die verschiedenen Ebenen kreativer Leistungen im Berufskontext

Das heuristische Rahmenmodell von Batey (2012) beschreibt anschaulich die verschiedenen Betrachtungsebenen kreativer Leistungen im Berufskontext. So kann in Abhängigkeit davon, *wer* im Fokus der Betrachtung steht, danach unterschieden werden, ob das kreative Potenzial einzelner Personen, eines Teams oder des gesamten Unternehmens (bzw. einer Organisationseinheit, wie etwa einem Standort o.ä.) analysiert wird. Zudem kann auf oberster Ebene auch die generelle Haltung gegenüber Innovationen innerhalb eines Kulturkreises erklärt werden. Im Rahmen der vorliegenden Arbeit spielt die kulturelle Ebene jedoch keine (oder allenfalls eine sehr nachrangige) Rolle. Auch die Unternehmensebene kommt nur insofern zum Tragen, als sie äußere Faktoren wie etwa die Branche oder die Unternehmensgröße als Rahmen kreativer Leistungen im Beruf vorgibt. Herauszuheben wäre auf dieser Ebene allenfalls der Einfluss des Innovationsklimas innerhalb einer Organisation auf die kreative Leistung einzelner Mitarbeiter oder Teams (s. Kapitel 5.3.8). Für die berufsbezogene Kreativitätsdiagnostik im Sinne der Erfassung personaler Voraussetzungen von Innovationen liegt der Fokus auf der individuellen Ebene. Selbstverständlich ist eine nahezu perfekte Vorhersage im Berufskontext gezeigter Kreativität rein auf Basis von Individualvariablen nicht möglich. Viel zu sehr moderieren situative Einflüsse oder strukturelle Bedingungen, wie etwa unterschiedliche Formen der Team- bzw. Zusammenarbeit oder auch Führungsstile den Zusammenhang zwischen individuellem Potenzial und tatsächlichem Ergebnis kreativer Personen. Für einen Überblick über die unterschiedlichen Forschungsbestrebungen zu den situativen und sozialen Kontextfaktoren kreativer Leistung sei auf Krause (2013), Oldham und Cummings (1996), Schuler und Görlich (2007) oder Zhou und Shalley (2003) verwiesen.

Doch auch wenn eine enorme Zahl an Studien zu den unterschiedlichsten Einflüssen auf Kreativität am Arbeitsplatz vorliegt, müssen wir uns wohl auch heute noch Oldham und Cummings (1996) anschließen, die bedauern, dass „Unfortunately, little is known about the conditions that promote the creative performance of individual employees in organizations" (S. 607). Denn wie die unterschiedlichen Kontextfaktoren zusammenwirken ist noch nicht ausreichend erforscht (und angesichts der hohen Komplexität vielleicht auch gar nicht erforschbar). Allerdings gilt: Innovationen, ganz gleich ob bei Produkten oder in Prozessen, im Kleinen oder von großer Tragweite, sind immer auf einzelne Personen rückführbar. Wie im nächsten Kapitel dargestellt, ist es daher auch bei einer reinen Fokussierung auf die Individualebene möglich, durch psychometrische Diagnostik spätere kreative Leistungen vorhersagen zu können.

4 Die kreative Person

Kreative Ideen haben – so sie denn vom Umfeld als beachtenswert und neu(artig) registriert werden – seit jeher einen starken Einfluss auf die Lebensweise und Möglichkeiten der Menschheit. Die Erfindung des Automobils ermöglichte beispielsweise Privatpersonen das bequeme Reisen und Unternehmen zugleich einen größeren Aktionsradius. Die Entdeckung des Penicillins verhalf Millionen Menschen zu einer schnellen Genesung, die ohne Antibiotika nur schwer oder vielleicht sogar überhaupt nicht möglich gewesen wäre. Wir nutzen heute mit großer Selbstverständlichkeit Konzepte, die vor gar nicht allzu langer Zeit noch bahnbrechend und revolutionär waren. Elektrisches Licht, Telefon, Internet; viele Entwicklungen zogen später weitere Ideen nach sich, die uns das Leben noch komfortabler (aber sicher auch anspruchsvoller) machen.

Hinter all diesen Ideen stehen Menschen, die mal zufälliger, mal systematischer kreative Einfälle hatten und an deren Entwicklung und Verbreitung mal mehr, mal weniger aktiv mitgearbeitet haben. Sie waren in der Lage auf Basis der selben Informationen, zu denen auch ihr Umfeld Zugang hatte, das eine Quäntchen mehr bzw. die entscheidende Ecke weiter zu denken als ihre Kollegen, Konkurrenten oder einfach nur Mitmenschen. Genau in diesem „Ticken einfallsreicher" liegt die Faszination. Die „Schöpfer" von Konzepten wie Einsteins $E=mc^2$ oder Newtons Gravitationstheorie zu kennen, gehört in unserem Kulturkreis zum Allgemeinwissen.

So dürfte es wohl kaum überraschen, dass sich die Differenzielle Psychologie schon lange und aus ganz unterschiedlichen Richtungen der Antwort auf die Frage zu nähern versucht, was diese bedeutenden kreativen Köpfe ausmacht. Neben eminenten Entdeckungen bzw. Erfindungen (Big-C) interessiert aber auch die alltägliche kreative Leistung (little-C), so zum Beispiel im industriellen Bereich, wenn etwa kreative Mitarbeiter für die Entwicklungsabteilung eines großen Chemiefabrikantens oder innovative Konzepte für die Vertriebsstrategie eines internationalen Konzerns für Luxusartikel gesucht werden.

Der Blick in die vielfältige Literatur zur Erforschung der personalen Grundlagen von Kreativität und Innovation bietet eine illustre Fülle an unterschiedlichsten Ansätzen und Betrachtungswinkeln, wie die nachstehenden Beispiele zeigen. So schneiden Frauen mit natürlichem Menstruationszyklus in Aufgaben zum Divergenten Denken um die Zeit des Eisprungs (genauer: in der präovulatorischen Phase) signifikant besser ab als in der lutealen oder menstruellen Phase ($N = 16$; Krug, Finn, Pietrowsky, Fehm & Born, 1996). Bei Männern hingegen korreliert Kreativität mit der Anzahl der sexuellen Kontakte im letzten Jahr (Beaussart, Kaufman & Kaufman, 2012). Kreativität wird aus psychoanalytischer Sicht erklärt und bearbeitet (Hanenberg, 2008). Und neuere Forschungsbestrebungen untersuchen den Zusammenhang kreativer Leistungen mit dem Hormonstatus (Reuter et al., 2005), erforschen eine denkbare genetische Grundlage von Kreativität (Schermer, Johnson, Vernon & Jang, 2011) oder ergründen die neurophysiologische Basis kreativen Denkens (Andreasen, 2005; Fink & Neubauer, 2006; Jung, R. E. et al., 2010).

Für Fragestellungen aus dem Berufskontext sind diese Befunde sicherlich nur mehr oder weniger brauchbar. Dennoch ist ein breiter Zugang zum Phänomen Kreativität absolut wünschenswert. Waren die ersten Jahrzehnte der Kreativitätsforschung vornehmlich durch den Einsatz von Tests zum Divergenten Denken und Selbstbeschreibungsskalen dominiert (Plucker & Runco, 1998), so können durch einen kombinierten Einsatz unterschiedlicher Instrumente oder gar verschiedener Theorieansätze methodische Einflüsse und theoretische Einseitigkeiten in der Erforschung personaler Grundlagen kreativer Leistungen reduziert werden.

Guilford, der als einer der Ersten von Persönlichkeitsmerkmalen des kreativen Individuums sprach, geht davon aus, dass

> all individuals possess to some degree all abilities, except for the occurrence of pathologies. Creative acts can therefore be expected, no matter how feeble or how infrequent, of almost all individuals. The important consideration here is the concept of continuity. Whatever the nature of creative talent may be, those persons who are recognized as creative merely have more of what all of us have. It is this principle of continuity that makes possible the investigation of creativity in people who are not necessarily distinguished. (Guilford, 1950, S. 446)

Tatsächlich scheinen sich die Merkmale, die kreative Personen ausmachen, im Laufe der Zeit nicht wesentlich zu ändern (Prabhu, Sutton & Sauser, 2008). Wenn Kreativität also, zwar sicherlich in unterschiedlichem Maße bzw. Niveau, im Grunde jedoch von nahezu jedem zu erwarten ist, dann lohnt sich ein genauerer Blick auf die bisherigen Ergebnisse zum Zusammenhang von Person und Kreativität bzw. Innovation umso mehr.

Soll Kreativität als personale Eigenschaft verstanden werden, so lässt sie sich durch Persönlichkeitsmerkmale, demografische Eigenschaften, Intelligenz, kognitive Fähigkeiten, bisherige (Schul-)Leistungen, kognitive Stile, Denkstile, Motivation, persönliche Einstellungen und bisherige Erfahrungen erklären (Ma, 2009). Schuler und Görlich (2007) schlagen die in Tabelle 2 aufgeführte Gruppierung von kreativitätsbedingenden oder -begünstigenden Eigenschaften vor.

Tabelle 2: Gruppierung kreativitätsbedingender oder -begünstigender Eigenschaften (Schuler & Görlich, 2006, S. 14)

Kreativitätsbedingende oder -begünstigende Eigenschaften
Intelligenz, Komplexität, Intuition, Einsicht, Fantasie, Bildung, Vorstellungskraft, Integrationsfähigkeit
Intrinsische Motivation, Ehrgeiz, Ausdauer, Konzentration, Leistungsmotivation, Energie, Leistungsfreude, Antrieb, Belohnungsaufschub
Nonkonformität, Originalität, Unkonventionalität, Autonomiestreben, Individualismus, Unabhängigkeit des Urteils, Eigenwilligkeit
Selbstvertrauen (fähigkeits- und zielbezogen), emotionale Stabilität, Selbstbild „kreativ", Risikobereitschaft
Offenheit, Neugierde, Freude an Neuem, ästhetische Ansprüche, intellektuelle Werte, Bedürfnis nach Komplexität, breite Interessen, Flexibilität, Ambiguitätstoleranz
Erfahrung, Wissen, Einstellungen und Werthaltungen, metakognitive Fertigkeiten (Planung, Monitoring, Feedback, Selbststeuerung, Selbstbeurteilung)

Nicht für alle in der Aufzählung genannten Eigenschaften liegen bislang empirisch gesicherte Zusammenhänge mit Kreativität vor. Dennoch bietet diese Liste einen sehr guten Überblick darüber, welche Konstrukte, besonders aus personalpsychologischer Sicht, für die Erklärung und Vorhersage kreativer Leistungen wertvoll sein könnten. Sie lassen sich zu den drei zentralen Konstrukte *Intelligenz* (Intelligenz und Erfahrung), *Persönlichkeit* (Nonkonformität, Selbstvertrauen und Offenheit) und *Motivation* (Intrinsische Motivation) zusammenfassen. Diese drei Merkmalsbereiche als personale Voraussetzungen für Kreativität und Innovation werden in den folgenden Kapiteln genauer betrachtet.

4.1 Kreativität und Intelligenz

Betrachtet man die Leistungen herausragender Forscher und Erfinder (man denke vielleicht an Einstein oder Edison), so ist schwer vorstellbar, dass diese unabhängig von individuellen intellektuellen Fähigkeiten erbracht werden konnten. Auch im Alltag verwenden wir den Begriff des „Genies" um intellektuelle

Hochbegabung auszuweisen – und das, obwohl er eigentlich schöpferische Menschen beschreibt (Duden, 2001) und damit Kreativität reflektiert. Doch können wir die Grenzen zwischen Intelligenz und Kreativität wirklich getrost verwischen lassen? Attestieren wir mit der selben „Logik" etwa auch den Genies aus anderen Domänen – etwa Künstlern oder Schriftstellern wie beispielsweise Michelangelo, Kafka oder Mozart – gleichsam hohe Intelligenz?

Die Frage nach einem Zusammenhang von Kreativität und Intelligenz beschäftigt die psychometrische Forschung bereits schon seit über einem halben Jahrhundert (Silvia, 2008b). Sternberg und O'Hara (1999) kategorisieren die möglichen Ergebnisse:

1. Kreativität stellt eine Teilmenge der Intelligenz dar.
2. Intelligenz stellt eine Teilmenge der Kreativität dar.
3. Kreativität und Intelligenz sind sich überlappende Konstrukte.
4. Kreativität und Intelligenz sind im Grunde dasselbe (koinzidente Konstrukte).
5. Kreativität und Intelligenz haben nichts miteinander gemein (disjunktive Konstrukte).

Snyderman und Rothman (1987) befragten 1 200 amerikanische Psychologen und Bildungsexperten zur Bedeutung 13 verschiedener Fähigkeitsbereiche für das Intelligenzkonzept. Alle Befragten waren mit Intelligenz- und kognitiven Leistungstests vertraut. Kreativität wurde von 59.6 Prozent der Experten als „wichtig" angesehen und gehörte damit für knapp 60 Prozent der Befragten in ein Modell der Intelligenz integriert. Dass dies nicht nur den Wunsch der Befragten wiedergibt, sondern sich auch tatsächlich in der Intelligenzforschung widerspiegelt, zeigt Hell (2003). Im Modell Thurstones (1957) sieht er kreatives Denken durch *word fluency* repräsentiert, im Modell von Vernon (1961) durch *creative abilities*. Im Modell von Cattell und Horn (1978) wird mit *fluency* ein Faktor integriert, der ebenfalls mit kreativem Denken assoziiert ist. Auch Carroll (1993) nimmt Kreativität mit *expressional fluency / orginality / creativity* in sein Modell kognitiver Fähigkeiten auf. Letztlich findet Kreativität unter der Bezeichnung *Einfallsreichtum* auch Eingang in das Berliner Intelligenzstrukturmodell (Jäger, 1984).

Während mit *word fluency* oder generell *fluency* lediglich Varianten von Kreativität in die Intelligenzmodelle integriert werden, scheint besonders das Modell von Jäger auf die Antwort „Kreativität stellt eine Teilmenge der Intelligenz dar" hinzuführen. Eine Gleichsetzung von Kreativität und Intelligenz ist schon dadurch ausgeschlossen, dass in allen Modellen neben den kreativen Faktoren bzw. Fähigkeiten noch weitere kognitive Ressourcen repräsentiert sind. Gleichfalls lassen sich jedoch auch Studien zum Zusammenhang von Kreativität und Intelligenz finden, welche die beiden Konstrukte als nahezu unabhängig voneinander ausweisen (Kim, 2005; Wallach & Kogan, 1965b). Mit den inzwischen verfügbaren statistischen Methoden zur latent-class-Analyse konnte Silvia (2008b) etwas über 40 Jahre nach der Studie von Wallach und Kogan allerdings zeigen, dass auch in diesen Daten ein signifikanter Zusammenhang (β = .20) zwischen den eingesetzten Kreativitäts- und Intelligenzmaßen (mit den latenten Variablen „Kreativität" und „Intelligenz") besteht[4].

„There is much evidence of substantial, positive correlations between IQ as measured by an intelligence test and certain creative talents, but the extent of the correlations is unknown" (Guilford, 1950, S. 446). Gelten Guilfords Worte noch heute? Die Klärung des Zusammenhangs zwischen Kreativität und Intelligenz wird nicht nur durch das Fehlen einer allgemein akzeptierten Definition von Kreativität (und den damit einhergehenden ganz unterschiedlichen Operationalisierungen) erschwert, sondern auch durch die Konkurrenz verschiedener Intelligenz-Modelle, die ebenfalls wiederum Intelligenz ganz unterschiedlich definieren und auch messen. Damit basiert die Vielzahl an Studien zum Zusammenhang von Kreativität und Intelligenz auf den verschiedensten Operationalisierungen der beiden Konstrukte. Im Folgenden soll daher zunächst eine kurze Übersicht zu den vorliegenden Ergebnissen in Abhängigkeit des jeweiligen Intelligenzmodells gegeben werden; im Anschluss werden die Befunde integriert.

4.1.1 Kognitive Stile: Kirtons Adaption-Innovation Styles

Wäre das Finden kreativer Lösungen gänzlich durch die Intelligenz vorherbestimmt, so müssten Personen mit identischen kognitiven Fähigkeiten auch zu den gleichen Lösungen kommen. Doch diese einfache Erklärung entspricht bei weitem nicht der Realität und auch in kontrollierten Untersuchungen lassen sich kreative Leistungen nicht ausreichend und alleine durch die Kenntnis der Intelligenz vorhersagen. Diese Beobachtung brachte Kirton (1976) auf die Idee, die verschiedenen Wege der Lösungsfindung genauer zu untersuchen. Es geht also weniger um die Frage „Wie gut ist eine Person darin, Probleme auf eine kreative Art zu lösen?", sondern vielmehr darum, „Welchen Denkstil bevorzugt eine Person bei der kreativen Lösung von Problemen?". Wie bei Tullett (1997) beschrieben, sind kognitive Stile unabhängig vom Intelligenzniveau. Unter kognitivem Stil (oder: Denkstil) wird die Art verstanden, in der ein Individuum ein Problem angeht, also welche Wege zur Problemlösung es beschreitet und wie es bestehende Ideen oder Konzepte kombiniert und dadurch neue Ideen generiert (Kirton, 1989). Tullett (1997) bezieht zusätzlich noch die Art Entscheidungen zu treffen und damit auch (organisationalen) Wandel voranzutreiben mit ein.

---

[4] Plucker (1999) führte eine Reanalyse mit den Daten der Langzeitstudie von Torrance durch und konnte für die latente Variable *Divergentes Denken* ebenfalls einen Zusammenhang in Höhe von β = .20 mit der latenten Variable *Intelligenz* finden.

Sollten sich Personen in der Art der Bearbeitung kreativer Fragestellungen unterscheiden, dann müssten sich diese verschiedenen kognitiven Stile auch beschreiben und messen lassen. Auf Basis des *Kirton's Adaptation-Innovation Inventory* (*KAI*, Kirton, 1976) können per Selbsteinschätzung über 32 Items zwei kognitive Stile als Pole eines Kontinuums erfasst werden: der *innovative* und der *adaptive* Stil. *Innovatoren* suchen und integrieren zur Lösung von Problemen unterschiedliche Informationen und verlassen dabei auch gerne den eigentlichen Problemkontext (Luh & Lu, 2012; Muñoz-Doyague, González-Álvarez & Nieto, 2008; Tullett, 1997). Gemäß ihrer Neigung, Dinge anders zu machen wie gehabt oder bekannt, definieren sie Problemstellungen auch mal um und schrecken nicht davor zurück, zur Lösungs- oder Entscheidungsfindung einen riskanteren Weg zu gehen und damit auch oftmals von der Norm, also der Mehrheitsmeinung oder organisationalen Standards, abzuweichen (Luh & Lu, 2012; Muñoz-Doyague et al., 2008; Potočnik & Anderson, 2013). *Adaptoren* hingegen sind ebenfalls an der kreativen und erfolgreichen Lösung von Problemen interessiert, allerdings beziehen sie in ihren Lösungen den Kontext der Fragestellung stärker mit ein (Tullett, 1997). In ihrem Wunsch, Dinge besser zu machen, akzeptieren sie gegebene Problemdefinitionen, greifen vornehmlich auf Informationen aus dem Umfeld zurück, halten sich eher an gegebene Abläufe und Arbeitsweisen und erzielen somit weniger von der Norm abweichende Ergebnisse (Luh & Lu, 2012; Muñoz-Doyague et al., 2008; Potočnik & Anderson, 2013). Im Wesentlichen unterscheiden sich Innovatoren von Adaptoren damit durch die kognitive Flexibilität bzw. die Fähigkeit, gewohnte kognitive Pfade zu verlassen und dadurch ganz konkret in ihrem herangezogenen Problemlöseraum und der Interaktion mit dem Umfeld, die wiederum für die Breite an verfügbaren Informationen maßgeblich ist (Houtz et al., 2003; Muñoz-Doyague et al., 2008; Tullett, 1997).

Nachdem die Unterscheidung in einen innovativen und einen adaptiven Stil die verschiedenen Problemlösungsstile sehr anschaulich verdeutlicht, überrascht es nicht, dass Kirtons kognitive Stile, aber auch alternative Denkstile (vgl. Clegg, Unsworth, Epitropaki & Parker, 2002; Kaufmann, 1979), sowohl in Forschung als in Praxis große Beachtung finden (Houtz et al., 2003; von Wittich & Antonakis, 2011). Wie aber steht es um deren psychometrische Güte? In welchem Maße eignen sich die kognitiven Stile zur Vorhersage kreativer Leistung? Und wie hängt beispielsweise das *KAI* mit konventionellen Intelligenz- oder Persönlichkeitsmaßen zusammen?

Kirton (1978) selbst fand keine Unterschiede im Kreativitätsniveau zwischen den beiden kognitiven Stilen. Dieses Ergebnis ist zunächst konform zu obiger Annahme, dass mit dem Kontinuum Adaptor - Innovator lediglich unterschiedliche Denkstile beschrieben werden, jedoch keine Aussage über die Höhe des kreativen Outputs getroffen wird. Schon bald jedoch sah man in der Definition des *Innovators* die kreative Person, und besonders den kreativen Mitarbeiter, viel trefflicher identifiziert (vgl. Ford, 1996; Muñoz-Doyague et al., 2008; Tierney,

Farmer & Graen, 1999; von Wittich & Antonakis, 2011). Demgemäß müssten *Innovatoren* als kreativer erkannt (und bewertet) werden als *Adaptoren*. Doch noch immer gilt, was Barron und Harrington (1981) bereits vor über 30 Jahren konstatierten: So verlockend der Einsatz kognitiver Stile zur Vorhersage kreativer Leistungen auch sein mag, die empirische Befundlage zu deren Kriteriumsvalidität ist nach wie vor sehr spärlich. Lowe und Taylor (1986) fanden einen Zusammenhang zwischen *KAI*-Ergebnissen und einer Selbsteinschätzung der kreativen Leistung im Beruf in Höhe von $r = .46^5$ ($p < .001$, $N = 93$ Forscher aus 3 Life-Science-Unternehmen). Höhere Werte im *KAI*, die eher den *innovativen* als den *adaptiven* Stil widerspiegeln, gehen folglich mit höherer (selbstberichteter) kreativer Leistung einher. Ähnliche Ergebnisse berichten Muñoz-Doyague et al. (2008) für eine auf 17 Items verkürzte Version des *KAI* und einer aus 53 Mitarbeitern einer Firma aus dem Automobilbereich bestehenden Stichprobe. Bei Luh und Lu (2012) erwies sich in einer Regression der Kreativität (erfasst über einen Selbstbeschreibungsfragebogen) auf die beiden kognitiven Stile nach Kirton, Geschlecht und das Studienjahr, lediglich der *innovative Stil* als signifikanter Prädiktor ($\beta = .33$, $p < .01$, $N = 276$ Studenten).

Eine Studie, die Kreativität nicht über ein Selbstbeschreibungsmaß zu erfassen sucht, sondern stattdessen das Vorgesetztenrating bezüglich Kreativität und zwei weitere objektive Kreativitätsmaße für Kreativität einbezieht, stellten Tierney et al. (1999) vor. Sie erhoben an ihrer aus 191 Mitarbeitern eines Chemieunternehmens bestehenden Stichprobe zusätzlich zum Vorgesetzenurteil noch die Anzahl eingereichter betrieblicher Verbesserungsvorschläge sowie die Anzahl veröffentlichter Forschungsberichte. Der mittels *KAI* eingeschätzte kognitive Stil korrelierte in Höhe von $r = .35$ ($p < .01$) mit dem Vorgesetzenurteil und zeigte auch zur Anzahl an Forschungsberichten einen, wenn auch geringeren, so doch signifikanten Zusammenhang ($r = .17$, $p < .05$). Für das Kriterium betriebliche Verbesserungsvorschläge ergab sich hingegen keine Korrelation ($r = .01$). Wie von Wittich und Antonakis (2011) zeigten, eignet sich das *KAI* nicht zur Vorhersage von Führungsstilen (berücksichtigt wurden der transformationale Führungsstil, Führung mit Contingent Rewards und Management by Exception).

Wie zur Frage der prädiktiven Validität liegen auch zur empiriebasierten Klärung der Konstruktvalidität des *KAI* noch relativ wenig Befunde vor (von Wittich & Antonakis, 2011). Muñoz-Doyague et al. (2008) sowie Tierney et al. (1999) bringen den *innovativen Stil* sensu Kirton mit *divergentem Denken* in Verbindung, bleiben aber eine empirische Überprüfung schuldig. Von Wittich und Antonakis (2011) durchsuchten das Thompson's Web of Science und konnten zwar 400 Artikel zu *Kirton's Adaption-Innovation Inventory* finden, bei einer

---

[5] Die 32 Items des *KAI* werden auf einer Skala von 1 – „sehr einfach" bis 5 – „sehr schwer" daraufhin beantwortet, wie leicht es einem falle, das jeweilige Verhalten zu zeigen. Als Adaptoren werden diejenigen bezeichnet, die einen Wert unter 96, also dem Mittelwert der Gesamtskala, erzielen. Personen mit über 96 Punkten werden als Innovatoren beschrieben.

Suche nach empirischen Studien zum *KAI*, bei denen die Originalskala eingesetzt wurde und die in Journals mit hohem *impact factor* bis zum Jahre 2009 publiziert wurden, konnten sie allerdings gerade noch 15 Studien identifizieren. Keine dieser Studien berücksichtigte zusätzlich Intelligenzmaße oder bezog die Messung der Big Five (s. Kapitel 4.2.2.2) mit ein. In ihrer eigenen Studie mit 213 Bachelor-Studenten setzten sie daher das *KAI* zusammen mit dem *NEO-PI-R* (Costa & McCrae, 1992) als Verfahren zur Messung der fünf globalen Persönlichkeitsdimensionen und den *Wonderlic Personnel Test* (Wonderlic, 1992) als Instrument zur Erfassung allgemeiner Intelligenz (*IQ*) ein. Während sich für das *KAI* zum IQ praktisch keine Korrelation ergab ($r = .01$), beliefen sich die Zusammenhänge zwischen dem *KAI* und den fünf Faktoren der Persönlichkeit auf moderate Höhen (zwischen $r = -.32$ für *Gewissenhaftigkeit* und .40 für *Offenheit für Erfahrungen*; alle Korrelationen signifikant mit $p < .001$). Für *Extraversion* ($r = .39$) und *Offenheit* ($r = .40$) zeigten sich die stärksten Zusammenhänge zum *KAI*. Insgesamt erklärte das Regressionsmodell unter Einbezug der Big Five und des IQ sowie demografischer Kontrollvariablen (Geschlecht, Alter, Nationalität, Sprache) 50.45 Prozent ($R^2 = .71$), wobei sich lediglich für die fünf Persönlichkeitsdimensionen signifikante partielle Betagewichte ergaben[6].

Die interne Faktorstruktur des *KAI* scheint aus drei Faktoren zu bestehen: hinreichende Originalität (*sufficiency of originality*), Effizenz (*efficiency*) und Regelbefolgung (*rule governance*) (Bagozzi & Foxall, 1995)[7]. Ng, A. K. und Rodrigues (2002) untersuchten den Zusammenhang der drei von Bagozzi und Foxall identifizierten Faktoren des *KAI* mit den Big Five (gemessen über den *NEO-FFI*) und konnten analog zu den Ergebnissen von von Wittich und Antonakis substantielle Korrelationen berichten. In ihrer Studie mit 164 Lehrern in Singapur korrelierte der Faktor *hinreichende Originalität* mit Extraversion ($r = -.43$, $p < .01$) und Offenheit für Erfahrungen ($r = -.40$, $p < .01$). *Regelbefolgung* hing mit Gewissenhaftigkeit ($r = .41$, $p < .01$) und Offenheit für Erfahrungen ($r = -.38$, $p < .01$) zusammen. Und für *Effizienz* ergaben sich starke Zusammenhänge zur Gewissenhaftigkeit ($r = .73$, $p < .01$). Die Zusammenhänge der drei Faktoren des *KAI* mit Verträglichkeit und Neurotizismus waren schwach (.08 bis .19) und wurden nicht signifikant. Diesen Ergebnissen zufolge, lässt sich die Unterscheidung in einen *innovativen* bzw. *adaptiven Stil* zum größten Teil auf Basis der Big Five vorhersagen. Von Wittich und Antonakis (2011) sehen daher keinen inkre-

---

[6] Diese Ergebnisse beruhen auf der Berechnung einer OLS-Regression. Bei Berechnung einer EIV-Regression, die Messfehler berücksichtigt, steigt die aufgeklärte Varianz auf 66.54 Prozent. Zusätzlich zu den Big Five geht dann auch die Variable Geschlecht mit signifikantem partiellen Betagewicht (.13, $p > .01$) als Prädiktor mit ein.

[7] Kirton (1976) fand ebenfalls drei Faktoren, die er als *Originality*, *Methodical Weberianism* und *Metronian Conformist* bezeichnete und die durch Bagozzi und Foxall (1995) weitestgehend repliziert wurden.

mentellen Beitrag zur Erklärung individueller Verhaltensweisen oder Leistungen über die Messung der fünf globalen Persönlichkeitsdimensionen hinaus. Zusammengefasst stellen kognitive Stile, wie beispielsweise Kirtons *innovativer* vs. *adaptiver Stil*, zwar eine spannende Typologisierung dar. Aber es muss gefragt werden „Are cognitive styles still in style?" (Sternberg & Grigorenko, 1997, S. 700). Trotz einiger Befunde zur Kriterienvalidität, ist ihre diskriminante und konvergente Konstruktvalidität (noch) nicht ausreichend bestimmt und der inkrementelle Nutzen über konventionelle Maße der differenziellen Psychologie damit unklar. Die weitere Forschung wird zeigen, ob diese Lücken geschlossen werden können. Zum jetzigen Wissensstand sollen die kognitiven Stile im Rahmen dieser Arbeit jedoch nicht weiter verfolgt werden.

4.1.2 Intelligenzstrukturmodelle

Neben kognitiven Stilen liegen mit dem *Modell der fluiden und kristallinen Intelligenz* nach Cattell (1943), dem *Strukturmodell der Intelligenz* (im Englischen: *Structure of Intellect, SOI*; Guilford & Hoepfner, 1976) sowie dem *Berliner Intelligenzstruktur-Modell* (*BIS*; Jäger, 1982) auch komplexere Intelligenzmodelle vor. Im Vergleich zu weiteren Strukturmodellen der Intelligenz, wie etwa dem *Hierarchischen Rahmen- bzw. Protomodell der Intelligenzstrukturforschung* (*HPI*; Liepmann, Beauducel, Brocke & Amthauer, 2007), kommt den Strukturmodellen *SOI* und *BIS* insofern eine besondere Bedeutung zu, als sie Kreativität als explizites Strukturelement enthalten.

4.1.2.1 Das Modell der fluiden und kristallinen Intelligenz nach Cattell

Das Modell der fluiden und kristallinen Intelligenz verzichtet auf ein Maß allgemeiner Intelligenz (häufig als *g* für *general intelligence* bezeichnet). Vielmehr wird das Intelligenzkonzept in zwei Facetten aufgeteilt: fluide und kristalline Intelligenzleistungen (Cattell & Horn, 1978). Unter *fluider Intelligenz* (g_f) wird die generelle Fähigkeit zusammengefasst, zwischen Merkmalen – ganz gleich ob bereits bekannt oder noch unbekannt – unterscheiden zu können und Beziehungen zwischen ihnen zu erkennen (Cattell, 1943). Fluide Intelligenz ist abhängig von neurophysiologischer Gesundheit, ist die Grundlage des Lernens und repräsentiert die Fähigkeit zum schnellen und analytischen (deduktiven und induktiven) Denken und Lösen neuartiger Probleme, bei denen das Zurückgreifen auf vorherige Erfahrungen oder angelerntes Wissen nicht hilfreich ist (Ackerman, 1996; Cattell & Horn, 1978; Johnson, W. & Bouchard Jr, 2005; McGrew, 2009). *Kristalline Intelligenz* (g_c) hingegen stellt die Fähigkeit dar, eben jenes erlernte Wissen, das über die Zeit und in Abhängigkeit kulturspezifischer „Interessen" durch formelle oder informelle Bildung bzw. generelle Lebensereignisse erworben wurde, zur Problemlösung einzusetzen (Ackerman, 1996; McGrew, 2009). Unter kristalliner Intelligenz wird vornehmlich sprachbasiertes deklaratives („wissen was") und prozedurales („wissen wie") Wissen subsummiert (McGrew, 2009). Während fluide Intelligenz sich weitestgehend unabhängig von erworbenem Wissen manifestiert, hängt der Aufbau kristalliner Intelligenz maßgeblich vom Ausprägungsgrad der fluiden Intelligenz ab (Cattell, 1943; Johnson, W. & Bouchard Jr, 2005).

Cattell verstand kreative Leistungen im wirklichen Leben als vornehmlich durch fluide Intelligenz zustande kommend. Den Einfluss von kristalliner Intelligenz und Persönlichkeitsfaktoren sah er als nachgeordnet an (Sternberg & O'Hara, 1999). In den wenigen Studien, die den Zusammenhang zwischen Kreativität und Intelligenz auf Basis des Cattell'schen Intelligenzmodells untersucht haben, lässt sich entsprechend auch ein Zusammenhang zwischen fluider Intelligenz und dem Kreativitätsmaß (hier: Bilden kreativer Metaphern bzw. Selbstbeschreibung der Kreativität) aufzeigen (Batey, Chamorro-Premuzic & Furnham, 2010; Beaty & Silvia, 2013; Silvia & Beaty, 2012). Andere Studien hingegen finden keinen Zusammenhang zwischen fluider Intelligenz und Kreativität. Einen interessanten Ansatz zur Klärung des Zusammenhangs zwischen Kreativität und Intelligenz führten Rossman und Horn (1972) durch. Sie legten einer (leider recht kleinen) Stichprobe von 188 Kunst- und Maschinenbaustudenten verschiedene Intelligenztests, Kreativitätsverfahren und Persönlichkeitsskalen, die sich zuvor als mit Kreativität korreliert erwiesen hatten, zur Bearbeitung vor. Bei der anschließenden faktorenanalytischen Auswertung konnten sie acht Faktoren identifizieren, darunter fluide Intelligenz, kristalline Intelligenz und „broad fluency". Mit den sieben erhobenen Peer- und Selbsteinschätzungen kreativer Leistung zeigten sich jedoch nur für den Faktor broad fluency signifikante und vor allem moderate Zusammenhänge. Weder für den Faktor fluide Intelligenz noch für kristalline Intelligenz ließen sich signifikante und beachtenswerte Zusammenhänge zu den erhobenen Kreativitätskriterien identifizieren.

Beauducel und Kersting (2002) untersuchten in ihrer Studie den empirischen Bezug zwischen dem *Modell der fluiden und kristallinen Intelligenz* und dem *Berliner Intelligenzstruktur-Modell* (*BIS*, s. Kapitel 4.1.2.3). Kreativität (im *BIS* mit Einfallsreichtum, in dieser Studie als fluency bezeichnet) erwies sich zwar in der explorativen Faktorenanalyse als mit g_f assoziiert. In der konfirmatorischen Faktorenanalyse war Kreativität hingegen besser durch g_c repräsentiert. Ein noch passenderes Modell ergab sich bei Modellierung eines zusätzlichen Pfades zwischen fluency und g_f. Beauducel und Kersting weisen darauf hin, dass die Befunde ihrer Studie keine Verallgemeinerung für das globale Kreativitätskonstrukt erlauben. So haben sie Einfallsreichtum lediglich über Flüssigkeit (die Anzahl an Antworten) erfasst und die Unterschiedlichkeit der Antworten nicht berücksichtigt, ebenso wurden die Aufgaben zum numerischen Einfallsreichtum weggelassen.

Der Nutzen des Cattell'schen Intelligenzmodells mit der Unterscheidung in fluide und kristalline Intelligenzfaktoren bleibt für die Vorhersage kreativer Leistungen allenfalls spekulativ (Barron & Harrington, 1981). Generell steht das Modell trotz seiner historischen Bedeutung und weiten Verbreitung stark in der Kritik (Ackerman, 1996). Denn wie Johnson, W. und Bouchard Jr (2005) vorhergehende Studien zur Prüfung des Modells zusammenfassen, sind fluide Intelligenz sensu Cattell (g_f) und allgemeine Intelligenz (g) effektiv äquivalent. Neben der fraglichen theoretischen Trennung von g_f und g wies Carroll auf die Problematik der Messung reliabler und von g unabhängiger g_f-Maße hin (Carroll, 2003; zitiert nach Johnson, W. & Bouchard Jr, 2005, S. 396). Die Weiterentwicklung des Catell'schen Intelligenzmodells durch die Verbindung mit der *Three-Stratum-Theorie* der Intelligenz von Carroll (1993, 1996, 1997) zur *Cattell-Horn-Carroll-Theorie* (McGrew, 2005, 2009) verspricht diese Kritikpunkte zu entkräften. Inwiefern kreative Leistungen auf Basis des CHC-Modells erklären lassen, muss erst noch empirisch überprüft werden.

4.1.2.2   Strukturmodell der Intelligenz (SOI)

Von J.P. Guilford stammt eines der früheren und mit Sicherheit eines der umfangreichsten Modelle zur Intelligenzstruktur – *das Strukturmodell der Intelligenz (SOI)*. Nachdem mittels der seit kurzem verfügbaren Faktorenanalyse zahlreiche intellektuelle Fähigkeiten identifiziert waren, suchte Guilford Anfang der 1950er Jahre nach einem theoretischen Modell, das die Beziehungen der speziellen Intelligenzleistungen zueinander erklären konnte und die primären intellektuellen Fähigkeiten in einem einzigen System zusammenfasst. Nachdem vorherige Intelligenzmodelle bereits einen hierarchischen Aufbau beinhalteten und Spearmans g an oberster Stelle integrierten, wich Guilford in seinem Modell wieder von einem hierarchischen Konzept ab und ordnete sein Strukturmodell der Intelligenz in „die Kategorie der ‚morphologischen' Modelle" ein" (Guilford & Hoepfner, 1976, S. 32).

Nach Guilford lässt sich jede kognitive Fähigkeiten (und damit auch jedes Item, das diese Fähigkeit zu erfassen sucht) durch drei Parameter beschreiben: Operationen, Inhalte und Produkte. Unter *Operationen* werden die fünf Hauptarten intellektueller Aktivitäten oder informationsverarbeitender Prozesse angeordnet: Kognition, Gedächtnis, Divergente Produktion, Konvergente Produktion und Evaluation. Die zweite Dimension umfasst die *Inhalte* bzw. die Bereiche der verarbeiteten Informationen: Figural, Symbolisch, Semantisch und Verhalten. Letztlich werden in einer dritten Dimension die *Produkte* informationsverarbeitender Aktivitäten klassifiziert. Guilford unterscheidet hier anhand der formalen Art der Informationen nach Einheiten, Klassen, Beziehungen, Systeme, Transformationen und Implikationen. Durch die Kombination der fünf mal vier mal sechs Ausprägungen ergeben sich somit insgesamt 120 differenzierte Fähigkeiten. Abbildung 5 stellt den aus den drei Dimensionen aufgespannten Würfel des *Strukturmodells der Intelligenz* von Guilford dar.

Abbildung 5:   Guilfords Strukturmodell der Intelligenz

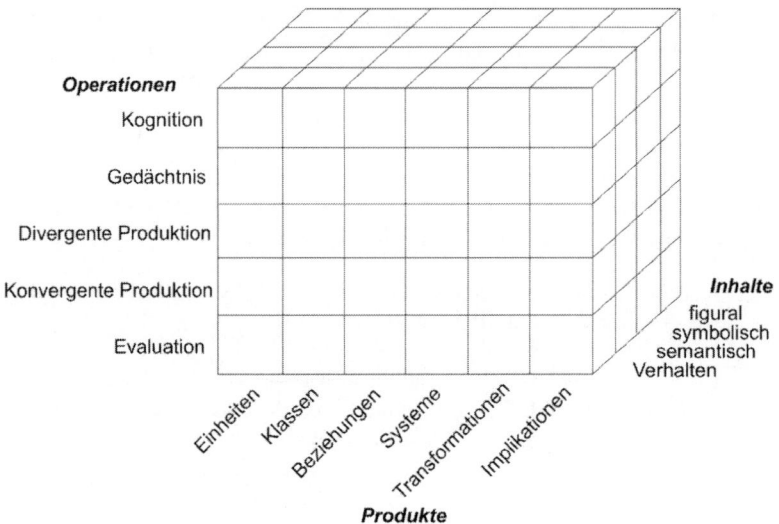

Trotz der Komplexität des Modells deutete Guilford bereits bei dessen Vorstellung an, dass noch weitere Fähigkeiten identifiziert werden könnten (Guilford & Hoepfner, 1976). So unterteilte er später den figuralen Inhaltsfaktor in einen visuellen und einen auditiven Inhaltsbereich (Guilford, 1982). Zudem revidierte Guilford seine anfänglich abwehrende Haltung gegenüber Intelligenzstrukturmodellen mit hierarchischem Aufbau. Spätere Prüfungen des Modells hatten nämlich das orthogonale Verständnis der einzelnen Operations-, Inhalts- und Produktfaktoren zueinander nicht bestätigt und vielmehr übergeordnete Faktoren aufgezeigt (Guilford, 1982).

Die Struktur des *SOI* wurde aufgrund der Überfaktorisierung und anderer methodischer Unzulänglichkeiten bei seiner empirischen Prüfung rasch als für die Intelligenzforschung weder haltbar noch nützlich eingestuft (Barron & Harrington, 1981; Carroll, 1993; Undheim & Horn, 1977). Ironischerweise ist ihm für die Kreativitätsforschung hingegen ein anregender und langfristiger Einfluss zu bestätigen (Barron & Harrington, 1981; Nusbaum & Silvia, 2011). So wird die Arbeit Guilfords heute hoch geschätzt, auch wenn ein derart komplexes Modell für die praktische Anwendung in der Diagnostik weder praktikabel noch empirisch ausreichend gesichert ist. Durch die Einbindung der *Divergenten Produktion* räumte Guilford dem kreativen Denken jedoch einen expliziten Platz im kognitiven Fähigkeitsbereich ein und gab besonders der Forschung zum Divergenten Denken Auftrieb.

Im *SOI* wird *Divergente Produktion* wie folgt definiert: „Entwicklung logischer Alternativen aus gegebener Information, wobei die Betonung auf der Verschiedenheit, der Menge und der Bedeutung der Ergebnisse aus der gleichen Quelle liegt. Beinhaltet wahrscheinlich auch die Erinnerung an Transfer (ausgelöst durch neue Hinweise)" (Guilford & Hoepfner, 1976, S. 34). Aus dieser Definition lassen sich damit auch bereits die grundlegenden Auswertungsmöglichkeiten von Kreativitätstests ableiten. So können die Antworten anhand der *Antwortflüssigkeit* (Menge), der *Flexibilität* der Antwortkategorien (Verschiedenheit) oder der *Originalität* der Antworten (Bedeutung der Ergebnisse i.S.v. seltenere Lösungen werden als kreativer beurteilt) bewertet werden.

Interessanterweise lehnte Guilford (1971) selbst eine Gleichsetzung von Kreativität mit *Divergenter Produktion* ab und wies darauf hin, dass an der Entstehung kreativer Leistungen weitere kognitive Fähigkeiten beteiligt sind. Dieser Hinweis wurde später jedoch von vielen Anhängern des Divergenten Denkens ignoriert (s. Kapitel 4.1.3.) und die *Divergente Produktion* bzw. das *Divergente Denken* als dominanteste oder gar alleinige kognitive Komponente bei der Erbringung kreativer Leistungen betrachtet.

Manche der bereits von Guilford selbst vorgeschlagenen Tests zur Prüfung der 24 divergenten Fähigkeiten kommen noch immer in zahlreichen Kreativitätstests zum Einsatz. Allen voran ist hier sicherlich der *Alternate-Uses-Test* zu nennen, bei dem die Testanden die Abbildung eines Ziegelsteins präsentiert bekommen und nun möglichst viele bzw. möglichst unterschiedliche alternative Verwendungsmöglichkeiten listen sollen. Aufgaben zu Alternate Uses finden sich beispielsweise im *Berliner Intelligenzstruktur-Test* (Jäger, Süß & Beauducel, 1997) oder in den *Torrance Tests of Creative Thinking* (*TTCT*; Torrance, 1966). Bei Auswertung der Anzahl an Lösungen (*Flüssigkeit*) wird die Kombination aus Operation, Inhalt und Produkt *Divergente Produktion + Semantisch + Einheit* abgebildet. Bei der Auswertung der *Flexibilität* der Antworten, wird die Verknüpfung von *Divergente Produktion + Semantisch + Klasse* geprüft.

4.1.2.3   Berliner Intelligenzstruktur-Modell (BIS)

Gute 30 Jahre nach der Vorstellung des *SOI*-Modells, legte Jäger ein weiteres Intelligenzstrukturmodell vor (Jäger, 1984). Dessen Entwicklung, hier dargestellt nach Jäger et al. (1997), unterscheidet sich jedoch wesentlich von den vorhergehenden Intelligenz(struktur)modellen, denn die Formulierung der kognitiven Fähigkeiten basiert auf einer Abfolge von induktiven und deduktiven Schritten. So wurde zunächst ein Aufgabeninventar von über 2 000 Items herangezogen, in dem alle Typen der bis dato vorliegenden Intelligenz- und Kreativitätstests repräsentiert waren. Aus dieser umfassenden Aufgabensammlung wurden letztlich 191 Aufgaben bzw. 98 Aufgabentypen einer Gruppe Berliner Abiturienten ($N = 545$) vorgegeben. Nach empirischer Analyse mittels Faktoren- und Clusteranalysen sowie weiterer konzeptioneller und modellprüfender Schritte wurde das in Abbildung 6 dargestellte *Berliner Intelligenzstruktur-Modell (BIS)* vorgestellt.

Abbildung 6:   Berliner Intelligenzstruktur-Modell (BIS)

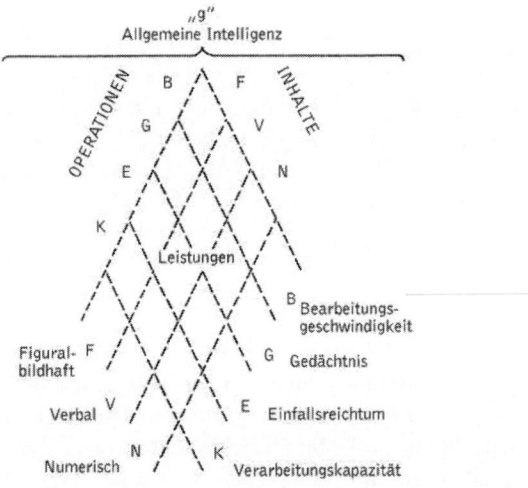

Das *BIS*-Modell postuliert im Gegensatz zu Guilfords *SOI*-Modell und im Einklang mit zahlreichen alternativen Intelligenzstrukturmodellen eine hierarchische Struktur. Auf oberer Ebene steht als Integral aller Fähigkeiten die *Allgemeine Intelligenz* (vergleichbar mit Spearmans *g*). Auf zweiter Ebene liegt eine bimodale Klassifikation vor. Die Fähigkeitskonstrukte lassen sich nach *Operationen* und *Inhalten* einordnen. Die Operationen sind: Bearbeitungsgeschwindigkeit, Gedächtnis/Merkfähigkeit, Einfallsreichtum und Verarbeitungskapazität. Bei den inhaltsgebundenen Fähigkeiten werden anschauungsgebundenes, figuralbildhaftes Denken (Figural), sprachgebundenes Denken (Verbal) und zahlengebundenes Denken (Numerisch) unterschieden. Damit ergeben sich neben der Allgemeinen Intelligenz 12 Zellen, die jeweils eine lineare Kombination einer

Operation und eines Inhalts enthalten und somit auch die Erfassung spezifischerer kognitiver Fähigkeiten erlauben. Im Gegensatz zu Guilford, der streng orthogonale Dimensionen und damit unabhängige Fähigkeiten postulierte, erlaubt das *BIS*-Modell Zusammenhänge zwischen einzelnen Fähigkeitskonstrukten und damit auch die Aggregation dieser zur Allgemeinen Intelligenz (*g*). Über den zugehörigen *Berliner Intelligenzstruktur-Test* (aktuell in der 4. Form, BIS-4; Jäger et al., 1997) kann Intelligenz basierend auf dem BIS-Modell getestet werden. Im Manual des *BIS-4* (S. 4) fassen die Autoren die drei Kernannahmen des Modells zusammen:

(1) An jeder Intelligenzleistung sind (neben anderen Bedingungen) alle intellektuellen Fähigkeiten beteiligt, allerdings mit deutlich unterschiedlichen Gewichten. Die Varianz jeder Leistung lässt sich in entsprechende Komponenten zerlegen.

(2) Intelligenzleistungen und Fähigkeitskonstrukte lassen sich unter verschiedenen – hier Modalitäten genannten – Aspekten klassifizieren. Vorerst wurde nur eine bimodale Klassifikation – Operationen/Inhalte – spezifiziert.

(3) Fähigkeitskonstrukte sind hierarchisch strukturiert, d.h. sie lassen sich unterschiedlichen Generalitätsebenen zuordnen.

Betrachtet man die Erläuterung von *Einfallsreichtum*, so wird schnell ersichtlich, dass nach Guilfords früheren Bestrebungen die Kreativität mit dieser Operation erneut einen festen Platz in einem Intelligenzstrukturmodell erhalten hat. Einfallsreichtum wird definiert als „Flexible Ideenproduktion, die Verfügbarkeit vielfältiger Informationen, Reichtum an Vorstellungen und das Sehen vieler verschiedener Seiten, Varianten, Gründe und Möglichkeiten von Gegenständen und Problemen voraussetzt, wobei es um problemorientierte Lösungen geht, nicht um ein ungesteuertes Luxurieren der Phantasie" (Jäger et al., 1997, S. 6). Die *BIS-4*-Autoren sehen Einfallsreichtum nicht als Substitut von Kreativität an, sondern als „eine ihrer zentralen Komponenten" (S. 7) neben beispielsweise Originalität. Dennoch erscheint ihnen die Berücksichtigung kreativen Denkens als unabdingbar, da Problemlöseprozesse nur „im Wechsel von kreativ divergenten mit konvergenten Phasen" (S. 7) erfolgreich gemeistert werden können.

Dass Einfallsreichtum tatsächlich einen wichtigen Zusammenhang zu Allgemeiner Intelligenz aufweist, zeigt sich in der absoluten Korrelation des Einfallsreichtums-Faktorwerts mit Allgemeiner Intelligenz, die sich auf .56 beläuft (Jäger et al., 1997). Des weiteren weist Einfallsreichtum nach Verarbeitungskapazität die zweithöchste Korrelation zur obersten Fähigkeitsebene, der Allgemeinen Intelligenz, auf und trägt damit stärker zu diesem generellen Intelligenzmaß bei als Merkfähigkeit oder Bearbeitungsgeschwindigkeit.

Einfallsreichtum aus dem *BIS-4*, gemessen mit je vier Aufgaben in den drei Inhaltskategorien, korreliert zu $r = .63$ ($p < .01$) mit dem Kreativitätstest *Diagnose berufsbezogener Kreativität – Planung und Gestaltung* (*DBK-PG*; Schuler, Gelléri, Winzen & Görlich, 2013). Nach Auspartialisierung von *g* zeigt sich immer noch ein Zusammenhang von $r = .61$ ($p < .01$). Im Vergleich dazu korreliert die *DBK-PG* zu $r = .38$ ($p < .01$) mit der *Allgemeinen Intelligenz* gemessen mittels *BIS-4*. Wird hier wiederum Einfallsreichtum aus der Allgemeinen Intelligenz auspartialisiert, so ergibt sich ein Zusammenhang von $r = .24$ ($p < .01$). Einfallsreichtum mag also eine wichtige Komponente in der Intelligenzstruktur darstellen, erfasst aber doch mehr als „nur" Intelligenz und zeigt sich wie erwartet mit Kreativität assoziiert.

4.1.3   Divergentes vs. konvergentes Denken

Das bei der Klärung des Zusammenhangs von Intelligenz und Kreativität am häufigsten betrachtete Konstrukt ist *Divergentes Denken*. Divergentes Denken war unter der Bezeichnung *Divergente Produktion* bereits in Guilfords SOI-Modell als „Hauptart intellektueller Aktivitäten oder Prozesse" (Guilford & Hoepfner, 1976, S. 34) angeführt und umfasst die „Entwicklung logischer Alternativen aus gegebener Information, wobei die Betonung auf der Verschiedenheit, der Menge und der Bedeutung der Ergebnisse aus der gleichen Quelle liegt. Beinhaltet wahrscheinlich auch die Erinnerung an Transfer (ausgelöst durch neue Hinweise)". Im Gegensatz zum Divergenten Denken wird das *Konvergente Denken* bzw. die *Konvergente Produktion* gesehen, das wie folgt beschrieben wird: „Entwicklung logischer Schlussfolgerungen aus gegebener Information, wobei die Betonung auf dem Erreichen der einzigen oder im üblichen Sinne besten Lösung liegt. Es ist wahrscheinlich, dass die gegebene Information (der Hinweis) das Ergebnis wie in Mathematik oder der Logik vollständig determiniert" (Guilford & Hoepfner, 1976, S. 34).

Während Konvergentes Denken also die Fähigkeit darstellt, auf die gewünschte Richtiglösung zu kommen und damit am anschaulichsten durch Rechenaufgaben repräsentiert wird, erfordert Divergentes Denken das offene, ungerichtete und damit freie Denken, das ganz unterschiedliche, vielleicht sogar gegensätzliche Lösungen zulässt. Divergentes Denken wird sehr häufig durch Aufgaben vom Typ „Was könnte man mit einem Ziegelstein alles machen?", also der Frage nach unterschiedlichen und vor allem auch ungewöhnlichen Verwendungsmöglichkeiten (unusual uses) erfasst. Demgemäß ermöglicht Divergentes Denken das Generieren vielfältiger Lösungen in einem offenen Problemraum (Ford, 1996) und stellt damit eine Grundvoraussetzung zur Erbringung kreativer Leistungen dar (Hocevar, 1980; Muñoz-Doyague et al., 2008). Divergentes Denken gilt als die vorherrschende kognitive Komponente von Kreativität (Mumford & Gustafson, 1988; Scratchley & Hakstian, 2000-2001).

Doch auch wenn die Definition von Divergentem Denken eine Gleichsetzung von Divergentem Denken und Kreativität, wie sei bei manchen Forschern vorkommen mag, nahezulegen scheint, wird dies der Kreativität nicht gerecht. Viel eher fungiert Divergentes Denken als Prädiktor und stellt eine zwar notwendige, jedoch nicht hinreichende kognitive Bedingung für Kreativität dar (Amabile, 1983; Batey & Furnham, 2006; Hell, 2003; Runco, 2006; Sternberg & Lubart, 1991).

Sowohl in Guilfords *SOI*-Modell als auch in Jägers *BIS*-Modell findet sich Divergentes Denken bzw. Einfallsreichtum (s. Kapitel 4.1.2) und soweit ist Divergentes Denken auch als Bestandteil Allgemeiner Intelligenz akzeptiert. Wie aber stehen Divergentes Denken und die weiteren Fähigkeitskomponenten bzw. *g* als Maß der Allgemeinen Intelligenz zueinander? Wie Hell (2003) ausführt, ist diese Frage intensiv beforscht worden und mittlerweile liegen allerhand Studien, jedoch mit widersprüchlichen, Ergebnissen vor.

Lange Zeit galt zum Zusammenhang von Kreativität und Intelligenz die *threshold theory*, die sich bereits in frühen Kreativitätspublikationen findet (Getzels & Jackson, 1962; Guilford, 1967; Torrance, 1962), tatsächlich aber noch früher ihren Ursprung bei Spearman (1927) hat. Nachdem sich unter einem IQ von rund 120 Punkten moderate bis vergleichsweise hohe Korrelationen zwischen Intelligenz und Divergentem Denken finden ließen, über diesem Schwellenwert Kreativität und Intelligenz jedoch nahezu unkorreliert erschienen, ging man von separaten Konstrukten aus (Kim, 2005). Mittlerweile hat sich diese Annahme jedoch empirisch nicht bestätigt (Kim, 2005; Preckel, Holling & Wiese, 2006). Vielmehr lassen sich die unterschiedlichen Korrelationen zwischen Maßen des Divergenten Denkens und allgemeineren Intelligenzmaßen wahrscheinlich auf die bei Krampen (1993) angeführten Faktoren zurückführen: (1) Ähnlichkeit der Testbedingungen bei der Erfassung konvergenter und divergenter Leistungen, (2) sprachliche Determiniertheit der Aufgaben und (3) Heterogenität der Stichproben. Sind diese drei Bedingungen hoch ausgeprägt – starke Ähnlichkeit der Testbedingungen, verballastige Items und stark heterogene Stichproben – so sieht Krampen eine gemeinsame Varianz von Intelligenz und Divergentem Denken von 25 Prozent.

Neuere Forschungsergebnisse zum Zusammenhang von Divergentem Denken und Intelligenz deuten darauf hin, dass die gemeinsame Varianz vermutlich besonders durch die *Informationsverarbeitungsgeschwindigkeit* (*mental speed*) erklärt werden kann. Zumeist werden Tests zum Divergenten Denken über die Anzahl gegebener (divergenter) Antworten ausgewertet. Je mehr Lösungen ein Testand also zum Beispiel auf die Frage nach denkbaren Verwendungsmöglichkeiten eines Ziegelsteins hat, desto höher wird seine Punktzahl im Test ausfallen. Personen, denen es gelingt, Informationen schneller zu verarbeiten und ihre

Ideen rasch zu äußern, werden demnach höhere Werte im Divergenten Denken erzielen (Batey, Furnham & Safiullina, 2010). In der Studie von Preckel, Wermer und Spinath (2011) moderierte mental speed gar die gesamte Korrelation zwischen Divergentem Denken und Konvergentem Denken (reasoning). Nach Kontrolle für mental speed zeigte sich keine Korrelation mehr zwischen den beiden kognitiven Fähigkeiten. Vartanian, Martindale und Matthews (2009) zeigen, dass höhere Werte im Divergenten Denken auch mit der Fähigkeit einhergehen, zwei Konzepte schneller bezüglich ihrer Ähnlichkeit erkennen zu können – so z. B. „table" und „chair" als ähnliche oder „table" und „smooth" als verschiedene Konzepte. Unter zusätzlicher Berücksichtigung von Binnenanalysen des Konstruktraums Intelligenz resümiert Hell (2003, S. 72) daher treffend: Bei Divergentem Denken handelt es sich „also um eine distinktive kognitive Fähigkeit, die aber dennoch eng mit Allgemeiner Intelligenz kovariiert. Daher erscheint es sinnvoll, Divergentes Denken in Modelle der Allgemeinen Intelligenz zu implementieren."

Divergentes Denken mag also als besonders kreativitätsnahe kognitive Fähigkeit mit Kreativität korreliert sein, keineswegs jedoch sind die beiden Konzepte synonym zu verstehen oder zu gebrauchen. Trotzdem finden sich Studien, in denen Tests zum Divergenten Denken als Kreativitätskriterium eingesetzt werden. Berechtigterweise wird dieses Vorgehen kritisiert (Batey & Furnham, 2006; Hocevar, 1980; Nicholls, 1972). Über diese Kritik hinaus werden in der Literatur an Tests zum Divergenten Denken[8] auch noch weitere Punkte bemängelt. Zeng, Proctor und Salvendy (2011) kategorisieren diese in vier Gruppen: (1) mangelnde Konstruktvalidität, (2) Missachtung domänenabhängiger Validität und mangelnder Einbezug der Expertise, (3) schwache Kriterienvalidität, mangelnd ökologische und geringe diskriminante Validität und (4) keine Berücksichtigung des kreativen Prozesses.

Die noch weitgehend dünne Befundlage zur Abgrenzung von Intelligenz, Divergentem Denken und Kreativität wurde soeben bereits andiskutiert und soll an dieser Stelle nicht weiter vertieft werden. Auch die Frage nach domänenabhängiger Validitäten für Divergentes Denken soll hier nicht behandelt werden; dieser Punkt wird in Kapitel 4.1.4 gesondert aufgegriffen. Der dritte Kritikpunkt hinsichtlich der ökologischen und prädiktiven Validität von Divergentem Denken gibt noch immer Anlass zu kontroversen Diskussionen für und wider den Einsatz entsprechender Testverfahren zur Kreativitätsdiagnostik. So wird einerseits das Konzept des freien „Sprudelns an Ideen" als augenscheinvalide Repräsentation kreativer Leistungen gesehen (und anhand der Brainstorming-Methode auch reichlich praktiziert). Zudem ermöglicht eine Auswertung der Ideenflüssig-

---

[8] Für Reviews zu Tests des Divergenten Denkens sei auf Hocevar und Bachelor (1989) und Houtz und Krug (1995) verwiesen. Die prominentesten Tests – der Torrance Test of Creative Thinking (Torrance, 1966) sowie das Verfahren von Wallach und Kogan (Wallach & Kogan, 1965a) – werden bei Hell (2003) kurz beschrieben und bei Kim (2011) und Silvia (2008b) umfassend bewertet.

keit (Anzahl der Ideen) eine vergleichsweise einfache und schnelle Administration dieser Tests (Batey & Furnham, 2006). Andererseits werden die Aufgaben in Tests zum Divergenten Denken jedoch häufig als zu alltagsfern und simpel angesehen und damit gerade für den Einsatz im organisationalen Umfeld als weder augenschein- noch inhaltsvalide kritisiert. Dass eine Verbesserung der Inhaltsvalidität und Erhöhung der Komplexität nicht nur die Akzeptanz erhöhen sollte, sondern v.a. auch zu einer Validitätssteigerung führen kann, zeigen Okuda, Runco und Berger (1991).

Allerdings wurde diese Studie an Schülern der vierten, fünften und sechsten Klasse durchgeführt. Damit offenbart sich eine große Schwäche der bisherigen Befunde zur Kriteriumsvalidität von Tests zum Divergenten Denken: es liegen nur sehr wenige Studien mit Erwachsenen-Stichproben vor. Noch geringer ist der Anteil an Studien, in denen die Eignung von Tests zum Divergenten Denken für die Vorhersage von kreativen Leistungen in realen Berufskontexten untersucht wurden. Bei Hell (2003) werden die wenigen (Einzel-)Befunde getrennt nach den Bereichen wissenschaftlich-technische Domäne und gestalterisch-künstlerische Domäne vorgestellt. Vier Studien, die doch einen Einblick in die Prognosekraft von Tests zum Divergenten Denken im Berufsumfeld erlauben, werden nachfolgend vorgestellt.

In einer frühen Meta-Analyse ergab sich für die Vorhersage von Berufserfolg im wissenschaftlich-technischen Bereich (operationalisiert über Vorgesetztenurteile, Kollegenurteile (peer ratings) und Ergebniskriterien) durch Kreativitätsverfahren (die wiederum aus Skalen für Einfallsreichtum, Tests zum Divergenten Denken und Wortassoziationen bestanden) eine artefaktkorrigierte mittlere Validität von .30 (Funke, Krauss, Schuler & Stapf, 1987). Für fachspezifische Fähigkeits- und Kreativitätstests zeigte sich eine gering höhere Validität von .32. Intelligenztests sagten Berufserfolg in diesem Bereich nur zu einem bemerkenswert geringen Teil voraus (artefaktkorrigierte mittlere Valdität: .16), was den Autoren zufolge vornehmlich auf Varianzeinschränkungen im Prädiktor zurückzuführen war.

Aber auch für Verkaufs- und Management-Tätigkeiten erwiesen sich Tests zum Divergenten Denken als valide Prädiktoren beruflichen Erfolgs. So zeigten sich bei Verkäuferinnen mit besserem Kundenservice auch höhere Werte Divergenten Denkens als bei ihren weniger kundenorientierten Kolleginnen (Wallace, 1961; zitiert nach Batey & Furnham, 2006, S. 366). Erfolgreiche Verkäuferinnen scheinen demgemäß ihre divergenten kognitiven Fähigkeiten zur Problemlösung im Kundenkontakt einzusetzen. Die Bedeutung Divergenten Denkens für Managementtätigkeiten zeigten Scratchley und Hakstian (2000-2001) auf. Bei einer Stichprobe von 212 Managern wurden drei Skalen zur Erfassung der Kreativität eingesetzt: *global change*, eine Skala mit 8 Items, die Vorschläge und Beiträge zu grundlegenden Änderungen bezüglich der Produkte, Services und Prozesse im Unternehmen erfasst, *incremental change*, eine Skala mit 8 Items, die Ideen für kleinere oder inkrementelle Änderungen im Unternehmen erhebt und *general managerial creativity*, eine Skala mit 24 Items, die generell innovationsrelevantes Verhalten bei Managern misst. Divergentes Denken korrelierte mit *global change* in Höhe von $r = .27$ ($p < .01;$), mit *incremental change* zu $r = .06$ ($p < .05$) und mit *general managerial creativity* in Höhe von $r = .27$ ($p < .01$; alle drei Korrelationen korrigiert um den Messfehler im Kriterium).

Die Korrelationskoeffizienten zur Vorhersage kreativer Leistungen im Beruf anhand Tests zum Divergenten Denken spiegeln (vorbehaltlich einer noch spärlichen Studienanzahl) einen mittleren Effekt wider. Um das Potenzial Divergenten Denkens für Kreativität allerdings in Relation zu anderen denkbaren kognitiven Prädiktoren bewerten zu können, interessiert vornehmlich der Erklärungsbeitrag über die Prognosekraft allgemeiner Intelligenzmaße hinaus.

Bei Funke et al. (1987) wurden leider keine inkrementellen Validitäten berechnet, aus der Höhe der Korrelationskoeffizienten für Kreativitäts- und Intelligenztests (.30 vs. .16) lässt sich jedoch auch unter Berücksichtigung einer gemeinsamen Varianz eine inkrementelle Vorhersagekraft für Kreativitätstests vermuten. Hell leitet aus einer weiteren Studie zu den Prädiktoren beruflichen Erfolgs bei Wissenschaftlern und Ingenieuren eine um den Einfluss allgemeiner Intelligenz bereinigte Korrelation des Divergenten Denkens mit allgemeiner beruflicher Leistung von $r = .17$ ab (Schuler, Funke, Moser, Donat & Barthelme, 1995; zitiert nach Hell, 2003, S. 88). Der Zusammenhang von Allgemeiner Intelligenz bereinigt um den Einfluss Divergenten Denkens mit allgemeiner Berufsleistung beläuft sich hingegen auf nur .11. Diese Ergebnisse sind insofern bemerkenswert, da hier allgemeiner Berufserfolg als Kriterium betrachtet wurde. Für den enger gefassten Kriterienraum innovative Leistung wäre eine noch höhere (Partial-)Korrelation der Kreativitätsmaße zu erwarten.

Mumford, Marks, Connelly, Zaccaro und Johnson (1998) führten eine Untersuchung an 1 818 U.S. Army-Offizieren durch, wobei die Stichprobe mit 1 445 Männern eine für diesen Erhebungskontext erwartungsgemäß ungleiche Geschlechterverteilung aufwies. Zur Messung der allgemeinen Intelligenz wurde ein verbaler Analogien-Test eingesetzt, zur Messung des Divergenten Denkens ein Test basierend auf Guilfords Consequences-Itemformat. In der Bewertung der Antworten im Consequences-Test wichen die Kollegen von der sonst üblichen Auswertung über die Anzahl der Antworten ab und bezogen stattdessen insgesamt acht alternative Maße ein (Qualität, Originalität, Realismus, Zeithorizont, Aufzeigen negativer Konsequenzen, Aufzeigen positiver Konsequenzen, Komplexität und Berücksichtigung grundlegender Prinzipien, Gesetzmäßigkeiten, Vorgängen etc.). Als Kriterien wurden zum einen vier Problemlöseaufgaben aus dem militärischen Führungskontext vorgegeben, die nach Qualität und Originalität ausgewertet wurden. Zudem ließen sich Mumford und Kollegen bisheriges Führungsverhalten in kritischen Situationen schildern und bewerteten dieses nach seiner Qualität auf einer Skala von 1 bis 5. Zum anderen wurde die

Karrierestufe erhoben und unter *leader achievement* weitere objektive Kriterien, wie Ehrungen und Auszeichnungen, vorzeitige Beförderungen, Empfehlungen zu Zusatztrainingsprogrammen und bisherige Leistungsbewertungen erfasst. Die einfachen Korrelationen zwischen den Auswertungsmodi des Tests zum Divergenten Denkens korrelierten (mit Ausnahmen der Werte für das Aufzeigen positiver und negativer Konsequenzen) alle im Bereich zwischen .19 und .54 mit den erhobenen Kriterien. Diese Korrelationen verringerten sich nur geringfügig nach Auspartialisierung der Intelligenzergebnisse. Die durchgängig höchsten Zusammenhänge zeigten sich für das Maß „Berücksichtigung grundlegender Prinzipien, Gesetzmäßigkeiten, Vorgängen etc.". Neben dem freien Generieren möglicher Konsequenzen scheint das Einbeziehen vorherrschender Regelhaftigkeiten also ebenfalls sehr erfolgsrelevant - ein interessanter Vorgriff auf die nachstehende Diskussion zur Eignung Divergenten Denkens als einziger kognitiver Prädiktor kreativer Leistungen. Neben der isolierten Betrachtung der Zusammenhänge zwischen Divergentem Denken und beruflicher Leistung interessiert nun jedoch besonders die vergleichende Wirkung zwischen den Prädiktoren *Allgemeine Intelligenz* und *Divergentes Denken*. In den berichteten hierarchischen Regressionsgleichungen für die fünf Kriterien (Qualität, Originalität, kritisches Führungsverhalten, Karrierestufe, leader achievement) zeigt sich durchgängig ein Zuwachs in der Varianzaufklärung durch Hinzunahme der Werte des Tests zum Divergenten Denken. Die inkrementellen Validitäten streuten zwischen .06 für das Kriterium Führungsverhalten in kritischen Situationen bis zu .22 für das Kriterium Karrierestufe. Der Vollständigkeit halber gilt es zu erwähnen, dass neben Intelligenz im ersten Schritt der Regression auch die bisherige Expertise der Führungskräfte miteinbezogen wurde. Insgesamt konnten mit diesen drei Prädiktoren Intelligenz, Expertise und Divergentes Denken zwischen 13 Prozent im Kriterium Führungsverhalten in kritischen Situationen und 41 Prozent im Kriterium Karrierestufe aufgeklärt werden.

In der oben beschriebenen Studie von Scratchley und Hakstian (2000-2001) verringerten sich die Zusammenhänge zwischen Divergentem Denken und Kriterien beruflichen Erfolgs in einer Manager-Stichprobe bei Kontrolle um den Einfluss allgemeiner Intelligenz (erhoben mittels *Wonderlic Personnel Test, WPT*; Wonderlic, 1992) nur unwesentlich: von .26 (unkorrigierte Korrelation) auf .22 beim Kriterium *global change*; von .05 auf .01 beim Kriterium *incremental change* und von .24. auf .22 beim Kriterium *general managerial creativity*. Scratchley und Hakstian kommen zu dem Schluss, dass „the part of divergent thinking that is distinct from general intelligence is the component of relevance for managerial creativity" (S. 378), wobei der Einsatz des *WPT* als Maß allgemeiner Intelligenz sicherlich diskutiert werden kann.

Zusammengefasst erweist sich Divergentes Denken auch unter Kontrolle der Allgemeinen Intelligenz als brauchbarer Prädiktor zur Vorhersage kreativer Leistungen. In der Meta-Analyse von Kim (2008) ergab sich eine mittlere Korrelation von $r = .22$ für Tests des Divergenten Denkens mit kreativen Leistungen. Als Moderatoren für die Varianz in der Höhe der Korrelationskoeffizienten ließen sich Unterschiede in den betrachteten Tests zum Divergenten Denken, die verschiedenen Bereiche kreativer Leistungen, der Vorhersagezeitraum und die Bewertungsmethode der Tests zum Divergenten Denken identifizieren. Dass Divergentes Denken auch für die Vorhersage beruflicher Leistung herangezogen werden kann, haben obige Studien gezeigt. Hier variiert die Höhe der Vorhersagekraft in Abhängigkeit der Relevanz kreativer Tätigkeitsbereiche für die betrachteten Berufsgruppen. Gerade dann, wenn neuartige Lösungen gefordert sind oder ein schnelles Anpassen an bislang unbekannte Probleme erfordert ist, wird die Fähigkeit zum Divergenten Denken zum Tragen kommen (Hell, 2003; Mumford et al., 1998).

Dennoch: die Korrelationen von Tests zum Divergenten Denken mit kreativer Leistung weisen nur auf einen allenfalls kleinen bis mittleren Effekt hin. Entsprechend ist der zusätzliche Einsatz weiterer psychometrischer Verfahren zur Vorhersage von Kreativität zu empfehlen (Batey & Furnham, 2006). Auf Individualebene wäre hier neben Intelligenztests an Verfahren zur Messung der Persönlichkeitsfaktoren oder auch der Motivation zu denken. Die Relevanz dieser Konstrukte für die Vorhersage personaler Prädisposition zur Erbringung kreativer Leistungen wird in den Kapiteln 4.2 und 4.3 diskutiert.

Auf kognitiver Ebene, und sofern man am Konzept der Trennung in Divergente und Konvergente Denkleistungen festhalten möchte, bietet sich aber noch viel naheliegender der Einbezug von Messungen Konvergenten Denkens an. Die Ergebnisse von Mumford et al. (1998), aber auch der Hinweis von Zeng et al. (2011), dass der gesamte kreative Prozess zu betrachten sei, weisen ebenfalls in diese Richtung. Cropley, A. J. (2006) hat mit "In Praise of Convergent Thinking" eine viel beachtete Arbeit hierzu verfasst und Houtz et al. (2003) betonen die Notwendigkeit der von der jeweiligen Stufe des kreativen Prozesses abhängigen Fähigkeit zum Wechsel zwischen Divergenten und Konvergenten Denkweisen.

Konvergentes Denken, das auch oft als *Schlussfolgerndem Denken* oder *Reasoning* bezeichnet wird, ist besonders auf jenen Stufen des kreativen Prozesses relevant, wo die Bewertung von Informationen erforderlich ist oder kreative Ideen und Lösungen geprüft und bewertet werden müssen, um beispielsweise eventuelle Probleme aus der aktuellen Lösung schlussfolgern zu können. Aber auch bei der Implementierung, wenn es gilt, Lösungen zu „verkaufen", also das soziale Umfeld von deren Wert zu überzeugen, reicht die Messung Divergenten Denkens nicht aus (Batey & Furnham, 2006), denn auch hier gilt es bestehende soziale und Kommunikations-Regeln zu berücksichtigen.

Wallachs viel zitierte Aussage „little if any of that systematic variation is captured by individual differences on ideational fluency tests" (Wallach, 1976; zitiert nach Plucker & Runco, 1998) mag heute also nur noch bedingt Geltung haben. Allerdings sollten Tests zum Divergenten Denken inhaltlich wie auch prozessual verbessert werden. Weg von einer auf divergentes Denken reduzierten Diagnostik, hin zum Einbezug evaluativer Komponenten um die kognitiven Anforderungen im kreativen Prozess treffender abzubilden, weniger abstrakte und dafür anwendungsspezifischere (z. B. berufsnahere) Items könnten zwei Optimierungen darstellen, die zu einer höheren Validität von Messungen Divergenten Denkens führen.

4.1.4 Expertise und feldspezifische Kreativität

Die Forderung nach realitäts-, im Bereich der Eignungsdiagnostik insbesondere nach berufsnaheren, Kreativitätstests muss zwangsläufig mit dem Einbezug domänen- bzw. tätigkeitsbezogener Expertise einhergehen. Denn durch die spezifische Gestaltung der Items werden Kontextspezifika berücksichtigt, die diejenigen Personen in der Testbearbeitung bevorteilen werden, welche bereits Wissen zum Aufgabeninhalt erworben oder Vorerfahrungen damit gemacht haben. Schnell mag hier die Befürchtung aufkommen, die Grenzen zwischen dem eigentlichen kreativen Potenzial und Wissenstests zu verwischen. Kreativitätstests sollten Kreativität messen und nichts anderes. Zu viel Praxisnähe mag da in den Augen mancher Psychometriker nur stören.

Auf Kriterienseite ist Kreativität gleichfalls domänenabhängig. Ob ein Ingenieur einen innovativen Beitrag leistet, wird zweifellos an anderen Kriterien gemessen werden, als wenn die Innovationskraft eines Marketingleiters oder eines Tischlers beurteilt werden soll. Sobald die Kreativität einer Person über ihre Ergebnisse, also ihre kreativen Produkte, erfasst wird, spielen Wissen und Erfahrung nicht nur auf ihrer Seite eine Rolle, sondern kommen auch auf Seiten der Beurteiler zu tragen. Denn, ob ein Ergebnis überhaupt als kreativ eingeschätzt wird, hängt auch davon ab, was die Beurteiler alles kennen und wissen (Baer, 2008; Kaufman et al., 2008). Ganz grundlegend unterscheiden sich Domänen oder Berufe danach, wie viel Wissen für ein erfolgreiches Bewähren von Nöten ist. Nach Hell (2003) setzen manche Bereiche gar explizit spezifisches Wissen voraus, ohne das kreative Leistungen gar nicht möglich sind. In wissensintensiven Branchen wie Forschung und Entwicklung mag dies besonders gelten (Batey & Furnham, 2006), doch auch in anderen Tätigkeiten kommt der Expertise eine große Bedeutung zu.

Bevor auszugsweise empirische Ergebnisse zum Zusammenhang von Expertise und Kreativität vorgestellt werden, ist zunächst der Begriff des Wissens zu klären. In der Literatur werden die Begriffe Wissen, Expertise und feldspezifische Erfahrung häufig synonym gebraucht. Auch in dieser Arbeit soll unter Expertise, einfach formuliert, alles verstanden werden, was eine Person weiß. Expertise subsummiert damit sowohl technisches bzw. bereichsspezifisches, prozedurales als auch allgemeines Wissen – ganz gleich, ob dieses angelernt oder durch eigene Erfahrungen erworben wurde.

Nach der Zertifikationshypothese (Hayes, 1989) erhalten nur Personen, die über eine gewisse Intelligenz verfügen (ähnlich der *threshold theory*), die Möglichkeit, einen Beruf auszuüben, der kreative Leistungen erlaubt bzw. fordert, so dass der Zusammenhang zwischen beruflicher Kreativität und minderer Intelligenz empirisch nicht untersucht werden kann. Auch für die Untersuchung des Zusammenhangs zwischen Expertise und Kreativität ergibt sich dieses Problem. Muñoz-Doyague et al. (2008) weisen darauf hin, dass nur sehr wenige empirische Arbeiten zum Zusammenhang von Expertise und Kreativität im Berufskontext vorliegen. In ihrer eigenen Studie mit 53 Mitarbeitern einer Firma aus dem Automobilbereich, in der sie neben Expertise noch Kirton's kognitive Stile und intrinsische Motivation zur Vorhersage von Kreativität (gemessen über eine berufsbezogene Selbstbeschreibung, 11 Items) einsetzten, erwiesen sich lediglich der innovative Stil sowie intrinsische Motivation als signifikante Prädiktoren kreativer Leistung. Für Expertise zeigte sich kein signifikanter Effekt. Als Erklärung hierfür führen die Autoren die langjährige Erfahrung (im Schnitt 18 Jahre) der Mitarbeiter an, die ihrer Meinung nach zu durchgängig hoher Expertise geführt haben müsste. Hernach bieten sie gleich mehrere Möglichkeiten an, warum sich die hohe Expertise nicht auch in höherer Kreativität niederschlägt. Allerdings bleiben sie die entsprechenden deskriptiven Statistiken schuldig, so dass nicht nachvollzogen werden kann, ob es tatsächlich zu Varianzeinschränkungen bzw. einem Deckeneffekt bei Expertise bzw. zu einer Moderation des Zusammenhangs von Expertise und Kreativität durch das Alter bzw. die langjährige Berufserfahrung kommen konnte.

In der bereits in Kapitel 4.1.3 beschriebenen Studie von Mumford et al. (1998) erwies sich Expertise in der Vorhersage von vier der fünf betrachteten Führungserfolgskriterien als signifikanter Prädiktor und wies neben der als zweiten Prädiktor miteinbezogenen Intelligenz, Betagewichte zwischen .28 und .41 ($p < .05$) auf. Für das angegebene Verhalten in kritischen Situationen als fünftes Kriterium zeigte sich ein nicht-signifikantes Betagewicht von .23 ($p > .05$). Bemerkenswert ist dabei, dass der Vorhersagebeitrag von Expertise die prädiktive Kraft von *Intelligenz* und mit Ausnahme der Subskala *Berücksichtigung grundlegender Prinzipien, Gesetzmäßigkeiten, Vorgängen etc.* auch die Kriterienvalidität des *Tests zum Divergenten Denken* bei Weitem übersteigt. Wie die Autoren jedoch korrekterweise relativieren, werden sowohl Expertise als auch die Ausprägungen im Kriterium *leader achievement* durch Erfahrung gesteigert.

Vincent, Decker und Mumford (2002) prüften den Zusammenhang von Intelligenz, Divergentem Denken und Expertise mit Ideengeneration und -implementation und letztlich Führungsleistung mittels Strukturgleichungsmodellierung. Während Expertise erwartungsgemäß mit Intelligenz zusammenhing ($\beta = .47$), zeigte sich auch ein moderater Effekt von Expertise auf Divergentes Denken (β = .27). Weiter zeigte sich der Einfluss von Expertise nicht nur in einem direkten Pfad zur Ideengeneration (β = .26), sondern auch auf Ideenimplementierung (β = .14). Expertise ist demgemäß nicht nur für die Entwicklung neuer Ideen und Lösungen relevant, sondern unterstützt auch deren erfolgreiche Durchsetzung. Hierbei kommen sicherlich vor allem prozedurales Wissen und die Kenntnis organisationaler Strukturen und Entscheidungswege zum Tragen.

In einer großen Anzahl theoretischer Arbeiten zu den individuellen Prädispositionen für Kreativität wird Expertise häufig als Voraussetzung angeführt (Amabile, 1988; Ford, 1996; Guilford, 1950; Mumford & Gustafson, 1988; Muñoz-Doyague et al., 2008; Runco & Chand, 1995). Dass Expertise begünstigend für kreative Leistungen ist, liegt zum einen in der Möglichkeit auf eine breite Anzahl an Konzepten zurückgreifen zu können, die zur Ideenfindung herangezogen und beispielsweise adaptiert werden können (Batey & Furnham, 2006). Zum anderen stellen die Erfahrungen quasi eigene „*best practices of creativity*" dar und ermöglichen durch die Verfolgung bewährter Denk- und Handlungsstrategien sowie die Nutzung bereits geschaffener und tragfähiger Wissens- und sozialer Netzwerke eine effiziente kreative Arbeit. Hinzu kommt, dass Expertise bzw. Wissen die Aufnahme und Verarbeitung von Informationen und damit auch deren Einsatz im kreativen Denken und Handeln steuert (Ford, 1996; Liepmann & Beauducel, 2010). Cropley, A. J. (2006) bringt den Einfluss von Expertise bzw. Wissen auf den Punkt, indem er drei Wirkmechanismen anführt: (1) Wissen ist die Quelle, aus der Ideen gewonnen werden können, (2) Wissen definiert, was kreativ ist und (3) Wissen leitet und formt Kreativität.

Demgemäß müsste Expertise, wie auch in den bereits berichteten Studien, positiv mit Kreativität korreliert sein. Jedoch teilt die Forschungsgemeinde weitestgehend die Ansicht, dass die Korrelation zwischen Expertise und Kreativität eben nicht linear ist, sondern sich in einem umgekehrt U-förmigen Zusammenhang zeigt. Denn zu viel Erfahrung kann beispielsweise im Berufsalltag dazu verleiten, in Routinen zu verfallen und Aufgaben nicht mehr kritisch genug zu hinterfragen oder neue ökonomische Chancen nicht mehr zu identifizieren. So führt ein großes Ausmaß an Wissen und Vorerfahrung möglicherweise dazu, dass die für kreative Leistungen so unabdingbare geistige Flexibilität nicht mehr abgerufen werden kann. Entgegen dem oftmals gezogenen Schluss, zu viel Wissen sei damit kreativer Leistung abträglich, stellt Amabile (1988) heraus, dass nicht die Menge an Wissen für kreative Ideen entscheidend ist. Vielmehr kann Wissen falsch abgespeichert und organisiert werden. Werden zum Beispiel beim Wissensaufbau zu viele starre Algorithmen und zu enge Kategorien genutzt, wird damit ein schneller und flexibler Rückgriff auf das gespeicherte Wissen wesentlich erschwert. Nach Amabile kann man als hochkreativer Mensch demgemäß nicht zu viel wissen, wohl aber das Wissen falsch ordnen und abrufen.

Was ist also den ängstlichen Stimmen zu entgegnen, berufsbezogen konzipierte Kreativitätstests seien zu nah an Wissenstests und mäßen damit weniger kreative Fähigkeiten als bisherige Erfahrungen? Sicherlich ist bei der Konstruktion berufsnaher Kreativitätstests darauf zu achten, den Wissensanteil nicht zu spezifisch zu gestalten, um tatsächlich das kreative Potenzial und nicht selektives Lernen bzw. ausgewählte Erfahrungen zu belohnen. Andererseits erscheint gerade im eignungsdiagnostischen Kontext der Einbezug von Expertise weniger problematisch. Warum sollte ein Bewerber für eine Position als Luft- und Raumfahrtingenieur nicht auch bereits über zumindest Grundkenntnisse in diesem Tätigkeitsbereich verfügen? Neben der Anforderung innovativ zu sein, wäre das doch sicherlich ebenfalls gefordert. Vor allem aber gilt es, den Einfluss von Wissen auf Kreativität auch nicht zu überschätzen. Keinesfalls wird Expertise allein der Nährboden für kreative Leistungen sein können (Vincent et al., 2002).

Die Frage, ob Kreativität domänenspezifisch oder aber domänenübergreifend ist, ist also mit einem „sowohl als auch" zu beantworten. Werden bereichsspezifische Leistungen gefordert bzw. Kreativität anhand von Produkten oder Lösungen in einem Feld beurteilt, so wird mehr Expertise in diesem Bereich auch kreativere Leistungen ermöglichen – sowohl quantitativ als auch qualitativ. Liegt der Fokus hingegen auf der kreativen Person, so wird Kreativität eher als domänenübergreifendes Potenzial gemessen. Gerade wenn das kreative Selbstkonzept über Selbsteinschätzungen der Kreativität erhoben werden soll, zeigt sich die domänenunabhängige prozessuale Komponente der Kreativität (Muñoz-Doyague et al., 2008; Silvia, Kaufman & Pretz, 2009). Während Intelligenz (s. Kapitel 4.1) und bestimmte Persönlichkeitsmerkmale (s. Kapitel 4.2) feldunabhängig kreativitätsförderlich sind, kanalisiert Expertise (gemeinsam mit Motivation) in welchem Bereich die kreativen Leistungen erbracht werden können.

4.1.5 Abschließende Diskussion des Zusammenhangs zwischen Kreativität und Intelligenz

In der Zusammenfassung der berichteten Befunde zeigt sich klar: kreative Leistungen haben einen starken kognitiven Anteil – und das ganz gleich, ob Intelligenz, als kognitiver Denkstil, als fluide vs. kristalline Intelligenz, gemäß umfassenderer Intelligenzmodelle wie etwa des SOI oder des BIS oder – ganz klassisch in der Tradition der Kreativitätsforschung stehend – als Divergentes Denken verstanden wird. Wie aber steht es nun um den Zusammenhang von Kreativität und Intelligenz? Welche der fünf von Sternberg und O'Hara (1999) Möglichkeiten (s. Kapitel 4.1) trifft zu?

Im Jahre 2005 stellte Kim eine erste Meta-Analyse vor, die den Zusammenhang zwischen Intelligenz und Kreativität auf Basis von annähernd 500 Einzelkorrelationen aus 21 Studien ($N = 45\ 880$) zu analysieren suchte. Er berichtet einen Zusammenhang zwischen den Intelligenzergebnissen und Werten in Kreativitätstests in Höhe von $r = .17$ (95% CI = .165 - .183; Kim, 2005). Diese Korrelation wurde zwar statistisch signifikant, ist aber als eher gering einzustufen. Allerdings fielen Kim die stark heterogenen Einzel-Korrelationskoeffizienten auf und so bezog er in weiteren Analysen verschiedene Moderatorvariablen ein. Er betrachtete das Intelligenzniveau (in IQ Punkten), verschiedene Intelligenztests, verschiedene Kreativitätstests (Aufgaben auf Basis von Guilfords Itemvorschlägen, *TTCT*, *Wallach & Kogan* und andere), das Format der Kreativitätstests (mit den Typen verbal, nonverbal, gemischt und keine Angaben), die Auswertungsmodi der Kreativitätstests (Originalität, Flüssigkeit, Figurale Redefinition, Flexibilität, Generelle Kreativität) sowie das Geschlecht und Alter der Probanden. Für vier der acht Moderatorvariablen zeigten sich heterogene Korrelationen zwischen Kreativität und Intelligenz: Die Art der (1) Intelligenztests und (2) Kreativitätstests, (3) die Auswertungsmodi der Kreativitätstests und (4) das Alter. Bei einer gemeinsamen Betrachtung dieser vier Moderatorvariablen in einer multiplen linearen Regression erweisen sich jedoch nur das Alter und die verschiedenen Kreativitätstests als Moderatoren des Zusammenhangs zwischen Intelligenz und Kreativität.

So zeigten sich auf Altersebene die Korrelationen zwischen Kreativitätsmaßen und Intelligenzwerten bei Grundschulkindern (elementary school group) mit $r = .09$ ($k = 251$) als deutlich geringer als bei älteren Probanden (middle school group: $r = .21$, $k = 27$; high school group: $r = .26$, $k = 105$; adults: $r = .21$, $k = 53$). Und auch die Korrelationen von Kreativität und Intelligenz bei Highschool-Schülern unterschieden sich signifikant von den Zusammenhängen bei Erwachsenen. Vermutlich, so Kim (2005), unterliegen jüngere Kinder noch einem relativ geringen erzieherischen Einfluss beim Einsatz ihrer kognitiven Ressourcen. Gleichzeitig dürften kognitive Denkstile oder Wissen, auf das in der Aufgabenbearbeitung zurückgegriffen werden könnte, noch nicht so ausgebildet sein. Daher mögen Kreativitätsmessungen im Kindesalter freier von kognitiven Einflüssen sein, was sich wiederum in einem geringeren Zusammenhang zwischen Kreativität und Intelligenz niederschlägt.

Bei den betrachteten Kreativitätstests unterschieden sich besonders die Korrelationen der Guilford-Aufgaben mit Intelligenz ($r = .25$, $k = 64$) von denen der Wallach & Kogan-Tests (Wallach & Kogan, 1965a) mit Intelligenz ($r = .12$, $k = 319$). Kreativität, die analog den von Guilford vorgeschlagenen Itemformaten erfasst wird, hängt demnach stärker mit Intelligenz zusammen als bei der Erfassung durch das alternative Verfahren des Wallach & Kogan-Tests. Kim (2005) erklärt den Unterschied damit, dass die Guilford-Aufgaben in Testform und damit einem den Intelligenztests nahen Format durchgeführt werden. Das Verfahren von Wallach und Kogan weist jedoch ein spielerisches Setting auf. Die unterschiedlichen Korrelationen zwischen den Kreativitätsmaßen und den Intelligenzwerten wären demzufolge auf einen Methodeneffekt rückführbar.

Dass der Zusammenhang zwischen Intelligenz und Kreativität von den eingesetzten Verfahren moderiert wird, zeigt sich auch an anderen Stellen. In einer späteren Meta-Analyse berechnete Kim (2008) die differenzielle Prädiktionskraft von Intelligenztests vs. Tests zum Divergenten Denken für kreative Leistungen. Mit Tests der Allgemeinen Intelligenz ergab sich ein Zusammenhang von $r = .17$, für Tests zum Divergenten Denken hingegen von $r = .22$. In einigen Studien wird Kreativität nicht als Prädiktor untersucht, sondern als Kriterium betrachtet. Auch hier ergibt sich ein heterogenes Bild an Befunden. Werden etwa als Kreativitätskriterium Tests zum Divergenten Denken eingesetzt, können die kreativen Ergebnisse am besten durch (fluide) Intelligenz vorhergesagt werden (Batey, Furnham, et al., 2010). Zieht man stattdessen reale, objektiv messbare kreative Leistungen oder Selbstbeschreibungen der Kreativität heran, verändert sich der Einfluss von Intelligenz. Denn in einem realen (Unternehmens-)Setting bzw. in der Selbsteinschätzung spielen neben kognitiven Einflüssen auch weitere Faktoren eine Rolle für die Erbringung kreativer Leistungen. So verringerte sich in der eben angeführten Studie unter Einbezug von Persönlichkeitsmaßen (Ten Item Personality Inventory; Gosling, Rentfrow & Swann, 2003) das Intelligenzgewicht in der Vorhersage von realen, objektiv messbaren kreativen Leistungen und von Selbstbeschreibungen der Kreativität (Batey, Furnham, et al., 2010). Auch in der bereits vorgestellten Studie von Vincent et al. (2002) kommen die Autoren zu dem Schluss, dass

> in future attempts to understand creative problem solving and creative work, it may be more useful to consider the joint interactive influences of multiple capacities rather than focusing on the effects of one capacity or attempting to account for all creative work based on a single preferred construct. (S. 177)

Zusammengefasst erweisen sich Intelligenz und Kreativität als distinkte, aber sich überlappende Konstrukte (Judge, Colbert & Ilies, 2004; Rossman & Horn, 1972; Silvia & Beaty, 2012). Dies widerspricht der landläufigen Meinung, Kreativität sei ein vom Konstrukt der Intelligenz losgelöstes Konzept, gleichwohl ist eine Gleichsetzung der beiden Konstrukte ebenso falsch (Nusbaum & Silvia, 2011; Schuler & Görlich, 2007). Die stark heterogenen Zusammenhänge in der Literatur ($r = .00 - .70$; vgl. Schuler & Görlich, 2007) lassen sich vornehmlich durch unterschiedliche Messmethoden und unterschiedliche Kriterien erklären.

4.2 Kreativität und Persönlichkeit

Dass kognitive Stile, Intelligenz und Wissen mit dem kreativen Potenzial von Personen zusammenhängen, wurde bereits beschrieben. Dennoch reichen diese kognitiven Ressourcen nicht aus, um kreative Leistung vorherzusagen. So liegen vielfältige Gründe vor, warum selbst ausreichend intelligente und mit genügend

Vorwissen ausgestattete Personen dabei scheitern, neuartige Ideen zu entwickeln oder Ideen in Lösungen umzusetzen. Der sicherlich größte Einfluss kommt hierbei der Persönlichkeit zu, also dem „für ein Individuum charakteristische[n] Muster des Denkens, Fühlens und Handelns" (Myers, 2008, S. 960), das „eine Vielzahl von charakteristischen (offenen und verdeckten) Verhaltensmustern über verschiedene Situation [sic] und den Lauf der Zeit hinweg" (Zimbardo & Gerrig, 2004, S. 854) beeinflusst.

Doch haben kreative Personen wirklich typisch kreative Züge in ihrem Wesen, die sich bei Unkreativen nicht finden lassen? Wieder einmal hilft es, sich die alltäglichen Beschreibungen kreativer Menschen vor Augen zu rufen. Häufig hört man Aussagen wie „Kreative haben doch alle irgendwie einen Spleen" oder „Bei Kreativen liegen Wahnsinn und Genialität doch in der Regel nah beieinander" und sogleich werden Picasso oder van Gogh als Beispiel angeführt. Ob Genie und Wahnsinn bei Kreativen wirklich so nah beieinander liegen, wird später noch genauer betrachtet werden. Sicherlich fallen kreative Personen aber allein dadurch auf, dass sie ungewöhnliche, neuartige Sichtweisen und Ideen äußern und damit per se aus der Reihe des Gewohnten fallen. De facto wäre also nicht die Person (bzw. ihre Persönlichkeit) unkonventionell, sondern ihre produzierten Ideen. Dennoch assoziieren wir mit kreativen Menschen häufig Unkonventionalität. Weiterhin werden ihnen Attribute wie vital, ausdauernd und spontan zugeschrieben (Beitz, 1996).

Ob die Persönlichkeit von kreativen Menschen tatsächlich einige typische Merkmale aufweist und ob diese Merkmale sich als hinreichend oder gar notwendig für kreatives Schaffen erweisen, wurde in vielen Studien erforscht. Es wurden sowohl verschiedene Altersstufen[9] untersucht als auch verschiedene Domänen kreativer Leistung betrachtet. Die Studien unterscheiden sich weiterhin darin, ob die Messung von Kreativität innerhalb eines Feldes (z. B. innerhalb einer Branche) oder zwischen Feldern (z. B. in mehreren Berufsgruppen) erfolgt und damit spezifische oder domänenübergreifende Ergebnisse vorliegen. Barron und Harrington (1981) und Mumford und Gustafson (1988) führen Studien aus den Bereichen Wissenschaft und Forschung, Technologie und Ingenieurswissenschaften, Kunst, Musik und Literatur sowie Architektur an. Besonders die Gegenüberstellung von Künstlern und Wissenschaftlern findet sich häufig (Charyton & Snelbecker, 2007; Feist, 1998, 1999; Furnham, Batey, Booth, Patel & Lozinskaya, 2011; Furnham & Crump, 2013; Pearine & Brodersen, 2005; Root-Bernstein & Root-Bernstein, 2004).

Der jedoch größte Unterschied in den vorliegenden Studien zum Zusammenhang von Persönlichkeitsmerkmalen und Kreativität liegt in der Art der Messung von Persönlichkeit. So kann Persönlichkeit einerseits auf Basis etablierter Per-

---

[9] Um die Studien einzuordnen bietet sich einerseits eine Trennung zwischen Stichproben mit Kindern und Stichproben, die aus Erwachsenen bestehen, an und andererseits die Unterscheidung zwischen querschnittlicher Statusdiagnostik und vergleichenden Langzeitstudien.

sönlichkeitsmodelle (wie z. B. den Persönlichkeitsfaktoren nach Cattell oder den Big Five Dimensionen nach Costa und McCrae) operationalisiert werden (siehe Kapitel 4.2.2), andererseits kann gezielt nach Merkmalen der kreativen Persönlichkeit gesucht werden (siehe Kapitel 4.2.1).

4.2.1 Kreativitätsspezifische Adjektivlisten

Wenn Kreative sich durch die Ausprägung typischer Merkmale von weniger kreativen Menschen abheben und die Merkmale zeitüberdauernd stabil sind, müssten sich diese diskriminierenden Eigenschaften doch finden und aufzählen lassen - und das praktischerweise ganz ohne bestehende Persönlichkeitstheorien berücksichtigen zu müssen. Es verwundert folglich nicht, dass bereits in den 1950er und 1960er Jahren erste Aufzählungen von Eigenschaften auftauchten, die den Anspruch erhoben, kreative Personen zu beschreiben (siehe z. B. Barron, 1955; Mackinnon, D. W., 1962). Die meisten Veröffentlichungen zur Charakterisierung kreativer Personen enthalten Adjektiv- oder Eigenschaftslisten; Kreative werden also nicht anhand ihres Verhaltens definiert, sondern „wie sie sind". Nach Cattell und Butcher (1968) zeichnen sich kreative Wissenschaftler beispielsweise durch schizothyme Härte, hohe Intelligenz, Stabilität, Dominanz, Reserviertheit und hohe intellektuelle Selbstgenügsamkeit aus. Diese Eigenschaften identifizierten Cattell und Butcher aus den Biografien der Wissenschaftler und nutzen somit der Klassifikation von Cattell folgend L-Daten.

Die Möglichkeit, typische Eigenschaften kreativer Personen hingegen empirisch mittels Fragebögen (also Q-Daten) zu bestimmen, sahen verschiedene Kreativitätsforscher mit der Entwicklung der Adjective Check List (ACL) von Gough (1960) gekommen. Die ACL ist ein Selbstbeschreibungsverfahren, das 300 Adjektive zur Beschreibung von Persönlichkeitszügen umfasst. Für jedes Adjektiv ist anzugeben, ob dieses Adjektiv einen beschreibt („trifft zu" = Setzen eines Kreuzes) oder nicht mit dem Selbstbild vereinbar ist („trifft nicht zu " = kein Kreuz). Nachdem einige der 300 Adjektive, wie etwa „originell" oder „unkonventionell", nun ganz offensichtlich kreative Personen kennzeichnen, stellte Welsh (1967, Apr) zwei unabhängige Skalen vor, die in Abhängigkeit der Intelligenz (niedrig vs. hoch) kreative Personen identifizieren. Smith und Schaefer (1969) veröffentlichten eine Kreativitätsskala auf Basis der ACL mit 27 Adjektiven. Nur ein Jahr später präsentierte Domino (1970) eine Skala zur Messung von Kreativität, die allerdings mit 59 Items aus mehr als doppelt so vielen Adjektiven bestand wie die Skala von Smith und Schaefer. Wie unterschiedlich die drei nahezu zeitgleich und auf Basis des selben Itempools entstandenen Listen waren, zeigte Yarnell (1971) auf, in dem er nur sieben Adjektive identifizieren konnte, die in allen drei Skalen enthalten sind: clever, kompliziert, zynisch, einfallsreich, originell, reflektierend und unkonventionell. So bemühte sich Gough (1979) als

Autor der *ACL* schließlich selbst, eine Skala für die Beschreibung kreativer Persönlichkeit auf Basis der *ACL* zu entwickeln. Die *Creative Personality Scale* (*CPS*; Gough, 1979) umfasst 30 Adjektive, die auf Basis einer umfangreichen Itemanalyse ausgewählt wurden. Von den sieben skalenübergreifend enthaltenen Adjektiven, fanden nur 4 Adjektive (clever, originell, reflektierend und unkonventionell) Eingang in die Checkliste. Da die *CPS* einerseits signifikant positive Korrelationen zu den vorhergehenden Skalen[10] aufwies, andererseits jedoch höhere Kriteriumsvaliditäten ausweisen konnte, wurde sie fortan häufig eingesetzt.

Parallel dazu - stets dem Konzept folgend, Eigenschaftslisten zusammenzustellen, die Kreative treffend beschreiben - wurden weitere Skalen erstellt (für eine Übersicht siehe Barron & Harrington, 1981), aus denen Barron und Harrington die in Tabelle 3 aufgeführten Eigenschaften ableiten, welche die Persönlichkeit einer kreativen Person beschreiben sollen.

Tabelle 3:   Eigenschaften der kreativen Person nach Barron und Harrington
              (1981)

• hohe Wertschätzung ästhetischer Werte	• Autonomie
• breite Interessen	• Intuition
• durch Komplexität angezogen	• Selbstvertrauen
• hohe Energie	• Ambiguitätstoleranz
• Unabhängigkeit im Urteil	• beständiges Selbstbild kreativ zu sein

Inwiefern mit diesen zehn Merkmalen tatsächlich die Persönlichkeit kreativer Menschen beschrieben wird, lässt sich nicht abschließend klären. Denn selbst in den 1980er Jahren beinhalten die Eigenschaftslisten zu kreativer Persönlichkeit noch „eine Mischung aus empirisch Belegtem und spekulativ Erdachtem" (Schuler & Görlich, 2007, S. 12). Gerade bei Merkmalen, die nicht empirisch überprüft und auch nicht theoretisch hergeleitet sind, führt dies unweigerlich dazu, dass unterschiedliche Merkmalslisten vermeintlich deckungsgleiche Eigenschaften aufführen. Ob hier jedoch wirklich Überschneidungen vorliegen, kann nicht überprüft und damit auch nicht ausreichend beantwortet werden.

Wenn Eigenschaftslisten, wie etwa die oben beschriebene *CPS* von Gough (1979), an Skalen validiert werden, die allesamt derselben Merkmalsliste (*ACL*) entstammen, so reicht das als Beleg für ihre Konstruktvalidität nicht aus. Die Zusammenhänge der Skalen zu anderen Kreativitätsverfahren sowie zu diskrimi-

---

[10] Gough bezog die Skalen von Smith und Schaefer (1969) und Domino (1970) sowie die auf vier Skalen erweiterten Merkmalslisten von Welsh (1977) in seine Analyse der *CPS* mit ein.

nanten Konstrukten wie etwa *Offenheit für Erfahrungen*, *Need for Cognition* oder *Leistungsmotivation* wären ebenfalls zu prüfen. Auch wenn positive Zusammenhänge zu konvergenten und geringe bis keine Korrelationen zu diskriminanten Konstrukten zu erwarten sind, liegen bislang nur sehr wenige Ergebnisse vor. Und so ist es durchaus möglich, dass Eigenschaftslisten kreativer Personen eventuell eher die Selbsteinschätzung der eigenen Kreativität als tatsächlich „kreative Persönlichkeit" erfassen. Auf keinen Fall aber sind diese Verfahren dazu geeignet kreative *Leistung* zu messen.

Ein weiterer problematischer Aspekt beim Einsatz von Eigenschaftslisten zur Messung kreativer Persönlichkeit liegt in der Itemauswahl. Kreativ zu sein ist ein gesellschaftlich positiv belegtes Verhalten und geht mit ebenfalls positiv belegten Eigenschaften, wie etwa der Fähigkeit zum divergenten Denken auch bei komplexen Fragestellungen und einer offenen und neugierigen Persönlichkeit, einher. Entsprechend finden sich in den Eigenschaftslisten zur Erfassung kreativer Persönlichkeit viele sozial erwünschte Items. Die *CPS* (Gough, 1979) enthält beispielsweise die Eigenschaften „zuversichtlich", „kompetent" oder „ehrlich". Sozial erwünschtes Antworten als Sonderform der Selbstdarstellung resultiert aus der Furcht vor sozialer Verurteilung (Bortz & Döring, 2006) und führt dazu, dass Personen solchen Items eher zustimmen als sie abzulehnen und das unabhängig davon, ob sie die Aussagen für sich für zutreffend halten.

Nun mag die Tendenz zum sozial erwünschten Antworten im Forschungskontext vielleicht noch vernachlässigbar sein, in der praktischen Anwendung, zum Beispiel im Personalauswahl- und Personalentwicklungskontext, wird sie zum Problem. Im Sinne des Faking-Good werden (manche) Kandidaten Eigenschaften wie „kompetent" oder „zuversichtlich" selbstverständlich als zutreffend ankreuzen und damit das eigentliche Ergebnis der *CPS* nach oben verzerren. Paradoxerweise führt das Ankreuzen einzelner sozial erwünschter Eigenschaften, also die Intention zum Faking-Good, jedoch zum tatsächlichen Faking-Bad, also einem schlechteren *CPS*-Ergebnis. Wer zum Beispiel angibt, „ehrlich" zu sein – zweifelsohne eine naheliegende Aussage im Personalauswahlverfahren – bekommt einen Punkt abgezogen, denn Ehrlichkeit ist eine Eigenschaft, die in den *CPS*-Wert negativ eingeht.

Während mit den ebengenannten Itembeispielen drei eher generell (berufs)erfolgsrelevante Merkmale genannt wurden, beinhalten die Eigenschaftslisten auch viele offensichtlich augenscheinvalide Items zur Kreativitätsdiagnostik. Selbst Laien erkennen mühelos, dass Adjektive wie „originell" oder „vielseitig interessiert" Beschreibungen kreativer Personen sind. Zwar qualifiziert das die Merkmalslisten als augenscheinvalide Verfahren, zugleich fällt es Personen damit aber auch sehr leicht, ihr Ergebnis in gewünschter Richtung zu verfälschen. Die mögliche Beeinflussbarkeit– ganz gleich, ob bewusst (*impression management*) oder unbewusst (*self deception*) – ist ein generelles Problem von Persönlichkeitstests. Im Falle der Eigenschaftslisten wird es jedoch durch das zumeist dichotome Antwortformat (trifft zu vs. trifft nicht zu) noch verstärkt. Im Zweifel stimmen die Getesteten natürlich eher für sozial erwünschte bzw. offensichtlich kreativitätsbezogene Items als gegen diese. Überdies erlaubt ein dichotomes Antwortformat keine Aussage über die Stärke einer Merkmalsausprägung auf Itemebene. Inwieweit einzelne Items der Skalen miteinander zusammenhängen, vielleicht sogar miteinander interagieren oder aber sich ggf. kompensieren, lässt sich nur auf Nominaldatenniveau prüfen und somit ist kein wirklicher Erkenntnisgewinn über das idealtypische Profil einer kreativen Person erwarten. Angesichts der Historie der Merkmalslisten zur Identifikation von Kreativen fehlt auch jegliche theoretische Basis, aus der sich hierzu überhaupt Hypothesen ableiten lassen könnten.

Ein Grund, warum Merkmalslisten, wie etwa die *CPS*, dennoch bis heute als Verfahren zur Identifikation kreativer Personen anhand von Selbstbeschreibungsverfahren etabliert sind, liegt gewiss in ihrer Kriteriumsvalidität. Sowohl für die Skala von Smith und Schaefer (1969) als auch für die Merkmalsliste *ACL Cr* von Domino (1970) wurde gezeigt, dass Eigenschaftslisten dazu geeignet sind, kreative von unkreativen Personen zu unterscheiden. Domino und Giuliani (1997), die etwa Dominos *ACL Cr* bei drei Gruppen von Fotografen einsetzten, berichten einen Zusammenhang zwischen der kreativen Persönlichkeit (*ACL Cr*) und der Einschätzung eines Portfolios bisheriger Arbeiten durch Experten in Höhe von $r = .76$ bei Fotografieneulingen und in Höhe von $r = .82$ bei erfahrenen Fotografen (beide Korrelationen $p < .01$). Nicht vergleichbar hohe Korrelationen, aber doch einen weiteren Beleg für die Kriteriumsvalidität von Eigenschaftslisten liefern Oldham und Cummings (1996). Ihr Einsatz der *CPS* in zwei Technologieunternehmen weist einen signifikanten Zusammenhang des *CPS*-Werts mit der Anzahl der Erfindungsanmeldungen (Vorstufe der Patenteinreichung) aus ($r = .27$, $p < .05$). Allerdings finden Oldham und Cummings keine systematischen Zusammenhänge des *CPS*-Werts mit der eingeschätzten Kreativität (Vorgesetztenurteil; $r = .12$) und der Anzahl an Verbesserungsvorschlägen ($r = .00$, beide Korrelationen $p > .05$). Berücksichtigt man jedoch neben der kreativen Persönlichkeit noch die Komplexität der Tätigkeiten (*job complexity*), so lässt sich die Anzahl der Verbesserungsvorschläge doch vorhersagen: Personen mit hohen *CPS*-Werten reichen umso mehr Verbesserungsvorschläge ein, je komplexer ihre Tätigkeit ist. Bei Personen mit niedrigen *CPS*-Werten finden sich ein gegenläufiger Zusammenhang; je komplexer die Tätigkeit, desto weniger Verbesserungsvorschläge werden eingereicht. Derselbe Effekt zeigt sich zugleich für das Kriterium Vorgesetztenurteile. In der Meta-Analyse bei Hammond et al. (2011) korreliert kreative Persönlichkeit gemessen über Eigenschaftslisten zu $\hat{\rho} = .25$ (doppelt attenuationskorrigiert) mit innovativer Leistung und klärt damit 23 Prozent der Varianz im Kriterium auf. In Abhängigkeit der betrachteten Stichproben zeigt sich eine differenzielle Validität für Maße der kreativen Persönlichkeit: während Eigenschaftslisten bei Studenten zu $\hat{\rho} = .33$ mit deren kreativer Leistung zusammenhingen, korrelierte die kreative Persönlichkeit bei Berufstätigen nur zu $\hat{\rho} = .16$ (beide Maße doppelt attenuationskorrigiert) mit ihrer innovativen Leistung, wofür die Autoren vor allem das komplexere Umfeld als ursächlich ansehen. Der Unterschied in der Vorhersagekraft erwies sich jedoch nicht als signifikant.

Wenn auch als wesentlich schwächeres Kriterium, so doch nicht irrelevant, spricht darüber hinaus die Ökonomie von Eigenschaftslisten zur Kreativitätsdiagnostik für deren Einsatz. Die Durchführungszeiten sind verglichen mit Persönlichkeitsstrukturtests erheblich kürzer (vgl. ca. 5 Minuten für die 30 Items der *CPS* (Gough, 1979) mit ca. 35 Minuten für die 240 Items des *NEO-PI-R* (Ostendorf & Angleitner, 2004)) und auch die Auswertung ist wesentlich einfacher und schneller, da nicht nur weniger Items auszuwerten sind, sondern auch anstatt der Auswertung von Ratingskalen nur dichotome Items auszuzählen sind.

4.2.2 Persönlichkeitsmodelle

Wie zuvor dargestellt stehen zur Persönlichkeitsbeschreibung kreativer Personen u. a. die hier beschriebenen zwei Möglichkeiten zur Auswahl. So liefern die soeben dargestellten Eigenschaftslisten das Ergebnis einer gezielten Suche nach einzelnen Eigenschaften, die kreative von unkreativen Personen zu trennen vermögen. Eine andere Variante hingegen liegt im Rückgriff auf bereits bestehende allgemeine Persönlichkeitsmodelle, die zur Beschreibung kreativer Persönlichkeit herangezogen werden. Neben der Vermeidung von Nachteilen, die der Einsatz eigens zur Kreativitätsdiagnostik zusammengestellter Eigenschaftslisten in sich trägt, spricht ein weiteres Argument für den zweiten Ansatz: So sollten breitere Persönlichkeitseigenschaften, wie sie in Persönlichkeitsmodellen wie etwa dem Big Five-Modell enthalten sind, kreative Leistung besser vorhersagen (Hammond et al., 2011). Erklären lässt sich das über die höhere Prädiktoren-Kriteriums-Symmetrie: soll ein breites Kriterium wie etwa kreative Leistung in einem durch Komplexität geprägten Berufsumfeld vorhergesagt werden, so gelingt diese Prognose unter Zuhilfenahme breiter gefasster Persönlichkeitseigenschaften, wie etwa *Offenheit für Erfahrungen*, deutlich genauer als durch spezifische Eigenschaften, wie zum Beispiel *Offenheit für Ideen*.

4.2.2.1 Sechzehn Persönlichkeits-Faktoren (16PF) nach Cattell

Ein früher Ansatz, bestehende Persönlichkeitsmodelle zur Beschreibung kreativer Personen heranzuziehen, findet sich bei Cattell, Eber und Tatsuoka (1970). Basierend auf psycholexikalischen und faktorenanalytischen Studien propagierte Cattell bereits seit Ende der 1940er Jahre 16 Dimensionen für die Beschreibung von Persönlichkeitsunterschieden (s. Abbildung 7).

Abbildung 7: 16-Persönlichkeits-Faktoren nach Cattell (in Anlehnung an Schneewind & Graf, 1998, S. 7)

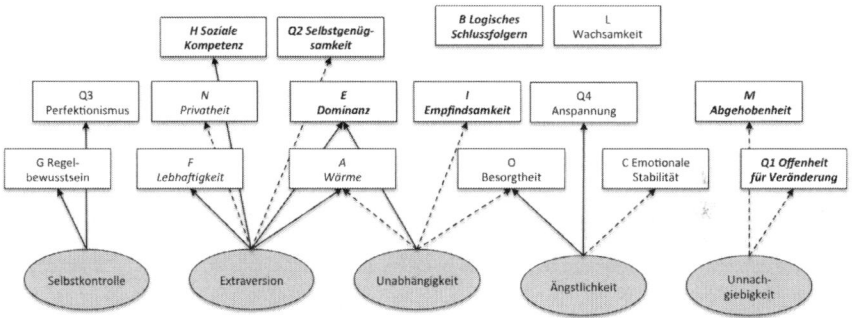

Anmerkung. Gestrichelte Linien kennzeichnen den Globalfaktoren negativ zugeordnete Faktoren. Fett und kursiv gedruckte Faktoren gehen mit höherer Kreativität positiv, lediglich kursiv gekennzeichnete Faktoren gehen mit höherer Kreativität negativ einher.

Mit Ausnahme der beiden Dimensionen *Logisches Schlussfolgern* und *Wachsamkeit* werden die Persönlichkeitsfaktoren in unterschiedlicher Gewichtung fünf Global- bzw. Sekundärfaktoren zugeordnet. Um Persönlichkeit gemäß des Modells zu erheben, entwickelten Cattell et al. (1970) den *16-Persönlichkeits-Faktoren-Test* (*16 PF*). Mittlerweile liegt der *16 PF* in der fünften Auflage und damit vierten Revision vor. Er zählt laut Schmidt-Atzert und Amelang (2012) zu den in den USA am meisten eingesetzten Persönlichkeitstests. Die deutschsprachige Version, die sich an der aktuellen englischen Ausgabe orientiert, wurde von Schneewind und Graf (1998) publiziert.

Bereits im Handbuch zur ersten Auflage des *16 PF* berichten Cattell et al. eine Regressionsgleichung, die sie zur Vorhersage kreativer Leistungen berechnet haben. Derzufolge erweisen sich *Logisches Schlussfolgern, Empfindsamkeit, Selbstgenügsamkeit, Dominanz, Soziale Kompetenz, Abgehobenheit* und *Offenheit für Veränderung*[11] mit positiven Regressionsgewichten zwischen .33 und .16 als positiv mit Kreativität korreliert (zitiert nach Schuler & Görlich, 2007). Die Faktoren *Privatheit, Wärme* und *Lebhaftigkeit* gehen mit Regressionsgewichten zwischen -.16 und -.33 in die Gleichung ein, sind also mit kreativer Leistung negativ assoziiert. Die Regressionsgleichung gibt bereits einen ersten Hinweis darauf, welche Persönlichkeitseigenschaften das Erbringen kreativer Leistungen erleichtern oder erschweren.

---

[11] Anders als in Abbildung 7 werden hier die unipolaren Dimensionsbezeichnungen gemäß der revidierten, deutschen Fassung des *16 PF* (*16 PF-R*) verwendet.

Dass Intelligenz in Form Schlussfolgernden Denkens in der Aufstellung kreativitätsrelevanter Merkmale enthalten ist, ist nicht verwunderlich (s. Kapitel 4.1), jedoch insofern besonders, als sie hier mittels gängiger Intelligenzitems im Rahmen eines Persönlichkeitstests erhoben wird. Betrachtet man die weiteren relevanten Eigenschaften, so fällt auf, dass mit *Abgehobenheit* (Beispielitem: „Ich bin ein Mensch, der in den Tag hinein träumt und sich eigene Dinge ausdenkt.") und *Offenheit für Veränderung* (Beispielitem: „In den meisten Fällen ist es besser, Veränderungen und neuen Ideen den Vorrang zu geben.") zwei augenscheinlich kreativitätsnahe Faktoren enthalten sind. Beide bilden gemeinsam den Globalfaktor *Unnachgiebigkeit*, in dem somit die Freude an neuartigen Lösungen oder Betrachtungsweisen repräsentiert ist. Bezieht man die weiteren signifikanten Prädiktoren zur Vorhersage kreativer Leistungen mit ein, so zeichnet sich generell das Bild eines zwar interessierten (*Empfindsamkeit*), aber nicht besonders kontaktfreudigen (*Selbstgenügsamkeit, Wärme* (neg.), *Lebhaftigkeit* (neg.)) kreativen Menschen. Dennoch treten Kreative selbstbewusst auf (*Soziale Kompetenz, Dominanz, Privatheit* (neg.)), wobei die Selbstsicherheit vor allem mit Durchsetzung einhergeht und damit von den Mitmenschen als eher unangenehm wahrgenommen werden kann.

Auf Ebene der Globalfaktoren erweist sich lediglich die Dimension *Unnachgiebigkeit* als eindeutig kreativitätsförderlich, da sie den einzigen Globalfaktor darstellt, dessen Primärfaktoren in einheitlicher Richtung auf das Kriterium kreative Leistung wirken. Ein anderes Bild zeigt sich hier z. B. für *Extraversion*. Dies deutet an, dass neben der Betrachtung globaler Persönlichkeitsfaktoren auch die Berücksichtigung von spezifischeren Persönlichkeitsfacetten für die Vorhersage kreativer Leistung relevant sein wird.

Trotz der hohen Einsatzzahlen des *16 PF*-Tests hat sich das zugrundeliegende Persönlichkeitsmodell in der Persönlichkeitsforschung aus verschiedenen Gründen nicht durchgesetzt. So fehlen etwa Kriteriumsvaliditäten, die hypothesengeleitet ermittelt werden (vgl. Schmidt-Atzert & Amelang, 2012) und nicht, wie im Falle der eben beschriebenen Regressionsgleichung, post-hoc berechnet werden. Dennoch bietet das *16 PF*-Modell „einerseits einen differenzierten Zugang zu verschiedenen Merkmalsbereichen, andererseits eine hinreichend reliable Erfassung von vier Faktoren des Big-Five-Modells" (Schmidt-Atzert & Amelang, 2012, S. 263). Das Big-Five-Modell stellt einen hierarchischen Aufbau grundlegender Persönlichkeitseigenschaften dar und umfasst auf oberer Stufe ebenfalls fünf Dimensionen: *Neurotizismus, Extraversion, Offenheit, Verträglichkeit* und *Gewissenhaftigkeit*. Zur Erfassung der fünf Persönlichkeitsdimensionen steht mit dem *NEO-Fünf-Faktoren Inventar* (*NEO-FFI*, Borkenau & Ostendorf, 2008) ein ökonomisches und valides Verfahren zur Verfügung. Die Globalskalen des *16 PF-R* korrelieren mit den entsprechend konstruktkonvergenten Dimensionen des *NEO-FFI* zwischen .45 (*Unnachgiebigkeit* mit *Offenheit für Erfahrungen*) und .67 (*Extraversion* mit *Extraversion*). Lediglich für die

Skalen *Unabhängigkeit* (*16 PF-R*) und *Verträglichkeit* (*NEO-FFI*) zeigt sich eine (zu) schwache Korrelation von -.32 (Schmidt-Atzert & Amelang, 2012). Damit sind, wie auch im folgenden Abschnitt zum Big-Five-Modell gezeigt wird, die Ergebnisse zur Vorhersage von Kreativität auf Basis des *16 PF*-Modells also in gewisser Weise übertragbar: die *Unnachgiebigkeit* bzw. *Offenheit für Erfahrungen* ist bei kreativen Personen besonders ausgeprägt, *Extraversion* spielt hingegen eine uneindeutige Rolle und sollte wohl eher auf Primärskalen bzw. Facettenebene betrachtet werden.

4.2.2.2 Fünf-Faktoren-Modell (FFM)

Während sich das *16 PF*-Modell nicht als vorrangiges Persönlichkeitsmodell etablieren konnte, findet das Big-Five-Modell in der psychologischen Forschung umso mehr Anwendung. Die überwiegende Mehrheit der Arbeiten operationalisiert und misst Persönlichkeit auf Basis dieses Modells. Im Big-Five- bzw. Fünf-Faktoren-Modell (FFM) wurden den auf Basis des lexikalischen Ansatzes gewonnenen fünf Globalfaktoren je sechs Facetten zugeordnet. Sollen nicht nur die Dimensions- sondern auch die Facettenwerte gemessen werden, steht z. B. das *revidierte NEO-Persönlichkeitsinventar* nach Costa und McCrae (*NEO-PI-R*, Ostendorf & Angleitner, 2004) zur Verfügung. Hierbei „handelt es sich [...] um ein – gemessen am Konstruktionsziel – sehr gut konstruiertes Verfahren, dessen Einsatz eine fachgerechte und differenzierte Persönlichkeitsdiagnostik nach dem FFM gestattet" (Andresen & Beauducel, 2008, S. 544).

Die Relevanz des FFM zur Vorhersage von Berufserfolg wurde bereits in mehreren Meta-Analysen gezeigt. Richtungsweisend war hier besonders die vielbeachtete Meta-Analyse von Barrick und Mount (1991), in der sich *Gewissenhaftigkeit* als einzige der fünf Dimensionen als valider Prädiktor über verschiedene Erfolgskriterien und Berufsgruppen hinweg erwies ($\rho = .22$[12]). Für die weiteren Dimensionen ergaben sich zwar ebenfalls Korrelationen zu verschiedenen Kriterien und bei verschiedenen Berufen, allerdings konnten diese Befunde nicht generalisiert werden. Eine Ausnahme stellt hier *Offenheit für Erfahrungen* dar: dieses Persönlichkeitsmerkmal erwies sich zwar für keine der betrachteten Berufsgruppen als relevantes Merkmal für beruflichen Erfolg, sagt jedoch das Kriterium Trainingserfolg über die betrachteten Gruppen hinweg vorher ($\rho = .25$). Einige Jahre später rechnete Salgado (1997) eine weitere Meta-Analyse, bezog hier aber explizit nur Studien mit ein, die innerhalb der Europäischen Gemeinschaft publiziert wurden und auch nur Studienteilnehmer aus europäischen Ländern enthielten (keine der Studien war in der Meta-Analyse von Barrick und Mount berücksichtigt). Die Ergebnisse sind konsistent zu den obigen:

---

[12] Mount und Barrick (1995) weisen später darauf hin, dass die Validität für Gewissenhaftigkeit unterschätzt sein könnte und halten einen Wert von .31 für realistischer.

Gewissenhaft sagt Berufserfolg über unterschiedliche Kriterien hinweg und für verschiedene Berufsgruppen vorher (r_c[13] = .15, ρ[14] = .25). Und auch in der europäischen Arbeitswelt korreliert *Offenheit für Erfahrungen* mit Trainingserfolg (r_c = .17, ρ = .26) und erweist sich hier zudem als generell erfolgsrelevant für ausgewählte Berufsgruppen wie Polizisten (r_c = .12, ρ = .18). und gelernte Arbeiter (r_c = .11, ρ = .17). Weiterhin zeigt sich nun auch für *Emotionale Stabilität* eine generalisierbare Validität (r_c = .13, ρ = .19). Salgado (2005) bietet einen Überblick über die Ergebnisse von sechs Meta-Analysen, welche alle nach 2000 publiziert wurden und die die prognostische Validität der Big Five für verschiedene berufliche Kriterien, wie berufliche Leistung (job performance), Trainingserfolg (training proficiency), Akzeptanz als Führungskraft (leadership emergence), Führungserfolg (leadership effectiveness), Arbeitszufriedenheit (job satisfaction), Kontraproduktives Verhalten (counterproductive behaviour), Umsatz (turnover) und Arbeitsunfälle (accidents of work) aufzeigen. Auch wenn die Kriteriumsvaliditäten in ihrer Höhe allenfalls moderat ausfallen, weisen Persönlichkeitsfragebogen doch inkrementelle Validität auf (Goffin, Rothstein & Johnston, 1996; Schmidt & Hunter, 1998). Das bedeutet, dass ihr Einsatz noch zusätzlichen prognostischen Nutzen über bspw. den Einsatz von Intelligenztests oder Assessment Centern hinaus erbringt. Für manche der Kriterien wie etwa kontraproduktives Verhalten oder Arbeitszufriedenheit stellen Persönlichkeitsdaten sogar die besten Prädiktoren dar (Salgado, 2005).

Neuere Forschungsbestreben zeigen Wege auf, wie die Vorhersagegüte beruflicher Erfolgskriterien beim Einsatz von Persönlichkeitsverfahren weiter verbessert werden kann. Demgemäß lässt sich die Kriterienvalidität von Persönlichkeitsverfahren erhöhen, indem Items (und Instruktionen) in einen kriterienrelevanten Kontext eingebettet werden, d.h. zielgruppen- oder anwendungsbezogen formuliert werden (Beermann & Heilmann, 2014; Bowling & Burns, 2010; Lievens, De Corte & Schollaert, 2008; Pace & Brannick, 2010).

Weiterhin kann, wie in einer aktuellen Meta-Analyse gezeigt wurde, die prognostische Validität von auf dem FFM basierenden Persönlichkeitsmaßen durch den Einsatz von Forced-choice-Verfahren sogar noch gesteigert werden (Salgado & Tauriz, 2014). Bei quasi-ipsativen Persönlichkeitsverfahren zeigt sich beispielsweise eine Validität von ρ = .40 für *Gewissenhaftigkeit* und das Kriterium berufliche Leistung. Ein Wert, der nicht nur eine fast doppelt so hohe Kriteriumsvalidität ausweist, wie sie bislang durch den Einsatz von Single-Choice-Verfahren erzielt wurde, sondern auch die Vorhersageleistung von Assessment Centern, strukturierten Interviews, Situational-Judgement-Tests (SJT) und Criterion-Focused Occupational Personality Scales (COPS) übertrifft.

---

[13] Salgado (1997) berichtet mit r_c die um Messfehler in Prädiktor und Kriterium sowie um Varianzeinschrän-kungen korrigierte Validität. Dieses Maß entspricht ρ in der Meta-Analyse von Barrick und Mount (1991).

[14] Salgado (1997) berichtet mit ρ eine zusätzlich zur r_c um die Konstruktvalidität korrigierte Validität.

Zweitstärkte Dimension zur Vorhersage von Berufserfolg ist danach *Offenheit für Erfahrungen* (ρ = .25), gefolgt von *Emotionaler Stabilität* (ρ = .20), *Verträglichkeit* (ρ = .16) und *Extraversion* (ρ = .10).

Alle bisher berichteten Studien beschreiben den meta-analytisch fundierten Zusammenhang der fünf globalen Persönlichkeitsfaktoren zu verschiedenen beruflichen Kriterien bei unterschiedlichen Berufsgruppen. Gerade bei den Persönlichkeitseigenschaften, für die sich keine validitätsgeneralisierenden Befunde zeigen, könnte es allerdings im Sinne einer höheren prognostischen Validität lohnend sein, sich von der Ebene der Globalfaktoren zu lösen und die Kriteriumsvalidität der Facetten zu betrachten. Denn gemäß der Symmetrie-Hypothese von Brunswik (beschrieben bei Wittmann, 1990) können Globalfaktoren spezifischere Facetten des Berufserfolgs weniger genau vorhersagen als schmaler gefasste Persönlichkeitskonstrukte (in der Terminologie des FFM: Facetten). Einige Autoren empfehlen daher den Einsatz von Facetten anstatt der Beschränkung auf Dimensionsebene (Rothstein & Goffin, 2006; Tett & Christiansen, 2007). Erste empirische Befunde unterstützen diesen Vorschlag: Mussel, Winter, Gelléri und Schuler (2011) analysierten die Faktorstruktur von *Offenheit für Erfahrungen* und konnten eine zweidimensionale Struktur aufzeigen. Die Facetten Offenheit für Gefühle, Offenheit für Ästhetik und Offenheit für Fantasie laden auf dem ersten Faktor, den die Autoren als *perzeptuelle Offenheit* bezeichnen. Perzeptuell umfasst in Anlehnung an Berlyne (1978) „quests for uncertain relieving perceptions" (S. 144). Die Facetten Offenheit für Handlungen, Offenheit für Ideen und Offenheit für Werte laden auf dem zweiten Faktor, der *epistemische Offenheit* benannt wird. Epistemisch beschreibt hier „quests for knowledge or information that could be stored in structures of symbolic responses". Mit Kriterien beruflicher und akademischer Leistung korrelierte nur die Subskala epistemische Offenheit (so z. B. mit beruflicher Leistung r = .26, mit akademischer Leistung r = .21), allerdings sind diese Zusammenhänge wesentlich höher als sie für Offenheit auf Dimensionsebene gefunden werden. Perzeptuelle Offenheit und Offenheit als Dimension, also bei breiter Erfassung des Konstrukts, waren hingegen keine validen Prädiktoren für die betrachteten Kriterien (so hing z. B. perzeptuelle Offenheit mit beruflicher Leistung zu r = -.05 zusammen, mit akademischer Leistung zu r = -.05; Offenheit (Dimension) korrelierte mit beruflicher Leistung zu r = .10, mit akademischer Leistung zu r = .07). Interessanterweise hing der selbsteingeschätzte Berufserfolg in dieser Studie weder mit den Offenheits-Subskalen noch dem Globalfaktor Offenheit für Erfahrungen zusammen. Im Rahmen einer weiteren Studie, in der eine Vielzahl an Kriterien aus dem privaten und beruflichen Umfeld berücksichtigt wurden, bestätigen Winter, Gelléri, Mussel und Schuler (2010, July) die differenzielle Validität der beiden Offenheits-Subdimensionen: Während epistemische Offenheit für Erfahrungen eine hohe Anzahl an Kriterien sowohl aus dem privaten wie aus dem beruflichen bzw.

Bildungsbereich vorhersagen konnte, scheint perzeptuelle Offenheit lediglich mit Kriterien aus der Freizeit, wie etwa mit künstlerischen Hobbys, zu korrelieren. Offenheit für Erfahrungen, gemessen über die epistemische Offenheit, also unter Fokussierung auf die drei handlungs- und änderungsorientierten Facetten Offenheit für Handlungen, Offenheit für Ideen und Offenheit für Werte, zeigt diesen ersten Befunden zufolge also eine fast ebenso starke Vorhersagekraft für beruflichen Erfolg auf, wie der bislang stärkste Prädiktor Gewissenhaftigkeit.

Wie noch gezeigt werden wird, besteht eine definitorische Nähe und inhaltliche Überlappung zwischen den Konstrukten Offenheit für Erfahrungen und Kreativität. So liegt die Schlussfolgerung nahe, dass Kreativität ebenso relevant für Berufserfolg ist. Allerdings lassen sich in den berichteten Meta-Analysen zum Zusammenhang von Persönlichkeitseigenschaften und Berufserfolg keine expliziten Kreativitätskriterien (wie z. B. Anzahl eingereichter Ideen im Rahmen eines betrieblichen Verbesserungsmanagements oder Mitarbeit an Patentanmeldungen) finden, die dies direkt belegen. Weiterhin unterscheiden sich Berufsgruppen (oder noch genauer: Tätigkeitsbereiche) dahingehend, inwiefern kreatives Denken und Handeln überhaupt erfolgsrelevant sind. So unterscheiden sich Tätigkeiten im Grad der Erwünschtheit kreativer Beiträge (vgl. etwa Werbetexter mit Bankbeamten), aber auch bereits im Rahmen der Möglichkeiten überhaupt kreative Leistung einbringen zu können (vgl. etwa Musikscouts mit Sicherheitsbeamten am Flughafen). Eine direkte Übertragung „wer offen ist, ist auch kreativ und wird dadurch auch mit hoher Wahrscheinlichkeit beruflich erfolgreich sein" ist damit nicht möglich.

Vielmehr muss zunächst der Zusammenhang zwischen den fünf Faktoren der Persönlichkeit (sowie ihrer Facetten) und Kreativität genauer betrachtet werden. Durch ein besseres Konstruktverständnis von Kreativität, kann dann beispielsweise die Frage, ob offenere Menschen auch die kreativeren sind, geklärt werden. Auch die viel diskutierte Hypothese, ob kreative Personen nicht häufig extrem neurotische und abweisende Persönlichkeitszüge aufweisen und so durch ihr Verhalten unangenehm auffallen, lässt sich damit beantworten. Letztlich hat die Erfassung kreativer Persönlichkeit, also die Suche nach „typisch kreativen Persönlichkeitsmerkmalen", wie bereits beschrieben, eine lange Tradition. Es lohnt folglich, sich die Ergebnisse dieses Forschungsgebiets näher anzuschauen und zu bewerten, ob die Messung von Persönlichkeitstraits ausreicht, um kreatives Potenzial vorherzusagen. Erst im Anschluss daran ist eine empirisch abgesicherte Aussage zum Beitrag von Kreativität zu Berufserfolg möglich.

Zum Zusammenhang von Persönlichkeit und Kreativität liegt eine Vielzahl an Einzelstudien vor. So wurden auf Seite der Persönlichkeit entweder alle fünf Dimensionen zugleich betrachtet (z. B. Ma, 2009; Zhao & Seibert, 2006) oder nur einzelne Dimensionen (z. B. Mieg, Bedenk, Braun & Neyer, 2012) oder sogar Facetten (z. B. Batey, Chamorro-Premuzic, et al., 2010; Pace & Brannick, 2010) miteinbezogen. Als Kreativitätsindikator beinhalten die Studien die gesamte Breite an Kriterien (für Kreativität in der Freizeit z. B. Wolfradt und Pretz (2001), für Kreativität in Ausbildung und Beruf z. B. Feist (1999); Feist und Barron (2003) oder für Kreativität bzw. den Innovationsgrad auf nationalem Level z. B. Steel, Rinne und Fairweather (2012)). Darüber hinaus sind die Befunde nach den herangezogenen Stichproben zu unterscheiden: Wurden Kinder untersucht oder Erwachsene? Schüler, Studenten oder Berufstätige? Im Rahmen dieser Arbeit werden vornehmlich die Zusammenhänge der fünf globalen Persönlichkeitsdimensionen zur Kreativität berichtet, wie sie sich auf meta-analytischer Ebene erwiesen haben. Für eine Übersicht über die Korrelationen der Big Five zu den in einzelnen Kreativitätsverfahren erzielten Ergebnissen sei auf Gelléri (2012) verwiesen.

Offenheit für Erfahrungen

Von den fünf Persönlichkeitsdimensionen hängt *Offenheit für Erfahrungen* am ersichtlichsten mit kreativem Verhalten zusammen: „Personen mit hohen Werten in der Skala Offenheit für Erfahrungen zeichnen sich durch eine hohe Wertschätzung für neue Erfahrungen aus, bevorzugen Abwechslung, sind wissbegierig, kreativ, phantasievoll und unabhängig in ihrem Urteil. Sie haben vielfältige kulturelle Interessen und interessieren sich für öffentliche Ereignisse" (Borkenau & Ostendorf, 1993, S. 5). Mit dieser Dimension wird demzufolge auf einen erlebnisbetonten, kreativen Motivationsfaktor abgehoben, der auch die Beschäftigung mit Neuem einschließt (Andresen & Beauducel, 2008). Und so überrascht es wohl kaum, dass Offenheit für Erfahrungen nicht nur der am stärksten untersuchte Persönlichkeitsfaktor im Zusammenhang mit Kreativität ist, sondern im Vergleich zu den anderen vier Dimensionen auch die höchsten Korrelationen zu Kreativität aufweist.

Feist (1998) teilt die Faktoren des FFM nach ihren positiven und negativen Ausprägungen auf. So gehören zur Subskala O+ Adjektive wie ästhetisch, kreativ, neugierig, flexibel, einfallsreich, empfindsam und vielseitig interessiert. O- wird hingegen durch die Begriffe konventionell, unflexibel, rigide und sozialisiert charakterisiert. Für diese beiden Offenheits-Subskalen finden sich beim Vergleich von kreativen mit nicht-kreativen Wissenschaftlern Effekte von Cohen's d in Höhe von .31[15] für O+ und -.16 für O-. Beim Vergleich von Künstlern mit Nicht-Künstlern fallen die Effekte noch deutlicher aus. Offenheit für Erfahrungen weist mit seiner positiven Subskala O+ Effekte in Höhe von .47 und mit der negativen Subskala O- in Höhe von -.43 auf.

---

[15] Positive Effekte bedeuten höhere Werte für die erstgenannte Gruppe. Berichtet wird hier der Median des Effekts.

In der Meta-Analyse von Ma (2009), die sich nicht auf bestimmte Personengruppen beschränkt, erweist sich *Offenheit für Erfahrungen* mit einer mittleren Effektstärke[16] von $M = 0.71$ ($k = 24$ Einzeleffekte, $SD = 0.70$) unter den Personenvariablen als stärkster Prädiktor für Kreativität und stützt somit frühere Befunde, deren gemäß Offenheit für Erfahrungen den wichtigsten Faktor für Kreativität darstellt (Feist, 1998; Furnham & Bachtiar, 2008). Laut Cohen's Klassifikation liegt zwar lediglich ein mittlerer Effekt vor, in Relation zum Einfluss der zusätzlich betrachteten Variablen ist dieser Effekt allerdings beachtlich hoch. Hammond et al. (2011) führten ebenfalls eine Meta-Analyse durch. Sie bezogen eine Vielzahl an Prädiktoren zur Vorhersage des individuellen Einflusses auf Innovation am Arbeitsplatz in ihre Analyse ein. Für *Offenheit* ergab sich eine doppelt attenuationskorrigierte Korrelation in Höhe von $\hat{\rho} = .24$ ($k = 9$, $N = 1$ 868). Es zeigt sich hier also ein moderater Zusammenhang zwischen *Offenheit für Erfahrungen* und Innovation.

Dass sich der Zusammenhang von *Offenheit für Erfahrungen* zu Kreativität auch über verschiedene Quellen der Offenheitseinschätzungen und unterschiedliche Kreativitätsmessungen hinweg als statistisch bedeutsam erweist, konnte schon McCrae (1987) zeigen. So korrelierte der über die eingesetzten Verfahren (sechs verschiedene Tests zum Divergenten Denken) hinweg berechnete Summenwert für Divergentes Denken zu $r = .39$ ($p < .001$) mit der Selbsteinschätzung von Offenheit, zu $r = .29$ ($p < .01$) mit der Fremdeinschätzung, wenn Offenheit durch Ehepartner eingeschätzt wurde, und zu $r = .41$ ($p < .001$), wenn die Einschätzung durch Peer-Rating erfolgte. Fünf der sechs eingesetzten Kreativitätsmessungen korrelierten sehr signifikant mit den Selbst- und Peer-Ratings (r zwischen .25 und .38). Lediglich für *Obvious Consequences* fanden sich keine Korrelationen mit Offenheit. Diese Form der Kreativitätsmessung ist jedoch generell in Frage zu stellen, denn hier werden eben gerade nicht die ungewöhnlichen und neuartigen, sprich: kreativen, Antworten gewertet, sondern vielmehr Ergebnisse Schlussfolgernden Denkens berücksichtigt. In der ersten Meta-Analyse zum Zusammenhang von Persönlichkeit und Kreativität konnte Feist (1998) die Generalisierbarkeit des Zusammenhangs zwischen Offenheit für Erfahrungen und Kreativität ebenfalls bestätigen. Spätere Studien (Ma, 2009; Wolfradt & Pretz, 2001) stützen dieses Ergebnis.

Dass Offenheit für Erfahrungen nicht nur über verschiedene Methoden hinweg, sondern auch über mannigfaltige Bereiche mit kreativer Leistung zusammenhängt, konnten Dollinger, Urban und James (2004) zeigen. Sie gehen sogar soweit, aus diesen Befunden den „Mechanismus" für das Verständnis von Kreativität als domänenübergreifendem Konstrukt abzuleiten. Silvia, Kaufman, et al.

---

[16] Die Autoren wählen ein mittels gepoolter Varianz berechnetes Maß für die dann zu mittelnden Effektstärken. Die mittlere Effektstärke wird anhand der an der jeweiligen Stichprobengröße gewichteten Einzeleffekte berechnet.

(2009) bestätigten den bis dato auf korrelativen Untersuchungen basierenden Zusammenhang zwischen Offenheit für Erfahrungen und Kreativität durch die Berechnung von latent-class-Modellen. Für die so ermittelten Gruppen von Personen, die bereits in verschiedenen Bereichen kreative Leistungen erbracht haben, zeigten sich höhere Offenheitswerte als für die Gruppe der Nicht-Kreativen ($\chi^2(2)=37.6$, $p < .001$).

Wie zuvor beschrieben, hängt *Offenheit für Erfahrungen* mit Ausbildungs- und Trainingserfolg zusammen. In den bisherigen Meta-Analysen, die den Zusammenhang der Persönlichkeitsdimension mit beruflichem Erfolg, also einem globalen Kriterium, untersuchten, taucht die Dimension jedoch nicht als direkt erfolgsrelevant auf. Dies kann zum einen daran liegen, dass verhältnismäßig wenig Stichproben aus kreativen Berufen miteinbezogen wurden. Zum anderen ist denkbar, dass kreative Leistungen entweder nicht Beurteilungsgrundlage waren und somit defiziente Kriterien in die Analysen einbezogen wurden, das Kriterium zu breit gefasst war (Pace & Brannick, 2010) oder – wie Hammond et al. (2011) anmerken – einfach noch nicht genügend Einzelstudien zu den differentiellen Prädiktoren von Innovationserfolg auf Mitarbeiterebene vorliegen. Anhand der hier hergeleiteten Befunde zum Zusammenhang von Offenheit und Kreativität müsste sich Offenheit für Erfahrungen aber überall dort als erfolgsrelevant erweisen, wo eine offene Herangehensweise an Probleme oder Herausforderungen nötig ist und kreative Beiträge für beruflichen Erfolg wichtig sind.

Nachfolgend soll eine Auswahl an Studien vorgestellt werden, die die Bedeutung hoher Offenheitswerte für berufliche Leistung aufzeigen. Hammond et al. (2011) berichten in ihrer Meta-Analyse einen Zusammenhang von Offenheit und innovativer Leistung von $\hat{\rho} = .24$ ($k = 9$, $N = 1\ 868$, doppelt attenuationskorrigiert). Nach Cohen liegt damit zwar nur ein kleiner Effekt vor, Offenheit steht in seiner prädiktiven Vorhersagestärke der in früheren Meta-Analysen als generell berufserfolgsrelevant charakterisierten Persönlichkeitsdimension Gewissenhaftigkeit allerdings nicht nach.

Wie bereits erwähnt, lässt sich der Zusammenhang von Offenheit für Erfahrungen mit kreativer Berufsleistung durch Messung mittels eines kontextbezogen-konstruierten Instruments noch klarer fassen. In der Studie von Pace und Brannick (2010) korreliert eine berufsbezogene Offenheitsskala zu $r = .32$ ($p > .01$) mit kreativer Leistung (über ein Vorgesetztenurteil erfasst); die Werte in der *NEO-PI-R* Skala für Offenheit korrelieren nicht signifikant zu nur $r = .09$ mit dem Leistungsmaß. Die Zusammenhänge mit dem globalen Kriterium *overall performance* (ebenfalls per Vorgesetztenurteil erhoben) sind mit $r = .17$ für die berufsbezogene Skala und $r = -.01$ für die *NEO-PI-R*-Skala Offenheit deutlich geringer. Die berufsbezogen konstruierte Skala hat eine inkrementelle Validität über die mit dem *NEO-PI-R* erfasste Offenheit hinaus. Erwähnenswert sind an dieser Studie drei Punkte: So liegt mit $N = 83$ zwar nur eine kleine Stichprobe vor, diese besteht allerdings zur Gänze aus Berufstätigen aus dem technologi-

schen Sektor. Hier wurden also bewusst keine vordergründig „kreativen Berufe",
wie etwa Werbefachleute oder Künstler ausgewählt. Zudem stammen die Studienteilnehmer nicht aus einer Organisation, so dass organisationsspezifische
Störvariablen nahezu ausgeschlossen werden können. Ferner geben die Ergebnisse auf Facettenebene einen Hinweis darauf, dass die oben bereits diskutierte
Validität von Offenheit für Erfahrungen im Berufskontext davon abhängt, ob die
Dimensions-, Subskalen- oder Facettenebene herangezogen wird. Neben Offen-
heit für Fantasie korrelieren vor allem die drei Facetten der epistemischen Of-
fenheit (Mussel et al., 2011) mit der kreativen Leistung. Auch bei Batey,
Chamorro-Premuzic et al. (2010) finden sich Hinweise, dass lediglich einzelne
Facetten der Offenheitsdimension mit Kreativität korrelieren. Zwar erfassen die
Autoren dieser Studie Kreativität nicht im Berufskontext, sondern messen sie bei
185 Studenten über eine Selbstauskunft zur Generierung neuartiger und origineller
Ideen (RIBS, Runco, Plucker & Lim, 2000-2001), allerdings erweisen sich
hier ebenfalls zwei Facetten, nämlich Offenheit für Ästhetik und Offenheit für
Ideen als geeignete Prädiktoren zur Vorhersage von Kreativität. Offenheit für
Fantasie und Offenheit für Gefühle scheinen mit Kreativität nahezu unkorreliert.
Für Offenheit für Handlungen zeigt sich in der Studie von Batey et al. interessan-
terweise ein negatives Regressionsgewicht.

Zhao und Seibert (2006) vergleichen in ihrer Studie die Ausprägungen auf
den Big Five zwischen Managern und Entrepreneuren und finden signifikant
höhere Offenheitswerte für die zweite Gruppe ($\bar{d}_c$= .36[17], k = 10, N = 1 350). Die
Autoren erklären die Unterschiede dadurch, dass Entrepreneure bei der Gründung ihres Unternehmens nicht nur ihre kreative Geschäftsidee zur Marktreife
ausarbeiten müssen, sondern dabei auch verschiedene Probleme zu lösen und
Produkte, Geschäftspraktiken oder -methoden innovativ zu entwickeln haben.
Demgegenüber sehen sie die Aufgaben von Managern selbst in einem von ra-
schem Wandel geprägten Geschäftsfeld eher im Befolgen etablierter Methoden
oder Umsetzen von auf höherer Ebene entwickelter Strategien. Zu bedenken gilt,
dass Offenheit in dieser Meta-Analyse nicht rein auf Basis des FFM operationalisiert wurde, sondern auch Skalen aus anderen Persönlichkeitsmodellen, wie
etwa dem 16 PF, Eingang fanden. Doch auch bei einer strengen Orientierung am
FFM finden sich höhere Offenheitswerte bei Gründern als in der Referenzgruppe
der Nicht-Gründer (Mieg et al., 2012). Wie Shane und Nicolaou (2013) zeigen,
korreliert Offenheit für Erfahrungen zu r = .16, p < .05 mit dem Einkommen aus
selbständiger Arbeit (eine bewährte Operationalisierung für unternehmerischen
Erfolg bei Entrepreneuren).

Dass Offenheit jedoch auch bei Managern eine Rolle für deren kreative Leistung spielt, zeigen Scratchley und Hakstian (2000-2001). Offenheit, erfasst über
das Selbstbeschreibungsmaß *Personal Description Inventory* (*PDI*), korreliert

---

[17] Effektgröße korrigiert um Reliabilität der Persönlichkeitsskalen.

mit der Vorgesetztenbeurteilung zu *global change*[18] in Höhe von $r = .44$, mit *incremental change* zu $r = .22$ und mit *general managerial creativity* zu $r = .48$ (jeweils korrigiert um die Reliabilität des Kriteriummaßes). Zu beachten ist hier jedoch unbedingt, dass Offenheit gemessen über das *PDI* nur zu .42 ($p < .001$) mit der Skala Offenheit für Erfahrungen aus dem *NEO-PI-R* zusammenhängt und mit den Subskalen *Offenheit für Veränderung, Offenheit für Risiken* und *Offenheit für Ambiguität* einen bewusst anderen Konstruktraum umfasst als Offenheit im FFM (Scratchley & Hakstian, 2000-2001).

McCann (2011) untersuchte den Zusammenhang von Patentanmeldungen mit Offenheit für Erfahrungen und Konservatismus auf Ebene der amerikanischen Bundesstaaten. Für dieses Erfolgskriterium kreativen Denkens fand er einen Zusammenhang zu Offenheit in Höhe von $r = .50$ ($p < .001$) und zu Konservatismus in Höhe von $r = -.65$ ($p < .01$). Beide Zusammenhänge blieben auch nach Kontrolle um den sozio-ökonomischen Status, Intelligenz (operationalisiert als Mittelwert standardisierter Lese- und Rechenfertigkeitstests) und den Urbanisierungsgrad bestehen.

Während in den berichteten Studien der Fokus auf der kreativen Leistung Einzelner lag, betrachtete Taggar (2002) sowohl die Kreativität auf Individual- als auf Gruppenebene. Auf Mitarbeiterebene zeigte sich eine Korrelation zwischen Offenheit für Erfahrungen und der individuellen kreativen Leistung zu $r = .17$ ($p < .001$). Neben der reinen Leistungsmessung, integriert Taggar in sein Mehrebenenmodell noch kreativitätsrelevante Prozesse auf Individual- und auf Gruppenebene. Unter den individuellen kreativitätsrelevanten Prozessen fasst er Aspekte wie *Vorbereitung* (Bsp.: Mitbringen aller erforderlichen Unterlagen), *Förderung des Teamgedankens und -verständnisses* (Bsp.: Einbringen von Lösungen, Zusammenfassen und Strukturieren der Ideen des Teams), *Mitarbeit an gemeinsamer Zielsetzung* (Bsp.: Erarbeiten von Lösungen zur Erreichung der Teamziele) und *aktive Partizipation* (Bsp.: relevante Fragen stellen, Akzeptieren von Teamrollen und -aufgaben) zusammen. Der Zusammenhang von Offenheit mit diesen „kreativitätsrelevanten Prozessen" beläuft sich auf $r = .34$ ($p < .001$). Der Einfluss von Offenheit für Erfahrungen zeigt sich also vor allem auf spezifische Verhaltensweisen, die das Team dann bei der Erarbeitung kreativer Lösungen unterstützen. Offenheit für Erfahrungen ist auf Basis dieser Studie im beruflichen Kontext demnach eine gleich in zweifacher Hinsicht wichtige personale Voraussetzung für Kreativität.

Der Vollständigkeit halber sei zum Abschluss noch erwähnt, dass sich Offenheit für Erfahrungen nicht nur in zeitlich parallelen Messungen mit kreativem Verhalten oder kreativer Leistung verbunden erweist, sondern auch zur langfristigen Vorhersage der Kreativität geeignet scheint. An dieser Stelle ist auf die

---

[18] Eine Beschreibung der Kriterien global change, incremental change und general managerial creativity findet sich in Kapitel 4.1.3.

Studie von Soldz und Vaillant (1999) zu verweisen. Sie konnten für eine Stichprobe (N = 163; ausschließlich amerikanische Männer) zeigen, dass die Werte von Offenheit für Erfahrungen am Ende des Colleges zu r = .40 (p < .001) mit der Messung unterschiedlicher Kreativitätskriterien im Alter von ungefähr 65 Jahren zusammenhingen. Interessanterweise korrelierte Offenheit für Erfahrungen, wie sie zu diesem späteren Zeitpunkt mit dem *NEO-PI* gemessen wurde, nur zu r = .27 (p < .01) mit den Kreativitätskriterien.

In der Gesamtschau dieser Ergebnisse zeigt sich Offenheit für Erfahrungen als übergreifend mit Kreativität assoziierte Persönlichkeitseigenschaft. Einige Persönlichkeitsforscher gehen gar so weit, diese Dimension des FFM mit Kreativität gleichzusetzen (Johnson, J. A. & Ostendorf, 1993). Dies mag vielleicht der inhaltlichen Klärung des FFM dienlich sein, da Offenheit für Erfahrungen damit trefflicher beschrieben sein mag. Aus Sicht der Kreativitätsforschung geht dies jedoch viel zu weit. Um die gesamte Komplexität kreativer Prozesse in realen Situationen erfolgreich meistern zu können, liefern höhere Ausprägungen in Offenheit für Erfahrungen sicherlich einen begünstigenden oder gar notwendigen Anteil, hinreichend ist eine offene, freie Geisteshaltung jedoch nicht. Um kreative Leistungen erbringen zu können, bedarf es weiterer Ressourcen, wie etwa kognitiver oder motivationaler Art. Die Messung von Kreativität mittels Offenheitsskalen, wie sie zum Beispiel in der Entrepreneurship-Forschung zu finden ist, vernachlässigt folglich wichtige Aspekte des vielschichtigen Kreativitätskonstrukts (Palmer et al., 2015). Dennoch: aus Seiten der Persönlichkeitspsychologie eignet sich die FFM-Dimension Offenheit für Erfahrungen nicht nur zur Beschreibung der Persönlichkeitseigenschaften kreativer Personen, sondern erweist einen wertvollen Dienst in der Vorhersage kreativer Leistungen im realen (späteren) Leben (Feist & Barron, 2003; Helson, Roberts & Agronick, 1995; Silvia, Nusbaum, Berg, Martin & O'Connor, 2009; Soldz & Vaillant, 1999).

Neurotizismus bzw. Emotionale Stabilität

So offensichtlich sich kreative Personen durch eine offene, neugierige und vielseitig interessierte Geistes- und Lebenshaltung auszeichnen und Offenheit für Erfahrungen damit weithin als eng mit Kreativität einhergehende Persönlichkeitsdisposition angesehen wird, so unklar scheint auf den ersten Blick der Zusammenhang zwischen Neurotizismus und Kreativität.

Personen mit hohen Neurotizismuswerten geben „häufiger an, sie seien leicht aus dem seelischen Gleichgewicht zu bringen. Im Vergleich zu emotional stabilen Menschen berichten sie häufiger negative Gefühlszustände zu erleben und von diesen manchmal geradezu überwältigt zu werden" (Borkenau & Ostendorf, 1993, S. 27). Neurotische Menschen sind ängstlicher, unsicherer und gerade unter Stress weniger belastbar. Der Gegenpol zu Neurotizismus wird mit Emotionaler Stabilität bezeichnet und aufgrund seiner positiven Konnotation in der Praxis eher zur Rückmeldung verwendet, als der oftmals irritierende und für Laien schwerer verständliche Begriff des Neurotizismus.

Wie oben bereits berichtet, erweist sich Emotionale Stabilität im beruflichen Kontext als valider Erfolgsprädiktor. Ausgeglichen zu sein, Belastungen aushalten und angstfrei an Aufgaben und soziale Situationen herangehen zu können, sind jedoch nicht nur drei exemplarische Kompetenzen psychisch stabiler Arbeitnehmer, sondern auch (oder gerade) im kreativen Leistungsbereich unabdingbare Anforderungen. Demgemäß müsste sich – vor allem in Leistungssituationen – ein positiver Zusammenhang zwischen Emotionaler Stabilität und Kreativität zeigen. Doch inwiefern geht diese Korrelation dann auf den (beruflichen) Leistungscharakter zurück, z. B. indem sich hierin eine generelle Stressresistenz oder die Fähigkeit zur Zusammenarbeit zeigt? Anders gefragt: Zeigt sich ein Zusammenhang zwischen Neurotizismus und Kreativität auch dann, wenn Kreativität isoliert von beruflichen Komplexitätsanforderungen gemessen wird?

Auf Basis der wenigen Studien, in denen Korrelationen zwischen Neurotizismus und dem Abschneiden in verschiedenen Kreativitätsverfahren, wie etwa dem *TTCT* oder der *CPS*, berichtet werden, scheint Neurotizismus mit Kreativität unkorreliert zu sein (vgl. Gelléri, 2012). In der Meta-Analyse von Ma (2009) zeigt sich jedoch ein mittlerer Effekt von $M = 0.26$ ($k = 28$ Einzeleffekte, $SD = 0.33$) für Emotionale Stabilität. Demgemäß finden sich unter kreativen Personen weniger neurotische Persönlichkeiten.

Wie Gruppenvergleiche zwischen verschiedenen Berufen zeigen, scheint dieser Zusammenhang von der Komplexität der Tätigkeit bzw. dem daraus resultierenden Anspruch an eine stressresistente Persönlichkeit moderiert zu sein. Gerade besonders kreative Leistungen, wie etwa das Entwickeln neuer Technologien oder die erfolgreiche Gründung eines Unternehmens, zeichnen sich durch eine Mischung aus relativ unregulierten Arbeitsbedingungen, einer noch nicht klar abzusehenden Reaktion der Umgebung und hoher Arbeitsbelastung bei gleichzeitig hohem persönlichen Risiko aus. Im Ergebnis finden sich beispielsweise bei Wissenschaftlern bzw. Unternehmensgründern geringere Neurotizismuswerte als in den Vergleichsgruppen, wie etwa Nicht-Wissenschaftlern bzw. Managern oder Nicht-Gründern (Feist, 1998; Mieg et al., 2012; Zhao & Seibert, 2006).

Emotionale Stabilität ist also auch im beruflichen Kontext mit Kreativität assoziiert, wenngleich in einem weitaus geringeren Maße als Offenheit für Erfahrungen. Kreative Personen sind demnach auch eher psychisch stabil, zufrieden, gelassen und sowohl in der Lage, sich anzupassen als auch mit Selbstsicherheit und Zuversicht gewappnet an Aufgaben heranzugehen. Diese Eigenschaften unterstützen sie darin, Rückschläge und Widerstände auszuhalten, kooperativ zusammenzuarbeiten und auch in unsicheren Situationen und über einen längeren Zeitraum nach kreativen Lösungen zu suchen und diese dann um- bzw. durchzusetzen.

Moment – kreative Personen zeichnen sich durch emotionale Stabilität, also psychische Gesundheit aus? Was ist dann dran an der lange währenden Diskussion um Genie und Wahnsinn? Unzählige Biografien erläutern die psychischen Auffälligkeiten kreativer Genies. Zudem bieten die Lebens- und Leidensgeschichten hochkreativer Persönlichkeiten seit jeher genügend Stoff für Romane, welche auf eine begeisterte und wohl auch faszinierte Leserschaft treffen. So wurde zum Beispiel „A Beautiful Mind" – die Verfilmung der Biografie von John Forbes Nash, der sich als Mathematiker vornehmlich mit der Spieltheorie beschäftigte, zugleich aber schwer an Schizophrenie erkrankte – im Jahre 2002 neben zahlreichen weiteren bedeutenden Auszeichnungen mit vier Oscars, darunter dem Preis für den besten Film des Jahres, prämiert.

Nun ist nicht gleich jedes ungewöhnliche Verhalten oder jede Exzentrik als Persönlichkeitsstörung anzusehen, die Lektüre entsprechender Literatur erweckt dennoch den Eindruck, unter Kreativen sei der Anteil psychisch auffälliger Personen höher als in der Normalbevölkerung. Speziell für Künstler wird diese Ansicht nicht nur durch besonders eingängige Anekdoten, wie etwa van Goghs „Malheur" mit seinem linken Ohr, befeuert, sondern auch immer wieder durch einzelne, hierzu scheinbar passende, Studienbefunde bekräftigt (Feist, 1998; Götz & Götz, 1979; Ma, 2009). Wie geht das mit den soeben dargelegten Befunden zum Zusammenhang von Neurotizismus und Kreativität zusammen?

Zunächst ist eine definitorische Trennung zu vollziehen: *Neurotizismus*, als eine der fünf globalen Persönlichkeitsdimensionen des FFM, umfasst zwar Facetten wie Depression oder Ängstlichkeit, schließt jedoch die Beschreibung psychopathologischer Erkrankungen nicht ein. Auch wenn die Dimension Neurotizismus aus dem *NEO-PI-R* für (sub)klinische Screeningzwecke eingesetzt werden kann, ist eine Diagnose psychischer Erkrankungen damit folglich nicht möglich. Die Frage, ob herausragend kreative Persönlichkeiten nicht auch überzufällig häufig „wahnsinnig", also psychisch krank, sind, lässt sich mit Studien zum Zusammenhang von Neurotizismus und Kreativität damit nicht beantworten.

Ein Blick in die Literatur zum „mad genius" zeigt, dass eine Fülle an Studien hier vielmehr auf *Psychotizismus* zurückgreift. Dieses Konstrukt geht auf Eysenck (1992) zurück, der die beiden Persönlichkeitsdimensionen Neurotizismus und Extraversion in seinem PEN-Modell um eben jenen Psychotizismus ergänzt. Unter Psychotizismus werden die folgenden Eigenschaften subsummiert: aggressiv, kalt, egozentrisch, unpersönlich, impulsiv, antisozial, nicht mitfühlend, kreativ, hart. Eysenck (1995) definiert Psychotizismus als „a dispositional variable or trait predisposing people to functional psychotic disorders of all types" (S. 203). Während mit Hilfe dieses Faktors sowohl altruistische, sozialisierte, empathische und eigentlich eher konventionelle Verhaltenstendenzen einerseits (geringe Psychotizismuswerte) beschrieben werden können, wird am anderen Ende des Kontinuums pathologisches Verhalten wie etwa bei psychopathischen, schizoiden oder kriminellen Persönlichkeitszügen (hohe Psychotizismuswerte) erfasst. Trotz aller Kritik an Eysencks Konzept des Psychotizismus (Andresen, 2001), war und ist dieser Faktor daher für viele Forscher bei der Ergründung des Zusammenhangs von Genie und Wahnsinn interessant.

In der Gesamtschau der Fülle an Arbeiten erscheint die vielfach postulierte Idee des verrückten Genies als wohl deutlich überstrapaziert. So lässt sich in der aktuellen Meta-Analyse von Acar und Runco (2012) kein genereller Zusammenhang von Psychotizismus und Kreativität finden. Kreative Personen sind nicht unbedingt auch psychotisch, gleichwohl mögen sie ähnliche kognitive Tendenzen wie psychotische Personen (z. B. überinkludiertes Denken) haben (Runco, 2004). Auch Schizotypie ist nicht mit Kreativität korreliert (Acar & Sen, 2013). Ebenso wenig finden sich Zusammenhänge zwischen Angststörungen bzw. Depressionen und kreativem Verhalten, kreativen Leistungen sowie kreativem Selbstkonzept (Silvia & Kimbrel, 2010). Dementsprechend geht Kreativität nicht mit psychischen Erkrankungen einher.

Gleichfalls kann der Einwand widerlegt werden, gerade bei herausragenden, kreativen Persönlichkeiten lägen psychische Störungen häufiger vor. So unterhaltend und vielleicht auch faszinierend sich die Aufzählungen eminenter kreativer Menschen und ihrer manchmal auffälligen Eigenheiten lesen lassen, ist die Prävalenz für psychische Erkrankungen nicht höher als in der allgemeinen Bevölkerung (Post, 1994; Simonton, 2014). Psychosen etwa treten in der Gruppe der kreativen Genies sogar seltener auf als in der Normalbevölkerung (Cattell & Butcher, 1968; Post, 1994).

Dass sich das Bild des verrückten Künstlers dennoch weiterhin hält, mag der Salienz ungewöhnlicher Verhaltensweisen bei öffentlich stark beobachteten Personen geschuldet sein. Allein dadurch, dass Personen durch ihren kreativen Erfolg im Fokus der Aufmerksamkeit stehen, werden auch kleinste ungewöhnliche Verhaltensweisen registriert und schnell als „nicht normal" interpretiert. Zudem ist der Anteil, der gemäß dem *Diagnostic and Statistical Manual of Mental Disorders* (*DSM*)[19] an lebenslang unter schweren Persönlichkeitsstörungen leidender Personen, unter den Künstlern deutlich höher als etwa unter erfolgreichen Wissenschaftlern (25 % vs. 2,2 %, Post, 1994). Diese schweren psychischen Auffälligkeiten stechen natürlich besonders ins Auge. Betrachtet man hingegen anstatt den lebenslangen Beeinträchtigungen episodische Erkrankungen, finden sich unter den kreativen Künstlern fast ebenso viele psychisch Gesunde wie unter den Wissenschaftlern (27,1% vs. 28,9%). Statistisch gesehen ist

---

[19] Das *DSM* wird von der American Psychiatric Association herausgegeben und klassifiziert psychische Erkrankungen bzw. deren Diagnosen. Aktuell liegt in englischer Sprache die fünfte Auflage vor; auf Deutsch ist die vierte Auflage verfügbar. Post (1994) legte seinen Analysen das DSM-III-R, also die englischsprachige, dritte und revidierte Version des *DSM* zugrunde.

der Anteil „Wahnsinniger" unter den „Genies" also nicht höher als unter weniger kreativen Personen.

Gewissenhaftigkeit

Mit Gewissenhaftigkeit einhergehen Ordentlichkeit, Beharrlichkeit und Zuverlässigkeit (Heckhausen & Heckhausen, 2010). Entsprechend ist diese Dimension im FFM durch die Facetten Kompetenz, Ordnungsliebe, Pflichtbewusstsein, Leistungsstreben, Selbstdisziplin und Besonnenheit definiert (Borkenau & Ostendorf, 2008). Allesamt Eigenschaften, die einen verlässlichen, engagierten Mitarbeiter auszeichnen. Und so erscheint der oben bereits berichtete robuste und positive Zusammenhang von Gewissenhaftigkeit mit Berufserfolg nur plausibel. Warum sollte eine strebsame, korrekte Arbeitshaltung nicht auch in kreativen Bereichen erfolgsrelevant sein?

Für das Abschneiden in Kreativitätstests bzw. Selbstbeschreibungsverfahren zur Kreativität finden sich allenfalls geringe, zudem in ihrer Richtung unterschiedliche Zusammenhänge zu Gewissenhaftigkeit (Gelléri, 2012). Im Berufskontext jedoch zeigen sich wie erwartet positive Effekte für eine gewissenhafte Persönlichkeit. Ma (2009) berichtet einen mittleren Effekt von Gewissenhaftigkeit in Höhe von $d = 0.23$. Ebenfalls finden sich wieder die Gruppenunterschiede zwischen Wissenschaftlern und Nicht-Wissenschaftlern (Feist, 1998) sowie Unternehmensgründern und Managern (Zhao & Seibert, 2006) bzw. Nicht-Gründern (Mieg et al., 2012) mit höheren Gewissenhaftigkeitswerten für die kreativen Personen. Auch bezüglich der Kreativität im Alltag[20], scheint neben höheren Offenheitswerten besonders die Gewissenhaftigkeit dafür prädiktiv zu sein, ob Personen sich auch in ihrer Freizeit kreativ beschäftigen (Ivcevic, 2007; Silvia et al., 2014).

Allerdings scheint der Zusammenhang von Gewissenhaftigkeit und Kreativität nicht linear zu sein. Sehr gewissenhafte Personen „perform well on tasks requiring routine, systematic, or rule-guided performance" (Driskell, Hogan & Salas, 1987, S. 105), neigen zur Konformität und übermäßigen Kontrolle und schneiden daher bei kreativen Aufgaben schlechter ab. Denn kreative Aufgaben zeichnen sich ja gerade durch ihre nicht-routinemäßigen Fragestellungen aus. Häufig sind die nächsten Schritte weder planbar, noch lassen sie sich anhand bekannter, routinierter Denk- oder Handlungsweisen bewältigen. Somit ist von den kreativen Akteuren Flexibilität gefordert, manchmal sogar insoweit, als bestehende Regeln ignoriert werden müssen um das Ziel zu erreichen.

---

[20] Nach Silvia et al. (2014) fallen hierunter kreative Tätigkeiten im täglichen Leben, wie etwa Zeichnen, Schreiben, Rezepte entwickeln und jede andere Tätigkeit mit dem Ziel kreativ zu sein.

Tett (1998) führt einige Studien an, die zu bestätigen scheinen, dass ein zu gründliches und planendes Vorgehen mit kreativer Arbeitsweise nur schwer vereinbar ist und daher auch nicht zum Erfolg beiträgt. Auch spätere Studien replizieren diese Befunde immer wieder. So etwa die Studie von Robertson, Gibbons, Baron, MacIver und Nyfield (1999), in der Gewissenhaftigkeit negativ mit einem Leistungsfaktor korreliert ($r = -.22$, $p < 0.001$), der Kreativität und Innovation, persönliche Motivation, Handlungsorientierung und Überzeugungskraft umfasst. Bei Parkinson und Taggar (2006) korreliert Gewissenhaftigkeit schwach negativ mit der Problementdeckung in Fallstudien ($r = -.14$, $p < 0.05$). Und auch Batey, Chamorro-Premuzic et al. (2010) finden einen negativen Zusammenhang zwischen Gewissenhaftigkeit und ideational behavior[21] ($r = -.12$, $p > .05$), der sich vornehmlich auf die Facette *Besonnenheit* zurückführen lässt ($\beta = -.38$, $T = -3.00$, $p < .05$ in hierarchischer Regression; Prädiktoren: alle Big-Five-Facetten, Kriterium: ideational behavior).

Die Arbeiten von George und Zhou (2001) und Robert und Cheung (2010) betrachten nicht Individuen, sondern Gruppen und beziehen situative Bedingungen als Moderatorvariablen in ihre Untersuchungen mit ein. Sie zeigen, dass hohe Gewissenhaftigkeitswerte das kreative Potenzial nicht per se unterdrücken, sondern vielmehr eine Kombination ausgeprägter Gewissenhaftigkeit mit speziellen (Arbeits-)Bedingungen kreativitätshemmend wirkt.

Insbesondere *close monitoring* (George & Zhou, 2001), also eine starke Kontrollsituation durch Kollegen und Vorgesetzte, sowie die Aufforderung zum systematischen Arbeiten (Robert & Cheung, 2010) erweisen sich demnach als kreativitätsreduzierend. Erklärt werden kann das mit der Trait-Activation-Theorie von Tett und Guterman (2000). Die Kontrolle durch Kollegen oder Vorgesetzte und die Vorgabe regelgeleitet zu arbeiten aktivieren in stark gewissenhaften Personen die Neigung zur Konformität, ausgeprägtem Prüfverhalten und dem Erfüllen vordefinierter Erwartungen und fördert damit allesamt kreativitätshinderliches Verhalten.

Um die Kreativität bei sehr gewissenhaften Personen näher zu untersuchen, bietet es sich an *Perfektionismus* als Konstrukt miteinzubeziehen. Wenngleich für *Perfektionismus* unterschiedliche Definitionen vorliegen und daher auch ganz unterschiedliche Skalen zur Messung perfektionistischen Verhaltens und perfektionistischer Einstellungen vorliegen, herrscht Konsens über die Multidimensionalität des Konstrukts. So lässt sich im Wesentlichen zwischen selbstgerichtetem, fremdgerichtetem und sozial-erwartetem Perfektionismus (self-oriented perfectionism, other-oriented perfectionism and socially prescribed perfectio-

---

[21] Das Konzept des *ideational behavior* geht auf Runco et al. (2000-2001) zurück und basiert auf der Annahme, dass „ideas can be treated as the products of original, divergent, and even creative thinking" (S. 349). Demgemäß erfasst die zugehörige *Runco Ideational Behavior Scale (RIBS)*, die hier bei Batey et al (2010) zum Einsatz kam, „ behavior that clearly reflects the individual's use of, appreciation of, and skill with ideas" (Runco et al., 2000-2001, S. 349).

nism) unterscheiden (Stoeber, Otto & Dalbert, 2009). Bislang wurde der Zusammenhang von Perfektionismus mit klinischen Störungsbildern untersucht, die Korrelationen mit Persönlichkeitsfaktoren erforscht und auch bereits Nachweise zur Kriteriumsvalidität des Konstrukts erbracht (für einen knappen Überblick s. Hewitt & Flett, 2007; Stairs, Smith, Zapolski, Combs & Settles, 2012; Stoeber et al., 2009). Perfektionismus und seine Subskalen korrelieren um $r = .50$ mit Gewissenhaftigkeit (Stairs et al., 2012; Stoeber et al., 2009). Von manchen Forschern wird Perfektionismus gar als die pathologische Ausprägung einer extremen Gewissenhaftigkeit verstanden (Hewitt & Flett, 2007). Perfektionismus und seine Subskalen bieten sich daher gerade im Leistungskontext für eine nähere Betrachtung an, wenn es darum geht, die Wirkung eines ausgeprägten Ordnungsstrebens, hoher Ansprüche an sich selbst und der Reaktionen auf Rückschläge oder Fehler bei kreativen Aufgaben zu untersuchen.

Die bisherige Forschung zeigt, dass Perfektionismus sowohl leistungsförderliche als auch leistungshemmende Verhaltensweisen hervorrufen kann. Aktuell[22] findet sich in den großen Literaturdatenbanken wie etwa psycinfo oder psycontent lediglich eine Publikation, in der Kreativität als Kriterium für Perfektionismus betrachtet wird. Hier zeigt sich für adaptiven Perfektionismus ein zwar schwacher, aber die fünf eingesetzten Kreativitätsskalen übergreifender Zusammenhang zur Kreativität. Maladaptiver Perfektionismus hingegen hängt mit den erfassten Kreativitätsmaßen (Selbsteinschätzungen, Verhalten und Leistungsmaße) nicht zusammen (Wigert, Reiter-Palmon, Kaufman & Silvia, 2012). Es bleibt abzuwarten, welchen Erklärungsbeitrag Perfektionismus bei der Erbringung kreativer Leistungen zu leisten vermag. Vorbehaltlich dieser ersten Ergebnisse und analog zu den obigen Ausführungen zu Gewissenhaftigkeit als höherem Persönlichkeitsfaktor, sind sowohl ein positiver Zusammenhang zur Kreativität für generell leistungsförderliche Merkmale, wie etwa dem Setzen hoher Standards für die eigene Leistung, als auch negative Zusammenhänge zu erwarten. Perfektionismus könnte etwa dann hinderlich sein, wenn eine zu große Regelverliebtheit oder eine starke Angst vor Fehlern bzw. Misserfolgen daran hindern, gewohnte Pfade zu verlassen und sich auf ungewohnte oder unkonventionelle Art der Lösung eines Problems zu nähern.

Zusammengefasst lässt sich der in der Literatur als über verschiedene Tätigkeiten generalisierbare positive Zusammenhang zwischen Gewissenhaftigkeit und Berufserfolg (Barrick & Mount, 1991) wohl auch auf kreative Berufe bzw. Aufgaben übertragen. Allerdings sind diesem Grenzen gesetzt: bei einer hohen Ausprägung von Gewissenhaftigkeit sind Situationsvariablen entscheidend, ob der dann an den Tag gelegte Perfektionismus noch eine kreative, das heißt nichtregelgeleitete und bezüglich ihres Ausgangs unsichere Arbeitsweise ermöglicht.

---

[22] Suche am 22. Juli 2014 mit den Suchbegriffen *perfectionism* und *creativity* in psycinfo und mit *Perfektionismus* und *Kreativität* in psycontent.

Extraversion

Nach Offenheit für Erfahrungen, Neurotizismus und Gewissenhaftigkeit fehlen zur vollständigen Betrachtung der fünf globalen Persönlichkeitsfaktoren des FFM noch Extraversion und Verträglichkeit. Diese beiden Dimensionen bilden zusammen den Interpersonalen Zirkumplex (Asendorpf, 2007; McCrae & John, 1992), der als Teilmodell des FFM die beiden Kontaktfaktoren zusammenfasst. Extravertierte Personen werden als herzlich, kontaktfreudig, durchsetzungsfähig, aktiv, erlebnishungrig und frohsinnig wahrgenommen (Costa & McCrae, 1992; McCrae & John, 1992). Während unter Neurotizismus negative Emotionalität subsummiert werden kann, spiegelt Extraversion hingegen positive Emotionalität wieder. Beide Dimensionen sind nicht als Gegensatz zu verstehen – etwa im Sinne von „man ist entweder eher positiv oder eher negativ gestimmt" – sondern als orthogonale Konzepte zu betrachten (Watson & Clark, 1992). Aufgeräumte, fröhliche, kontaktfreudige Personen (hohe Extraversionswerte) sind also nicht automatisch frei von Ängsten oder depressiven Episoden (geringe Neurotizismuswerte).

Auf metaanalytischer Ebene findet sich für Extraversion ein mittlerer Zusammenhang mit Kreativität. So berichtet Ma (2009) einen mittleren Effekt von Extraversion in Höhe von $d = 0.30$. Feist (1998) bietet eine differenzierte Betrachtung der Extraversionsdimension, indem er diese in E+ und E- unterteilt. Die Skala E+ umfasst positiv gepolte Items (hohe Extraversion), die z. B. Dominanz, Impulsivität, Enthusiasmus oder Geselligkeit erfassen. Die Skala E- enthält negativ gepolte Items (geringe Extraversion oder: Introversion), mit denen z. B. Internalität, Introvertiertheit oder Reserviertheit gemessen werden. Künstler zeichnen sich im Vergleich zu Nicht-Künstlern durch höhere E+-Werte aus, allerdings basiert diese Aussage auf einem recht kleinen Effekt von $d = 0.15$. Für die unter E- kumulierten Eigenschaften zeigen sich keine Unterschiede. Im künstlerischen Bereich finden wir also nicht wesentlich extravertiertere Personen vor als in der Allgemeinbevölkerung. Für introvertierte Verhaltensweisen finden sich zudem überhaupt keine Effekte ($d = -0.01$). Extraversion scheint also keine allzu große Rolle für die Erbringung künstlerisch-kreativer Leistungen zu spielen. Dieses zunächst überraschende Ergebnis wurde in verschiedenen Studien bestätigt (Götz & Götz, 1979; Ivcevic, 2007; Ivcevic & Mayer, 2009).

Ein anderes Bild liefert die Betrachtung von Wissenschaftlern. Diese Personengruppe zeichnet sich in der Meta-Analyse von Feist im Vergleich zu Nicht-Wissenschaftlern sowohl durch höhere Extraversions- (E+) als auch durch höhere Introversions-Werte (E-) aus (mittlerer Effekt von $d = 0.14$ respektive .26). Nun mag das zunächst nach einem Widerspruch klingen; wie kann man gleichzeitig extra- und introvertiert sein? Bei näherer Betrachtung der Arbeit von kreativen Wissenschaftlern erscheint das Ergebnis jedoch recht plausibel.

In manchen Phasen sind klassisch extravertierte Verhaltensweisen gefragt. So z. B. wenn zu Beginn der Forschungsarbeit Gelder eingeworben werden müssen und ein aktives, offenes und gewinnendes Zugehen auf potenzielle Förderer nötig ist. Oder wenn bei komplexen Fragestellungen der Austausch und die Zusammenarbeit mit Kollegen erforderlich wird. Letztlich muss das kreative Ergebnis der Arbeit vorgestellt werden, sei es auf Kongressen, in Expertennetzwerken oder vor dem F&E-Vorstand. Weiterhin gilt es am Ende des kreativen Prozesses um Unterstützung für die kreative Idee oder das kreative Produkts zu werben und so deren bzw. dessen Verbreitung anzustoßen. Gerade bei sehr erfolgreichen Kreativen lässt sich beobachten, dass es diesen Personen in besonderem Maße gelingt, ihr soziales Umfeld von der Neuartigkeit und Nützlichkeit ihrer Ideen zu überzeugen, indem sie die Vorteile ihrer Ideen gekonnt in einer Art vortragen, die für andere leicht zu verstehen und nachzuvollziehen sind (Batey & Furnham, 2006; Feist, 1998). Extravertierten Menschen fällt nicht nur das Zugehen auf andere leichter, sie sind auch geschickter im Durchsetzen ihrer Wünsche und Ziele, indem sie beispielsweise Netzwerke für sich zu nutzen wissen (Sanchez-Ruiz, Hernandez-Torrano, Perez-Gonzalez, Batey & Petrides, 2011). Zugleich bekommen sie ganz en passant durch die Kontakte zu anderen Personen neue Informationen und Reize, die im besten Falle auch direkt in ihre Arbeit einfließen können.

In anderen Phasen des kreativen Prozesses wiederum, etwa dann, wenn Wissenschaftler Literatur recherchieren, Theorien entwickeln, erste Versuche im Labor durchführen oder Berechnungen anstellen und Modelle analysiert werden, werden sie sich eher zurückziehen um nicht durch andere Personen abgelenkt zu sein und sich ungestört auf ihre Tätigkeit konzentrieren zu können. Gerade bei Wissenschaftlern und Künstlern findet man häufig ein erhöhtes Bedürfnis, sich von sozialen Situationen zurückzuziehen (Feist, 1998).

Kunst und Wissenschaft ermöglichen einen (phasenweisen) sozialen Rückzug eher als andere Berufe (Schuler & Görlich, 2007). Dadurch müsste der Zusammenhang zwischen Extraversion und Kreativität domänenabhängig sein (Silvia, Kaufman et al., 2009; Zhao & Seibert, 2006). Wirtschaftsberufe, insbesondere die Geschäftsführung in Start-Ups, Manager- und Leitungspositionen sowie Marketing- und Vertriebstätigkeiten, erfordern in einem weitaus höheren Maße soziale Interaktionen. Genauer: in diesen Berufen ist das Zugehen auf andere Personen (Investoren, Partner, Zulieferer, Kunden, Mitarbeiter, Teamkollegen und Vorgesetze) sowie das erfolgreiche Überzeugen anderer von eigenen Ideen direkt erfolgsrelevant. Somit befinden sich diese Berufsgruppen häufig in Verkaufssituationen (Zhao & Seibert, 2006). Gerade Verkäufer bezeichnen Costa und McCrae (1992) als Prototypen für hohe Extraversion, also als aktiv, überzeugend, gesprächig, enthusiastisch und gewinnend. In diesen Berufen müssten folglich extravertiertere Personen anzutreffen sein.

Bei Unternehmensgründern finden sich im Vergleich zur Gruppe der Nicht-Gründer (Mieg et al., 2012) bzw. im Vergleich zu Adaptoren (Definition nach Kirton, 1976, Ng, A. K. & Rodrigues, 2002) signifikant höhere Extraversionswerte. Nach Zhao und Seibert (2006) ist Extraversion die einzige der fünf Persönlichkeitsdimensionen aus dem FFM, bei der sich keine Unterschiede zwischen Gründern und Managern finden. In der Studie von Furnham und Nederstrom (2010), der eine beachtliche Stichprobe von über 10 000 finnischen Managern zugrunde liegt, wurde zur Messung von Extraversion die Personality Research Form (Jackson, D., 1984) verwendet. Sie enthält mit Extraversion, Verträglichkeit, Gewissenhaftigkeit und Neurotizismus vier der fünf Dimensionen des FFM, wenngleich die Facetten abweichend benannt und leicht anders gefasst sein mögen. Extraversion korreliert hier mit Kreativität (operationalisiert über einen Test zum Divergenten Denken) zu $r = .19$ und geht als einzige Persönlichkeitsdimension als signifikanter Prädiktor in die Regression ein ($\beta = .21$, $t = 7.399$, $p < .001$).

Der Zusammenhang zwischen Extraversion und Tests zum divergenten Denken, wie etwa den *TTCT*, zeigt sich auch an anderer Stelle (Batey, Chamorro-Premuzic & Furnham, 2009; Batey & Furnham, 2006; Chamorro-Premuzic & Reichenbacher, 2008; Clapham & King, 2010; Furnham & Bachtiar, 2008; Furnham, Batey, Anand & Manfield, 2008; King, L. A., McKee Walker & Broyles, 1996). Auch zu Selbstbeschreibungen der Kreativität finden sich signifikante, jedoch zumeist etwas geringere Zusammenhänge (Davis, Kaufman & McClure, 2011; Furnham et al., 2008; Ivcevic & Mayer, 2009; Schermer et al., 2011; Sung & Choi, 2009; Wolfradt & Pretz, 2001).

Zusammengefasst ergibt sich verfahrensunabhängig ein mittlerer Zusammenhang zwischen Extraversion und Kreativität. Die Korrelation erweist sich jedoch als domänenspezifisch unterschiedlich stark (Davis et al., 2011; Haller & Courvoisier, 2010; Silvia, Kaufman et al., 2009; Zhao & Seibert, 2006). So scheinen extravertierte Verhaltensweisen kreativer Leistung insbesondere in den (beruflichen) Bereichen zuträglich, in denen eine starke Abhängigkeit von der Unterstützung anderer (z. B. durch Informationen oder technische bzw. finanzielle Ressourcen) gegeben oder die Zusammenarbeit in Teams (Bolin & Neuman, 2006; Jung, J. H., Lee & Karsten, 2012; Sung & Choi, 2009) erforderlich ist. In Anlehnung an Feist (1998) kann die Extraversions-Dimension in zwei Subfaktoren zerlegt werden: Geselligkeit (*sociability*) und Selbstvertrauen-Dominanz (*confidence-dominance*). Diese Unterscheidung hilft, die Bedeutung von Extraversion für kreative Leistungen zu verstehen, denn kreativere Personen weisen sich vornehmlich durch höhere Werte im Subfaktor Selbstvertrauen-Dominanz aus, wohingegen sich für Geselligkeit kein Unterschied zu den Nicht-Kreativen zeigt (Feist, 1998).

Verträglichkeit

Neben Extraversion bildet *Verträglichkeit* den zweiten Kontaktfaktor im FFM. Er ist im *NEO-PI-R* durch die Facetten Vertrauen, Freimütigkeit, Altruismus, Entgegenkommen, Bescheidenheit und Gutherzigkeit repräsentiert (Borkenau & Ostendorf, 2008). Personen mit hohen Verträglichkeitswerten werden häufig als liebenswürdig beschrieben und sind vertrauensvoll, hilfsbereit, weichherzig, tolerant, sympathisch und kooperativ. Personen mit geringen Verträglichkeitswerten erweisen sich hingegen als misstrauisch, feindselig, nicht hilfsbereit, skeptisch und unkooperativ (Asendorpf, 2007; Heckhausen & Heckhausen, 2010; Maltby, Day & Macaskill, 2011).

In der Meta-Analyse von Ma (2009) zeigt sich für Verträglichkeit eine Effektstärke von $d = 0.15$ ($k = 13$ Einzeleffekte, $SD = 0.21$). Verträglichkeit hängt demgemäß im Vergleich zu den vier weiteren Persönlichkeitsdimensionen des FFM am geringsten und absolut betrachtet nur schwach mit Kreativität zusammen. Auch bei Feist (1998) finden sich, wenn überhaupt, so allenfalls geringe Effekte für Verträglichkeit. So unterscheiden sich Wissenschaftler von den Nicht-Wissenschaftlern für A+ (der positive Pol der Dimension, der hohe Verträglichkeit umfasst) mit einem kleinen Effekt von $d = 0.16$. Für A- (der negative Pol der Dimension, der folglich Unverträglichkeit, also etwa unkooperatives, feindseliges Verhalten umfasst) zeigt sich mit $d = -0.08$ kein zu interpretierender Effekt. Wissenschaftler, in dieser Studie eine Referenzgruppe für kreative Berufe, zeigen damit tendenziell verträglicheres Verhalten, allerdings sind die Unterschiede sehr schwach. Im Vergleich der Künstler versus Nicht-Künstlern hingegen werden Gruppenunterschiede in der Verträglichkeit sichtbar: So finden sich bei Künstlern geringere A+-Werte ($d = -0.13$) und höhere Ausprägungen in A- ($d = 0.21$). Künstler als die zweite betrachtete kreative Berufsgruppe sind demgemäß weniger verträglich als Nicht-Künstler.

Zhao und Seibert (2006) berichten in ihrer Meta-Analyse geringere Verträglichkeitswerte in der Gruppe der Entrepreneure im Vergleich zur Manager-Stichprobe ($\bar{d}_c = -0.16$, $k = 7$), allerdings ist auch dieser Effekt gemäß der Klassifikation nach Cohen als klein einzustufen. Bei Mieg et al. (2012) finden sich jedoch keine Unterschiede in der Verträglichkeit zwischen Unternehmensgründern und den beiden Referenzstichproben der Nicht-Gründer.

Insgesamt scheint Verträglichkeit bei der Erbringung kreativer Leistungen also keine bzw. lediglich geringe Effekte zu haben (Gelléri, 2012; Hughes, Furnham & Batey, 2013). Bei Betrachtung der Einzelstudien zum Zusammenhang von Verträglichkeit und Kreativität fällt jedoch die Inkonsistenz der Befunde auf (Silvia, Kaufman, Reiter-Palmon & Wigert, 2011). Jedoch scheinen sich die Widersprüchlichkeiten etwas aufzulösen, wenn die Art der Kreativitätsmessung als Moderator berücksichtigt wird. Denn während sich für Selbstbeschreibungen zur Kreativität und auch beim Einsatz von Kreativitätstests und Tests zum divergenten Denken vornehmlich Null- bzw. nur geringe Korrelationen zeigen (Batey, Chamorro-Premuzic et al., 2010; Davis et al., 2011; Hughes et al., 2013; Ivcevic & Mayer, 2009; King, L. A. et al., 1996; McCrae, 1987; Silvia, Nusbaum et al., 2009), ergeben sich in Studien, die Kreativität über reale Leistungen erfassen sowohl positive als auch negative Zusammenhänge (Feist & Barron, 2003; King, L. A. et al., 1996; Robertson et al., 1999; Shane & Nicolaou, 2013; Steel et al., 2012). Dies legt den Schluss nahe, dass Verträglichkeit nicht mit der Generierung kreativer Ideen zusammenhängt, mit deren Umsetzung in reale Lösungen jedoch schon.

Wie aber erklären sich die unterschiedlichen Richtungen der berichteten Zusammenhänge von Verträglichkeit mit kreativen Leistungen? Warum kann es sowohl förderlich sein, entgegenkommendes, vertrauensvolles Verhalten zu zeigen als auch unkooperativ und misstrauisch zu sein? Die Antwort liegt in den komplexen Anforderungen der realen Umwelt (bspw. dem Berufskontext) an kreative Personen. Um kreative Ideen zu innovativen Lösungen entwickeln zu können, bedarf es nicht nur einiger Zeit (sicherlich mehr als die vergleichsweise kurze Zeitspanne von Kreativitätsaufgaben in Tests), sondern vor allem auch der zielgerichteten Interaktion mit dem sozialen Umfeld. Wie bereits bei Extraversion beschrieben, hängt die Ideengenerierung und besonders auch die erfolgreiche Implementierung von kreativen Produkten oder Prozessen von der Unterstützung anderer Personen, wie etwa Investoren, Vorgesetzten, Kunden oder ganz allgemein (Forschung-, Vertriebs- etc.) Netzwerken ab. Steel et al. (2012) sehen insbesondere Geradlinigkeit (straightforwardness), Vertrauenswürdigkeit (trustworthiness) und Kooperationsbereitschaft (cooperativeness) als wichtige personale Anforderungen für die erfolgreiche Umsetzung kreativer Ideen, denn diese Eigenschaften erleichtern nicht nur nötige Netzwerkarbeit, sondern sollten auch beim Verkauf von Produkten oder der Durchsetzung von neuen Strategien, Prozessen oder Modellen förderlich sein. An dieser Stelle sei noch ein weiterer Blickwinkel angeführt, der die Relevanz von Vertrauen als Facette der Verträglichkeit verdeutlicht. Per Definition wagen sich Kreative auf neues, unbekanntes Terrain. Dies ist für Organisationen oder Investoren mit einem hohen ökonomischen Risiko verbunden. Um das Vertrauen der Förderer zu erlangen, ist neben anderen Faktoren, wie etwa Expertise, Kontakte und bisherige Erfolge, auch die Glaubwürdigkeit entscheidend. Glaubwürdige Menschen bekommen eher einen Vertrauensvorschuss als weniger verträgliche Personen. Zu guter Letzt ist Verträglichkeit positiv mit der Leistung in Berufen mit zwischenmenschlichen Interaktionen korreliert (Mount, Barrick & Stewart, 1998). Insofern könnten positive Zusammenhänge zwischen Verträglichkeit und kreativen (beruflichen) Leistungen durch die Arbeitsform moderiert werden.

Diesen Argumenten, die unter manchen Voraussetzungen für einen kreativitäts- und innovationsförderlichen Effekt von Verträglichkeit sprechen, stehen jedoch die folgenden Aspekte entgegen. Feist (1998) zieht aus seinen metaanalytischen Daten zur Kreativität von Wissenschaftlern und Künstlern den Schluss, dass sich Kreative von Nicht-Kreativen durch eine höhere Feindseligkeit (hostility), einem Marker für geringe Verträglichkeitswerte, auszeichnen. Wie oben bereits beschrieben, neigen kreative Personen in manchen Phasen ihrer Arbeit zum Rückzug um sich gänzlich auf ihre schöpferische Tätigkeit konzentrieren zu können. Eine solche Rückzugsneigung kann von den Mitmenschen als unverträglich, gar feindselig empfunden werden. Ebenso reagieren Kreative vielmals mit Unverständnis auf Kritik an ihren Ideen oder ihrem Vorgehen, was ebenfalls abweisende Reaktionen bewirken kann (Feist, 1998). Vor allem aber könnte eine zu ausgeprägte Verträglichkeit kreative Akteure darin behindern, sich im erforderlichen Maße für die eigenen Ziele und die zu deren Erreichung benötigten Ressourcen einzusetzen, und wo geboten, andere zu überzeugen oder gar zu manipulieren (Zhao & Seibert, 2006).

4.2.2.3   HEXACO-Modell

Wie gezeigt, wurde der Zusammenhang der fünf Persönlichkeitsdimensionen des FFM zu Kreativität bereits auf breiter Basis erforscht. Allerdings ist strittig, ob sich das FFM auch in der Zukunft als Persönlichkeitsmodell durchsetzen kann. Immer mehr Wissenschaftler sehen einen Gewinn durch das vergleichsweise junge HEXACO-Modell, das die sechs Faktoren *Ehrlichkeit-Bescheidenheit, Emotionalität, Extraversion, Verträglichkeit, Gewissenhaftigkeit* und *Offenheit für Erfahrungen* umfasst. Die Benennung der Dimensionen analog des FFM zeigt eine grundsätzliche Nähe der beiden Modelle auf, die Bedeutungsverschiebung steckt jedoch im Detail. So wird im HEXACO mit Ehrlichkeit-Bescheidenheit einerseits ein weiterer Faktor hinzugenommen, andererseits liegen die Unterschiede der beiden Modelle vornehmlich in den Facetten der fünf bzw. sechs Persönlichkeitsdimensionen. Zur Erfassung der Persönlichkeit analog des HEXACO-Modells wurde von Ashton und Lee (2007), den Begründern des HEXACO-Modells der Persönlichkeit, das *HEXACO Personality Inventory – Revised* (HEXACO-PI-R; Ashton & Lee, 2009; Lee & Ashton, 2004) entwickelt, das bislang in 16 verschiedenen Sprachen und drei Versionen (200 Items, 100 Items, 60 Items) vorliegt.

Trotz aller Forschungsbestrebungen zum HEXACO-Modell und ersten vielversprechenden Ergebnissen aus verschiedenen Fachbereichen der Psychologie, hat es in der Kreativitätsforschung jedoch noch kaum Einzug gehalten. Bei einer aktuellen Literaturrecherche[23] findet sich für die Suchbegriffe *HEXACO* mit *creative* bzw. *creativity, divergent thinking* und *innovative* bzw. *innovation* lediglich eine einzige Publikation in der Literaturdatenbank PsycNET der Ameri-

---

[23] Durchgeführt am 8. Januar 2014.

can Psychological Association. Im Creative Research Journal wurde bislang kein einziger Artikel zum HEXACO-Modell publiziert. Inwiefern das HEXACO als mit den Big Five konkurrierendes Persönlichkeitsmodell einen Beitrag zur Kreativitätsforschung leisten kann, muss sich also erst noch auf breiter Basis erweisen. Dennoch sollen hier drei erste Studien zum Zusammenhang von Persönlichkeit (erfasst analog des HEXACO-Modells) und Kreativität berichtet werden, denn deren Ergebnisse sind bereits ganz erfolgsversprechend.

So korreliert *Offenheit für Erfahrungen*, gemessen mit dem *HEXACO-PI-R* (96 Items, chinesische Version), in den Studien von Lin, Hsu, Chen und Wang (2012) und Lin, Hsu, Chen und Chang (2013) zu $r = .24$ ($p < .01$) mit dem Flüssigkeitsmaß des Abbreviated Torrance Test for Adults, einem klassischen Kreativitätstest. In der Studie von Silvia et al. (2011), die das *HEXACO-60* (Ashton & Lee, 2009) einsetzten, konnte *Offenheit für Erfahrungen* als stärkster und sehr signifikanter Prädiktor für Kreativität (erfasst als Summenwert aus drei Selbstbeschreibungsinventaren zur Kreativität) identifiziert werden. Angesichts der expliziten Integration von *Kreativität*[24] und *Unkonventionalität* als zwei der vier Facetten von *Offenheit für Erfahrungen* ist dies nur modellkonform. Auch für *Extraversion* zeigt sich ein signifikanter, wenn auch geringerer Effekt. Für die Dimensionen *Emotionalität*, *Gewissenhaftigkeit* und *Verträglichkeit* ergeben sich nahezu Nulleffekte. Der sechste Faktor *Ehrlichkeit-Bescheidenheit* hingegen geht mit negativem Vorzeichen und einem sogar leicht über der Bedeutung von Extraversion liegenden Effekt als Prädiktor für Kreativität in die Gleichung ein. Das bedeutet, dass bei kreativeren Personen eher geringere Ausprägungen auf diesem Faktor zu finden sind.

In diesem Ergebnis – *Verträglichkeit* hat nahezu keinen Effekt auf Kreativität, *Ehrlichkeit-Bescheidenheit* korreliert moderat negativ mit Kreativität – mag die Erklärung für die bislang uneinheitliche Befundlage zum Zusammenhang von Verträglichkeit und Kreativität stecken. Denn während einerseits mehrere Studien niedrige Verträglichkeit als personale Disposition für kreative Leistung anführen und sich auch in der Meta-Analyse von Feist (1998) bspw. kreativere Künstler und Wissenschaftler von weniger kreativen Kollegen durch ihre höhere Feindseligkeit unterschieden, liegen ebenso ausreichend Studien vor, in denen sich keinerlei Zusammenhang zwischen Kreativität und Verträglichkeit zeigt (vgl. Gelléri, 2012) oder wiederum eine hohe Verträglichkeit als kreativitätsförderliche Persönlichkeitsdisposition ausgewiesen wird (vgl. Silvia et al., 2011). Keiner dieser Arbeiten lag jedoch das HEXACO-Modell der Persönlichkeit zugrunde. Ein Blick auf die Überschneidung der beiden Dimensionen *Verträglichkeit* und *Ehrlichkeit-Bescheidenheit* mit dem FFM und in die Skalendefinitionen

---

[24] Hier werden die deutschen Übersetzungen der HEXACO-Facetten nach Moshagen, Hilbig und Zettler (2014) verwendet.

des HEXACO hilft uns, die scheinbare Widersprüchlichkeit früherer Befunde aufzulösen. Verträglichkeit, wie sie anhand ihrer Facetten im FFM definiert wird, verteilt sich auf drei Dimensionen im HEXACO-Modell: Verträglichkeit, Emotionalität, und Ehrlichkeit-Bescheidenheit. Zunächst einmal überlappen sich die beiden Verträglichkeitsdimensionen aus FFM und HEXACO. *Verträglichkeit* umfasst im HEXACO-Modell die Facetten *Nachsichtigkeit, Sanftmut, Kompromissbereitschaft* und *Geduld*. Den unteren Pol der Skala im HEXACO-Modell, bildet jedoch Reizbarkeit bzw. Feindseligkeit, eine Facette, die im FFM dem Neurotizismus zugeordnet ist. Ferner enthält *Emotionalität* im HEXACO mit *Sentimentalität* bzw. *Empfindsamkeit* Aspekte, die sich im FFM in der Verträglichkeitsdimension finden lassen. *Ehrlichkeit-Bescheidenheit* schließlich hat keine direkte Entsprechung im FFM (Lee & Ashton, 2013). Mit dieser Dimension wird *Aufrichtigkeit* und *Fairness* sowie *Materielle Genügsamkeit* und *Selbstbescheidung* erfasst. Unter Einbezug der Skalenbeschreibungen lässt sich damit Verträglichkeit wie folgt von Ehrlichkeit-Bescheidenheit abgrenzen: Während Verträglichkeit die interpersonale Persönlichkeitseigenschaft beschreibt, wie wir auf andere und deren Umgang mit uns reagieren, also die Toleranz gegenüber anderen Personen, ist unter Ehrlichkeit-Bescheidenheit subsummiert, wie wir selbst mit anderen umgehen, demgemäß die Fairness gegenüber anderen Personen. Verträgliche Menschen sind kooperations- und kompromissbereit, nachsichtig, sanftmütig und geduldig. Es gelingt ihnen ihre Stimmung zu kontrollieren (Lee & Ashton). Damit werden Personen beschrieben, mit denen man sicher gerne zusammenarbeiten möchte, da sie uns selbst dann gewogen bleiben, wenn wir sie für unsere Zwecke ausnutzen (Ashton & Lee, 2007). Direkt relevant für kreative Leistung sind diese Eigenschaften jedoch nicht und so erklären sich die Nullkorrelationen zwischen Verträglichkeit und Kreativität (Gelléri, 2012; Silvia et al., 2011), ganz gleich ob das HEXACO- oder das Fünf-Faktoren-Modell zugrunde gelegt wird. Gänzlich falsch wäre es jedoch nun davon auszugehen, dass interpersonale Traits keine Relevanz bei der Erbringung kreativer Leistungen besäßen. Und hier zeigt sich gerade die Stärke des HEXACO. Durch den sechsten Faktor *Ehrlichkeit-Bescheidenheit* wird jene Persönlichkeitsdimension beschrieben, die im FFM allenfalls ansatzweise über die Verträglichkeitsfacetten *Freimütigkeit* und *Bescheidenheit* enthalten ist. *Ehrlichkeit-Bescheidenheit* charakterisiert bei einer geringen Ausprägung Personen, die ihre Mitmenschen subtil durch Schmeicheln oder durch direkte Täuschung manipulieren und hintergehen, um zu bekommen, was sie wollen. Sie fühlen sich überlegen (superior) und schrecken nicht davor zurück, andere auszunutzen um ihre eigenen (oftmals materiellen bzw. statusbezogenen) Ziele zu erreichen. Aus dieser Definition lässt sich eine zielorientierte interpersonale Verhaltensweise ableiten, die zum Erreichen kreativer Leistungen beitragen kann.

Ashton und Lee (2007) weisen darauf hin, dass die Dimensionen *Verträglichkeit* und *Ehrlichkeit-Bescheidenheit* komplementäre Tendenzen reziproken Altruismus darstellen. Die Ergebnisse von Silvia et al. (2011) verdeutlichen die Sinnhaftigkeit einer Trennung in zwei eigenständige Persönlichkeitsdimensionen wie sie im HEXACO repräsentiert ist. Damit, aber auch gestützt durch weitere Studien zum HEXACO-Modell der Persönlichkeit, erweist sich das Modell bereits als viel versprechender Alternativansatz bzw. als aufschlussreiche Ergänzung zum FFM. Besonders der zur Vorhersage kreativer Leistung bislang relativ vernachlässigte Bereich interpersonaler Persönlichkeitseigenschaften wie Verträglichkeit und Ehrlichkeit-Bescheidenheit kann damit noch genauer erforscht werden. In der heutigen Arbeitsumwelt, die vornehmlich von Arbeitsteilung, Teamarbeit und Koordination und damit dem Umgang mit anderen Personen geprägt ist, kommt gerade diesen Aspekten eine hohe Bedeutung zu.

4.2.3 Abschließende Diskussion des Zusammenhangs zwischen Kreativität und Persönlichkeit

Während die Frage nach einer konzeptionellen Trennung zwischen Kreativität und Intelligenz bzw. Divergentem Denken rege Forschungsaktivitäten hervorrief, dauerte es nach Guilford (1950) initialem Artikel „Creativity" fast vierzig Jahre bis Mumford und Gustafson (1988) die Bedeutung nichtkognitiver Merkmale für kreative Leistungen prägnant zusammenfassten.

Erstens kann kreatives Denken als kognitiver Prozess durch Persönlichkeitsmerkmale erleichtert werden. So erleichtert beispielsweise die Ambiguitätstoleranz, also das Aushaltenkönnen unklarer Situationen oder widersprüchlicher Informationen, den Umgang mit vielfältigen Ideen und Lösungsvarianten im kreativen Prozess. Entsprechend diskriminiert Ambiguitätstoleranz etwa zwischen Brainstorming-Teilnehmern, die mehr Ideen beitragen und Personen mit geringerem Beitrag (N = 76 Studenten; Comadena, 1984)[25]. Zweitens führen Merkmale wie Offenheit und Leistungsmotivation zu einem motivationalen Impuls, sich überhaupt kreativ zu betätigen. Denn „identifying a problem solution is not synonymous with creative achievement. At some point, a new understanding or a potential solution to a problem must be translated into action" (Mumford & Gustafson, 1988, S. 34). Die kreative Person muss also motiviert sein, die Umsetzung der kreativen Idee zu begleiten. Und drittens unterstützen Merkmale wie etwa Autonomie und Selbstvertrauen kreative Personen darin, sich sowohl in unsicheren und undefinierten Problemstellungen zurechtzufinden, als auch bei vorübergehendem Stillstand, Rückschlägen oder sozialem Widerstand nicht aufzugeben.

---

[25] Allerdings erwiesen sich die Kommunikationsangst der Brainstorming-Teilnehmer und die subjektiv empfundene Attraktivität der Aufgabe als wesentlich stärkere Variablen zur Differenzierung.

Mittlerweile sind die empirischen Zusammenhänge von Persönlichkeitseigenschaften und Kreativität soweit erforscht, dass sich unabhängig des zugrundeliegenden theoretischen Modells übergreifende Schlüsse ziehen lassen. Ganz
gleich also, ob Adjektivlisten herangezogen werden oder Persönlichkeit entlang
der 16 PF, des FFM oder des HEXACO operationalisiert wird, Offenheit und
Neugier, also das aktive Suchen nach neuen Eindrücken, Anreizen und Denkan-
stößen, erweisen sich als übergreifend mit Kreativität verwandte und kreative
Leistungen begünstigende Konstrukte. Für kreative Leistungen im Wirtschaftsumfeld – man denke beispielsweise an die innovative Arbeit von Produktent-
wicklern oder Marketingexperten – ist zudem Gewissenhaftigkeit bedeutsam. In
Kontaktberufen wiederum bzw. bei Tätigkeiten, die eine Arbeit im Team oder
zumindest den regen Austausch mit anderen Personen erfordern, erleichtert Extraversion das auf andere Zugehen und Kontakte knüpfen. Letztlich, so haben
neueste Ergebnisse auf Basis des HEXACO-Modells gezeigt, erfordert die Entwicklung und erfolgreiche Umsetzung kreativer Ideen auch eine gewisse Dominanz gepaart mit Selbstvertrauen bzw. Geschicktheit im Überzeugen des sozialen
Umfelds.

Dass die Berücksichtigung der Persönlichkeit bei der Varianzaufklärung von
Kreativität eine inkrementelle Validität über Intelligenzmaße hinaus besitzen
kann, zeigen die Arbeiten von Batey, Chamorro-Premuzic et al. (2010) und
Furnham und Bachtiar (2008). So erklären bei Batey, Chamorro-Premuzic et al.
(2010) die Big Five Dimensionen (erhoben mittels *NEO-PI-R*) zusätzliche 22 %
der Varianz des Kreativitätsmaßes (*RIBS*) über die Vorhersageleistung von Intelligenz (erfasst durch *WPT* und *Baddeley Reasoning Test*, Baddeley, 1968) in
Höhe von 4 % hinaus. Auf Facetenebene erklären ausgewählte Facetten der
Persönlichkeit sogar 35% der Varianz. Allerdings scheint die Aufklärungsleis-
tung von Persönlichkeit in Abhängigkeit der eingesetzten Kreativitätsmaße zu
variieren (Furnham & Bachtiar, 2008).

Beide Studien wurden im Universitätsumfeld durchgeführt. Dass Persönlichkeit auch im Berufskontext mit der innovativen Leistung zusammenhängt zeigen
unter anderem Hammond et al. (2011). Sie weisen jedoch darauf hin, dass der
vergleichsweise geringe direkte Zusammenhang zwischen Persönlichkeitsmaßen
und Kreativität darauf zurückzuführen sein könnte, dass Persönlichkeit erst in
der Interaktion mit Umweltfaktoren ihre volle kreativitätsförderliche (oder hem-
mende) Wirkung auf innovative Leistungen entfalten könnte – eine Überlegung,
die vor dem Hintergrund der aktuell erneut aufflammenden Person-Situations-
Interaktionsdebatte plausibel erscheint.

4.3 Kreativität und Motivation

Motivation ist, wenn man will. So kurz und knapp – und gar nicht mal falsch – würde die Frage, was Motivation denn ausmacht, wohl von Laien beantwortet werden. Die Antwort der Motivationsforscher fällt dahingegen berechtigterweise etwas differenzierter aus. Denn über das „wenn" lässt sich doch trefflich verschiedener Meinung sein. Und so bietet die Motivationsforschung eine Vielzahl an Theorien und Modellen zur Motivation. Inhaltlich stehen sich diese Theorien und Modelle teilweise gegenüber, teilweise berühren oder aber überschneiden sie sich auch. Neben eigenschaftstheoretischen Modellen zur Motivation, Theorien, die die situative Komponente von Motivation betonen und Modellen, die Motivation durch Anreize bzw. deren Erwartung begründet verstehen, liegen auch Modelle zu den drei dominierenden Grundmotiven menschlichen Verhaltens und Handelns vor: Anschlußmotivation, Machtmotivation und Leistungsmotivation. [26] Eine Darstellung all dieser verschiedenen Modelle würde den Rahmen der vorliegenden Arbeit sprengen; so wird im Folgenden ausschließlich auf die Leistungsmotivation sowie auf Zusammenhänge von intrinsischer und extrinsischer Motivation zur Kreativität eingegangen.

4.3.1 Leistungsmotivation

Verhalten, das darauf abzielt, etwas gut, besser oder am besten zu machen, gilt als leistungsmotiviert. Leistungsorientierte Personen richten ihr Handeln an einem „standard of excellence" (McClelland, Atkinson, Clark & Lowell, 1953, S. 110) aus – und das ganz gleich in welchem Lebensbereich sie agieren. Damit ist Leistungsmotivation also keineswegs nur im beruflichen Kontext relevant. Man denke nur an die Marathonläuferin, die seit Jahren kontinuierlich ihre Zeiten zu verbessern sucht oder den passionierten Modellbauer, der nach dem exakten Nachbau des antiken Roms strebt.

Lange Zeit war zur Erklärung von Leistungsmotivation die Murray/McClelland/Atkinson/Heckhausen-Schule vorrangig. Sie prägte das Verständnis von Leistungsmotivation als Konflikt zwischen der Tendenz, Erfolg aufzusuchen (Hoffnung auf Erfolg) und der Tendenz, Misserfolg zu meiden (Furcht vor Misserfolg), und legte mit dem Risikowahlmodell der Leistungsmotivation von Atkinson (1957) den Grundstein der Leistungsmotivationsforschung. Schuler und Prochaska (2000) geben einen Einblick in die Fülle der daran anknüpfenden späteren Modelle, die zumeist Teilaspekte der Leistungsmotivation betonen und damit zu scheinbar

---

[26] Einen guten Überblick über die Entwicklungslinien der Motivationsforschung bieten Heckhausen und Heckhausen (2010).

unterschiedlichen, im (theoretischen) Grunde aber konvergenten Beschreibungen der Leistungsmotivation führen.

Mit dem *Leistungsmotivationsinventar* (*LMI*) haben Schuler und Prochaska (2000) ein Verfahren vorgelegt, das der Vielzahl an Facetten der Leistungsmotivation (oder wie im *LMI* bezeichnet: Dimensionen) gerecht wird. So enthält es genauso die von Atkinson (1957) bekannte *Schwierigkeitspräferenz* wie das über drei Jahrzehnte später eingeführte Konstrukt des *Flows* von Csikszentmihalyi (1990), das hier erstmalig der Leistungsmotivation zugezählt wird. Eine Übersicht über die insgesamt 17 Facetten der Leistungsmotivation, wie sie im *LMI* erfasst werden, bietet Tabelle 4.

Tabelle 4: Die 17 Facetten der Leistungsmotivation (Schuler & Frintrup, 2002)

Facette	Kurzbeschreibung
Beharrlichkeit	Ausdauernder und zielgerichteter Kräfteeinsatz bei der Bewältigung von Aufgaben
Dominanz	Bestreben, Macht und Einfluss auf andere auszuüben; andere anleiten und beeinflussen
Engagement	Persönliche Anstrengungsbereitschaft und hoher zeitlicher Einsatz; hohe Arbeitsleistung und Wertschätzung der Arbeit gegenüber anderen Lebensbereichen
Erfolgszuversicht	Erwartung, bevorstehende Aufgaben auch im Falle von Schwierigkeiten zu meistern
Flexibilität	Bereitschaft, sich in unbekannten Situationen und unter neuen Rahmenbedingungen zu bewähren, Aufgeschlossenheit gegenüber neuen beruflichen Aufgaben
Flow	Selbst- und Weltvergessenheit bei der Tätigkeit; positiv erlebte Konzentration auf eine Aufgabe
Furchtlosigkeit	Geringe Versagensängste und keine Angst haben, von anderen bewertet zu werden; hohe emotionale Stabilität
Internalität	Das Gefühl haben, die eigenen Erfolge und Misserfolge gehen auf eigene Leistung, Können und Anstrengung zurück, nicht auf Glück, Zufall oder andere
Kompensatorische Anstrengung	Bewältigung von Prüfungsangst durch gute Vorbereitung und hohen Einsatz
Leistungsstolz	Freude über selbsterbrachte Leistung; positives Selbstwertgefühl nach Erfolgen
Lernbereitschaft	Wille, sich permanent weiterzuentwickeln; wissbegierig und interessiert sein
Schwierigkeits-präferenz	Bevorzugung anspruchsvoller Ziele und Aufgaben, bei denen man herausgefordert wird und ein höheres Risiko des Scheiterns besteht als bei leichten Aufgaben
Selbstständigkeit	Unabhängigkeit von anderen; eigenständiges Entscheiden und Handeln wird der Gebundenheit an Weisungen vorgezogen; selbst verantwortlich sein wollen
Selbstkontrolle	Organisierte Arbeitsweise und die Bereitschaft, Belohnungsaufschub zu ertragen; eine Form von Gewissenhaftigkeit – Pflichten werden nicht aufgeschoben
Statusorientierung	Bestreben, durch berufliche Leistungserfolge Geltung zu erlangen
Wettbewerbs-orientierung	Bereitschaft, gegen andere zu konkurrieren und die Herausforderung zu suchen; Wille, besser als andere zu sein
Zielsetzung	Strategische Orientierung des eigenen Handelns auf zu erreichende Ziele; zukunftsorientiert sein; wissen, was man erreichen möchte

Bedienen wir uns des Stereotyps des „Kreativen" und halten uns vielleicht das Bild eines Werbefachmanns oder einer Elektroingenieurin vor Augen, so lassen sich die Facetten der Leistungsmotivation wie Anforderungen an unsere kreative Person lesen.

Kreative Menschen zeichnen sich durch ihre Neugierde und den permanenten Drang nach neuem Wissen bzw. tieferem Verständnis ihres Interessengebiets aus, haben also eine hohe *Lernbereitschaft*. Durch das Herangehen an bislang ungelöste Probleme bevorzugen sie automatisch eine hohe *Schwierigkeitspräferenz* in ihrem Vorhaben. Doch ganz gleich, ob Kreative ein gänzlich neues Problem zu lösen versuchen oder sich auf die Verbesserung bestehender Dinge konzentrieren, sie wissen ganz genau, was sie erreichen wollen. Diese konkrete *Zielsetzung*, die vielleicht noch nicht einmal das fertige Produkt umreißt, sehr wohl aber dessen Nutzen beschreiben wird, motiviert so sehr, dass sie mit großer *Beharrlichkeit* auch über eine lange Zeit außergewöhnlich starkes *Engagement* zur Lösung ihrer Fragestellung einbringen. Selbst bei hoher Belastung und starkem Engagement erleben Kreative häufig ein *Flow*-Gefühl[27], jenen Zustand, in dem sie sich ganz in ihrer Tätigkeit verlieren und um sich herum alles und jeden zu vergessen scheinen – kein sonderlich angenehmer Zug für Kollegen, Partner, Freunde. Dabei gelingt es kreativen Menschen nicht nur ihre bislang erworbenen Fähigkeiten einzusetzen und bereits bewährte Lösungswege zu gehen, sondern auch neuen Problemen gegenüber mit *Flexibilität* zu begegnen, wodurch sie sich rascher als andere auf neuartige Situationen einstellen zu können. Im Wissen um diese Fähigkeit prägt die Kreativen zumeist eine hohe *Erfolgszuversicht*. Auch wenn andere Personen (vielleicht Teamkollegen oder Vorgesetzte) schon längst aufgegeben haben, halten kreative Menschen noch an ihren Aufgaben fest und vertrauen darauf, dass ihre Fähigkeiten auch bei schwierigen oder vielleicht zunächst sogar ausweglos erscheinenden Aufgaben zu einer Lösung beitragen werden (*Internalität*).

Kreatives Arbeiten erfordert jedoch viel mehr als konzentriertes und freudvolles Arbeiten. Denn kreative Leistungen sind häufig das Ergebnis eines langen Prozesses, während dessen der Kreative nicht selten Hindernissen oder gar Restriktionen begegnet. Flexibilität, das Umdenken können oder vielleicht sogar das bewusste Aufsuchen von Situationen, die Umdenken erzwingen, ist sicherlich eine hilfreiche Fähigkeit zur Überwindung solcher Barrieren. Gleichfalls stehen kreative Personen aber auch vor der Herausforderung, in kritischen Situationen nicht aufgeben mit dem Gedanken, dass „es ja eh nichts bringt", etwa weil die Anforderungen zu hoch werden oder der Widerstand unerträglich erscheint. Bei Kreativen ist folglich eine Eigenschaft als besonders ausgeprägt zu erwarten: die *Selbstkontrolle*. Zu dieser gehört auch, es aushalten zu können, dass die Beloh-

---

[27] Dieses Konstrukt geht auf Csikszentmihalyi (1975) zurück und wird später in diesem Kapitel noch näher behandelt.

nung für das eigene kreative Schaffen meist erst nach langer Zeit erfolgt. So dauerte es beispielsweise von Beginn der ersten Entwicklungsarbeiten ganze fünf Jahre bis Douglas C. Engelbart und William English im Jahre 1968 die erste Computermaus vorstellen konnten. In diesen Jahren, in denen sie um Konkurrenten nicht mit Informationen zu versorgen, auch nicht zu viel von ihrer Arbeit erzählen konnten, blieb ihnen nur die „innere" Belohnung, also die Freude am kreativen Schaffen.

Häufig scheitern kreative Ideen aber nicht aufgrund zu langer Entwicklungszeiten, sondern angesichts des immensen Widerstands, der ihnen entgegen gebracht wird. Neues ruft immer Unsicherheit hervor. Dieser Tatbestand alleine kann Akteure dazu veranlassen, sich Neurungen zu verwehren und die Entwicklung und vor allem die Umsetzung dieser Ideen auszubremsen. Ein Beispiel wäre hier etwa die Einführung neuartiger Produktionssysteme oder neuer Softwareunterstützung in Büros. Im Weiteren wird der wahre Wert und Nutzen von neuen Produkten, Ideen, Strukturen oder Prozessen vielmals erst weit nach ihrer Einführung erkannt und entsprechend belohnt. Nicht selten werden Innovatoren bei der Vorstellung ihrer kreativen Konzepte erst einmal als Spinner belächelt. Kreative Personen dürfen also keine allzu ausgeprägte Bewertungsangst besitzen, sondern müssen sich mit einer gewissen *Furchtlosigkeit* diesen Situationen stellen.

Gilt es andere von der Nützlichkeit bzw. Sinnhaftigkeit der eigenen Idee zu überzeugen, ist auch ein ausgeprägtes *Dominanz*verhalten äußerst förderlich. Doch nicht erst am Ende des Prozesses ist es wichtig, die Unterstützung durch andere zu erfahren. Auch bereits zuvor kann es notwendig sein, sich gegenüber Mitstreitern Ressourcen und Zeit zu erkämpfen. Das kreative Lösen einer Aufgabe erfordert also ein hohes Vertrauen in die eigenen Fähigkeiten und einen festen Glauben an das Ergebnis um die beschwerlichen und manchmal auch von Rückschlägen und Widersachern gesäumten Schritte zum Ziel gehen zu können. Dass kreative Personen also mit einer hohen *Selbstständigkeit* ausgezeichnet sind, verwundert folglich nicht. In der Konsequenz führt diese Selbständigkeit aber nicht nur zu mehr Eigenverantwortung, sondern auch zum Drang unabhängig arbeiten zu können. Die (vermeintliche) Nonkonformität, das sich nicht anpassen Wollen, etwa an bestehende Hierarchien, kann ebenso eine Folge der hohen Selbständigkeit des Kreativen sein. So lässt sich auch begründen, warum kreative Personen häufig als unangepasst oder arrogant und überheblich empfunden werden.

Mit der *Status-* und *Wettbewerbsorientierung* fehlen nun noch zwei Dimensionen der Leistungsmotivation zur Beschreibung kreativer Menschen. Während die bislang beschriebenen Dimensionen ihre Wirksamkeit auf das Schaffen der kreativen Person „von innen heraus" erzielen, liegen mit der Status- und Wettbewerbsorientierung zwei Facetten vor, die Leistungsmotivation durch äußere Anreize beschreibt. Vielfach wurden kreative Personen vor allem als „aus sich heraus" oder „der Sache wegen" motiviert beschrieben (im Folgenden wird dies mit dem Konzept der „intrinsischen" und „extrinsischen" Motivation näher erläutert). Eine Orientierung an Statusmerkmalen, wie etwa dem Erreichen einer hierarchisch hochgestellten Position oder das Erzielen eines hohen Gehalts, ist für manche ebenso schwer mit dem Bild des Kreativen vereinbar wie die Vorstellung, kreative Leistungen würden lediglich aus dem Wettbewerb mit anderen heraus erzielt.

Der kontrovers diskutierten Frage, ob äußere („extrinsische") Anreize zu kreativen Leistungen motivieren können, wird später in diesem Kapitel genauer nachgegangen. Zunächst einmal sollen nach den nach Plausibilität formulierten Zusammenhänge von Leistungsmotivation und Kreativität, die zugehörigen empirischen Befunde berichtet werden.

Kumar und Raina (1976) ließen ihre Stichprobe (96 Neuntklässler aus der indischen Mittelschicht) die *TTCT* (Torrance, 1966) als Maß für Kreativität, den *Group Test for General Mental Ability* (Jalota, 1960) als Intelligenzmaß sowie den in Hindi übersetzten *SCT*, einen Satzergänzungstest von Mukherjee (1964), als Leistungsmotivationsmaß bearbeiten. Sie teilten die Stichprobe nach den Kreativitäts- und Intelligenzmaßen per Mediansplit in vier Gruppen: hohe Kreativität-hohe Intelligenz, hohe Kreativität-niedrige Intelligenz, niedrige Kreativität-hohe Intelligenz und niedrige Kreativität-niedrige Intelligenz. Die Ergebnisse der zweifaktoriellen Varianzanalyse zeigen sowohl für Kreativität als auch für Intelligenz signifikante Effekte auf Leistungsmotivation, der Interaktionsterm Kreativität x Intelligenz wurde nicht signifikant. Bei kreativeren Personen ist also den Ergebnissen dieser Studie gemäß auch eine höhere Leistungsmotivation zu beobachten als bei weniger kreativen Personen.

Einen Hinweis auf die Stärke des Zusammenhangs zwischen diesen beiden Variablen finden wir bei Golléri (2012). Sie berichtet einen Zusammenhang zwischen Leistungsmotivation (erhoben über das *LMI*) und Kreativität (gemessen mit der *DBK-PG*) in Höhe von $r = .19$ ($p = .06$, $N = 101$). Auf Facettenebene zeigen sich die höchsten Zusammenhänge zwischen Kreativität und Leistungsmotivation für die *LMI*-Facetten *Flexibilität* und *Lernbereitschaft* (beide $r = .21$, $p < .05$) sowie *Furchtlosigkeit* ($r = .19$, $p < .05$). Die Zusammenhänge zu *Zielsetzung* und *Dominanz* sind mit $r = .17$ nur wenig geringer, werden allerdings nicht mehr signifikant ($p < .10$). Die hier gezeigten Effekte sind gemäß der Klassifikation von Cohen (1988) als niedrig einzustufen.

Für das eng mit Kreativität verwandte Konstrukt *Curiosity* (Mussel, 2011) wird bei Mussel (2012) ein Zusammenhang zur Leistungsmotivation zu $r = .61$ ($p < .01$, $N = 320$) bzw. reliabilitätskorrigiert zu $r = .68$ berichtet. Leistungsmotivation wurde hier über den *BMT-A* ($\alpha = .81$, S & F Personalpsychologie Managementberatung GmbH, 2003) gemessen, ein unveröffentlichtes Verfahren, das Leistungsmotivation über 55 Items nahe am Konzept des *LMI* erfasst.

Wie lassen sich die unterschiedlich hohen Zusammenhänge zwischen Kreativität und Leistungsmotivation erklären? Die üblichen drei Verdächtigen stehen zur Diskussion: Stichprobe, Methode und Konstruktdefinition. Zwar sind die Stichproben bei Gelléri und Mussel nahezu gleich alt (Gelléri: $M = 20.27$ ($SD = 6.51$), Mussel: $M = 19.3$ ($SD = 1.99$)), allerdings war die Hälfte der Personen aus der ersten Studie noch Schüler, wohingegen die Personen in der zweiten Studie ausnahmslos bereits berufstätig waren. Leistungsmotivation ist im schulischen Kontext sicherlich ebenso relevant wie im Berufsumfeld, allerdings enthält das LMI konkret berufsbezogen formulierte Items. Den Schülern in der Studie von Gelléri mag es unter Umständen schwer gefallen sein, die Items zu beantworten, was die Korrelation zwischen Kreativität und Leistungsmotivation unterschätzen könnte. Auch in der Methode unterscheiden sich die beiden Studien. Gelléri erfasst Kreativität über einen Leistungstest, bei Mussel wird *Curiosity* mittels eines Selbstbeschreibungsinventars erhoben. *Leistungsmotivation*, gemessen durch *LMI* oder *BMT-A*, wird ebenfalls über eine Selbsteinschätzung, erfasst. Die Methodenähnlichkeit der beiden Variablen in der zweiten Studie kann zu einer höheren Korrelation führen als sie sich im Falle unterschiedlicher diagnostischer Zugänge, wie in Studie 1, ergeben hat. Letztlich ist der von Mussel gefundene starke Zusammenhang zur Leistungsmotivation gegebenenfalls vor allem darauf zurückzuführen, dass er mit *Curiosity* ein Konstrukt einbringt, dass zwar der Kreativität sehr nah steht, gerade im Berufskontext aber noch stärker mit „intrinsischer Lernmotivation" verbunden ist (s. Abbildung 1 bei Mussel, 2012).

Auch wenn bislang nur sehr wenig Befunde zum Zusammenhang von Kreativität und Leistungsmotivation vorliegen, lassen sich auf Basis der bisherigen Ergebnisse wohl eher Korrelationen in der Höhe der bei Gelléri (2012) gefundenen Werte erwarten.

Weitaus erforschter als der Zusammenhang von Kreativität und Leistungsmotivation ist die Ausprägung von *Flow* bei kreativen Personen. Flow beschreibt einen Zustand, der durch völliges Aufgehen in der gerade ausgeübten Tätigkeit gekennzeichnet ist. Alle Handlungen gehen einem glatt von der Hand. Und auch bei herausfordernden Aufgaben bedarf es keiner extra Konzentration auf die Tätigkeit, denn scheinbar kommt die Konzentration auf die Aufgabe wie von selbst. Alles Störende, Ablenkende wird ausgeblendet und die Zeit scheint wie im Fluge zu vergehen. Gemäß dieser erstmals bei Csikszentmihalyi (1975) zu findenden Beschreibung des Flow-Gefühls, das von Personen, die diesen Zustand erreichen, als äußerst glücklich, wenn nicht gar berauschend empfunden wird, führen Schuler und Prochaska (2000, S. 23) die folgenden Beschreibungen an: „konzentriert, selbstvergessen, aufgabenverliebt, beteiligt, vertieft, versunken, gedankenvoll, engagiert, involviert, perseverierend". Zusammengefasst steht für Personen mit hohen Flow-Werten nicht immer unbedingt das Ergebnis im Vordergrund, sondern bietet vielmehr die Tätigkeit selbst Freude und Befriedigung. Während sich Flow also auch beim Singen unter der Dusche, beim schnellen Autofahren oder Joggen erleben lässt, ist im Rahmen dieser Arbeit besonders das Flow-Erleben bei leistungsbezogenen Tätigkeiten relevant. Berufsbilder, in denen wir das völlige Aufgehen in einer Aufgabe beobachten können, sind zum Beispiel die Chirurgie, Materialforschung oder Bildhauerei. Auch wenn wir dem Chirurgen den Fokus auf Genesung seines Patienten und somit auf das letztliche Ergebnis seiner Arbeit sicher nicht absprechen wollen, so findet er seine berufliche Erfüllung häufig durch das Operieren und weniger durch Visitengänge. Auch den Materialforscher wird es interessieren, was aus dem von ihm entwickelten neuen Kunststoffmaterial alles produziert werden kann, sein eigentliches Interesse aber liegt in der Erforschung und Erprobung neuer Materialien. Und auch bei Künstlern ist häufig das Phänomen zu beobachten, dass sie mit höchstem Engagement an ihrem Bild, ihrer Skulptur oder Installation arbeiten und nichts anderes mehr wichtig erscheint. Sobald das Werk jedoch geschaffen ist, wird es in die Ecke gestellt (oder glücklicherweise direkt vom Galeristen abgeholt) und der Künstler wendet sich bereits mit vollem Enthusiasmus einem neuen Projekt zu.

Flow erleichtert uns also das Durchhalten und die andauernde Konzentration auf eine Sache, selbst bei Rückschlägen, und führt somit zu erhöhter Leistung[28]. Zugleich erleben wir im Flow-Zustand Freude an und bei der Arbeit und erfahren Leistungsstolz. Führen wir uns nun wieder kreative Personen vor Augen, die vielmals mehrere Monate, wenn nicht gar Jahre, ohne äußeres Feedback auskommen müssen, vielfach ihre Ideen ausprobieren und manchmal auch revidieren müssen, so könnte mit Flow eine Determinante der Leistungsmotivation vorliegen, die erklärt, warum Menschen auch über einen langen Zeitraum hinweg und vielen Hürden zum Trotz an der Umsetzung ihrer Ideen festhalten können und wollen.

Stellt Flow also eine personale Vorbedingung von Kreativität dar? Etwa im Sinne von „nur wer sich ganz in einer Aufgabe verlieren kann, wird die Hindernisse und Restriktionen beim kreativen Denken und Arbeiten aushalten (gar „übersehen") können"? Oder ist das Flow-Gefühl vielmehr das Ergebnis kreativen Verhaltens; im Sinne von „erst wenn ich mich meinen kreativen Gedanken bzw. meinem kreativen Tun hingebe, erlebe ich ein Flow-Gefühl"?

Zur Beantwortung der ersten Frage sind die Bedingungen von Flow zu definieren. Flow setzt eine bestimmte psychische (und physische) Mindeststabilität sowie eine gewissenhafte, strebsame Arbeitsweise voraus (Schuler & Görlich, 2007). Dies sind generell leistungsförderliche Personmerkmale, so dass Flow, ob nun als Mediator oder als eigenständiger Prädiktor auch für kreative Leistungen förderlich sein sollte. Denn Flow als „innerer Antrieb" für kreative Leistungen geht mit Beharrlichkeit und Ausdauer einher, so dass Aufgaben, die mit einem

---

[28] Einige quantitative Belege zur leistungsförderlichen Wirkung von Flow fasst Rheinberg (2010) zusammen.

Flowgefühl verbunden sind, auch bei Hindernissen oder wiederholtem Scheitern weiter verfolgt werden (Prabhu et al., 2008). Eine Studie zum Zusammenhang von intrinsischer Motivation, Flow und Kreativität stellte Moneta (2012) vor. Hier wird Kreativität allerdings nicht als Personmerkmal betrachtet, sondern eine auf den Arbeitskontext bezogene Umweltbedingung von Kreativität untersucht: Sieben Juroren bewerteten die in der Stichprobe vertretenen Berufe hinsichtlich der bei ihrer Ausübung gegebenen Möglichkeiten zum kreativen Arbeiten. Für die so operationalisierte Umweltbedingung von Kreativität kann Moneta an einer Stichprobe von 367 Berufstätigen (Alter: M = 33.5 Jahre, SD = 8.9) einen moderierenden Einfluss der Umweltbedingungen auf die Beziehung von intrinsischer Motivation und Flow (dreifachgestuft: Flow bei der Arbeit, Flow in der Freizeit, kein Flowerleben) nachweisen. Sowohl die Haupteffekte der beiden Prädiktoren, intrinsische Motivation (χ^2 = 27.133, df = 2, p < .001) und Möglichkeit zum kreativen Arbeiten (χ^2 = 17.365, df = 2, p < .001), als auch deren Interaktionsterm (χ^2 = 9.892, df = 2, p < .008) sind positiv und signifikant. Das Flowerleben hängt gerade im Arbeitskontext also nicht nur von der intrinsischen Motivation ab, sondern wird in großem Maße auch dadurch bestimmt, inwieweit die Tätigkeit überhaupt Spielraum für kreatives Arbeiten birgt. Dieses Ergebnis ist konsistent mit früheren Arbeiten zum Flow-Erleben, die ebenfalls auf die Bedeutung personaler Faktoren einerseits und Umweltfaktoren andererseits hinweisen (Csikszentmihalyi, 1990, 2000; Jackson, S. A., 1995).

Mit den Ergebnissen dieser Studie lässt sich nun auch die zweite Frage beantworten: Bei ausreichend intrinsischer Motivation kommt es besonders bei kreativen Berufsgruppen mit einer höheren Wahrscheinlichkeit zum Flow-Erleben.

4.3.2   Intrinsische und Extrinsische Motivation

Ein anderer Zugang kreative Leistungen aus motivationaler Sicht zu erklären, besteht in der Unterscheidung, wer oder was einen kreativen Menschen zu dieser Leistung bewogen hat. Während der eine Architekt sein Honorar oder die Anerkennung in der Fachwelt als Triebkraft zu seinem neuesten Entwurf nennt, gibt sein Kollege an, aus reiner Freude am kreativen Schaffen selbst zum neuen Entwurf gekommen zu sein. Die Frage lautet also: Was treibt kreative Personen an?

Wann immer ein Handlungsergebnis oder bereits das Handeln selbst unmittelbar mit wertvollen Empfindungen verbunden ist, spricht man von *intrinsischer Motivation*. Eine Einwirkung von außen findet hierbei nicht statt. Nach Mitchell und Albright (1972) gehören zu den intrinsischen Valenzen Selbstwertgefühle, die Gelegenheit für eigenständige Gedanken und Handlungen, Möglichkeiten zur eigenen Entwicklung, Gefühle der Selbsterfüllung und Gefühle lohnenswerter

Aufgabenerfüllung. Das weiter oben beschriebene Flow-Erleben lässt sich somit dem Bereich der intrinsischen Motivation zuordnen. Auch fast alle weiteren Facetten der Leistungsmotivation, die Schuler und Frintrup (2002) benennen, stellen intrinsische Handlungsanreize dar. Lediglich die Dimensionen Dominanz, Statusorientierung sowie Wettbewerbsorientierung lassen sich hier nicht einbeziehen. Denn hier spielen äußere Instanzen eine Rolle und folglich sind diese Facetten den extrinsischen Valenzen zuzuordnen. Mitchell und Albright (1972) nennen als Beispiele fremdvermittelter Handlungsfolgen, sprich *extrinsischer Motivation*, Autorität, Prestige, Sicherheit, Gelegenheit zur Gewinnung enger Freunde, Gehalt, Aufstieg und Anerkennung.

Obwohl die momentane motivationale Orientierung von Personen häufig vom sozialen Kontext abhängt, in dem sie sich zur Ausführung einer Handlung befinden, und die extrinsische und intrinsische Motivation damit eine Konsequenz aus der sozialen Situation ist, haben unter anderem die Studien von Amabile (1988) ergeben, dass es sich hierbei dennoch um relativ stabile individuelle Traits handelt (Amabile, Hill, Hennessey & Tighe, 1994).

Betrachtet man die bisherigen Ergebnisse zur Forschung über den Zusammenhang von intrinsischer und extrinsischer Motivation und Kreativität, so zeigen diese durchgehend einen positiven Zusammenhang zwischen intrinsischer Motivation und Kreativität auf (Hennessey & Amabile, 1998). Amabile et al. (1994) berichten für die mit dem *Work Preference Inventory* (*WPI*) gemessene Skala Intrinsische Motivation Zusammenhänge zur *Creative Personality Scale* (CPS; Gough, 1979) in Höhe von $r = .25$ ($p > .10$; $N = 35$ Studenten). Zum *Kirton Adaption-Innovation Inventory* (KAI; Kirton, 1976) bestehen Zusammenhänge in Höhe von $r = .38$ ($p < .001$) in der Studentenstichprobe ($N = 284$) und $r = .41$ ($p < .001$) in der Erwachsenenstichprobe ($N = 268$). Mit $r = .39$ ($p < .01$; $N = 124$ Studenten) finden Prabhu et al. (2008) einen fast identisch starken Zusammenhang zwischen intrinsischer Motivation (ebenfalls über das *WPI* gemessen) und Kreativität (erfasst über das *What Kind of Person Are You?-Inventory* (*WKOPAY*, 50 Items) von Khatena und Torrance (1976)).

Erklärt werden kann der Zusammenhang intrinsischer Motivation mit Kreativität mittels der *componential theory of creativity* von Amabile (Amabile, 1983, 1988). Der zufolge ist es die intrinsische Motivation, die nach der Präsentation eines Problems den kreativen Prozess initial anstößt. Höhere intrinsische Motivation geht also mit höherer Kreativität einher.

Während diese Studien die Leistung in Kreativitätstests als Kriterium nehmen, kann auch der Zusammenhang zwischen intrinsischer Motivation und kreativen outcomes, also bereits geschaffenen kreativen Produkten, betrachtet werden. Wie de Jesus, Rus, Lens und Imaginario (2013) in einer metaanalytischen Betrachtung der Studien im Zeitraum 1990 bis 2010 zeigen, ergibt sich auch dann ein signifikant positiver Zusammenhang zwischen intrinsischer Motivation und Kreativität, hier gemessen über die Schaffung kreativer Produkte (mittlerer, an der Stichprobengröße gewichteter Zusammenhang $\bar{r}_0 = .30$, $p < .05$, $N = 6$ 435). Interessanterweise variiert das Beziehungsgefüge nicht in Abhängigkeit von der Stichprobe, es ist weitgehend unerheblich, ob Studenten oder Berufstätige untersucht werden ($t(24) = .45$, $p = .66$). Gestützt werden die berichteten Ergebnisse zum Zusammenhang von intrinsischer Motivation und Kreativität durch die Meta-Analyse von Hammond et al. (2011). Hier wurden nicht nur Studien eines bestimmten Kreativitätskriteriums berücksichtigt. Vielmehr fassen Hammond et al. (2011) Studien zusammen, die Kreativität über das Kriterium Ideenfindung (ideation) erfassen, Studien, die als Kreativitätsmaß Implementierung (implementation) anlegen und Studien, die beide Kriterien zugleich berücksichtigen, also sowohl die Ideenfindung als auch die Fähigkeit zur Implementierung messen (innovation). Als doppelt minderungskorrigierter Korrelationswert ergibt sich für den Zusammenhang von intrinsischer Motivation und Kreativität $\hat{\rho} = .24$ ($k = 16$, $N = 3\ 417$). Auch wenn der Zusammenhang bei Studentenstichproben etwas höher ausfällt ($\hat{\rho} = .29$, $k = 6$, $N = 1\ 530$) als bei Berufstätigen ($\hat{\rho} = .21$, $k = 10$, $N = 1\ 884$), so wird dieser Unterschied nicht signifikant. Ganz gleich, welchen Alters die untersuchten Personen waren oder mit welchem Kriterium Kreativität erfasst wird, liegt ein positiver Zusammenhang zwischen intrinsischer Motivation und Kreativität in mittlerer Höhe vor.

Hinsichtlich extrinsischer Anreize und deren Auswirkungen auf die kreative Leistungserbringung liegen einerseits wesentlich weniger Studien vor (Hammond et al., 2011), so dass die Befunde noch nicht so abgesichert sind, wie im Falle der intrinsischen Motivation. Andererseits herrscht jedoch vor allem größte Uneinigkeit über die Effekte extrinsischer Anreize auf kreative Leistung. So berichten Amabile et al. (1994) in der oben genannten Studie negative Zusammenhänge zwischen den Maßen für extrinsische Motivation und Kreativität. Die Skala Extrinsische Motivation korreliert mit der *Creative Personality Scale* (CPS; Gough, 1979) in Höhe von $r = -.15$ ($p > .10$; $N = 35$ Studenten). Die Zusammenhänge zum *Kirton Adaption-Innovation Inventory* (KAI; Kirton, 1976) betragen $r = -.39$ ($p < .001$) in der Studentenstichprobe ($N = 284$) und $r = -.18$ ($p < .01$) in der Erwachsenenstichprobe ($N = 268$). In der Studie von Prabhu et al. (2008) ergibt sich eine Korrelation zwischen Kreativität und extrinsischer Motivation in Höhe von $r = -.20$ ($p < .05$; $N = 124$).

Diesen Studien, die im Ergebnis negative Zusammenhängen zwischen extrinsischer Motivation und Kreativität aufzeigen, stehen Studien entgegen, bei denen sich positive Zusammenhänge zwischen extrinsischen Anreizen und kreativer Leistung ergeben. Eisenberger und Rhoades (2001) ließen Studenten zu einer Kurzgeschichte fünf kreative Titel generieren. Die Hälfte der Studenten bekam für die Abgabe der Titel einen Geldbetrag in Aussicht gestellt, sofern sie zu den 50 Prozent kreativsten Teilnehmern gehören. Der anderen Hälfte der Teilnehmer wurde keine Belohnung versprochen; hier gab es also keinen extrinsischen Anreiz besonders kreativ zu sein. Die vorgeschlagenen Titel wurden dann von drei Forschungsassistenten hinsichtlich ihrer Kreativität bewertet und der Mittelwert der drei Urteile als Kreativitätswert für die einzelne Person bestimmt. Für die Gruppe, die eine Belohnung erwarten konnte, zeigte sich eine signifikant höhere kreative Leistung als für die Gruppe, die ohne extrinsischen Anreiz an der Studie teilgenommen hatte ($t(114) = 1.72, p < .05$).

Auch bei Gelléri, Borstendorfer, Winzen, Winter und Schuler (2009) zeigen sich signifikante Unterschiede in der kreativen Leistung zwischen extrinsisch motivierten Studienteilnehmern und nicht (explizit) extrinsisch motivierten Studienteilnehmern zugunsten der extrinsisch motivierten Probanden. In dieser Studie wurden $N = 100$ Studenten per Zufall in zwei Gruppen eingeteilt. Den Probanden der Treatmentgruppe wurde ein Gewinn in Aussicht gestellt, wenn sie besonders gut abschnitten. Die Probanden in der Kontrollgruppe wurden über die zufallsbedingte Verlosung eines Gewinns informiert. Zur Messung der Kreativität wurde eine Vorversion der *DBK-PG* (Schuler et al., 2013) eingesetzt, die nicht nur einen Kreativitätsgesamtwert bietet, sondern auch stufenbezogene Werte entlang des kreativen Prozesses ausweist. Somit konnte im Vergleich zur Studie von Eisenberger und Rhoades (2001) nicht nur ein Gruppenunterschied im Kreativitätsgesamtwert nachgewiesen werden, sondern auch ein über alle Stufen des kreativen Prozesses höherer Profilverlauf für die extrinsisch motivierten Probanden gezeigt werden ($F = 9.30; p < .01; \eta^2 = .09$). In der Meta-Analyse von Hammond et al. (2011) korreliert extrinsische Motivation mit Kreativität in Höhe von $\hat{\rho} = .14$ ($k = 8, N = 1\,319$, doppelt minderungskorrigiert).

Es scheint ebenso viele (empirische) Befunde zur Stützung der These „externe Anreize mindern die freie, selbstbestimmte Entfaltung des Menschen und wirken damit kreativitätshemmend " zu geben (Condry, 1977; Deci, Koestner & Ryan, 1999a) als für die gegenteilige These „externe Anreize können die Kreativität fördern" (Eisenberger & Shanock, 2003; Winston & Baker, 1985). Doch wie kann es zu diesen Unterschieden kommen? Welche Annahme erscheint die richtige zu sein?

Die These, dass extrinsische Anreize kreative Leistungen hemmen, lässt sich bereits aus dem Menschenbild der Romantik ableiten. Hier gilt die Selbstbestimmung als höchstes Gut. Die Menschen streben folglich vor allem nach Autonomie um sich gemäß ihrer individuellen Neigungen und Fähigkeiten[29] selbstverwirklichen zu können (vgl. Rousseau bei Eisenberger und Shanock, 2003). Selbstverwirklichung umfasst gemäß dieser Tradition auch den unweigerlichen Wunsch nach Möglichkeiten zum spontanen und ungehinderten Explorieren. Kreativität ist also ein intrinsisches Bedürfnis des selbstbestimmten Menschen.

---

[29] Neben der motivationalen Bedingung finden wir in der romantischen Auffassung des menschlichen Strebens also bereits auch einen Verweis auf die Bedeutung von Interessen und kognitiven Ressourcen für kreative Leistungen.

Folglich werden alle Einflüsse auf den Menschen von außen, die ihn in seiner freien, selbstbestimmten Entfaltung hindern oder ihm nur das Gefühl davon geben, die kreative Leistung hemmen. Eisenberger und Shanock (2003) bezeichnen Vertreter dieser These als Romantiker. Als moderne Theorie zu dieser Sichtweise haben Deci und Ryan (1985) die *cognitive evaluation theory* postuliert, die die Selbstbestimmung und Kompetenzen einer Person als Grundlage ihrer intrinsischen Motivation identifiziert. Wird nun dem Handelnden für eine angenehme oder auch herausfordernde Aufgabe eine externe Belohnung (z. B. eine Prämienzahlung) geboten, empfindet die Person dies als Versuch, sie in ihrem Handeln zu beeinflussen und damit zugleich als wahrgenommene Einschränkung ihrer Handlungsfreiheit. Der *cognitive evaluation theory* zufolge wird der aversive Reiz der externen Belohnung zu einem geringeren Interesse an der Aufgabe und niedrigerer intrinsischer Motivation führen.

Eine dem Ansatz der Romantiker gegensätzliche Sichtweise nehmen die Behavioristen ein. Der behavioristische Ansatz erklärt kreatives Verhalten durch die Aussicht auf positive Konsequenzen für den Handelnden. Je verlockender oder wertvoller also die Belohnung für kreatives Verhalten ist, desto wahrscheinlicher wird dieses gezeigt. Demgemäß müsste eine Honorierung kreativen Verhaltens von außen (z. B. durch Prämien wie etwa im betrieblichen Vorschlagswesen oder gesellschaftlichen Status bei besonders herausragenden Beiträgen) ebenso wirksam kreatives Verhalten begünstigen wie die Aussicht auf eine innere Belohnung (etwa durch Selbsterfüllung oder Leistungsstolz). Entscheidend ist lediglich, ob die Form der Belohnung eine Bedeutung für den Handelnden hat.

Die gegensätzlichen Ergebnisse entstammen also zweier Lager: den Romantikern und den Behavioristen. Beide Gruppen sind von der Gültigkeit ihrer Annahmen überzeugt und attackieren die Gegenseite für ihre Schlüsse (s. bspw. die Diskussion zwischen Deci et al., 1999a; Deci, Koestner & Ryan, 1999b; Eisenberger, Pierce & Cameron, 1999; Lepper, Henderlong & Gingras, 1999 im *Psychological Bulletin, 125(6)*). Doch irrt hier eine Gruppe von Forschern wirklich und wir müssen nur abwarten bis eine der beiden Seiten den finalen Beweis für ihre These findet? (Wissenschaftstheoretisch ein äußert langfristiges Unterfangen.) Oder sind die unterschiedlichen Studien zur Frage, ob extrinsische Motivation Kreativität fördert oder bremst, nicht nur in ihren Ergebnissen ganz und gar unterschiedlich, sondern bereits in ihrem theoretischen Aufbau eigentlich gar nicht zu vergleichen? Eine Kategorisierung der Studien zu den motivationalen Bedingungen kreativer Leistungen verspricht eine klarere Entscheidung über die Möglichkeiten extrinsischer Förderung von Kreativität.

So werden zunächst die vorliegenden Ergebnisse zur Wirkung extrinsischer Anreize (Rewards) auf Kreativität hinsichtlich der zugrundeliegenden *Theorie* klassifiziert und bewertet und letztlich über die *Operationalisierung extrinsischer Anreize* weitere Aufklärung erreicht.

Theorie: Wie oben schon beschrieben, sollten äußere Anreize zu kreativer Leistung, wie etwa die Bezahlung einer Prämie oder die Vergütung mittels einer Versuchspersonenstunde, der *cognitive evaluation theory* von Deci und Ryan (1985) zufolge, die Kreativität verringern. Selbst für die bloße Aktivierung extrinsischer Motive, also ohne Inaussichtstellung einer realen Belohnung, lässt sich dies empirisch zeigen (Amabile, 1985). Demgemäß wäre eine Aktivierung kreativer Potenziale von außen nicht möglich. Und gerade im organisationalen Kontext stellt sich dann unmittelbar die Frage, ob gängige Entlohnungssysteme bei Mitarbeitern, von denen primär kreative Leistungsbeiträge gewünscht und erwartet werden, gar versagen. So würde beispielsweise die Kreativität eines Art Directors durch leistungsabhängige Entlohnung nicht nur nicht gefördert, sondern gar abnehmen.

Um den (möglicherweise) kreativitätshemmenden Effekt extrinsischer Anreize zu erklären, sollten wir zunächst deren Beziehung zur intrinsischen Motivation verstehen. Prinzipiell sind zwei Varianten möglich, wie intrinsische und extrinsische Motivation zusammenhängen: (1) intrinsische und extrinsische Motivation stehen sich gegenüber, bilden also die beiden Enden einer bipolaren Motivationsskala oder (2) intrinsische und extrinsische Motivation verhalten sich additiv. Für beide Varianten liegen empirische Belege vor. Also auch dieses Feld der Motivationsforschung ist noch nicht geklärt. Im *Work Preference Inventory* von Amabile et al. (1994) beispielsweise, das als Standardinstrument zur Erfassung intrinsischer und extrinsischer Motivation im Berufskontext gilt, wurden zwei eigenständige Skalen für intrinsische und extrinsische Motivation konstruiert. In der Validierung des Instruments zeigte sich jedoch im Rahmen einer konfirmatorischen Faktorenanalyse „that the motivational structure is probably more complex than the simple intrinsic-extrinsic distinction suggested by the literature" (Amabile et al., 1994, S. 957). Denn die Items lassen sich nicht eindeutig einer der beiden Skalen zuordnen. Auch wenn das die Konstruktvalidität dieses Instruments (bzw. seiner Skalen) in Frage stellt[30], so liefern diese Befunde aber einen wichtigen Hinweis: Personen sind nicht entweder intrinsisch oder extrinsisch motiviert, sondern können jegliche Kombination von intrinsischer und extrinsischer Motivation für ihre Handlungen aufweisen. Intrinsische und extrinsische Motivation verhalten sich also additiv (Amabile et al., 1994; Harter, 1981). Ein schönes Zitat hierzu findet sich in einem Brief der amerikanischen Dichterin Anne Sexton. Sie schreibt an ihre Agentin: „I am in love with money, so don't be mistaken. But first I want to write good poems" (Sexton & Ames (1977); zitiert nach Amabile et al., 1994, S. 965).

Auch wenn es unter bestimmten Bedingungen zu einem *overjustification effect* kommen kann (Lepper, Greene & Nisbett, 1973), die intrinsische Motiva-

---

[30] Die Autoren des WPI „lösen" dieses Problem übrigens ganz einfach so, dass sie mit dem Verweis, die dichotome Unterscheidung zwischen intrinsischer und extrinsischer Skalen sei nun einmal in der Literatur so üblich, die Items der Skala zugeordnet belassen, für die sie diese konstruiert haben.

tion also durch Bereitstellung eines externen Anreizes korrumpiert wird, lässt sich ein pauschal negativer Einfluss extrinsischer Anreize auf die kreative Leistungserbringung nicht feststellen. Entgegen den Annahmen der *cognitive evaluation theory* müssen extrinsische Anreize also nicht automatisch als Einschränkung der eigenen Handlungsfreiheit und Selbstbestimmung erlebt werden, sondern können tatsächlich kreativitätsförderlich eingesetzt werden. Denn solange Personen eine angebotene Be- bzw. Entlohnung als Ersatz für einen mangelnden direkten Einfluss durch den Entlohnenden verstehen, bleibt ihre Selbstbestimmung gewahrt. So können sie etwa entscheiden, dem Wunsch nach kreativer Leistung nicht oder zumindest nicht in der erbetenen Form nachzukommen und halten so eine machtvolle, selbstbestimmte Position aufrecht.

Gerade ein wiederholter Einsatz von Belohnungen stärkt das Verständnis, dass der Belohnungsgeber zu wenig Kontrolle über die Leistungserbringung des Belohnten hat und daher auf diese Form der Leistungsmotivation zurückgreifen muss. In unserem Beispiel zur Entlohnung des Art Directors bedeutet dies, dass eine wiederkehrende (kreativitäts)leistungsabhängige Bezahlung, z. B. in Form von Prämienzahlungen für erfolgreich absolvierte Projekte, also durchaus einen (zusätzlichen) Leistungsanreiz darstellen kann. Da Menschen im Alltag die Belohnung für (außergewöhnliche) Leistungen als Zeichen für außergewöhnlichen Erfolg erkennen, erhöht eine Entlohnung für kreative Leistungen ganz nebenbei auch die eigene Kompetenzwahrnehmung (Eisenberger, Rhoades & Cameron, 1999).

Zusammengefasst können extrinsische Anreize in Form von Be- bzw. Entlohnungen für kreative Leistungen also die Selbstbestimmung und auch die wahrgenommene Kompetenz erhöhen (Amabile, 1996; Eisenberger, Pierce et al., 1999; Eisenberger & Rhoades, 2001). Zugleich führen eine stärkere Selbstbestimmung und eine höhere Kompetenzwahrnehmung zu einer höheren intrinsischen Motivation (Eisenberger, Pierce et al., 1999; Eisenberger & Rhoades, 2001), die wiederum positiv mit kreativer Leistung korreliert. Zudem lässt sich zeigen, dass damit eine Steigerung der intrinsischen Motivation einhergeht. So erklärt sich, warum wir manchmal Aufgaben aufgrund extrinsischer Anreize (z. B. einer Zielvereinbarung) beginnen, diese im Laufe der Arbeit daran aber zunehmend auch an intrinsischer Bedeutung gewinnt und wir sie dann auch nach der erfolgten Belohnung (z. B. Bonuszahlung) noch weiter mit großem Engagement verfolgen (vgl. das Konzept der *functional autonomy* von Allport (1937)). Damit ist der Einsatz extrinsischer Anreize nicht nur ein erfolgreiches Mittel Kreativität zu fördern, sondern v. a. dann besonders empfehlenswert, wenn das intrinsische Interesse an einer Aufgabe eher gering ist und durch die äußere Anregung ein höheres Involvement in die Aufgabe erzeugt werden soll. Oder aber wenn das Interesse für eine Aufgabe oder die Freude an einer Handlung erst nach einer Weile und meist auch erst nach dem Erreichen eines bestimmten Trainingsniveaus erwachsen kann (Lepper et al., 1973). So denke man zum Beispiel an das Erlernen von Instrumenten bei Kindern oder der in Aussichtstellung von Belohnungen bei erfolgreicher Teilnahme an einem Abnehmprogramm.

Auf theoretischer Basis ist die Frage nach der positiven oder negativen Wirkung extrinsischer Anreize also am besten mit der von Eisenberger, Rhoades et al. (1999) vorgeschlagenen Modifikation der *cognitive evaluation theory* zu beantworten: Extrinsische Anreize erhöhen die wahrgenommene Selbstbestimmung und Kompetenzwahrnehmung der Entlohnten und steigern damit die intrinsische Motivation. Dass in Studien jedoch hin und wieder negative Effekte der extrinsischen Anreize gefunden werden, dürfte vornehmlich auf eine unangemessene Operationalisierung der Anreize zurückzuführen sein.

Kreativitätsförderliche Operationalisierung extrinsischer Anreize: Viele der empirischen Arbeiten zur Wirkung extrinsischer Anreize auf kreative Leistung entstammen Laborsituationen. Insofern sind ihre Ergebnisse zunächst darauf zu überprüfen, ob sie auch unter Alltagsbedingungen sichtbar und relevant werden, sprich: inwiefern die Laborsituation die reale Situation abbildet. Ferner sollten auch nur jene Ergebnisse beachtet werden, die ausreichend starke und anhaltende Effekte aufzeigen, so dass sie wirklich von praktischem Interesse sind. So ist für die (berufliche und damit vornehmlich ergebnisorientierte) Praxis weniger entscheidend, wie lange eine Minderung der intrinsischen Motivation infolge einer einmaligen Entlohnung nach Erfüllen einer Kreativitätsaufgabe anhält. Viel eher ist entscheidend, ob dadurch tatsächlich die kreative Leistung in dieser Aufgabe und – mindestens ebenso wichtig – auch bei folgenden Aufgaben zurück geht. Zusammengefasst können die Studien zur Wirkung extrinsischer Motivation auf Kreativität vor allem dafür kritisiert werden, dass (1) sie häufig nur die Wirkung eines einmaligen extrinsischen Anreizes untersuchen und damit keine Aussagen zum Anhalten der verringerten intrinsischen Motivation getroffen werden können, (2) vielfach den Versuchspersonen nicht klar und transparent kommuniziert wird, dass es sich um die Belohnung kreativer und nicht konventioneller Leistung handelt, (3) sie häufig keine reale Leistungssituation abbilden (sondern bspw. von Studenten Gedichte verfassen lassen wie bei Amabile (1985), vgl. auch Prabhu et al. (2008)) und (4) eine Kontrolle der intrinsischen Motivation in der Kontrollgruppe (sofern diese überhaupt im Versuchsplan vorgesehen ist) häufig unterlassen wird.

Dennoch lassen sich für die Ausgestaltung von Anreizsystemen für kreative Mitarbeiter praktische Implikationen ableiten. Zu entscheiden ist erstens, für was eine Ent- oder Belohnung gegeben werden soll und welche Höhe sie haben muss. Prinzipiell kann kreatives Handeln auf verschiedene Weisen belohnt werden. So können etwa Belohnungen für die reine Ausübung einer kreativen Tätigkeit gezahlt werden. Wie Deci et al. (1999a) zeigen konnten, führt dies in der Regel jedoch zu einer verminderten intrinsischen Motivation und resultiert damit auch in einer geringeren kreativen Leistung. Denn wenn lediglich die Teilnahme an einer Aufgabe vergütet wird, nicht aber deren erfolgreicher Abschluss, wird das vielfach als Anzeichen für eine weniger bedeutsame, triviale oder langweilige Aufgabe bzw. Herausforderung gewertet. Die Bereitschaft diese dann kreativ anzugehen sinkt folglich. Ebenfalls einen kreativitätshemmenden Effekt erzielen extrinsische Anreize wenn zwar die letztliche Leistung belohnt wird, das Leistungskriterium aber recht vage bleibt (Eisenberger, Pierce et al., 1999). Zu erklären ist dies damit, dass im Berufskontext im Vergleich zu den kreativen Aufgaben häufiger konventionelle Aufgaben zu bearbeiten sind. Da für deren erfolgreiche Bearbeitung ebenfalls Anreize gegeben werden, entscheiden sich Personen bei unklaren Anreizbedingungen für die höhere Erfolgswahrscheinlichkeit, also das konventionelle Handeln. Nur wenn Leistungsanreize für kreatives Handeln spezifisch formuliert und kommuniziert werden, dem Handelnden also klar ist, dass er für kreative Leistung (und nicht konventionelle Lösungen) belohnt werden wird, kommt es zu einem inkrementellen Effekt des äußeren Anreizes über die intrinsische Motivation hinaus (Choi, 2004). In der Meta-Analyse von Hammond et al. (2011) ist *role expectations*, also die Klarheit darüber, dass kreative Leistungen von mir als Mitarbeiter verlangt werden, mit $\hat{\rho} = .44$ ($k = 9$, $N = 2\ 480$, doppelt minderungskorrigiert) der stärkste Prädiktor für Kreativität. Inwieweit es hier von Belang sein könnte, ob es sich um ein normatives oder ein absolutes Leistungskriterium handelt, muss empirisch erst noch überprüft werden. Vermutlich spielen hier dann die individuelle Wettbewerbsorientierung bzw. der persönliche Leistungsanspruch eine moderierende Rolle.

Bevor wir uns nun mit der Höhe von Belohnungen für kreative Leistungen befassen, sollen aber noch zwei direkt praxisrelevante Ergebnisse der Forschung zur optimalen Anreizgestaltung berichtet werden. Erstens lässt sich die kreativitätssteigernde Wirkung extrinsischer Anreize nicht nur für den Zeitraum zeigen, in dem sie aktiv sind, also in der Zeit von der Bekanntmachung einer zu erwartenden Belohnung bis zu deren Auszahlung, sondern auch – und das besonders bei mehrmaligem Belohnungseinsatz – darüber hinaus (Eisenberger & Rhoades, 2001). Unternehmen sind also gut damit beraten, Prämien für kreative Leistungen regelmäßig einzusetzen und dieses Anreizsystem auch für alle transparent zu kommunizieren. So verdeutlichen sie nicht nur ihre Erwartungen an die Mitarbeiter neben der oftmals erforderlichen konventionellen Aufgabenerledigung auch kreative Leistungen zu erbringen, sondern sorgen zugleich dafür, dass sich kreatives Denken und Handeln als zunächst extrinsisch lohnend, später aber auch als intrinsisch motivierte Arbeitsweisen manifestieren. Ein zweites Forschungsergebnis ist, dass die Wirkung extrinsischer Anreize auf Kreativität durch die bereits anfänglich vorhandene Ausprägung an intrinsischer Motivation moderiert wird. So finden Mynatt et al. (1978) nur bei schwächerer intrinsischer Motivation einen anhaltenden inkrementellen Effekt von extrinsischen Anreizen auf kreative Leistung. Bei Personen mit hoher intrinsischer Aufgabenmotivation, findet sich keine zusätzliche Leistungssteigerung durch extrinsische Anreize.

Zu einem vergleichbaren Ergebnis kommen Baer, Oldham und Cummings (2003) indem sie die Wirkung extrinsischer Anreize auf Kreativität als Funktion aus Denkstil (adaptiv vs. innovativ, vgl. Kirton (1976)) und Jobkomplexität (gering vs. hoch) untersuchen. Eine erste Interaktionsanalyse fällt hier recht eindeutig aus: bei vergleichsweise einfachen Tätigkeiten erzielen extrinsische Anreize einen kreativitätssteigernden Effekt. Bei recht komplexen Aufgaben ergibt sich das Gegenteil: die Kreativität (gemessen über Vorgesetztenurteile) sinkt. Bei zusätzlicher Berücksichtigung des Denkstils ergeben sich differenzierte Ergebnisse: Ein positiver Zusammenhang zwischen extrinsischen Anreizen und Kreativität findet sich nur für Mitarbeiter mit adaptivem Denkstil und relativ einfachen Tätigkeiten. Vermutlich nutzen diese Personen die Gelegenheit das externale Belohnungssystem für sich auszuschöpfen und hierüber persönlichen Einfluss bei der Arbeit zu nehmen. Letzteres führt wiederum zu einer höheren wahrgenommenen Selbstbestimmung und damit zu mehr kreativen Leistungen. Für die Gruppe der Mitarbeiter mit innovativem Denkstil in komplexen Tätigkeiten zeigte sich kein nennenswerter Effekt von extrinsischen Anreizen auf ihre Kreativität. Baer et al. erklären dies durch den guten Person-Job-Fit, wenn innovativ denkende Mitarbeiter mit komplexen Tätigkeiten gefordert werden. Die Mitarbeiter sind hierdurch bereits so stark intrinsisch motiviert (und im Vergleich zu den anderen drei Gruppen weitaus kreativer), dass eine zusätzliche Anregung von außen geradezu verpufft. Der gegenteilige Effekt zeigt sich folglich, wenn Mitarbeiter mit innovativem Denkstil relativ einfache Tätigkeiten ausführen: Die Unzufriedenheit und Frustration mit den wenig fordernden, kaum kontrollbedürftigen Aufgaben senkt die intrinsische Motivation. Die Möglichkeit, das externale Belohnungssystem kontrollieren zu können, erscheint da nur als schlechter Ersatz. In Folge zeigt sich bei dieser Gruppe ein negativer Zusammenhang zwischen extrinsischen Anreizen und kreativen Leistungen. Auch bei der vierten Kombination – adaptiver Denkstil und komplexe Tätigkeiten – ergibt sich ein negativer Zusammenhang zwischen extrinsischen Anreizen und Kreativität. (Baer et al., 2003).

Die praktische Implikation aus diesen Ergebnissen ist, dass äußere Anreize bei bereits stark intrinsisch motivierten Mitarbeitern eigentlich nicht mehr zur Kreativitätsförderung eingesetzt werden müssen. Wohl aber werden durch sie wichtige Inhalte an den Mitarbeiter kommuniziert, so zum einen, dass kreatives Denken und Handeln seitens des Unternehmens überhaupt gewünscht ist, zum anderen kann durch spezifisch formulierte Ziele, für deren Erreichen dann eine Belohnung in Aussicht gestellt wird, das kreative Potenzial der Mitarbeiter kanalisiert werden. Zudem wirken extrinsische Anreize auch bei bereits sehr stark intrinsisch motivierten Personen selbstwertsteigernd, denn sie kommunizieren, dass die kreative Leistung gesehen und für wertvoll erachtet wird. So lässt sich der Wunsch nach persönlicher Anerkennung kreativer Leistungen beispielsweise in vielen Biografien bedeutender Künstler und Wissenschaftler finden, die gefragt nach ihrer Motivation zum kreativen Arbeiten zunächst jedoch immer intrinsische Motive anführen (Eisenberger & Armeli, 1997). Zu guter Letzt lassen sich für extrinsische Anreize auch Zusammenhänge zu positiver Stimmung bei der Arbeit und auch zur Anzahl freiwilliger Verbesserungsvorschläge feststellen (Eisenberger & Rhoades, 2001; Eisenberger, Rhoades et al., 1999). Zusammengefasst können extrinsische Anreize im Arbeitskontext, sofern sie spezifisch als Belohnung kreativen Handelns ausgewiesen werden, über die eigentlich belohnte kreative Handlung hinaus wirken. Der Einsatz angemessener Anreizsysteme im kreativen Bereich ist daher sicherlich empfehlenswert.

Die Frage der Angemessenheit, also nach der Höhe der in Aussicht gestellten Be- bzw. Entlohnung ist nicht mit einem absoluten Betrag zu beziffern, sondern hängt von den Erwartungen des Belohnungsempfängers ab (Eisenberger, Pierce et al., 1999). Auch wenn wir noch sehr wenig über die Wirkung gängiger Anreizsysteme in der Praxis, wie etwa Bonuszahlungen, auf die intrinsische Motivation wissen (Oldham & Cummings, 1996), so dürften sich besonders Entlohnungen bewähren, die an klar definierte Leistungsstandards geknüpft sind. Denn hierdurch bleibt die Selbstbestimmung der Mitarbeiter gewahrt, ob sie ihre Ergebnisse (und damit auch die daran geknüpften Entlohnungen) steigern wollen oder nicht.

Zusammengefasst lässt sich also festhalten: Extrinsische Anreize, die explizit einer kreativen Handlung bzw. einem kreativen Ergebnis zugeordnet in Aussicht gestellt werden und deren Wert eine Bedeutung (Salienz) für den Mitarbeiter haben, wirken, mediiert über eine höhere wahrgenommene Selbstbestimmung, förderlich für kreative Leistung. Bei extrinsischen Faktoren ist folglich entscheidend, in welcher Form und in welchem Kontext sie auftreten. Werden Belohnungen z. B. als kontrollierend und das eigene Verhalten als fremdbestimmt wahrgenommen, unterminieren sie intrinsische Motivation und wirken sich daher negativ auf die Kreativität aus. Signalisieren sie hingegen eine wahrgenommene Kompetenz und Anerkennung, so sind sie kreativem Verhalten eher förderlich.

4.3.3 Abschließende Diskussion des Zusammenhangs zwischen Kreativität und Motivation

Neben kognitiven Fähigkeiten und Persönlichkeitseigenschaften erweist sich Motivation als dritter Konstruktraum, der sich bei der Erklärung und Vorhersage kreativer Leistungen zu betrachten lohnt. Amabile (1988) bemängelte schon vor über 30 Jahren die Vernachlässigung motivationaler Komponenten in der Kreativitätsforschung. Auch wenn zwischenzeitlich besonders zum Wirken der intrinsischen Motivation eine Vielzahl an Studien vorliegt, berücksichtigen die meisten der als „integrative Studien" ausgewiesenen Arbeiten lediglich das Zusam-

menspiel von Intelligenz und Persönlichkeit mit Kreativität. Studien zu anderen motivationalen Faktoren sind nach wie vor recht rar (Hammond et al., 2011). Der Zusammenhang von intrinsischer Motivation mit Kreativität ist unbestritten. Dieser Form der Motivation, dem Handeln quasi „aus sich selbst heraus" und der Sache wegen, kommt eine ganz besondere Bedeutung zu: sie veranlasst Personen ihre gewohnte und sichere Umgebung oder Denkmuster zu verlassen, sich voller Engagement dem Entwickeln „anderer", neuartiger und damit kreativer Ideen zu widmen und auch bei Rückschlägen an ihrem (kreativen) Streben festzuhalten. Umso mehr Gewicht erhält intrinsische Motivation dadurch, dass für Kreative in den vielmals langwierigen kreativen Prozessen eine unmittelbare, externe Belohnung häufig nicht zu erwarten ist. Wie gezeigt wurde, können kreative Leistungen jedoch auch bei extrinsischen Anreizen zustande kommen oder sogar durch diese erst gefördert werden. Gerade im beruflichen Leistungskontext erscheint ein korrumpierender Effekt extrinsischer Anreize auf kreative Leistungen eher weniger wahrscheinlich. Allerdings sind für eine endgültige Bewertung der Wirkung extrinsicher Motivation auf Kreativität im Beruf weitere Forschungsergebnisse abzuwarten.
Amabile (1988) führt an,

> no amount of skill in the domain or in methods of creative thinking can compensate for a lack of appropriate motivation to perform an activity. But, to some extend, a high degree of proper motivation *can* make up for a deficiency of domain-relevant skills or creativity-relevant skills. (S. 133)

Sie hält demgemäß eine Kompensation mangelnder kreativitätsförderlicher Eigenschaften, wie etwa Wissen oder dem passenden kognitiven Stil, für möglich, geht allerdings in ihrer Arbeit nicht näher darauf ein und liefert auch keine empirischen Belege für ihre These. Auch hier ist auf die Ergebnisse weiterer Forschung zu warten.

So bleiben also noch einige offene Fragen zum Zusammenhang von Motivation mit Kreativität, z. B. auch dazu, inwiefern situationale Bedingungen motivationsförderlich sein können. Die Stärke und anhaltende Wirkung motivationaler Faktoren auf das Erbringen kreativer Leistungen spricht jedoch dafür, Motivation als einen „major factor in creative accomplishment" (Helson et al., 1995, S. 1181) zu berücksichtigen.

4.4   Abschließende Diskussion über die kreative Person

Kreativität als eigenständige Eigenschaft? Nicht selten wird diese Frage mit einem entschiedenen „nein" beantwortet. Kognitionsforscher sehen kreatives Denken als schon längst in ihren Theorien beschrieben (Divergentes Denken, Einfallsreichtum, ...) und damit hinreichend erklärt an. Persönlichkeitsforscher verweisen vornehmlich auf die Big Five-Dimension Offenheit und erläutern, damit bereits kreative Personen beschreiben zu können. Und Motivationsforscher sehen in kreativen Leistungen die Manifestierung von Flow, intrinsischer Motivation oder im Leistungskontext Leistungsmotivation, die eben dazu führe auch einmal weiter zu denken und damit gegebenenfalls auch Kreativeres zu leisten. Konsequenterweise wurde daher in den drei vorangehenden Kapiteln der Zusammenhang von Kreativität mit den drei großen Konstrukträumen der Persönlichkeitspsychologie herausgearbeitet: Intelligenz, Persönlichkeit und Motivation. Für alle drei Eigenschaftsbereiche konnten substanzielle Korrelationen mit Kreativität gefunden werden. Keinesfalls jedoch erwiesen sich die betrachteten Konstrukte als deckungsgleich mit Kreativität. Es lohnt also, Kreativität als eigenes Konstrukt weiter zu erforschen.

Gemäß der bisherigen Ergebnisse werden kreative Leistungen vornehmlich durch Personen erbracht, die sowohl zu divergentem Denken als auch zu konvergentem Denken in der Lage sind und denen vor allem auch der Wechsel zwischen diesen beiden Denkprozessen in Abhängigkeit von den im kreativen Prozess aktuell geforderten Aufgaben gelingt. Zusätzlich werden kreative Leistungen gerade dann ermöglicht, wenn bereits eine gewisse Expertise im jeweiligen Leistungsbereich vorhanden ist. Auf Seite der Persönlichkeitseigenschaften erweist sich besonders Offenheit als mit Kreativität assoziiert. Das scheint insofern nicht verwunderlich, als neugierige, aufgeschlossene Menschen in der Regel auch bewusst nach neuen Anreizen suchen und damit auf mehr Konzepte und Erfahrungen zurückgreifen können als weniger offene Personen. Offenheit wird mit den Konstrukten *Intellekt*, *Neugierde* und *Need for Cognition* assoziiert (Dollinger, 2003; Gelléri, 2012; Mussel, 2012, 2013; Mussel et al., 2011) – allesamt Konstrukte, die das Bedürfnis nach kognitiver Anregung beschreiben. Demgemäß korreliert Offenheit für Erfahrungen auch mit Wissen (Hossiep & Schulte, 2008; Schuler & Görlich, 2007) und ist eng verbunden mit einem flexiblen und eben offenen kognitiven Stil (Feist, 1998; Schuler & Görlich, 2007). Dass Menschen ihr kreatives Potenzial letztlich auch tatsächlich nutzen und in welchem Bereich bzw. zu welchem Thema sie das tun, scheint ihrer Gestaltungs- und Veränderungsmotivation geschuldet zu sein.

Obwohl die Forschung sich lange Zeit *entweder* auf die kognitiven *oder* die nicht-kognitiven Aspekte von Kreativität konzentrierte (Batey, Chamorro-Premuzic et al., 2009), finden sich mittlerweile auch in der Literatur zahlreiche Hinweise darauf, dass Kreativität nicht nur aus einem Blickwinkel zu beschreiben ist. Während manche Forscher Kreativität als Funktion der drei Komponenten Expertise (i.S.v. Erfahrung und Wissen), Intelligenz und Motivation ansehen (Amabile, 1998; Runco & Chand, 1995), spricht sich neuerdings die Mehrzahl an Kreativitätsforschern dafür aus, auch Persönlichkeitseigenschaften hinzuzuzählen (Batey, 2012; Feist, 1998; Nusbaum & Silvia, 2011; Palmer et al., 2015; Sternberg & Lubart, 1991).

Nach mittlerweile jahrzehntelanger empirischer Forschung zum Zusammenhang von Kreativität mit weiteren Personmerkmalen wäre nun zu erwarten, dass die empirischen Befunde gemäß dem soeben geschilderten integrativen Verständnis von Kreativität bereits zusammengetragen und integriert wurden. Mehr noch: neuere Studien müssten konsequenterweise alle drei kreativitätsbegünstigenden Variablen - Intelligenz, Persönlichkeit und Motivation – in die Vorhersage kreativer Leistungen einbeziehen. Doch wie steht es um die aktuelle Studienlage?

Mittlerweile liegen Arbeiten zum Zusammenhang von Kreativität mit Intelligenz und Persönlichkeit vor (Batey, Chamorro-Premuzic et al., 2009, 2010; Furnham & Bachtiar, 2008; Silvia, 2008a). Auch Studien, in denen der Zusammenhang von Persönlichkeit und Motivation mit Kreativität untersucht wurde, sind publiziert (Prabhu et al., 2008; Sung & Choi, 2009). Leider – und das überrascht doch sehr angesichts der breiten Zustimmung zu einer integrativen Sicht auf Kreativität – liegen jedoch zum jetzigen Zeitpunkt keine Studien vor, die die gemeinsame Vorhersagekraft der drei Prädiktoren Intelligenz, Persönlichkeit und Motivation auf Kreativität untersuchen. Somit ist weder eine Aussage darüber möglich, inwiefern diese drei Faktoren gemeinsam zu kreativen Leistungen beitragen, noch kann abgeschätzt werden, welch inkrementellen Beitrag ein jedes der drei Konstrukte über die beiden anderen hinaus zu leisten vermag. Die einzige Studie, die vorgibt, alle drei Komponenten (und gemäß der verfolgten Investmenttheorie von Sternberg noch weitere 3 Faktoren) zu berücksichtigen, wurde von Zhang und Sternberg (2011) durchgeführt.

Bei näherer Betrachtung fällt jedoch auf, dass hier nicht wirklich der empirische Zusammenhang zwischen den Prädiktoren und Kreativität erhoben wurde, sondern für wie wichtig die 270 befragten Shanghaier Studenten die sechs Faktoren der Investmenttheorie (Intelligenz, Wissen, intellektueller Stil, Persönlichkeit, Motivation und Umgebung) bei der Beurteilung der Kreativität bei Schulkindern erachteten.

Aufgrund der vorliegenden vornehmlich bivariaten Korrelationen von Kreativität mit Intelligenz-, Persönlichkeits- oder Motivationsmaßen lässt sich allenfalls vermuten, dass durch eine Kombination der drei Konstrukte der personale Aspekt von Kreativität zumindest zu einem gewissen Maße erklärt werden könnte. Es ist also anzunehmen, dass sich damit Kreativität als personale Eigenschaft am besten abbilden ließe. Doch leider steht eine empirische Überprüfung dieser Annahme noch aus.

Wichtig ist es jedoch einmal darüber nachzudenken, welchen Erklärungsbeitrag angesichts der allenfalls moderaten bivariaten Zusammenhänge, vor allem aber auch auf Basis der theoretischen Abgrenzung von Kreativität zu erwarten wäre. Denn eine einfache Gleichung *Kreativität = Intelligenz + Persönlichkeit + Motivation* wird sich nicht ergeben (können). Jedoch könnte durch Kombination dieser Konstrukte das Kreativitätssyndrom wesentlich besser beschrieben werden als durch isolierte und damit theoretisch und im Konstruktraum jeweils einge-schränkte Betrachtungsweisen. Damit könnte die Frage, was Kreativität ist bzw. auf Personenebene wer kreativ sein kann, eventuell näherungsweise beantwortet werden. Zumindest würde es zur Klärung beitragen, warum Personen mit vermeintlich gleichen Startbedingungen (vergleichbare Intelligenz, ähnliche Expertise) dennoch nicht gleich kreativ sind. Stellen wir uns zum Beispiel zwei Bewerber einer techni-schen Entwicklungsabteilung vor. So erweist sich von den beiden Bewerbern trotz zunächst ähnlichen Voraussetzungen möglicherweise nur der eine als krea-tiv (und zugleich als motiviert und offen), der andere hingegen als eher unkrea-tiv, routinebehaftet und unflexibel.

Abbildung 8 verdeutlicht das nomologische Netz von Kreativität auf persona-ler Ebene.

Abbildung 8:   Nomologisches Netz der Kreativität

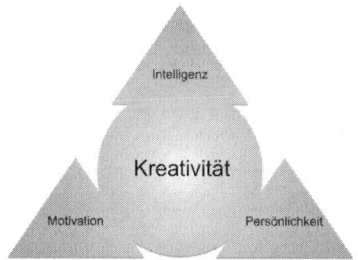

Im Rahmen dieser Arbeit liegt der Fokus auf der Betrachtung der Person- und Prozessvariablen. Intelligenz, Persönlichkeit und Motivation können als Person-merkmale verstanden werden, die über die einzelnen Stufen des kreativen Pro-zesses hinweg (vermutlich mit unterschiedlichem Gewicht) kreativitätsförderlich sind. In diesem Verständnis klammern wir Umweltbedingungen zunächst gänz-lich aus. Sollte sich die hier beschriebene Sichtweise jedoch bestätigen, so liegt sicher ein sehr großer Gewinn darin, auch die Interaktion auf den sozialen Ebe-nen Team, Organisation und Kultur zu berücksichtigen und die entsprechenden kreativitätsförderlichen, aber auch -hemmenden Faktoren zu identifizieren.

Selbstverständlich ist auf Individualebene keine vollständige Varianzaufklä-rung der Kreativität durch das Zusammenspiel von Intelligenz, Persönlichkeit und Motivation zu erwarten. Schon allein deshalb nicht, da kreative Beiträge im realen Leben von mehr als der einzelnen kreativen Person abhängen. So gilt es die Bewertungsmaßstäbe und den Hintergrund der Bewerter für kreative Produkte zu berücksichtigen. Ferner spielt die Umgebung (z. B. die Unternehmenskultur und -strategie, aber auch der Führungsstil des Vorgesetzten oder Teamklima und -größe) eine nicht zu vernachlässigende Rolle. Aber auch ceteris paribus lassen die Höhen der berichteten Korrelationskoeffizienten zwischen Kreativität einerseits und Intelligenz, Persönlichkeit und Motivation andererseits keine allzu perfekte Vorhersage von Kreativität erwarten. Mehr noch: es ist denkbar, dass die Zusammenhänge der einzelnen Prädiktoren mit Kreativität in einer multiplen Regression nicht zu einer Addition der Erklärungsbeiträge und damit höherer Varianzaufklärung führen, sondern auch Mediations- oder Moderationseffekte vorliegen. Dann würde sich der Erklärungsbeitrag eines Prädiktors bei gleichzeitiger Betrachtung der beiden anderen Komponenten sogar verringern. Im „Kleinen", z. B. bei der Betrachtung des Zusammenhangs von Kreativität und Persönlichkeit und Motivation hat sich dies bereits gezeigt. In der Studie von Prabhu et al. (2008) beispielsweise erwies sich intrinsische Motivation als partieller Mediator in der Beziehung zwischen Offenheit für Erfahrungen und Kreativität. Weiterhin zeigten sich in empirischen Studien zwischen Offenheit für Erfahrungen und Intelligenz (spezifischer: g_f) substanzielle Korrelationen (Ziegler, Danay, Heene, Asendorpf & Bühner, 2012). Damit ist bei einer gleichzeitigen Betrachtung von Intelligenz und Offenheit (und ferner auch Motivation) als Prädiktoren von Kreativität nicht zu erwarten, dass sich die einzelnen Erklärungsbeiträge der beiden Konstrukte additiv verhalten und das Konstrukt Kreativität damit aus unterschiedlichen, sich jedoch ergänzenden Blickwinkeln beleuchten. In Abhängigkeit der jeweiligen Konstruktdefinition und der dadurch gewählten Methoden zur Erfassung der Prädiktoren und des Kriteriums sind hier damit vermutlich unterschiedliche Betagewichte zu erwarten.

5 Der Kreativitätsprozess

Mit großem Engagement nahm die Psychologie in den letzten 60 Jahren die Fährte nach kreativitätsbegünstigenden wie auch -hemmenden Faktoren auf individueller Ebene auf. Im Hinblick auf kognitive Fähigkeiten, die Kreativität ermöglichen, ist vor allem eine zentrale Erkenntnis hervorzuheben: Divergentes Denken allein reicht für das Ersinnen und Umsetzen neuartiger und nützlicher Lösungen nicht aus. Vielmehr kommt es auf eine geschickte, das heißt auf eine auf die aktuellen Aufgaben bzw. Anforderungen ausgerichtete Denkweise an. So mag Divergentes Denken bei der Ideenfindung vorteilhaft sein. Wenn es später jedoch gilt, die Ideen bzw. Lösungen auf ihre Umsetzbarkeit und Brauchbarkeit hin zu überprüfen, kommt dem Konvergenten Denken eine ebenso hohe Bedeutung zu. Auch für Persönlichkeitsfaktoren zeigt sich ein solches Bild. Rufen wir uns beispielsweise einen begabten Zellforscher vor Augen, so sollte er sich idealerweise sowohl in einsamen Laborstunden wohl und motiviert fühlen, als auch über genügend Extraversion verfügen um seine Arbeit im Team bzw. generell im Austausch mit Kollegen erfolgreich vorantreiben zu können.

Damit wird deutlich, dass kognitiven Fähigkeiten und Persönlichkeitsmerkmalen in Abhängigkeit des jeweiligen Aufgabenschritts hin zum kreativen Produkt unterschiedliche Gewichtungen beizumessen sind. Die Beschreibung kreativer Personen kommt deshalb nicht ohne die Berücksichtigung des *kreativen Prozesses* aus. Gerade jenen Personen, denen es gelingt, sich durch schnelles und adäquates Umschalten auf die Anforderungen der einzelnen Prozessstufen auszurichten, dürften im Ergebnis besonders kreativ sein. Die Ausstattung mit kreativitätsrelevanten Skills und ein förderliches Umfeld allein ermöglichen noch keine kreativen Produkte (Caroff & Lubart, 2012; Plucker & Beghetto, 2004).

Nach einer kurzen Beschreibung früherer Modelle zum Kreativitätsprozess, liegt der Fokus in diesem Kapitel auf aktuellen Herausforderungen einer prozessualen Sicht auf Kreativität. Zum Abschluss wird ein Prozessmodell der Kreativität vorgestellt, das sich für die Betrachtung kreativer Leistungen im Berufskontext als besonders geeignet erweist.

5.1 Überblick über Prozessmodelle der Kreativität

Als einer der ersten beschrieb Wallas (Wallas, 1926; zitiert nach Cropley, A. J. & Cropley, D., 2008) die Schritte des kreativen Prozesses. Auch wenn sein Modell heute als frühes Vier-Phasen-Modell diskutiert wird (King, N., West & Farr,

1990; Mackinnon, L., 2005), schlug er ursprünglich sieben Stufen vor, die im kreativen Prozess zu durchlaufen sind: (1) *Begegnung* (ein Problem oder eine Herausforderung wird identifiziert), (2) *Vorbereitung* (Informationen werden gesammelt), (3) *Konzentration* (unter Aufwand wird nach einer Lösung des Problems gesucht), (4) *Inkubation* (Ideen „spuken" im Kopf herum), (5) *Illumination* (mögliche Lösungen werden sichtbar), (6) *Verifikation* (die mögliche Lösung wird überprüft) und (7) *Überzeugung* (die kreative Person versucht andere davon zu überzeugen, dass ihre Idee das Problem tatsächlich zu lösen vermag) (Wallas, 1926; zitiert nach Cropley, A. J. & Cropley, D., 2008).

Die sieben Phasen wurden später zu *Vorbereitung, Inkubation, Illumination* und *Verifikation* zusammengefasst. Dieses vierstufige Modell bildet das Grundverständnis kreativer Prozesse ab (Lubart, 2001). In der *Vorbereitungsphase* werden das Problem (bzw. die Fragestellung oder Herausforderung) definiert und relevante Informationen eingeholt, in der Phase der *Inkubation* findet eine bewusste oder unbewusste Konzentration auf die Fragestellung und Verarbeitung der Informationen statt. Die Reifung der Idee zeigt sich dann in der *Illumination*, jenem Moment, in dem die Lösung quasi auf einmal auf der Hand zu liegen scheint. Das „plötzliche Auftauchen" der Lösung, das häufig als der „Heureka"-Moment beschrieben wird, geht in die Ausarbeitung und damit einhergehend notwenige Prüfung der Lösungsidee über. In der Phase der *Verifikation* sind logische und rationale Prozesse nötig um die Idee zu einer sozial akzeptierten Lösung ausarbeiten zu können.

Nach Wallas früher Arbeit legten noch weitere Forscher Prozessmodelle der Kreativität vor. Eine Auswahl daraus ist in Tabelle 5 aufgeführt. Wie aus dieser Auflistung ersichtlich wird, variieren die Modelle im Grad der zu differenzierenden Stufen im kreativen Prozess. Auch sind die Stufenbezeichnungen mal näher, mal weiter voneinander entfernt. Fast in allen Modellen lassen sich jedoch die vier wesentlichen Phasen nach Wallas wiederfinden.

Tabelle 5: Auswahl von Prozessmodellen der Kreativität

Autor	Vorbereitung	Inkubation & Illumination	Verifikation	Implementation	Anzahl Stufen
Wallas (1927)	Präparation	Inkubation, Illumination	Verifikation		4
Isaksen und Treffinger (1985)	mess finding, data finding, problem finding	idea finding	solution finding	acceptance finding	6
Amabile (1988)	task presentation, preparation	idea generation	idea validation	outcome assessment	5
Basadur (1994)	Problementdeckung		Problemlösung	Implementierung der Lösung	3
Basadur (1995)	problem finding, fact finding, problem definition	idea finding	selection	planning, sell idea, action	8
Amabile (1996)	problem or task identification, preparation (gathering and reactivating relevant in- formation and resources	response generation (seeking and producing Potenzial responses)	response validation and communication (testing the possible response against criteria)		4
Rothernberg (1996)	motivation to create, deviation or separation	simultaneous opposition or antithesis	construction of the theory, discovery or experiment		4
Cropley, A. J. (1997)	intention, information collection	incubation, illumination	verification	communication	6
Patterson (2002)	Problemidentifikation	Kreatives Denken und Ideengenerierung	Kontextuelle Anwendung und Beurteilung	Implementierung	4
Schuler & Görlich (2007)	Problementdeckung, Informationssuche	Konzeptkombination, Ideenfindung,	Entwicklung eines Lösungsansatzes, Ideenbewertung	Anpassung und Umsetzung, Implementierung	8
Cropley, A. J. & Cropley, D. (2008)	preparation, activation	cogitation, illumination	verification	communication, validation	7

Weitere Übersichten zu Prozessmodellen finden sich bei Howard et al. (2008) und Mumford, Mobley, Uhlman, Reiter-Palmon und Doares (1991). Neben Prozessmodellen, die den kreativen Prozess ganz allgemein beschreiben sollen, liegen auch Modelle für die Beschreibung kreativer Arbeit in spezifischen Aufgabenfeldern vor. Für den kreativen Prozess, den Künstler durchlaufen, legte beispielsweise Sapp (1995) ein Modell vor, dass die fünf Stufen (1) assoziative Exploration, (2) Exploration der Problemparameter, (3) Exploration multipler Fokusse, (4) Exploration des primären Fokus und (5) Verfeinerung umfasst. Mumford, Connelly und Gaddis (2003) richteten den Fokus auf Führungskräfte kreativer Teams. Während das Augenmerk bei der Betrachtung kreativer Teamleistungen zumeist auf den Geführten liegt, lenken Mumford, Connelly und Gaddis den Blick bewusst auf die Leitungsebene. Führungskräfte werden im Rahmen ihres Modells nicht als passive, lediglich unterstützende Personen gesehen, sondern nehmen eine aktive Schlüsselrolle in der Generierung neuer Ideen und der Evaluation möglicher Lösungen ein. Die von den Mitarbeitern vorgetragenen Ideen prüfen die Führungskräfte auf Basis ihrer Erfahrung und ihrer unternehmerischen Aufgabe. Ihre Expertise und strategischen Überlegungen bringen sie ebenfalls aktiv in eine eigene Kombination von Konzepten und neue Ideengenerierung ein. So können Führungskräfte Hinweise geben, wie die von den Mitarbeitern vorgetragenen Ideen im Hinblick auf eine erfolgreiche Implementation und Unterstützung im eigenen Unternehmen optimiert werden können. Die Führungskraft wird hier zum „collaborator" (Mumford et al., 2003, S. 427).

Abbildung 9:   Prozessmodell des kreativen Führungsdenkens (Mumford,
                Connelly & Gaddis, 2003)

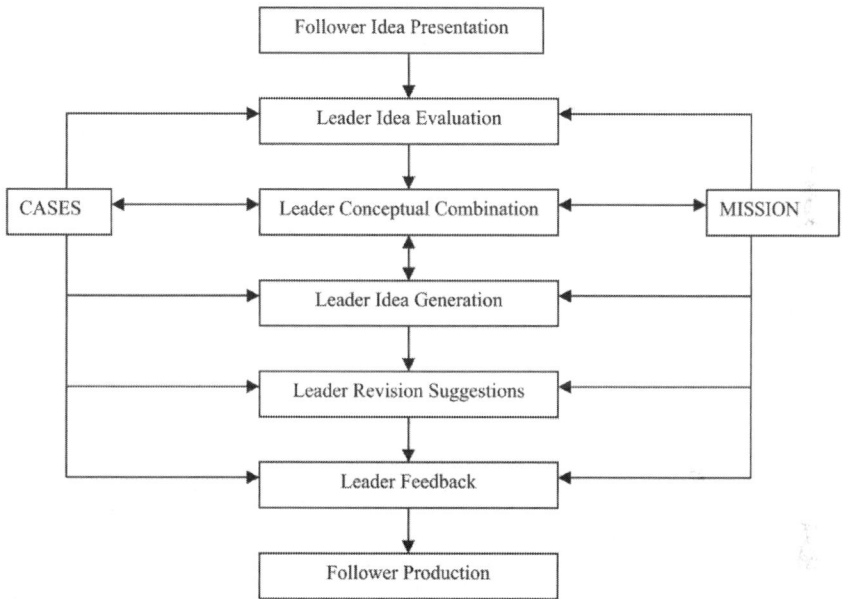

Bei der Betrachtung des in Abbildung 9 dargestellten Modells fällt ein Merkmal
besonders ins Auge: der Schritt der Evaluation ist hier *vor* der Ideengeneration
angesiedelt. Die Autoren sehen darin eine domänenspezifische Besonderheit: das
kreative Denken bei Führungskräften ist in einem viel früheren Moment des
kreativen Prozesses von bewertendem und auf Anforderungen und Restriktionen
abgleichendem Denken geprägt. Einen Hinweis darauf, dass frühe(re)s Evaluie-
ren im kreativen Prozess aber prinzipiell kreativitätsförderlich sein könnte, findet
sich bei Lubart (1994; zititert nach Lubart, 2001).

        Einen spannenden Vergleich zwischen Modellen zu Konstruktionspro-
zessen aus den Ingenieurswissenschaften und Prozessmodellen der Kreativität
aus der Kognitionspsychologie ziehen Howard et al. (2008). Sie führen aus, dass
das moderne Prozessverständnis kreativer Prozesse, das sich in der Abkehr vom
Gedanken an eine lineare und starre Abfolge der einzelnen Stufen und der Zu-
wendung zu einem „activity-based" (S. 167) Konzept zeigt, die in der Praxis zu
beobachtenden Konstruktionsprozesse sehr gut beschreibt.

5.2 Herausforderungen einer prozessualen Sicht auf Kreativität

Angesichts der Vielzahl an Prozessmodellen zur Kreativität kommt rasch die Frage auf, welches Stufenmodell denn nun das geeignetste sei. Wie viele Stufen bilden den kreativen Prozess am besten ab? Wie lassen sich aus den Prozessstufen konkrete Anforderungen ableiten, die dann wiederum einen Hinweis auf die notwenigen individuellen Fähigkeiten und Persönlichkeitsmerkmale geben können? Und: Inwiefern lassen sich Prozessmodelle der Kreativität empirisch überprüfen?

Anzahl der Stufen

Zweifellos eignet sich eine vierstufige Sicht auf Kreativität sehr gut dazu, die wesentlichen Prozessschritte zu fassen. Nach der Erkenntnis, dass eine neue Lösung zu einem alten oder auch erst soeben entdeckten Problem erforderlich ist und der nötigen Informationsbeschaffung, dauert es häufig sehr lange bis man sich einer Idee nähern kann. Die Inkubationsphase, in der man sozusagen „mit der Idee schwanger geht", kann mal kürzer, mal länger dauern. Anstatt sich angestrengt auf die Idee zu fokussieren, berichten Kreative häufig davon, dass sie in dieser Phase das freie Umherwandern ihrer Gedanken zulassen. Anstatt andauernder Aufmerksamkeit auf die Fragestellung sind auch Phasen des Rückzugs oder der Ablenkung erlaubt. So ist der gut gemeinte Tipp, doch einfach mal vor die Tür zu gehen, wenn man an einer Arbeit nicht weiterkommt, nicht nur in vielen Fällen äußerst nützlich, sondern wohl auch Ausdruck eines allgemein bekannten Kreativitätsprozessverständnisses. Und dann – aha! – auf einmal scheint alles klar zu sein. Nun gilt es, in einem letzten Schritt die soeben ersonnene, noch vage Idee hinsichtlich ihrer Brauchbarkeit zu bewerten bzw. von anderen (vielleicht den potenziellen Kunden und/oder den internen Budgetverantwortlichen) bewerten zu lassen.

Besonders spannend scheint die Phase der Inkubation zu sein; jene Zeit, in der schon fast mystisch aus dem Nichts eine neue, kreative Idee reift. Eine gemeinsame Sichtweise darauf, was in dieser Prozessstufe tatsächlich von statten geht, teilt die Kreativitätsforschung jedoch (noch?) nicht (Cropley, A. J. & Cropley, D., 2008). Während manche Forscher zum Beispiel das Vergessen mentaler Sets (konkreter: ungeeigneter Vorannahmen) als kreativitätsförderliches Merkmal in der Inkubationsphase ansehen (Hélie & Sun, 2010; Storm & Patel, 2014), widersprechen andere dieser Sichtweise und sehen in dieser Phase eher unbewusste Denkprozesse als kreativitätstreibend an (Gilhoolya, Georgioua & Deverya, 2013). Doch wie lassen sich unbewusste Denkprozesse messen? Wie können auf ökonomische Weise gute Inkubatoren von weniger guten Inkubatoren unterschieden werden? Bereits Guilford (1950) weist auf diese Problematik hin und stellt fest:

> The belief that the process of incubation is carried on in a region of the mind called the unconscious is of no help. It merely chases the problem out of sight and thereby the chaser feels excused from the necessity of continuing the chase further. (S. 451)

Bei aller Faszination der Inkubationsphase ist gerade dieser Moment im kreativen Prozess nur sehr schwer zugänglich. In einem prozessualen Verständnis von Kreativität sind aber ohnehin gerade auch die der Inkubation vor- und nachgelagerten Prozessstufen von großer Bedeutung. Hier werden Probleme beschrieben und neu definiert, werden divergente Möglichkeiten angedacht, Konzepte reorganisiert und neu miteinander verschmolzen, wird analysiert und bewertet (Guilford, 1950; Lubart, 2001). Diese Arbeitsschritte auf dem Weg zum kreativen Produkt (die, wie wir gleich sehen werden, zugleich Anforderungen an die kreative Person darstellen), lohnt es differenzierter zu betrachten.

Im klassischen Vier-Stufen-Modell der Kreativität werden unter *Vorbereitung* sowohl die Problementdeckung als auch die Informationssuche zusammengefasst. Sofern Prozessmodelle aber nicht nur eine grobe Einteilung vornehmen sollen, sondern die einzelnen Schritte des kreativen Prozesses so detailliert zu beschreiben sind, dass hieraus konkrete Handlungsschritte und Anforderungen ableitbar sind, ist eine Aufteilung in eine Phase der Problemfindung und -beschreibung sowie eine Phase der Informationssuche und -verarbeitung sinnvoll (Lubart, 2001). Wie Cropley, A. J. und Cropley, D. (2008) beispielsweise zeigen, unterscheiden sich sowohl die Denkstile, die förderlichen Persönlichkeitsmerkmale als auch die zugrundeliegende Motivation zwischen diesen beiden Prozessstufen. Während in der Problemfindung vor allem divergentes Denken gefragt ist und Offenheit sowie Non-Konformität das Aufsuchen neuer Problembereiche erleichtern, ist es vornehmlich die Neugier bzw. die Unzufriedenheit mit der jetzigen Situation respektive Lösung, die Kreative in dieser Prozessstufe antreibt. Bei der Informationssuche hingegen kommt insbesondere konvergentem Denken eine große Rolle zu, da Informationen unterschiedlicher Art integriert und abgespeichert werden müssen (wobei der Grad der Unterschiedlichkeit und die Anzahl an Informationsquellen wiederum dem divergenten Denken geschuldet sein dürfte). Die Übernahme von Informationen von anderen (etwa Kollegen oder Experten) erfordert in Bezug auf Persönlichkeitsmerkmale die Bereitschaft, die Autorität anderer zu akzeptieren und dürfte eher extrinsisch motiviert sein.

Auch innerhalb der Problementdeckung könnten noch weitere Subprozesse unterschieden werden. Denn das Identifizieren eines Problems oder einer neuen Fragestellung stellt einen anderen Schritt dar, als den, das Problem zu beschreiben oder dann ein detailliertes Problemverständnis zu entwickeln (Lubart, 2001). Allein die erste der ursprünglich vier Prozessstufen lässt sich also in sinnvolle Unterprozesse untergliedern, für die durchaus eigene Prozessphasen formuliert werden können und sollten. Auch die Phasen *Illumination* und *Verifikation* lassen sich noch differenzierter beschreiben. Bei Lubart (2001) findet sich ein Überblick über bereits untersuchte Subprozesse. Eine ideale Empfehlung, bestenfalls sogar empirisch gestützt, für die Anzahl an Prozessstufen lässt sich nicht geben. Vielmehr hängt der Differenzierungsgrad vom Anwendungszweck des Models ab. So mag es durchaus sinnvoll sein, in künstlerischen Bereichen den Fokus eher auf die Inkubation zu legen, während im Wirtschafts- oder auch Wissenschaftskontext der Phase der Evaluation eine wesentlich größere Bedeutung zukommen mag. Da hier auch der praktische Nutzen mehr im Vordergrund steht, ist insbesondere auch an die Anpassung der Lösung an die Umwelt (Kundenwünsche, Budget, rechtliche Bedingungen u.a.) zu denken.

Für die Eignungsdiagnostik gilt zudem, dass die Phasen dergestalt definiert und voneinander abzugrenzen sind, dass klare Anforderungen auf den einzelnen Prozessstufen abgeleitet werden können. Hierzu wären sicherlich mehr als die ursprünglich angedachten vier Stufen von Nöten. Gelänge eine klare Beschreibung der einzelnen Stufen des kreativen Prozesses, wären sowohl Training als auch Selektion für kreative Positionen besser konzipierbar und wirkungsvoller als eine reine Betrachtung von Persönlichkeitseigenschaften und -fähigkeiten.

Verknüpfung von Prozess und Person

Die Betrachtung kreativer Leistungen aus Prozesssicht stellt einige wichtige Aspekte des Kreativitätskonstrukts heraus. Zum einen wird durch ein Phasenmodell deutlich, dass Kreativität nicht einfach nur aus dem Nichts auftaucht und kreative Ideen auch nicht sofort als solche erkannt und geschätzt werden. Vielmehr bedarf es zumeist einer beträchtlichen Zeit bis aus dem Anstoß, etwas neuartig oder anders zu machen, eine tragfähige und v. a. auch getragene Lösung entsteht. Zum anderen stellt dieser Weg die verschiedensten Anforderungen an die kreative Person. Zwar ist eine isolierte, rein auf die individuellen Fähigkeiten und Eigenschaften gerichtete Betrachtung von Kreativität möglich, erst durch die Verbindung von Person und Prozess jedoch lässt sich Kreativität in der Realität wirklich ausreichend erklären. Ein großer Gewinn liegt dabei nicht nur in der Möglichkeit, für die einzelnen Stufen des kreativen Prozesses die notwendigen Voraussetzungen zu identifizieren, sondern v.a. auch zu verstehen, dass für die einzelnen Phasen des Prozesses unterschiedliche individuelle Prädispositionen von Nutzen sind.

Dass überhaupt prozessstufenspezifische Anforderungen vorliegen, lässt sich sehr gut anhand der Studie von Mumford, Supinski, Threlfall und Baughman (1996) erkennen. Sie untersuchten die Stufe der Konzeptkombination, also jene Phase, in der Informationen neu zusammengesetzt werden und konnten zeigen, dass die Fähigkeit zur Konzeptkombination (neben der Quantität insbesondere die Qualität dieser Kombinationen) beim Lösen von Marketing- und Management-Aufgaben inkrementelle Validität über die Vorhersagekraft allgemeiner Intelligenz und der Fähigkeit zum Divergenten Denken hinaus erzielt. Besonders wenn Personen in ihrem Lösungsweg von spezifischen Aktionsplänen oder generellen Prinzipien abweichen, also nicht Gelerntes anwenden (kristalline Intelligenz bzw. Schlussfolgerndes Denken), sondern dieses zu Neuem kombinieren, waren sie bei der Lösung der vorgelegten Problemstellungen erfolgreich.

Die Studie von Mumford, Supinski et al. (1996) beschränkt sich auf rein kognitive Fähigkeiten. Aber auch für die Big Five ergeben sich stufenspezifische Zusammenhänge. Zhao und Seibert (2006) argumentieren zunächst auf theoretischer Basis und für den Entrepreneur-Bereich, dass in den frühen Prozessstufen, wie etwa dem Sehen neuer Geschäftsmöglichkeiten, Offenheit ein größeres Gewicht haben dürfte, wohingegen in späteren Phasen, z. B. in der Bereitstellung neuer Produkte und Services, gewissenhafte Personen erfolgreicher sein müssten. Bei Hammond et al. (2011) ergibt sich für die Prozessstufe *Ideenfindung* eine doppelt minderungskorrigierte mittlere Korrelation mit *Offenheit* in Höhe von $\hat{\rho} = .34$ ($k = 3$, $N = 778$). Der Zusammenhang von Offenheit mit dem Kriterium *Innovation* (hier wird neben der Ideenfindung auch die Implementation berücksichtigt) beläuft sich hingegen auf $\hat{\rho} = .16$ ($k = 6$, $N = 1\ 090$). Die beiden Zusammenhangsmaße unterscheiden sich marginal signifikant ($Z = 1.63$, $p < .10$). Der Einfluss von Persönlichkeitsmerkmalen auf die kreative Leistung ist demnach tatsächlich stufenabhängig.

Eine exemplarische Übersicht, welche Persönlichkeitsmerkmale, kognitiven und motivationalen Eigenschaften in welchem Prozessschritt hauptsächlich von Nöten sind, bieten Cropley, A. J. und Cropley, D. (2008) am Beispiel ihres siebenstufigen Phasenmodells. Ein sehr großer Gewinn der Verkettung von Prozess und Person liegt, wie bei Betrachtung dieser Auflistung ersichtlich wird, nun vor allem in der Erkenntnis, dass generelle Entscheidungen über die kreativitätsförderliche (oder -hinderliche) Wirkung von Personmerkmalen wohl gar nicht so ohne weiteres getroffen werden können. Dies sei am Beispiel der Motivation verdeutlicht: wie in Kapitel 4.3.2 beschrieben, ist sich die Kreativitätsforschung über die Wirkung extrinsischer Motivation bei der Erbringung kreativer Leistungen uneins. Unter Einbezug von Prozessmodellen wird hingegen klar, dass ein pauschales Pro bzw. Contra extrinsische Motivation gar nicht möglich ist. Vielmehr hängt es von der jeweiligen Stufe im Kreativitätsprozess ab, ob extrinsische Anreize die Leistung steigern oder nicht. Cropley und Cropley führen noch weitere „Paradoxa" an. Neben der Motivation sind auch das Konvergente vs. Divergente Denken oder die Bedeutung von Wissen in Abhängigkeit der jeweiligen Stufen von unterschiedlicher Relevanz.

Im Nachgang zur Meta-Analyse von Hammond et al. (2011) wäre weitere Forschung zur Verknüpfung von Prozessstufen einerseits und damit personalen

Anforderungen andererseits (weiter gedacht natürlich auch eine Verknüpfung mit organisationalen Anforderungen) äußerst wünschenswert. Auf der Suche nach innovationsfähigen Mitarbeitern und Kollegen müsste dann der Fokus nicht nur rein auf der Diagnostik kreativitätsrelevanter Fähigkeiten und Eigenschaften der Person liegen, sondern könnte um deren Begabung, die Fähigkeiten und Eigenschaften stufenabhängig einzubringen, erweitert werden. Denn welchen Mehrwert bringt ein Teammitglied, das zwar außergewöhnliche Leistungen im Divergenten Denken vollbringt, aber nicht erkennen kann, wann auch einmal Konvergentes Denken und Bewerten gefordert sind?

Wie Schuler und Görlich (2007) andeuten, ist zudem nicht davon auszugehen, dass kreative Personen auch zugleich kontinuierlich in allen Prozessstufen hohe Leistungen vollbringen. Das impliziert, dass sich vielleicht Profile ergeben könnten. So wäre es gut vorstellbar, dass manche Personen besonders geschickt in den frühen Prozessphasen (z. B. Problementdeckung und -beschreibung, Informationssuche und -verarbeitung und Ideenfindung) sind, während andere wiederum ihre Stärken in den späteren Prozessphasen (z. B. Ideenbewertung, Revision erster Ideen und Implementation der kreativen Lösung) ausspielen können. Sollten sich solche Profile empirisch zeigen, wäre damit – nicht nur im Arbeitsumfeld – eine noch effizientere Zuordnung von Aufgaben und Personen bzw. gezieltes Training möglich.

Auf Ebene verschiedener Berufsgruppen, zeigt Gelléri (2012) dass sich die Leistungs-Profile unterschiedlicher Tätigkeiten über die Stufen des kreativen Prozesses hinweg unterscheiden. In der Studie von Mumford, Antes, Caughron, Connelly und Beeler (2010) unterscheiden sich Doktoranden der Gesundheitswissenschaften, der Biologie und der Sozialwissenschaften in den stufenbezogenen Leistungen (Problemdefinition, Informationssuche, Organisation der Informationen und Konzeptkombination) signifikant voneinander. Versteht man dies als unterschiedlich gute Erfüllung der stufenbezogenen Anforderungen, so könnten die Befunde auch einen ersten Hinweis darauf geben, dass sich Berufsgruppen auch in den für die jeweiligen Prozessstufen relevanten Eigenschaften unterscheiden könnten.

Empirische Überprüfbarkeit der Prozessmodelle

In der Realität lassen sich kreative Prozesse selten in der linearen Abfolge konsekutiver Stufen beobachten, wie die zahlreichen Prozessmodelle sie implizieren. Anstatt starrer Sequenzen sind viel eher Schleifen zwischen den einzelnen Stufen zu erwarten. Insbesondere Elemente der Bewertung werden sich auch schon in frühen Prozessstufen erwarten lassen, die vornehmlich eigentlich auf die freie Ideensammlung abzielen. Basadur (1994) deutete bereits an, dass sich ein Wechsel zwischen Ideenfindung und Ideenbewertung vermutlich durch den gesamten kreativen Prozess ziehen wird. Wie häufig solche Schleifen nötig sind, hängt von der Natur des Problems bzw. der initialen Herausforderung einerseits und der jeweiligen Prozessstufe andererseits ab (Lubart, 2001).

Versteht man Prozessmodelle als idealtypische Aufgliederung, wie etwa Schuler und Görlich (2007) ihr in Kapitel 5.3 vorgestelltes Modell, und erlaubt damit eine differenzierte Abfolge der einzelnen Stufen bei realen kreativen Prozessen, wird der Komplexität kreativer Prozesses in der Realität Rechnung getragen. Zugleich stellt uns eine flexible Sicht auf die Prozessstufen bzw. deren Abfolge vor zwei Herausforderungen: Zum einen wird eine isolierte Messung der Leistungen auf den einzelnen Stufen erschwert (Hammond et al., 2011; Lubart, 2001). Durch schleifenartige Rück- und Vorgriffe oder fließende Übergänge zwischen den Phasen (wie etwa zwischen der Inkubation und der Illumination) sind die einzelnen Prozessstufen kaum voneinander trennbar zu erfassen. Zum anderen spielen auf den einzelnen Stufen dann eine Vielzahl an Subprozessen eine Rolle, um welche die bestehenden Prozessmodelle erweitert werden müssten (Lubart, 2001).

Ist angesichts dieser Probleme eine prozessbasierte Kreativitätsdiagnostik überhaupt möglich und sinnvoll? Die nicht mehr trennscharfe Umschreibung einzelner Prozessstufen stellt sicherlich ein diagnostisches Problem dar. Sofern wir unseren Blick auf die personalen Anforderungen richten, sind die kreativitätsförderlichen Eigenschaften nicht mehr stufenspezifisch formulierbar. Viel eher zeigen sich manche Fähigkeiten gleich auf mehreren Stufen als relevant. So erweist sich der Rückgriff auf eine breite Wissensbasis in allen Prozessstufen als nützlich (z. B. bei der Bewertung der Nützlichkeit einer Lösung oder bei der Implementierung kreativer Lösungen); besonders jedoch in den frühen Phasen der *Problemdefinition, Informationssuche* und *Konzeptkombination* kommt einem aktuellen und umfassendem Informationsstand eine hohe Bedeutung zu. Die Informationsgewinnung und das Nutzen von Wissen sind demgemäß allgemein kreativitätsförderliche Subprozesse, dennoch lassen sie sich speziell den vorbereitenden Prozessphasen (*Preparation* bei Cropley & Cropley, 2008) als Kernmerkmal zuordnen (Cropley, A. J. & Cropley, D., 2008). Damit liegen zwar keine stufenspezifische, aber doch stufenprototypische Anforderungen an kreative Personen vor.

Bleiben wir mit unserem Blick bei den Prozessstufen, so führt eine feinere Unterteilung des kreativen Prozesses sicherlich auch zu einer besseren Abbildung der einzelnen Subprozesse. Andererseits kann dem Problem der nichttrennscharfen Prozessstufen durch die entgegengesetzte Betrachtung begegnet werden. Clustert man die einzelnen Prozessphasen etwa in frühe und späte Phasen, wie zum Beispiel von Treffinger (1995) und Hammond et al. (2011) vorgeschlagen, stellen einzelne Überlappungen zwischen aufeinanderfolgenden Prozessschritten innerhalb eines Clusters kein diagnostisches Problem mehr dar.

Vor allem aber richtet die Abkehr von einem starren Kreativitätsverständnis hin zu dynamischen Prozessschritten den Fokus viel stärker darauf, dass kreative Personen nicht nur über ein fixes „Kreativitätsset" an Personmerkmalen (Divergentes, aber auch Konvergentes Denken, Offenheit u.a., s. Kapitel 1) verfügen, sondern insbesondere auch in der Lage sind, die jeweilige Fähigkeit an der passenden Stelle einzusetzen. So mögen Kreative in der einen Phase des kreativen Prozesses risikobereit vorangehen (z. B. in der Ideenfindung oder der Ausarbeitung verschiedener Lösungen), während sie in anderen Phasen (z. B. in der Ideenbewertung) weitaus vorsichtiger und akkurater agieren. Cropley, A. J. und Cropley, D. (2008) sehen darin überhaupt keinen Widerspruch, sondern verwenden vielmehr das Bild des Kreativen, der sich je nach Anforderung zwischen den beiden Polen (z. B. Risikobereitschaft vs. Vorsicht) bewegt. In dieser Fähigkeit, die jeweiligen Anforderungen zu erkennen und sich rasch und flexibel darauf einstellen zu können, mag der Schlüssel zu erfolgreichen kreativen Leistungen liegen. Zum jetzigen Zeitpunkt jedoch liegen noch keine Studien vor, die diese adaptive Fähigkeit empirisch untersucht hätte.

5.3   Prozessmodell nach Schuler und Görlich (2007)

In Kapitel 5.1 wurden bereits einige Prozessmodelle der Kreativität aufgeführt. Aus der Fülle an Modellen ist im Rahmen dieser Arbeit eines herauszuheben: das Prozessmodell nach Schuler und Görlich (2007). Dieses aktuelle Modell wurde explizit für den personaldiagnostischen Kontext erarbeitet und bildet tätigkeitsrelevante Aspekte kreativer Leistungen umfassend ab. Die Gliederung in acht Prozessstufen integriert bestehende Modelle nach empirischen Gesichtspunkten und kommt der Forderung nach einer stärkeren Anpassung des Kreativitätsprozessmodels an aktuelle organisationale Bedingungen bzw. der beruflichen Umgebung nach. Für die prozessbasierte Diagnostik des individuellen kreativen Potenzials im Berufskontext ist dieses Modell daher besonders geeignet.

Das Modell des Kreativitätsprozesses nach Schuler und Görlich (2007) erweist sich nicht nur als Integration und Weiterentwicklung früherer Prozessmodelle, sondern liefert direkt Anhaltspunkte, wie das Potenzial in den einzelnen Prozessstufen gemessen werden kann. Tabelle 6 zeigt neben den acht Schritten des kreativen Prozesses nach Schuler und Görlich (2007) auch stufenbezogene Anforderungen an kreative Personen und Indikatoren kreativen Verhaltens auf.

Tabelle 6: Stufenbezogene Anforderungen für das Erbringen kreativer Leistung (Schuler et al., 2013, S. 21)

Schritte des kreativen Prozesses	Anforderungen	Indikatoren
Problementdeckung *(suchen, identifizieren und definieren)*	Wissbegier, Offenheit, Need for Cognition, Feldunabhängigkeit, Intelligenz	Probleme in Situationsschilderungen entdecken
Informationssuche, -aufnahme und -bewertung	Auffassungsumfang, Arbeitsgedächtnis, Vorwissen	Beziehungsrelevante Informationen erkennen
Kombination von Konzepten *(Verknüpfungen herstellen)*	Analogien finden, Flexibilität, Ambiguitätstoleranz	Objekte zu Kategorien ordnen oder vorgegebene Kategorien reorganisieren
Ideenfindung *(Inkubation, Intuition, Einfall, Einsicht)*	Divergentes Denken, Offenheit	Ideenflüssigkeit, -flexibilität und -originalität
Ausarbeitung und Entwicklung eines Lösungsansatzes	Fähigkeit zum Problemlösen, Pragmatismus	vorgegebene Ideen umsetzen
Ideenbewertung	Urteilsvermögen, kritisches Denken	Qualität konkurrierender Problemlösungen einschätzen
Anpassung und Umsetzung *(Prüfung, Realitätsanpassung)*	Realismus, Pragmatismus	zu prüfende Hypothesen identifizieren, Konzepte modifizieren
Implementierung *(Kommunikation, Überzeugung, Systemintegration)*	Soziale Kompetenz, Dominanz, Beharrlichkeit, Initiative	überzeugen, argumentieren

Die Liste der Anforderungen enthält sowohl kognitive wie non-kognitive Merkmale und spiegelt ein integratives Prozessverständnis wider. Die Leistungen auf den einzelnen Stufen sind nicht entweder rein intelligenz- oder persönlichkeitsabhängig, sondern erfordern – wie beispielsweise auf Stufe 1 – Kombinationen aus kognitiven Fähigkeiten und Persönlichkeitsmerkmalen. Wie bereits im vorangehenden Kapitel diskutiert, ist auch diese Auflistung an erfolgskritischen Anforderungen eher als prototypische Zuordnung, denn als distinkte Zuweisung zu verstehen. So ist Offenheit sicherlich die Persönlichkeitseigenschaft, die in der Problementdeckung und später bei der Ideenfindung am stärksten zum Tragen kommt. Selbstverständlich kommt ihr aber auch in anderen Phasen eine Rolle zu, so etwa, wenn sie dabei hilft, die geeignete Implementierungsstrategie auszuarbeiten. Weiterhin betonen die Autoren des Modells, dass auch die Trennung und Abfolge der einzelnen Schritte als idealtypisch zu verstehen sind. Denn manche kreativen Prozesse umfassen nicht alle der aufgezeigten Phasen, bei anderen sind einzelne Stufen gegebenenfalls noch detaillierter zu differenzieren. Auch sind Schleifen denkbar, also das Rückspringen zu früheren Phasen. So etwa dann, wenn sich eine kreative Idee letztlich trotz aller Erwägungen nicht implementieren lässt und Alternativen gefunden beziehungsweise Anpassungen vorgenommen werden müssen.

Im Folgenden werden die einzelnen Prozessstufen kurz beschrieben. Weitere Beschreibungen des Modells finden sich bei Gelléri (2012), Schuler et al. (2013) und Winzen (2009).

5.3.1 Problementdeckung

Den ersten Schritt des kreativen Prozesses nimmt die Problementdeckung ein. Unter dieser Stufe werden sowohl das Suchen, Identifizieren und Definieren von Problemen subsummiert. Das Wort „Problem" steht hierbei keinesfalls nur für problematische Umstände, die eine Lösung zwingend erfordern, sondern sollte eher als „Aufgabe" verstanden werden. So resultiert nicht jede kreative Lösung zwangsläufig aus problematischen oder gar bedrohlichen Bedingungen. Kreative Probleme oder Aufgaben können auch beispielsweise für Künstler darin beste-hen, ihre Gefühle ausdrücken zu wollen, zeigen sich bei Wissenschaftlern in ihrem Drang komplexe Phänomene zu verstehen oder resultieren ganz allgemein aus dem Wunsch Situationen im Alltag besser und innovativer zu meistern (Lubart, 2001).

Als sinnvoll erweist sich die Unterteilung der *Problementdeckung* in Prob-lemsuche, Problemformulierung und Problemkonstruktion (Lubart, 2001). Zu-nächst stellen kreative Personen fest, dass etwas nicht richtig, nicht ausreichend oder nicht gut genug ist. Ein Zitat von Ferry Porsche, dem Gründer der heutigen Dr. Ing. h.c. F. Porsche AG, beschreibt einen solchen Zustand ganz anschaulich: „Am Anfang schaute ich mich um, konnte aber den Wagen, von dem ich träum-te, nicht finden. Also beschloss ich, ihn mir selbst zu bauen." (Dr. Ing. h.c. F. Porsche AG, 29.05.2008).

Auf unbefriedigende Zustände, die nicht mit herkömmlichen Mitteln gelöst werden können, stößt man vielleicht spontan, oftmals aber werden Probleme in Bereichen entdeckt, in denen man bereits über Expertise verfügt. Ist das Problem entdeckt, beschäftigen sich Kreative nun besonders auch mit dessen expliziter Beschreibung und entwickeln ein tiefgehendes Problemverständnis. Zu wissen, warum einen etwas stört oder was einem genau fehlt, stellt bereits die Weichen für die spätere Informationssuche, Konzeptkombination und die weiteren Schrit-te im kreativen Prozess. Daher wird die Problemsuche von einigen Forschern auch als wichtigste Komponente im kreativen Prozess verstanden (Okuda et al., 1991).

Die Sinnhaftigkeit einer eigenständigen Prozessstufe *Problemsuche* lässt sich jedoch nicht nur theoretisch herleiten, sondern auch empirisch belegen. Besonders hervorzuheben ist hierbei die Studie von Runco und Okuda (1988), in der die Problemsuche einerseits über vorgegebene und andererseits über selbst zu entdeckende Probleme operationalisiert wird. Einer Gruppe von 29 Highschool-Schülern wurden die drei verbalen Tests zum Divergenten Denken *Uses*, *Instances* und *Similarities* nach Wallach und Kogan (1965a) vorgegeben. Jeder dieser Tests enthielt je drei vorgegebene Probleme und einen Aufgabenteil, in dem selbst ein Problem zu suchen war. Ausgewertet wurde die Anzahl der generierten Ideen zur Lösung der Probleme (Ideenflüssigkeit). Die Studentteilnehmer generierten für die selbstgesuchten Probleme signifikant mehr Lösungen als für die vorgegebenen Aufgaben ($t(28) = 5.71$, $p < .001$). Neben dem Vergleich der beiden Problemsuch-Szenarien miteinander wurde auch die Leistung in beiden Szenarien mit kreativen Aktivitäten in Bezug gebracht. Dieses Kriterium wurde anhand eines Fragebogens zu kreativen Tätigkeiten in fünf Bereichen (Mathematik, Wissenschaft/Forschung, Kunst, Literatur und Handwerk) erhoben. Eine hierarchische Regressionsanalyse ergab einen inkrementellen Beitrag der Leistung in den Problementdeckungsaufgaben über die Leistung in den klassischen Aufgaben, in denen die Probleme bereits vorgegeben waren, hinaus. Nach Kontrolle um gemeinsame Varianz zwischen den beiden Problemsuche-Leistungen, erklärte das Abschneiden in den Aufgabenteilen, in denen das Problem selbst gesucht werden sollte, weitere 9 Prozent Varianz im Kriterium kreativer Aktivitäten. Problemsuche – oder treffender: Problemfindung – stellt damit einen von der Problemlösung (zumindest teilweise) unabhängigen Prädiktor für kreative Leistungen dar und spielt als initiale Stufe des kreativen Prozesses eine wichtige Rolle (Chand & Runco, 1993; Dillon, 1982; Okuda et al., 1991).

Neben der Trennung in bekannte und selbst zu entdeckende Probleme, wie sie in der eben dargestellten Studie vorgenommen wurde, liegen noch weitere Klassifikationen verschiedener Problemarten vor. Dillon (1982) etwa unterscheidet drei Niveaus der Problementdeckung: die Identifikation eines offensichtlichen Problems, die Entdeckung eines Problems, z. B. durch Prüfung von Daten, und als dritte und höchste Stufe die Erfindung eines Problems durch Neuordnung zentraler Elemente.

Eine ähnliche Einteilung stellt Getzel vor (Getzels & Csikszentmihalyi, 1967; zitiert nach Chand & Runco, 1993; Getzels, 1979). Er kategorisiert Probleme danach, wie bekannt das Problem bereits ist (Wurde es vorgegeben? Ist es bereits ausreichend definiert?), wie viele Hinweise bzw. Möglichkeiten zur Lösung bereits vorliegen und wie viel Einigkeit darüber besteht, was eine gute Lösung wäre bzw. wem die Lösungsmöglichkeit bekannt ist. Bei Problemen erster Art, der *vorgegebenen Problemsituation*, sind sowohl Problem als auch Lösungsmöglichkeiten bekannt, dennoch muss die Lösung durch den Problemlöser erst noch gefunden oder festgelegt werden. So stellt ein Mathematik-Lehrer etwa eine Algebra-Aufgabe und die Schüler sind angehalten diese zu lösen. Bei der zweiten Problemart, den *entdeckten Problemsituationen*, liegt bereits ein Problem vor, allerdings ist der Problemlöser alleine darauf gestoßen. Eventuell ist das Problem weder ausreichend formuliert noch ist zu dessen Lösung eine Standardlösung einsetzbar. Ein Beispiel wäre die Entdeckung Röntgens, dass seine Fotoplatten unterschiedlich belichtet wurden und er sich fragte, woran das eigentlich liegen konnte. Der Problemlöser muss hier durch trial and error die richtige Lösung erst noch herausfinden. Bei der dritten Gruppe an Problemen, der *geschaffenen Problemsituation*, handelt es sich um Probleme, die erst noch geschaffen werden müssen, aktuell also für niemanden existieren. Der Problemlöser muss sich das Problem erst erarbeiten, indem er die passenden Fragen stellt und so das Problem zunehmend definiert und eingrenzt. Allenfalls sind zu dessen Lösung allgemeine Informationen verfügbar. Für erst zu entdeckende Probleme bzw. Aufgaben ist es, so Getzels und Csikszentmihalyi, nicht sicher, ob überhaupt eine adäquate Lösung gefunden werden kann. Ein Beispiel hierzu war die bereits in der Antike auftauchende Fragestellung, welche Geschwindigkeit das Licht haben mag. Wie Getzels (1979) betont, sind gerade solche Probleme oder Fragestellungen nicht das Resultat wilder Spinnerei, sondern das Ergebnis eingehender Beschäftigung mit einem Thema. Folglich ist ein gut definiertes Problem zugleich Ergebnis einer breiten Wissensbasis, Stimulus für weiteren Wissenserwerb und letztlich Erkenntnisgewinn selbst.

Je undefinierter ein Problem zu Anfang ist und je unterschiedlicher die zugelassenen Lösungen sein können (im Extremfall ist der Lösungsraum noch nicht einmal abzusehen), desto wahrscheinlicher werden neuartige, unerwartete und möglicherweise überraschende Lösungen. Umgedreht resultieren aus eng umgrenzten und explizit beschriebenen Problemen bzw. aus Aufgaben zur Erfüllung eines bestimmten Zwecks zwar vielleicht auch kreative, neuartige Lösungen; allerdings wird bei diesen Ideen der Nützlichkeitsaspekt viel eher im Vordergrund stehen. Entsprechend korrelieren die Leistungen in den beiden Problemvarianten unterschiedlich stark mit kognitiven Faktoren. Bei offenen Problemen spielt Divergentes Denken eine weitaus größere Rolle als bei stärker fokussierten Aufgabenstellungen, bei denen wiederum der allgemeinen Intelligenz eine höhere Bedeutung zukommt (Lin et al., 2012).

Die Vorgabe offener Probleme stellt für die Kreativitätsdiagnostik kein Problem dar. Wohl eher ist dies der Kern aller Tests zum Divergenten Denken – man denke nur an die klassische Guilford-Aufgabe „Alternative Verwendungsmöglichkeiten". Probleme jedoch selbst entdecken zu lassen, stellt Testkonstrukteure vor eine enorme Herausforderung. Wie kann das Entdecken von Problemen provoziert werden ohne dass überhaupt auf die Notwendigkeit einer Problementdeckung hingewiesen wird? Dennoch gilt: Die Fähigkeit, Probleme anhand hoher Standards und unter Berücksichtigung von Restriktionen definieren zu können, leistet einen Erklärungsbeitrag über generelle Fähigkeitsmaße und Tests zum

Divergenten Denken hinaus (Mumford, Baughman, Threlfall, Supinski & Costanza, 1996). Besonders Tests bzw. Items, die eine Kombination aus eigener, aktiver Problemsuche und Problembereichen des wirklichen Lebens (Alltag, Schule, Beruf) beinhalten, scheinen zur Vorhersage kreativer Leistung am besten geeignet (Okuda et al., 1991).

5.3.2 Informationssuche, -aufnahme und -bewertung

Wann immer wir vor einem Problem oder einer Aufgabe stehen, werden wir, ganz gleich ob bereits Lösungsmöglichkeiten vorliegen oder zumindest angedacht sind, als nächsten logischen Schritt Informationen einholen. Je abstrakter das Problem, desto eher werden wir aber auch erst noch weitere Informationen benötigen um es konkretisieren und genauer verstehen und beschreiben zu können. So folgt im kreativen Prozess auf die Problemsuche die *Informationssuche, -aufnahme und -bewertung.*

Am naheliegenden ist es, die jetzt im Prozess nötigen Informationen aus der eigenen Informationsbasis, also dem bereits erworbenen Wissen und der Erfahrung mit Problemen zu diesem Thema zu gewinnen. Dass Expertise eine gewichtige Rolle in der Vorhersage individueller kreativer Leistungen spielen kann, wurde bereits in Kapitel 4.1.4 ausgeführt. Gerade bei kreativen Personen erlaubt der Rückgriff auf Vorwissen jedoch nicht nur die Gewinnung von Sachinformationen. Diese Personen verfügen zumeist auch über nützliches prozessurales Wissen, das ihnen hilft, die jetzt relevanten Prozessschritte schnell und effektiv zu durchlaufen. So sind sie vorbereitet auf Fragen wie: Wo bekomme ich die gewünschten Informationen? Wie kann ich relevante Informationen von irrelevanten Informationen trennen? Wie organisiere ich die gewonnenen Informationen?

Doch kreative Personen verlassen sich nicht nur auf ihre (zumeist bereits umfangreiche) Expertise, sondern suchen auch aktiv nach neuen Informationen. Thomas Edison soll seine Mitarbeiter und Kollegen vor über 100 Jahren beispielsweise mit dem folgenden Ausspruch darin instruiert haben, wie sie neue Projekte anzugehen haben: „Studieren Sie als erstes die derzeitige Konstruktion. Fragen Sie zweitens nach allen bisher gemachten Erfahrungen... Lernen und lesen Sie so viel über die Sache, wie Sie nur können" (zitiert nach Hargadon & Sutton, 2000, S. 47). Dieser Rat erinnert sehr an ein mittlerweile weit verbreitetes Konzept in der Ideenschmiede erfolgreicher Unternehmen. Denn was Edison hier empfahl, wird im Rahmen des Benchmarking, dem intensiven Studium und Vergleich von Produkten, Dienstleistungen sowie Prozessen und Methoden mit alternativen Unternehmen, heute rege befolgt. Dabei beschränkt sich die Wettbewerbsanalyse nicht nur auf direkte Konkurrenten, sondern bezieht gerade auch Best Practice aus anderen Branchen und Wirtschaftsbereichen mit ein.

Die Studie von Kasperson (1978) liefert einen empirischen Beleg für die These, dass kreative Personen mehr und eventuell auch andere Informationen zur Lösungsfindung heranziehen, als dies Unkreative tun. Eine Stichprobe von 29 an Universitäten und 36 in der Industrie tätigen Physikern und Ingenieuren wurde auf Basis von Fremdratings (pro Person mind. drei Kollegenurteile) bezüglich ihrer Kreativität und Produktivität eingeschätzt, so dass sich drei Gruppen ergaben: die kreativen Produktiven, die unkreativen Produktiven und die unkreativen Unproduktiven. Die erste Gruppe, also jene Personen, die sich durch kreative Leistung auszeichneten, zeigten ein signifikant anderes Informationssuchverhalten als die beiden Kontrollgruppen.

Kreative suchen demzufolge gezielt nach Anregungen und Informationen außerhalb ihrer eigenen Disziplin. Gerade diese breite Informationsbasis ermöglicht ihnen, ganz im Sinne Mednick (1962) Assoziationstheorie, in späteren Prozessschritten das Um-die-Ecke-Denken (thinking out of the box), sprich das Kombinieren verschiedener Konzepte zu einem neuen Konzept, wie etwa durch das Umdeuten von Funktionen und Anwendungsmöglichkeiten. Zudem nutzte die Gruppe der Kreativen signifikant häufiger regelmäßig erscheinende Fachliteratur. Dadurch bleiben sie up to date was die neuesten Entwicklungen und Fortschritte anbelangt. Zugleich stellt dies einen ökonomischen Zugang zu Informationen dar, denn im Vergleich zu persönlichen Kontakten ist die Informationsgewinnung hier schnell und ohne großen Aufwand (keine Terminvereinbarung notwendig, kein Einfluss von Sympathie oder Strategie auf die Informationsweitergabe) möglich. Ferner unterscheiden sich den Ergebnissen der Studie zufolge Kreative von Nicht-Kreativen darin, dass sie sich weniger häufig bei ihren Vorgesetzten informieren. Scheinbar nutzen Kreative seltener hierarchische Informationsstrukturen, sondern suchen sich direkt den Kontakt, der ihnen Zugang zu relevanten Informationen liefern kann. Erklärt werden kann dies unter anderem damit, dass Vorgesetzte oftmals weniger nah an einer Arbeit bzw. weniger mit deren Details vertraut sind und so als Ratgeber nur bedingt geeignet sind. Dies mag insbesondere auf der frühen Prozessstufe *Informationssuche, -aufnahme und -bewertung* gelten. In späteren Prozessphasen, wie etwa der *Ideenbewertung* und der *Implementierung*, dürfte die Einschätzung und der Input durch Vorgesetzte und hierarchisch höher gestellte Unterstützer jedoch um einiges wichtiger werden.

Kasperson (1978) schließt aus seinen Ergebnissen, dass die althergebrachte Auffassung, Wissenschaftler arbeiteten am liebsten isoliert und ohne Kontakt zu anderen Menschen, so nicht zu halten ist. Vielmehr nutzen gerade die Kreativen unter ihnen ganz besonders den Kontakt zu anderen Personen um über sie relevante Informationen zu ihrer Fragestellung und idealerweise auch schon erste Hinweise auf Lösungsmöglichkeiten zu bekommen. Ein interessantes Ergebnis im Zusammenhang mit dem Aufbau von Netzwerken in dieser frühen Prozessphase findet sich bei Gong, Cheung, Wang und Huang (2012). Ihrer Studie mit

190 Mitarbeiter-Vorgesetzten-Paaren im Einzelhandel zufolge, führt der Austausch von Informationen mit Kollegen und Vorgesetzten zum Aufbau vertrauensvoller Bindungen, die psychologische Sicherheit für die kreativen Akteure bedeuten. Vertrauen zu haben und zu erleben ist gerade in den oftmals unsicheren Situationen, in denen sich Kreative befinden, sehr wertvoll. Demgemäß zeigte sich in der Studie eine komplett durch Vertrauen mediierte Beziehung des Informationsaustauschs mit der Kreativität der Mitarbeiter.

Die Stufe *Informationssuche, -aufnahme und -bewertung* ist vornehmlich eine wissenslastige Prozessphase und erfordert kognitive Fähigkeiten, welche die Suche, Aufnahme, Filterung und Organisation von Informationen ermöglichen. Gerade in der heutigen Zeit, in der Informationen jeglicher Art (also auch solche fragwürdigen oder gar falschen Inhalts!) nahezu immer und überall zu erhalten sind, kommt der Bewertung auf Richtigkeit und Relevanz von Informationen eine erhebliche Bedeutung zu. Zugleich liegen Ergebnisse vor, die ein zu frühes Ausschließen von Informationen aufgrund vermeintlicher Irrelevanz als kreativitätshemmend ausweisen (Mumford, Baughman, Supinski & Maher, 1996). Denn gerade das Einbeziehen nicht naheliegender und zunächst noch schwer einzuordnender Informationen kann kreative Lösungen stimulieren. Besonders Aufmerksamkeit, Auffassungsumfang und Arbeitsgedächtnis dürften die zentralen kognitiven Prozesse hinter einer erfolgreichen *Informationssuche, -aufnahme und -bewertung* sein.

Angesichts der Ergebnisse von Gong et al. (2012) und Kasperson (1978) müssten jedoch auch soziale Fähigkeiten eine Rolle bei der Informationsgewinnung spielen. Personen, denen es gelingt, über Kollegen, Konkurrenten, Vorgesetzte oder weitere Personen an sensible Informationen heranzukommen, werden eventuell genau jenen Vorsprung an Wissen haben können, der sie als erster zu einer kreativen Lösung kommen lässt. Besonders in Wissenschaft und Wirtschaft dürfte der Aufbau breiter sozialer Netzwerke über das Nutzen von Wissensdatenbanken und einschlägiger Fachliteratur hinaus zum Erfolg kreativer Personen beitragen.

Eine ethisch etwas bedenkliche Anekdote hierzu findet sich in der Entdeckung der Doppelhelix-Struktur der DNS durch Francis Crick, James Watson und Maurice Wilkins. Letzterer hatte die Forschungsergebnisse seiner Kollegin Rosalind Franklin unautorisiert an Crick und Watson weitergegeben, die dann auf Basis dieser Informationen die Doppelhelix-Struktur nachweisen konnten, 1953 den entscheidenden Nature-Artikel publizierten und 1962 gemeinsam mit Wilkins für ihre Arbeit mit dem Nobelpreis für Physiologie oder Medizin ausgezeichnet wurden.

Neben der unschönen (wenngleich wohl oftmals erfolgreichen) „Industriespionage" gibt es auch zahlreiche positive Beispiele zum persönlichen Kontakt als Quelle relevanter Informationen. Hargadon und Sutton (2000) beschreiben, dass große Beratungsunternehmen, wie etwa Andersen Consulting (heute: Accenture) und McKinsey bereits vor einiger Zeit erkannten, dass unpersönliche Datenbanken als Informationsquellen nicht ausreichen. McKinsey beispielsweise installierte daraufhin das sogenannte „Rapid Response Team", eine Einheit, die jedem Berater garantiert, ihm innerhalb von 24 Stunden den Kontakt zu einem Kollegen zu vermitteln, der mit seinen Kenntnissen zur Problemlösung beitragen kann. Wenngleich der Aufbau und die Pflege dieses Wissensmanagements sehr aufwendig sind, so ist damit garantiert, dass Wissen aus vorangegangenen Projekten oder anderweitige Erfahrung der Mitarbeiter nicht in den Köpfen der betreffenden Personen verbleibt, sondern von Kollegen weiter genutzt werden kann. Neben einer reinen (schriftlichen) Dokumentation von Produkt- oder Prozessentwicklungen können im persönlichen Kontakt auch wichtige Kontextinformationen gewonnen werden (Hat es wirklich so geklappt? Welchen Fehler in der Entwicklung könnte man heute vermeiden?).

5.3.3   Konzeptkombination

Die Mehrheit kreativer Ideen und Produkte lässt sich auf eine Kombination, Weiterentwicklung oder Umdeutung bestehender Konzepte zurückführen. Entsprechend finden sich zahlreiche Beispiele aus den unterschiedlichsten Bereichen, seien es wissenschaftliche Theorien, praktische Produkt- oder Prozessentwicklungen oder in der Kunst. Man denke etwa an die Kepler'schen Gesetze zur Planetenbewegung, die Kepler auf Basis unterschiedlicher Analogieschlüsse, wie etwa dem Vergleich mit Magnetismus, entwickelte (eine ausführliche Beschreibung findet sich bei Gentner et al., 1997). Ein weiteres Beispiel: nachdem Dampfmaschinen in Bergwerken bereits seit 75 Jahren erfolgreich im Einsatz waren, begann Robert Fulton darüber nachzudenken, ob sich diese Technik nicht auch für die Bewegung von Schiffen einsetzen ließe. Er entwickelte schließlich das erste zu Geschäftszwecken einsetzbare Dampfschiff und fand eine Lösung, die der Markt akzeptierte (Hargadon & Sutton, 2000).

Auch in der heutigen Produktlandschaft finden sich zahlreiche Beispiele für Fabrikate, die aus zwei oder mehreren ursprünglich isolierten Konzepten zu einem neuen Produkt zusammengesetzt wurden. Diesem Kombinationsprozess verdanken wir moderne Smartphones, die Telefone mit Kameras, mp3-Playern, Pagern und kleinen Tablet-Computern verbinden. Oder Turnschuhe, die neben einer höheren Passgenauigkeit auch geringere Verletzungsgefahr versprechen, weil sie, wie beim Nike Air oder Reebok Pump, auch aufblasbare Einlagen enthalten, deren Entwicklung wiederum auf medizinische Produkte wie Knochenschienen oder winzige Pumpen und Ventile rückführbar sind.

Viele erfolgreiche Produkte erscheinen uns zwar innovativ, sind im Grunde jedoch auf die Kombination bereits bestehender Konzepte zurückzuführen. Je ungewöhnlicher jedoch die Verbindung dieser Konzepte ist, desto kreativer erscheint uns, die wir die Verknüpfung nicht gleich sehen konnten, die Lösung. Gerade in der modernen Produktentwicklung nutzen die besten Innovatoren bestehende Ideen regelmäßig als Basis für neue Lösungen. Hargadon und Sutton (2000) bezeichnen dieses Vorgehen als *knowledge brokering*. Erfolgreiche *knowledge broker* „stellen Verbindungen zwischen Ideenreservoiren her, die sonst unverbunden blieben. Sie benutzen ihre vorteilhafte Vermittlerstellung, um alte Ideen aufzuspüren, damit sich diese an neuen Orten, auf neuen Wegen und in neuen Kombinationen anwenden lassen" (S. 46).

Hier wird der Bezug zur zweiten Stufe des kreativen Prozesses deutlich: das dort erinnerte oder neu erworbene Wissen wird nun in der dritten Stufe des kreativen Prozesses, der Konzeptkombination, zur Ideenfindung genutzt. Die Konzeptkombination umfasst die Kombination oder Reorganisation von Wissen (oder allgemeiner: von Informationen) zur Generierung neuer Ideen (Baughman & Mumford, 1995; Mumford, Baughman, Maher, Costanza & Supinski, 1997; Mumford et al., 2003; Mumford & Gustafson, 1988). Wie Mumford et al. (1997) zeigten, trägt Konzeptkombination wesentlich zur Problemlösung bei. Personen, die Kategorien gut kombinieren und reorganisieren konnten, produzierten auch qualitativ bessere und originellere Problemlösungen.

Häufig wird Konzeptkombination auch mit dem Begriff des Analogieschlusses beschrieben. Zu verbalen Analogieschlüssen, also semantischen Neuverbindungen, liegen bereits einige Arbeiten vor (Estes & Ward, 2002; Gibbs jr., 1997; Kunda, Miller & Claire, 1990; Wisniewski, 1997). Aber auch die grundsätzliche kognitive Neuordnung von Konzepten, also nicht nur deren sprachlicher Repräsentation, wurde bereits in Modellen beschrieben (Gentner et al., 1997; Schuler et al., 2013). Ein anschauliches Modell zur Beschreibung unterschiedlicher Wege der Konzeptkombination bieten Gill und Dubé (2007). Die beiden zu kombinierenden Konzepte werden in Abhängigkeit ihrer syntaktischen Position als Modifikator (*modifier*) und Kopf (*header*) bezeichnet. So wäre „digital" beispielsweise der Modifikator und „Kamera" der Kopf für die Konzeptkombination „Digitalkamera". In Anlehnung an Wisniewski (1997) können dann zwei unterschiedliche Kombinationsprozesse vorgestellt werden: Eigenschaftszuordnung (*property mapping*, PM) und Beziehungsverbindung (*relation linking*, RL). In Abbildung 10 sind die beiden Prozesse grafisch und mit Beispielen veranschaulicht.

Abbildung 10: Konzeptkombination nach Gill & Dubé (2007)

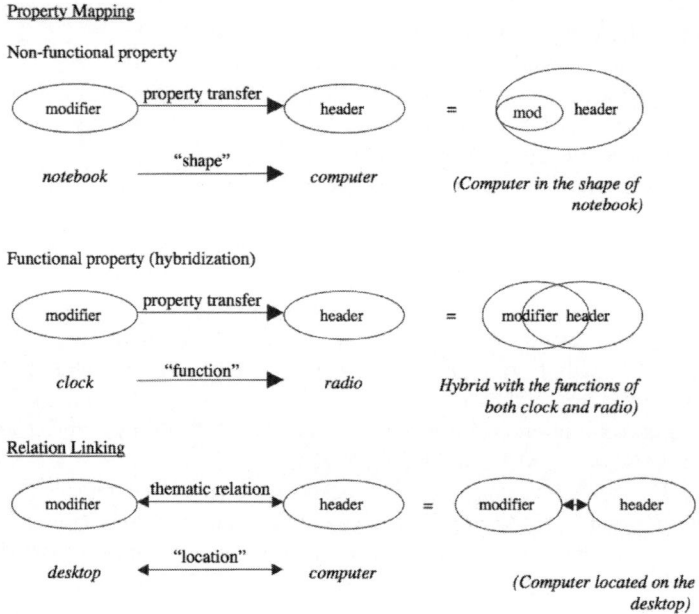

Neue Ideen, die durch das Zuweisen neuer Eigenschaften zu einem bestehenden Konzept entstehen (PM), lassen sich dem Modell zufolge noch weiter unterscheiden. So sind Eigenschaftszuordnungen denkbar, bei denen keine Funktionserweiterungen vollzogen werden. Als Beispiel wurden Computer – in den Anfangsjahren der „Elektronischen Datenverarbeitung (EDV)" oftmals raumfüllend groß – zunehmend kleiner. In den 1970/80er Jahren begannen Entwickler die vormals Desktop-Computer zunehmend in Form, Gewicht und Transportabilität an klassische Notizbücher anzupassen. Die ersten tragbaren, da kabellos betreibbaren, flachen und leichteren Computer wurden auf den Markt gebracht und erhielten zugleich die Bezeichnung des Modifikators: Notebooks.

Eine andere Form der Eigenschaftszuordnung wird dann vollzogen, wenn (ausgewählte) Funktionen des Modifikators mit denen des Kopfes verschmolzen werden. Solch hybride Konzeptkombinationen finden sich zum Beispiel in Form von Uhrenradios oder Fotohandys.

Doch nicht alle neuen Ideen werden durch die Übertragung von Eigenschaften (PM) gewonnen. Manche kreativen Ideen entstehen durch das Verbinden zweier vormals unabhängiger Konzepte durch eine neue thematische Verbindung. Da die meisten Produkte aufgrund einer bestimmten Funktion oder in einem bestimmten Szenario genutzt werden, bestimmen diese Funktionen oder Szenarien häufig die konzeptuelle Kombination. Tennisschuhe also sind eigentlich gewöhnliche Turnschuhe, die aufgrund ihrer Farbe oder auch Funktion jedoch vornehmlich beim Tennis getragen werden. Desktop-Computer sind keinesfalls Computer mit den Eigenschaften eines Schreibtisches, sondern beinhalten in ihrer Bezeichnung den Hinweis, dass es sich hier um Computer handelt, die nicht mobil, sondern lokal, im klassischen Fall eben an einem Schreibtisch, benutzt werden. Somit lässt sich aus einem Konzeptkopf in Kombination mit unterschiedlichen Anwendungsfeldern eine Vielzahl an kleineren Variationen eines Produktes schaffen. Als Beispiel eignet sich auch hier wieder ein Sportschuhhersteller, der basierend auf einer Kernidee sowohl Tennis-, als auch Jogging-, Walking-, Basketball-, Indoor- und Cross-Training-Schuhe produziert (Ward, 2004).

Gill und Dubé (2007) zeigen, dass neue Ideen, die durch Beziehungsverbindung (RL) entstanden sind, wesentlich einfacher für andere Personen zu interpretieren sind. Ideen, die über die Zuordnung von neuen Eigenschaften zu bekannten Konzepten entstehen, scheinen schwerer zu verstehen sein. Die Plausibilität solcher neuen Ideen muss daher, besonders wenn die integrierten Funktionsbereiche ursprünglich aus sehr entfernten Kategorien stammen, dem Umfeld (z. B. den Kunden) erst nahegebracht werden. Hinter großen Veränderungen oder gar Paradigmenwechseln stehen oft Ideen, die auf eine Kombination weit entfernter Konzepte zurückzuführen sind. Die Kombination naher Konzepte (z. B. Konzepte innerhalb einer Domäne) führen eher zum Erhalt des status quo. Allerdings sind Kombinationen ferner Konzepte nicht nur sehr selten, sondern womöglich auch nur in noch relativ unerforschten Bereichen wahrscheinlich (Perkins, 1997).

Von der kreativen Person selbst erfordert der Prozess der Konzeptkombination vor allem die Fähigkeit Analogien finden zu können, die Flexibilität Bestehendes in seiner Bedeutung, Funktions- oder Einsatzweise aufzuweichen und vor allem eine hohe Ambiguitätstoleranz (Schuler et al., 2013). Ambiguitätstoleranz benennt die Eigenschaft, doppeldeutige Situationen oder Stimuli aushalten zu können, wenn man mit unbekannten, komplexen oder inkongruenten Hinweisreizen konfrontiert wird, und ihnen nicht mit Anspannung, Stress oder gar Angst zu begegnen (Furnham & Ribchester, 1995). Ambiguitätstoleranz wurde sowohl theoretisch als auch empirisch mit Kreativität in Verbindung gebracht (Comadena, 1984; Helson et al., 1995; Vernon, 1961; Zenasni, Besançon & Lubart, 2008). Neben dem Wissen an sich und einer gut abrufbaren Informationsorganisation, die in dieser Prozessphase die kognitive Basis bilden, stellt Ambiguitätstoleranz die entscheidende Persönlichkeitsvariable dar. Sie erlaubt dem Kreativen, aus unterschiedlichen Puzzeln jeweils verschiedene Puzzleteilchen zu entnehmen, zu verändern und schließlich zu einem neuen Bild zusammenzusetzen.

5.3.4   Ideenfindung

Der Weg von ersten, losen Assoziationen über die Kombination von Konzepten hin zur originären Idee verläuft mal rascher oder gar scheinbar plötzlich, mal benötigt das Reifen der kreativen Idee einige Zeit. Doch dürfte der besondere Moment, wenn „man es endlich hat" (Heureka!), jener Moment, in dem die Idee immer klarer vor Augen erscheint, wohl den meisten bekannt sein.

Wie die Erkenntnis des lösenden Rechnungswegs bei kniffligen Mathematikaufgaben schon zu Schulzeiten mit einem Gefühl der Erlösung verbunden war, so geht auch der kreative Einfall mit einem glücklichen und manchmal sogar als befreiend empfundenen Gefühl einher.

Jausovec und Bakracevik (1995) zeigten, dass das Bewältigen kreativer Aufgaben tatsächlich mit physiologischen Reaktionen einhergeht. Die Teilnehmer ihrer Studie hatten vier verschiedene Problemarten zu bearbeiten: Interpolationsprobleme, Insight-Probleme, dialektische Probleme und Probleme, die Divergentes Denken erforderten. Währenddessen gaben die Teilnehmer alle 15 Sekunden an, wie nah sie sich der Lösung des gerade zu bearbeitenden Problems fühlten. Diese Selbstauskünfte werden auch als *Feelings of Warmth* bezeichnet und können zur Erfassung der Metakognition in Problemlöseaufgaben eingesetzt werden. Zugleich wurde die Herzschlagrate erfasst. Die Studienteilnehmer berichteten bei der Bearbeitung von Problemen, die mittels Divergentem Denken zu lösen waren, signifikant höhere *Feelings-of-Warmth*-Werte als bei Insight-Problemen. Im Sinne von Metcalfe (1986) weist dieses Ergebnis darauf hin, dass bei Aufgaben zum Divergenten Denken verstärkt unbewusste assoziative Verbindungen hergestellt werden, die dem Problemlöser zwar nicht an der Oberfläche des Bewusstseins zugänglich sind, die er aber als ein Gefühl der Wärme erleben kann. Die Herzschlagmessung ergab schließlich noch eine weitere Erkenntnis: während bei den drei anderen Problemen die Herzschlagrate im Laufe der Problemlösung kontinuierlich anstieg, fiel sie bei der Bearbeitung Divergenter Denkaufgaben nach einem anfänglichen Anstieg zum Ende hin wieder ab. Auffällig war zudem, dass äußerst elaborierte Lösungen vorgetragen wurden. Da die Probanden angewiesen waren, ihren Weg der Problemlösung anhand der Methode des lauten Denkens nachvollziehbar zu machen, gelang es den Autoren den Grund für den Wechsel der Herzfrequenz beschreiben zu können. Die Herzschlagrate, als Indikator für mentale Anstrengung und den Umgang mit Stresssituationen, erhöhte sich in der Phase der Ideengenerierung, fiel jedoch anschließend in einer Phase der Elaboration wieder ab. Leider verblieben nach Datenbereinigung nur wenige Teilnehmer[31] in der Stichprobe, so dass die Befunde bis zu ihrer Replikation noch mit Vorsicht zu genießen sind.

---

[31] $N = 18$ für die Messung der Feelings of Warmth, $N = 14$ für die Messung der Herzschlagrate und gleichzeitiger Anwendung der Methode des lauten Denkens.

Wie Mumford (1998) beschreibt, lassen sich alle Bestrebungen, die kreative Ideenfindung zu fassen, in zwei Lager einteilen. Die erste Sichtweise versteht kreatives Denken als unbewusstes und unkontrollierbares Phänomen, bei dem die kreative Idee quasi aus dem Nichts als plötzlicher Einfall auftaucht. Zur Beschreibung werden oftmals „Aha"-Erlebnisse herangezogen oder in klassischer Tradition Archimedes Heureka-Rufe angeführt. Die alternative zweite Sicht auf Ideengenerierung sieht kreative Ideen als direktes Resultat gerichteter und kontrollierter Informationsverarbeitung und -umdeutung an.

Sicherlich fasziniert die Vorstellung unbewusster kreativer Denkprozesse mehr als ein aktiv kognitiv gesteuerter Sprung von der Informationsverarbeitung und Konzeptkombination hin zur kreativen Idee. Die Studie von Jausovec und Bakracevik (1995) scheint zudem Belege dafür zu liefern, dass kreative Personen tatsächlich unbewusst Informationen verarbeiten und sich so „mit der Idee schwanger gehend" langsam deren Geburtsmoment nähern. Die Phase, in der die Idee also sozusagen „ausgebrütet" wird, wird daher auch passenderweise als *Inkubation* bezeichnet.

Mittlerweile liegen bereits einige Befunde vor, die zeigen, dass nach einer Unterbrechung durch die Ausführung alternativer Aufgaben oder ablenkender Tätigkeiten kreativere Ideen gewonnen werden. Demnach kann ein Pausieren von der konzentrierten Arbeit an kreativ zu lösenden Problemstellungen den Lösungsprozess unterstützen. Der Gedanke dahinter ist, dass durch das Abziehen der Aufmerksamkeit auf das Problem, eventuell fälschliche Informations(re)organisationen durchbrochen werden. Nach der Rückkehr an die Aufgabe wird die Informationsorganisation und -umbildung wieder neu aufgenommen (Segal, 2004). Sowohl Houtz und Frankel (1992), Penaloza und Calvillo (2012) als auch Segal (2004) berichten originellere bzw. mehr Lösungen nach der Unterbrechung von Kreativitätsaufgaben. Ellwood, Pallier, Snyder und Gallate (2009) zeigen, dass hierbei kein genereller Erholungseffekt auftritt, sondern die Kreativität insbesondere dann steigt, wenn in der Pause anderen, also nicht-kreativen, Tätigkeiten nachgegangen wird. Findet die Ablenkung von einer kreativen Aufgabe nur durch die Weiterarbeit an einer ähnlichen Aufgabe statt, zeigen sich geringere Effekte.

Diesen Ergebnissen zufolge ist an dem Tipp „einfach mal was anderes zu machen", wenn man gerade partout nicht auf einen kreativen Einfall kommen mag, wohl etwas dran. Während Archimedes das Archimedische Prinzip beim Baden entdeckt haben soll und Newton die Gravitationsgesetze im Garten unter einem Apfelbaum sitzend erkannt haben soll, weist ein aktueller Forschungsbericht darauf hin, dass auch das Umhergehen (oder für die sportlicheren: das Joggen) einen kreativitätssteigernden Effekt hat. Die Probanden in der Studie von Oppezzo und Schwartz (2014) erzielten signifikant kreativere Ergebnisse, wenn sie während der Ideengeneration umhergingen als wenn sie saßen. Dieser Effekt zeigte sich für alle vier betrachteten Maße: Anzahl der generierten Ideen, Angemessenheit, Anzahl hochkreativer Ideen, Neuartigkeit und Anzahl rekursiver Ideen. Und „was Großmutter noch wusste": Durch Bewegung an der frischen Luft lässt sich eine noch stärkere kreativitätsstimulierende Wirkung des Gehens erzielen. In der Inkubation laufen informationsverarbeitende und konzeptkombinierende Aufgaben ab (Lubart, 2001; Mumford, 1998), so dass diese Phase nur schwer von den vorhergehenden Stufen des kreativen Prozesses trennbar ist. Zudem ist die diagnostische Erfassung von Inkubationsprozessen schwer möglich, da diese größtenteils dem Bewusstsein nicht zugänglich sind. Für das Verständnis und vielleicht auch für die Messung von Inkubation vermag die neuropsychologische Forschung sicherlich noch einen großen Erklärungsbeitrag leisten. Hier könnte beispielsweise auch geklärt werden, ob die bereits beschriebenen Feelings of Warmth dadurch entstehen, dass die nahe kreative Idee „auf der Zungenspitze liegend" erahnt werden kann und so doch zunehmend ins Bewusstsein rückt. Oder aber, ob sich hierin viel eher die Erlösung zeigt, dass in den vorherigen Prozessschritten aufgebaute kognitive Dissonanzen, die als frustrierend erlebt wurden, nun durch die kreative Idee aufgelöst werden (Lubart, 2001; Schuler & Görlich, 2007).

So anziehend der scheinbar magische Inkubationsprozess auch sein mag, zur Diagnose kreativen Potenzials ist diese Operationalisierung von Ideenfindung aus den genannten Gründen schwierig. Viel zugänglicher, theoretisch nicht weniger plausibel und daher auch wesentlicher häufiger studiert, ist die Messung des kreativen Potenzials zur Ideenfindung über Divergentes Denken (s. hierzu Kapitel 4.1.3). Dieser zweite Zugang betrachtet die Generierung kreativer Ideen als einen der Konzeptkombination nachfolgenden Schritt, in dem die neu gewonnenen Assoziationen elaboriert werden (Mumford, 1998). Hierbei kann sowohl nach Ideenflüssigkeit (der Anzahl der entwickelten Ideen), Ideenflexibilität (der Unterschiedlichkeit der Ideen), der Ideenoriginalität (der Neuartigkeit der Ideen) und der Ideenelaboration (dem Grad der Ausarbeitung der Ideen) unterschieden werden (s. auch Kapitel 6.4). Mumford (1998) führt an, dass das Divergente Denken, also das offene und ungerichtete Denken, das ganz unterschiedliche, vielleicht sogar gegensätzliche Lösungen zulässt und das häufig als zentrale kognitive Bedingung für kreative Leistungen gesehen wird, erst relativ spät im kreativen Prozess relevant wird.

Neben Divergentem Denken als kognitive Anforderung der Ideenfindung, spielt auf Seite der Persönlichkeitseigenschaften auf dieser Prozessstufe besonders Offenheit für Erfahrungen eine große Rolle (s. Tabelle 6 und Kapitel 4.2.2.2).

5.3.5 Ausarbeitung und Entwicklung eines Lösungsansatzes

Eine erste kreative Idee ist noch nicht mit einem kreativen Produkt gleichzusetzen. Viel eher sind erste kreative Ideen, wie sie in der vierten Stufe des kreativen Prozesses nach Schuler et al. (2013) gewonnen werden, als „repräsentative Kandidaten" für die letztliche Lösung zu sehen, die erst noch erkundet und ggf. modifiziert, transformiert oder erweitert werden müssen (Ward, 2004). Genauso kann die weitere Beschäftigung mit den generierten Ideen dazu führen, dass diese verworfen werden und so nie die Grundlage einer kreativen Lösung darstellen.

Auf Stufe 5 des kreativen Prozesses vollzieht sich also die Weiterentwicklung früher Ideen hin zu einem konkreten *Lösungsansatz*. Hierbei geht es jedoch, wie die Autoren des Prozessmodells betonen, noch nicht darum, ein implementationsfähiges, gänzlich fertiges Produkt zu entwickeln, sondern eine erste Prüfung der Idee auf ihre grundsätzliche Eignung vorzunehmen (Schuler et al., 2013). In Folge stellen ein gutes Urteilsvermögen und die Fähigkeit zum kritischen Denken die Anforderungen an kreative Personen auf dieser Prozessstufe dar.

Zunehmend stehen die Eigenschaften des Produkts im Vordergrund. Um auszuloten, ob sich Ideen tatsächlich in kreative Produkte umsetzen lassen, also mit den Möglichkeiten, Bedingungen und Grenzen der Realisierbarkeit vereinbar sind, werden häufig erste Skizzen oder schon greifbare Prototypen gefertigt, Vorstudien durchgeführt oder Experimente gemacht. Hierbei gilt: je elaborierter die Ideen auf Stufe vier, der Ideenfindung, bereits sind, desto rascher lassen sich erste Real-Life-Erprobungen bewerkstelligen (Schuler et al., 2013).

Die vorangehenden Stufen waren noch sehr vom Wissensstand und kognitiven Prozessen einzelner Personen abhängig, womit sich eine Zusammenarbeit mehrerer Personen noch eher schwer gestaltete. Ab dieser Stufe gelingt dies nun nicht nur einfacher (Schuler et al., 2013), sondern ist die Zusammenarbeit auch zunehmend sinnvoller. So können zu ersten Machbarkeitsstudien Experten aus den jeweils geforderten Bereichen herangezogen werden und der Arbeitsaufwand, wie etwa beim Bau hochtechnischer Prototypen, kann geteilt oder sogar delegiert werden. Große F&E-Bereiche, wie etwa bei der Daimler AG, haben oftmals eine eigene Prototypen-Fertigung. Die Entwickler können sich ganz auf die Ausarbeitung des Lösungsansatzes konzentrieren; der Bau der ersten Prototypen wird dann (natürlich in Abstimmung mit den Entwicklern) dort erledigt.

Hargadon und Sutton (2000) nennen weitere konkrete Firmenbeispiele, die zeigen, dass weder Kosten noch Zeit gespart werden, um kreative Ideen vor ihrer finalen Umsetzung hinreichend zu prüfen. Mehr noch: „Der Test eines Konzepts hilft nicht nur zu klären, ob es kommerziell von Wert ist. Dabei lassen sich auch einige nützliche Dinge für die Zukunft lernen, selbst wenn eine Idee total floppen sollte." (Hargadon & Sutton, 2000, S. 53). Denn die Beschäftigung mit gescheiterten Ideen kann helfen, bei gleichen oder ähnlichen Ausgangssituationen nicht nochmals dieselben Fehler zu machen. Andererseits mögen manche Ideen vielleicht für die aktuelle Problemstellung nicht die richtige Antwort sein, könnten aber an anderer Stelle genau jene kreative Lösung darstellen, die dann gefragt sein wird (vgl. hierzu das Beispiel des transatlantischen Telefonkabels welches ursprünglich für eine ganz andere Verwendung entwickelt wurde; Hargadon & Sutton, 2000). Insofern sollten auch nicht erfolgreiche Ideen neben den Konzeptionen, die sich letztlich durchsetzen konnten, in das Wissensmanagement von Unternehmen oder Forschungsverbünden Eingang finden. Schuler et al. (2013) weisen ebenfalls auf die Bedeutung einer breiten Wissensbasis für die Stufe *Ausarbeitung und Entwicklung eines Lösungsansatzes* hin.

5.3.6   Ideenbewertung

Wie bereits beschrieben wurde, finden sich an verschiedenen Stellen im kreativen Prozess evaluative Elemente. Schon auf der ersten Prozessstufe, der Problementdeckung, muss die Entscheidung getroffen werden, ob die Fragestellung es wert ist, sich damit näher zu beschäftigen. Die klare Abfolge von Problementdeckung – Ideengenerierung – Evaluation ist angesichts der Komplexität kreativer Prozesse und der Notwendigkeit an verschiedenen Stellen im Prozess Anpassungen an materielle Restriktionen oder soziale Bedürfnisse vorzunehmen sogar kontrainduktiv (Harvey, S. & Kou, 2013). Lubart (1994; zitiert nach Lubart, 2001) verglich die Kreativität von Kurzgeschichten bei Studentengruppen im Zusammenhang mit variierenden Evaluationszeitpunkten. Die Kurzgeschichten der Studenten, die ihre Ideen bereits früh im Schreibprozess evaluierten, wurden von den Beurteilern (kurz vor dem Abschluss stehende Tutoren) als signifikant kreativer eingeschätzt als die Arbeiten der Studenten, die erst spät eine Bewertung vorgenommen hatten.

Evaluation oder *Ideenbewertung* ist also ein prozessbegleitend wichtiges Element. Dennoch kommt ihr besonders nach der Ideengeneration und anschließenden Ausarbeitung von Lösungsansätzen eine so große Bedeutung zu, dass sie als eigenständiger Schritt im Prozessmodell der Kreativität nach Schuler und Görlich (2007) abgebildet wird. Denn nun geht es darum, abzuschätzen, ob die erarbeiteten Lösungen nützlich, originell und in ihrer jetzigen Form ausreichend sind. Erscheint die eingeschlagene Richtung zur Lösung der gestellten Aufgabe bzw. des ursprünglichen Problems nicht zumindest grob richtig, wäre im Prozess nochmals zurück zu gehen um alternative Ideen zu entwickeln. Während die Ideengeneration (und in fließendem Übergang auch die Ausarbeitung eines Lösungsansatzes) auf die Produktion von Ideen abzielt, liegt der Beitrag der Ideenbewertung in der Verbesserung der Qualität dieser Ideen (Harvey, S. & Kou, 2013). Die einzelnen Ideen werden auf ihren Wert hin untersucht, wobei der Wert einer Idee, wie wir noch sehen werden, von ganz unterschiedlichen Kriterien abhängen kann. Der kritische Moment liegt auf dieser Prozessstufe nun darin, dass entschieden wird, welche der gewonnenen Ideen weiter verfolgt werden soll(en), da sie zur erfolgreichen Lösung des Problems beiträgt bzw. beitragen (Paletz & Schunn, 2010). Je größer die Anzahl der Ideen, je elaborierter die daraus entwickelten Lösungsansätze und je mehr alternative Ideen bzw. Lösungen vorliegen, desto höher ist die Wahrscheinlichkeit, dass auch wirklich brauchbare Ideen identifiziert werden können (Paletz & Schunn, 2010).

Doch wer beurteilt eigentlich, ob kreative Lösungen weiterverfolgt werden sollen oder abzulehnen sind? Die Bewertung kreativer Ideen wird sicherlich auch immer von der kreativen Person selbst vorgenommen werden. Gerade im Wirtschaftskontext wird die Prüfung erster Produktmuster oder Prototypen aber auch von nicht originär an der Ideenfindung beteiligten Personen, wie etwa Vorgesetzten, anderen Abteilungen oder auch Testkunden, vollzogen. Macht es dann einen Unterschied, ob die Lösungen hinsichtlich ihrer Originalität einerseits und ihrer Erfolgsaussichten andererseits intrapersonal bzw. interpersonal bewertet werden?

Wie eingangs bereits erläutert, durchziehen prüfende Elemente den kreativen Prozess von Beginn an. Lohnt es sich eine Fragestellung weiterzuverfolgen? Ist das Problem ausreichend definiert und beschrieben? Liegen ausreichend Informationen vor? Sind diese auch so organisiert, dass leicht auf sie zurückgegriffen werden kann und so Analogieschlüsse und mentale Funktionsübertragungen gelingen können? Welche Ideen lassen sich zu einem konkreten Lösungsansatz entwickeln? Kreative Personen haben diese Fragen häufiger zu beantworten als Personen, die nur selten kreativ tätig sind. Demgemäß wäre zu erwarten, dass sie auch auf der Stufe Ideenbewertung einen Vorteil haben sollten. Runco und Chand (1994) fanden eine empirische Bestätigung dieser Überlegung. Personen, die auf vorgegebene Probleme sowohl originellere als auch mehr kreative Lösungen hatten, waren auch in der Identifikation origineller Ideen stärker. Das bedeutet, dass kreativeren Personen die Entdeckung kreativer Lösungen eher gelingt. Ein Grund hierfür könnte sein, dass kreativere Personen häufiger die Gelegenheit zur und damit auch mehr Erfahrung in der Bewertung von kreativen Lösungen haben. Sie erkennen die Attribute kreativer Ideen schneller und mit einer größeren Wahrscheinlichkeit. Allerdings gilt auch hier einmal mehr: Mehr ist nicht gleich besser. Zu viel eigene Evaluationserfahrung vermag wiederum zu einer zu starken Fixierung führen und damit das Entdecken wirklich kreativer Ideen auch zunehmend blockieren (Runco & Chand, 1994).

Auch wenn kreative Personen Ideen rasch als interessant, da neuartig und nützlich, erkennen können, neigen gerade erfolgreiche Kreative manchmal dazu, sich zu sehr auf ihre Kompetenz zu verlassen und nur selten Einschätzungen von außen einzuholen. Doch auch hochkreative Personen sind – wollen sie nicht als verkanntes Genie enden – auf die Akzeptanz ihrer Ideen durch andere angewiesen. Auch wenn vielleicht seltener und unliebsamer als ihre weniger kreativen Kollegen oder Popularisatoren, suchen daher auch sie die Konfrontation mit anderen. Stein (1990) spricht in diesem Zusammenhang von „judgment calls" an die Zielgruppe der kreativen Arbeit. Die Kommunikation mit anderen gibt nicht nur frühzeitiges Feedback zu den entwickelten Ideen, sondern führt auch dazu, die Zielgruppe rechtzeitig an das kreative Produkt zu binden.

Wenn nun aber Außenstehende zur Bewertung herangezogen werden könnte sich die Bewertung von Ideen ändern. Macht es etwa einen qualitativen Unterschied, ob nicht die eigenen Ideen bewertet werden (intrapersonale Evaluation), sondern die Lösungen anderer Personen (interpersonale Evaluation)?

Zunächst hängt die Fähigkeit, intrapersonale und interpersonale kreative Ideen identifizieren zu können, zusammen (Rc = 0.63; Runco & Smith, 1992). Allerdings ergeben sich differenzielle Befunde bei Berücksichtigung alternativer Kriterien. Die Studienteilnehmer schnitten in der intrapersonalen Einschätzung, also bei der Bewertung der eigenen Ideen, signifikant besser ab, wenn sie die Originalität ihrer Ideen bewerteten als wenn sie Einschätzungen zu deren Popularität geben sollten. Bei der interpersonalen Beurteilung, also der Bewertung fremder Ideen, zeigte sich das gegenläufige Muster.

Einen Erklärungsansatz hierfür liefert die Forschung zu Evaluationsprozessen in kreativen Teams. Die Ideenbewertung in kreativen Prozessen wird häufig als konvergenter Denkprozess bzw. bei der Evaluation im Team als konvergenter Entscheidungsprozess gesehen (Harvey, S. & Kou, 2013; Paletz & Schunn, 2010). Insofern müsste ein Team nur die Bewertungen ihrer Mitglieder aggregieren und könnte so die beste Lösung im kreativen Prozess identifizieren. Allerdings zeigt sich, dass Gruppen (unter bestimmten Bedingungen) zwar effektivere Entscheidungen treffen können als Einzelpersonen, bei der Identifikation der kreativsten Ideen jedoch scheitern sie häufig (Harvey, S. & Kou, 2013). Erst wenn die Ideenbewertung tatsächlich ein kollektiver Prozess ist und damit als gemeinsames Ziel die Identifikation der besten Idee im Vordergrund steht ohne dass unterschiedliche Wissensstände, Erfahrungen oder das individuelle kreative Potenzial der Gruppenmitglieder im Fokus stehen und verteidigt werden, können auch Gruppen oder Teams diese Prozessstufe erfolgreich meistern. Dailey und Mumford (2006) und Licuanan, Dailey und Mumford (2007) zeigen Wege auf, wie die Identifikation hoch kreativer Ideen auch in Teams gelingen kann.

Andererseits weisen Runco und Chand (1994) explizit auf die unterschiedlichen Geschmäcker, Erfahrungen, Motive und Interessen von Beurteilern hin. Weiter sehen sie gerade in der Einbindung externer „Experten" (wie es in zahlreichen Kreativitätsstudien oder bei der Consensual Assessment Technique nach Amabile (1982) praktiziert wird) ein großes methodisches Problem. Welcher Lösungsansatz letztlich als kreativ, umsetzbar und erfolgsversprechend ausgewählt wird, hängt – sofern die unterschiedlichen Präferenzen der Beurteiler zum Tragen kommen – also bis zu einem gewissen Grad auch von der Hinzunahme und Zusammensetzung der Beurteiler auf der Stufe Ideenbewertung zusammen.

Neben der Unterscheidung *wer* auf der sechsten Stufe des kreativen Prozesses die Ideen als kreativ und brauchbar bewertet, kann auch das, *was* bewertet wird, variieren. Zusätzlich zu den oben bereits erwähnten Kriterien der Originalität und Plausibilität, lassen sich Lösungsansätze auch nach ihrer Brauchbarkeit, Popularität, Durchsetzbarkeit, Akzeptanz und (rechtlichen) Zulässigkeit beurteilen. Dabei kommt es guten „Ideenmaklern" weniger auf ruhmvolle Ideen, sondern jene Ideen an, die am besten zur Lösung eines konkreten Problems beitragen (Hargadon & Sutton, 2000). Auch wenn der wirtschaftliche Nutzen in der Ökonomie anhand betriebswirtschaftlicher Planungsverfahren und volkswirtschaftlicher Prognosen größtenteils antizipiert werden kann, sind gerade die gesellschaftlichen und sozialen Auswirkungen neuer Produkte oder Prozesse häufig nur schwer vorhersehbar. Ein Beispiel hierfür ist etwa die Einführung der Antibabypille oder das zunehmende Angebot genveränderter Lebensmittel (Schuler & Görlich, 2007).

Neben den involvierten Personen und den zu berücksichtigenden Kriterien ist die Ideenbewertung auch immer von der jeweiligen Zeit und dem gegebenen Ort abhängig (Runco & Chand, 1994). Für die Bewertung von Produkten stellt das sicher ein Problem dar. Im kreativen Prozess sind die Auswirkungen dieser Abhängigkeiten hingegen nicht so gravierend. Zum einen können Fehleinschätzungen bis zu einem gewissen Grad auf nachfolgenden Stufen, etwa in der Anpassung und Umsetzung noch korrigiert werden. Zum anderen erlaubt das Prozessmodel der Kreativität nach Schuler und Görlich (2007) den Rücksprung auf frühere Stufen, so dass gegebenenfalls die einer Idee zugrundeliegenden Informationen aktualisiert werden können. Vor allem aber dann, wenn das individuelle kreative Potenzial über eine prozessbasierte psychometrische Messung erhoben werden soll, wird eher die Fähigkeit, Ideen bewerten zu können, als die absolute Bewertung beurteilt.

5.3.7 Anpassung und Umsetzung

Die beiden letzten Phasen im Kreativitätsprozess bilden die konkrete Umsetzung und Implementierung der kreativen Idee bzw. Lösung ab. Konnte die kreative Idee beziehungsweise deren erste Ausarbeitung zu einem (mehr oder weniger) konkreten Lösungsansatz der Bewertung standhalten, kann nun im nächsten Schritt die *Anpassung und Umsetzung* in Angriff genommen werden.

Gerade wenn neuartige Konzepte an reale Bedingungen angepasst werden müssen, tauchen oftmals ganz neue Herausforderungen auf. So müssen eventuell Modifikationen der ursprünglichen Idee erarbeitet werden um auf Beschränkungen (z. B. rechtlicher oder finanzieller Art) zu reagieren. Oder aber nach der nun ersten praktischen Erprobung der Idee werden Wünsche (z. B. nach geringeren Produktionskosten, einem leichteren Gewicht o.ä.) verbalisiert, die es zu bedienen gilt. Nur wer frühzeitig die Anforderungen und Reaktionen der Zielgruppe antizipiert und bei der Bereitstellung einer kreativen Idee berücksichtigt, kann sich einer erfolgreichen Durchsetzung der Idee sicher sein. Daher beziehen erfolgreiche kreative Personen spätestens auf der siebten Prozessstufe andere Personen in den kreativen Prozess mit ein. In Zusammenarbeit mit Experten, wie etwa Materialforschern, Marktforschern, Produktdesignern oder gleich unter Einbezug von Repräsentanten der späteren Zielgruppe wird die Lösung nochmals auf ihre Realitätstauglichkeit überprüft.

Zur Integration sogenannter Lead User (LU) liegen bereits einige Arbeiten vor (einen aktuellen Überblick bieten Gängl-Ehrenwerth, Faullant & Schwarz, 2013). Unter Lead Usern werden jene (potenzielle) Kunden zusammengefasst, die dem Markt insofern voraus sind, als sie zum einen als erste Trends erkennen oder wandelnde Bedürfnisse artikulieren und zum anderen hohe Anforderungen an Produkte und Lösungen stellen (Gängl-Ehrenwerth et al., 2013; Schreier & Prugl, 2008). Auch wenn die Gruppe an Lead Usern nur sehr klein und deren Identifikation sehr schwierig ist, lohnt es sich dennoch diese Anwendungsexperten zu suchen und in die *Anpassung und Umsetzung* von neuen Produkten einzubinden. Denn Faullant, Schwarz, Krajger und Breitenecker (2012) zeigen in Kooperation mit Philips Consumer Lifestyle an einer Stichprobe von 146 LU, dass lead userness mit individueller Kreativität zusammenhängt. Durch die Zusammenarbeit kreativer Produktentwickler mit LU wird aber nicht nur kreatives Potenzial für den Neuproduktentwicklungsprozess hinzugewonnen, sondern werden auch Wissen und Erfahrung im Entwicklungsteam erhöht (Gängl-Ehrenwerth et al., 2013). Zudem bringen LU nicht selten ein hohes Maß an finanziellen und zeitlichen Kapazitäten mit ein. Ein Unternehmen, bei dem die Integration von LU in die Ausarbeitung und Umsetzung eines neuen Produktes regelmäßig beobachtet werden kann, ist Apple. Hier wird ein neues Betriebssystem für interessierte Tester stets einige Zeit vor dem offiziellen Release-Zeitpunkt bereitgestellt. Durch das Feedback der Testkunden und durch Auswertung derer Nutzungsdaten können kundenseitig wichtige Aspekte des neuen Systems berücksichtigt und auftretende Probleme noch vor der späteren breiten Nutzung des Programms behoben werden.

Auch wenn die Ideenfindung auf Stufe vier den kreativen Kern des Prozesses ausmacht, muss also auch jetzt, wo die Entscheidung für eine kreative Lösung bereits gefallen ist, noch einiges an Aufwand betrieben werden, um die anfängliche kreative Idee zur akzeptierten Innovation reifen zu lassen. Eventuell sind für Detaillösungen nochmals Rückschleifen nötig. So müssen zum Beispiel Materialien bei einer Produktidee ausgetauscht werden oder es müssen Lösungen gefunden werden, wie auf spezielle Sicherheitsbestimmungen in unterschiedlichen Absatzmärkten zu reagieren ist. Auch hier sind oftmals kreative Lösungen gefragt. Allerdings ist die originäre kreative Idee nicht mehr neu zu gewinnen, sondern jetzt sind letzte Modifikationen in ihrer Ausgestaltung vorzunehmen.

Daher dürften auf der Stufe *Anpassung und Umsetzung* vornehmlich Praktiker gefragt sein, die ihre Erfahrungen in der Begleitung von Produktideen hin zu ihrer Marktreife einfließen lassen können. Eigenschaften wie Realismus und Pragmatismus helfen hierbei ebenso wie eine systematische Arbeitsweise mit kleinen, kontrollierten Zwischenschritten und fortlaufender Überprüfung um die finale Anpassung und Umsetzung erfolgreich zu bewältigen (Schuler & Görlich, 2007). Erfahrene Kreative bereiten bereits in der *Anpassung und Umsetzung* von Lösungsansätzen deren spätere Implementierung vor und berücksichtigen daher auch jetzt schon soziale und politische Akzeptanzfaktoren (Schuler et al., 2013).

5.3.8 Implementierung

Die letzte und achte Phase des Kreativitätsprozesses nach Schuler und Görlich (2007) umfasst die *Implementierung*. Aus einer ersten, noch vagen Idee ist nach mehreren Bewertungsschritten, Umsetzungsvarianten und Modifikationen das endgültige Produkt entstanden. Doch die „fertige Lösung" mag noch so originell, bedeutsam und sinnvoll sein, für den letztlichen Erfolg des Produkts sind herausragende Produkteigenschaften kein (alleiniger) Garant. Denn für eine erfolgreiche Durchsetzung, Einführung und Verbreitung kreativer Ideen und Produkte müssen deren Vorteile bzw. neuartigen Eigenschaften auch überzeugend kommuniziert und Befürworter, Unterstützer, Nutzer und Kunden, gewonnen werden. Hierbei sind Eigenschaften wie Soziale Kompetenz, Dominanz, Beharrlichkeit, Initiative, Überzeugungskraft, Realitätssinn, unternehmerisches Denken und Handeln, und der Wille nach Machtausübung gefragt (Schuler et al., 2013).

Dass Dominanz mit Kreativität korreliert ist, wurde bereits in den Kapiteln 4.2.2 und 4.3.1 beschrieben. Doch wie steht es um die anderen Merkmale? Die meisten Studien zum Zusammenhang individueller Fähigkeiten und Eigenschaften mit Kreativität fokussieren auf die Generierung von Ideen. Untersuchungen zur *Implementierung* ausgereifter Lösungen sind leider rar (Axtell et al., 2000; Hammond et al., 2011). Die auf dieser Prozessstufe gestellten personalen Anforderungen erweisen sich bei genauerer Betrachtung als dem Kreativen eher fremd. Viel eher als freies und unabhängiges Arbeiten geht es nun um soziale Interaktion und Einflussnahme sowie zielgerichtete Planung. Damit müssten in einer Regressionsgleichung für diese Prozessstufe die Gewichte der klassischen Kreativitätsprädiktoren (wie z. B. Divergentes Denken oder Offenheit für Erfahrungen) geringer ausfallen.

Einen ersten Anhaltspunkt, dass bei der *Implementierung* der Einfluss gemeinhin als mit Kreativität assoziierter Merkmale tatsächlich geringer ist als auf den übrigen Stufen, bietet die Meta-Analyse von Hammond et al. (2011). Hier wurde auf Seiten des Kriteriums gezielt nach unterschiedlichen Phasen des kreativen Prozesses unterschieden. Folglich trennen die Autoren die Ideengenerierung von der Implementierung. Studien, die Kreativität sowohl über die Generierung von Ideen als auch über deren Implementation erfasst haben, werden in die Kategorie Innovation eingeordnet. Leider liegen, wie erwähnt, nicht für alle betrachteten Eigenschaften ausreichend Studien vor, die als Kriterium die Implementierung isoliert einbeziehen. So kann für Offenheit zum Beispiel lediglich der Zusammenhang mit Leistungen in der Ideengenerierung und Innovationsmaßen (Kombination aus Ideengenerierung und Implementierung) verglichen werden. Wie schon in Kapitel 5.2 berichtet, zeigt sich hier dennoch ein marginal signifikanter Unterschied ($Z = 1.63$, $p < .10$): die doppelt attenuationskorrigierte Korrelation für Offenheit mit Ideengenerierung beträgt $\hat{\rho} = .34$ wohingegen der Zusammenhang von Offenheit mit Innovation auf $\hat{\rho} = .16$ sinkt. Die zudem betrachteten Individualvariablen Beschäftigungsdauer, Ausbildung sowie intrinsische und extrinsische Motivation zeigen keine bis hin zu geringen Variationen in ihren Zusammenhängen mit Ideengenerierung bzw. Innovation.

Neben dem Einfluss individueller Variablen spielen bei der Implementierung kreativer Ideen nun vor allem auch gruppen-, arbeits- und organisationsbezogene Variablen eine gewichtige Rolle (Axtell et al., 2000). Somech und Drach-Zahavy (2013) beschreiben zum Beispiel Teamkreativität als Aggregation des kreativen Potenzials seiner Mitglieder und gefördert durch eine funktionale Heterogenität der Teammitglieder. Teamkreativität wiederum führt jedoch nur dann zu einer erfolgreichen Implementierung kreativer Ideen, wenn ein starkes Innovationsklima gegeben ist. Meta-analytische Befunde stützen die implementationstreibende Wirkung des Innovationsklimas ($\hat{\rho} = .37$ mit Implementierung, hingegen nur $\hat{\rho} = .15$ für Ideengenerierung). Auch für Autonomie (ein Maß für die Selbstverwaltung in der Ausfüllung der beruflichen Tätigkeit) zeigen sich differenzielle Effekte. Für dieses tätigkeitsspezifische Merkmal scheint der Einfluss auf die Implementierung von Ideen ebenfalls wesentlich stärker zu sein als auf die Ideengenerierung. So steigt der Zusammenhang von Autonomie mit Kreativität von $\hat{\rho} = .19$ für die Ideengenerierungsphase auf $\hat{\rho} = .44$ für die Implementierungsphase (Hammond et al., 2011).

Rufen wir uns zur Erklärung dieser Ergebnisse nochmals die Arbeitsschritte auf der letzten Prozessstufe in Erinnerung. Das neue Produkt muss (vielleicht noch ergänzt um begleitende Service- und Support-Produkte) einer hinreichend kritischen Masse an Interessenten bekannt gemacht werden. Zudem müssen gerade neuartige Produkte oder Prozesse erst in bestehende Strukturen und Systeme integriert werden (Schuler et al., 2013). Diese Aufgaben können nicht mehr alleine oder in Kleingruppen bewältigt werden, sondern erfordern die Zusammenarbeit mit Experten aus verschiedenen Bereichen.

Auch hier können wieder, wie bereits auf der vorhergehenden Stufe der Anpassung und Umsetzung, Lead User eingebunden werden. Als Referenzkunden und Meinungsführer fungieren sie als Multiplikatoren in der Zielgruppe des neuen Produkts. Weiterhin können sie den Diffusions- und Adoptionsprozess unterstützen, indem sie als User-to-User-Support die schnelle Integration neuer Produkte oder Prozesse befördern (Gängl-Ehrenwerth et al., 2013). Besonders in Online-Communities und bei der Verbreitung technischer Innovationen ist dies häufig zu beobachten. Sofern es gelingt, geeignete Lead User zu identifizieren und koordiniert einzubinden, können also sowohl Marketing- als auch Vertriebs- und Servicefunktionen kostengünstig von Externen unterstützt oder übernommen werden (Schreier & Prugl, 2008).

5.4   Abschließende Diskussion über Prozessmodelle der Kreativität

Prozessmodelle beschreiben die Schritte, die kreative Personen auf dem Weg vom Erkennen eines Problems hin zum kreativen Produkt gehen. Hierbei werden nicht nur individuelle kognitive und nicht-kognitive Voraussetzungen berück- sichtig, sondern auch Kontextbedingungen miteinbezogen. Unter Kontextbedin- gungen fallen etwa das Umfeld, der Grad an Unterstützung, die Bewertungskrite- rien, aber auch zeitliche Aspekte.

Eine solch detaillierte Abbildung kreativen Schaffens ermöglicht zugleich die Berücksichtigung feldspezifischer Besonderheiten. Das bedeutet, dass kreative Prozesse nicht als starre Ablaufpläne zu verstehen sind, die ordentlich und unter gleichwertiger Berücksichtigung aller Prozessstufen abzuarbeiten sind, sondern durchaus auch unterschiedliche Akzentuierungen erlauben. So scheint etwa die Bedeutung der einzelnen Prozessstufen in Abhängigkeit des zu lösenden Prob- lems bzw. Kontexts zu variieren (Mumford, 1998). Nach Mumford (1998) ist die anfängliche Problemdefinition besonders für die Arbeit von Künstlern wichtig, Informationssuche hingegen hat gerade bei kreativen Wissenschaftlern ein hohes Gewicht. Die Ideengenerierung wiederum ist im Wirtschaftskontext außeror- dentlich relevant und der Ideenbewertung kommt in Design und Marketing eine große Bedeutung zu. Insofern sind die bei Ma (2009) berichteten Effektstärken für den Beitrag einzelner Prozessstufen zur gesamten kreativen Leistung mit Vorsicht zu genießen. Sollten sich die kreativen Prozesse bezüglich der Gewich- tung einzelner Stufen tatsächlich von Feld zu Feld unterscheiden, lassen sich wohl nur schwerlich allgemeine Aussagen treffen. Gerade vor dem Hintergrund kreativer Prozesse im Wirtschaftskontext wird oftmals angenommen, der kreati- ve Prozess lasse sich in zwei Bereiche trennen: einen kreativen Teil und einen Teil, der sich mit der Implementierung der neu(artige)n Idee beschäftigt (Rickards, 1996). Dafür sprechen sicherlich die differenziellen Zusammenhänge individueller und organisationaler Variablen mit den Leistungen auf den einzel- nen Prozessstufen. Ob eine solche Gruppierung der einzelnen Prozessstufen jedoch tatsächlich angenommen werden kann, ist erst noch empirisch zu prüfen.

Aufgrund der feldspezifischen Akzentuierung kreativer Prozesse empfiehlt Mumford (1998) daher zur domänenübergreifenden Vorhersage kreativen Potenzials die Messung von personbezogenen Fähigkeiten und Eigenschaften, wie etwa Intelligenz oder Divergentem Denken. Allerdings liegt gerade in der Verbindung von personalen Dispositionen und der Prozesssicht der Schlüssel zu einem robusteren und komplexeren Verständnis von Kreativität (Plucker & Beghetto, 2004). Lubart (2001) formuliert hierzu treffend: „Creativity training or selection procedures may not be effective, according to the current view, if people master specific skills but do not know how to combine these when working on a task" (S. 305). Über die kreativitätsförderlichen Fähigkeiten und Eigenschaften zu verfügen ist eine wesentliche Voraussetzung. Zu wissen, wann welche (Denk-)Prozesse und Handlungsweisen im kreativen Prozess relevant werden und wie man diese gewinnbringend einsetzen kann, ist, wie bereits erwähnt, gewiss ebenso wichtig.

Selbstverständlich schafft die integrierte Betrachtung von Person und Prozess das klassische Problem aller komplexer Systeme: durch steigende Komplexität des Modells steigt auch die Komplexität dessen empirischer Überprüfung. Nicht nur die eher prototypische Trennung der Prozessstufen, sondern auch die Anzahl an zu berücksichtigenden Variablen (samt denkbarer Interaktionen) lässt die Diagnose kreativen Potenzials zu einer Herausforderung werden.

Schuler (2008) verweist in diesem Zusammenhang darauf, die Messung der vielen und vielfältigen Anforderungen auf den acht Stufen seines Prozessmodells nicht von einem einzigen Testmodell zu erwarten. Vielmehr dürfte eine Kombination gemäß des *trimodalen Ansatzes* der Berufseignungsdiagnostik (Schuler, 2002) dienlich sein. Der trimodale Ansatz unterscheidet zwischen den drei Betrachtungs-, Erfassungs- und Interventionsebenen *Eigenschaften, Verhalten* und *Aufgaben/Ergebnisse (Biografie)* und verweist auf den Gewinn einer multimodalen bzw. multimethodalen personalpsychologischen Diagnostik (Schuler, 2014b). Nicht in jeder diagnostischen Situation bzw. Zielsetzung sind alle drei Zugänge möglich. So liegen besonders bei jungen Bewerbern zum Beispiel häufig noch nicht ausreichend biografische Daten vor. Oder die Eigenschaftsdiagnose mittels Tests stößt auf Widerstände und wird aus Akzeptanzgründen abgelehnt. In diesen Fällen kann folglich nur ein Ausschnitt an denkbaren diagnostischen Daten zum kreativen Potenzial einer Person gewonnen werden. Für einen detaillierten Zugang zur Testung der einzelnen Phasen wäre ein multimodaler Ansatz jedoch vielversprechend.

Schuler und Görlich (2007) kombinieren den trimodalen Ansatz mit ihrem Prozessmodell der Kreativität. In Abbildung 11 finden sich die von ihnen vorgeschlagenen Ansätze zur Messung der kreativen Leistungsfähigkeit über die acht Prozessstufen hinweg.

Abbildung 11: Diagnose der Schritte des kreativen Prozesses in Form dreier diagnostischer Modalitäten (Schuler & Görlich, 2007, S. 88)

Der kreative Prozess	Eigenschafts-diagnose (Tests)	Verhaltensdiagnose (Arbeitsproben)	Biografische Diagnose (Ergebnisse)
1. Problementdeckung (suchen, identifizieren und definieren)	Wissbegier, Offenheit	Probleme in Situationsschilderungen entdecken	Lehrereinschätzung
2. Informationssuche, -aufnahme und -bewertung	Auffassungsumfang, Arbeitsgedächtnis	Erkennen beziehungsrelevanter Informationen	Vorwissen
3. Kombination von Konzepten (Verknüpfungen herstellen)	Analogien finden, Flexibilität	Objekte zu Kategorien ordnen oder vorgegebene Kategorien reorganisieren	Inhaltsanalyse von Aufsätzen/ Publikationen
4. Ideenfindung (Inkubation, Intuition, Einfall, Einsicht)	Divergentes Denken, Hypothesen finden	Situative Interviewfragen	Interessen, Kollegeneinschätzung
5. Ausarbeitung und Entwicklung des Lösungsansatzes	Fähigkeit zum Problemlösen	Arbeitsprobe: Umsetzen vorgegebener Ideen	Eingereicht Patente, Diplomarbeit
6. Ideenbewertung	Urteilsvermögen, kritisches Denken	Einschätzung der Qualität konkurrierender Problemlösungen	Beurteilung durch Vorgesetzte
7. Anpassung und Umsetzung (Prüfung, Realitätsanpassung)	Realismus, Pragmatismus	Zu prüfende Hypothesen identifizieren, Konzeptmodifikation	Biografische Interviewfragen
8. Implementierung (Kommunikation, Überzeugung, Systemintegration)	Soziale Kompetenz, Dominanz, Beharrlichkeit	Rollenspiele, Kommunizieren, Überzeugen	Berufsbiografie, durchgesetzte Innovationen

6 Verfahren zur Messung von Kreativität

Durch die unterschiedlichen Zugänge zu Kreativität (Produkt, Person, Prozess, Umwelt) und verschiedenen Betrachtungsebenen (Individuum, Team/Gruppe, Organisation, Kultur) allein ergeben sich bereits eine Vielzahl an möglichen Diagnoseansätzen zur Erfassung von Kreativität. Gefördert wird die Pluralität an Messverfahren durch den Mangel einer einheitlichen Definition. Schon die Frage, ob Kreativität neben divergenten auch konvergente Denkprozesse erfordert (oder diese per Definition als unkreatives Denken ausschließt), wirkt entscheidend auf die Konzeption sogenannter Kreativitätstests ein.

Dass die psychometrische Erfassung von Kreativität als wichtig erachtet wird, berichteten bereits Snyderman und Rothman (1987). Interessanterweise konnten zu diesem Zeitpunkt schon über 255 Kreativitätstests gezählt werden (Torrance & Goff, 1989). Die Erfassung von Kreativität wurde dennoch von nahezu allen Psychologen als unzureichend eingeschätzt (Snyderman & Rothman, 1987). Seit den 1980er Jahren hat die Anzahl an Kreativitätsmessverfahren noch weiter zugenommen. Gleichzeitig wurden einzelne Verfahren aber auch ganze Verfahrensklassen einer psychometrischen Überprüfung unterzogen. Wie wir noch sehen werden, erbringen nicht alle Verfahren immer den gewünschten Effekt bzw. erfüllen die angestrebten diagnostischen Qualitätsstandards.

Angesichts der Fülle an Instrumenten bietet sich eine Klassifikation der unterschiedlichen Verfahren zur Messung von Kreativität an. Bereits in Kapitel 2.4 wurde das heuristische Rahmenmodell der Kreativität genutzt, um die im Rahmen dieser Arbeit relevanten Kreativitätsaspekte aufzuzeigen. So interessiert hier die Individualebene bezüglich der Prozess- und Eigenschaftsfacetten.

In Artikeln über die Erfassung von Kreativität bei einzelnen Personen wird oft die Einteilung von Hocevar und Bachelor (1989) zitiert. Sie ist in Tabelle 7 dargestellt. Neben der Datenart wird zugleich das Ziel einer jeden Erhebungsmethode genannt. Nachdem im vorangehenden Kapitel bereits der trimodale Ansatz der Eignungsdiagnostik vorgestellt wurde, kann die Sammlung unterschiedlicher Informationen zur Messung von Kreativität nach Hocevar und Bachelor (1989) noch weiter differenziert werden (s. Spalte „Diagnostischer Ansatz" in Tabelle 7).

Tabelle 7:   Erhebungsverfahren zur Kreativitätsmessung (nach Hocevar &
Bachtiar, 1989; ergänzt um eine Zuordnung des diagnostischen Ansatzes nach Schuler, 2002)

Verfahren	Ziel	Diagnostischer Ansatz
Tests zum Divergenten Denken	Erfassung kognitiver Fähigkeiten	Eigenschaftsorientiert
Persönlichkeitsinventare	Erfassung bestimmter Persönlichkeitsmerkmale und Eigenschaften	Eigenschaftsorientiert
Einstellungs- und Interessenskalen	Erfassung bestimmter Vorlieben, Interessen und Motive	Eigenschaftsorientiert
Lehrerbeurteilung	Genaue Information über Person durch Einschätzung von Lehrern, welche die Person kennen und sie über einen längeren Zeitraum beobachten konnten	Eigenschaftsorientiert (Fremdbeurteilung) oder Biografieorientiert
Peerbeurteilung	Genaue Information über Person durch Einschätzung von Kollegen, welche die Person kennen und sie über einen längeren Zeitraum beobachten konnten	Eigenschaftsorientiert (Fremdbeurteilung) oder Biografieorientiert
Vorgesetztenbeurteilung	Genaue Information über Person durch Einschätzung von Vorgesetzten, welche die Person kennen und sie über einen längeren Zeitraum beobachten konnten	Eigenschaftsorientiert (Fremdbeurteilung) oder Biografieorientiert
Beurteilung kreativer Arbeitsproben und Produkte	Messung des kreativen Verhaltens einer Person und Analyse ihrer Ergebnisse	Simulationsorientiert/ Biografieorientiert
Eminenz-Einschätzungen	Erfassung von Erfolgskriterien durch Erfassung von Zitierhäufigkeit, erlangten Preisen und Auszeichnungen sowie eingeräumtem Platz in Biografien	Biografieorientiert
Biografische Inventare	Sammlung von Informationen zu Hintergrund und Entwicklungsbedingungen einer Person	Biografieorientiert
Selbstberichte über besondere Leistungen	Checklisten geben Auskunft über Selbsteinschätzung und nicht publike Leistungen	Biografieorientiert

Zwei Punkte fallen auf: zum einen werden von den kognitiven Anforderungen an
kreative Personen lediglich Divergentes Denken abgedeckt. Zum anderen berücksichtigen Hocevar und Bachelor (1989) lediglich die Person- und Produktsicht. Eine differenziertere Diagnostik kreativen Potenzials durch den Einbezug
einer Prozesssicht auf Kreativität wird in dieser Aufstellung nicht eingenommen.
       Anhand der Klassifizierungslogik des trimodalen Ansatzes soll im Folgenden
ein knapper Überblick über eine Auswahl der bereits vorliegenden Verfahren zur

Kreativitätsmessung gegeben werden[32]. Anschließend wird kurz auf die üblichen Auswertungsmodi beim Einsatz von Kreativitätstests eingegangen. Daran anschließend werden Limitationen der Verfahren aufgezeigt. Im abschließenden Kapitel werden die vorhandenen Verfahren dann im Hinblick auf ihre Brauchbarkeit für die Diagnose individuellen kreativen Potenzials im Berufskontext und bezüglich ihrer psychometrischen Güte bewertet.

6.1   Eigenschaftsorientierte Messung von Kreativität

Im eigenschaftsorientierten Ansatz werden für die Erbringung gewünschter Leistungen oder das Zeigen bestimmter Verhaltensweisen relevante Konstrukte identifiziert und deren Ausprägung bei der zu diagnostizierenden Person über psychometrische Tests zu erfassen gesucht. Welche psychologischen Konstrukte für ein erfolgreiches Durchlaufen des kreativen Prozesses und damit für die Erbringung kreativer Leistungen förderlich sind, wurde in den Kapiteln 1 und 5 herausgearbeitet. Neben kognitiven Eigenschaften, wie etwa die Fähigkeit zum Divergenten Denken und auch analytischen Kompetenzen, zählen insbesondere Offenheit für Erfahrungen und intrinsische Motivation zu kreativitätsbegünstigenden Merkmalen.

Zunächst lassen sich damit also drei inhaltlich unterscheidbare Verfahrensgruppen zur eigenschaftsbasierten Messung von Kreativität feststellen: Verfahren, welche die kognitiven Voraussetzungen überprüfen, Instrumente, die auf die Ausprägung relevanter Persönlichkeitsmerkmale abheben und Verfahren, welche die Motivstruktur messen.

Lange Zeit war, wie es sich auch in der Auflistung von Hocevar und Bachelor (1989) widerspiegelt, das Repertoire an kognitiven Kreativitätstests auf Tests zum Divergenten Denken beschränkt. Traditionelle Verfahren sind hier *Guilfords Unusual Uses-Tests* (Guilford & Hoepfner, 1976), die *Torrance Tests of Creative Thinking* (Torrance, 1966) oder die *Barron-Welsh Art Scale* (Welsh, 1975). Als modernere Verfahren zählen die Aufgaben zum Einfallsreichtum aus dem *BIS-4* (Jäger et al., 1997) oder zum kreativen Denken aus der *Analyse Schlussfolgernden und Kreativen Denkens* (*ASK*, Hell, 2003).

Die freie Ideengenerierung deckt jedoch nur einen Teil der zur Erbringung kreativer Leitungen erforderlichen Denkprozesse ab – wenngleich vermutlich den entscheidenden. Tests zum Divergenten Denken damit als Kreativitätstests zu bezeichnen und somit Kreativität mit Divergentem Denken gleichzusetzen ist folglich nicht richtig (Piffer, 2012). Genauso wenig können Inventare zur Erfassung des kognitiven Stils (allen voran das *Kirton Adaption-Innovation Inventory* von Kirton (1976)) als Kreativitätstest gelten.

---

[32] Auflistungen und kurze Besprechungen der zahlreichen Verfahren bieten u. a. auch Cropley, A. J. (1996), Hocevar und Bachelor (1989), Houtz und Krug (1995) oder Zhou und Shalley (2003).

Die zweite Verfahrensgruppe zielt auf die Messung mit Kreativität assoziierter Persönlichkeitsmerkmale ab. Eines der ersten und aufgrund seiner zeitökonomischen Verwendung immer noch sehr häufig verwendetes Verfahren ist die *Creative Personality Scale* (*CPS*) von Gough (1979) (s. Kapitel 4.2.1). Für die Erfassung von Persönlichkeitsdimensionen oder -facetten aus Persönlichkeitsmodellen, kann auf die das jeweilige Modell abbildende Testverfahren zurückgegriffen werden. So kommt etwa das *NEO-PI-R* (Ostendorf & Angleitner, 2004) bzw. dessen Kurzform *NEO-FFI* (Borkenau & Ostendorf, 2008) zum Einsatz um die Big Five zu erfassen. Derzeit setzen sich auch zunehmend die *HEXACO-Skalen* (Ashton & Lee, 2007) oder die ebenfalls frei verfügbaren *IPIP-Skalen* (*International Personality Item Pool: A Scientific Collaboratory for the Development of Advanced Measures of Personality Traits and Other Individual Differences*) durch.

Besondere Erwähnung sollte jedoch noch ein weiteres Erhebungsverfahren finden: die Erfassung von Kreativität via kreativem *Selbstbild*. Das Selbstbild einer Person reflektiert, inwieweit sie sich selbst als kreativ erachtet (Hughes et al., 2013). Dieser Selbsteinschätzung kommen wichtige Funktionen zu: Zum einen mag sie als Zielsetzung bei kreativen Tätigkeiten wegweisend und anspornend wirken, zum anderen kann sie aber auch der Selbstselektion in beruflichen (Wahl-)Prozessen dienen (Schuler & Görlich, 2007). Mit dem Selbstbild verwandt, und doch nicht synonym zu verstehen ist die *kreative Selbstwirksamkeit* (*creative self-efficacy*), die abbildet, inwiefern eine Person davon überzeugt ist, die nötigen Ressourcen für kreative Leistungen aufbringen zu können (Hughes et al., 2013). Für beide Maße wurde prädiktive Validität nachgewiesen (Anderson, Potocnik & Zhou, 2014; Batey & Furnham, 2008; Hammond et al., 2011; Hughes et al., 2013). So korreliert etwa die kreative Selbstwirksamkeit in der Metaanalyse von Hammond et al. (2011) zu $\hat{\rho}$ = .33 (doppelt attenuationskorrigiert) mit innovativer Leistung.

Wenn Kreativität Bestandteil des Selbstbilds bzw. der Selbstwirksamkeit ist, dann ist zu erwarten, dass diese Maße auch mit weiteren Selbstbeschreibungen, wie etwa Adjektivlisten oder Persönlichkeitsinventaren korrelieren. Entsprechend zeigt sich ein Zusammenhang von selbsteingeschätzter Kreativität mit der *CPS* zu r = .37 ($p < .01$; N = 140; Batey & Furnham, 2008). Von den Big Five erweisen sich insbesondere Offenheit für Erfahrungen (r = .52, $p < .01$) und Extraversion (r = .25, $p < .01$) als mit Kreativitätsselbsteinschätzungen korreliert (Hughes et al., 2013).

Selbstverständlich birgt der Einsatz von Selbsteinschätzungen zur Kreativität dieselben Probleme (z. B. Beschönigungstendenz, Faking, soziale Erwünschtheit) wie sie generell beim Einsatz von Selbsteinschätzungen auftreten können (Ng, T. W. H. & Feldman, 2012; Robinson, Reiter-Palmon, Kaufman, Ashley & Wigert, 2010, Apr), also etwa auch beim Einsatz von Persönlichkeitsinventaren. Studien zur Konstruktvalidität von Kreativitätsselbsteinschätzungen geben jedoch Hinweise auf weitere Probleme bei deren Einsatz. Erstens scheint das kreative Selbstbild kein eindimensionales Konstrukt zu sein. Vielmehr setzt es sich aus einem Eindruck allgemeiner Kreativität und domänenspezifischen Selbstkonzepten aus unterschiedlichen Feldern zusammen (Davis et al., 2011; Hughes et al., 2013; Kaufman, Cole & Baer, 2009; Robinson et al., 2010, Apr). Zweitens zeigen sich sowohl Geschlechtsdifferenzen als auch ethnische Unterschiede im Kreativitätsselbstbild (Kaufman, 2006). Drittens hängt die Validität von Selbsteinschätzungen vom Alter der sich einschätzenden Personen ab. Mit zunehmender Lebenserfahrung kann bei Selbsteinschätzungen auch auf eine größere Datenbasis zurückgegriffen werden, denn die Anzahl an Situationen, in denen man das einzuschätzende Verhalten gezeigt (oder eben gerade nicht gezeigt) hat, ist entsprechend größer. Zugleich ist die Verhaltensstabilität im (Erwachsenen-)Alter höher als in Jugendjahren (Schuler, 2014b). Und viertens zeigen sich für Angaben zum kreativen Selbstbild mit objektiven Kreativitätsleistungsmaßen allenfalls geringe Korrelationen, so dass Selbsteinschätzungen der Kreativität nicht als Kreativitätskriterium eingesetzt werden können (Batey & Furnham, 2008; Reiter-Palmon, Robinson-Morral, Kaufman & Santo, 2012; Robinson et al., 2010, Apr). Als Prädiktor leistet das kreative Selbstbild jedoch insofern einen wertvollen Beitrag, als es ein Maß für die Motivation zu kreativem Verhalten zu sein scheint (Robinson et al., 2010, Apr; Schuler & Görlich, 2007).

Kreative Eigenschaften können über Leistungstests (z. B. Tests zum Divergenten Denken) oder über Einschätzungsverfahren (z. B. zu Persönlichkeitsmerkmalen, zum kreativen Selbstbild oder zu Interessen und Motiven) erfasst werden. Neben Selbsteinschätzungen werden besonders in Feldstudien häufig auch Fremdeinschätzungen eingesetzt (Anderson et al., 2014; Zhou & Shalley, 2003). Ng, T. W. H. und Feldman (2012) haben Selbst- und Vorgesetzteneinschätzungen zur Kreativität von Mitarbeitern gegenübergestellt. Die metaanalytischen Befunde zeigen in den meisten der betrachteten Zusammenhänge größere Effekte für Selbstbeschreibungen der Kreativität. Die Autoren diskutieren methodische Gründe für diesen Befund und erwägen die Vor- und Nachteile der unterschiedlichen Erhebungsmethoden. Aus eignungsdiagnostischer Sicht wichtig sind die Ergebnisse von Batey, Rawles und Furnham (2009). Sie zeigen, dass eine Kreativitätsdiagnostik via Fremdeinschätzung nicht nur auf den zu beurteilenden Personen bekannten Beurteilern wie etwa Vorgesetzten oder Peers beschränkt ist. Vielmehr kann es trainierten Interviewern durch Vorgabe eines geeigneten Interviewleitfadens gelingen, jene Personen zu identifizieren, die in Tests zum Divergenten Denken auch originellere Ideen liefern.

Wie wir auch später nochmals sehen werden, sind die bislang unter dem eigenschaftsorientierten Zugang zur Kreativität angeführten Verfahrenstypen jedoch in den seltensten Fällen originär als „Kreativitätstest" konzipierte Instrumente. Viel eher wurden Verfahren übernommen oder angepasst, die ursprünglich zur Messung anderer Konstrukte, wie Intelligenz, Persönlichkeitsvariablen oder Motivation, entwickelt wurden. Was neben der Fokussierung auf kreative Personen bzw. deren Eigenschaften bislang allerdings gänzlich fehlt, ist die Einbeziehung des zweiten p: der kreative Prozess. Das erste (und der Autorin einzige) bekannte Verfahren, mit dem Kreativität über einen prozessbasierten Leistungstest erfasst werden kann, ist die *Diagnose berufsbezogener Kreativität – Planung und Gestaltung* (*DBK-PG*; Schuler et al., 2013). Die Erfassung von Leistungen entlang des kreativen Prozesses ermöglicht ein umfassenderes Bild auf das kreative Potenzial von Personen, da unterschiedliche Anforderungen zu bewältigen sind. Die ersten Ergebnisse zu diesem für die Kreativitätsdiagnostik neuen Verfahrenstyp sind äußerst vielversprechend.

6.2   Simulationsorientierte Messung von Kreativität

Wann könnte das kreative Potenzial von Personen sichtbarer sein als direkt bei der Ausübung kreativer Tätigkeiten? Anstatt auf die Messung kreativitätsbegünstigender Eigenschaften zu setzen (eignungsdiagnostischer Ansatz) oder auf bisherige Ergebnisse zurückzugreifen (biografischer Ansatz), wird im simulationsorientierten Ansatz das tatsächliche kreative Verhalten in den Vordergrund gestellt. Eine klassische Methode zur Simulation später zu bewältigender Aufgaben ist die Arbeitsprobe (oder auch Probearbeit etc., vgl. Klingner, 2003). Sofern bei der Konstruktion von Arbeitsproben oder simulativen Aufgaben darauf geachtet wird, einen tatsächlich repräsentativen Ausschnitt der vorherzusagenden Tätigkeit systematisch abzubilden (Inhaltsvalidität) und die relevanten Verhaltensmerkmale differenziert zu erfassen (Konstruktvalidität), können sie einen wertvollen Beitrag zur Vorhersage von Kreativität (Kriteriumsvalidität) leisten (Höft & Funke, 2006).

In künstlerischen und Design-Berufen bzw. Tätigkeitsfeldern ist eine Auswahl von Bewerbern anhand Kreativitätssimulationen gang und gäbe (Schuler & Görlich, 2007). Abbildung 12 zeigt exemplarisch einen Auszug aus den derzeitig online verfügbaren Vorinformationen zur Aufnahmeprüfung an der Kunsthochschule Kassel. Von den Bewerbern für den Studiengang Freie Kunst sind neben einer Mappe mit früheren Arbeiten (die bisherige Leistungen abbildet und damit zum biografischen Ansatz zu zählen ist) auch einige Gegenstände mitzubringen, unter deren Verwendung dann vor Ort kreative Arbeiten zu erstellen sind.

Abbildung 12: Mitzubringen für die Aufnahmeprüfung für den Studiengang Freie Kunst an der Kunsthochschule Kassel (http://www.kunsthochschule-kassel.de/bewerbung/?&fb=bk, abgerufen am 31.08.2014)

Aufnahmeprüfung

Die künstlerische Eignungsprüfung dauert einen Tag. Zur Aufnahmeprüfung sollten Sie Material mitbringen, das Ihrer Arbeitsweise entspricht und Ihnen die Möglichkeit gibt, spontan in zwei- und dreidimensionalen Formaten oder auch performativ zu arbeiten:

- Zeichenpapier DIN A4 - DIN A0, Pappe
- verschiedene Zeichenstifte
- Farbstifte, Farben zum Mischen (Wasserfarben, Tempera, Abtönfarben u.Ä.)
- Klebstoff, Schere, Cutter, Schneideunterlage
- Laptop, digitale Kamera, Drucker, etc. falls vorhanden und notwendig

---

Auch in Marketing, Management, Forschung und Entwicklung und anderen Bereichen von Wirtschaftsunternehmen werden Simulationen zur Erfassung von Kreativität eingesetzt. Systematische Arbeiten über deren Gestalt und psychometrische Güte liegen derzeit jedoch keine vor. In der psychologischen Literatur zur Kreativitätsdiagnostik finden sich allenfalls Fallstudien (Carson, Peterson & Higgins, 2005; Miller, 2007) oder Vorstellungen einzelner erster Verfahrensansätze, wie etwa bei Tennyson und Breuer (2002).

Die Erfahrungen mit der Messung anderer Konstrukte (wie etwa Intelligenz oder Dominanz) lassen auch für die Kreativitätsdiagnostik einen Gewinn durch den Einsatz simulativer Verfahren erwarten. Denn die Beobachtung kreativen Verhaltens ergänzt die beiden anderen Ansätze der Eignungsdiagnostik ideal. Im eigenschaftsorientierten Ansatz werden die Vorbedingungen von Kreativität in Form von Eigenschaften erfasst. Der biografische Ansatz berücksichtigt Ergebnisse in Form kreativer Produkte. Diesen beiden Daten können durch simulative Ansätze Informationen zum tatsächlichen kreativen Schaffen auf dem Weg von der Problementdeckung bis zur Implementierung innovativer Lösungen nebenan gestellt werden. Denn wenn die differenzierte Diagnose kreativen Potenzials entlang des kreativen Prozesses interessiert, bieten gerade simulative Kreativitätsaufgaben die Möglichkeit, konkretes Verhalten in den einzelnen Prozessschritten zu erfassen. Manche der Anforderungen, die Kreative zu erfüllen haben, lassen sich durch simulative Aufgaben besser prüfen als durch Tests oder den Rückgriff auf biografische Daten. Insbesondere das Verhalten in Interaktionssituationen, das beispielsweise bei der Implementierung kreativer Lösungen eine wichtige Rolle spielt, lässt sich über realitätsnahe Simulation von Verhandlungs- oder Überzeugungssituationen wesentlich besser identifizieren und zur

Prognose späteren Verhaltens nutzen als die über Tests gewonnen Kennwerte zu Verhaltensdispositionen.

Simulative Kreativitätsaufgaben führen damit nicht nur zu einer differenzierteren Abbildung des Kreativitätskonstrukts, sondern können zudem durch eine augenscheinvalide, also repräsentative Ausgestaltung der Aufgaben eine realistische Tätigkeitsvorschau bieten und damit ggf. auch zu frühzeitiger (Selbst-)Selektion genutzt werden. Nicht zu unterschätzen ist zudem die positive Wirkung auf die Akzeptanz von Auswahlverfahren, wenn simulative Aufgaben eingesetzt werden (Görlich & Schuler, 2006; Kersting, 2010).

6.3   Biografieorientierte Messung von Kreativität

Der noch fehlende, dritte diagnostische Zugang im Trimodalen Ansatz ist der Weg über die Biografie, also die Beschreibung des bisherigen Verhaltens und der bisherigen Leistungen von Personen. Gemäß dem Axiom „best predictor of future behaviour is past behaviour" wird hier davon ausgegangen, dass vergangenes erfolgreiches Verhalten auch in Zukunft erfolgreich gezeigt werden wird.

Im eignungsdiagnostischen Kontext können damit Informationen aus der Vergangenheit eines Bewerbers zur Vorhersage späterer beruflicher Leistung genutzt werden (Schuler & Marcus, 2006). Gleichzeitig werden diese Daten in Kreativitätsstudien aber auch häufig als Kriterien eingesetzt. Prinzipiell lassen sich als biografieorientierte Kreativitätsmessverfahren drei Gruppen unterscheiden: (1) Eminenz-Einschätzungen, (2) Beurteilung vergangener kreativer Leistungen und Ergebnisse, (3) Biografische Inventare und Selbstberichte über kreative Leistungen.

Eminenz-Einschätzungen

Wie wir bereits zu Beginn dieser Arbeit gesehen haben, besteht – ein bestimmtes Lebensalter sowie ausreichende Zeit der Beschäftigung mit den Themen eines Feldes vorausgesetzt – die Möglichkeit, kreative Personen anhand ihrer Beiträge zu kreativen Produkten als kreativ zu diagnostizieren. Auch haben wir schon erfahren, dass gerade zu Beginn der Kreativitätsforschung insbesondere hoch kreative Personen ganz besonders im Fokus der Forschung standen. Ellis etwa fand die Untersuchungsobjekte für seine „study of British genius" im Dictionary of National Biography (1926; zitiert nach Carson et al., 2005).

Neben Enzyklopädien oder „Bestenlisten" können auch Experten um die Nominierung herausragender Persönlichkeiten ihres Bereichs gebeten werden. So geschehen etwa bei Mackinnon, D. W. (1962), der fünf amerikanische Architektur-Professoren die 40 kreativsten Architekten der USA nominieren ließ. Dass die Einschätzung von Eminenz aber stets auch ein soziales Urteil ist, zeigte sich im Rücklauf: Anstatt die 40 kreativsten Köpfe ihrer Branche zu benennen, legten die Professoren eine Liste mit 86 Namen vor. Sie konnten sich nicht auf weniger Kollegen einigen.

Beurteilung vergangener Leistungen und Ergebnisse

Im eignungsdiagnostischen Kontext werden wir wohl seltener mit absoluten Genies zu tun haben, dennoch lassen sich hier ebenfalls Eminenzmarker finden, die auf besondere Leistungen und ein hohes kreatives Potenzial schließen lassen.

So gibt es je nach betrachtetem Tätigkeitsfeld objektiv messbare Kriterien, die vergangene kreative Leistungen widerspiegeln. Bei Personen, die in Forschung und Entwicklung tätig sind, lassen sich beispielsweise die Patente zählen[33]. Bei Architekten und Designern kann die Zahl gewonnener Wettbewerbe und Preise erfasst werden. Im künstlerischen Bereich können die Anzahl ausgestellter, verkaufter oder gar prämierter Kunstwerke herangezogen werden. Im Marketing- und Wirtschaftsumfeld gibt die Anzahl eingereichter Verbesserungsvorschläge, gewonnener Agenturpitches oder Innovationspreise Auskunft über erfolgreiche kreative Beiträge. Und in den Wissenschaften letztlich geben Publikationen (samt Impact-Faktoren), Ehrungen und Preise Aufschluss über die Kreativität von Forschern.

Natürlich sind die biografischen Daten kreativer Personen nicht gänzlich objektiv, da die Verleihung von Preisen usw. natürlich immer auch von sozialen Urteilen und eventuell auch von strategischen Überlegungen abhängen[34]. Dennoch sind mit den hier geschilderten Maßen, die keinesfalls den Anspruch auf Vollständigkeit erheben, sondern als exemplarische Aufzählung dienen sollen, Eminenzmarker gegeben, die helfen, kreative Personen zu identifizieren.

Der Zusammenhang zwischen objektiven Maßen kreativer Leistung und Vorgesetzteneinschätzungen zur Kreativität ihrer Mitarbeiter wurde bereits untersucht. In den meisten Fällen zeigen diese beiden biografischen Kreativitätsmaße auch konvergente Validität (George & Zhou, 2001; Zhou & Shalley, 2003). Allerdings gilt es bei der Auswahl der zu berücksichtigenden objektiven Maße wie auch beim Einsatz von Fremdeinschätzungen darauf zu achten, dass

---

[33] Hierbei ist allerdings darauf zu achten, dass viele Firmen ihren Mitarbeitern keine personenbezogenen Patentanmeldungen erlauben. D. h. Patente werden von Firmen beantragt und sind daher nicht auf einzelne Personen rückführbar. In diesen Fällen ist die Zahl der auf eine Person zurückgehenden Patente nicht mehr objektiv messbar, sondern muss über Selbstberichte bzw. Vorgesetztenauskünfte erhoben werden.

[34] Ein Einblick in die mit der Bewertung von Produkten verbundenen Probleme findet sich in Kapitel 2.1.2.1.

eine ideale Kombination je nach Tätigkeit, Organisation und Branche unterschiedlich sein kann (Zhou & Shalley, 2003).

Biografische Inventare und Selbstberichte über kreative Leistungen

Sowohl in der (eignungsdiagnostischen) Praxis als auch in der (psychologischen) Forschung liegt der Fokus weniger auf der Identifikation kreativer Genies als in der Beschäftigung mit mehr oder weniger kreativen „normalen" Menschen, wie Bewerbern, Mitarbeitern und Führungskräften aller hierarchischen Ebenen. Nicht immer jedoch ist deren einzelner Beitrag so ersichtlich und damit durch andere beurteilbar. Neben der soeben geschilderten Beurteilung vergangener Leistungen und Ergebnisse durch andere, liegen mittlerweile auch einige Selbstbeschreibungsverfahren vor, die Auskunft über kreative Leistungen geben.

Silvia, Wigert, Reiter-Palmon und Kaufman (2012) geben einen guten Überblick über Aufbau, psychometrische Güte und Zielsetzung der vier bekanntesten Verfahren: dem *Creative Achievement Questionnaire* (*CAQ*; Carson et al., 2005), dem *Biographical Inventory of Creative Behaviors* (Batey, 2007), dem *revidierten Creative Behavior Inventory* (Dollinger, 2003; Hocevar, 1979, Apr) und dem *revidierten Creative Domain Questionnaire* (Kaufman et al., 2009). Zusammenfassend sehen sie im Einsatz biografischer Selbstbeschreibungsverfahren zur Kreativität eine einfache und leicht einzusetzende Verfahrensart, sofern das kreative Selbstkonzept eine Rolle spielen soll. Den Einsatz in Auswahlsituationen (*high-stake situations*) empfehlen die Autoren jedoch derzeit nur unter Vorbehalt. Hier liegen noch zu wenige Ergebnisse vor, die auf einen validen Einsatz schließen lassen. Vor allem die mögliche Verfälschbarkeit der Skalen im Sinne des Faking-good heben Silvia et al. (2012) hier gesondert hervor.

Als deutschsprachiges Verfahren ist an dieser Stelle noch der *Biografie-Index* von Hell (2003) anzuführen, mittels dessen Kreativitätskriterien sowohl aus dem beruflichen wie auch dem privaten Umfeld erhoben werden können. Erfasst werden auf beruflicher Seite etwa der derzeitige Tätigkeitsbereich (Korrelation mit dem Kreativen Denken in der *ASK*: $r = .14$), der persönliche Arbeitsstil ($r = .06$) und ob bereits Geschäftsideen entwickelt wurden ($r = .16$). Aus dem privaten Leben wird beispielsweise die Anzahl der Hobbys ($r = .29$) und die Anzahl gelesener Bücher ($r = .17$) erhoben. Ergänzt wird diese Abfrage durch Selbsteinschätzungen zur Kreativität. Hells Index stellt damit ein sehr breites Inventar dar, aus dem je nach Verwendungszweck biografische Indikatoren für Kreativität ausgewählt werden können.

6.4 Auswertungsmodi bei der Erfassung von Kreativität

Eine häufige Frage im Zusammenhang mit Kreativitätstests lautet „Wie bewertet man das denn?". Für Persönlichkeits-, Interessens- und Motivationsfragebogen ist die Antwort einfach: hier wird um Angaben im Likert-Format gebeten. Die einschätzenden Personen geben also an, inwiefern Aussagen auf sie zutreffen oder nicht. Auch in den biografischen Inventaren werden Häufigkeitsangaben abgefragt, sofern nicht sogar rein dichotome Items (Zustimmung ja/nein) eingesetzt werden. Schwieriger wird es bei allen offenen Verfahren der Kreativitätsmessung, vornehmlich wenn kreative Produkte, kreatives Verhalten oder kreative Leistungen bewertet werden sollen. In Kapitel 2.1.2.1 wurde mit der Consensual Assessment Technique bereits ein exemplarisches Verfahren zur Bewertung kreativer Produkte vorgestellt. Zudem wurde dort schon auf die Probleme bei der Bewertung von Produkten hingewiesen. In der vorliegenden Arbeit geht es aber vornehmlich um die Bewertung kreativen Verhaltens und innovativer Leistungen einzelner. Wie also lassen sich Ergebnisse in Tests zum Divergenten Denken oder simulativen Aufgaben entlang des kreativen Prozesses einschätzen?

In der Literatur finden sich hierzu die folgenden Möglichkeiten: (1) Ideenflüssigkeit – die Anzahl der entwickelten Ideen bzw. präsentierten Antworten, (2) Ideenflexibilität – die Unterschiedlichkeit der Ideen bzw. Antworten oder der Sprung zwischen verschiedenen mentalen Kategorien, (3) Ideenoriginalität – die Neuartigkeit der Ideen bzw. präsentierten Antworten und (4) Ideenelaboration – der Grad der Ausarbeitung der Ideen (Cropley, A. J., 1996; Guilford & Hoepfner, 1976).

Werden mit den unterschiedlichen Auswertungsmodi auch unterschiedliche Facetten der Kreativität berücksichtigt? Dann müssten alle zugleich für die Bewertung kreativen Potenzials herangezogen werden. Oder aber hängen die Auswertungsmodi eventuell auch zusammen, so dass sogar auf einzelne Auswertungsmodi verzichtet werden könnte? Diesen Fragen wurde bereits in einigen Studien nachgegangen. Sie alle kommen zu dem Ergebnis, dass die Auswertungsmodi zum einen stark miteinander korrelieren, hierbei allerdings insbesondere Ideenflüssigkeit auffällt, da sich mit diesem Maß für die Antwortanzahl ein Großteil der anderen Maße wie etwa Flexibilität oder Originalität erklären lässt (Cropley, A. J., 1996; Gelléri, 2012; Gelléri, Winzen, Schwarzinger, Görlich & Schuler, 2008, Jul; Hell, 2003; Hocevar, 1979; Mumford & Gustafson, 1988). Sicher klärt Ideenflüssigkeit nicht die gesamte Varianz der weiteren Auswertungsmöglichkeiten auf, so dass die Maße nicht einfach austauschbar sind (Mumford & Gustafson, 1988). Aufgrund der vielen Vorteile von Ideenflüssigkeit, wie zum Beispiel einer höheren Objektivität, höherer (Interrater-)Reliabilität und einer schnelleren Auswertbarkeit (Hell, 2003) erweist es sich allerdings als psychometrisch stabilster und für die Konstruktion und Durchführung von Kreativitätsmessverfahren ökonomischster Auswertungsmodus.

6.5   Limitationen bestehender Kreativitätsverfahren

Aus Platzgründen war im vorangegangenen Kapitel lediglich eine Kategorisierung der verfügbaren Kreativitätsverfahren möglich. Auf einzelne Verfahren (oder gar eine vollumfängliche Besprechung dieser) konnte nicht eingegangen werden. Sofern wir Kreativitätsmessverfahren aus einem eignungsdiagnostischen Winkel betrachten, müssen wir uns nun jedoch auf diesem abstrakten Niveau auch mit den Limitationen der Verfahren beschäftigen. Denn Auswahl- und Zuordnungsentscheidungen in Unternehmen erfordern eine differenzierte Diagnose relevanter psychologischer Konstrukte. Wenn wir uns also bei der Diagnose von Kreativität sogenannter Kreativitätstests bedienen, ist die Kenntnis über problematische Punkte bei deren Einsatz unabdingbar.

Batey und Furnham (2006) kommen in ihrem Überblicksartikel zum Zusammenhang von Kreativität, Intelligenz und Persönlichkeit, in dem sie auch die Messung von Kreativität thematisieren, zu folgendem, wenig erbaulichen Schluss:

> The failure to agree on definitions, operationalizations, criteria, and measures of intelligence and personality has left the field of creativity research in a relatively confused state. Often, researchers talk of creativity without regard to the eminence of the sample involved or the validity of the measure of creativity. (S. 403)

Der vom Testkuratorium vorgeschlagenen Struktur an Bewertungs- und Beurteilungskriterien (Testkuratorium, 2010) folgend, werden nachfolgend einige der wesentlichen Kritikpunkte an den vorliegenden Verfahren zur Messung von Kreativität angesprochen. Die hier aufgeführten Limitationen erheben keinerlei Anspruch auf Vollständigkeit oder universelle Gültigkeit. D.h. dass bei der Auswahl von Kreativitätsmessverfahren stets im Einzelfall die generelle psychometrische Güte und die für die spezifische Diagnosesituation relevante ökologische Validität der in Frage kommenden Instrumente zu prüfen sind.

Geltungsbereich und Zielgruppe

Die bekannten Verfahren sind – sieht man einmal von den auf Kinder zugeschnittenen Instrumenten ab – nicht für eine bestimmte Zielgruppe entwickelt worden. Auch wenn Verfahren für bestimmte Merkmalsbereiche, wie etwa der verbalen Kreativität (z. B. der *Verbale Kreativitäts-Test* (*VKT*) von Schoppe, 1975) vorliegen, so liegt kein Verfahren vor, das auf einen vorab definierten praktischen Anwendungsbereich, wie etwa die berufliche Eignungsdiagnostik für ein bestimmtes Tätigkeitsfeld, zugeschnitten ist. Sofern berufsbezogene Verfahren zur Kreativitätsdiagnostik eingesetzt werden sollen, können zum heutigen Stand allenfalls die ausbildungs- und berufsbezogenen Items aus den biografischen Selbstbeschreibungsinventaren entnommen werden. Berufsbezogene (oder gar tätigkeitsbezogene) Leistungstests zur Erfassung von Kreativität liegen jedoch noch nicht vor.

Anforderungsbezug

Die Abgrenzung einer Zielpopulation und des Geltungsbereichs für ein psychometrisches Verfahren ermöglichen eine umfassende Anforderungsanalyse. Da es den vorliegenden Kreativitätstests jedoch genau an diesen Definitionen mangelt, konnten die enthaltenen Items folglich auch nicht anforderungsbezogen konzipiert werden. Die Items sind damit weder auf den Hintergrund einer Zielgruppe und den Einsatzbereich des Verfahrens bezogen formuliert, noch beschränken sich die Tests auf die für den Anwendungskontext validen Konstruktbereiche.

Mangels genauer Definition des Anwendungsbereichs der Verfahren und fehlender Anforderungsanalyse besteht beim Einsatz der bestehenden Kreativitätsmessverfahren die Gefahr, zu allgemein gefasste Verfahren oder bezüglich der konkreten Anforderungen ungeeignete Instrumente zu verwenden. So wird man den beruflichen Erfolg eines Entwicklungsleiters nur unzureichend durch die Erfassung seiner künstlerisch-musischen Fähigkeiten prognostizieren; seine Eignung zum kreativen Lösen technischer Probleme wäre dafür umso mehr von Bedeutung. Neben einer höheren Prädiktor-Kriteriums-Symmetrie und damit höheren Prognosekraft, leistete eine genauere Definition des Anforderungsbezugs der Messverfahren sicherlich auch einen wertvollen Beitrag zur Akzeptanz und Weiterentwicklung von Kreativitätsverfahren im Berufskontext.

Objektivität

Wann immer andere Personen ein Urteil über jemanden abgeben, kann die Objektivität eingeschränkt sein. So können Sympathie- bzw. Antipathieeffekte eine Rolle spielen, die Beurteiler haben „von Natur aus" eine Milde- oder Strengetendenz bzw. sind nicht in der Lage, zwischen unterschiedlichen Merkmalsausprägungen zu differenzieren, oder aber sie entscheiden nach taktischen Überlegungen. Diese wohlwollenden oder schädigenden Einflüsse können auch bei der Beurteilung von Produkten zum Tragen kommen. Insbesondere dann, wenn den Beurteilern bewusst ist, dass die Produktbewertung als Kreativitätsmarker für Personen verwendet wird. Aber auch Selbsteinschätzungen können durch selbstbilderhaltende Bestrebungen oder bewusstes Faking verzerrt sein. So scheint ein großer Gewinn im Einsatz standardisierter Tests zu liegen. Denn sie erzielen eine ganz zufriedenstellende Objektivität – ganz besonders dann, wenn nach Ideenflüssigkeit ausgewertet wird.

Bei Verfahren zur Kreativitätsdiagnostik gelten damit letztlich die selben Maßgaben wie für Instrumente zur Messung anderer Konstrukte: der Einsatz von Tests, Skalen bzw. Fragebogen und alternativen Verfahrensarten wie etwa Interviews oder Simulationen sollte sowohl in Durchführung, Auswertung und Interpretation möglichst standardisiert erfolgen.

Reliabilität

Die Reliabilitätswerte der vorliegenden Kreativitätsmessverfahren variieren stark. Ursache hierfür sind insbesondere unterschiedliche Standardisierungsgrade in der Verfahrensvorgabe, unterschiedliche Auswertungsmodi (wieder einmal bewährt sich hier die Auswertung nach Ideenflüssigkeit) und unterschiedlich breit abgedeckte Konstruktbereiche (Cropley, A. J., 1996). Auch in Bezug auf das wichtige Gütekriterium Reliabilität gilt damit, dass Verfahren zur Messung von Kreativität vor ihrem Einsatz genau auf ihre psychometrische Güte hin zu prüfen sind.

Augenscheinvalidität

Ein Test ist inhaltsvalide, wenn der Inhalt der Testitems das zu messende Konstrukt in seinen wichtigsten Aspekten erschöpfend erfasst (Bortz & Döring, 2006). Die bekannten Verfahren zur Kreativitätsdiagnostik erheben den Anspruch, Kreativität sowohl in breiter Definition (wie z. B. die Erfassung von 10 Domänen kreativer Leistung im *CAQ*; Carson et al., 2005) als auch auf Teilbereiche des Konstrukts fokussiert (wie z. B. im *VKT* von Schoppe, 1975) zu messen. Die Items sind in der Regel wohl gewählt und entsprechen augenscheinlich[35] den zu messenden Merkmalsbereichen. Aus Sicht der Anwender mangelt es den verfügbaren Kreativitätstests jedoch an Augenscheinvalidität in Bezug auf die jeweiligen Anwendungsbereiche, so etwa die Lösung von Alltagsproblemen oder das Meistern beruflicher Herausforderungen. Wie bereits angeführt, sind bisher weder die Itemformulierung und gedankliche Einbindung („Storyline") an reale Situationen angepasst, noch werden relevante Fähigkeiten ersichtlich abgedeckt. Letzteres liegt im bereits erwähnten Verzicht auf umfassende, das bedeutet zielgruppen- und anwendungskontextspezifische, Anforderungsanalysen begründet.

---

[35] Bortz und Döring (2006) verwenden die Begriffe „Inhaltsvalidität" und „Augenscheinvalidität" synonym. Görlich & Schuler (2006) sprechen in diesem Zusammenhang auch von „Augenscheingültigkeit".

Konstruktbereich

Wie wir in den vorhergehenden Kapiteln zu personalen Voraussetzungen von Kreativität gesehen haben, lässt sich Kreativität auf Individuumsebene über eine Kombination aus kognitiven Fähigkeiten, bestimmten Persönlichkeitsmerkmalen und Motivation erfassen und vorhersagen. Indem ein Prozessmodell der Kreativität als Rahmen stufenbezogener Idealkombinationen aus Kognition, Persönlichkeit und Motivation herangezogen wird, kann diese Prognose weiter verfeinert werden.

Erstaunlicherweise berücksichtigen die vorliegenden Kreativitätsverfahren jedoch immer nur einen Teilbereich der Anforderungen an Kreative. So werden entweder die kognitiven Fähigkeiten oder die Persönlichkeitsmerkmale oder die Motivation betrachtet. In keinem Falle jedoch umfassen die bekannten Instrumente eine Kombination dieser unterschiedlichen Zugänge zu Kreativität. Dabei sind die drei großen Zugänge Kognition, Persönlichkeit und Motivation (und damit auch die zugehörigen Messverfahren) keineswegs austauschbar. Erst die multidimensionale Messung von Kreativität bzw. ihrer personbezogenen Korrelate berücksichtigt die Komplexität von Kreativität (Cropley, A. J., 1996). Was also zur fundierten Kreativitätsdiagnostik und -prädiktion fehlt, sind multidimensionale Verfahrensbatterien.

Leider sind die vorliegenden Verfahren – mit Ausnahme der *DBK-PG* (Schuler et al., 2013) – auch nicht prozessbasiert konzipiert. Gerade aber die prozessbasierte, integrative Betrachtung der unterschiedlichen personalen Dimensionen ermöglicht einerseits eine feinere Diagnostik, da nach stufenbezogenem Potenzial unterschieden werden kann, zum anderen aber lösen sie das althergebrachte Problem der scheinbar paradoxen Anforderungen an Kreative (Cropley, D. & Cropley, A. J., 2011). Während es beispielsweise in der Ideengenerierung auf Divergentes Denken ankommt, zeichnen sich kreative Personen dadurch aus, dass es ihnen in späteren Prozessphasen, z. B. in der Ideenbewertung, hingegen gelingt, konvergent, d. h. schlussfolgernd zu denken und somit Lösungsalternativen nach Brauchbarkeit und Nützlichkeit bewerten zu können. Prozessbasierte Kreativitätstests prüfen die jeweils auf die Prozessphase angepasste Aktivierung relevanter Fähigkeiten und Verhaltensweisen.

Werden in der Kreativitätsdiagnostik nur einzelne Bereiche des Kreativitätskonstrukts abgedeckt, gehen zwangsläufig valide Informationen aus den anderen Bereichen verloren. So können zwei Bewerber in einem Test zum Divergenten Denken gleich gut abschneiden, möglicherweise ist jedoch nur einer der beiden auch in der Lage das nötige Maß an konvergentem Denken oder an Erfahrung in seine spätere Tätigkeit einzubringen (von wahrscheinlich weiteren Unterschieden auf Persönlichkeits- oder Motivationsebene zwischen den beiden Bewerbern noch ganz abgesehen). Eine Reduktion auf einzelne Konstruktbereiche von Kreativität durch eine eindimensionale Verfahrensauswahl ist daher für eine möglichst valide Kreativitätsdiagnostik zu vermeiden. Die Kombination verschiedener Maße und Konstruktbereiche wird einen entscheidenden Beitrag zum Verständnis des Kreativitätskonstrukts liefern.

Kriteriumsvalidität

In Kapitel 1 wurden bereits zahlreiche (auch meta-analytische) Befunde zur Kriteriumsvalidität verschiedener Kreativitätsmessverfahren berichtet. Trotz teils inkonsistenter Befunde auf Ebene der einzelnen Verfahren, messen die zur Kreativitätsdiagnostik herangezogenen Tests Aspekte kreativer Leistung, die durch andere Verfahren nicht vorhergesagt werden können (Cropley, A. J., 1996). Zum Abschluss des Kapitels wurde jedoch auch bereits auf ein Problem dieser Befunde hingewiesen: Eine integrierte Betrachtung aller relevanten Dimensionen fand bislang noch nicht statt. In Ermangelung einer multidimensionalen und prozessbasierten Verfahrensbatterie können auch keine Aussagen über inkrementelle Effekte der Dimensionen Intelligenz, Persönlichkeit und Motivation zueinander oder über stufenbezogene Profile getroffen werden. Die Klärung des nomologischen Netzes der Kreativität scheitert in diesem Punkt also daran, dass noch kein geeignetes, da alle Bereiche umfassendes Testinstrument (bzw. eine entsprechende Verfahrensbatterie) vorliegt. Es bleibt also spannend, welche Ergebnisse die weitere Forschung hierzu erzielen wird.

Aus eignungsdiagnostischer Sicht sind die bisherigen Validitäten verschiedener Arten der Kreativitätsdiagnostik zwar äußerst vielversprechend, dennoch liegen auch hier einige Limitationen vor. Die Validierungsstudien wurden an den unterschiedlichsten Kriteriendaten durchgeführt, so wurden u.a. Selbsteinschätzungen, Fremdbeurteilungen, Biografische Inventare, Produktratings in die Studien miteinbezogen und häufig ohne weitere Erklärung kombiniert (Batey & Furnham, 2006). Gerade in den Meta-Analysen ist nicht immer ersichtlich, welche Daten auf Kriterienseite eingegangen sind. So gilt für die Anwendung einzelner Verfahren, dass vor deren Einsatz zunächst genau auf die Validitätskennwerte zu achten ist. Insgesamt sind nur wenige Verfahren überhaupt an Berufserfolgskriterien validiert. Die Prüfung sollte neben den Maßen für die Konstruktvalidität des Instruments gerade im eignungsdiagnostischen Einsatz daher auch die Kriteriumsvalidität beinhalten.

Akzeptanz / Soziale Validität

Soziale Validität wird als prozedurale Fairness von Prüfungs- und Auswahlsituationen verstanden und umfasst nach Schuler (s. Görlich & Schuler, 2006) die vier Aspekte Information, Partizipation/Kontrolle, Transparenz und Urteilskommunikation/Feedback. Eine Testsituation gilt unter anderem dann als transparent, wenn die Bedeutung der diagnostischen Instrumente und der Aufgabenbezug für den Prüfling erkennbar und nachvollziehbar sind (Görlich & Schuler, 2006). Wie Görlich und Schuler (2006) ausführen, ist dieser Aspekt eng mit der Augenscheingültigkeit verwandt. Aufgrund des aus den bisher vorliegenden Verfahren nicht ersichtlichen Anwendungsbezugs ist, wie bereits angeführt, Augenscheinvalidität (oder in der Nomenklatur der Sozialen Validität: Transparenz) bei den meisten Instrumenten vermutlich nicht gegeben.

Auch dürften einige Probanden das Feedback über ihr Abschneiden kritisieren. Aus der Bearbeitung der Kreativitätsaufgaben lässt sich schwer eine Rückmeldung über die eigene Performanz ableiten, denn die wenigsten Instrumente lassen Rückschlüsse auf den Auswertungsmodus zu. Wer also beispielsweise in einem Test zum Divergenten Denken um möglichst originelle Antworten bemüht ist und daher auch nur diese notiert und dann später aufgrund einer Auswertung nach Ideenflüssigkeit ein vergleichsweise schlechtes Ergebnis bekommt, mag zurecht irritiert oder auch verärgert sein.

6.6 Bewertung der vorliegenden Verfahren

Über 250 Verfahren, die zur Kreativitätsdiagnostik entwickelt wurden, metaanalytische Befunde, die den Zusammenhang von kognitiven Fähigkeiten, Persönlichkeit und Motivation mit kreativen Leistungen bestätigen und daher entsprechende Messverfahren legitimieren und demgegenüber zahlreiche Einzelbefunde, die auf eine äußerst heterogene Validität der Verfahren schließen lassen und einige kritisch zu betrachtende Limitationen – wie steht es denn nun um die Qualität sogenannter Kreativitätstests?

Und: welche Verfahren können überhaupt als Kreativitätstest bezeichnet werden? Batey und Furnham (2006) würden jedes Verfahren als Kreativitätstest bezeichnen, das dazu geeignet ist, die Schaffung neuartiger und nützlicher Produkte vorherzusagen. Wann immer sich also ein Test, eine Simulation, eine Skala oder eine Interviewfrage als kriterienvalide für kreative Leistungen erwiesen hat, liegt ein Kreativitätsitem bzw. -verfahren vor.

Bleibt man bei diesem aus der eignungsdiagnostischen Praxis heraus sicherlich nicht verkehrten Ansatz, erklärt sich die Vielzahl an „Kreativitätstests". Bei genauerer Betrachtung, wie wir sie in diesem Kapitel vorgenommen haben, wird allerdings schnell klar, dass ein Großteil der Kreativitätsverfahren ihren Ursprung in der Messung anderer Konstrukte, wie etwa der Big Five, hat. Die Umbenennung einer Skala zur Messung von Offenheit für Erfahrungen in „Kreativitätstest" dürfte selbst dem Laien merkwürdig vorkommen, bedeutete es doch die Gleichsetzung von Offenheit für Erfahrungen mit Kreativität. Tatsächlich sind also viele der sogenannten Kreativitätstests im Grunde eine Übernahme von

Verfahren, die sich einerseits als kriterienvalide für Kreativität erwiesen haben und andererseits bereits zur Messung inhaltsähnlicher Konstrukte entwickelt wurden. Aufgrund des engen nomologischen Netzes von Kreativität auf Individualebene mit weiteren Personvariablen ist diesem Ansatz grundsätzlich nichts entgegenzusetzen. Angesichts der bereits diskutierten Limitationen der derzeitig vorliegenden Verfahren lohnt jedoch sowohl aus testtheoretischer als aus Anwendersicht eine Prüfung, ob, und wenn ja, inwiefern die Verfahren verbessert werden könnten.

Im Folgenden werden drei wesentliche Ansatzpunkte zur weiteren Entwicklung und Verbesserung von Kreativitätstests nochmals zusammengefasst: die Verbesserung der psychometrischen Qualität, die multidimensionale Abbildung des Kreativitätskonstrukts in einer Verfahrensbatterie und die multimethodale Erfassung von Kreativität.

Zu allererst muss die psychometrische Qualität der bestehenden Verfahren weiter verbessert werden bzw. bei der Neukonstruktion von Instrumenten gezielt auf deren Optimierung geachtet werden. Denn auch heute noch gilt die von Cropley, A. J. (1996) vor fast 20 Jahren getroffene Aussage: „Unfortunately, however, few of the tests display the technical purity that psychometricians, researchers and practitioners would hope for" (S. 214). Auch seine damaligen Empfehlungen zur Verbesserung der Verfahren haben heute noch Bestand: „The more test contents are specific and concrete, and the more scoring emphasizes practical usefulness (i.e., the more they are stringent), the higher are reliability and validity" (S. 214). Cropley, A. J. (1996) folgt damit der bereits hergeleiteten Forderung nach einem anforderungsanalytisch konstruierten Verfahren mit konkret an die Zielgruppe oder den spezifischen Anwendungskontext angepassten Inhalten (Items). Neben einer höheren Augenscheinvalidität, die sich auf Anwendungsseite in höherer Akzeptanz niederschlagen dürfte, sollten durch eine anforderungsbasierte und damit auf die relevanten Konstruktbereiche zugeschnittene Konzeption von Kreativitätsverfahren auch höhere Gütemaße (Reliabilität und Validität) erzielt werden können.

Kreative Leistung im Berufskontext ist ähnlich dem globalen Kriterium „Berufserfolg" ein komplexes und damit schwer zu erfassendes Konstrukt. Gemäß der Bandwidth-Fidelity-Debatte müssten demnach breitere Verfahren zur Messung von Kreativität geeigneter, da valider in der Vorhersage, sein (Hogan & Roberts, 1996; Ones & Viswesvaran, 1996). Wie lässt sich das aber mit der eben abgeleiteten Forderung nach anforderungsspezifischen Instrumenten zur Kreativitätsdiagnostik vereinbaren? Hier liegt nur ein vordergründiger Widerspruch vor. Eine anforderungsbasierte und augenscheinvalide Auswahl an Testinhalten schließt eine zugleich multidimensionale Messung nicht aus. Konkret bedeutet das im Falle der Eignungsdiagnostik, dass die Entwicklung und Auswahl von Kreativitätstests anhand der für die Tätigkeit oder die Art der vorherzusagenden kreativen Leistung erforderlichen Konstruktbereiche erfolgt und hierbei bewusst eine Kombination verschiedener Merkmale, wie etwa Intelligenz, Persönlichkeit und Motivation angestrebt wird. Die multidimensionale Erfassung von Kreativität ist angesichts der Komplexität des Konstrukts und der nomologischen Nähe zu verschiedenen Personvariablen unabdingbar (Batey & Furnham, 2006; Cropley, A. J., 1996; Plucker, 1999).

Stellen wir uns beispielsweise vor, ein großer Automobilhersteller hätte die Stelle als Leiter der Entwicklungsabteilung für Dieselmotoren zu besetzen. Hier können bestimmte Arten der Kreativität, wie etwa die musische bzw. künstlerische Kreativität, gleich als irrelevant ausgeschlossen werden. Andere Arten, wie etwa verbale Kreativität, werden sich in Anforderungsanalysen als vermutlich ebenfalls weniger wichtig erweisen. Der Fokus wird, so lässt sich für die Erfassung der relevanten Anforderungen erwarten, vornehmlich auf das technische kreative Potenzial der Bewerber zu richten sein. Dieser tätigkeitsrelevante Ausschnitt der mannigfaltigen Erscheinungsarten von Kreativität kann – oder: muss! – dann jedoch über verschiedene Instrumente kombiniert erfasst werden. So genügt es für die beispielhaft zu besetzende Position sicherlich nicht, lediglich das technische Vorwissen der Bewerber zu erfassen oder frühere kreative Beiträge zu erheben. Denn zugleich sind auch die Fähigkeiten zum Divergenten Denken und zur Evaluation (Schlussfolgerndes Denken), eine offene, neugierige Persönlichkeit, die Motivation Neues zu schaffen und sich gegebenenfalls auch gegen Widerstände durchsetzen zu können erfolgskritisch. Zudem sind in einer leitenden Funktion noch weitere Eigenschaften und Fähigkeiten relevant, auf die hier im Beispiel aber nicht weiter eingegangen werden soll. Von den Bewerbern werden also bestimmte Kompetenzen erwartet und diese Kompetenzen werden dann idealerweise „specific and concrete" (Cropley, A. J., 1996, S. 214) in einer Verfahrensbatterie mit den jeweils besten Verfahren zur Messung der betreffenden Dimension erfasst.

Mit den Auslassungen über die Vorteile eines multimodalen Vorgehens bei der Diagnostik beruflichen Potenzials wäre die anforderungsbasierte, multidimensionale Kreativitätsdiagnostik durch ein multimethodales Vorgehen noch weiter zu verbessern (Schuler, 2008). So könnten in unserem Beispiel neben kognitiven Fähigkeitstests und Persönlichkeitsskalen auch biografische Daten erfasst werden und simulative Aufgaben, wie etwa die (hoffentlich überzeugende) verkaufsorientierte Präsentation neuer technischer Lösungen zu bearbeiten sein. Im Ergebnis gelänge nicht nur eine validere Kreativitätsdiagnostik und damit im eignungsdiagnostischen Kontext auch eine bessere Auswahl von Mitarbeitern, sondern ließen sich Mitarbeiter auch gemäß ihrer individuellen Stärken entsprechend gefördert werden (Schuler, 2014a).

Teil II
Entwicklung eines Verfahrens zur Diagnose
berufsbezogener Kreativität für technische
und entwicklungsbezogene Tätigkeiten
(*DBK-TE*)

Was macht kreative Menschen aus? Welche Aufgaben haben kreative Personen zu meistern? Welchen Herausforderungen begegnen sie hierbei? Und: lässt sich überhaupt von „der kreativen Person" sprechen, oder unterscheiden sich die Aufgaben, Anforderungen und damit auch die Merkmale der Kreativität von Bereich zu Bereich?

Die Forschung zu den Eigenschaften kreativer Personen ist vielfältig – leider nicht nur bezüglich ihres Umfangs, sondern auch was das methodische Vorgehen und damit ebenso die Ergebnisse anbelangt. Dennoch liegen, wie wir bereits gesehen haben, mittlerweile einige sehr gute Arbeiten vor, die uns zur Identifikation der personalen Voraussetzungen von Kreativität und Innovation äußerst dienlich waren und sind. Doch leider beschränkt sich diese Forschung – ganz im Sinne der Einteilung gemäß der 4p der Kreativität – auf die Personensicht. Durch die Hinzunahme einer prozessualen Sicht auf Kreativität kann, wie schon diskutiert wurde, eine detailliertere Sicht auf die Herausforderungen und Aufgaben kreativer Personen eingenommen werden.

Eine solch integrative Sicht wird für die Kreativitätsforschung in Zukunft sicherlich einerseits noch aufschlussreiche Ergebnisse zur Konstruktklärung hervorbringen. Andererseits ermöglicht sie aber auch eine differenziertere Diagnose kreativen Potenzials, was wiederum aus Anwendersicht äußerst wünschenswert wäre. Besonders im beruflichen Kontext erscheint der Bedarf an kreativen Personen so groß wie noch nie. Neben einer grundlegenden Erforschung des Kreativitätskonstrukts kommt damit der Testkonstruktion zu Auswahl- und Entwicklungszwecken eine ganz besondere Aufgabe zu.

Doch so sehr Kreativität als unabdingbare Anforderung seitens der Wirtschaft an Arbeitnehmer gestellt wird, so wenig fundierte Diagnosemöglichkeiten dieser kreativen Fähigkeiten liegen bislang vor. Zwar existiert bereits eine Vielzahl an Kreativitätstests, diese sind jedoch aus mehreren Gründen für die Personalauswahl in Unternehmen nicht oder nur bedingt geeignet (vgl. Kapitel 1). So sind sie in der Regel weder anforderungsbasiert konzipiert noch auf den speziellen Anwendungskontext ausgerichtet worden. Infolgedessen weisen diese Verfahren einige schwerwiegende Mängel (im Groben: Mängel hinsichtlich Theoriebezug und Konstruktbereich, psychometrische Qualität, Akzeptanz bei Testanwendern und Getesteten) in Bezug auf ihren Einsatz zur Eignungsdiagnostik auf. Vor allem aber mangelt es in der Personalauswahl noch immer an Instrumenten zur Diagnose der Kreativität, die an Berufserfolgskriterien validiert wurden.

Das wesentliche Ziel im Rahmen dieser Arbeit ist folglich die Entwicklung eines hinsichtlich der Augenschein-, der Konstrukt- und der Kriterienvalidität optimierten Verfahrens zur Diagnose kreativer Fähigkeiten im Berufskontext. Theoretische Basis stellt hierbei der Kreativitätsprozess nach Schuler und Görlich (2007) dar, der in Kapitel 5.3 beschrieben wurde.

Eine genaue Definition der Zielgruppe als Grundlage der Testentwicklung ermöglicht die spezifische Ausrichtung der Items (zum Beispiel hinsichtlich Formulierung und Schwierigkeit) und schafft damit gute Voraussetzungen für die Validität des Instruments. Das im Rahmen dieser Forschungsarbeit entwickelte Verfahren ist bezüglich der Itemeinkleidung besonders auf technische und entwicklungsbezogene Tätigkeiten zugeschnitten. Trotz dieser spezifischen Ausrichtung sind die Items jedoch so konstruiert, dass keinerlei Vor- oder Fachwissen vorausgesetzt werden muss und die Anwendung des Verfahrens nicht auf bestimmte Tätigkeitsbereiche oder Hierarchieebenen beschränkt ist. Das Verfahren trägt den Titel *Diagnose berufsbezogener Kreativität – Technik und Entwicklung (DBK-TE)* und wird publiziert (Palmer & Schuler, in Vorbereitung).

Eine Besonderheit der *DBK-TE* liegt in der erstmaligen Kombination klassischer, eigenschaftsorientierter Kreativitätsitems mit simulationsorientierten Aufgaben. Kreative Leistungen offenbaren sich nicht nur im Generieren außergewöhnlicher, neuartiger Ideen sondern äußern sich auch direkt in gezeigtem kreativen Verhalten. Die Integration simulativer Items ist nicht nur eine konsequente Optimierung des Verfahrens unter Validitätsaspekten (vgl. Trimodaler Ansatz in Kapitel 5.4), sondern sorgt auch für günstige Voraussetzung hinsichtlich der Akzeptanz des Verfahrens bei Anwendern und Getesteten.

In den nächsten Kapiteln wird die Entwicklung der *DBK-TE* geschildert. Im anschließenden Teil III werden dann die Ergebnisse der psychometrischen Güteprüfung der *DBK-TE* präsentiert. Die Testentwicklung wurde in einen breiten theoretischen Rahmen zum Konstrukt der Kreativität im Allgemeinen und den personalen Voraussetzungen für Innovativität im Besonderen eingebettet.

Wie erwähnt sind die Zusammenhänge von Kreativität zu anderen psychologischen Merkmalen, wie etwa der Intelligenz, auch in Forschungskreisen noch immer umstritten. Durch die tiefgehende Beschäftigung mit der Theorie und bisherigen Befunden zur Kreativität sowie durch die umfassende Datenerhebung im Rahmen der Testentwicklung sind nun jedoch ausreichend Daten vorhanden, um ein neues integratives Modell zum Zusammenhang von Kreativität mit Intelligenz, Persönlichkeit und Motivation zu prüfen. Die Ergebnisse hierzu werden in Teil IV vorgestellt und diskutiert.

7 Entwicklung der *DBK-TE*

Die Entwicklung der *Diagnose berufsbezogener Kreativität - Technik und Entwicklung (DBK-TE)* erfolgte eingebettet in das Forschungsprojekt *Kreativitätsdiagnose. Kreativität als personale Voraussetzung für Innovativität* am Lehrstuhl für Psychologie der Universität Hohenheim. Unter der Leitung von Herrn Prof. Dr. Heinz Schuler und mit Unterstützung mehrerer Bacheloranden, Masterstudierenden, Diplomanden und studentischen Hilfskräften und einem Forschungspraktikanten wurde der Leistungstest zur Diagnose kreativen Potenzials im Zeitraum von Sommer 2007 bis 2014 konzipiert und validiert. Weitere wertvolle Unterstützung erfuhr die Entwicklung der *DBK-TE* durch Bachelor- und Masterarbeiten zur Validierung des Verfahrens, die in der Abteilung für Psychologische Diagnostik (Prof. Dr. Martin Kersting) an der Justus-Liebig-Universität Gießen erstellt wurden.

In diesem Kapitel werden zunächst die Ziele beschrieben, die bei der Entwicklung der *Diagnose berufsbezogener Kreativität - Technik und Entwicklung (DBK-TE)* verfolgt wurden. So werden Zielgruppe und Geltungsbereich des Verfahrens sowie der abzubildende Konstruktbereich definiert und die Umsetzung psychometrischer und praktischer Verbesserungen im Vergleich zu schon bestehenden Kreativitätstests beschrieben. Im Anschluß wird ein Überblick über die verschiedenen Phasen der Aufgabenentwicklung gegeben, so dass der Prozess von der Anforderungsanalyse über verschiedene Entwicklungsstände der Items hin zur finalen Validierung des Tests nachvollziehbar wird.

7.1 Zielsetzungen

Für die Entwicklung eines validen psychometrischen Diagnoseinstruments ist anfangs besonders die Definition von Zielgruppe und Geltungsbereich entscheidend. Weiterhin muss festgelegt werden, welcher Konstruktbereich mit dem neuen Verfahren abgedeckt werden soll. Nach Lienert & Raatz (2010, S. 41) sind damit einhergehend auch bereits Überlegungen anzustellen, welche Validitätskriterien in Betracht gezogen werden können.

7.1.1 Geltungsbereich und Zielgruppe

Erster Schritt für die Entwicklung des neuen Verfahrens ist die Definition seines Geltungsbereichs. Er legt die Einsatzbereiche und Anwendungs- sowie Interpretationsmöglichkeiten des Tests fest. Das neuartige Verfahren soll der berufsbezogenen Kreativitätsdiagnose im Bereich technischer und entwicklungsbezogener Tätigkeiten dienen. Somit wird es vor allem zur Beantwortung diagnostischer Fragestellungen in der Personalauswahl sowie Berufs-, Bildungs- und Laufbahnberatung eingesetzt. Ferner ist eine Anwendung der *DBK-TE* zur weiteren Kreativitätsforschung oder auch in der experimentellen Psychologie denkbar.

Im Fokus stehen Erwachsene mit Bildungsvoraussetzung Abitur, unabhängig davon, ob sie sich noch im Gymnasium, in der Ausbildung oder im Studium befinden, Berufsanfänger oder Berufstätige sind. Trotz dieser spezifischen Ausrichtung sind die Items jedoch so zu konstruieren, dass keinerlei Vor- oder Fachwissen vorausgesetzt werden muss und die Anwendung des Verfahrens nicht auf bestimmte Tätigkeitsbereiche oder Hierarchieebenen beschränkt ist. Zudem soll der Test gender fair konzipiert werden, also weder männliche Teilnehmer noch weibliche Teilnehmerinnen bevorteilen.

7.1.2 Abgebildeter Konstruktbereich und Validitätskriterium

Bei der Entwicklung psychometrischer Testverfahren zur Erfassung psychologischer Konstrukte ist eine Entscheidung darüber zu treffen, ob das fragliche Konstrukt in seiner ganzen Breite abgedeckt werden soll oder ob sich der Test nur auf bestimmte Teilbereiche des Merkmals konzentriert. Ein Kreativitätstest kann entsprechend Kreativität in ihren vielfältigen Ausprägungs- und Erscheinungsformen zu erfassen versuchen oder sich beispielsweise, wie im Falle der *DBK-TE*, auf die berufsrelevanten Konstruktbereiche bei technischen und entwicklungsbezogenen Tätigkeiten fokussieren.

Die Entscheidung, wie breit ein Testverfahren ein Konstrukt abdecken soll, wird unter anderem durch die Entwicklungsabsicht getroffen, also die Frage, für wen und zu welchem Zwecke das Instrument entwickelt werden soll. Je spezieller die diagnostische Fragestellung, desto enger werden oftmals der abzubildende Konstrukt- und damit auch Geltungsbereich des Tests. Damit einhergehend kann die Güte eines auf einen spezifischen Anwendungskontext hin entwickelten Verfahrens gezielt auch in diesem Kontext geprüft werden. Es verändern sich die teststatistischen Bedingungen, denen das Verfahren zu genügen hat. So wird der Test in der Regel homogener sein, da zum Beispiel nicht die volle Breite möglicher Aufgabenschwierigkeiten abzudecken ist (vgl. auch Pospeschill, 2010) oder nicht alle Konstruktfacetten berücksichtigt werden müssen. Zudem muss bereits im Entwurfsstadium eine realistische Bewertung vorgenommen werden, welches

Kriterium zur Kriterienvalidierung herangezogen werden soll oder überhaupt kann.(Lienert & Raatz, 1998) Mit der Breite des Konstrukts geht die Breite des Validitätsbereichs einher. Zur Validierung eines Tests, der ein Konstrukt in seiner ganzen Breite erfassen soll (z. B. Intelligenz), wird ein ebenso breites Validitätskriterium (z. B. Berufserfolg) in der Regel auch höhere Validitäten erbringen als ein zu eng gefasstes Kriterium. Für speziellere Testverfahren, wie zum Beispiel Tests, die nur einen Teilbereich des Konstrukts messen (z. B. numerische Intelligenz), ist folglich die Wahl eines engeren Kriteriums (z. B. Anzahl korrekter Berechnungen am Arbeitsplatz) empfohlen. Damit gilt es zu beachten: um Kriteriumskontamination oder Kriteriumsdefizienz zu vermeiden, ist das konzeptuelle Kriterium durch das ausgewählte Kriterium möglichst deckungsgleich zu messen (Nerdinger, Blickle & Schaper, 2008).

Aus der Entscheidung über den Konstruktbereich und die Auswahl der Kriterien ergeben sich folgende Überlegungen zur Validierung eines neuen Verfahrens:

Konstruktvalidität

Eine Strategie zur Konstruktvalidierung ist beispielsweise die empirische Bestimmung der Überlappung mit konstruktnahen (konvergenten) und konstruktfernen (divergenten) Verfahren. Die entsprechende Verfahrenswahl zur Konstruktvalidierung muss abhängig davon erfolgen, ob ein Konstrukt in seiner ganzen Breite erfasst werden soll oder lediglich bestimmte Teilbereiche des Merkmals interessieren. Soll zum Beispiel die Konstruktvalidität mittels einer Multitrait-Multimethod-Analyse (MTMM) überprüft werden, so sollten zur konvergenten Validierung auch vornehmlich auf denselben Merkmalsbereich bezogene Verfahren zum Einsatz kommen. Voraussetzung dafür ist, dass überhaupt schon ein Verfahren mit demselben theoretischen Hintergrund vorliegt. Wird ein Test für ein Konstrukt oder einen Konstruktbereich entwickelt, für den bisher noch kein Verfahren vorliegt, so ist die Zuordnung der zur Konstruktvalidierung eingesetzten Verfahren nach konvergentem oder divergentem Verfahren besonders sorgfältig durchzuführen. Um „blind-analytischen Empirismus" (Pospeschill, 2010, S. 186) zu vermeiden, hängt die Auswahl von Variablen zur Konstruktvalidierung eines neuen Verfahrens letztlich entscheidend davon ab, ob Annahmen zu ihrem Beitrag als konvergente oder divergente Konstrukte begründet und theoriegeleitet getroffen werden. Selbstverständlich hat dies simultan zur Testentwicklung und damit vor der eigentlichen Konstruktvalidierung zu erfolgen. „Fishing expeditions" (Wagenmakers, Wetzels, Borsboom & van der Maas, 2011, S. 430), also das explorative Formulieren von Hypothesen, ein nachträgliches Erheben von Daten bei spezifisch zusammengestellten Stichproben oder das spätere Auswählen weiterer Konstrukte (oder auch Kriterien!) zur Validierung, sollten vermieden werden.

Kriteriumsvalidität

Wie oben beschrieben, ist bei der Entwicklung psychologischer Tests stets zu Beginn zu klären, welches konzeptuelle Kriterium überhaupt vorhergesagt werden soll (z. B. Berufserfolg) und welche realen Ersatzkriterien (z. B. Gehalt, Leistungsbeurteilung oder Position) hierfür zur Verfügung stehen. In der Forschung wird üblicherweise zunächst das zu messende Konstrukt bestimmt und dann ein passendes Zielkriterium gewählt. In der Praxis hingegen liegt oftmals zuerst eine konkrete Definition des Zielkriteriums vor, das vorhergesagt werden soll und aus dem sich dann die Breite des in einem Test abzudeckenden Konstrukts ergibt.

Unabhängig der Reihenfolge sollte darauf geachtet werden, dass sich die Abstraktionsniveaus von Prädiktor (Test) und Kriterium (real beobachtbare Erfolgsindikatoren) entsprechen (Cronbach & Gleser, 1965). Denn je stärker diese Prädiktor-Kriteriums-Symmetrie ist, desto höhere Validitätskennwerte sind zu erwarten. Im eignungsdiagnostischen Bereich zum Beispiel ist dies gut bei simulativen Verfahren wie Arbeitsproben zu beobachten. Arbeitsproben dienen der Vorhersage künftiger beruflicher Leistung und sollen Verhalten in zuvor anforderungsanalytisch ermittelten kritischen Situationen provozieren. Berufliche Leistung kann zum Beispiel mittels Leistungsbeurteilungssystemen festgestellt werden. Häufig wird zur Validierung von Arbeitsproben eine Vorgesetztenbeurteilung herangezogen. Vorgesetztenurteile können „als subjektive Aggregationen über verschiedene arbeitsprobenäquivalente Verhaltensstichproben angesehen werden" (Höft & Funke, 2006, S. 148). Damit greifen sowohl die Arbeitsprobe als auch das zur Validierung herangezogene Kriterium auf dieselben kritischen Ereignisse zurück, vor allem wenn die Leistungsbeurteilung anhand verhaltensverankerter Leistungsbeurteilungsskalen erfolgt. Für Arbeitsproben lassen sich prognostische Validitäten von .33 für das Kriterium Berufserfolg erzielen (Roth, Bobko & McFarland, 2005). In Ergänzung zu Tests der allgemeinen Intelligenz (*general cognitive ability*) erklären Arbeitsproben 6 Prozent inkrementelle Varianz im Kriterium Berufserfolg (Roth et al., 2005).

Zusammengefasst grenzt der Anwendungszweck eines Testverfahrens bereits bei der Entwicklung des Tests seinen Validitätsbereich ein und bestimmt damit auch, welcher Merkmalsbereich durch den Test abgedeckt werden muss und welche symmetrischen Kriterien zu seiner Validierung heranzuziehen sind.

7.1.3   Testanwendung und Akzeptanz

Wie Höft (2006) anführt, wird die ehemals starre Dreiteilung der Validität in Inhalts-, Konstrukt- und Kriteriumsvalidität bereits seit Jahren aufgelöst und ist, wie bei Messick (1995) beschrieben, um Aspekte der Testanwendung und Konsequenzen des Testeinsatzes zu erweitern.

Die systematische Auswahl und Zusammenstellung der Testinhalte zur Diagnose des interessierenden Merkmals erfolgt idealerweise sowohl auf Basis theoretischer Begründungen als auch durch Expertenurteile (Pospeschill, 2010)[36]. Letztere können beispielsweise im Rahmen einer Anforderungsanalyse gewonnen werden. Durch die Abgrenzung der Zielpopulation und des Anwendungsbereichs wird die Auswahl der Experten determiniert. Auf Basis der Anforderungsanalyse können Items entwickelt werden, welche die relevanten Konstruktbereiche in angemessener Formulierung und adäquatem Schweregrad abprüfen.

Erkennen in einem Auswahlkontext auch die Probanden in den Testaufgaben ein inhaltlich repräsentatives Abbild der späteren Tätigkeit, so entsteht bei ihnen der subjektive Eindruck, dass der Test genau das zu messen vermag, worauf es für eine erfolgreiche Bewältigung der Tätigkeit ankommt. Die Augenscheinvalidität eines Auswahlinstruments trägt zu einer erhöhten Akzeptanz des Verfahrens bei Laien bei (Kersting, 2008b, Nerdinger et al., 2008). Auch wenn die Augenscheingültigkeit strikt von der eigentlichen Inhaltsvalidität zu trennen ist, so ist ihre Bedeutung für personalpsychologische Diagnose- und Zuordnungszwecke unübersehbar. Entsprechend ist sie beispielsweise im Transparenz-Aspekt des Konzepts der Sozialen Validität (Görlich & Schuler, 2006) oder im Akzept!-Modell (Kersting, 2008b) verankert.

7.2   Entwicklungsschritte der *DBK-TE*

Die Entwicklung der *DBK-TE* basiert zum einen auf theoretischen Überlegungen zu Iteminhalten und -format, zum anderen wurde mit der relevanten Zielgruppe eine Anforderungsanalyse durchgeführt, um praktisch bedeutsame Iteminhalte zu gewinnen. Das Vorgehen hierbei und die Personengruppe, mit der die anforderungsanalytischen Interviews geführt werden konnten, werden in Kapitel 7.2.1 beschrieben. Erläuterungen zu Aufgabenentwicklung und -auswahl und dem Einsatz der Vorversionen der *DBK-TE* finden sich in den Kapiteln 7.2.2 und 7.2.3. In Kapitel 7.2.4 wird die Erstellung der Endversion der *DBK-TE* dargestellt. Die Stichproben zu den jeweiligen Entwicklungsschritten werden in den

---

[36] Dass der Begriff des Experten nicht auf Eignungsdiagnostiker und Personalpsychologen beschränkt sein sollte, sondern auch Stelleninhaber, deren Vorgesetzte und sogar Laien zu vergleichbaren Einschätzungen der Anforderungen kommen können, zeigen Kersting und Birk (2011).

Teilkapiteln beschrieben; in Kapitel 7.2.5 werden die Stichprobengrößen und -merkmale nochmals zusammengefasst.

7.2.1 Anforderungsanalyse

Die Bedeutung einer umfassenden Anforderungsanalyse als Grundlage der Itementwicklung für berufsbezogene Leistungstests wurde bereits in Kapitel 6.5 aufgeführt und ist in nahezu allen Standardwerken zur Eignungsdiagnostik und zur Testkonstruktion hinreichend beschrieben (für die Test- und Fragebogenkonstruktion siehe Bühner, 2010; für die Eignungsdiagnostik siehe Harvey, R. J., 1991; Sanchez & Levine, 2001; Schuler, 2006). Folglich wird auch in der DIN 33430 die zentrale Bedeutung einer Arbeits- und Anforderungsanalyse betont (DIN, 2002; Kersting, 2008a).

Arbeits- und Anforderungsanalysen lassen sich nach Schuler (2006) nach drei verschiedenen Ansätzen klassifizieren: die erfahrungsgeleitet-intuitive Methode, die arbeitsplatzanalytisch-empirische Methode und die personenbezogen-empirische Methode. Weiterhin liegt der Fokus entweder auf der Beschreibung der auf der Stelle zu bewältigenden Aufgaben, auf der Herleitung der notwendigen Eigenschaften des erfolgreichen Stelleninhabers oder dessen wünschenswerten Verhaltensweisen.

Für die Entwicklung der *DBK-TE* wurde die übliche arbeitsplatzanalystisch-empirische Methode gewählt. Als Verfahren kam die *Critical Incident Technique* (*CIT*) nach Flanagan (1954) zum Einsatz, die sich auf das Sammeln von Beschreibungen relevanter Verhaltensweisen konzentriert. Bislang ist die Itemkonstruktion auf Basis der Ergebnisse von Anforderungsanalysen in der Kreativitätsforschung sehr wenig verbreitet und so wurde auch die Critical Incident Methode (*CIT*; Flanagan, 1954) noch kaum eingesetzt (Caroff & Lubart, 2012).

Die gesamte Anforderungsanalyse orientierte sich an den von Flanagan (1954) vorgegebenen fünf Schritten: Bestimmung der Zielkriterien, Planung der Erhebung, Datensammlung, Datenanalyse und Interpretation.

Bestimmung der Zielkriterien und Planung der Erhebung

Ziel der Anforderungsanalyse war es, Informationen über besonders effektives, sprich erfolgreiches, und besonders ineffektives, also nicht zielführendes, kreatives Arbeitsverhalten zu gewinnen. Die Informationen wurden in Einzelinterviews mit Experten gewonnen, wobei als Experten nicht Personen definiert wurden, die sich durch überlegenes Fachwissen ausweisen, sondern Personen, die über umfassende einschlägige Erfahrung verfügen. Somit kommen auch Stelleninhaber bzw. Vorgesetzte und Mitarbeiter in Frage. Für die Entwicklung der

DBK-TE wurden ausschließlich Gespräche mit hochrangigen Führungspersönlichkeiten aus unterschiedlichen Branchen geführt, die über eine langjährige Berufserfahrung verfügten und die in ihrem Arbeitsalltag kreatives Verhalten bei ihren Mitarbeitern beobachten konnten. In Vorbereitung der Experteninterviews zur Sammlung kritischer Ereignisse wurde ein am achtstufigen Prozessmodell der Kreativität nach Schuler und Görlich (2007) orientierter Interviewleitfaden erstellt, anhand dessen die Interviews dann standardisiert geführt werden konnten. Der Fragebogen zur Sammlung kritischer Ereignisse findet sich auf Online Plus.

Datensammlung

Mit der Zielsetzung Inhaber hoher Führungspositionen mit langjähriger Berufs- und Führungserfahrung als Interviewpartner zu gewinnen, wurde mit einer Vielzahl von mittleren und großen Unternehmen in Süddeutschland telefonisch und per E-Mail Kontakt aufgenommen. Zu den Unternehmen, die Gespräche mit ihren Führungskräften ermöglichten, zählten unter anderem *Daimler, Würth, GETRAG, ADAC, Jung von Matt* und *Ernst & Young.* Zusätzlich wurden private Kontakte zu geeigneten Personen genutzt um weitere Interviewpartner zu gewinnen, so dass mit Unterstützung von Diplomanden am Lehrstuhl für Psychologie der Universität Hohenheim insgesamt 137 Einzelinterviews geführt werden konnten.

Ziel der Anforderungsanalyse war es, ein möglichst umfassendes Bild erfolgreicher kreativer Verhaltensweisen in der Arbeitswelt zu erlangen. So war es von großer Bedeutung sich in dieser frühen Phase der Testentwicklung nicht auf eine bestimmte Branche oder Berufsgruppe zu beschränken. Tabelle 8 gibt einen Überblick über die Branchenzugehörigkeit der Interviewpartner.

Tabelle 8:   Branchenzugehörigkeit der Interviewpartner

Branche	Anzahl Interviews	Prozentualer Anteil
Betriebswirtschaftliche Berufe	71	53.8 %
Werbung, Marketing und Vertrieb	48	
Unternehmensberatung	20	
Organisation	3	
Technische Berufe	48	36.4 %
Forschung und Entwicklung	32	
Ingenieurberufe	10	
IT und Software	6	
Kreative Berufe	12	9.1 %
Erziehung	1	0.8 %
Gesamt	132	100 %

Anmerkung. Von den 137 geführten Interviews konnten aufgrund einer technischen Panne bei der Aufnahme der Gespräche nur 132 Interviews verwendet werden. Daher ist hier das reduzierte *N* von 132 Interviewpartnern dargestellt.

Etwas über die Hälfte der standardisierten Interviews (53.8 Prozent) wurde mit Führungskräften in betriebswirtschaftlichen Positionen geführt. Als besonders ergiebig erwiesen sich die Gespräche mit den 20 Unternehmensberatern, da sich erwartungsgemäß zeigte, dass diese Interviewpartner aufgrund ihrer berufsbedingt zahlreichen und unterschiedlichen Kontakte ein besonders breites Verhaltensrepertoire überschauen und zur Identifikation erfolgreicher kreativer Handlungsweisen heranziehen konnten. Bei den Experten mit technischem Hintergrund waren Zweidrittel (66.7 Prozent) der Befragten in der Forschung und Entwicklung beschäftigt. Die übrigen 16 Interviewpartner teilen sich auf anwendungsbezogene Ingenieurberufe und die IT- und Software-Branche auf. Unter kreativen Berufen sind Berufe wie Architekten und Textildesigner zusammengefasst. Ein Gesprächspartner hatte einen wirtschaftspädagogischen Hintergrund.

Bis auf wenige Ausnahmen fanden alle Interviews, die durchschnittlich etwa eine Stunde dauerten, in den Büroräumen der jeweiligen Interviewpartner statt. Der Ablauf des Interviews wurde bei allen Interviewpartnern konstant gehalten.

Nach der Begrüßung und Vorstellung der eigenen Person, wurde das Forschungsprojekt erläutert und das Ziel der Studie vorgestellt. Nach Zusicherung einer anonymisierten Auswertung konnte in allen Gesprächen das Einverständnis der Interviewpartner eingeholt werden, die Gespräche mit einem Diktiergerät aufzeichnen zu dürfen. Außerdem wurde stets darauf hingewiesen, dass das Ziel der Gespräche nicht darin bestand, Unternehmensinterna oder Kennzahlen abzufragen, sondern Informationen über erfolgsrelevantes, kreatives Verhalten von Mitarbeitern in unterschiedlichen Situationen bzw. auf den verschiedenen Stufen des kreativen Prozesses zu erhalten. Nach zwei Einstiegsfragen, bei denen die Interviewten ihre eigene Definition von Kreativität und Innovativität darlegen konnten, wurde kurz die Methode der kritischen Ereignisse (CIT) erklärt. Anschließend begann die eigentliche Befragung. Für jede Stufe des kreativen Prozesses wurde zunächst eine kurze Einführung gegeben. Anschließend wurden bei jeder Stufe die für die CIT typischen Fragen nach einer kritischen Situation auf dieser Prozessstufe, nach dem besonders erfolgreichen (oder besonders ineffektiven) Verhalten eines Mitarbeiters, Kollegen oder des Interviewpartners selbst und den Konsequenzen dieses Handelns gestellt. Abbildung 13 zeigt einen Auszug aus dem Fragebogen zur Sammlung kritischer Ereignisse auf Online Plus.

Abbildung 13: Auszug aus Interviewleitfaden zur Anforderungsanalyse

Die erste Phase des kreativen Prozesses ist die Entdeckung einer problematischen Fragestellung oder eines Änderungswunsches.

- Können Sie sich an eine konkrete Situation aus Ihrem Berufsalltag erinnern, in der jemand eine neue Fragestellung entdeckt hat?
- Beschreiben Sie bitte die Situation bzw. die Umstände, die zu der Entdeckung geführt haben so konkret wie möglich.
- Beschreiben Sie bitte das konkrete Verhalten des Mitarbeiters/Kollegen.
- Was war aus Ihrer Sicht besonders effektiv an diesem Verhalten?
- Was waren die Konsequenzen des Verhaltens?

Im Anschluss an die Interviews wurden die Gespräche wörtlich transkribiert. Der Schwerpunkt der vorliegenden Arbeit liegt auf der Bewertung der *DBK-TE*-Endversion, daher wird die Anforderungsanalyse nicht im Detail dargestellt.

Datenanalyse und Interpretation

Die transkribierten kritischen Ereignisse und das dazu beschriebene Verhalten wurden zunächst auf ihre Stufenzugehörigkeit geprüft. Da teilweise ganze Prozesse beschrieben wurden, konnten die Antworten nicht immer explizit einer Stufe zugeordnet werden. In diesen Fällen wurden die berichteten Beispiele ihrem Inhalt entsprechend auf einzelne stufenbezogene Incidents heruntergebrochen und den jeweiligen Stufen zugeteilt. Im nächsten Schritt wurden die beschriebenen Verhaltensweisen pro Stufe themenbezogen, d. h. nach inhaltlichen Gemeinsamkeiten, zusammengefasst. Hieraus ergaben sich schon erste Hinweise auf erfolgskritische kreative Verhaltensdimensionen im beruflichen Kontext.

Als Beispiel ist in Abbildung 14 ein Auszug aus dem Interview mit einer Architektin dargestellt. Die Interviewpartnerin arbeitete seit 8 Jahren als Teamleiterin und führte acht Mitarbeiter.

Aus diesem Gespräch und anderen Interviews wurde deutlich, dass sich erfolgreiche Mitarbeiter durch den Einbezug unterschiedlicher Informationsquellen auszeichnen. Basierend auf solchen Informationen wurde die Unteraufgabe *Informationsquellen* der Aufgabe *S2 Kraftschonende Gartengeräte*[37] entwickelt.

Abbildung 14: CIT-Beispiel zu Stufe 2 Informationssuche, -aufnahme und – bewertung

Können Sie sich an eine Situation erinnern, in der es wichtig war Informationen zu suchen?

Ja, täglich eigentlich.

Fällt Ihnen eine konkrete Situation ein?

Ja, es haben beispielsweise Dämmungsstärken nicht übereingestimmt. Wir bekommen von unseren beteiligten Kollegen eine Planung, die wir in Vertragsform umwandeln müssen, daher sind wir schon bei allem skeptisch, was die planen. Man prüft dies in DIN Normen nach, in vorhandener Fachliteratur oder googelt. Wir verwenden auch Informationen aus früheren Projekten und Ausschreibungen. Das hängt immer vom jeweiligen Projekt und den benötigten Informationen ab. In diesem Fall haben wir die DIN Normen überprüft.

Können Sie hier auch sagen, was besonders effizient an der Informationsbeschaffung war?

Also bei uns in der Brache ist es sehr verbreitet, dass man ganz detaillierte Informationen über das Internet kriegt. Das man im Grunde die ganzen Kataloge, die wir trotzdem haben, im Internet genauso vorfindet und sogar gezielter an die Informationen heran kommen kann. Also unser Job, ohne Internet, da würde sehr viel fehlen. Es stellt ein großes Medium für uns dar, dass eigentlich bei jeder Informationssuche genutzt wird. Ansonsten immer noch das persönliche Telefonat mit den Firmen. Oder es wird ein Berater eingeladen. Oder natürlich vorhandene Archive, von vorangegangenen Projekten.

Wie unter anderem bei Kersting und Birk (2011) beschrieben, bedient sich eine solide Anforderungsanalyse nicht nur einer Quelle, sondern bezieht im Sinne des

---

[37] Die Aufgaben der *DBK-TE* sind in Kapitel 7.3.1 beschrieben.

am Lehrstuhl für Psychologie der Universität Hohenheim von Prof. Dr. Heinz Schuler für die Personalpsychologie erarbeiteten Prinzips der Multimodalität mehrere Einschätzungen mit ein. So wurden im Folgenden die aus der Praxis gewonnenen Anforderungen an kreative Personen mit den in der aktuellen Kreativitätsforschung bereits als erfolgskritisch identifizierten Verhaltensweisen verglichen. In Ergänzung zu den Praktikern, mit denen die anforderungsanalytischen Interviews geführt wurden, wurden die Einschätzungen externer Experten hinzugezogen. Diese sogenannten „Subject Matter Experts" (SMEs) verfügen über fundierte Erfahrung im Bereich der Eignungsdiagnostik und sind mit den Instrumenten der Anforderungsanalyse, und damit auch mit deren Möglichkeiten und Grenzen, bestens vertraut. Entsprechend wurden die identifizierten Verhaltensdimensionen im nächsten Schritt innerhalb des Lehrstuhlteams hinsichtlich ihrer Bedeutung diskutiert und erneut auf ihre trennscharfe Stufenzugehörigkeit bewertet.

Lienert und Raatz fordern Aufgaben, die „speziell, konkret und wirklichkeitsnah (ökologisch)" (1998, S. 32) sind. Durch den Einsatz der Critical Incident Technique, die bei konkreten, bedeutenden Situationen der alltäglichen Praxis ansetzt, wird die Formulierung solcher Items ermöglicht. Die aktuellen Beispiele aus der Praxis helfen eine zielgruppengerechte Sprache und Einbettung (Coverstory) der Aufgaben zu wählen. Nicht selten lassen sich die erfassten „kritischen Situationen" sogar unmittelbar für die Aufgabenkonstruktion verwenden. Die Anforderungsanalyse zu Beginn der Entwicklung der *DBK-TE* erhöht durch eine angemessene Formulierung und erkennbaren Berufsbezug der Aufgaben die Chance auf eine hohe Augenscheinvalidität des Tests, was wiederum zu erhöhter Akzeptanz gegenüber dem Verfahren beitragen dürfte.

7.2.2   Aufgabenentwicklung und -auswahl

Die wesentlichen Besonderheiten der *DBK-TE* sollen

- in der Abbildung des Kreativitätskonstrukts durch eine prozessorientierte Sicht und damit der Möglichkeit zur stufenbezogenen Erfassung kreativen Potenzials (Konstruktvalidität),
- in der Integration simulativer Aufgaben zur Kreativitätsdiagnostik (Multimodalität),
- in der anforderungsanalytisch basierten Aufgabenentwicklung (Augenscheinvalidität)
- sowie in der prognostischen Validität für berufliche Erfolgskriterien (Kriterienvalidität) und in der hohen Akzeptanz seitens der Getesteten

liegen. Folglich war bei der Aufgabenentwicklung auf eine stufenbezogene Konzeption der Items zu achten. Das jeweilige Item sollte nur eine spezielle Stufe des kreativen Prozesses abbilden, also weder vor- noch nachgelagerte Stufen in der Fragestellung anschneiden oder in den Antwortmöglichkeiten umfassen. Besonders auf den mittleren Prozessstufen, wie der Stufe *4 Ideenfindung* oder der Stufe *5 Lösungsansatz*, hat sich diese Forderung als schwer zu bewerkstelligen herausgestellt. Häufig provozierte die Aufforderung Ideen zu generieren (Stufe 4) sofort auch dazu, Lösungen anzubieten (Stufe 5). Genauso wurden bei der Frage nach Lösungen zu einer vorgegebenen Fragestellung (Stufe 5), diese häufig gleich bewertet (Stufe 6). Die stufenreine Messung der Fähigkeit Lösungsansätze generieren zu können erfordert jedoch das ungehemmte Aufzählen möglicher Lösungen und darf nicht zur Zurückhaltung von als vom Getesteten als „peinlich" oder „schwach" eingestuften Antworten führen. Die neuartigen simulativen Items, die direkt beobachtbares kreatives Verhalten auf einer bestimmten Stufe provozieren sollen, stellten eine weitere Herausforderung dar. Für wirklichkeitsnahe Simulationen müssen in der Regel komplexere Aufgabenstellungen gewählt werden als dies bei reinen paper-pencil-Aufgaben der Fall ist. In der Entwicklung der *DBK-TE* war nun darauf zu achten, Rollenspiele bzw. Simulationen zu entwickeln, die zwar eine möglichst realistische Aufgabe für den Probanden darstellen und nicht aus dem Kontext gerissen erscheinen, jedoch zugleich wirklich nur eine spezifische Stufe des kreativen Prozesses abdecken. Um berufsbezogene und den Anforderungen aus der Praxis entsprechende Items zu entwickeln, wurden die aus dem Prozessmodell der Kreativität abgeleiteten Diagnosemöglichkeiten (siehe Tabelle 6) in den Arbeitskontext übertragen. Es wurden sowohl eine berufsnahe Sprache als auch eine geeignete Coverstory gewählt. So sind die Aufgaben in der Rolle als Angestellter eines Unternehmens, welches technische Anlagen produziert und vertreibt, zu bearbeiten. Das technisch-entwicklungsbezogene Unternehmensumfeld kleidet die Items augenscheinvalide ein. Zugleich erfordern die Aufgaben trotz des konkreten Berufsbezugs keinerlei Vor- oder Fachwissen, so dass ihre Bearbeitung nicht auf bestimmte Ausbildungsstufen oder Tätigkeitsbereiche beschränkt wird. Alle Aufgaben basieren auf einem offenen Antwortformat.

Die Aufgabenkonstruktion zur Entwicklung der *DBK-TE* basiert auf

- den theoriegeleitet gewonnenen relevanten Eigenschaften und Verhaltensdimensionen,
- den aus der Anforderungsanalyse abgeleiteten Verhaltensdimensionen und
- den Anregungen und Einschätzungen von SMEs zu geeigneten Kreativitätsitems im beruflichen Kontext.

Die Verbindung von hoher Augenscheinvalidität durch einen starken Anforderungsbezug einerseits mit einer starken, theoretisch fundierten Konstruktorientierung andererseits zeichnet die *DBK-TE* als sogenanntes Hybridverfahren (Klingner, 2003) aus. Die entwickelten Aufgaben wurden vor ihrer Erprobung hinsichtlich ihrer Güte und Tauglichkeit bewertet. Hierzu wurden Personen herangezogen, die sowohl Experten für die Theorie der Kreativität als auch Experten für Testkonstruktion waren. Zum Expertenteam zählten sechs Mitarbeiter des Lehrstuhls für Psychologie der Universität Hohenheim. Weiterhin wurden Ideen zu Aufgaben und auch bereits erarbeitete Items mit einem kleinen Team aus sieben Diplomanden und Bacheloranden des Lehrstuhls diskutiert, die ihre Abschlussarbeit im Rahmen des Forschungsprojektes verfasst und wesentlich zur Aufgabenentwicklung beigetragen haben.

Die Kriterien, nach denen die Aufgaben bewertet wurden, waren:

• Anforderungsbasierte Auswahl des Iteminhalts
• Stufenzugehörigkeit klar?
• Kein Vorwissen / keine Fachkenntnisse nötig
• Bearbeitungsdauer in erstem Testdurchlauf
• Aufwand / Umsetzbarkeit
• Verständlichkeit
• Auswertungsmodus und -aufwand.

7.2.3 Vorversionen der *DBK-TE*

Bevor die Endversion der *DBK-TE* vorlag, wurde in zwei Schleifen eine Itemauswahl getroffen. Die Ergebnisse der Analysen zur Item(vor)auswahl werden in dieser Arbeit aus Platzgründen nicht berichtet. Die Entwicklungsschritte sind jedoch bei Gelléri und Winter (2012, Sep), Gelléri, Winter und Schuler (2011, Sep), Winter (2012, Nov, 2012, Sep), Winter, Gelléri und Schuler (2011, Sep) und Winter und Schuler (2013, Sep) dokumentiert.

7.2.3.1 Versionen 1A bis 1H

Jene Items, die von den 13 SMEs als augenscheinvalide und klar zu einer Stufe des Kreativitätsprozesses zugehörig identifiziert wurden, wurden zunächst an Schülern und Studenten, später auch an Berufstätigen, erprobt. Bei der Vielzahl an entwickelten Aufgaben konnten nicht alle Items zusammen getestet werden. Hierzu wären einerseits aus zeitlichen Gründen nicht ausreichend Probanden zu gewinnen gewesen. Zum anderen sollten bei der Erprobung Ermüdungs- und

Trainingseffekte ausgeschlossen werden. Die einzelnen Items wurden daher zu verschiedenen Testversionen zusammengestellt. Die genaue Zuordnung der Items zu den einzelnen Testversionen ist in Tabelle 9 dargestellt.

Tabelle 9:   Versionszugehörigkeit der Aufgaben

Stufe	Aufgabe	1A	1B	1C	1D	1E	1F	1G	1H	1J	1JE	1K	1KE	EV
Stufe 1	Anzeige								1H			1K	1KE	
	Fusion						1F							
	Herr Ausmeister					1E								
	Keks-Entwicklung							1G		1J				EV
	KüchenFlink		1B									1K	1KE	
	Marsflug		1B											
	Präsentation erstellen	1A												
	Saugroboter					1E		1G						
	Warngeräte im Garten				1D						1JE			EV
Stufe 2	Kleine Abfüllmenge & Kakao-Konfekt		1B											
	Kraftschonende Gartengeräte				1D			1G		1J	1JE			EV
	Materialsuche								1H			1K	1KE	
	Möhren verpacken						1F							
	Single-Waschmaschine	1A												
Stufe 3	Büro					1E		1G						
	Kisten packen	1A								1J	1JE			EV
	Lager aufräumen						1F							
	Lenkstangen								1H			1K	1KE	
	Marmelade		1B							1J	1JE			EV
	Miniaturen						1F							
	Platzsparende Geräte				1D									
	Regenschirm				1D									
	Restprodukte					1E		1G						
	Schmierölbehälter								1H					
Stufe 4	Badewanne			1C	1D									
	Fehlbestellung						1F						1KE	
	Kleine Beigabe								1H			1K		
	Messeauftritt		1B	1C			1F							
	Verstecke					1E		1G		1J	1JE			EV
	- Unordnung[a]					1E		1G						
	Papierbögen					1E		1G						
	Transport EM						1F							
	UV-Belastung			1C	1D									
	Waage			1C	1D								1KE	
	Was ist das?								1H			1K	1KE	
	Wasser ableiten						1F			1J	1JE			EV
	Weiterverwendung								1H					
	Zusatzraum						1F							
Stufe 5	Thermometer			1C										

Stufe	Aufgabe	1A	1B	1C	1D	1E	1F	1G	1H	1J	1JE	1K	1KE	EV
						enthalten in Version								
	Milchabfüllanlage		1B	1C						1J	1JE			EV
	Skulptur					1E		1G		1J	1JE			EV
	Transporthilfe			1C	1D									
	Weicher Boden						1F							
	Wetterfeste Sitzbank			1C	1D									
	Witterungsbeständiges Fahrrad								1H			1K	1KE	
Stufe 6	Abtropfständer				1D							1K	1KE	
	Entscheidungsfindung		1B									1K	1KE	
	Frühstücksmaschine					1E		1G						
	Gemeinsame Besprechungen	1A							1H					
	Gewächshaus				1D					1J	1JE			EV
	Radio- & Kaffeemaschine						1F			1J	1JE			EV
Stufe 7	Aufsitzrasenmäher			1C	1D					1J	1JE			EV
	Führerkabine						1F							
	Gepäckträger								1H			1K	1KE	
	Kindersicherer Rasenmäher			1C	1D									
	Thermometer				1D					1J	1JE			EV
	Neues Getränk		1B	1C										
	Saugroboter					1E		1G						
Stufe 8	City Cruiser								1H		1JE			EV
	Kochtisch auf Rädern				1D							1K	1KE	
	Neuverhandlung		1B											
	Reparaturwerkstatt						1F							
	Solar-Küchengeräte				1D									
	Verkäufer gewinnen	1A												
	Verkaufsgespräche		1B									1K	1KE	
	Vorstandspräsentation							1G		1J				EV

Anmerkungen. Aufgaben, die in die Endversion (EV) der DBK-TE eingegangen sind, sind fett hervorgehoben. [a] „Unordnung" auf Stufe 4 lief als Teilaufgabe des Items „Verstecke" nur in den Versionen 1E und 1G mit.

Die 65 Items wurden zu acht Vorversionen (1A bis 1H) zusammengestellt. Mit Ausnahme der ersten Testversion (Version 1A) enthalten alle Versionen mindestens ein Item pro Stufe. Items, die sich bereits nach der ersten Erprobung als unbrauchbar herausgestellt haben, wurden nicht weiter betrachtet.

Zur Konstruktvalidierung wurden unterschiedliche Verfahren eingesetzt, die in Kapitel 1 näher beschrieben werden. Auch hier war es aus zeitökonomischen Gründen nicht möglich, alle Verfahren mit allen *DBK-TE*-Testversionen einzusetzen. Es wurde jedoch darauf geachtet, dass jedes Item der *DBK-TE* mit jeweils mehreren Verfahren der interessierenden Konstrukte Intelligenz, Persönlichkeit und Motivation sowie weiteren Kreativitätsverfahren gemeinsam eingesetzt wurde. Zur Kriterienvalidierung wurden Kriterien aus Schule, Ausbildung, Beruf und Freizeit erfragt. Die Kriterien werden in Kapitel 1 beschrieben. Die Datenerhebung wurde durch Diplomanden und Bachoranden unterstützt.

An der Erprobung der 65 Aufgaben in den acht Vorversionen 1A bis 1H nahmen insgesamt 959 Personen teil. Sie waren im Mittel 22.72 Jahre alt (*SD* = 8.12, Min: 15 Jahre, Max: 73 Jahre; 7 Personen ohne Altersangabe). Mit 59.1 Prozent Männern war die Stichprobe in Bezug auf die Geschlechterverteilung nahezu ausgeglichen. Deutsch als Muttersprache gaben 90.4 Prozent an. Die Stichprobe setzte sich zu 56.1 Prozent aus Schülern, zu 29.1 Prozent aus Studenten bzw. Personen in Ausbildung und zu 14.7 Prozent aus Berufstätigen zusammen; von einer Person (0.1 Prozent) fehlte eine Angabe zu ihrer derzeitigen Tätigkeit.

7.2.3.2   Erste Itemrevision und Versionen 1J bis 1KE

Nachdem die Items zu acht verschiedenen Versionen (Version 1A bis Version 1H) zusammengestellt und umfassend erprobt waren, fand eine Itemrevision statt, in der die Items bezüglich ihrer psychometrischen Eigenschaften analysiert wurden. Anders als sonst üblich, lagen zur Itemauswahl nicht nur die klassischen Ergebnisse der Itemanalyse (Verteilung, Trennschärfe, interne Konsistenz) zugrunde. Durch die frühzeitige Validierung an weiteren Kreativitätsverfahren und Instrumenten divergenter Konstrukte wie Intelligenz, Persönlichkeit und Leistungsmotivation sowie an relevanten Kriterien konnten die Items auch aufgrund ihrer theoretischen Passung zum Kreativitätskonstrukt bzw. ihrer prädiktiven Güte ausgewählt werden.

Die bezüglich der Kennwerte aus Itemanalyse, Konstrukt- und Kriterienvalidität besten 29 Items wurden zu zwei Vorversionen (1J und 1K)[38] zusammengestellt. Auch diese Vorversionen wurden einer umfassenden empirischen Überprüfung hinsichtlich ihrer teststatistischen Eigenschaften und Validitätskennwerte unterzogen.

Die Vorversionen 1J (bzw. 1JE) und 1K (bzw. 1KE) wurden bei 523 Personen eingesetzt. Die Testanden waren durchschnittlich 26.16 Jahre alt (*SD* = 9.38, Min: 14 Jahre, Max: 74 Jahre; 4 Personen ohne Altersangabe) und damit etwas älter als in der ersten Runde der Itemerprobung. Mit 53.2 Prozent Männern lag ein nahezu ausgeglichenes Geschlechterverhältnis vor. Die Muttersprache Deutsch hatten 81.5 Prozent; von 5.4 Prozent der Testanden fehlte die Angabe der Muttersprache. In dieser Runde der Itemprüfung wurde bewusst darauf geachtet, den Anteil der Schüler zugunsten Älterer zu reduzieren, was mit einem

---

[38] Jede der beiden Vorversionen 1J und 1K liegt in zwei Varianten vor. Bei der Variante 1JE sind die simulativen Aufgaben *Keks-Entwicklung* und *Vorstandspräsentation* durch die klassischen Items *Warngeräte im Garten* und *City Cruiser* ersetzt. Bei der Variante 1KE sind anstatt des Items *Kleine Beigabe* die Items *Fehlbestellung* und *Waage* enthalten.

Schüleranteil von 22.2 Prozent und 43 Prozent Studenten bzw. Auszubildenden sowie 32.1 Prozent Berufstätigen gelang. Von 2.7 Prozent der Testanden fehlten die Angaben zu ihrer derzeitigen Tätigkeit.

7.2.4   Zweite Itemrevision und Erstellung der Endversion

Mit den Ergebnissen aus der ersten Itemprüfung und der umfassenden Datenbasis für die Itemvorauswahl in den Vorversionen 1J bis 1K ließen sich nun jene Items identifizieren, welche in die Endversion Eingang finden sollten. Durch die Vorversionen war nun bereits eine Abschätzung zu den Verteilungs- und Validierungskennwerten der Endversion möglich. Für die Endversion wurden 15 Items ausgewählt. Mit Ausnahme der Stufe *2 Informationssuche, -aufnahme und -bewertung* ist jede Stufe des Prozessmodells der Kreativität nach Schuler und Görlich (2007) durch zwei Items repräsentiert. Die Aufgabe *Kraftschonende Gartengeräte* auf Stufe *2 Informationssuche, -aufnahme und -bewertung* setzt sich jedoch aus zwei Teilaufgaben zusammen, wobei eine auf die Messung von Kompetenzen zur Informationssuche abzielt, die andere Teilaufgabe hingegen Aspekte der Informationsaufnahme und -bewertung abdeckt.

Die Endversion wurde von 303 Personen bearbeitet. Im Mittel waren die Testanden 25.55 Jahre alt (SD = 10.40, Min: 15 Jahre, Max: 75 Jahre). Mit einem Anteil von 36.3 Prozent waren männliche Teilnehmer unterrepräsentiert; von einer Person fehlte die Geschlechtsangabe. Deutsch als Muttersprache gaben 77.2 Prozent an; 21.1 Prozent der Testanden machten zu ihrer Muttersprache allerdings keine Angaben. Die Stichprobe setzte sich zu 19.8 Prozent aus Schülern, zu 48.8 Prozent aus Studenten bzw. Personen in Ausbildung und zu 28.4 Prozent aus Berufstätigen zusammen. Nicht berufstätig waren 1.3 Prozent der Testanden; von fünf Personen (1.7 Prozent) fehlte eine Angabe zu ihrer derzeitigen Tätigkeit.

Für zwei Studien konnten aus Zeitgründen nur abgewandelte Varianten der Endversion zum Einsatz kommen. In der Studie von Gelléri und Winter (2012, Sep) wurde die Endversion ohne die Items *S1 Keksentwicklung, S3 Marmelade, S6 Gewächshaus* und *S8 Vorstandspräsentation* zur Konstruktvalidierung der *DBK-PG* (Schuler et al., 2013) bei 74 Personen eingesetzt. In einer späteren groß angelegten gemeinsamen Validierungsstudie der beiden *DBK*-Verfahren, die zusammen mit Petra Gelléri durchgeführt wurde, kam die Endversion ohne die Aufgabe *S8 Vorstandspräsentation* bei 289 Personen zum Einsatz. Dieselbe Variante (Endversion ohne Aufgabe *S8 Vorstandspräsentation*) wurde zudem von Netschitailo (2014) bei 59 Personen eingesetzt, die den Einfluss von Testängstlichkeit beim Einsatz eines Kreativitätsleistungstests prüfte.

Insgesamt wurden die beiden Varianten der Endversion bei 422 Personen eingesetzt. Die Testanden waren durchschnittlich 30.43 Jahre alt (SD = 13.31,

Min: 13 Jahre, Max: 82 Jahre). Mit 43.4 Prozent männlichen Teilnehmern ist die
Stichprobe bezüglich der Geschlechterverteilung nahezu ausgeglichen; von 0.9
Prozent fehlte die Geschlechtsangabe. Leider fehlen von 82.5 Prozent der Testanden die Angaben zur Muttersprache, da diese Variable in der Studie von Palmer und Gelléri und in der Studie von Netschitailo nicht erhoben wurde. Von
den 74 Personen, von denen Angaben vorliegen, sprechen 7.3 Prozent Deutsch
als Muttersprache. Auch die Angaben zur derzeitigen Tätigkeit liegen nicht von
allen 422 Personen, welche die beiden Varianten der Endversion bearbeiteten,
vor; 38.9 Prozent machten keine Angaben. Die übrigen Testanden waren zu 18.5
Prozent Schüler, zu 11.1 Prozent Studenten oder noch in Ausbildung, zu 29.9
Prozent Berufstätige und zu 1.7 Prozent zum Zeitpunkt der Testung nicht berufstätig.

7.2.5   Übersicht über die Stichproben

Alle Personen, die in den verschiedenen Entwicklungsschritten und Erprobungs-
runden als Interviewpartner, SME oder Testanden beteiligt waren, haben freiwil-
lig und ohne Vergütung teilgenommen. Die Teilnehmer, welche die *DBK-TE*
beziehungsweise ihre Vorversionen bearbeiteten, wurden größtenteils von Studierenden gewonnen, die an der Universität Hohenheim oder der Justus-Liebig-
Universität Gießen unter Betreuung der Autorin ihre Abschlussarbeiten schrie-
ben. Um belastbare Daten zur Eignung der Items, der Vorversionen und der
Endversion des Verfahrens zu bekommen, wurde von Anfang an darauf geachtet,
Stichproben zu ziehen, die eine Generalisierung der Ergebnisse für die spätere
Zielgruppe erlauben. So wurden beispielsweise nicht nur Schüler- oder Studie-
rendenstichproben herangezogen, die gemeinhin leichter zugänglich sind. Vielmehr wurde darauf geachtet, die Aufgaben von vorneherein auch an berufsnahen
und berufstätigen Probanden einzusetzen.

Neben den 132 Interviewpartnern zur Anforderungsanalyse und den 13 Personen, welche an der Aufgabenbewertung beteiligt waren, konnten 2 207 Personen für die Teilnahme an der Testung mit dem Verfahren *DBK-TE* beziehungsweise ihrer Vorversionen gewonnen werden. Tabelle 10 enthält die Übersicht
über Größe, Alters- und Geschlechtsverteilung und Zusammensetzung der Stichproben zur Entwicklung und Erprobung der *DBK-TE*.

Tabelle 10: Übersicht über die Stichproben zur Entwicklung und Erprobung der
DBK-TE

Entwicklungsschritt	N	Alter (in Jahren)	Geschlecht	Tätigkeit
Vorversionen 1A – 1H	959	$M = 22.72$	59.1 % männlich	538 Schüler
		$(SD = 8.12)$		279 Studenten[b]
		Min 15		141 Berufstätige
		Max 73		1 ohne Angaben
		7 ohne Angaben		
Vorversionen 1J, 1JE, 1K, 1KE	523	$M = 26.16$	53.2 % männlich	116 Schüler
		$(SD = 9.38)$		225 Studenten[b]
		Min 14		168 Berufstätige
		Max 74		14 ohne Angaben
		4 ohne Angaben		
Endversion (inkl. Varianten)[a]	725	$M = 28.39$	40.9 % männlich	138 Schüler
		$(SD = 12.41)$	8 ohne Angaben	195 Studenten[b]
		Min 13		212 Berufstätige
		Max 82		11 nicht Berufstätige
				169 ohne Angaben

Anmerkungen. [a] Die Varianten sind in Kapitel 7.2.4 beschrieben und wurden von N = 422 Personen bearbeitet. [b] Die Gruppe der Studenten umfasst auch einige wenige Personen in Ausbildung.

Um die psychometrische Qualität der *DBK-TE* auf einer möglichst großen Datenbasis prüfen und somit generalisierbarere Ergebnisse erzielen zu können, werden in der Binnenanalyse, in der Konstrukt- und Kriterienvalidierung und zur Klärung von Testfairness und Akzeptanz alle Datenpunkte zur Analyse herangezogen, die zur betreffenden Fragestellung vorliegen. Das bedeutet, dass sich das *N* für Analysen des Gesamtwerts vom *N* für Analysen der Stufen- oder Aufgabenwerte unterscheiden kann. Durch die Erprobung der Aufgaben in den Vorversionen 1A bis 1H und dann in den Versionen 1J bis 1KE wurden die einzelnen Items wesentlich häufiger eingesetzt als die Endversion mit allen 15 Aufgaben.

7.3 Beschreibung des Testmaterials

In diesem Kapitel wird der Aufbau der *DBK-TE* skizziert sowie deren Durchführung und Auswertung beschrieben. Die zur Konstrukt- und Kriterienvaliderung eingesetzten Verfahren bzw. Items werden zu Beginn der jeweiligen Kapitel (Konstruktvalidierung: Kapitel 1, Kriterienvalidierung: Kapitel 1) vorgestellt.

7.3.1   Beschreibung der Items

Die *DBK-TE* umfasst 15 Aufgaben, wovon die beiden Aufgaben *Keks-Entwicklung* (Stufe 1) und *Vorstandspräsentation* (Stufe 8) das simulative Modul bilden. Die übrigen 13 Aufgaben werden im *Kernmodul* zusammengefasst. Durch die Integration simulativer Aufgaben erfasst die *DBK-TE* nicht nur kreative Fähigkeiten, sondern auch direkt kreatives Verhalten im Sinne des Simulationsansatzes. Die simulativen Aufgaben sind in einem eigenen Modul zusammengefasst und können gegebenenfalls bewusst alleine eingesetzt oder aber auch (z. B. aus Zeitgründen oder zur ökonomischen Gruppentestung) weggelassen werden.

Eine Übersicht über die Reihung der Items, ihre Stufenzugehörigkeit gemäß dem Prozessmodell nach Schuler und Görlich (1993) sowie deren Bearbeitungsdauer (in Minuten; gesamt und aufgeteilt in reine Bearbeitungs- und Instruktionszeit) findet sich in der nachstehenden Tabelle 11.

Tabelle 11: Übersicht über Items der *DBK-TE* inkl. Bearbeitungszeiten

Aufgaben-nummer	Item	Stufe	Bearbeitungs-zeit	Instruktions-zeit	gesamt
	Allgemeine Instruktion			2	2
Aufgabe 1	Keks-Entwicklung	S1	10	1	11
Aufgabe 2	Radio- und Kaffeemaschine	S6	2	0.5	2.5
Aufgabe 3	Wasser ableiten	S4	2	0.5	2.5
Aufgabe 4	Kraftsch. Gartengeräte	S2	3.5	0.5	4
Aufgabe 5	Kisten packen	S3	3	1	4
Aufgabe 6	Warngeräte für den Garten	S1	2.5	0.5	3
Aufgabe 7	Thermometer	S7	2	0.5	2.5
Aufgabe 8	Gewächshaus	S6	1.5	0.5	2
Aufgabe 9	Verstecke	S4	4	0.5	4.5
Aufgabe 10	Skulptur	S5	2	0.5	2.5
Aufgabe 11	City Cruiser	S8	3	1	4
Aufgabe 12	Marmelade	S3	4	1	5
Aufgabe 13	Milchabfüllanlage	S5	3	1	4
Aufgabe 14	Aufsitzrasenmäher	S7	2	0.5	2.5
Aufgabe 15	Vorstandspräsentation	S8	6	3	9
Gesamt (inkl. Instruktion)			**50.5**	**14.5**	**65**
- nur Kernmodul			34.5	10.5	45
- nur simulatives Modul			16	4	20

Itemreihung

Die Reihenfolge der Items entspricht der Vorversion 1J. Zur Verstärkung der sonst nur mit simulativen Aufgaben besetzten Stufen 1 und 8 wurden die Items *S1 Warngeräte im Garten* und *S8 City Cruiser* aus Version 1JE als Aufgaben 6 und 11 eingefügt. Diese Items sind klassische Paper-Pencil- und damit interaktionsfreie Aufgaben. Die beiden Items des *simulativen Moduls* kleiden die restlichen Items ein. Soll das simulative Modul, beispielsweise aus Zeitgründen, nicht zum Einsatz kommen, verändert sich damit durch Herausnahme der beiden Aufgaben aus der Testung die Reihenfolge der weiteren Items nicht. Da die Aufgabe *S8 Vorstandspräsentation* den übrigen Aufgaben hintenangestellt ist, erlaubt diese Positionierung zudem eine Gruppentestung der Aufgaben 1 bis 14. Lediglich das letzte Item ist dann in anschließenden Einzelgesprächen zu testen.

In Tabelle 12 werden die Iteminhalte sortiert nach ihrer entsprechenden Stufe im Kreativitätsmodell kurz beschrieben.

Tabelle 12: Kurze Beschreibung der *DBK-TE*-Items

Item mit Unteraufgaben	Kurze Beschreibung
Stufe 1: Problemdeckung	
S1: Keksentwicklung	Aus einem Film über die Fertigstellung einer neuartigen Keks-Sorte den aktuellen Status, nächste Schritte und Fazit/Empfehlung entnehmen
S1: Warngeräte im Garten	Markieren von Stellen in einem Garten (Bild), an denen vor etwas gewarnt werden könnte
Stufe 2: Informationssuche	
S2: Kraftschonende Gartengeräte	
a) Informationsquellen	Informationsquellen aufzählen
b) Oberbegriffe	Oberbegriffe zu Informationen finden
Stufe 3: Konzeptkombination	
S3: Kisten packen	Kategorien bilden zu vorgegebenen Bürogegenständen, mindestens drei Objekte je Kategorie
S3: Marmelade	Kombination von Gegenständen zum Bau einer (einfachen) Marmeladenabfüllanlage
Stufe 4: Ideenfindung	
S4: Verstecke	
a) Schlüssel	Ideensammlung für Zweitschlüsselverstecke
b) Ostern	Ideensammlung für Osternestverstecke
S4: Wasser ableiten	Benennung verschiedener Varianten, zum Ableiten von Wasser vom Gemüseacker

Stufe 5: Lösungsansatz	
S5: Milchabfüllanlage	Lösungen für Milchabfüllanlagenfinden in a) Kenia & b) Tibet finden
a) Kenia	
b) Tibet	
S5: Skulptur	Lösung für Distanzüberbrückung einer Skulptur finden
Stufe 6: Ideenbewertung	
S6: Gewächshaus	Nennung von Kriterien zur Bewertung eines neuartigen Gewächshauses
S6: Radio- & Kaffeemaschine	Nennung von Vor- und Nachteilen einer Installation eines Kaffeevollautomaten mit Radiofunktion in einer Erntemaschine (Hinweis: es werden nur die Nachteile ausgewertet)
Stufe 7: Anpassung und Umsetzung	
S7: Thermometer	Finden von alternativen Möglichkeiten für Saugknopfhalterungen für Thermometer
S7: Aufsitzrasenmäher	Benennung möglicher Lösungen zur Vermeidung des Herausfallens des Schlüssels aus einem Aufsitzrasenmäher
Stufe 8: Implementierung	
S8: Vorstandspräsentation	Argumentieren, dass eigenes Projekt vor dem Vorstand präsentiert wird und nicht das des Gesprächspartners (Testleiter)
S8: City Cruiser	Vermarktung eines motorlosen Fortbewegungsmittels
a) Zielgruppen	Identifizierung von Zielgruppen
b) Ideen	Generierung kostengünstiger Maßnahmen

Bearbeitungszeit

Die gesamte Bearbeitungsdauer der *DBK-TE* beträgt 65 Minuten (s. Tabelle 13). Hierin sind neben den oben genannten Bearbeitungszeiten der einzelnen Items auch die Zeiten für das Ausfüllen des Deckblatts und das Vorlesen der Instruktion enthalten.

Tabelle 13: Durchführungszeit der *DBK-TE*

Version	Bearbeitungszeit der Aufgaben	Zeit für Instruktionen	Durchführungszeit gesamt
DBK-TE gesamt	50.5 Minuten	14.5 Minuten	65 Minuten
- nur Kernmodul	34.5 Minuten	10.5 Minuten	45 Minuten
- nur simulatives Modul	16 Minuten	4 Minuten	20 Minuten

Anmerkung. In der *DBK-TE* und im Kernmodul sind 2 Minuten Anfangsinstruktion enthalten.

Gruppentestung

Mit einer Ausnahme können alle Aufgaben der *DBK-TE* in Gruppen getestet werden. Selbstverständlich obliegt dem Testleiter hier besondere Aufmerksamkeit, um zum Beispiel gegenseitige Störungen oder gar Abschreiben zu entdecken und durch geeignete Maßnahmen zu unterbinden. Auch ist darauf zu achten, dass während der Instruktion auftauchende Fragen einzelner Probanden für alle hörbar wiederholt und beantwortet werden. Die Aufgabe *S8 Vorstandspräsentation* ist als einziges der *DBK-TE*-Items nicht zur Paralleltestung geeignet, sondern vom Testleiter einzeln mit jedem Probanden durchzuführen. Um die *DBK-TE* dennoch ökonomisch anwenden zu können, wurde die Aufgabe *S8 Vorstandspräsentation* bewußt an den Schluß des Verfahrens gestellt. So können alle vorherigen Aufgaben in der Gruppe durchgeführt werden. Anschließend werden die zu testenden Personen in einen ruhigen Raum geleitet und gebeten, dort zu warten bis sie aufgerufen werden. Die Wartezeit kann zum Beispiel dazu genutzt werden weitere Verfahren, wie etwa Personalbögen, Selbstauskünfte oder psychodiagnostische Selbst-beschreibungsverfahren zu bearbeiten. Die zu Testenden werden dann einzeln zur letzten Aufgabe in den Testraum gerufen. Zu beachten sind bei diesem Vorgehen vor allem zwei Punkte: Erstens verlängert sich hierbei die Bearbeitungszeit für die wartenden Testanden um 9 Minuten für jede Person, die vor ihnen getestet wird. Zweitens ist darauf zu achten, dass der Aufgabeninhalt von bereits getesteten Personen nicht an die noch wartenden Personen weitergegeben werden kann. So müssen die zu testenden Personen nach Bearbeitung der Aufgabe Vorstandspräsentation eindringlich darum gebeten werden, keine Inhalte weiterzugeben. Organisatorisch kann dies durch getrennte Räumlichkeiten und die Anwesenheit einer weiteren Person, welche die Betreuung und Aufsicht unterstützt, realisiert werden.

Vorwissen & Coverstory

Mit den Items der *DBK-TE* sollen kreative und innovative Fähigkeiten bei Studenten, Berufseinsteigern und Berufstätigen in technischen und entwicklungs-bezogenen Bereichen diagnostiziert werden können. Folglich wurde bei der Konstruktion der Items darauf geachtet, die Aufgaben berufsbezogen zu formulieren und den technischen Bezug abzubilden. Technisches Vorwissen oder gar Fachkenntnisse sind aber bewusst nicht notwendig und sollen auch nicht geprüft werden, so dass der Test nicht auf bestimmte Tätigkeitsfelder beschränkt ist.

Als Hintergrund aller Aufgaben wird die Information gegeben, dass die zu testende Person in einem Unternehmen arbeitet, das sich auf Maschinen und

Gerätschaften für Landwirtschaft und Gartenbau spezialisiert hat. Lediglich die Items der ersten Stufe haben ein anderes Setting. Das Item „Keks-Entwicklung" ist in der „Tim Tam GmbH", einem fiktiven Süßwarenhersteller, verankert. Das Item „Warngeräte im Garten" ist in die „Comodo AG", einem Produzenten hochwertiger Haushalts- und Gartenprodukte, eingebettet.

Sprache & Schrift

Aufgrund der hohen Sprachlastigkeit der *DBK-TE* sollte das Verfahren nur bei Personen eingesetzt werden, die der deutschen Sprache ausreichend mächtig sind. Gegebenenfalls wäre das sprachliche Niveau vorab festzustellen um über den Einsatz des Verfahrens entscheiden zu können.

7.3.2 Durchführung

Um die Durchführung der *DBK-TE* zu standardisieren und den Testanwendern zu erleichtern, liegt ein Manual vor. Es enthält Instruktionen zur Vorbereitung der Testung, wie etwa die Erklärung des Testablaufes (mit Hinweisen zur Durchführung von Gruppentestungen) oder die Versicherung, dass alle Materialien in ausreichender Anzahl vorliegen und im Falle der technischen Unterstützung im simulativen Modul funktionsfähig sind. Außerdem werden die Instruktionstexte und die Bearbeitungszeiten der einzelnen Aufgaben aufgeführt.

7.3.3 Auswertung

Prinzipiell werden die Aufgaben der *DBK-TE* nach Ideenflüssigkeit ausgewertet, d. h. bei jeder Aufgabe werden die Ideen, Lösungen, Anpassungen etc. ausgezählt und mit je einem Punkt bewertet. Die pro Aufgabe erzielte Punktzahl spiegelt also die Anzahl der zulässigen Antworten wider. Als zulässig werden alle nicht redundanten und weitestgehend sinnhaften Antworten betrachtet. So werden nur reine Synonyme ausgeschlossen (Bsp.: „Väter, Papas" ergibt nur einen Punkt). Werden hingegen Variationen oder Oberbegriffe genannt, so werden diese jedoch gewertet (Bsp.: „Apfel, Birne" ergeben zwei Punkte). Die Entscheidung, ob eine Nennung sinnhaft ist oder nicht, wird maximal milde getroffen. Nur völlig sinnlose Nennungen, die keinesfalls zur Aufgabenstellung passen, werden gestrichen. Nennungen wie aber z. B. „von Elefanten ziehen lassen" oder „Beamen" bei der Aufgabe *S5 Skulptur* werden gezählt. Es gilt also: Im Zweifel für den Testanden.

    Zur Auswertung von Aufgabe *S8 Vorstandspräsentation* werden idealerweise Audioaufnahmen der Antworten gemacht, da sich der Testleiter auf seine Rolle als Gesprächspartner konzentrieren sollte. Alternativ könnte eine zweite Person die Aussagen protokollieren. Die Antworten in *S8 Vorstandspräsentation* werden anhand eines Auswertungsbogens bewertet. Hier werden aus der Instruktion abgeleitete Argumente von selbstgenerierten Argumenten unterschieden und letztere besonders gewichtet (doppelte Punktzahl pro selbstgeneriertem Argument). Zur Bildung der Stufenwerte werden die z-standardisierten Aufgabenwerte addiert. Der Gesamtwert errechnet sich dann aus der Summe der z-standardisierten Stufenwerte. Sofern die *DBK-TE* nach den beiden Modulen separat ausgewertet werden soll, ergibt sich der Wert für das simulative Modul aus der Addition der z-standardisierten Aufgaben *S1 Keks-Entwicklung* und *S8 Vorstandspräsentation*. Der Wert für das *Kernmodul* wird analog zum *DBK-TE*-Gesamtwert, allerdings ohne die beiden simulativen Aufgaben, berechnet. Zur Auswertung stehen also die folgenden Werte zur Verfügung: *DBK-TE Gesamtwert, DBK-TE Kernmodul, DBK-TE simulatives Modul* und die *DBK-TE Stufenwerte der Stufen 1-8*.

7.3.4 Verfahrensübersicht

Die *DBK-TE* soll sowohl im Hinblick auf die psychometrische Qualität als auch bezüglich der Berücksichtigung von Anforderungen aus der Praxis eine Weiterentwicklung der bestehenden Kreativitätsverfahren darstellen.

Alle relevanten Informationen zur *Diagnose berufsbezogener Kreativität - Technik und Entwicklung (DBK-TE)* sind in Tabelle 14 zusammengefasst.

Tabelle 14: Verfahrensübersicht *DBK-TE*

Titel:	**Diagnose berufsbezogener Kreativität - Technik und Entwicklung (*DBK-TE*)**
Autoren:	Palmer, C. & Schuler, H.
Verlag	Hogrefe
Testart:	Berufsbezogener Kreativitätstest
Material:	Testheft, Auswertungsblatt, Instruktionsheft, Film zu Aufgabe 1, Manual
Anwendung:	Diagnostische Fragestellungen im Bereich der Berufs-, Bildungs- und Laufbahnberatung, Personalauswahl und -platzierung, Personalentwicklung, Berufsberatung, (Kreativitäts-)Forschung, experimentelle Psychologie
Testgliederung:	15 Aufgaben
Grundkonzept:	Prozessbasierte Diagnostik kreativen Potenzials
Durchführung:	Einzeln oder in Gruppen. Die Bearbeitungszeit beträgt 65 Minuten. Es besteht Zeitbegrenzung.
Alter:	ab 17 Jahren (Gymnasiale Oberstufe)
Auswertung:	Die Auswertung erfolgt mit Hilfe des Auswertungsblatts.
Ökonomie:	(Bedingt) in Gruppen durchführbar. Dauer der Durchführung: 65 Minuten. Dauer der Auswertung: 5 Minuten pro getesteter Person.

Teil III
Ergebnisse und Diskussion

Nach der theoretischen Auseinandersetzung mit dem Kreativitätskonstrukt in Teil I der vorliegenden Arbeit und der Beschreibung der Entwicklung, Validierungsstrategie und Merkmale der *Diagnose berufsbezogener Kreativität für technische und entwicklungsbezogene Tätigkeiten* (*DBK-TE*) in Teil II, werden in Teil III der Arbeit nun die Ergebnisse zur Validierung der *DBK-TE* vorgestellt und diskutiert.

Zur Beurteilung der Güte eines psychometrischen Verfahrens wie der *DBK-TE* werden die drei Hauptgütekriterien Objektivität, Reliabilität und Validität herangezogen. Zudem sollten die Verteilungseigenschaften der Items, der Stufenwerte und des Gesamtwerts beschrieben werden. Die Beschreibung von Objektivität, Verteilungseigenschaften und Reliabilität der *DBK-TE* und ihrer Items findet sich in Kapitel 9. In Kapitel 1 werden die Befunde aus der konvergenten und diskriminanten Konstruktvalidierung dargestellt. Die Ergebnisse aus der Kriterienvalidierung enthält Kapitel 1. Eine wichtige Ergänzung zu den „klassischen" Beurteilungskriterien stellen die sogenannten Nebengütekriterien dar. Sie umfassen Aspekte wie Testfairness, Nützlichkeit, Einsatzbreite, Ökonomie und Akzeptanz. Inwiefern die Ergebnisse in der *DBK-TE* von demografischen Variablen abhängen, der Test also fair ist, wird in Kapitel 12 beschrieben. Die Nützlichkeit, Einsatzbreite, Ökonomie und Akzeptanz der *DBK-TE* wird in Kapitel 1 beschrieben.

8 Hinweise zu den statistischen Auswertungen

Skalenniveau

Gemäß der üblichen Forschungspraxis wurden auch für eigentlich ordinal skalierte Daten (Likertskalen basierte Fragebogen, z. B. *NEO-PI-R*, und Kriteriendaten, z. B. Schulnoten) metrische Verfahren angewandt. Die Bestätigung von Zusammenhängen bzw. Unterschieden durch statistische Verfahren eines höheren Skalenniveaus (hier: Intervall- statt Ordinalniveau) wird durch die Annahme des falschen Skalenniveaus eher erschwert (Bortz & Schuster, 2010, S. 23), was das „pragmatische"/konservative Vorgehen rechtfertigt.

Signifikanzniveau

Als Signifikanzgrenze wurden die in der Psychologie üblichen Niveaus von $\alpha = .01$ für sehr signifikante Ergebnisse bzw. $\alpha = .05$ für signifikante Ergebnisse angesetzt.

Signifikanzprüfung

Die Prüfung auf Signifikanz erfolgte zweiseitig, auch wenn aus der Theorie ein gerichteter Zusammenhang bzw. Unterschied erwartet werden konnte und damit eine einseitige Signifikanztestung möglich gewesen wäre. Durch dieses konservative Vorgehen erweisen sich gerade bei kleineren Stichproben eventuell Zusammenhänge bzw. Unterschiede als nicht signifikant, die bei einseitiger Testung signifikant geworden wären. Im Wissen um die Einflüsse auf Signifikanzangaben (ein-/zweiseitige Testung, Abhängigkeit von Stichprobengröße) und in Bezug auf die praktische Relevanz von Korrelationen bzw. Mittelwertsunterschieden ist jedoch ohnehin neben der ausgewiesenen Signifikanz auch auf die Höhe der Zusammenhänge bzw. die Stärke der Effekte zu achten. Um Alpha-Fehler-Kumulierungen zu vermeiden wird bei multiplen Tests eine Korrektur des Fehlers 1. Art vorgenommen. Mit der Bonferroni-Korrektur[39] wird hier ebenfalls wieder ein konservatives Verfahren gewählt. Bei den teils sehr heterogenen Stichprobengrößen werden hierdurch Zusammenhänge bzw. Unterschiede bei

---

[39] Bonferroni-korrigiertes Alpha-Niveau $\alpha' = \alpha$ / Anzahl der Korrelationen bzw. Einzelvergleiche.

deutlich kleineren Stichproben besonders „scharf" auf Signifikanz geprüft. Sofern das Niveau der Bonferroni-korrigierten Signifikanz (α') von keinem Wert unterschritten wird, ist α' auch nicht in den Anmerkungen zur betreffenden Tabelle angegeben.

Korrelationsvergleiche

Ob Korrelationen sich signifikant voneinander unterscheiden, wurde mithilfe des cocor-Pakets für R (Diedenhofen & Musch, 2014) bzw. der zugehörigen Homepage http://www.comparingcorrelations.org geprüft.

Mehrfache Testung auf Mittelwertsunterschiede

Bei der Prüfung von Mittelwertunterschieden zwischen *zwei* Gruppen (z. B. Geschlecht) können sowohl *t*-Tests als auch Varianzanalysen (ANOVA) gerechnet werden. Eine Voraussetzung der ANOVA ist die Gleichheit der Varianzen (Homoskedastizität). Zwar sieht die Berechnung von ANOVAs in SPSS als Option eine Prüfung auf Homoskedastizität vor, allerdings erfolgt die Signifikanzprüfung der *F*-Werte in der ANOVA stets auf der Annahme gleich verteilter Varianzen. Im Falle ungleicher Varianzen ergeben sich somit geringere *p*-Werte für das varianzanalytische Modell, d. h. auch kleinere Mittelwertunterschiede werden eher signifikant. Sind die zu vergleichenden Gruppen dann auch noch unterschiedlich hoch, wird das Ergebnis der ANOVA weiter verzerrt (Eid, Gollwitzer & Schmitt, 2011). Bei der Verwendung von *t*-Tests kann die Homoskedastizität hingegen über den Levene-Test geprüft werden und bei Heteroskedastizität das entsprechend konservativere Prüfmodell gewählt. Um bei einer Vielzahl von Mittelwertvergleichen (z. B. Prüfung auf Geschlechtsunterschiede für die acht *DBK-TE*-Stufenwerte und drei *DBK-TE*-Gesamtwerte) eine Alpha-Fehler-Kumulierung zu vermeiden, wird das Bonferroni-korrigierte α' angelegt (Sedlmeier & Renkewitz, 2007).

Effektstärken

Korrelationen $r \geq 0.10$ werden als kleine, $r \geq 0.30$ als mittlere und $r \geq 0.50$ als große Effekte eingeordnet (Bortz & Döring, 2006). Die Effektstärke bei Mittelwertvergleichen zwischen zwei Gruppen (*t*-Test) wurde über Hedge's *g* (Hedges & Olkin, 1985, S. 81) berechnet. Im Vergleich zum häufig verwendeten Effektstärkenmaß Cohen's *d* werden bei Hedge's *g* einerseits ungleich große Stichproben berücksichtigt und andererseits ein leichter positiver bias bei der Berechnung von d ausgeschlossen. Mit zunehmend ähnlicher Stichprobengröße und steigender absoluter Stichprobengröße nähern sich die Maße g und d an. Die Effektstärken nach Hedge's g lassen sich praktischerweise nach der verbreiteten Klassifikation von Cohen in schwache ($g \geq 0.2$), mittlere ($g \geq 0.5$) und starke ($g \geq 0.8$) Effekte einteilen. Effektstärken bei Mittelwertvergleichen zwischen mehr als zwei Gruppen (ANOVA) werden über das Varianzaufklärungsmaß η^2 ausgedrückt. Effekte mit $\eta^2 \geq 0.01$ werden als schwache, Effekte mit $\eta^2 \geq 0.06$ als mittlere und Effekte mit $\eta^2 \geq 0.14$ als starke Effekte eingestuft (Sedlmeier & Renkewitz, 2007). Die Konventionen zur Einteilung in schwache, mittlere und starke Effekte sollen jedoch nur zur groben Orientierung dienen. Denn die praktische Bedeutsamkeit von Zusammenhängen zwischen Variablen oder von Unterschieden zwischen Gruppen ist immer auch durch den Untersuchungskontext bestimmt (Bortz & Döring, 2006). Gerade bei multideterminierten Kriterien, wie zum Beispiel Gehalt, also bei Variablen, deren Ausprägung von vielen Faktoren abhängen (z. B. Alter, Position, Branche, Leistungsbeurteilung), lässt sich kein allzu hoher Einfluss einzelner Prädiktoren erwarten. Wie Sedlmeier und Renkewitz (2007) anführen, finden sich in der psychologischen Forschung vornehmlich Effekte, die gemäß obiger Konventionen als mittelstarke Effekte klassifiziert werden.

Korrekturen

Die berichteten Zusammenhänge sind unkorrigiert, das bedeutet, dass keine Korrekturen um Reliabilitätseinschränkungen und / oder Streuungseinschränkungen in den Variablen vorgenommen wurden. Damit dürften die „wahren" Zusammenhänge auf Konstruktebene höher ausfallen, als die hier berichteten, durch die Messfehler der eingesetzten Verfahren geminderten, Korrelationen.

Mediationsanalysen

Um zu prüfen, ob ein indirekter Effekt von der unabhängigen Variable über die Mediatorvariable auf die abhängige Variable überzufällig, also signifikant ist, wurde der Sobel-Test auf der Homepage http://quantpsy.org/sobel/sobel.htm verwendet.

Software

Für die Berechnung der konfirmatorischen Faktorenanalyse wurde *R* mit dem *lavaan package* verwendet. Alle anderen statistischen Auswertungen wurden mit *SPSS 21* bzw. den bereits angegebenen Online-Tools berechnet.

9 Binnenanalyse der *DBK-TE*

In der Binnenanalyse der *DBK-TE* werden zunächst die Verteilungseigenschaften der Aufgaben, Stufen und Gesamtwerte betrachtet, um dann die interne Konsistenz als Reliabilitätsmaß und die Trennschärfenkennwerte der Stufen bzw. Aufgaben zu berichten. Zum Abschluss wird die interne Struktur des Verfahrens mittels explorativer und konfirmatorischer Faktorenanalyse überprüft.
Auf die explizite Formulierung von Hypothesen wird verzichtet. Die „Hypothesen" zur Analyse und Validierung der *DBK-TE* entsprechen den üblichen Anforderungen an die Testgüte in Bezug auf Itemkennwerte, Testwertverteilung, Testfairness, Konstrukt- und Kriterienvalidität.

9.1 Objektivität

Die Durchführungsobjektivität der *DBK-TE* ist durch vorgegebene Bearbeitungszeiten der Items sowie eine standardisierte Instruktion gegeben. Die Auswertungsobjektivität wird durch den Verzicht auf interpretationsbedürftige Auswertungsmodi, wie etwa der Bewertung von Flexibilität oder Originalität der Antworten, begünstigt. Die rein quantitative Auswertung ist im *DBK-TE*-Manual ausführlich erklärt. Bei der Veröffentlichung des Verfahrens werden Normwerte und Hinweise zur Interpretation und Rückmeldung der *DBK-TE*-Ergebnisse bereitgestellt, so dass auch die Interpretationsobjektivität sichergestellt sein wird.

9.2 Verteilungsanalyse

Bei der *DBK-TE* können drei Ebenen hinsichtlich ihrer Verteilung analysiert werden: auf unterster Ebene die Aufgaben, auf mittlerer Ebene die acht Stufenwerte und auf oberster Ebene der *Gesamtwert*, sowie die Werte für das *Kernmodul* (Aufgaben 2 bis 14) sowie das *simulative Modul* (Aufgaben 1 und 15).

9.2.1 Gesamtwert

Aus Tabelle 15 sind die Kennwerte zur Verteilungsanalyse des *DBK-TE*-Gesamtwerts ersichtlich. Nach Lienert und Raatz (1998) kann bei Stichproben mit mehr als 400 Personen bei einer Schiefe von $\pm$ .5 und einer Kurtosis von $\pm$ 1.0 von normalverteilten Daten ausgegangen werden. Nach Ausschluss von Aus reißern und Extremwerten sind somit sowohl die Ergebnisse des *Kernmoduls* als auch des *simulativen Moduls* normalverteilt. Auch für den *DBK-TE-Gesamtwert* kann eine Normalverteilung auf Basis dieser Kriterien angenommen werden. Aufgrund der kleineren Stichprobe von 303 Personen wurde zusätzlich der Kolmogorov-Smirnov-Test (KS-Z) gerechnet, welcher ebenfalls die Normalverteilungsannahme für den Gesamtwert bestätigt ($Z = .04$, $p = .20$).

Tabelle 15: Verteilungsanalyse Gesamtwert

Kennwert	*N*	*M*	*SD*	*Min*	*Max*	Schiefe	Kurtosis	NV
DBK-TE Gesamtwert	303	-0.40	5.72	-13.31	24.24	0.43	0.56	NV
DBK-TE Kernmodul	794	0.61	6.53	-16.24	27.52	0.56	0.60	NV[a]
DBK-TE simulatives Modul	585	-0.15	1.40	-4.32	6.60	0.65	1.48	NV[a]
DBK-TE Gesamtwert 1J	550	-0.32	4.95	-12.62	19.77	0.47	0.48	NV

Anmerkungen. DBK-TE Gesamtwert 1J stellt den Gesamtwert der *DBK-TE* ohne die Aufgaben *S1 Warngeräte im Garten* und *S8 City Cruiser* dar; NV = Normalverteilung auf Basis der Schiefe- und Kurtosiswerte nach Lienert und Raatz (1998); [a] nach Ausschluss der Ausreißerwerte.

Zur Konstruktvalidierung der *DBK-TE* konnte nicht immer das komplette Verfahren zum Einsatz kommen. Daher werden hier auch die Verteilungskennwerte zum *DBK-TE Gesamtwert 1J* berichtet. *DBK-TE Gesamtwert 1J* stellt den Gesamtwert der *DBK-TE* ohne die Aufgaben *S1 Warngeräte im Garten* und *S8 City Cruiser* dar und ist ebenfalls normalverteilt.

Abbildung 15 zeigt das Histogramm für den *DBK-TE*-Gesamtwert nach Ausschluss der drei Ausreißerwerte.

Abbildung 15: Histogramm des Gesamtwerts der *DBK-TE*

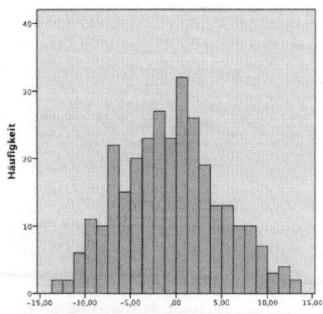

Anmerkung. M = -0,58, SD = 5,43, *N* = 300.

Der *DBK-TE*-Gesamtwert sowie die Werte für das *Kernmodul*, das *simulative Modul* bzw. die gekürzte *DBK-TE*-Version 1J sind normalverteilt. Mit der Normalverteilung der Daten ist eine wichtige Voraussetzung für weitere statistische Analysen erfüllt.

9.2.2   Stufenwerte

Für alle acht Stufenwerte der *DBK-TE* ergeben sich (nach Ausschluss der Ausreißer- und Extremwerte) normalverteilte Daten (s. Tabelle 16). Da die Stichprobe für Stufe 8 mit $N = 303$ zu klein ist um die Kriterien von Lienert und Raatz (1998) anzulegen, wurde der KS-Z gerechnet. Mit $Z = .04$ ($p = .20$) ist auch diese Stufe normalverteilt.

Tabelle 16: Verteilungsanalyse Stufen

Stufe	N	M	SD	Min	Max	Schiefe	Kurtosis	NV
Stufe 1	656	0.31	1.68	-4.18	9.91	0.89	2.49	NV[a]
Stufe 2	1404	0.00	1.00	-2.77	4.62	0.51	0.65	NV[a]
Stufe 3	1046	0.16	1.61	-3.96	12.49	1.45	6.48	NV[a]
Stufe 4	1122	0.03	1.78	-4.07	6.97	0.53	0.31	NV[a]
Stufe 5	1117	0.14	1.75	-3.73	9.58	0.79	1.53	NV[a]
Stufe 6	1049	0.04	1.69	-4.63	6.89	0.50	0.35	NV[a]
Stufe 7	1360	0.01	1.75	-4.20	7.12	0.73	1.04	NV[a]
Stufe 8	303	-0.22	1.46	-3.76	4.52	0.27	0.22	NV

Anmerkungen. NV = Normalverteilung auf Basis der Schiefe- und Kurtosiswerte nach Lienert und Raatz (1998). NV[a] = Normalverteilung nach Ausschluss der Ausreißerwerte.

Auch auf Stufenebene ist somit die Voraussetzung normalverteilter Daten erfüllt.

9.2.3   Items

Nach den Kennwerten auf Gesamtwertebene und den Verteilungswerten für die acht Stufen der *DBK-TE* enthält Tabelle 17 die deskriptiven Statistiken auf Itemebene.

Tabelle 17: Verteilungsanalyse Items

Stufe	Item	N	M	SD	Min	Max	Schiefe	Kurtosis	NV
Stufe 1	Keksentwicklung (sI)	939	7.40	4.11	0	41	1.86	8.30	-
	Warngeräte im Garten	1121	5.78	2.43	0	16	0.48	0.34	NV
Stufe 2	Kraftsch. Gartengeräte	1404	10.50	3.79	0	28	0.51	0.65	NV*
Stufe 3	Kisten packen	1278	13.89	5.39	0	64	1.00	5.98	NV*
	Marmelade	1204	3.16	2.28	0	26	3.09	20.24	-
Stufe 4	Verstecke	1190	16.94	5.22	2	35	0.24	0.07	NV
	Wasser ableiten	1233	4.65	2.05	0	15	0.79	1.11	-
Stufe 5	Milchabfüllanlage	1305	5.46	2.83	0	25	0.86	2.08	-
	Skulptur	1186	5.02	2.23	0	16	0.82	1.07	-
Stufe 6	Gewächshaus	1295	6.27	2.59	0	16	0.49	0.37	NV
	R- & K.-Maschine	1234	3.40	1.54	0	10	0.57	0.33	NV*
Stufe 7	Aufsitzrasenmäher	1396	3.94	1.86	0	13	0.74	1.35	NV*
	Thermometer	1363	4.28	2.06	0	15	0.97	2.46	NV*
Stufe 8	City Cruiser	1072	9.07	4.10	0	31	0.74	1.57	NV*
	Vorstandspräsentation (sI)	585	20.82	8.25	0	52	0.73	0.98	NV*

Anmerkungen. sI = simulatives Item. NV = Normalverteilung auf Basis der Schiefe- und Kurtosis-werte nach Lienert und Raatz (1998). NV* = Normalverteilung nach Ausschluss der Ausreißerwerte.

Die Aufgaben *S1 Warngeräte im Garten, S4 Verstecke* und *S6 Gewächshaus* sind normalverteilt, nach Ausschluss der Ausreißer- und Extremwerte gilt dies auch für die Aufgaben *S2 Kraftschonende Gartengeräte, S3 Kisten packen, S6 Radio- & Kaffeemaschine, S7 Aufsitzrasenmäher, S7 Thermometer, S8 City Cruiser* und *S8 Vorstandspräsentation.*

Mit einer Schiefe von .53 (Kurtosis: -.01) verfehlt *S4 Wasser ableiten* nach Ausschluss von Ausreißer- und Extremwerten das Intervall der Normalvertei-lungsannahme nur knapp. Auch die Aufgaben *S5 Milchabfüllanlage* und *S5 Skulptur* liegen mit einer Schiefe von .55 (Kurtosis: .34) bzw. .58 (Kurtosis: .20) nur knapp über dem Grenzwert. Für *S1 Keksentwicklung* und *S3 Marmelade* ist mit einer Schiefe von .94 bzw. .93 und einer Kurtosis von 1.09 bzw. 1.04 nach Ausschluss der Ausreißer- und Extremwerte nicht von einer Normalverteilung der Daten auszugehen.

Auffallend ist, dass sich nahezu alle Ausreißer und Extremwerte über der Box im Boxplot befinden. Nur bei vier der 15 Aufgaben ergaben sich überhaupt Ausreißer nach unten (maximal 3 Personen). Die *DBK-TE*-Items sind folglich dazu geeignet, auch im hochkreativen Bereich zu differenzieren.

Neben der Verteilungsform der Items ist auch deren Schwierigkeit zu be-trachten. Die Verteilungsanalyse weist aufgrund der normalverteilten Aufgaben-werte bereits darauf hin, dass keine Boden- oder Deckeneffekte erzielt wurden, die Items also zu schwer oder zu leicht gewesen wären. Für die Beurteilung der *DBK-TE* ist jedoch auch der Schwierigkeitsverlauf über die Testung hinweg interessant. Ein einfacher Vergleich der Mittelwerte würde hierbei die unterschiedlichen Bearbeitungszeiten der Items nicht berücksichtigen. In zeitknapperen Aufgaben können nicht vergleichbar viele Antworten gegeben werden wie bei Aufgaben mit einer längeren Durchführungsdauer. Daher werden die Mittelwerte der Aufgaben an der Bearbeitungszeit relativiert. In Tabelle 18 sind diese Berechnungen dargestellt.

Tabelle 18: Relative Schwierigkeiten der 15 Items der *DBK-TE*

Stufe	Item	N	M	Bearbeitungsdauer in Minuten	relative Schwierigkeit
Stufe 1	Keksentwicklung	939	7.40	6	1.23
	Warngeräte im Garten	1121	5.78	2.5	2.31
Stufe 2	Kraftschonende Gartengeräte	1404	10.50	3.5	3.00
Stufe 3	Kisten packen	1278	13.89	3	4.63
	Marmelade	1204	3.16	4	0.79
Stufe 4	Verstecke	1190	16.94	4	4.24
	Wasser ableiten	1233	4.65	2	2.33
Stufe 5	Milchabfüllanlage	1305	5.46	3	1.82
	Skulptur	1186	5.02	2	2.51
Stufe 6	Gewächshaus	1295	6.27	1.5	4.18
	Radio- & Kaffee-Maschine	1234	3.40	2	1.70
Stufe 7	Aufsitzrasenmäher	1396	3.94	2	1.97
	Thermometer	1363	4.28	2	2.14
Stufe 8	City Cruiser	1072	9.07	3	3.02
	Vorstandspräsentation	585	20.82	6	3.47

Anmerkungen. Die Durchführungszeit für *S1 Keksentwicklung* beträgt inklusive des Films 10 Minuten. Die Bearbeitungsdauer wurde um die Dauer des Films (4 Minuten) gekürzt.

Der Verlauf der relativen Schwierigkeiten der 15 *DBK-TE*-Items ist in Abbildung 16 grafisch dargestellt. Hier in der Abbildung sind die *DBK-TE*-Items nicht wie in Tabelle 18 gemäß ihrer Stufenzugehörigkeit, sondern entsprechend ihrer Reihenfolge im Test geordnet.

Abbildung 16: Schwierigkeitsverlauf der 15 Items der *DBK-TE*

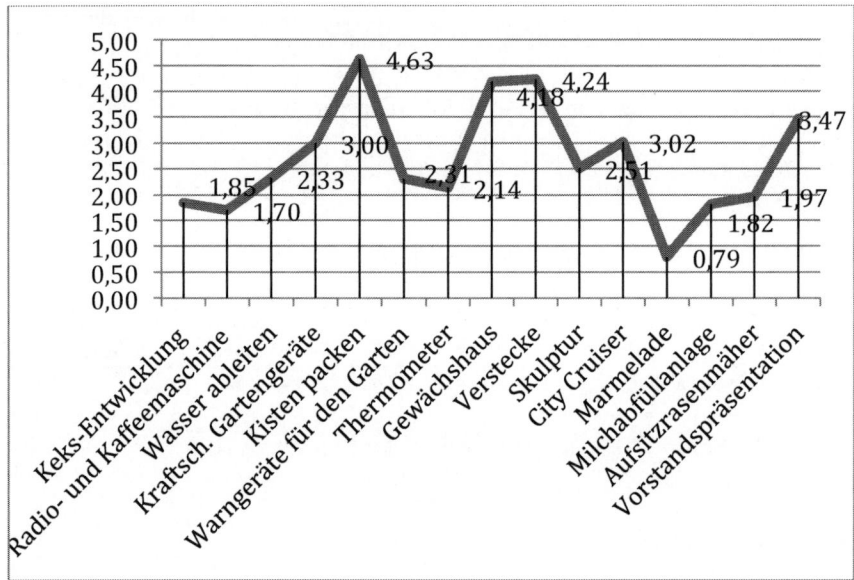

Anmerkung. Die Werte weisen die relative Schwierigkeit der 15 *DBK-TE*-Items aus. Sie berechnet sich als aus der durchschnittlichen Anzahl an präsentierten Lösungen (*M*) geteilt durch die Bearbeitungsdauer in Minuten.

Als schwierigste Aufgabe erweist sich *S5 Marmelade*. Hier konnten im Durchschnitt pro Minute Bearbeitungszeit nur 0.79 Lösungen ersonnen werden. Die meisten Lösungen pro Minute Bearbeitungszeit, nämlich 4.63 Antworten, präsentierten die Testanden in Aufgabe *S4 Kisten packen*. Der Schwierigkeitsverlauf zeigt die Varianz der Schwierigkeiten auf: Die *DBK-TE* enthält sowohl einfachere als auch schwerere Aufgaben.

9.3 Trennschärfen und Reliabilitäten

Die Itemtrennschärfen und die interne Konsistenz der *DBK-TE* ist sowohl für den *Gesamtwert* aus allen 15 Aufgaben, als auch für das *Kernmodul* und das *simulative Modul* bestimmt.

9.3.1 Gesamtwert

Wie aus Tabelle 19 ersichtlich wird, liegen die part-whole-korrigierten Trennschärfen der 15 *DBK-TE*-Items über dem üblicherweise geforderten unteren Grenzwert für Trennschärfen von .3. Der Methodeneffekt der beiden simulativen Items zeigt sich in den für diese beiden Items geringeren Trennschärfen von .32 (*S1 Keksentwicklung*) respektive .39 (*S8 Vorstandspräsentation*). Die Items des Kernmoduls weisen Trennschärfen von .45 (*S4 Kisten packen*) bis .79 (*S8 City Cruiser*) auf.

Tabelle 19: Trennschärfen und Cronbach's Alpha für den Gesamtwert

Stufe	Item	*M*	*SD*	Korrigierte Trennschärfe	Cronbach's α, wenn Item weggelassen
Stufe 1	Keksentwicklung	6.68	3.20	0.32	.87
	Warngeräte im Garten	6.52	2.44	0.65	.86
Stufe 2	Kraftsch. Gartengeräte	9.68	3.38	0.68	.85
Stufe 3	Kisten packen	14.79	5.08	0.45	.87
	Marmelade	3.19	1.77	0.49	.86
Stufe 4	Verstecke	17.46	5.12	0.72	.85
	Wasser ableiten	4.52	1.99	0.64	.86
Stufe 5	Milchabfüllanlage	6.19	2.77	0.68	.85
	Skulptur	5.20	2.05	0.54	.86
Stufe 6	Gewächshaus	5.93	2.40	0.63	.86
	R- & K.-Maschine	3.18	1.52	0.50	.86
Stufe 7	Aufsitzrasenmäher	4.05	1.69	0.71	86
	Thermometer	4.09	1.76	0.69	.86
Stufe 8	City Cruiser	9.74	3.79	0.79	.84
	Vorstandspräsentation	17.70	6.72	0.39	.89

Anmerkungen. N = 303. Cronbach's α für *DBK-TE*-Gesamtwert aus 15 Items: .87.

Für die 15 Items der *DBK-TE* ergibt sich ein Cronbach's Alpha in Höhe von .87. Cronbach's α ließe sich durch die Entfernung des Items *S8 Vorstandspräsentation* auf .89 erhöhen. Aus inhaltlichen Überlegungen ist an dieser Aufgabe jedoch festzuhalten. Zudem erweist sich die Gesamtwert-Skala als bereits ausreichend intern konsistent und bedarf keiner weiteren Optimierung.

Dies zeigt sich auch in der Betrachtung des Mean-Item-Correlation-Koeffizienten (MIC). Der mittlere Itemzusammenhang der 15 Aufgaben liegt bei .40 und damit am oberen Rand der geforderten Spanne von .20 bis .40 (Bühner,

2010). Die einzelnen Itemzusammenhänge variieren dabei von $r = .07$ bis $r = .68$. Die komplette Korrelationsmatrix ist in Kapitel 9.4.2 abgebildet (s. Abbildung 19).

9.3.2 Kernmodul

Nachdem die *DBK-TE* modular aufgebaut ist und damit auch ohne die simulativen Items eingesetzt werden kann, ist auch die interne Konsistenz des *Kernmoduls* zu prüfen. Um die Skalenwerte und Trennschärfen über die verschiedenen Kennwerte vergleichbar zu machen, wurde für diese Analyse dieselbe Stichprobe herangezogen, die auch der Analyse auf Gesamtwertebene (Kapitel 9.3.1) zugrunde liegt.

Wie Tabelle 20 entnommen werden kann, weisen die 13 Aufgaben nahezu alle hohe Trennschärfen auf. Die geringste Trennschärfe zeigt sich mit .48 für *S3 Kisten packen*, die höchste mit .78 für *S8 City Cruiser*. Cronbach's α liegt bei .89. Für das *Kernmodul* ergibt sich also im Vergleich zum Gesamtwert eine geringfügig konsistentere Skala. Durch Eliminierung des Items *S3 Kisten packen* könnte die interne Konsistenz auf .90 erhöht werden. Auch hier wird von einer Entfernung des Items aufgrund inhaltlicher Überlegungen abgesehen. Zudem wäre der teststatistische Zugewinn an interner Konsistenz ohnehin nur marginal.

Tabelle 20: Trennschärfen und Cronbach's Alpha für das Kernmodul

Stufe	Item	M	SD	Korrigierte Trennschärfe	Cronbach's α, wenn Item weggelassen
Stufe 1	Warngeräte im Garten	6.52	2.44	0.66	.88
Stufe 2	Kraftsch. Gartengeräte	9.68	3.38	0.68	.88
Stufe 3	Kisten packen	14.79	5.08	0.48	.90
	Marmelade	3.19	1.77	0.50	.89
Stufe 4	Verstecke	17.46	5.12	0.75	.88
	Wasser ableiten	4.52	1.99	0.68	.88
Stufe 5	Milchabfüllanlage	6.19	2.77	0.70	.88
	Skulptur	5.20	2.05	0.60	.89
Stufe 6	Gewächshaus	5.93	2.40	0.64	.88
	R- & K.-Maschine	3.18	1.52	0.47	.89
Stufe 7	Aufsitzrasenmäher	4.05	1.69	0.75	.88
	Thermometer	4.09	1.76	0.68	.88
Stufe 8	City Cruiser	9.74	3.79	0.78	.87

Anmerkungen. $N = 303$. Cronbach's α für *DBK-TE*-Kernmodul mit 13 Items: .89.

Der mittlere Itemzusammenhang (MIC) beläuft sich auf .46 und ist damit höher als bei Einsatz aller 15 *DBK-TE*-Aufgaben. Die geringste Interkorrelation zeigt sich für die Aufgaben *S3 Kisten packen* und *S3 Marmelade* ($r = .22$). Der stärkste Zusammenhang ergibt sich für *S4 Verstecke* und *S8 City Cruiser* ($r = .66$).

9.3.3   Simulatives Modul

Da das *simulative Modul* aus nur zwei Aufgaben besteht, kann hier ausschließlich die Interkorrelation der beiden Items *S1 Keksentwicklung* und *S8 Vorstandspräsentation* berichtet werden. Für die beiden simulativen Aufgaben der *DBK-TE* ergibt sich mit $r = .29$ ($p = .00$, $N = 303$) ein mittlerer Zusammenhang. Das *simulative Modul* korreliert zu $r = .42$ ($p = .00$, $N = 303$) mit dem *Kernmodul*.

9.4   Exploratorische Faktorenanalyse (EFA)

Nach den deskriptiven Statistiken soll im nächsten Schritt die Faktorstruktur der Daten zur Endversion der *DBK-TE* exploriert werden. Zunächst werden als Variablen die Stufenwerte einbezogen. In einem zweiten Schritt wird die Faktorstruktur auf Aufgabenebene analysiert.

9.4.1   EFA auf Stufenebene

Zunächst sind die Voraussetzungen zur Durchführung einer explorativen Faktorenanalyse zu prüfen.

In Abbildung 17 sind die Interkorrelationen der *DBK-TE*-Stufen aufgeführt. Es liegen durchgängig hohe Zusammenhänge zwischen den Stufen vor.

Abbildung 17: Korrelationsmatrix der *DBK-TE*-Stufen

	1	2	3	4	5	6	7
1 Stufe 1							
2 Stufe 2	.45						
3 Stufe 3	.51	.48					
4 Stufe 4	.51	.60	.55				
5 Stufe 5	.47	.55	.53	.70			
6 Stufe 6	.56	.54	.52	.57	.52		
7 Stufe 7	.54	.60	.59	.75	.72	.59	
8 Stufe 8	.55	.58	.49	.60	.53	.57	.61

Anmerkung. N = 303.

Der Kaiser-Meyer-Olkin-Koeffizient beträgt .932 und liegt weit über dem Grenzwert von .50 nach Bühner (2010). Die Interkorrelationen der Items erlauben damit eine explorative Faktorenanalyse. Im Bartlett-Test auf Spherizität, der prüft, inwiefern die Itemkorrelationen von Null verschieden sind und somit Faktoren in den Daten „stecken" können, wird ein hoch signifikantes Ergebnis erzielt (χ^2 = 1369,95, df = 28, p = .00). Die dritte Voraussetzungsprüfung erfolgt mittels des MSA-Kriteriums, das die Einzigartigkeit von Items ausdrückt. Die MSA liegen zwischen .910 (Stufe 7) und .955 (Stufe 3) und damit ebenfalls über dem hier geltenden Grenzwert von .50 (Bühner, 2010). Damit sind alle Voraussetzungen zur Durchführung einer EFA erfüllt.

Das Ziel der explorativen Faktorenanalyse liegt nicht in einer reinen Datenreduktion, sondern in der Identifikation latenter Faktoren, welche die vorliegende Datenstruktur zu erklären vermögen. Aus diesem Grund wird als Methode die Maximum-Likelihood-Analyse gewählt, die sich bei relativ normalverteilten Daten als die beste Methode erwiesen hat (Costello & Osborne, 2005). Ferner bietet sich diese Methode insbesondere dann an, wenn, wie in dieser Arbeit, die Ergebnisse später noch anhand einer konfirmatorischen Faktorenanalyse kreuzvalidiert werden sollen (Bühner, 2010).

Die Anzahl zu extrahierender Faktoren wird üblicherweise über das Kaiser-Guttman-Kriterium (Eigenwerte > 1) bestimmt. Diese Methode ist jedoch die am wenigsten akkurate Vorgehensweise zur Bestimmung der Anzahl an Faktoren (Costello & Osborne, 2005). Daher sollen – den Empfehlungen aus der Literatur zur Extraktion von Faktoren folgend – zusätzlich sowohl der Scree-Test als auch die Parallelanalyse nach Horn und der MAP-Test nach Velicer herangezogen werden. Auf die Berechnung des Maximum-Likelihood-Quotienten-Tests wird aufgrund der damit verbundenen Probleme (vgl. Fabrigar, Wegener, MacCallum & Strahan, 1999) verzichtet.

In einem strikten Prozessverständnis sollte sich für die *DBK-TE* eine Acht-Faktor-Struktur ergeben und zwar in dem Sinne, dass jede Stufe über einen einzelnen Faktor repräsentiert wäre. Die Literatur zur prozessualen Sicht auf Kreativität, v.a. aber auch die Autoren des der *DBK-TE* zugrunde liegenden Prozessmodells der Kreativität (Schuler & Görlich, 2007), weisen jedoch explizit auf eine idealtypische Stufeneinteilung hin und sehen Schleifen und Verbindungen zwischen den Stufen. Aus diesem Grund sind für die EFA korrelierte Faktoren zu erwarten. Nach Fabrigar et al. (1999) erzielen die unterschiedlichen obliquen Rotationsmethoden vergleichbare Ergebnisse, Bühner (2010) hingegen empfiehlt die Promax-Rotation. Als Rotationsmethode wird daher die Promax-Rotation gewählt.

Sowohl Eigenwertekriterium als auch Scree-Test, MAP-Test und Parallelanalyse zeigen eine einfaktorielle Struktur auf. Die Gesamtvarianz der Daten wird durch diesen Faktor zu 56.57 Prozent erklärt. In Abbildung 18 ist die Faktorenmatrix dargestellt, welche die Ladungen der acht Stufen auf dem (unrotierten[40]) Faktor enthält.

Abbildung 18: Faktorenmatrix der EFA auf Stufenebene (ML, Promax)

	Faktor 1
Stufe 7	.867
Stufe 4	.843
Stufe 5	.791
Stufe 8	.730
Stufe 2	.716
Stufe 6	.709
Stufe 3	.682
Stufe 1	.651

9.4.2   EFA auf Itemebene

Auch hier sind zunächst die Voraussetzungen zur Durchführung einer explorativen Faktorenanalyse zu prüfen.

In Abbildung 19 sind die Interkorrelationen der *DBK-TE*-Items aufgeführt. Mit wenigen Ausnahmen liegen mittlere bis hohe Zusammenhänge vor.

---

[40] Ergibt sich nur ein Faktor in der EFA, kann dieser nicht rotiert werden. Daher wird hier die Faktorenmatrix des einen, unrotierten Faktors dargestellt.

Abbildung 19: Korrelationsmatrix der *DBK-TE*-Items

	1	2	3	4	5	6	7	8	9	10	11	12	13	14
1 S1: Keksentwicklung														
2 S1: Warngeräte im Garten	.21													
3 S2: Kraftsch. Gartengeräte	.21	.47												
4 S3: Kisten packen	.07	.51	.37											
5 S3: Marmelade	.19	.35	.37	.15										
6 S4: Verstecke	.27	.50	.56	.34	.52									
7 S4: Wasser ableiten	.16	.42	.52	.33	.31	.60								
8 S5: Milchabfüllanlage	.22	.50	.52	.41	.42	.55	.54							
9 S5: Skulptur	.11	.38	.42	.22	.35	.56	.52	.50						
10 S6: Gewächshaus	.24	.51	.50	.35	.36	.52	.48	.48	.39					
11 S6: R&K-Maschine	.22	.41	.38	.32	.25	.35	.34	.37	.23	.34				
12 S7: Aufsitzrasenmäher	.20	.49	.54	.39	.40	.66	.65	.60	.55	.53	.35			
13 S7: Thermometer	.31	.43	.51	.37	.43	.58	.48	.54	.50	.52	.30	.55		
14 S8: City Cruiser	.26	.52	.63	.40	.46	.68	.57	.58	.55	.55	.42	.63	.58	
15 S8: Vorstandspräsentation	.29	.32	.33	.19	.19	.28	.21	.26	.11	.27	.31	.22	.33	.41

Anmerkung. $N = 303$.

Der Kaiser-Meyer-Olkin-Koeffizient beträgt .942 und liegt damit weit über dem Grenzwert von .50 nach Bühner (2010). Im Bartlett-Test wird ein hoch signifikantes Ergebnis erzielt ($\chi^2 = 2069{,}23$, $df = 105$, $p = .00$). Die MSA liegen zwischen .870 (S8 Vorstandspräsentation) und .967 (S2 Kraftschonende Gartengeräte) und damit ebenfalls über dem hier geltenden Grenzwert von .50 (Bühner, 2010). Damit sind alle Voraussetzungen zur Durchführung einer EFA erfüllt.

Auf Aufgabenebene wird, wie bereits zuvor auf Stufenebene, die Maximum-Likelihood-Analyse gewählt. Die Anzahl der zu extrahierenden Faktoren wird wiederum über das Kaiser-Guttman-Kriterium (Eigenwerte > 1) und unter zusätzlicher Berücksichtigung des Scree-Plots und der Ergebnisse aus Parallelanalyse und MAP-Test bestimmt.

Theoretisch sollten sich die 15 Aufgaben der *DBK-TE* entsprechend ihrer Stufenzugehörigkeit zu 8 Faktoren gruppieren. Jede Stufe wäre dann durch einen eigenen Faktor repräsentiert. Angesichts der geringen Itemanzahl pro Stufe (maximal zwei Aufgaben) und den Ergebnissen der Korrelationsmatrix lässt sich eine solch feingliedrige und distinkte Faktorenstruktur nicht erwarten. Sofern sich nicht, wie auf Stufenebene, eine einfaktorielle Struktur zeigt – etwa weil sich Methodeneffekte niederschlagen könnten (*Kernmodul* vs. simulative Aufgaben) – sind korrelierte Faktoren zu erwarten. Als Rotationsmethode wird daher auch hier wieder die Promax-Rotation gewählt.

Anhand des Scree-Tests und des Eigenwertekriteriums ergeben sich in der explorativen Faktorenanalyse (EFA) zunächst 3 Faktoren mit einer kumulierten Varianzaufklärung von 50,37 Prozent (Faktor 1: 42.74 Prozent, Faktor 2: 4.19 Prozent, Faktor 3: 3,45 Prozent). Sowohl Parallelanalyse als auch MAP-Test hingegen weisen auf eine einfaktorielle Struktur hin. Nachdem diese beiden Kriterien dem Scree-Test und Eigenwerteverlauf vorzuziehen sind (und die Faktoren 2 und 3 mit 1.205 und 1.036 auch nur sehr geringe Eigenwerte aufweisen), wird nachfolgend die Faktorenmatrix dargestellt (Abbildung 20), welche die Ladungen der 15 Items auf *einem* (unrotierten) Faktor enthält.

Abbildung 20: Faktorenmatrix der EFA auf Itemebene (ML, Promax)

	Faktor 1
S8: City Cruiser	.826
S4: Verstecke	.808
S7: Aufsitzrasenmäher	.789
S5: Milchabfüllanlage	.732
S4: Wasser ableiten	.718
S2: Kraftsch. Gartengeräte	.718
S7: Thermometer	.717
S6: Gewächshaus	.674
S1: Warngeräte im Garten	.652
S5: Skulptur	.649
S3: Marmelade	.541
S3: Kisten packen	.494
S6: R&K-Maschine	.484
S8: Vorstandspräsentation	.389
S1: Keksentwicklung	.310

Der gemeinsame Faktor hinter den Aufgaben der *DBK-TE* erklärt 42.39 Prozent der Gesamtvarianz in den Daten. Die Ladungen der Items sind mit Ausnahme des Items *S1 – Keksentwicklung* moderat bis sehr hoch, was auf eine gute Interpretierbarkeit des Faktors hinweist.

9.5 Konfirmatorische Faktorenanalyse (CFA)

Während die explorative Faktorenanalyse innerhalb eines vorliegenden Datensatzes Faktoren identifiziert, die gemeinsame Varianz der betrachteten Variablen erklären, wird die konfirmatorische Faktorenanalyse (CFA) herangezogen, um

„theoretisch oder empirisch gut fundierte Modelle auf ihre empirische Passung mit den Daten hin zu testen oder mit alternativen Modellen zu vergleichen" (Bühner, 2010, S. 380). Für die *DBK-TE* kommen hier gleich mehrere Modelle in Betracht. Nachdem die *DBK-TE* das achtstufige Prozessmodell der Kreativität nach Schuler und Görlich (2007) zur Grundlage hat, sollen die Daten auf eine Passung mit diesem Modell geprüft werden. Denkbar wäre zudem, dass den acht Prozessstufen noch ein gemeinsamer Faktor Kreativität übergeordnet ist. Zudem lassen sich aus der Theorie weitere Modelle ableiten. Zum einen ist zu prüfen, ob sich quasi „über" dem erwähnten Prozessmodell eine Trennung in eine Phase der Kreativität mit den Stufen *1 Problementdeckung* bis *4 Ideenfindung* und eine Phase der Innovativität, welche die Stufen *5 Ausarbeitung und Entwicklung eines Lösungsansatzes* bis *8 Implementierung* umfasst, finden lässt. Zum anderen werden über die verschiedenen Prozessstufen hinweg auch verschiedene kognitive Fähigkeiten gefordert. So sind in den Stufen *1 Problementdeckung, 2 Informationssuche, -aufnahme und -bewertung* und *6 Ideenbewertung* neben kreativen Fähigkeiten vor allem auch evaluative Kompetenzen unabdingbar. In Anlehnung an die Trennung in Divergentes und Konvergentes Denken (s. Kapitel 4.1.3) ist damit zu testen, ob sich die (Aufgaben der) Stufen *3 Konzeptkombination, 4 Ideenbewertung, 5 Ausarbeitung und Entwicklung eines Lösungsansatzes, 7 Anpassung und Umsetzung* und *8 Implementierung* zu einer latenten Variablen Divergentes Denken fassen lassen, während die Stufen *1 Problementdeckung, 2 Informationssuche, -aufnahme und -bewertung* und *6 Ideenbewertung* Evaluierendes Denken[41] repräsentieren. Letztlich wurde die *DBK-TE* zwar prozessbasiert, aber dennoch vornehmlich als berufsbezogener Leistungstest zur Kreativitätsdiagnostik entwickelt. Die 15 Aufgaben der Endversion sollten im Kern folglich allesamt Kreativität erfassen. Neben dieser theoretischen Überlegung, kann methodisch durch die vergleichsweise geringe Anzahl an Items eine Trennung des kreativen Prozesses in feinere Faktoren (Kreativität vs. Innovativität, Divergentes vs. Evaluatives Denken oder acht Stufen) im Rahmen einer CFA nicht erwartet werden. Als letztes Modell wäre demgemäß auch die Ein-Faktor-Lösung mit einem der *DBK-TE* übergeordneten Faktor Kreativität zu prüfen. Die Ergebnisse der EFA deuten bereits auf die Passung dieser Lösung hin.

Zusammengefasst ergeben sich hiermit vier bzw. fünf verschiedene Modelle: Modell 1 mit einem übergeordneten Faktor Kreativität, Modell 2 mit der Trennung in einen Kreativitäts- und einen Innovativitätsfaktor, Modell 3 mit einem Faktor Divergenten Denkens und einem Faktor Evaluierenden Denkens, Modell 4 mit acht Stufen gemäß dem Prozessmodell der Kreativität (Schuler & Görlich,

---

[41] Für die zweite latente Variable wird bewusst die Bezeichnung Evaluierendes Denken und nicht Konvergentes Denken gewählt, da auf diesen Prozessstufen keine Richtiglösungen erwartet werden, sondern dem kreativen (= divergenten) Denkstil bewertende Elemente zugefügt werden.

2007) und Modell 5, ebenfalls mit den acht Stufen, aber einem zusätzlich den Stufen übergeordneten Faktor Kreativität.

Für die Prüfung der Modelle 1 bis 3 können sowohl die Aufgabenwerte wie auch die Stufenwerte der *DBK-TE* als Indikatoren herangezogen werden. Die Modelle 4 und 5 lassen sich nur mit den Aufgabenwerten als Input prüfen.

Als Schätzmethode wurde die Maximum-Likelihood-Methode (ML) gewählt. Eine zentrale Voraussetzung zur Anwendung dieser Parameterschätzung ist die multivariate Normalverteilung der Daten. Hierzu wurde der Mardia-Test (Mardia, 1970) berechnet, der die Normalverteilungsannahme jedoch weder für die Aufgaben- noch für die Stufenwerte bestätigen konnte. Um die multivariaten Ausreißer zu identifizieren, wurden sowohl für die Aufgaben- als auch für die Stufenwerte die Mahalanobis-Distanzen berechnet und die Ausreißer nach den Empfehlungen von Tabachnick und Fidell (2007) entfernt. Auf Basis der Item-werte wurden 6 Ausreißer identifiziert, die den Grenzwert von $\chi^2(15) = 37.697$ überschritten. Auf Basis der Stufenwerte ergibt sich ein Grenzwert von $\chi^2(8) = 26.125$. Dieser wurde von 4 Fällen überschritten. Die Ausreißer wurden ausge-schlossen und erneut der Mardia-Test gerechnet. Wieder ergaben sich für beide Fälle (Item- und Stufenwerte) Verletzungen der Normalverteilungsannahme.

Die ML-Schätzung ist damit zunächst nicht anwendbar. Zur Lösung könnten die Werte transformiert werden. Neben dem Informationsverlust durch diesen „kosmetischen" Eingriff, weisen Tabachnick und Fidell (2007) allerdings darauf hin, dass eine Transformation der Daten keinesfalls eine Normalverteilung ga-rantiert. Von einer Transformation der Daten wird daher abgesehen und nach einer alternativen Schätzmethode zur Maximum-Likelihood-Methode gesucht. Zur Auswahl stehen hier die Asymptotivally Distribution Free (*ADF*), die Un-weighted Least Squares (*ULS*), die Generalized Least Squares (*GLS*) und die Elliptical Distribution Theory (*EDT*)[42]. Allerdings sind auch diese Schätzmetho-den an Voraussetzungen gebunden bzw. mit einigen Nachteilen bei der Schät-zung der Modell-Fits verbunden. Die *EDT* setzt zwar keine multivariat-normalverteilten Daten voraus, erfordert aber dennoch vergleichbare Kurtosis-Werte bei den manifesten Variablen (Tabachnick & Fidell, 2007). Diese Vorbe-dingung wird durch die vorliegenden Daten nicht erfüllt. Zudem werden bei nicht normalverteilten Daten mit dieser Schätzmethode zu viele Modelle akzep-tiert (Tabachnick & Fidell, 2007). Auch der Einsatz der *GLS* führt zur Annahme zu vieler Modelle. Bei der *ULS* werden keine χ^2-Statistiken ausgegeben und sie erlaubt keine „effiziente" Schätzung des Modell-Fits (Bühner, 2006; Tabachnick & Fidell, 2007). Aufgrund dieser Kritikpunkte und in Anbetracht weiterer Nach-

---

[42] Hier werden ausschließlich die bekanntesten und in den gängigen Statistikprogrammen enthaltenen Schätzmethoden diskutiert. Selbstverständlich gäbe es noch mehr verteilungsfreie Verfahren, die auf ihre Tauglichkeit beim gegebenen Datensatz hin geprüft werden könnten. Angesichts der noch geringen Befundlage zur Robustheit dieser alternativen Verfahren wird auf deren Diskussion hier verzichtet.

teile (vgl. Bühner, 2006) ist diese Methode für die vorliegende Fragestellung damit ebenfalls nicht anwendbar. Die *ADF*, die bei nicht normalverteilten Daten prinzipiell eine zuverlässige Modellprüfung erlaubt, ist wiederum erst ab sehr großen Stichproben ($N > 2\ 500$; Tabachnick & Fidell, 2007) einsetzbar und sollte daher beim vorliegenden vergleichsweise kleinen Stichprobenumfang von $N = 303$ nicht eingesetzt werden (Curran, West & Finch, 1996). Die Alternativen zur Maximum-Likelihood-Methode erweisen sich also ebenfalls als wenig brauchbar.

Im Wissen, dass mit der Abweichung von der multivariaten Normalverteilung eine zentrale Annahme der *ML* verletzt ist, aber unterstützt durch die ermutigenden Forschungsergebnisse zum erstaunlich geringen Einfluss nicht normalverteilter Daten auf die Güte der Parameterschätzung via Maximum-Likelihood-Methode (Hancock & Liu, 2012; McDonald & Ho, 2002), wird daher an der *ML*-Methode festgehalten. Während die EDT- und die GLS-Methode bei nicht multivariat normalverteilten Daten eher zu viele Modelle akzeptieren, ergibt sich bei Abweichung von der Normalverteilung unter Einsatz der *ML* genau der gegenläufige Effekt: hier werden Modellpassungen eher unterschätzt und damit Modelle abgelehnt, die eigentlich zur Datenstruktur passen würden (Hancock & Liu, 2012). Mit der Maximum-Likelihood-Schätzung wird also eine vergleichsweise konservative Methode eingesetzt. Dennoch sind die Ergebnisse der CFA damit unter Vorbehalt zu interpretieren.

Die Ergebnisse der Modelltestung unter Verwendung der Maximum-Likelihood-Schätzung sind in Tabelle 21 dargestellt.

Tabelle 21: Ergebnisse der Modelltestung (CFA)

Indikator/ Bezeichnung des Modells	Latente Variable(n)	χ^2 (p; df)	χ^2/df	CFI	RMSEA	SRMR	BIC
Items							
1-I	Kreativität	208.59 (.00; 90)	2.32	.94	.07	.05	20 324.68
2-I	Kreativität, Innovativität[a]	206.80 (.00; 89)	2.32	.94	.07	.05	20 328.60
3-I	Diver. Denken, Eval. Denken	200.76 (.00; 89)	2.26	.94	.06	.05	20 322.56
4-I	8 Stufen [a]	140.12 (.00; 63)	2.22	.96	.06	.04	20 410.48
5-I	8 Stufen, Kreativität [a]	136.29 (.00; 60)	2.27	.96	.07	.04	20 200.96
Stufen							
1-S	Kreativität	54.52 (.00; 20)	2.73	.98	.08	.03	7 327.11
2-S	Kreativität, Innovativität [a]	51.87 (.00; 19)	2.73	.98	.08	.03	7 330.17
3-S	Diver. Denken, Eval. Denken	48.03 (.00; 19)	2.53	.98	.07	.03	7 326.33

Anmerkungen. Diver. Denken = Divergentes Denken, Eval. Denken = Evaluierendes Denken. N = 303. [a] Heywood-Fall.

Nach Empfehlung von Beauducel und Wittmann (2005) und Schweizer (2010) wurden neben dem χ^2 als weitere komparative Fit-Indizes χ^2df und der Comparative Fit Index (CFI) zur Prüfung der Modellpassung herangezogen. Als absolute Fit-Indizes werden der Root Mean Square Error of Approximation (RMSEA) und das Standardized Root Mean Square Residual (SRMR) gewählt. In Tabelle 22 sind für die verschiedenen Fit-Indizes die zu unter- bzw. überschreitenden Grenzwerte aufgeführt.

Tabelle 22: Grenzwerte für Fit-Indizes

Fit-Index		Grenzwert
χ^2 bzw. p		$p < .05$
χ^2/df	guter Modellfit:	< 2
	akzeptabler Modellfit:	< 2.5
CFI	guter Modellfit:	$.95 - 1.00$
	akzeptabler Modellfit:	$.90 - .95$
RMSEA	guter Modellfit:	$< .06$
	akzeptabler Modellfit (oder $N < 250$):	$< .08$
SRMR		$< .10$

Anmerkung. Zusammenstellung aus Backhaus, Erichson, Plinke und Weiber (2006), Bühner (2010), Schweizer (2010) und Tabachnick und Fidell (2007).

Sofern sich gleich mehrere Modelle auf Grund der Fit-Indizes bestätigen lassen, können die bestätigten Modelle (sofern sie wie hier am selben Datensatz geprüft wurden) mittels sogenannter Informationskriterien verglichen werden. Zur Auswahl stehen das Akaike Information Criterion (AIC), das Bayesian Information Criterion (BIC) und das Consistent Akaike Information Criterion (CAIC), die sich alle stark ähneln (Moosbrugger & Kevala, 2007). Als Informationskriterium zur Modellselektion wird das Bayesian Information Criterion (BIC) gewählt. Da das BIC dazu dient, das am besten zu den Daten passende Modell zu identifizieren, ist es dem alternativen Akaike Information Criterion (AIC) vorzuziehen, das die Existenz eines „wahren" Modells leugnet und lediglich auf die möglichst präzise Vorhersage späterer Daten abzielt (Kuha, 2004). Das Modell mit dem geringsten BIC-Wert gilt als das am besten passende.

Der absolute Vergleich der BIC-Kennwerte ermöglicht jedoch keine relativen Aussagen zum Modellvergleich. Das bedeutet, dass in einem Vergleich zweier Modelle zwar sehr einfach jenes Modell identifiziert werden kann, welches den geringeren BIC-Wert aufweist und damit „wahrer" ist, um wie viel besser passend dieses Modell jedoch im Vergleich zum anderen Modell ist, lässt sich anhand des BIC nicht sagen. Allerdings können aus den BIC-Werten sehr einfach Bayessche Faktoren geschätzt werden, mittels derer dann wiederum ein Bayesscher Hypothesentest zugunsten eines als Modell 0 gesetzten Modells durchgeführt werden kann. Zur Berechnung und Interpretation der Ergebnisse sei auf Wagenmakers (2007) verwiesen.

Modell 1 repräsentiert eine einfaktorielle Struktur mit der latenten Variablen Kreativität hinter den Aufgaben (Modell 1-I) bzw. Stufen (Modell 1-S). Unabhängig des Inputs, also ob die beobachteten Variablen aus den Aufgabenwerten oder den Stufenwerten bestehen, zeigen sich für dieses Modell durchweg akzeptable Fit-Indizes. In Modell 1-I liegen zwar CFI und RMSEA je um .01 unter bzw. über den Grenzwerten und in Modell 1-S ergibt sich ein um .02 höherer

RMSEA im Vergleich zum Grenzwert, diese Abweichungen sind aber einerseits rundungsbedingt und andererseits relativ gering. Damit bestätigt die CFA die Ergebnisse der EFA: Die Daten der *DBK-TE* werden durch eine Einfachstruktur gut repräsentiert.

In Modell 2 werden zwei latente Variablen beschrieben: Kreativität mit den Prozessstufen *1 Problementdeckung* bis *4 Ideenfindung* und Innovativität mit den Stufen *5 Ausarbeitung und Entwicklung eines Lösungsansatzes* bis *8 Implementierung*. Auch dieses Modell kann sowohl mit Aufgabenwerten (Modell 2-I) als auch mit Stufenwerten (Modell 2-S) geprüft werden. Auffällig sind die mit Modell 1-I bzw. 1-S identischen Werte der Fit-Indizes χ^2, CFI, RMSEA und SRMR. Viel bedeutender ist jedoch der Hinweis in *R*: „covariance matrix of latent variables is not positive definite". Ein Blick in die Korrelationsmatrizen der Modelle 2-I und 2-S liefert für die beiden latenten Variablen eine Korrelation von 1.02 in Modell 2-I und von 1.03 in Modell 2-S. Liegen negative Varianzen, Kommunalitäten > 1 oder Korrelationen > 1 vor, spricht man von einem Heywood-Fall. Als Ursache für Heywood-Fälle kommen prinzipiell mehrere Möglichkeiten in Betracht: Ausreißer und Extremwerte in den Daten, Stichprobenfehler, eine zu kleine Stichprobe, zu wenige Indikatoren pro Faktor oder Modellmissspezifikationen im Sinne zu vieler oder zu weniger Faktoren oder inhomogener Indikatoren (Geiser, 2011). Heywood-Fälle sind ein Hinweis darauf, dass die geschätzten Parameter und damit auch die Fit-Indizes nicht sinnvoll interpretierbar sind. In solchen Fällen ist daher von einer Interpretation der Ergebnisse abzusehen (Weiber & Mühlhaus, 2009). Das aufgestellte Modell 2 mit den beiden Faktoren Kreativität und Innovativität lässt sich also nicht mit den vorhandenen Daten prüfen. Es wäre möglich, die Daten so zu modifizieren, dass der Schätzalgorithmus zu interpretierbaren Ergebnissen führt. Die häufigste Ursache für Heywood-Fälle, Missspezifikationen der zu prüfenden Modelle (Geiser, 2011; Kolenikov & Bollen, 2012), lässt sich durch eine derartige „kosmetische" Änderung der Daten aber nicht beheben. Die Fehlermeldung soll hier vielmehr inhaltlich dahingehend interpretiert werden, dass die Annahme einer Trennung des kreativen Prozesses in Kreativität und Innovativität mit den vorliegenden Daten nicht bestätigt werden kann.

Im dritten Modell werden wieder zwei latente Variablen postuliert. Als Indikatoren für Divergentes Denken gelten in Modell 3-I die Aufgabenwerte und in Modell 3-S die Stufenwerte der Prozessstufen *3 Konzeptkombination, 4 Ideenbewertung, 5 Ausarbeitung und Entwicklung eines Lösungsansatzes, 7 Anpassung und Umsetzung* und *8 Implementierung*. Indikatoren für die latente Variable Evaluierendes Denken sind die Aufgaben bzw. Stufen zu *1 Problementdeckung, 2 Informationssuche, -aufnahme und -bewertung* und *6 Ideenbewertung*. Während sich bei beiden Modellen 3-I respektive 3-S für χ^2/df ein geringfügig besserer Wert ergibt als für die Modelle 1-I respektive 1-S und der RMSEA in Modell 3-I respektive 3-S im Vergleich zu Modell 1-I respektive 1-S auch um .01 besser ist, sind die weiteren Fit-Indizes mit den Modellvarianten 1-I und 1-S identisch. Insgesamt weisen die Fit-Indizes für Modell 3, also die Trennung in einen Divergenz- und einen Evaluations-Faktor auf eine akzeptable bis gute Übereinstimmung der Daten mit diesem Modell hin. Auch in diesem Modell lohnt ein Blick auf die Kovarianz- und Korrelationsmatrizen. Mit einer Kovarianz der beiden latenten Variablen von 2.40 in Modell 3-I und von 0.79 in Modell 3-S und einer Korrelation zwischen den beiden Faktoren von .95 in Modell 3-I und von .94 in Modell 3-S zeigt sich, dass die Trennung in zwei latente Variablen nur bedingt sinnvoll erscheint. Die Fit-Indizes verbessern sich im Vergleich zu Modell 1 nicht wesentlich, gleichzeitig stellt die hohe Interkorrelation der beiden latenten Variablen deren unabhängige Interpretierbarkeit in Frage.

Ob sich das Modell der acht Prozessstufen bestätigt, prüfen die Modelle 4-I und 5-I. Letzteres sieht über den acht latenten Stufenvariablen noch einen Kreativitätsfaktor auf oberster Modellebene vor. In beiden getesteten Modellen ergeben sich jedoch wieder Korrelationen zwischen den latenten Variablen von > 1.0; für Modell 4-I können auch die Standardfehler nicht berechnet werden. Damit ist die Annahme eines achtstufigen Modells (mit einem Kreativitätsfaktor zweiter Ordnung) zu verwerfen. Allerdings gilt es zu bedenken, dass hier nur zwei Aufgaben – auf Stufe 2 sogar nur eine Aufgabe – als Indikatoren einer latenten Variablen in das Modell eingehen. Gemeinsam mit den hohen Interkorrelationen der Aufgabenwerte (s. Abbildung 19) war daher auch nicht zu erwarten, dass sich hier eine stabile Modellstruktur finden lässt.

Zusammengefasst halten die Modelle 2-I und 2-S mit den beiden Faktoren Kreativität und Innovativität sowie 4-I und 5-I mit acht Faktoren analog der Stufen des Kreativitätsprozesses einer empirischen Prüfung mittels konfirmatorischer Faktorenanalyse nicht stand. Die Fit-Indizes der bestätigten Modelle 1-I und 1-S mit einem Faktor Kreativität und der Modelle 3-I und 3-S mit den beiden Faktoren Divergentes Denken und Evaluierendes Denken unterscheiden sich nicht ausreichend um das am besten auf die Daten passende Modell identifizieren zu können. Hier hilft das BIC: Unter Modellen, die allesamt am selben Datensatz geprüft wurden, passt jenes am besten zur vorliegenden Datenstruktur, das den geringsten BIC-Wert aufweist. Gemäß diesem Kriterium ist das Modell 3 mit den Faktoren Divergentes Denken und Evaluierendes Denken dem Modell 1 mit dem Faktor Kreativität vorzuziehen ($BIC_{Modell\ 1-I}$ = 20 324.68 vs. $BIC_{Modell\ 3-I}$ = 20 322.56 respektive $BIC_{Modell\ 1-S}$ = 7 327.11 vs. $BIC_{Modell\ 3-S}$ = 7 326.33). Allerdings sind die Unterschiede in den Kennwerten sowohl für die Modellierung anhand der *DBK-TE*-Itemwerte als auch anhand der Stufenwerte so gering, dass die Wahl des am besten passenden Modells noch durch den Bayesschen Hypothesentest (Wagenmakers, 2007) abgesichert werden soll. Bei einer Prüfung zugunsten des Modells 3 ergibt sich auf Itemebene ein Bayesscher Faktor von 2.88, auf Stufenebene beträgt der Bayessche Faktor 1.48. Die posteriori Wahrscheinlichkeiten belaufen sich auf .74 respektive .60. Im Vergleich der absoluten

BIC-Werte erweist sich Modell 3 zwar als passenderes Modell, die bayessche Absicherung dieser Entscheidung anhand der Grenzwerte von Raftery (1995) weist jedoch nur eine schwache Bestätigung für die Bevorzugung des Modells 3 (Divergentes vs. Evaluierendes Denken) gegenüber Modell 1 (Kreativität) auf.

9.6   Zusammenfassung und Diskussion der Ergebnisse der Binnenanalyse

Die Verteilungsanalyse der Aufgaben-, Stufen- und Gesamtwerte zeigt, dass die Items der *DBK-TE* dazu geeignet sind, Varianz in Kreativitätsleistungen zu identifizieren. Dabei kann für die Stufenwerte und den *DBK-TE*-Gesamtwert sowie die Werte für das *Kernmodul* und das *simulative Modul* von normalverteilten Daten ausgegangen werden. Alle weiteren Berechnungen, die diese Verteilungseigenschaft als Voraussetzung erfordern, können damit durchgeführt werden. Auf Aufgabenebene wird die Normalverteilungsannahme teilweise (knapp) verletzt, da Ausreißer nach oben, also Personen mit besonders kreativen Ergebnissen die Verteilung „verzerren". Dies kann als Beleg dafür gesehen werden, dass die *DBK-TE* auch zur Identifikation besonders kreativer Leistungsträger geeignet ist.

Dass das Aufgabenniveau insgesamt weder zu schwer noch zu leicht ist, sondern eine ausgeglichene Mischung aus anspruchsvolleren und einfacheren Items vorliegt, zeigen die Ergebnisse der Schwierigkeitsanalyse. Am Verlauf der an der Bearbeitungszeit der Aufgaben relativierten Schwierigkeiten ist auch zu sehen, dass es bei der Bearbeitung der *DBK-TE* nicht zu Ermüdungseffekten zu kommen scheint, sondern auch noch gegen Ende der insgesamt 65minütigen Testung hohe durchschnittliche Lösungshäufigkeiten erzielt werden. Das Vorhaben, eine Abwechslung zwischen einfacheren und schwierigeren Aufgaben im Testverlauf umzusetzen, konnte folglich erreicht werden.

Die Trennschärfe eines Items besagt, inwiefern durch das betreffende Item das Ergebnis des Gesamttests repräsentiert wird. Items mit hohen Trennschärfen sind dazu geeignet, leistungsstärkere von leistungsschwächeren Testanden zu unterscheiden. Zugleich sind sie ein Indiz für die Dimensionalität der Skala, drücken also aus, ob die Items alle dasselbe Merkmal erfassen. Für die 15 Items des *DBK-TE*-Gesamtwerts ergeben sich Trennschärfen von .32 bis .79. Als weniger trennscharf erweisen sich die beiden simulativen Items *S1 Keksentwicklung* (.32) und *S8 Vorstandspräsentation* (.39). Durch die simulative Ausgestaltung der Aufgaben sind sie weniger repräsentativ für eine Skala, die überwiegend aus klassischen paper-pencil-Aufgaben besteht. Die geringeren Trennschärfen spiegeln diesen Methodeneffekt wider. Für die restlichen 13 Aufgaben sind die Trennschärfen mit Werten von .45 bis .79 hoch bis sehr hoch. Die Trennschärfen der 13 Items des *DBK-TE-Kernmodul*s streuen von .47 bis .78. Insgesamt erreichen die Items der *DBK-TE* damit sowohl beim Einsatz aller 15 Aufgaben sowie beim Einsatz des *Kernmoduls* (13 Aufgaben) gute bis sehr gute Trennschärfen. Aufgrund dieser deskriptiven Maße ist somit davon auszugehen, dass mit der *DBK-TE* ein eindimensionales Verfahren vorliegt. Ob es sich bei diesem Merkmal tatsächlich um das angestrebte Merkmal Kreativität handelt, wird im Rahmen der Konstruktvalidierung beantwortet werden.

Die Reliabilität eines Verfahrens kann unter anderem über die interne Konsistenz und die zeitliche Stabilität (Retest-Reliabilität) geprüft werden. Derzeit liegen noch keine Daten aus Testwiederholungen vor, so dass die Messgenauigkeit der *DBK-TE* über die interne Konsistenz beurteilt wird. Hierzu wurden zwei Kennwerte berechnet: Cronbach's α und der mittlere Itemzusammenhang (MIC) aller Items. Cronbach's α steigt durch die Anzahl der in die Skalenanalyse einbezogenen Items und ist somit mit Vorsicht zu interpretieren. Bei 15 bzw. 13 Items sind die Werte für Gesamtwert und *Kernmodul* aufgrund ähnlicher Itemanzahl jedoch vergleichbar. Mit einem Cronbach's α von .87 und einem MIC von .40 für den *DBK-TE*-Gesamtwert und einem Cronbach's α von .89 und einem MIC von .46 für das *Kernmodul* ergibt sich für beide Testwerte eine hohe interne Konsistenz. Auf Itemebene zeigt sich ein mittlerer Zusammenhang, die Aufgaben teilen also gemeinsame Varianz. Gleichzeitig sind sie nicht so stark korreliert, dass von redundanten Items ausgegangen werden müsste. Viel eher decken sie jeweils noch eigene Varianzanteile ab, d. h. die einzelnen Items messen neben einem gemeinsamen Kern noch spezifischere Kreativitätsleistungen.

Für das *simulative Modul*, das nur aus zwei Aufgaben besteht, kann keine interne Konsistenz berechnet werden; hier steht nur die Korrelation der beiden simulativen Items zur Interpretation zur Verfügung. Bei einer Skala aus zwei Items kann die Korrelation der beiden Items als Trennschärfe interpretiert werden. Mit $r = .29$ ($p = .00$, $N = 303$) korrelieren die beiden Items zwar in mittlerer Höhe, allerdings ist der Zusammenhang schwächer als der mittlere Itemzusammenhang aller Items der *DBK-TE* (MIC $= .40$). Aufgrund der methodischen Ähnlichkeit der beiden simulativen Items wäre ein höherer Zusammenhang der Items zu erwarten gewesen. Betrachtet man die Interkorrelationen aller Aufgaben (Abbildung 19) zeigt sich, dass das Item *S1 Keksentwicklung* den stärksten Zusammenhang zum zweiten simulativen Item aufweist. Die Zusammenhänge mit den Aufgaben des *Kernmoduls* sind geringer ($r = .07$ bis .27). Die Aufgabe *S8 Vorstandspräsentation* korreliert jedoch mit fünf der Items des *Kernmoduls* höher als mit dem zweiten simulativen Item. Der Zusammenhang zwischen dem *simulativen Modul* und dem *Kernmodul* beläuft sich auf $r = .42$. Damit ist die Korrelation in ihrer Höhe mit dem MIC des *DBK-TE*-Gesamtwerts aus allen 15 Items vergleichbar. Diese Ergebnisse zusammen mit dem nur geringen Zuwachs an interner Konsistenz (Cronbach's $\alpha_{DBK\text{-}TE\text{-Gesamtwert}} = .87$ auf Cronbach's $\alpha_{\text{Kernmodul}} = .89$), wenn die augenscheinlich „andersartigen", da simulativen Aufgaben aus dem Gesamtwert herausgenommen werden, widersprechen der Annahme eines Methodeneffekts.

Während mit den Aufgabeninterkorrelationen, den Trennschärfen und Cronbach's α die Dimensionalität der *DBK-TE* über deskriptive Maße geprüft wird, sichert die explorative Faktorenanalyse die interne Struktur über inferenzstatistische Berechnungen ab. Sowohl für die EFA auf Basis der Stufenwerte als auch für die EFA auf Basis der Items sind die Voraussetzungen (Kaiser-Meyer-Olkin-Kriterium, Bartlett-Test, MSA) zur Durchführung einer EFA erfüllt. Nachdem die deskriptiven Maße der Item- bzw. Testanalyse bereits auf ein homogenes, eindimensionales Verfahren hinweisen, sprechen auch die hohen Stufen- bzw. Iteminterkorrelationen, die der EFA zugrunde liegen, für einen gemeinsamen Faktor. Entsprechend bestätigt die EFA eine homogene Teststruktur der *DBK-TE* mit einem latenten Faktor Kreativität – und das unabhängig davon, ob Stufen- oder Aufgabenwerte in die Analyse eingehen. Die höchsten Faktorladungen zeigen sich in der explorativen Faktorenanalyse für die (Aufgaben der) Stufen *4 Ideenfindung, 5 Ausarbeitung und Entwicklung eines Lösungsansatzes* und *7 Anpassung und Umsetzung*. Damit markieren gerade die drei Prozessstufen den identifizierten Faktor, die Kreativität in ihrer reinsten Form erfassen. Während auf den anderen Prozessstufen verstärkt Konvergentes bzw. Evaluierendes Denken gefordert ist, zeichnen sich die Stufen *4 Ideenfindung, 5 Ausarbeitung und Entwicklung eines Lösungsansatzes* und *7 Anpassung und Umsetzung* insbesondere durch Divergentes Denken aus. Wenn der extrahierte Faktor durch Prozessstufen definiert wird, die vornehmlich das Generieren vielfältiger Lösungen zum Kern haben, ist dies ein erster Beleg für die Konstruktvalidität der *DBK-TE* als Kreativitätstest.

In der konfirmatorischen Faktorenanalyse sollten die Ergebnisse aus Item- und Testanalyse und explorativer Faktorenanalyse repliziert werden. Aufgrund der nicht multivariat normalverteilten Daten, die der CFA zugrunde liegen und damit eine Modellprüfung mittels Maximum-Likelihood-Methode eigentlich nicht erlauben, sind die Ergebnisse der CFA jedoch mit gewisser Vorsicht zu interpretieren.

Insgesamt wurden fünf konkurrierende Modelle auf ihre Passung mit den Daten überprüft. Aus der theoretischen Basis der *DBK-TE* ließen sich drei Modelle ableiten: erstens ein einfaktorielles Modell mit dem latenten Faktor Kreativität (Modell 1), zweitens ein Modell mit acht latenten Faktoren, welche die acht Stufen des kreativen Prozesses nach Schuler und Görlich (2007) repräsentieren (Modell 4), und drittens ein Modell mit den acht Prozessstufen als Faktoren erster Ordnung und einem übergeordneten Faktor Kreativität (Modell 5). Aus der theoretischen Beschäftigung mit dem Kreativitätskonstrukt heraus waren noch zwei weitere Modelle denkbar: zum einen ein Modell, dass die (Aufgaben der) acht Stufen zu einem Faktor Kreativität und einem Faktor Innovativität zusammenfasst (Modell 2), zum anderen ein ebenfalls zweifaktorielles Modell, das die beiden Faktoren Divergentes Denken und Evaluierendes Denken (Modell 3) modelliert.

Für drei der fünf Modelle (Modell 2, 4 und 5) ergibt sich ein Heywood-Fall. Auch wenn Fit-Indizes ausgegeben werden, lassen sich diese für die Modelle nicht interpretieren. Eine Trennung der Stufen bzw. Aufgaben in einen Kreativitätsfaktor (mit den frühen Stufen des kreativen Prozesses) und einen Innovativitätsfaktor (mit den späteren Stufen des Prozesses; Modell 2) lässt sich faktorenanalytisch also nicht bestätigen. Ebenso muss die Annahme von acht Stufen gemäß dem Prozessmodell der Kreativität (Modell 4 und 5) auf Basis der CFA-Ergebnisse verworfen werden. Im Wissen um die geringere Power der Maximum-Likelihood-Schätzung bei nicht multivariat normalverteilten Daten, könnte sich das Modell der acht Prozessstufen kreativer Leistung bei der Wahl einer alternativen Schätzmethode eventuell bestätigen. Problematisch an der empirischen Prüfung des achtstufigen Prozessmodells an den Daten der *DBK-TE* ist jedoch die Unterspezifikation der latenten Faktoren. Diese werden durch je nur zwei latente Variablen bestimmt. Der latente Faktor für Stufe *2 Informationssuche, -aufnahme und -bewertung* wird sogar nur über eine manifeste Variable (Item *S2 Kraftschonende Gartengeräte*) spezifiziert. Latente Faktoren sollten jedoch durch mindestens drei manifeste Variablen modelliert werden (Hair, Black, Babin & Anderson, 2005). Vor demselben Problem standen auch Gelléri (2012) und Winzen (2009), die das Prozessmodell auf Basis der *DBK-PG* prüften. Auch bei ihnen konnte das Prozessmodell nicht bestätigt werden. Ob es sich bei den Stufen des Prozessmodells der Kreativität nach Schuler und Görlich (2007) um empirisch trennbare Faktoren handelt oder, wie die Autoren selbst andeuten, viel eher um idealtypische Beschreibungen, die sich nicht als eigenständige latente Faktoren identifizieren lassen, lässt sich abschließend erst auf Basis weiterer Analysen beurteilen. Ein gemeinsamer Einsatz der *DBK-PG* und *DBK-TE* bei einer ausreichend großen Stichprobe könnte hier zur Klärung beitragen. Auch wenn bezweifelt werden muss, dass die Stufenwerte der *DBK-TE* empirisch haltbar sind, werden diese zu Forschungszwecken in der Konstrukt- und Kriterienvalidierung dennoch weiter berücksichtigt. Hier interessiert vornehmlich, ob eine, wenn auch künstliche, Trennung der Prozessstufen zu differentiellen Ergebnissen der Stufenwerte führt. Von einer Interpretation der Stufenwerte im praktischen Einsatz ist bis zu deren empirischen Bestätigung allerdings auf jeden Fall abzuraten.

Für das Modell, das einen Faktor Divergentes Denken und einen Faktor Evaluierendes Denken unterscheidet (Modell 3), ergeben sich ähnlich akzeptable Fit-Indizes wie für das einfaktorielle Modell mit dem latenten Faktor Kreativität (Modell 1). Das Informationskriterium BIC weist eine etwas bessere Passung des Modells 3 aus, welches als latente Faktoren Divergentes Denken und Evaluierendes Denken postuliert. Die bayessche Absicherung ergibt jedoch nur eine schwache Bestätigung der Annahme, dass dieses Modell passender sei als Modell 1, das als latente Variable hinter der *DBK-TE* den Faktor Kreativität modelliert. Mit den Ergebnissen aus der Trennschärfen- und Konsistenzanalyse (Kapitel 9.3) und aus der EFA (Kapitel 9.4) und angesichts der hohen Korrelation der beiden latenten Variablen in Modell 3 (.95 in Modell 3-I und .94 in Modell 3-S) kann (vorerst) von einer einfaktoriellen Faktorstruktur hinter der *DBK-TE* ausgegangen werden[43]. Die Fit-Indizes für Modell 1 weisen auf eine akzeptable Modellpassung hin.

Vor dem Hintergrund der methodischen Probleme der CFA (Verletzung der multivariaten Normalverteilungsannahme, Heywood-Cases) ist die Strukturprüfung der *DBK-TE* unbedingt an einer größeren Stichprobe und unter dem vergleichenden Einsatz der ML und normalverteilungsfreier Schätzmethoden zu wiederholen. Erst dann ist eine gültige Bewertung der Modell-Fits möglich. Konsequenterweise müsste hierfür auch eine gänzlich neue Stichprobe gewonnen werden. Die Berechnung der EFA und CFA an ein und derselben Stichprobe, wie sie in der Binnenanalyse der *DBK-TE* bislang erfolgt ist, stellt zwar einen üblichen, da ökonomischen Weg dar, ist unter einem strengeren statistischen Blickwinkel jedoch als Limitation anzuführen. Erst durch die Kreuzvalidierung der Ergebnisse an einer zweiten Stichprobe wird sich ein abschließendes Bild des der *DBK-TE* unterliegenden Modells gewinnen lassen können.

---

[43] Auch wenn der Fit des Modells 3 nicht wesentlich besser ist als der des Modells 1 und damit weiter von einem Faktor ausgegangen werden kann, könnten sich dennoch differenzielle Validitäten für die beiden Faktoren Divergentes Denken und Evaluierendes Denken ergeben. Die in Kapitel 1 berichteten Korrelationen der *DBK-TE* zu Intelligenz-, Persönlichkeits- und Leistungsmotivationsverfahren wurden daher auch mit den beiden Faktoren Divergentes Denken und Evaluierendes Denken berechnet. Es ergaben sich jedoch keine signifikant unterschiedlichen Zusammenhänge – explizit auch nicht für die kognitiven Leistungstests! Die Interkorrelation der beiden Faktoren (sowohl als latente Faktoren in der CFA als auch als Testskalen mit $r = .80$, ($p < .01$)) sowie die sich nicht statistisch signifikant unterscheidenden Zusammenhänge zu Intelligenzverfahren bestätigen einerseits die Beibehaltung des einfaktoriellen Modells und weisen andererseits auf eine ohnehin unpassende Bezeichnung der postulierten Faktoren hin.

10 Konstruktvalidität der *DBK-TE*

Während der Entwicklung der *DBK-TE* wurden bereits die Vorversionen des Verfahrens gemeinsam mit verschiedenen Verfahren zur Erfassung ähnlicher und unähnlicher Konstrukte eingesetzt, um Schätzungen der konvergenten und diskriminanten Konstruktvalidität zu gewinnen. So konnten bei der Aufgabenauswahl für die Endversion neben itemstatistischen Kennwerten auch Validitätskriterien berücksichtigt werden.

In der letzten Schleife vor Fertigstellung der Endversion wurden nochmals zwei Vorversionen geprüft: Version 1J, die auf den Stufen 1 und 8 nur die simulativen Items enthielt, ansonsten aber mit der Endversion übereinstimmt, und Version 1JE, die auf den Stufen 1 und 8 nur die beiden nicht-simulativen Items enthielt und damit dem *Kernmodul* entspricht. Mit der Endversion wurden nicht mehr alle Verfahren nochmals eingesetzt. Da die beiden Vorversionen 1J und 1JE (dem *Kernmodul* entsprechend) als Varianten der Endversion gelten, werden auch für diese beiden Vorversionen die Korrelationen zu den Verfahren aus der Konstruktvalidierung berichtet.

Die Auswahl der Verfahren zur Konstruktvalidierung erfolgte theoriebasiert auf Basis der in Kapitel 4.4 diskutierten Ergebnisse zum nomologischen Netz der Kreativität. Die zur Konstruktvalidierung eingesetzten Verfahren sind in Tabelle 23 aufgelistet.

Zunächst sollte die *DBK-TE* an weiteren Kreativitätsverfahren validiert werden. Hierbei wurde darauf geachtet, den relevanten Konstruktraum multimethodal, also durch unterschiedliche Verfahrenstypen zu erfassen. Zur Konstruktvalidierung wurden sowohl Leistungstests wie auch Selbsteinschätzungsverfahren und Selbstbeschreibungen eingesetzt. Mit der *DBK-PG* und dem *Verhaltensbezogenen Fragebogen zur berufsbezogenen Kreativität* (*VFbK*) konnten zwei Verfahren einbezogen werden, die ebenfalls auf dem achtstufigen Prozessmodell der Kreativität (Schuler & Görlich, 2007) basieren. Da bislang noch kein alternativer Kreativitätstest mit simulativen Aufgaben vorliegt, konnte zur Prüfung des *simulativen Moduls* kein methodisch vergleichbares Verfahren herangezogen werden. Die beiden Aufgaben des *simulativen Moduls* werden folglich an klassischen paper-pencil-Items validiert.

Durch die Beschäftigung mit dem nomologischen Netz der Kreativität konnten drei Konstrukte identifiziert werden, die mit Kreativität assoziiert sind: Intelligenz, Persönlichkeit und Motivation. Folglich sind Korrelationen zwischen den

Leistungen in der *DBK-TE* und den Ergebnissen in Verfahren zur Erfassung von Intelligenz, Persönlichkeit und Motivation zu erwarten.

Um die Konstruktvalidität der *DBK-TE* belegen zu können, sollten sich zu den mit Kreativität in Verbindung stehenden Konstrukten Intelligenz, Persönlichkeit und Motivation bzw. deren Messungen insgesamt niedrigere Zusammenhänge ergeben als zu expliziten Kreativitätsmaßen. Außerdem sind für die Teilaspekte der drei Konstrukte unterschiedlich starke Zusammenhänge zur *DBK-TE* zu erwarten. So sollten sich etwa stärkere Zusammenhänge zwischen der *DBK-TE* und Divergentem Denken ergeben als zwischen der *DBK-TE* und Konvergentem Denken (s. Kapitel 4.1.3). Auch die verschiedenen Persönlichkeitsdimensionen hängen unterschiedlich stark mit Kreativität zusammen. Für die *DBK-TE* sollten sich für Offenheitsmaße höhere Korrelationen zeigen als zum Beispiel zu Verträglichkeitswerten (s. Kapitel 4.2.2.2).

Auch wenn Intelligenz, Persönlichkeit und Motivation keine gänzlich kreativitätsfremden Konstrukte darstellen, sind sie doch eigenständige Merkmalsbereiche und werden daher in der vorliegenden Arbeit als diskriminante Konstrukte verstanden. Auch zur diskriminanten Konstruktvalidierung wurde darauf geachtet, eine möglichst breite Abdeckung der Konstrukte zu gewährleisten. Wäre jedes Konstrukt nur durch ein einzelnes Verfahren erhoben worden, wären wohl eher Zusammenhänge auf Verfahrensebene zu interpretieren als dass Aussagen zur Validität der *DBK-TE* auf Konstruktebene getroffen werden könnten. Allerdings wurden nicht nur verschiedene Verfahren eingesetzt, sondern auch der Beitrag konkurrierender Modelle von Intelligenz (z. B. IST vs. BIS), Persönlichkeit (Big Five vs. HEXACO) und Leistungsmotivation (allgemeine Leistungsmotivation vs. Unterscheidung in intrinsische und extrinsische Motivation) geprüft.

Tabelle 23: Zur Konstruktvalidierung der *DBK-TE* eingesetzte Verfahren

		Vorversionen 1A bis 1H	Vorversionen 1J bis 1KE	Endversion
Kreativität				
ASK-KD	Hell (2003)	-	x	-
VFbK	Palmer (in Vorbereitung)	x	x	x
BIS-4-E	Jäger et al. (1997)	x	x	-
CPS	Gough (1979)	x	-	x
DBK-PG	Schuler et al. (2013)	-	-	x
IPIP-Items	International Personality Item Pool: A Scientific Collaboratory for the Development of Advanced Measures of Personality Traits and Other Individual Differencess [a]	x	x	x
Selbsteinschätzung	s. Abbildung 22	x	x	x
Intelligenz				
ASK-SD	Hell (2003)	-	x	-
Allgemeine Intelligenz aus BIS-4-K	Jäger et al. (1997)	x	-	x
Verarbeitungskapazität aus BIS-4-K	Jäger et al. (1997)	x	-	-
CFT 20-R Matr.	Weiß (2008)	-	-	x
HMT	Heydasch, Renner, Haubrich, Hilbig und Zettler (2014)	-	-	x
HMT-S	Heydasch und Haubrich (2013)	-	-	x
IST-Screening	Liepmann, Beaducel, Brocke und Nettelnstroth (2012)	-	-	x
WPT	Wonderlic (1992)	x	x	x
Persönlichkeit				
BFI-10	Rammstedt, Kemper, Klein, Beierlein und Kovaleva (2012)	-	-	x
NEO-PI-R	Ostendorf und Angleitner (2004)	x	x	-
NEO-FFI	Borkenau und Ostendorf (2008)	x	x	x
HEXACO-200	Lee und Ashton (2014)	-	-	x
NfC	Bless, Wänke, Bohner, Fellhauer und Schwarz (1994)	-	-	x
MPCI	Stoeber, Kobori und Tanno (2010)[a]	-	-	x

		Vorversionen 1A bis 1H	Vorversionen 1J bis 1KE	Endversion
Leistungsmotivation				
LMI-K	Schuler und Prochaska (2000)	x	x	x
WPI	Amabile, Hil, Hennessey und Tighe (1995); Amabile et al. (1994)	-	-	x

Anmerkungen. ASK-KD: Analyse des Schlussfolgernden und Kreativen Denkens – Modul Kreatives Denken; VFbK: Verhaltensbezogener Fragebogen zur berufsbezogenen Kreativität; BIS-4-E: Berliner Intelligenzstruktur-Test in der 4. Auflage – Operation Einfallsreichtum; CPS: Creative Personality Scale; DBK-PG: Diagnose berufsbezogener Kreativität - Planung und Gestaltung; IPIP-Kreativität: Mittelwert aus den IPIP-Items für 1. die Skala Creativity des 45 AB5C Facets, 2. die Skala Creativity aus dem Hogan Personality Inventory, 3. die Skala Creativity aus dem HEXACO Personality Inventory, 4. die Skala Originality der VIA Scales und 5. die Skala Intellect des NEO-PI-R; Selbsteinschätzung: Selbsteinschätzung zur Kreativität (4 Items); ASK-SD: Analyse des Schlussfolgernden und Kreativen Denkens – Modul Schlussfolgerndes Denken; Allgemeine Intelligenz bzw. Verarbeitungskapazität aus BIS-4-K: Skala Allgemeine Intelligenz bzw. Verarbeitungskapazität aus der Kurzversion des Berliner Intelligenzstruktur-Tests in der 4. Auflage; CFT 20-R Matr: Matrizenaufgabe aus dem Grundintelligenztest Skala 2 - Revision; HMT: Hagener Matrizen-Test; HMT-S: Kurzform des Hagener Matrizen-Tests; IST-S: Intelligenz-Struktur-Test – Screening; WPT: Wonderlic Personnel Test; BFI-10: Big-Five-Inventory-10; NEO-PI-R: NEO-Persönlichkeitsinventar nach Costa und McCrae, Revidierte Fassung; NEO-FFI: NEO-Fünf-Faktoren-Inventar; NfC: Need for Cognition; MPCI: Multidimensional Perfectionism Cognitions Inventory; LMI-K: Kurzversion des Leistungsmotivationsinventars; WPI: Work Preference Inventory.
[a] von der Autorin ins Deutsche übersetzt.

Da nahezu alle Verfahren veröffentlichte und damit bereits hinlänglich dokumentierte Instrumente sind, kann auf deren Beschreibung an dieser Stelle verzichtet werden. Für weitere Informationen, etwa zu theoretischen oder psychometrischen Fragen, sei auf die in Tabelle 23 angegebenen Quellen verwiesen. Drei Skalen, die zur konvergenten Konstruktvalidierung eingesetzt wurden, sind jedoch in der hier verwendeten Form noch nicht publiziert: (1) der *Verhaltensbezogene Fragebogen zur berufsbezogenen Kreativität* (*VFbK*), (2) die Kreativitätsskala aus den IPIP-Items und (3) die Selbsteinschätzungen. Sie sollen daher kurz beschrieben werden.

(1) Der *Verhaltensbezogene Fragebogen zur berufsbezogenen Kreativität* (*VFbK*; Palmer, in Vorbereitung) stellt eine Weiterentwicklung des bei Winzen (2009) beschriebenen Fragebogens zur Beschreibung kreativitätsrelevanter Verhaltensweisen dar, der auf dem Prozessmodell der Kreativität (Schuler & Görlich, 2007) basiert. Die ursprünglich 22 Items wurden um neue, berufsbezogen formulierte Items ergänzt, so dass in einer ersten Version des *VFbK* 46 Items vorlagen. Nach einer Itemanalyse und -selektion verblieben 42 Items zur Beschreibung berufsbezogener Verhaltensweisen, die als Kreativitätsindikatoren gelten. Die Items sind auf einer siebenstufigen Skala von 1 = nein bis 7 = sehr

häufig zu beantworten. In Abbildung 21 sind Beispielitems aus dem *VFbK* dargestellt.

Abbildung 21: Beispielitems VFbK

Stufe	Item	nein	eher nicht	selten	manchmal	öfters	häufig	sehr häufig
1	Wenn mir etwas Widersprüchliches oder ein Problem auffällt, dann muss ich diesem auf den Grund gehen bzw. es lösen.	☐	☐	☐	☐	☐	☐	☐
2	Ich nutze meine Kontakte um mich in wichtigen Fragen beraten zu lassen.	☐	☐	☐	☐	☐	☐	☐
4	Mir gehen viele Ideen durch den Kopf.	☐	☐	☐	☐	☐	☐	☐
6	Mir fällt es leicht, Relevantes von Irrelevantem zu unterscheiden.	☐	☐	☐	☐	☐	☐	☐

Die Items können zu Stufenwerten zusammengefasst werden. Aus den z-standardisierten Stufenwerten ergibt sich der Gesamtwert des *VFbK*.

(2) Im International Personality Item Pool (*IPIP*) finden sich fünf Skalen, die große Ähnlichkeit zu etablierten Persönlichkeitstests aufweisen. Drei der Skalen sind direkt als *Creativity* bezeichnet: die 10 IPIP-Items auf Basis des *The Abridged Big Five-Dimensional Circumplex (AB5C)*, die 10 IPIP-Items auf Basis des *Hogan Personality Inventory (HPI)* und die 10 IPIP-Items auf Basis des *HEXACO Personality Inventory*. Weitere acht IPIP-Items finden sich auf Basis der *Values in Action (VIA)* unter der Skalenbezeichnung *Originality*. Und letztlich liegt mit 10 IPIP-Items auf Basis des *NEO-PI-R* eine *Intellect*-Skala vor, die ebenfalls kreativitätsförderliches Verhalten abfragt.

Bei gemeinsamer Betrachtung der 48 Items fällt auf, dass 13 Items in mehreren Skalen enthalten sind. So findet sich zum Beispiel die Aussage „Ich habe kein Interesse an theoretischen Diskussionen" sowohl in der IPIP-Skala für *Creativity* aus dem *AB5C*, in der Skala *Creativity* im *HPI* und in der *Intellect*-Skala im *NEO-PI-R*. Selbstverständlich sollen diese Items nur einmal in eine gemeinsame Skala eingehen. Die *IPIP-Kreativitätsskala* besteht damit aus 35 Items auf Basis fünf unterschiedlicher Persönlichkeitsinventare, die alle kreativitätsrelevantes Verhalten bzw. kreativitätsförderliche Einstellungen erfassen. Wie für IPIP-Skalen üblich, wurde eine fünfstufige Antwortskala von 1 = trifft überhaupt nicht zu bis 5 = trifft stark zu verwendet.

(3) Als Selbsteinschätzung wurden die in Abbildung 22 aufgeführten Items eingesetzt. Zur Beantwortung wurde eine siebenstufige Skala von 0 = sehr gering bis 6 = sehr hoch gewählt. Für „Ich habe ein starkes Bedürfnis kreativ tätig zu sein." wurde die Skala mit 1 = sehr gering bis 7= sehr hoch indiziert.

Abbildung 22: Items zur Selbsteinschätzung der Kreativität

	sehr gering	eher gering	durch- gering	eher schnittlich	hoch	eher hoch	sehr hoch
Wie hoch schätzen Sie Ihre eigene Kreativität ein?	□	□	□	□	□	□	□
Wie hoch schätzen Sie Ihre gestalterische Kreativität ein?	□	□	□	□	□	□	□
Wie hoch schätzen Sie Ihre technische Kreativität ein?	□	□	□	□	□	□	□
Wie hoch schätzen Sie Ihre verbale Kreativität ein?	□	□	□	□	□	□	□
Ich habe ein starkes Bedürfnis kreativ tätig zu sein.	□	□	□	□	□	□	□

Die Selbsteinschätzungen wurden *vor* allen weiteren Verfahren (insbesondere der Kreativitätsverfahren) erfasst um jegliche Beeinflussung durch das eigene Leistungsempfinden bzw. die Reflektion eigener Verhaltensweisen in den weiteren Verfahren auszuschließen. Die Selbstbeschreibungsverfahren zur Kreativitätsdiagnostik (*CPS, IPIP-Kreativitätsskala, VFbK*) sowie die Kreativitätsleistungstests sowie alle weiteren Verfahren zur Messung von Intelligenz, Persönlichkeit und Motivation wurden hingegen *nach* der *DBK-TE* dargeboten. Hintergrund dieser Entscheidung ist die Überlegung, die Testanden somit noch „frisch" für die Bearbeitung der *DBK-TE* zu gewinnen und Müdigkeits- oder Reaktanzeffekte aufgrund zu langer oder zu anstrengender Testung in den *DBK-TE*-Ergebnissen zu vermeiden.

10.1   Konvergente Konstruktvalidität

Die konvergente Konstruktvalidierung erfolgte zum einen an alternativen Kreativitäts(leistungs)verfahren (Kapitel 10.1.1) und zum anderen an Selbsteinschätzungen der Kreativität (Kapitel 10.1.2).

Es werden je die Ergebnisse zu den *DBK-TE*-Gesamt- und -Stufenwerten berichtet. Die Korrelationen bzw. Unterschiede auf Itemebene können Online Plus entnommen werden.

10.1.1 Zusammenhang der DBK-TE mit alternativen Kreativitätsverfahren

In diesem Kapitel werden die Korrelationen der *DBK-TE*-Gesamtwerte und - Stufenwerte zu bestehenden Kreativitätsverfahren berichtet. Tabelle 24 enthält die deskriptiven Statistiken der alternativen Kreativitätsverfahren.

Tabelle 24: Deskriptive Statistiken der alternativen Kreativitätsverfahren

Verfahren	Min	Max	M	SD	Cronbach's α	N
ASK-KD	-6.06	4.860	0.00	2.58	.73	60 [SM]
BIS-4-E	-11.84	16.19	0.85	7.10	.84	50 [SM]
CPS	2.00	21.00	14.02	3.92	.75[a]	136 [KM]
DBK-PG	-1.73	2.55	0.00	0.71	.87	300 [KM]
IPIP-Items	2.63	4.60	3.59	0.46	.91	56 [GW]
Selbsteinschätzung						
- Kreativität gesamt	1	6	3.72	0.88	-	295 [GW]
- Gestalterische Kreativität	0	6	3.57	1.15	-	294 [GW]
- Technische Kreativität	0	6	3.13	1.37	-	294 [GW]
- Verbale Kreativität	1	6	3.61	1.01	-	294 [GW]
- Bedürfnis	1	7	5.45	1.53	-	131 [KM]
VFbK	-6.85	12.51	3.11	4.90	.90	36 [GW]

Anmerkungen. Den Werten liegt die Stichprobe zugrunde, welche
[GW] = die komplette *DBK-TE*
[KM] = das *DBK-TE*-Kernmodul
[SM] = das simulative Modul der *DBK-TE*
zusammen mit dem alternativen Kreativitätsverfahren bearbeitet hat.
[a] Die negativen *CPS*-Items wurden zur Homogenitätsberechnung recodiert.

Die Zusammenhänge der *DBK-TE*-Gesamtwerte und -Stufenwerte zum *Kreativen Denken* (KD) aus der *Analyse Schlussfolgernden und Kreativen Denkens* (*ASK*; Schuler & Hell, 2005), zum *Einfallsreichtum* aus dem *Berliner Intelligenzstruktur-Test* (*BIS*, Form 4; Jäger et al., 1997) und dem Gesamtwert der *Diagnose berufsbezogener Kreativität - Planung und Gestaltung* (DBK-PG; Schuler et al., 2013) sind in Tabelle 25 dargestellt.

Wie bereits in Kapitel 1 erwähnt, wird aufgrund der multiplen Signifikanztests eine Korrektur des Fehlers 1. Art vorgenommen. Das bonferroni-korrigierte Alpha α' berechnet sich als: α / Anzahl der Korrelationen bzw. Einzelvergleiche. Als α-Niveau wurden die in der psychologischen Forschung üblichen 5 Prozent Fehlerwahrscheinlichkeit gewählt. Sofern das Niveau der Bonferroni-korrigierten Signifikanz (α') von einem Signifikanzwert in den folgenden Tabellen unterschritten wird, ist α' in den Anmerkungen zur betreffenden Tabelle angegeben.

Tabelle 25: Korrelationen der *DBK-TE* mit Kreativitätsleistungstests

	ASK-KD	BIS-4-E	DBK-PG
DBK-TE Kernmodul	-	-	.83 [a] (N = 300)
DBK-TE simulatives Modul	.40** (N = 60)	.48[a] (N = 50)	-
DBK-TE Gesamtwert 1J	.53 [a] (N = 60)	.68 [a] (N = 50)	-
Stufe 1	-	-	.63 [a] (N = 280)
Stufe 2	.25 (N = 60)	.46 [a] (N = 50)	.68 [a] (N = 301)
Stufe 3	.50 [a] (N = 60)	.59 [a] (N = 50)	.51 [a] (N = 300)
Stufe 4	.44 [a] (N = 60)	.58 [a] (N = 50)	.75 [a] (N = 301)
Stufe 5	.33** (N = 60)	.55 [a] (N = 50)	.68 [a] (N = 300)
Stufe 6	.42 [a] (N = 60)	.40** (N = 50)	.65 [a] (N = 301)
Stufe 7	.33* (N = 60)	.64 [a] (N = 50)	.70 [a] (N = 300)
Stufe 8	-	-	-
S1Keksentwicklung	.20 (N = 60)	.38** (N = 50)	.42 [a] (N = 280)
S1Warngeräte im Garten	-	-	.67 [a] (N = 301)
S8 City Cruiser	-	.48 [a] (N = 115)	.64 [a] (N = 301)
S8 Vorstandspräsentation	.38** (N = 60)	.36* (N = 50)	-

Anmerkungen. DBK-TE Gesamtwert 1J: Endversion ohne Items *S1 Warngeräte im Garten* und *S8 City Cruiser.* * $p < .05$, ** $p < .01$, [a] $< \alpha' = .0016$.

Auf Ebene der Gesamtwerte zeigten sich mit allen drei Verfahren hohe Zusammenhänge ($r = .40 - .83$). Besonders der Zusammenhang des *Kernmoduls* zur *DBK-PG* ist mit $r = .83$ ($p = .00$) auffallend stark, was angesichts derselben theoretischen Basis der beiden *DBK*-Verfahren aber auch erwartungskonform ist.

Die Korrelationen mit dem *simulativen Modul* fielen jeweils geringer aus als bei einem kombinierten Einsatz simulativer und „klassischer" (sprich: paper-pencil-) Items (Version 1J). Für die *ASK-KD* wurden diese Unterschiede nicht signifikant (z = -1.30, p = .19). Die Zusammenhänge zum *BIS-4-Einfallsreichtum* unterscheiden sich jedoch signifikant voneinander (z = -2.53, p = .01). Bei differenzierter Betrachtung der Stufen *1 Problementdeckung* und *8 Implementierung* ergaben sich jeweils für die simulative Aufgabe der Stufen geringere Zusammenhänge als für die nicht-simulativen Aufgaben der *DBK-TE*. Allerdings unterschieden sich nur die Korrelationen der Aufgaben von Stufe *1 Problementdeckung* mit der *DBK-PG* signifikant voneinander (z = -4.39, p = .00). Die unterschiedlichen Korrelationen der Aufgaben *S8 City Cruiser* (r = .48, p = .00) und *S8 Vorstandspräsentation* (r = .36, p < .05) auf Stufe *8 Implementierung* mit dem *BIS-4-Einfallsreichtum* unterschieden sich nicht signifikant (z = 0.89, p = .37).

Vergleicht man die Zusammenhänge auf Stufenebene, so zeigten sich unterschiedliche Korrelationen über die acht Stufen und drei zur Validierung eingesetzten Verfahren hinweg. Werden die *DBK-TE*-Stufen pro alternativem Kreativitätstest nach der Höhe der Zusammenhänge sortiert, ist zwar über die drei Rangreihen hinweg kein einheitliches Muster erkennbar, allerdings fällt hier die Stufe *4 Ideenfindung* auf. Diese Stufe fand sich jeweils unter den drei stärksten Zusammenhängen auf Stufenebene.

Neben Leistungstests zur Erfassung von Kreativität wurde mit der *CPS* (Gough, 1979) auch ein Selbstbeschreibungsverfahren zur Kreativitätsdiagnostik eingesetzt. Die Zusammenhänge dieses Verfahrens zu den Gesamt- und Stufenwerten der *DBK-TE* sind in Tabelle 26 aufgeführt.

Tabelle 26: Korrelationen der *DBK-TE* mit der *Creative Personality Scale* (*CPS*; Gough, 1979)

	CPS		
	Gesamt	negative Items	positive Items
DBK-TE Kernmodul	.01	-.04	.01
	(N = 136)	(N = 136)	(N = 136)
DBK-TE simulatives Modul	.18	-.43**	-.06
	(N = 35)	(N = 35)	(N = 35)
Stufe 1	.05	-.05	.03
	(N = 127)	(N = 127)	(N = 127)
Stufe 2	.15**	.12*	.14**
	(N = 397)	(N = 397)	(N = 397)
Stufe 3	.01	.00	.02
	(N = 136)	(N = 136)	(N = 136)
Stufe 4	.00	.01	.00

| | CPS | | |
	Gesamt	negative Items	positive Items
	($N = 136$)	($N = 136$)	($N = 136$)
Stufe 5	-.06	.04	-.07
	($N = 136$)	($N = 136$)	($N = 136$)
Stufe 6	.09	-.12	.05
	($N = 136$)	($N = 136$)	($N = 136$)
Stufe 7	.24 [a]	.29 [a]	.29 [a]
	($N = 362$)	($N = 362$)	($N = 362$)
Stufe 8	-	-	-
S1Keksentwicklung	.16*	.11	.15
	($N = 162$)	($N = 162$)	($N = 162$)
S1Warngeräte im Garten	.12*	.18 [a]	.16**
	($N = 362$)	($N = 362$)	($N = 362$)
S8 City Cruiser	-.02	-.03	-.05
	($N = 136$)	($N = 136$)	($N = 136$)
S8 Vorstandspräsentation	.22	-.41*	-.01
	($N = 35$)	($N = 35$)	($N = 35$)

Anmerkungen. $* p < .05$, $** p < .01$, [a] $< \alpha' = .0013$.

Für das *Kernmodul* ergaben sich keine nennenswerten Zusammenhänge zur *CPS*. Das *simulative Modul* der *DBK-TE* korrelierte schwach mit dem *CPS*-Gesamtwert ($r = .18$, $p > .05$). Zu den negativen Items der *CPS* zeigte sich ein mittlerer negativer Zusammenhang von $r = -.43$ ($p < .01$).

Auf Stufenebene zeigten sich nur für die Stufen *2 Informationssuche, -aufnahme und -bewertung* und *7 Anpassung und Umsetzung* positive Zusammenhänge zur *CPS*. Beachtenswert ist hierbei jedoch, dass auch die Korrelationen zu den negativen *CPS*-Items positiv sind. Personen, die Beschreibungen wie „gekünstelt", „vorsichtig" oder „eng umgrenztes Interesse" für zutreffend erachten, schnitten auf den Stufen *2* und *7* auch signifikant besser ab.

Ein zweites Selbstbeschreibungsverfahren kam mit dem *Verhaltensbezogenen Fragebogen zur berufsbezogenen Kreativität* (*VFbK*) zum Einsatz. Dieses Instrument enthält Aussagen zu den acht Stufen des kreativen Prozesses nach Schuler und Görlich (2007). Damit lassen sich neben einem Gesamtwert auch Stufenwerte bilden. In Tabelle 27 sind die Korrelationen der *DBK-TE*-Gesamtwerte mit dem Gesamtwert des *VFbK* aufgeführt.

Tabelle 27: Korrelationen der *DBK-TE* mit dem *VFbK*

	Verhaltensbezogener Fragebogen zur berufsbezogenen Kreativität **Gesamt**
DBK-TE Gesamtwert	.20 ($N = 36$)
DBK-TE Kernmodul	.21* ($N = 95$)
DBK-TE sim. Modul	.18 ($N = 65$)
DBK-TE Gesamtwert 1J	.27* ($N = 65$)

*Anmerkung. * $p < .05$.

Die beiden Verfahren korrelierten gemäß Cohen's Klassifikation in schwacher bis mittlerer Höhe miteinander. Wie Schmidt-Atzert und Amelang (2012) anführen, sollte eine Bewertung von Validitätskoeffizienten jedoch auch immer vor dem Hintergrund vergleichbarer Forschungsergebnisse vorgenommen werden. Auch wenn die hier vorliegenden Korrelationen im Rahmen einer konvergenten Konstruktvalidierung der *DBK-TE* nicht sonderlich stark und damit eventuell als unzureichend erscheinen, fallen sie für einen Vergleich von Werten aus einem Leistungstest mit Angaben in einem Selbstbeschreibungsinventar jedoch in üblicher Höhe aus. Tabelle 28 enthält die stufenweise Korrelationen der beiden Verfahren.

Tabelle 28: Korrelationen der *DBK-TE*-Stufen mit dem *VFbK*

	Verhaltensbezogener Fragebogen zur berufsbezogenen Kreativität							
	Stufe 1	Stufe 2	Stufe 3	Stufe 4	Stufe 5	Stufe 6	Stufe 7	Stufe 8
DBK-TE-Stufe 1	**.28**	-.20	.20	.01	.19	.13	.24	.25
	(N = 41)	(N = 41)	(N = 41)	(N = 38)	(N = 41)	(N = 39)	(N = 41)	(N = 41)
DBK-TE-Stufe 2	.08	**.08**	.15	.18*	.15	.15	.05	.09
	(N = 141)	(N = 140)	(N = 140)	(N = 136)	(N = 138)	(N = 133)	(N = 137)	(N = 136)
DBK-TE-Stufe 3	.30^a	.09	**.38**^{a}	.23**	.21*	.15	.13	.19*
	(N = 138)	(N = 137)	(N = 138)	(N = 134)	(N = 136)	(N = 131)	(N = 135)	(N = 134)
DBK-TE-Stufe 4	.18*	.04	.23**	**.34**^{a}	.28**	.06	.21*	.22**
	(N = 141)	(N = 140)	(N = 140)	(N = 136)	(N = 138)	(N = 133)	(N = 137)	(N = 136)
DBK-TE-Stufe 5	.11	0.1	.16	.19*	**.25****	.02	.16	.13
	(N = 138)	(N = 137)	(N = 138)	(N = 134)	(N = 136)	(N = 131)	(N = 135)	(N = 135)
DBK-TE-Stufe 6	.08	.15	.09	.18*	.14	**.02**	.13	.14
	(N = 140)	(N = 139)	(N = 139)	(N = 135)	(N = 137)	(N = 133)	(N = 137)	(N = 136)
DBK-TE-Stufe 7	.16	.09	.21*	.23**	.27**	.07	**.19***	.15
	(N = 140)	(N = 139)	(N = 139)	(N = 135)	(N = 137)	(N = 133)	(N = 137)	(N = 136)
DBK-TE-Stufe 8	.09	-.39*	.19	.25	.14	.16	.23	**.15**
	(N = 41)	(N = 41)	(N = 41)	(N = 38)	(N = 41)	(N = 39)	(N = 41)	(N = 41)

Anmerkungen. Korrelationen, die den Zusammenhang identischer Stufen des kreativen Prozesses widerspiegeln, sind fett gedruckt. * $p < .05$, ** $p < .01$, $^a < \alpha$ ' $= .0008$.

Mit Ausnahme der Stufen *2 Informationssuche, -aufnahme und -bewertung* und *6 Ideenbewertung* lagen mittlere Korrelationen zwischen den *DBK-TE-* und *VFbK*-Werten der jeweils selben Stufe vor. Für die *DBK-TE*-Stufenwerte *1 Problementdeckung, 3 Konzeptkombination, 4 Ideenfindung* und *5 Ausarbeitung und Entwicklung eines Lösungsansatzes* ergaben sich für den jeweils entsprechenden Stufenwert aus dem *VFbK* die höchste Korrelation (zeilenweiser Vergleich). Der *DBK-TE*-Stufenwert 2 hängt jedoch mit dem *VFbK*-Stufenwert 4 stärker zusammen als mit dem *VFbK*-Stufenwert 2 ($r = .18, p < .05$ vs. $r = .08, p > .05$). Für den *DBK-TE*-Stufenwert 6 ergab sich der stärkste Zusammenhang mit dem Stufenwert 4 des *VFbK* ($r = .18, p < .05$). Der *DBK-TE*-Stufenwert 7 korrelierte mit dem Stufenwert 5 des *VFbK* höher als mit dem korrespondierenden Stufenwert ($r = .27, p < .01$ vs. $r = .19, p < .05$). Und der *DBK-TE*-Stufenwert 8 wies gleich zu zwei Stufenwerten des *VFbK* einen höheren Zusammenhang auf als zum entsprechenden Stufenwert 8: Stufe 8 der *DBK-TE* korrelierte mit Stufe 2 des *VFbK* in beträchtlicher Höhe negativ ($r = -.39, p < .05$) und mit Stufe 4 des *VFbK* in mittlerer Höhe positiv ($r = .25, p > .05$).

Als drittes Selbstbeschreibungsverfahren der Kreativität wurde die *IPIP-Kreativitätsskala* eingesetzt. Der Zusammenhang zwischen den Ergebnissen auf

Gesamtwert- und Stufenebene in der *DBK-TE* und der eingeschätzten Kreativität in der *IPIP-Kreativitätsskala* kann aus Tabelle 29 abgelesen werden.

Tabelle 29: Korrelationen der *DBK-TE* mit der *IPIP-Kreativitätsskala*

	IPIP-Kreativitätsskala
DBK-TE Gesamtwert	$.39^{a}$
	$(N = 56)$
DBK-TE Kernmodul	$.33^{a}$
	$(N = 98)$
DBK-TE simulatives Modul	$.15^{1)}$
	$(N = 175)$
Stufe 1	$.41^{a}$
	$(N = 57)$
Stufe 2	.17**
	$(N = 246)$
Stufe 3	$.28^{a}$
	$(N = 218)$
Stufe 4	.26**
	$(N = 246)$
Stufe 5	.16*
	$(N = 245)$
Stufe 6	$.23^{a}$
	$(N = 218)$
Stufe 7	$.25^{a}$
	$(N = 244)$
Stufe 8	.31*
	$(N = 56)$

Anmerkung. $* p < .05, ** p < .01, {}^{a} < \alpha' = .0045.$ ${}^{1)} p = .055.$

Mit $r = .39$ $(p < .01)$ ergab sich für die beiden Verfahrensgesamtwerte eine mittlere bis starke Korrelation. Der Zusammenhang der *IPIP-Kreativitätsskala* mit der *DBK-TE* ist damit im Vergleich zu den beiden anderen Selbstbeschreibungsverfahren (*CPS* und *VFbK*) wesentlich höher. Der Vergleich der Korrelationen zur *IPIP-Kreativitätsskala* zwischen *Kernmodul* und *simulativen Modul* der *DBK-TE* zeigte einen höheren Zusammenhang des *Kernmoduls* mit der *IPIP-Kreativitätsskala*. Der Unterschied in der Korrelationshöhe zwischen *Kernmodul* und *simulativem Modul* wurde allerdings nicht signifikant ($z = 1.51, p = .13$). Auf Stufenebene variierten die Korrelationen von einem schwachen Zusammenhang auf Stufe *5 Ausarbeitung und Entwicklung eines Lösungsansatzes* ($r = .16$,

$p < .05$) bis zu einem mittleren bis starken Zusammenhang für Stufe *1 Problementdeckung* ($r = .41$, $p < .01$).

10.1.2 Zusammenhang der DBK-TE mit Selbsteinschätzungen

Als zweite Verfahrensklasse nach den Kreativitätstests kamen zur konvergenten Konstruktvalidierung der *DBK-TE* auch Selbsteinschätzungen zum Einsatz. Die Korrelationen der *DBK-TE* mit diesen Kreativitätsmaßen sind in Tabelle 30 zusammengetragen.

Tabelle 30: Korrelationen der *DBK-TE* mit Selbsteinschätzungen der Kreativität

	Selbsteinschätzung				
	Kreativität	**Gestalterische Kreativität**	**Technische Kreativität**	**Verbale Kreativität**	**Bedürfnis kreativ zu sein**
DBK-TE Gesamtwert	.14* (N = 295)	.13* (N = 294)	.13* (N = 294)	.12* (N = 294)	-
DBK-TE Kernmodul	.14** (N = 413)	.15** (N = 413)	.02 (N = 413)	.11* (N = 412)	.18* (N = 131)
DBK-TE simulatives Modul	.10* (N = 576)	.10* (N = 576)	-.01 (N = 575)	.11** (N = 576)	-

	bis 24 J.	ab 25 J.	bis 24 J.	ab 25 J.	bis 24 J.	ab 25 J.	bis 24 J.	ab 25 J.	bis 24 J.	ab 25 J.
DBK-TE Gesamtwert	-.05 (N = 182)	.38^a (N = 113)	-.06 (N = 181)	.31** (N = 113)	-.03 (N = 182)	.29** (N = 112)	.09 (N = 182)	.14 (N = 112)	-	-
DBK-TE Kernmodul	.00 (N = 278)	.36^a (N = 133)	.05 (N = 278)	.28** (N = 133)	-.12 (N = 279)	.21** (N = 132)	.08 (N = 278)	.14 (N = 132)	.52** (N = 27)	.11 (N = 97)
DBK-TE simulatives Modul	.06 (N = 353)	.15* (N = 223)	.04 (N = 353)	.18** (N = 223)	-.01 (N = 353)	.01 (N = 222)	.15** (N = 354)	.06 (N = 222)	-	-

	♂	♀	♂	♀	♂	♀	♂	♀	♂	♀
DBK-TE Gesamtwert	.29** (N = 108)	.00 (N = 187)	.28** (N = 108)	.01 (N = 186)	.11 (N = 108)	.11 (N = 186)	.10 (N = 108)	.13 (N = 186)	-	-
DBK-TE Kernmodul	.26^a (N = 191)	.00 (N = 222)	.23** (N = 191)	.05 (N = 222)	-.00 (N = 191)	.07 (N = 222)	.13 (N = 190)	.10 (N = 222)	.08 (N = 52)	.28* (N = 79)

	Selbsteinschätzung				
	Kreativität	Gestalterische Kreativität	Technische Kreativität	Verbale Kreativität	Bedürfnis kreativ zu sein
DBK-TE simulatives Modul	.19** -.01 (N = 325) (N = 251)	.15* .06 (N = 252) (N = 324)	-.04 -.04 (N = 251) (N = 324)	.19** .01 (N = 252) (N = 324)	- -
Stufe 1	.08 (N = 299)	.07 (N = 298)	.03 (N = 298)	.01 (N = 298)	.29** (N = 122)
Stufe 2	.07* (N = 929)	.09** (N = 930)	-.05 (N = 929)	.13[a] (N = 928)	.14 (N = 131)
Stufe 3	.06 (N = 664)	.14[a] (N = 665)	.01 (N = 664)	.03 (N = 664)	.16 (N = 631)
Stufe 4	.15[a] (N = 620)	.16[a] (N = 621)	.09* (N = 621)	.13** (N = 620)	.16 (N = 131)
Stufe 5	.14[a] (N = 664)	.14** (N = 665)	.12** (N = 664)	.11** (N = 664)	.11 (N = 131)
Stufe 6	.10* (N = 666)	.07 (N = 667)	.08* (N = 666)	.11** (N = 666)	.13 (N = 131)
Stufe 7	.13[a] (N = 894)	.13[a] (N = 895)	.09** (N = 894)	.14[a] (N = 893)	.13 (N = 131)
Stufe 8	.12* (N = 295)	.08 (N = 294)	.07 (N = 294)	.08 (N = 294)	-

Anmerkungen. * $p < .05$, ** $p < .01$, [a] $< \alpha' = .0005$.

Auf Ebene des *DBK-TE*-Gesamtwerts zeigten sich nahezu einheitliche, niedrige Korrelationen zu den Selbsteinschätzungen bezüglich Kreativität und ihrer Facetten (von $r = .12$ bei Verbaler Kreativität bis $r = .14$ bei Kreativität gesamt). Auch für das *Kernmodul* und das *simulative Modul* bewegten sich die Zusammenhänge ungefähr in dieser Höhe. Einziger Ausreißer stellten dabei die Korrelationen zur eingeschätzten technischen Kreativität dar. Hier fanden sich mit $r = .02$ (p > .05) für das *Kernmodul* und $r = .00$ (p > .05) keine Zusammenhänge.

Berechnet man die Zusammenhänge zwischen *DBK-TE* und den Kreativitätsselbsteinschätzungen getrennt für die Altersgruppe bis einschließlich 24 Jahren und die Gruppe ab 25 Jahren, so ergeben sich erwartungskonform beträchtliche Unterschiede in den Korrelationshöhen. Die selbsteingeschätzte Kreativität – ganz gleich, ob Kreativität allgemein, gestalterische, technische oder verbale Kreativität – korreliert in der älteren Gruppe mit nur zwei Ausnahmen stets stärker. Zwar ergibt sich kein Alterseffekt für den Zusammenhang von technischer Kreativität und dem Abschneiden im *simulativen Modul* und es korreliert die selbsteingeschätzte verbale Kreativität mit der Leistung im *Kernmodul* bei den jüngeren höher als bei älteren Testanden, in allen anderen Fällen schätzen die älteren Personen ihre Kreativität aber wesentlich genauer ein.

Zusätzlich zum Alterseffekt zeigte sich für die Selbsteinschätzungen der Kreativität auch ein Geschlechtereffekt. Im Bedürfnis, kreativ tätig zu sein, unterschieden sich die Männer nicht von den Frauen ($M_{\text{Männer}}$ = 5.23 (N = 52), M_{Frauen} = 5.59 (N = 79), t = -1.34, p > .05). Bezüglich der allgemeinen Kreativität sowie der technischen und verbalen Kreativität jedoch schätzten sich die Männer signifikant höher ein als die Frauen (allgemeine Kreativität: $M_{\text{Männer}}$ = 3.72 (N = 942), M_{Frauen} = 3.48 (N = 795), t = 5.02, p = .00; technische Kreativität: $M_{\text{Männer}}$ = 3.85 (N = 870), M_{Frauen} = 2.51 (N = 713), t = 20.13, p = .00; verbale Kreativität: $M_{\text{Männer}}$ = 3.66 (N = 869), M_{Frauen} = 3.44 (N = 713), t = -3.90, p = .00)[44]. Die gestalterische Kreativität hingegen sahen die Frauen bei sich höher ausgeprägt als die Männer ($M_{\text{Männer}}$ = 3.28 (N = 871), M_{Frauen} = 3.54 (N = 713), t = -4.00, p = .05). Aus den Korrelationen in Tabelle 30 lässt sich folgern, dass die Selbsteinschätzung der allgemeinen sowie gestalterischen Kreativität bei Männern mit ihren kreativen Leistungen zusammenhängt. Die kreativen Leistungen der Frauen hingegen gingen mit ihrem Bedürfnis, kreativ tätig zu sein, einher. Die Geschlechterunterschiede in der Einschätzung der *technischen* und *verbalen Kreativität* führen jedoch nicht zu differenziellen Zusammenhängen zu den kreativen Leistungen in der *DBK-TE*. Männer schätzten sich zwar in beiden Punkten höher ein als Frauen, die Korrelationen der Selbsteinschätzungen zu den tatsächlichen Leistungen waren aber ähnlich hoch.

Die *DBK-TE*-Stufenwerte korrelierten mit den Selbsteinschätzungen zwischen r = .01 (p > .05) für Stufe *3 Konzeptkombination* mit *technischer Kreativität* bis r = .16 (p < .01) für Stufe *4 Ideenfindung* und *gestalterischer Kreativität*. Die altersbedingt unterschiedlich starken Zusammenhänge zwischen dem Abschneiden auf den *DBK-TE*-Stufen und der Selbsteinschätzung von Kreativität werden hier aus Platzgründen nicht dargestellt. Hier zeigten sich jedoch Effekte in selber Richtung wie auf Gesamtwertebene. Exemplarisch soll dies für die Skala selbsteingeschätzte Kreativität gesamt beschrieben werden: Hier ergaben sich bei den bis 24jährigen Zusammenhänge zwischen r = -.08 (p > .05) für Stufe *1 Problementdeckung* und r = .07 (p > .05) für Stufe *4 Ideenfindung*, während die Korrelationen bei den älteren Testanden (25 Jahre und älter) von r = .15 (p < .05) auf Stufe *2 Informationssuche, -aufnahme und -bewertung* bis r = .33 (p = .00) auf Stufe 8 Implementierung variierten.

Das Bedürfnis, kreativ tätig zu sein, korrelierte zu r = .18 (p < .05) mit den Leistungen im *DBK-TE-Kernmodul*. Hier war der Zusammenhang nun jedoch für die jüngere Altersgruppe signifikant stärker als für die Älteren. Die Stufen der *DBK-TE* korrelierten mit dem Bedürfnis kreativ tätig zu sein zwischen r = .11 (p

---

[44] Da eine größere Stichprobe stabilere Aussagen erlaubt, wurden hier alle Personen einbezogen, die im Rahmen der Entwicklung der *DBK-TE* Selbsteinschätzungen ihrer Kreativität vornahmen.

> .05) für Stufe *5 Ausarbeitung und Entwicklung eines Lösungsansatzes* und $r =$ .29 ($p < .01$) für Stufe *1 Problementdeckung*.

10.1.3 Zusammenfassung und Diskussion der Ergebnisse der konvergenten Konstruktvalidierung

Die Ergebnisse der EFA und CFA haben bereits erste Belege für die Konstruktvalidität der *DBK-TE* geliefert. Alle 15 Items messen ein gemeinsames Merkmal. Ob es sich hierbei nun allerdings tatsächlich um Kreativität handelt, kann auf Basis der konvergenten Konstruktvalidierung beantwortet werden.

Wie bereits erwähnt, wurde bei der Auswahl der Verfahren zur Konstruktvalidierung ein breiter Validierungsansatz gewählt. Durch die Kombination unterschiedlicher Kreativitätsmodelle und -verfahren zur Validierung sind die Aussagen zur Konstruktvalidität der *DBK-TE* generalisierbar. Die Beantwortung der Frage, welches Merkmal die *DBK-TE* misst, ist damit nicht (bzw. in geringerem Maße) durch die Methode, den spezifisch abgedeckten Konstruktbereich oder die Reliabilität einzelner Verfahren beeinflusst. Neben Leistungstests (*ASK-KD*, *BIS-4-E*, *DBK-PG*) wurden auch Selbstbeschreibungsverfahren (*CPS*, *VFbK*, *IPIP-Kreativitätsskala*) und Selbsteinschätzungen der Kreativität gemeinsam mit der *DBK-TE* vorgegeben.

Leistungstests

Ein erster Beleg dafür, dass die *DBK-TE* kreatives Leistungspotenzial diagnostiziert, wäre es, wenn sich hohe Zusammenhänge zwischen den Ergebnissen in der *DBK-TE* und den Ergebnissen alternativer Kreativitätsleistungstests zeigen. Je näher die Verfahren in ihrer Operationalisierung von Kreativität sind, desto stärker müssten die Korrelationen sein.

Die Zusammenhänge zwischen der *DBK-TE* und den beiden alternativen Leistungsmaßen zur Kreativitätsdiagnostik *Kreatives Denken* (*ASK-KD*) und *Einfallsreichtum* (*BIS-4-E*) sind mit Korrelationen zwischen $r = .40$ (*Simulatives Modul* und *ASK-KD*) bis $r = .68$ (*DBK-TE* Gesamtwert 1J mit *BIS-4-E*) als mittel bis hoch einzustufen.

Die Korrelation mit der *DBK-PG*, dem Schwesterverfahren der *DBK-TE*, ist mit $r = .83$ noch einmal wesentlich stärker. Hier drückt sich die konzeptionelle Ähnlichkeit der beiden Verfahren aus: beide Tests beruhen auf dem achtstufigen Prozessmodell der Kreativität (Schuler & Görlich, 2007). In diese Korrelationsberechnung gingen jedoch seitens der *DBK-TE* nur 13 der 15 Aufgaben ein. Die simulativen Aufgaben *S1 Keksentwicklung* und *S8 Vorstandspräsentation* sind bei der Validierung an der *DBK-PG* aus Zeitgründen nicht eingesetzt worden.

Nachdem sich für die simulativen Items über alle drei konvergenten Verfahren hinweg niedrigere Zusammenhänge zeigen als für die klassischen paper-pencil-Aufgaben, wird hier der Zusammenhang zwischen *DBK-TE* und *DBK-PG* vermutlich überschätzt und dürfte beim Einsatz aller Aufgaben der *DBK-TE* etwas geringer ausfallen.

Dass die simulativen *DBK-TE*-Items bzw. das *simulative Modul* mit den zur Validierung eingesetzten Kreativitätstests schwächer korrelieren als die restlichen Kennwerte ist nicht unbedingt ein Hinweis auf eine geringere Konstruktvalidität. Viel wahrscheinlicher zeigt sich hier ein Methodeneffekt, denn die Items der *ASK-KD*, des *BIS-4* und der *DBK-PG* liegen in klassischer, also *nicht*-simulativer, Form, vor. Weiterhin lässt sich der schwächere Zusammenhang auch mit der geringeren Reliabilität des *simulativen Moduls* erklären. Und zudem ergeben sich zwar schwächere Zusammenhänge für das simulative Modul im Vergleich zum Kernmodul, die Unterschiede in den Korrelationshöhen werden aber nicht immer signifikant. Ein systematischer Unterschied in den Zusammenhängen zu anderen Kreativitätsverfahren ist also auszuschließen. Dies spricht zunächst für die Homogenität der 15 *DBK-TE*-Items, kann weiterhin aber auch als Beleg für die Konstruktvalidität der Items (und damit auch der simulativen Items) gewertet werden.

Auf Stufenebene zeigen sich differentielle Effekte für den Zusammenhang der *DBK-TE* zu alternativen Kreativitätstests. Insbesondere für die Stufen *3 Konzeptkombination, 4 Ideenfindung* und *7 Anpassung und Umsetzung* ergeben sich hohe Korrelationen zu den drei eingesetzten alternativen Verfahren ($r = .33$ bis .70). Hierbei erweist sich Stufe *4 Ideenfindung* als jene Stufe des kreativen Prozesses, für deren Aufgaben sich verfahrensübergreifend mit die stärksten Zusammenhänge ergeben. Mit Blick auf das Prozessmodell sind diese Ergebnisse erwartungskonform. Die Stufen *3 Konzeptkombination, 7 Anpassung und Umsetzung* und insbesondere *4 Ideenfindung* erfordern vornehmlich divergentes Denken. Genau diese Fähigkeit wird auch durch die Items der *ASK-KD* und des *BIS-4* erfasst, so dass sich die höheren Korrelationen auf diesen Prozessstufen erklären.

Zusammengefasst sprechen die Korrelationen der *DBK-TE* zu alternativen Kreativitätstests für die Konstruktvalidität des Verfahrens. Auch wenn für den Gesamtwert der *DBK-TE* derzeit noch keine konvergenten Validitätsdaten zu Kreativitätsleistungstests vorliegen, lassen sich aus den Ergebnissen zum *Kernmodul*, dem *simulativen Modul*, der Version 1J bzw. den Stufenwerten und einzelnen Aufgaben jedoch auch für den *DBK-TE*-Gesamtwert mittlere bis hohe Zusammenhänge zu leistungsbezogenen Kreativitätstests erwarten. Die höheren Zusammenhänge zu einem prozessbasierten Verfahren (*DBK-PG*) im Vergleich zu Tests des Divergenten Denkens (*ASK-KD, BIS-4*) sprechen für die erfolgreiche Abbildung des kreativen Prozesses und dem damit verbundenen erweiterten Kreativitätskonzept. Die Bearbeitung der *DBK-TE* erfordert neben der Fähigkeit, verschiedenartige Ideen bzw. Lösungen zu generieren, auch evaluative Fähigkeiten und Implementierungskompetenzen.

Selbstbeschreibungsverfahren

Mit der *Creative Personality Scale* (Gough, 1979) kam ein in der Kreativitätsforschung etabliertes Selbsteinschätzungsverfahren zum Einsatz. Die *CPS* besteht aus 18 positiv mit Kreativität assoziierten und 12 negativ mit Kreativität assoziierten Adjektiven. Der Gesamtwert berechnet sich als Anzahl der als auf die eigene Person zutreffend angekreuzten positiven Adjektive minus der Anzahl der als zutreffend markierten negativen Adjektive. Demgemäß wären sowohl für die Anzahl der positiv assoziierten Adjektive als auch für den Gesamtwert der *CPS* positive Korrelationen zur *DBK-TE* zu erwarten. Die Anzahl der negativ assoziierten Adjektive sollte hingegen negativ mit den Leistungen in der *DBK-TE* korrelieren. Die Zusammenhänge zur *DBK-TE* sind jedoch nicht erwartungskonform. Zwar korreliert das *simulative Modul* der *DBK-TE* bei einer vergleichsweise kleinen Stichprobe ($N = 35$) in erwarteter Höhe und Richtung mit der *CPS* bzw. ihrer Subskala negativer Items (Anzahl angekreuzte negative Adjektive), für das *Kernmodul* ergeben sich jedoch nur sehr geringe Korrelationen nahe der Nullkorrelation. Auch auf Ebene der Stufenwerte, zu deren Validierung größere Stichproben herangezogen werden können, sind nahezu keine Zusammenhänge zur *CPS* identifizierbar. Einzige Ausnahme bilden hier, die Stufen *2 Informationssuche, -aufnahme und -bewertung* und *7 Anpassung und Umsetzung*. Beide Stufen korrelieren moderat positiv mit der *CPS* und ihrer Subskala positiver Items. Allerdings hängen die Leistungen auf den beiden Prozessstufen in der *DBK-TE* auch mit der Zuschreibung negativ mit Kreativität assoziierter Items zusammen.

Zusammengefasst ergeben sich für die Validierung an der *CPS* also entweder keine oder – wie für die Stufenwerte *2 Informationssuche, -aufnahme und -bewertung* und *7 Anpassung und Umsetzung* – widersprüchliche Ergebnisse. Ein Blick auf die Aufgabenebene der *DBK-TE* stützt diesen Befund (s. Online Plus). So finden sich für manche der Items niedrige bis hohe, signifikante Korrelationen (die höchste Korrelation von $r = .44$ ($p = .00$, $N = 293$) zeigt sich für die Korrelation von *S3 Marmelade* mit dem *CPS*-Gesamtwert), während sich für andere Aufgaben kein Zusammenhang ergibt. Interessanterweise lässt sich auch kein stufenbezogenes Muster erkennen. Items bestimmter Stufen korrelieren nicht eher mit der *CPS* als die Items anderer Stufen. Und wieder ergeben sich mit Ausnahme des Items *S8 Vorstandspräsentation* durchgängig positive Zusammenhänge zur *CPS*-Subskala negativer Items.

Wie lassen sich diese Befunde erklären? In Kapitel 4.2.1 wurden bereits die Probleme beim Einsatz von Adjektivlisten zur Kreativitätsdiagnostik diskutiert.

So scheinen Adjektivlisten viel eher das Selbstbild der Kreativität zu erfassen als tatsächliches kreatives Potenzial oder gar direkt beobachtbare Leistung. Durch den frühen Einsatz der *CPS* und der Selbsteinschätzungen in der Entwicklung der *DBK-TE* liegen beide Angaben von einer Vielzahl an Testanden vor. Auf dieser Basis ergeben sich die in Tabelle 31 dargestellten Korrelationen zwischen der *CPS* sowie ihrer beiden Subskalen mit selbsteingeschätzter Kreativität. Demgemäß korreliert die Selbstbeschreibung in der *CPS* tatsächlich in beträchtlichem Maße mit dem Selbstbild der Kreativität. Dies gilt zumindest solange auf die positiv mit Kreativität assoziierten Adjektive abgezielt wird. Für die negativ assoziierten Adjektive ergeben sich keine Zusammenhänge zum Selbstbild.

Tabelle 31: Korrelationen der *CPS* mit Selbsteinschätzungen der Kreativität

| | | Selbsteinschätzung | | |
	Kreativität	Gestalterische Kreativität	Technische Kreativität	Verbale Kreativität
CPS	.41[a]	.31[a]	.23[a]	.32[a]
	(N = 739)	(N = 585)	(N = 585)	(N = 584)
CPS negative Items	-.08*	-.07	-.07	-.06
	(N = 739)	(N = 585)	(N = 585)	(N = 584)
CPS positive Items	.39[a]	.29[a]	.21[a]	.30[a]
	(N = 740)	(N = 586)	(N = 586)	(N = 585)

Anmerkungen. * $p < .05$, [a] $< \alpha$ ' $= .0042$.

Sowohl im Zusammenhang der eigentlich negativen Adjektive zu den Leistungen in der *DBK-TE* als auch zum Selbstbild zeigt sich das zweite Problem beim Einsatz von Adjektivlisten. Die Adjektive, die weniger kreative Personen charakterisieren sollen, beschreiben zu einem gewissen Teil sozial erwünschte Eigenschaften. Wer möchte sich nicht gerne als *ehrlich, wohlerzogen* oder *aufrichtig* beschreiben? Um zu prüfen, ob von den negativ mit Kreativität assoziierten Adjektiven der *CPS* nicht vornehmlich nur die sozial erwünschten Adjektive angekreuzt werden, wurde eine Häufigkeitsanalyse durchgeführt. Tabelle 32 gibt Aufschluss über das Antwortverhalten bei den negativen *CPS*-Items.

Tabelle 32: Antwortverhalten bei negativen *CPS*-Items

	N	Item angekreuzt (Anteil in %)
ehrlich	1028	86.4%
wohlerzogen	1029	70.1%
aufrichtig	1029	67.4%

	N	Item angekreuzt (Anteil in %)
vorsichtig	1034	49.5%
konservativ	1034	17.7%
gewöhnlich	1034	16.1%
unzufrieden	1034	14.0%
konventionell	1034	12.3%
argwöhnisch	1034	9.2%
eng umgrenztes Interesse	1029	5.2%
gekünstelt	1034	2.2%

Die sozial erwünschten Eigenschaften *ehrlich, wohlerzogen* und *aufrichtig* werden von einem großen Anteil an Personen als auf sie zutreffend angekreuzt (67.4 bis 86.4 Prozent). Als vorsichtig beschreibt sich noch knapp die Hälfte aller Personen (49.5 Prozent). Weitaus seltener werden die übrigen Eigenschaften angekreuzt. Durch die extremen Itemschwierigkeiten (sofern man diesen Begriff bei Persönlichkeitsfragebogen verwenden möchte) der *CPS* und die damit verbundene Varianzeinschränkung ist die Interpretierbarkeit der Korrelationen infrage gestellt.

Die Validierung eines Leistungstests zur Kreativitätsdiagnostik an Adjektivskalen ist aus den genannten Problemen als problematisch anzusehen. Die Ergebnisse aus der Validierung der *DBK-TE* sind nicht eindeutig und geben zu wenig Aufschluss über die Konstruktvalidität des Verfahrens.

Als weitaus hilfreicher haben sich die beiden weiteren Selbstbeschreibungsverfahren erwiesen. Der *Verhaltensbezogene Fragebogen zur berufsbezogenen Kreativität (VFbK)* bietet die Möglichkeit, sowohl einen Gesamtwert als auch Werte zu den acht Stufen des kreativen Prozesses zur Validierung der *DBK-TE* heranzuziehen. Beachtet man, dass mit der *DBK-TE* ein Leistungstest, mit dem *VFbK* hingegen ein Selbstbeschreibungsfragebogen vorliegt, so sind aufgrund des Methodenunterschieds geringere Zusammenhänge zu erwarten als bei der Validierung an alternativen Leistungstests zur Kreativitätsdiagnostik. Wie bereits bei der *CPS* wird auch im *VFbK* auf Selbsteinschätzungen zurückgegriffen, so dass auch hier ein Zusammenhang zum Selbstbild der Personen zu erwarten ist. Der Gesamtwert des *VFbK* korreliert entsprechend zu $r = .45$ ($p = .00$, $N = 215$) mit der selbsteingeschätzten Kreativität. Dennoch ergibt sich auch zwischen der *DBK-TE* und dem *VFbK* ein Zusammenhang mittlerer Höhe ($r = .20, p < .05, N = 36$).

Weiteren Aufschluss bietet der *VFbK* durch die Möglichkeit zur Validierung der Prozessstufenwerte. In der Binnenanalyse des Verfahrens ließen sich die Prozessstufen für die *DBK-TE* nicht empirisch bestätigen. Insofern ist nicht zu erwarten, dass sich für *DBK-TE*- und *VFbK*-Werte identischer Stufen höhere

Zusammenhänge zeigen als für Kombinationen unterschiedlicher Stufen. Vier der acht Stufenwerte der *DBK-TE* korrelieren mit dem *VFbK*-Wert einer anderen Stufe stärker als mit derselben Stufe. Die restlichen vier Stufenwerte der *DBK-TE* weisen zur entsprechenden Stufe im *VFbK* jedoch die höchste Korrelation auf. Trotz des Methodenunterschieds der beiden Verfahren, einer (noch?) nicht bestätigten Stufenabgrenzung innerhalb der *DBK-TE* und einem noch ebenfalls neuen und noch weiter zu validierenden *VFbK* ergeben sich für die Stufen *1 Problementdeckung, 3 Konzeptkombination, 4 Ideenfindung* und *5 Ausarbeitung und Entwicklung eines Lösungsansatzes* konvergente Validitäten zwischen $r = .25$ und $.38$. Dies kann als Hinweis darauf verstanden werden, dass die Prozessperspektive auf Kreativität trotz aller empirischen Hürden eine sinnvolle Erweiterung des Kreativitätsverständnisses darstellt.

Zusammengefasst sprechen die Ergebnisse aus der Validierung am *VFbK* für die Konstruktvalidierung der *DBK-TE*.

Die *IPIP-Kreativitätsskala* ist das dritte Selbstbeschreibungsverfahren, das zur Validierung der *DBK-TE* eingesetzt wurde. Hier ergeben sich durchgehend signifikante und zumeist mittlere bis hohe Zusammenhänge. Dies gilt sowohl für die *DBK-TE*-Gesamtwerte (*Gesamtwert, Kernmodul, simulatives Modul*) als auch für die acht Stufenwerte. Der *DBK-TE*-Gesamtwert korreliert zu $r = .39$ ($p = .00$, $N = 56$) mit der *IPIP-Kreativitätsskala*, was als weiterer Beleg für die Konstruktvalidität der *DBK-TE* gewertet werden kann.

Allerdings stellt sich die Frage, ob es sich bei der *IPIP-Kreativitätsskala* tatsächlich um eine Skala zur Erfassung kreativen Potenzials handelt. Die Items entstammen fünf anerkannten Persönlichkeitsverfahren und sind dort zwar je unter einer Skala *Kreativität* repräsentiert (bzw. als *Originalität* bzw. *Intellect* bezeichnet), erinnern jedoch stark an Items zur Messung von *Offenheit für Erfahrungen*. Aus der Theorie wären die Zusammenhänge zwischen der *IPIP-Kreativitätsskala* und den *DBK-TE*-Werten also auch dadurch erklärbar, dass hier nicht die gemeinsame Varianz von Kreativität erklärt wird, sondern der Zusammenhang zwischen Offenheit (gemessen über die *IPIP-Kreativitätsskala*) und Kreativität (gemessen über die *DBK-TE*) sichtbar wird. Um zu prüfen, ob die *IPIP-Kreativitätsskala* ein weiteres Offenheitsmaß ist oder doch inkrementelle Validität über die Messung von Offenheit hinaus zur Erklärung kreativer Leistungen erbringt, wurden zunächst die Zusammenhänge der Verfahren betrachtet (s. Tabelle 33).

Tabelle 33: Zusammenhänge der *DBK-TE* mit der *IPIP-Kreativitätsskala* und *NEO-FFI* Offenheit

	1	2
1 DBK-TE Gesamtwert		
2 IPIP-Kreativitätsskala	.39[a]	
3 NEO-FFI Offenheit	.38[a]	.67[a]

Anmerkungen. [a] $< \alpha$ ' $= .0167$. $N = 56$.

Die *IPIP-Kreativitätsskala* hängt stark mit *Offenheit für Erfahrungen* aus dem *NEO-FFI* zusammen ($r = .67$). Zugleich korrelieren beide Verfahren in vergleichbarer Höhe und eben deutlich geringer mit dem *DBK-TE*-Gesamtwert, was den Verdacht bestätigt, dass die *IPIP-Kreativitätsskala* viel eher Offenheit für Erfahrungen erfasst als Kreativität. In einer Regression nach der schrittweisen Methode mit der *DBK-TE* als abhängige Variable und *NEO-FFI* Offenheit und dem *IPIP*-Kreativitätsskalenwert als unabhängige Variablen leistet nur die *IPIP-Kreativitätsskala* einen signifikanten Vorhersagebeitrag (s. Tabelle 34).

Tabelle 34: Inkrementelle Validität der IPIP-Kreativitätsskala

	R	R^2	F	p	β	p
IPIP-Kreativitätsskala	.39	.15	9.42**	.00	.39**	.00

Anmerkungen. Abhängige Variable: *DBK-TE* Gesamtwert, Methode: Schrittweise. Ausgeschlossene Variable: *NEO-FFI* Offenheit. $N = 56$. ** $p < .01$.

Trotz des starken Zusammenhangs zu Offenheit für Erfahrungen erklärt die *IPIP-Kreativitätsskala* demgemäß die kreativen Leistungen in der *DBK-TE* besser.

Angesichts der vergleichbar starken Zusammenhänge der beiden Skalen zum *DBK-TE*-Gesamtwert muss jedoch davon ausgegangen werden, dass die *IPIP-Kreativitätsskala* zu einem Großteil Offenheit für Erfahrungen misst. Die Ergebnisse der Konstruktvalidierung der *DBK-TE* an der *IPIP-Kreativitätsskala* sind damit nicht der konvergenten Validierung des Verfahrens zuzuordnen, sondern in die Ergebnisse aus der diskriminanten Konstruktvalidierung an Persönlichkeitsverfahren zu integrieren.

Selbsteinschätzungen

Nach Leistungstests und Selbstbeschreibungsverfahren wurden zur Konstruktvalidierung der *DBK-TE* auch Selbsteinschätzungen erhoben. Wie erwartet sind die Zusammenhänge zu 1-Item-Selbsteinschätzungen geringer als Korrelationen zu anderen Kreativitätsmessungen. Hier zeigen sich die bereits in Kapitel 6.1 diskutierten Probleme beim Einsatz von Selbsteinschätzungen. Als erstes ergibt sich wie erwartet ein Alterseffekt in den Selbsteinschätzungen. Die selbsteingeschätzte Kreativität älterer Testanden (> 25 Jahre) korreliert stärker mit den kreativen Leistungen. Das bedeutet, dass Ältere ihr kreatives Leistungspotenzial treffender einschätzen können als jüngere Personen. Für den Einsatz von Selbsteinschätzungen der Kreativität ergibt sich hiermit die Implikation, diese Form der Kreativitätsdiagnostik nur bei älteren Personen einzusetzen, denn das Selbstbild Jüngerer bietet keine Reflektion des tatsächlichen kreativen Leistungspotenzials.

Gleichwohl ist bei Jüngeren der Zusammenhang zwischen dem Bedürfnis, kreativ tätig zu sein, und den kreativen Leistungen in der *DBK-TE* mit $r = 52$. $p < .01$ wesentlich und signifikant ($z = 2.04, p < .05$) höher als bei älteren Personen ($r = 11. p > .05$). Die Mittelwerte des selbsteingeschätzten Bedürfnisses, kreativ zu sein, hingegen unterscheiden sich nicht signifikant ($M_{unter25Jahre} = 5.42, M_{unter25Jahre} = 5.39; t = 0.09, p > .05$). Das heißt, die Leistungen im *DBK-TE* Kernmodul sind bei jüngeren Personen auch besser, je stärker ihr Bedürfnis nach kreativen Tätigkeiten ist. Bei älteren Personen ist der Zusammenhang deutlich geringer.

Neben dem Alterseffekt traten zweitens auch die ebenfalls bereits in Kapitel 6.1 diskutierten Geschlechtereffekte bei den Selbsteinschätzungen der Kreativität auf. Bei diesen beiden Gruppen war jedoch nicht, wie es sich beim Alterseffekt zeigte, die Einschätzung der einen Gruppe stets stärker mit den tatsächlichen Leistungen korreliert. Die Selbsteinschätzungen der *allgemeinen Kreativität* und der *gestalterischen Kreativität* von Männern korrelieren signifikant und in mittlerer Höhe mit den Leistungen in der *DBK-TE* ($r = .29$ resp. $r = .28, p < .01$), während die Selbsteinschätzungen der Frauen zur *allgemeinen Kreativität* und der *gestalterischen Kreativität* keinen Zusammenhang zu den *DBK-TE*-Ergebnissen aufweisen ($r = .00$ resp. $r = .01, p > .05$). Zudem korreliert die Einschätzung der *verbalen Kreativität* seitens der Männer mit ihrem Abschneiden im *simulativen Modul* ($r = .19, p < .01$). Auch hier ergab sich keine Korrelation für die Frauen ($r = .01, p > .05$). Allerdings zeigt sich für die Frauen ein Zusammenhang zwischen ihren *DBK-TE*-Ergebnissen und dem *Bedürfnis, kreativ tätig zu sein* ($r = .28, p < .05$), während das *Bedürfnis, kreativ tätig zu sein*, bei Männern nur sehr schwach mit deren Abschneiden in der *DBK-TE* korreliert ($r = .08, p > .05$).

Zusammengefasst sind die Korrelationen zwischen den Selbsteinschätzungen und den Leistungen in der *DBK-TE* erwartungskonform durchgängig positiv, aber auf niedrigem Niveau. Für die *DBK-TE* zeigen sich ähnlich starke Zusammenhänge zur selbsteingeschätzten Kreativität wie für andere Kreativitätstests, etwa für die *DBK-PG* (Gelléri, 2012). Die Validierung an Selbsteinschätzungen der Kreativität (v.a. wenn hier die Einschätzungen älterer Personen berücksichtigt werden) ist damit ein weiterer Beleg für die Konstruktvalidität der *DBK-TE*. Allerdings stellen die Alters- und Geschlechtseffekte bei Selbsteinschätzungen der Kreativität die Brauchbarkeit dieses Validierungskriteriums in Frage oder verlangen zumindest eine vorsichtige Interpretation.

Die konvergente Validierung der *DBK-TE* an Leistungstests, Selbstbeschreibungsverfahren und Selbsteinschätzungen der Kreativität weist die *DBK-TE* als konstruktvalides Verfahren zur Kreativitätsdiagnostik aus.

10.2 Diskriminante Konstruktvalidität

Intelligenz, Persönlichkeit, Motivation – diese drei großen Konstruktbereiche werden eng mit Kreativität zusammengebracht und doch sind sie eigenständige Konstrukte. Zur diskriminanten Validierung der *DBK-TE* wurden aus allen drei Bereichen verschiedene Verfahren eingesetzt um die Zusammenhänge bzw. Unterschiede der Leistungen in der *DBK-TE* zur Intelligenz, Persönlichkeit und Motivation aufzuzeigen.

10.2.1 Zusammenhänge zur Intelligenz

Um den Zusammenhang kreativer Leistungen in der *DBK-TE* zu allgemeinen kognitiven Fähigkeiten zu prüfen, wurden insgesamt sechs verschiedene Intelligenztests eingesetzt. Das Kurzmodul des *BIS-4* erlaubt die Ableitung zweier Intelligenzwerte: Allgemeine Intelligenz und Verarbeitungskapazität. Der *Hagener Matrizen-Test* (*HMT*) kam als Kurz- und Langform zum Einsatz. Die deskriptive Statistiken der sechs Verfahren und insgesamt acht Intelligenzwerte sind in Tabelle 35 aufgeführt.

Tabelle 35: Deskriptive Statistiken der Intelligenzverfahren

Verfahren	*Min*	*Max*	*M*	*SD*	Cronbach's α	*N*
ASK-SD	-5.62	3.45	0.00	2.24	.87	31 [SM]
Allgemeine Intelligenz aus BIS-4-K	-18.40	11.48	-1.51	7.81	.87	43 [GW]
Verarbeitungskapazität aus BIS-4-K	-8.95	9.14	0.31	3.96	.80	92 [SM]
CFT 20-R Matr.	7	14	11.05	2.00	.51	42 [GW]
HMT	0	13	6.70	3.59	.78	27 [GW]
HMT-S	0	6	3.94	1.71	.73	33 [GW]
IST-Screening	25	58	45.64	7.03	.90	300 [KM]
WPT	10	33	19.70	4.65	-	60 [GW]

Anmerkungen. Den Werten liegt die Stichprobe zugrunde, welche
[GW] = die komplette *DBK-TE*
[KM] = das *DBK-TE*-Kernmodul
[SM] = das simulative Modul der *DBK-TE*
zusammen mit dem alternativen Kreativitätsverfahren bearbeitet hat.

Die Korrelationen der Intelligenzverfahren mit der *DBK-TE* sind in Tabelle 36 dargestellt.

Tabelle 36: Korrelationen der *DBK-TE* mit Intelligenztests

	WPT	CFT 20-R Matr.	HMT-S	HMT	IST-Screening	BIS-4-K AI ohne E	BIS-4-K VK	ASK-SD
DBK-TE Gesamtwert	.11 (*N* = 60)	.29 (*N* = 42)	.30 (*N* = 33)	.20 (*N* = 27)	-	.46** (*N* = 43)	-	-
DBK-TE Kernmodul	.37^a (*N* = 174)	.28 (*N* = 45)	.31 (*N* = 33)	.21 (*N* = 27)	.29^a (*N* = 300)	.39** (*N* = 46)	-	-
DBK-TE sim. Modul	.53^a (*N* = 120)	.42** (*N* = 42)	.04 (*N* = 33)	.08 (*N* = 27)	-	.28** (*N* = 135)	.04 (*N* = 92)	.02 (*N* = 31)
DBK-TE Gesamtwert 1J	.50^a (*N* = 120)	.30 (*N* = 42)	.28 (*N* = 33)	.18 (*N* = 27)	-	.41^a (*N* = 135)	.29** (*N* = 92)	.28 (*N* = 31)
Stufe 1	.27* (*N* = 60)	.41** (*N* = 45)	.13 (*N* = 33)	.11 (*N* = 27)	.26^a (*N* = 280)	.57^a (*N* = 46)	-	-
Stufe 2	.25^a (*N* = 483)	.25 (*N* = 45)	.40* (*N* = 33)	.24 (*N* = 27)	.18** (*N* = 301)	.22* (*N* = 138)	.08 (*N* = 92)	.11 (*N* = 31)
Stufe 3	.24^a (*N* = 239)	.29* (*N* = 45)	.09 (*N* = 33)	.02 (*N* = 27)	.22^a (*N* = 300)	.47^a (*N* = 138)	.43^a (*N* = 92)	.41* (*N* = 31)
Stufe 4	.32^a	.24	.28	.23	.29^a	.25**	.25*	.24

	WPT	CFT 20-R Matr.	HMT-S	HMT	IST-Screening	BIS-4-K AI ohne E	BIS-4-K VK	ASK-SD
	($N = 242$)($N = 45$)		($N = 33$)	($N = 27$)	($N = 301$)	($N = 138$)($N = 92$)		($N = 31$)
Stufe 5	.28 [a]	.09	.25	.22	.23 [a]	.24**	.33**	.10
	($N = 239$)($N = 45$)		($N = 33$)	($N = 27$)	($N = 300$)	($N = 138$)($N = 92$)		($N = 31$)
Stufe 6	.42 [a]	.17	.21	.04	.25 [a]	.30 [a]	.20	.31
	($N = 241$)($N = 45$)		($N = 33$)	($N = 27$)	($N = 301$)	($N = 138$)($N = 92$)		($N = 31$)
Stufe 7	.25 [a]	.18	.24	.05	.27 [a]	.31 [a]	.34**	.31
	($N = 483$)($N = 45$)		($N = 33$)	($N = 27$)	($N = 300$)	($N = 138$)($N = 92$)		($N = 31$)
Stufe 8	.17	.30	.30	.25	-	.37*	-	-
	($N = 60$)	($N = 42$)	($N = 33$)	($N = 27$)		($N = 43$)		

Anmerkungen. * $p < .05$, ** $p < .01$, [a] $< \alpha$' $= .0006$.

Für den *DBK-TE-Gesamtwert* variierten die Korrelationen mit den Ergebnissen der eingesetzten Intelligenztests zwischen $r = .11$ ($p > .05$) für den *WPT* und $r = .46$ ($p < .01$) für die Skala *Allgemeine Intelligenz* aus dem *BIS-4*-Kurztest ohne die drei Einfallsreichtumsitems.

Für das *DBK-TE-Kernmodul* zeigte sich weniger Varianz in den Korrelationen zu den Intelligenztests. Hier lag mit $r = .21$ ($p > .05$) für den *HMT* der geringste Zusammenhang und mit $r = .39$ ($p < .01$) ebenfalls wieder für die bereinigte *BIS-4*-Skala *Allgemeine Intelligenz* der höchste Zusammenhang vor.

Auf Ebene des *simulativen Moduls* fallen besonders starke Unterschiede in den Korrelationen zu den betrachteten Intelligenzverfahren auf. Die geringste Korrelation zum *simulativen Modul* zeigte sich für die *ASK-SD* ($r = .02, p > .05$), die stärkste für den *WPT* ($r = .53, p < .01$). Es ergaben sich faktisch keine Zusammenhänge zur Intelligenz, wenn das Abschneiden in den Hagener Matrizen (*HMT* und *HMT-S*), die *Verarbeitungskapazität* (*BIS-4-K VK*) oder das *Schlussfolgernde Denken* (*ASK-SD*) erhoben wurde. Wurde hingegen *allgemeine Intelligenz* gemessen (*WPT, BIS-4-AI*), ergaben sich mittlere bis sogar hohe Zusammenhänge zur Leistung im *simulativen Modul*. Auch mit der *CFT 20*-R korrelierte das *simulative Modul* hoch ($r = .42, p < .01$). Die Stärke dieses Zusammenhangs überrascht, da in der *CFT 20-R* wie auch im *Hagener Matrizen-Test* über Matrizenaufgaben schlussfolgerndes Denken gemessen wurde, sich hingegen aber sowohl für den *HMT* als auch für den *HMT-S* nahezu keine Zusammenhänge zum *simulativen Modul* ergaben. Ursächlich hierfür waren möglicherweise Stichprobeneffekte. Mit Ausnahme des *WPT* und des *BIS-4*-Kurztests wurden die weiteren Intelligenztests nur bei sehr kleinen Stichproben eingesetzt, so dass Differenzen in den Korrelationen nicht überbewertet werden dürfen und vorbehaltlich einer breiteren Datenbasis eher Zufallseffekten als den dahinterliegenden Verfahren oder gar deren Konstruktdefinitionen zuzuschreiben sind.

Entsprechendes gilt natürlich auch für die Zusammenhänge auf Stufenebene. Betrachtet man daher nur die Ergebnisse für $N > 100$ zeigten sich über die Stufen hinweg durchgängig mittlere Korrelationen, die zwischen $r = .18$ ($p < .01$) für den Zusammenhang der Stufe *2 Informationssuche, -aufnahme und -bewertung* und Intelligenz gemessen über das *IST-Screening* und $r = .47$ ($p = .00$) für den Zusammenhang der Stufe *3 Konzeptkombination* mit *Allgemeiner Intelligenz* (*BIS-4-AI*) lagen.

10.2.2 Zusammenhänge zur Persönlichkeit

Zur Validierung der *DBK-TE* an Persönlichkeit wurden Verfahren zu den beiden konkurrierenden Persönlichkeitsmodellen *Big Five* und *HEXACO* herangezogen. Ferner wurden *Need for Cognition* und *Perfektionismus* als spezielle Persönlichkeitskonstrukte erhoben. Die deskriptiven Statistiken der zugehörigen Verfahren können Tabelle 37 entnommen werden.

Tabelle 37: Deskriptive Statistiken der Persönlichkeitsverfahren

Verfahren	*Min*	*Max*	*M*	*SD*	Cronbach's α	*N*
NEO-PI-R						
- Neurotizismus	49	133	83.65	22.38	.90	31 [SM]
- Extraversion	70	159	120.50	22.95	.91	31 [SM]
- Offenheit für Erf.	61	149	105.47	17.96	.83	49 [KM]
- Verträglichkeit	65	137	103.05	20.08	.88	31 [SM]
- Gewissenhaftigkeit	56	172	115.51	25.69	.93	31 [SM]
NEO-FFI						
- Neurotizismus	4	36	18.99	6.39	.77	61 [KM]
- Extraversion	17	45	29.88	6.27	.80	61 [KM]
- Offenheit für Erf.	17	45	31.98	5.95	.72	56 [GW]
- Verträglichkeit	15	44	30.84	5.42	.68	60 [KM]
- Gewissenhaftigkeit	14	44	30.26	7.04	.82	60 [KM]
BFI-10						
- Neurotizismus	1	5	3.05	0.94	.41	56 [GW]
- Extraversion	1	5	3.40	0.99	.59	56 [GW]
- Offenheit für Erf.	1.5	5	3.84	0.80	.39	56 [GW]
- Verträglichkeit	1.5	4.5	3.25	0.72	.14	56 [GW]
- Gewissenhaftigkeit	2	5	3.53	0.75	.12	56 [GW]
Need for Cognition	2.27	6.64	5.01	0.81	.92	115 [KM]
MPCI	1.07	6.53	4.29	0.93	.88	95 [KM]
HEXACO						
- Emotionalität	1.5	4.41	3.22	0.55	.91	124 [KM]

Verfahren	*Min*	*Max*	*M*	*SD*	Cronbach's α	*N*
- Extraversion	2.13	4.88	3.61	0.44	.89	124 ^{KM}
- Offenheit	2.09	4.63	3.58	0.54	.90	124 ^{KM}
- Verträglichkeit	1.91	4.38	3.01	0.47	.89	124 ^{KM}
- Gewissenhaftigkeit	1.88	4.75	3.34	0.61	.90	124 ^{KM}
- Ehrlichkeit-Bescheidenheit	1.47	4.75	3.64	0.61	.93	124 ^{KM}

Anmerkungen. Den Werten liegt die Stichprobe zugrunde, welche
^{GW} = die komplette *DBK-TE*
^{KM} = das *DBK-TE*-Kernmodul
^{SM} = das simulative Modul der *DBK-TE*
zusammen mit dem alternativen Kreativitätsverfahren bearbeitet hat.

10.2.2.1 Big Five

In Tabelle 38 sind die Korrelationen der *DBK-TE* mit Persönlichkeitstests, die auf dem Fünf-Faktoren-Modell basieren, zusammengefasst. Die fünf Dimensionen sind gemäß ihrer Bedeutung in der Kreativitätsliteratur gelistet. Beginnend mit Offenheit für Erfahrungen, jene Persönlichkeitsdimension, für die sich mit Abstand die höchsten Zusammenhänge erwarten lassen, über Neurotizismus, Gewissenhaftigkeit, Extraversion und Verträglichkeit.

Tabelle 38: Korrelationen der *DBK-TE* mit Persönlichkeitstests (FFM)

	Offenheit für Erfahrungen			Neurotizismus			Gewissenhaftigkeit			Extraversion			Verträglichkeit		
	NEO-PI-R	NEO-FFI	BFI-10	NEO-PI-R	NEO-FFI	BFI-10	NEO-PI-R	NEO-FFI	BFI-10	NEO-PI-R	NEO-FFI	BFI-10	NEO-PI-R	NEO-FFI	BFI-10
DBK-TE Gesamtwert	-	.38** (N=56)	-.01 (N=56)	-	-	-.20 (N=56)	-	-	-.26 (N=56)	-	-	.10 (N=56)	-	-	-.09 (N=56)
DBK-TE Kernmodul	.34* (N=49)	.26** (N=117)	.05 (N=57)	-	-.22 (N=61)	-.29* (N=57)	-	.28* (N=60)	-.30* (N=57)	-	.13 (N=61)	.14 (N=57)	-	.15 (N=60)	-.03 (N=57)
DBK-TE sim. Modul	.18* (N=141)	.19* (N=147)	.14 (N=56)	.20 (N=31)	-.19 (N=91)	.09 (N=56)	-.04 (N=31)	-.08 (N=91)	-.28* (N=56)	.02 (N=31)	.07 (N=91)	.20 (N=56)	-.13 (N=31)	.05 (N=91)	-.13 (N=56)
Stufe 1	-	.45^a (N=57)	.23 (N=57)	-	-	-.25 (N=57)	-	-	-.44** (N=57)	-	-	.20 (N=57)	-	-	-.07 (N=57)
Stufe 2	.33^a (N=192)	.12* (N=424)	.05 (N=57)	.17 (N=31)	-.02 (N=368)	-.28* (N=57)	-.01 (N=31)	.05 (N=367)	-.12 (N=57)	.28 (N=31)	.16** (N=368)	.18 (N=57)	-.32 (N=31)	.16** (N=367)	.08 (N=57)
Stufe 3	.11 (N=157)	.25^a (N=210)	.02 (N=57)	.21 (N=31)	-.19* (N=154)	-.19 (N=57)	-.09 (N=31)	.14 (N=153)	-.20 (N=57)	.29 (N=31)	.23** (N=154)	.11 (N=57)	-.08 (N=31)	.05 (N=153)	.09 (N=57)
Stufe 4	.17* (N=157)	.22** (N=212)	.11 (N=57)	.19 (N=31)	.23** (N=156)	-.22 (N=57)	.21 (N=31)	.18* (N=155)	-.25 (N=57)	.08 (N=31)	.13 (N=156)	.06 (N=57)	-.20 (N=31)	.02 (N=155)	-.08 (N=57)
Stufe 5	.24** (N=157)	.09 (N=210)	.09 (N=57)	.03 (N=31)	-.18* (N=154)	-.21 (N=57)	.03 (N=31)	.05 (N=153)	-.23 (N=57)	.14 (N=31)	-.02 (N=154)	.01 (N=57)	-.20 (N=31)	-.03 (N=153)	-.05 (N=57)
Stufe 6	.01 (N=157)	.15* (N=212)	-.10 (N=57)	.21 (N=31)	.22** (N=156)	-.28* (N=57)	.10 (N=31)	.07 (N=155)	-.42** (N=57)	.05 (N=31)	.09 (N=156)	.17 (N=57)	.05 (N=31)	.07 (N=155)	-.08 (N=57)
Stufe 7	.19* (N=158)	.17^a (N=424)	-.02 (N=57)	.09 (N=31)	.16** (N=368)	-.29* (N=57)	.06 (N=31)	.13* (N=367)	-.25 (N=57)	.13 (N=31)	.08 (N=368)	.04 (N=57)	-.15 (N=31)	.10* (N=367)	-.04 (N=57)
Stufe 8	-	.27* (N=56)	.01 (N=56)	-	-	-.03 (N=56)	-	-	-.13 (N=56)	-	-	.22 (N=56)	-	-	-.09 (N=56)

Anmerkungen. * $p < .05$, ** $p < .01$, $^a < \alpha$' $= .0004$.

Offenheit für Erfahrungen

Wie Tabelle 38 zu entnehmen ist, zeigten sich auf Ebene der Gesamtwerte erwartungskonform für Offenheit für Erfahrungen die höchsten Zusammenhänge, gefolgt von Neurotizismus (hier – ebenfalls erwartungskonform – mit negativem Vorzeichen). So korrelierte der *DBK-TE-Gesamtwert* mit Offenheit zu $r = .38$ ($p < .01$; *NEO-FFI*). Für das *Kernmodul* zeigten sich Korrelationen von $r = .34$ ($p < .05$; *NEO-PI-R*) bzw. $r = .26$ ($p < .01$; *NEO-FFI*). Die Zusammenhänge des *si-*

mulativen Moduls zur Offenheit fielen etwas geringer aus (*NEO-PI-R*: $r = .18$, $p < .05$, *NEO-FFI*: $r = .19$, $p < .05$). Der Unterschied zwischen *Kernmodul* und *simulativem Modul* wurde nicht signifikant.

Auf Stufenebene variierten die Zusammenhänge zur mittels *NEO-PI-R* und *NEO-FFI* gemessenen Offenheit für Erfahrungen zwischen $r = .01$ ($p < .05$; *NEO-PI-R*) für Stufe *6 Ideenbewertung* und $r = .45$ ($p < .01$; *NEO-FFI*) für Stufe *1 Problementdeckung*. Die Korrelationen zum *BFI-10* variierten zwischen $r = -10$. ($p > .05$) für Stufe *6 Ideenbewertung* und $r = .23$ ($p > .05$) für Stufe *1 Problementdeckung*.

Einzig die Zusammenhänge der *DBK-TE* zu Offenheit für Erfahrungen gemessen via *BFI-10* fielen mit Korrelationshöhen nahe der Nullkorrelation nicht erwartungsgemäß aus.

Neurotizismus

Die Korrelationen zu Neurotizismus (mit umgekehrtem Vorzeichen auch als *Emotionale Stabilität* bezeichnet) variierten in Abhängigkeit des eingesetzten Verfahrens. Für den *NEO-PI-R* ergaben sich sowohl für das *simulative Modul* als auch für die Stufenwerte positive Zusammenhänge zwischen $r = .03$ ($p > .05$) für Stufe *5 Ausarbeitung und Entwicklung eines Lösungsansatzes* und $r = .21$ ($p > .05$) für die Stufen *3 Konzeptkombination* und *6 Ideenbewertung*. Mit $N = 31$ war die Stichprobe, die den *NEO-PI-R* bearbeitet hat, jedoch sehr klein, so dass die überraschenden Ergebnisse auch der kleinen Stichprobe geschuldet sein könnten.

Wurden hingegen der *NEO-FFI* oder das *BFI-10* zur Messung von Neurotizismus eingesetzt, ergaben sich wie erwartet negative Korrelationen. Der Zusammenhang zwischen dem *NEO-FFI*-Neurotizismus und dem *Kernmodul* betrug $r = -.22$ ($p > .05$). Zum *simulativen Modul* war der Zusammenhang mit $r = -.19$ ($p > .05$) nicht signifikant geringer. Auf Stufenebene rangierten die Korrelationen von $r = -.23$ ($p < .01$) für Stufe *4 Ideenfindung* bis $r = -.02$ ($p > .05$) für Stufe *2 Informationssuche, -aufnahme und -bewertung*. Neurotizismus gemessen mittels *BFI-10* korrelierte mit dem *DBK-TE-Gesamtwert* in Höhe von $r = -.20$ ($p > .05$), mit dem *Kernmodul* zu $r = -.29$ ($p < .05$) und mit dem *simulativen Modul* in Höhe von $r = .09$ ($p > .05$). Die Stufen korrelierten zwischen $r = -.29$ ($p < .05$) für *S7 Anpassung und Umsetzung* und $r = -.03$ ($p > .05$) für *S8 Implementierung*.

Gewissenhaftigkeit

Auch für die Persönlichkeitsdimension Gewissenhaftigkeit zeigten sich verfahrensabhängig unterschiedlich starke Zusammenhänge zu den Leistungen in der *DBK-TE*. Für Gewissenhaftigkeit gemessen durch den *NEO-PI-R* ergaben sich mit Ausnahme der Korrelation zu Stufe *4 Ideenfindung* ($r = .21$, $p > .05$) sehr geringe Zusammenhänge (von $r = -.09$, $p > .05$ für Stufe *3 Konzeptkombination* bis $r = .10$, $p > .05$ für Stufe *6 Ideenbewertung*).

Wurde Gewissenhaftigkeit jedoch mittels *NEO-FFI* erfasst, so zeigte sich mit $r = .28$ ($p < .05$) ein mittlerer, positiver Zusammenhang zum *DBK-TE-Kernmodul*. Mit dem *simulativen Modul* hingegen ergab sich ein schwächerer und vor allem negativer Zusammenhang ($r = -.08$, $p > .05$). Die Korrelationen auf Stufenebene blieben auf niedrigem Niveau (von $r = .05$, $p > .05$ auf den Stufen *2 Informationssuche, -aufnahme und -bewertung* und *5 Ausarbeitung und Entwicklung eines Lösungsansatzes* bis $r = .18$, $p < .05$ auf der Stufe *4 Ideenfindung*).

Bei der Messung von Gewissenhaftigkeit mittels *BFI-10* ergaben sich wieder nicht erwartungskonforme, da negative, mittlere Zusammenhänge zur *DBK-TE*. Auf Ebene der Gesamtwerte variierten diese kaum (zwischen $r = -.30$, $p < .05$ für das *Kernmodul* und $r = -.26$, $p > .05$ für den *DBK-TE-Gesamtwert*). Auf Stufenebene variierten die Korrelationen jedoch zwischen $r = -.44$ ($p < .01$) für Stufe *1 Problementdeckung* und $r = -.12$ ($p > .05$) für Stufe *2 Informationssuche, -aufnahme und -bewertung*.

Extraversion

Der Zusammenhang der *DBK-TE*-Gesamtwerte und -Stufenwerte mit Extraversion war über alle drei Persönlichkeitsinventare hinweg durchgängig niedrig. So korrelierte der *DBK-TE*-Gesamtwert mit Extraversion gemessen mittels *BFI-10* in Höhe von $r = .10$ ($p > .05$). Das *Kernmodul* korrelierte mit Extraversion zu $r = .13$ ($p > .05$), wenn der *NEO-FFI* zum Einsatz kam und zu $r = .14$ ($p > .05$), wenn der *BFI-10* zugrunde gelegt wurde. Für das s*imulative Modul* fielen die Korrelationen wieder verfahrensabhängig unterschiedlich aus. Hier reichen die Korrelationen von $r = .02$ ($p > .05$; *NEO-PI-R*) und $r = .20$ ($p > .05$; *BFI-10*); der Unterschied in den Korrelationshöhen wurde jedoch nicht signifikant.

Auf Ebene der Stufen blieben die Korrelationen ebenfalls auf niedrigem Niveau (von $r = -.02$, $p > .05$; *NEO-FFI*, Stufe 5 bis $r = .23$, $p < .01$; *NEO-FFI*, Stufe 3). Einzige Ausnahmen bildeten hier die Stufen *2 Informationssuche, -aufnahme und -bewertung* und *3 Konzeptkombination,* für die sich mit Extraversion (*NEO-PI-R*) Korrelationen in Höhe von $r = .28$, $p > .05$ respektive $r = .29$, $p > .05$ zeigten.

Verträglichkeit

Wie schon beim Neurotizismus ergaben sich auch bei der Verträglichkeit beim Einsatz des *NEO-PI-R* nicht erwartungskonforme Zusammenhänge zur *DBK-TE*. Zum *simulativen Modul* zeigte sich ein negativer Zusammenhang von $r = -.13$ ($p > .05$). Auf Stufenebene variierten die Korrelationen zwischen $r = -.32$ ($p > .05$) für Stufe *2 Informationssuche, -aufnahme und -bewertung* und $r = .05$ ($p > .05$) für Stufe *6 Ideenbewertung*.

Wurde Verträglichkeit mittels *BFI-10* erfasst, zeigten sich ebenfalls meist negative Zusammenhänge, diese waren jedoch so schwach, dass kein praktisch bedeutsamer Effekt vorlag. Der *DBK-TE*-Gesamtwert hing mit Verträglichkeit in Höhe von $r = -.09$ ($p > .05$) zusammen. Mit dem *Kernmodul* zeigte sich ein Zusammenhang von $r = -.03$ ($p > .05$); mit dem *simulativen Modul* von $r = -.13$ ($p > .05$). Auf Stufenebene variierten die Korrelationen zwischen $r = -.09$ ($p > .05$) für Stufe *8 Implementierung* und $r = .09$ ($p > .05$) für Stufe *3 Konzeptkombination*.

Beim Einsatz des *NEO-FFI* ergaben sich, wie erwartet, schwach positive Zusammenhänge von Verträglichkeit mit den Leistungen in der *DBK-TE*. Das *Kernmodul* hing mit $r = .15$ ($p > .05$) stärker mit Verträglichkeit zusammen als das *simulative Modul* ($r = .05$, $p > .05$); der Unterschied in den Korrelationen war allerdings nicht signifikant. Auf Ebene der Stufen ergab sich der schwächste Zusammenhang von Verträglichkeit zu Stufe *5 Ausarbeitung und Entwicklung eines Lösungsansatzes* ($r = -.03$, $p > .05$). Die stärkste Korrelation fand sich für Stufe *2 Informationssuche, -aufnahme und -bewertung* ($r = .16$, $p < .01$).

10.2.2.2   HEXACO

Tabelle 39 enthält die Korrelationen der *DBK-TE* mit den sechs Persönlichkeitsdimensionen des HEXACO-Modells.

Tabelle 39: Korrelationen der *DBK-TE* mit Persönlichkeitstests (HEXACO)

	Offenheit	Emotion-alität	Gewissen-haftigkeit	Extra-version	Verträglich-keit	Ehrlichkeit-Bescheidenheit
DBK-TE Kernmodul	.33[a]	-.04	-.02	.10	-.11	.08
Stufe 1	.34[a]	.02	.02	.11	-.09	.08
Stufe 2	.29**	.02	.02	.16	-.12	.01
Stufe 3	.22*	-.05	.07	.03	-.02	.10
Stufe 4	.22*	.00	.01	.06	-.16	-.02
Stufe 5	.19*	-.08	-.08	.11	-.04	.11
Stufe 6	.28**	-.20*	-.03	.10	-.07	.01
Stufe 7	.31[a]	.03	-.03	.07	-.07	.05
S8 City Cruiser	.31**	.00	.03	.05	-.09	.12

Anmerkungen. $N = 124$, außer bei Stufe 1 $N = 115$. * $p < .05$, ** $p < .01$, [a] $< \alpha' = .0009$.

Erwartungsgemäß zeigt sich auch in diesem Persönlichkeitsmodell der stärkste Zusammenhang zu *Offenheit*. Mit dem *DBK-TE-Kernmodul* belief sich die Korrelation auf $r = .33$ ($p < .01$). Die Stufenwerte hingen zwischen $r = .19$ ($p < .05$) für Stufe *5 Ausarbeitung und Entwicklung eines Lösungsansatzes* und $r = .34$ ($p < .01$) für Stufe *1 Problemdeckung* mit Offenheit zusammen.

Für die Persönlichkeitsfaktoren *Emotionalität* und *Gewissenhaftigkeit* ergaben sich sowohl auf Ebene des *Kernmoduls* als auch auf Stufenebene durchweg nahezu Nulleffekte (Korrelationen von $r = .-.08$ für Gewissenhaftigkeit mit Stufe *5 Ausarbeitung und Entwicklung eines Lösungsansatzes* bis $r = .07$ für Gewissenhaftigkeit mit Stufe *3 Konzeptkombination*, $p < .05$). Einzige Ausnahme stellte der mittelhohe, negative Zusammenhang zwischen Emotionalität und den Leistungen in der *DBK-TE* auf Stufe *6 Ideenbewertung* ($r = -.20$, $p < .01$) dar.

Mit *Extraversion* ergaben sich schwach positive Zusammenhänge zum Abschneiden in der *DBK-TE*. Für das *Kernmodul* zeigte sich eine Korrelation in Höhe von $r = .10$ ($p > .05$). Auf Ebene der Stufen variierten die Zusammenhänge zwischen $r = .03$ ($p > .05$) für die Stufe *3 Konzeptkombination* und $r = .11$ ($p > .05$) für die Stufen *1 Problemdeckung* und *5 Ausarbeitung und Entwicklung eines Lösungsansatzes*.

Zur HEXACO-Persönlichkeitsdimension *Verträglichkeit* zeigten sich ähnlich hohe Zusammenhänge wie zur Extraversion, allerdings in entgegengesetzter Richtung. Das *DBK-TE-Kernmodul* hing mit dieser Persönlichkeitsdimension zu $r = -.11$ ($p > .05$) zusammen. Die Korrelationen auf Stufenebene variierten zwischen $r = -.16$ ($p > .05$) für die Stufe *4 Ideenfindung* und $r = -.02$ ($p > .05$) für die Stufe *3 Konzeptkombination*.

Für die sechste Dimension *Ehrlichkeit-Bescheidenheit* ergab sich eine Korrelation mit dem *DBK-TE-Kernmodul* in Höhe von $r = .08$ ($p > .05$). Auch auf Ebene der *DBK-TE*-Stufen blieben die Zusammenhänge ähnlich schwach. Der geringste Zusammenhang fand sich für die Stufen *2 Informationssuche, -aufnahme und -bewertung* und *6 Ideenbewertung* ($r = .01$, $p > .05$). Mit der Stufe *4 Ideenfindung* ergab sich ein ähnlich schwacher, allerdings negativer Zusammenhang von $r = -.02$ ($p > .05$). Der relativ stärkste Zusammenhang zwischen Ehrlichkeit-Bescheidenheit und einer *DBK-TE-Stufe* fand sich für Stufe *5 Ausarbeitung und Entwicklung eines Lösungsansatzes*. Mit $r = .11$ ($p > .05$) ist diese Korrelation allerdings absolut betrachtet doch eher schwach.

Das *HEXACO-Inventar* kam nicht mit der *DBK-TE-Endversion* zum Einsatz, da die simulative Aufgabe Vorstandspräsentation (Stufe 8) nicht eingesetzt wurde. Allerdings liegen Korrelationen zur zweiten Aufgabe der Stufe *8 Implementierung* (Item: *City Cruiser*) vor. Für dieses Item ergaben sich mit den sechs HEXACO-Dimensionen Korrelationen in der jeweils selben Richtung und Höhe, wie sich Zusammenhänge für die übrigen Stufen der *DBK-TE* zeigten.

10.2.2.3 Need for Cognition

In Tabelle 40 sind die Korrelationen der *DBK-TE* zur *Need for Cognition*-Skala von Bless et al. (1994) dargestellt.

Tabelle 40: Korrelationen der *DBK-TE* mit Need for Cognition

	Need for Cognition
DBK-TE Kernmodul	.32[a]
Stufe 1	.27**
Stufe 2	.36[a]
Stufe 3	.18
Stufe 4	.26**
Stufe 5	.17
Stufe 6	.27[a]
Stufe 7	.30[a]
S8 City Cruiser	.31[a]

Anmerkung. $N = 115$. ** $p < .01$, [a] $< \alpha' = .0056$.

Mit dem *DBK-TE-Kernmodul* ergab sich für *Need for Cognition* ein positiver Zusammenhang in mittlerer Höhe ($r = .32$, $p < .01$). Die Korrelationen auf Ebene der Stufenwerte variierten zwischen $r = .17$ ($p > .05$) für die Stufe *5 Ausarbeitung und Entwicklung eines Lösungsansatzes und r = .36* ($p < .05$) für die Stufe *2 Informationssuche, -aufnahme und -bewertung.* Die Aufgabe *City Cruiser (*Stufe *8 Implementierung)* hing ebenfalls in mittlerer Höhe mit *Need for Cognition* zusammen ($r = .31$, $p < .01$).

10.2.2.4 Perfektionismus

Die Zusammenhäng des *DBK-TE-Kernmoduls* und der Stufenwerte mit Perfektionismus und seinen Subskalen sind in Tabelle 41aufgeführt.

Tabelle 41: Korrelationen der *DBK-TE* mit Perfektionismus

	Gesamtwert	MPCI-Perfektionismus		
		Angst vor Fehlern	Persönliche Standards	Streben nach Perfektion
DBK-TE Kernmodul	.10	.04	.20	.03
Stufe 1	.11	.04	.20	.04
Stufe 2	.10	.01	.20*	.03
Stufe 3	.14	.07	.24*	.05
Stufe 4	.17	.17	.13	.11
Stufe 5	.02	.02	.03	-.00
Stufe 6	.09	-.03	.22*	.04
Stufe 7	.02	-.07	.12	.01
S8 City Cruiser	.14	.10	.22*	.03

Anmerkungen. $N = 95$, außer für Stufe 2: $N = 89$. * $p < .05$.

Die Korrelationen der *DBK-TE* mit dem *MPCI-G*-Gesamtwert waren durchgängig auf niedrigem Niveau. Für die Stufen *5 Ausarbeitung und Entwicklung eines Lösungsansatzes* und *7 Anpassung und Umsetzung* lagen Korrelationen nahe der Nullkorrelation vor; hier zeigte sich also kein Zusammenhang zwischen den kreativen Leistungen auf den beiden Stufen und Perfektionismus. Die Betrachtung der drei Subskalen von Perfektionismus zeigt, dass die Korrelationen des Gesamtwerts vornehmlich durch die Skala *Persönliche Standards* zustande kamen. Mit dieser Subskala ergab sich ein Zusammenhang des *Kernmoduls* in Höhe von $r = 20$ ($p = .058$). Auf Stufenebene variierten die Zusammenhänge zu den *Persönlichen Standards* von $r = .03$ ($p > .05$) für die Stufe *5 Ausarbeitung und Entwicklung eines Lösungsansatzes* bis $r = .24$ ($p < .05$) für *Stufe 3 Konzeptkombination.*

10.2.3   Zusammenhänge zur Leistungsmotivation

Neben der konvergenten Konstruktvalidierung an Intelligenz- und Persönlichkeitsmaßen wurde die *DBK-TE* auch an Maßen der Leistungsmotivation validiert. Zum Einsatz kam hierbei zum einen die Kurzversion des *Leistungsmotivationsinventars* (*LMI-K*; Schuler & Prochaska, 2000) und zum anderen das *Work Preference Inventory* (*WPI*; Amabile et al., 1995; Amabile et al., 1994), mit den Unterskalen *Intrinsische Motivation* (*WPI-IM*) und *Extrinsische Motivation* (*WPI-EM*). Die deskriptiven Statistiken der beiden Verfahren sind in Tabelle 42 enthalten.

Tabelle 42: Deskriptive Statistiken der Leistungsmotivationsverfahren

Verfahren	Min	Max	M	SD	Cronbach's α	N
LMI-K	96	194	147.62	19.13	.96	158[GW]
WPI	2.3	3.23	2.77	0.22	.65	56[GW]

Anmerkung. [GW] = Den Werten liegt die Stichprobe zugrunde, welche die komplette *DBK-TE* zusammen mit dem alternativen Kreativitätsverfahren bearbeitet hat.

Die Korrelationen der beiden Leistungsmotivationstests mit den *DBK-TE*-Werten sind in Tabelle 43 aufgeführt. Die beiden Subskalen des *WPI* setzen sich je aus zwei Unterskalen zusammen (Intrinsische Motivation: *Challenge* und *Enjoyment*, Extrinsische Motivation: *Compensation* und *Outward*). Die Korrelationen hierzu finden sich auf Online Plus.

Tabelle 43: Korrelationen der *DBK-TE* mit Leistungsmotivationstests

			WPI	
	LMI-K	**Gesamt**	**Intrinsische Motivation**	**Extrinsische Motivation**
DBK-TE Gesamtwert	.31[a] (N = 158)	.24 (N = 56)	.39** (N = 56)	-.06 (N = 56)
DBK-TE Kernmodul	.24[a] (N = 216)	.04 (N = 172)	.14 (N = 172)	-.09 (N = 172)
DBK-TE sim. Modul	.11 (N = 306)	.08 (N = 56)	.31* (N = 56)	-.17 (N = 56)

	LMI-K	WPI Gesamt	WPI Intrinsische Motivation	WPI Extrinsische Motivation
Stufe 1	.16* ($N = 158$)	.06 ($N = 164$)	.15 ($N = 164$)	-.06 ($N = 164$)
Stufe 2	.06 ($N = 551$)	.14 ($N = 172$)	.21** ($N = 172$)	.01 ($N = 172$)
Stufe 3	.22 [a] ($N = 367$)	.10 ($N = 172$)	.17* ($N = 172$)	.00 ($N = 172$)
Stufe 4	.21 [a] ($N = 370$)	.03 ($N = 172$)	.09 ($N = 172$)	-.06 ($N = 172$)
Stufe 5	.20 [a] ($N = 367$)	-.09 ($N = 172$)	.01 ($N = 172$)	-.18* ($N = 172$)
Stufe 6	.14** ($N = 370$)	.13 ($N = 172$)	.21** ($N = 172$)	.00 ($N = 172$)
Stufe 7	.15 [a] ($N = 551$)	.06 ($N = 172$)	.13 ($N = 172$)	-.03 ($N = 172$)
Stufe 8	.28 [a] ($N = 158$)	.23 ($N = 56$)	.39** ($N = 56$)	-.06 ($N = 56$)

Anmerkungen. $* p < .05, ** p < .01, {}^{a} < \alpha' = .0011$.

Zur Leistungsmotivation, wie sie im *LMI-K* definiert ist, ergaben sich auf *DBK-TE-Gesamtwertebene* mittlere, positive Zusammenhänge. Für den *DBK-TE-Gesamtwert* belief sich die Korrelation auf $r = .31$ ($p < .01$), für das *Kernmodul* auf $r = .24$ ($p < .01$). Einzig zum *simulativen Modul* war der Zusammenhang mit $r = .11$ ($p > .05$) schwach und auch nicht signifikant. Auf Ebene der acht Stufen variierten die Korrelationen zwischen $r = .06$ ($p > .05$) für die Stufe *2 Informationssuche, -aufnahme und -bewertung* und $r = .28$ ($p < .05$) für die Stufe *8 Implementierung*.

Wurde Motivation über das *Work Preference Inventory* erfasst, zeigte sich für den *DBK-TE-Gesamtwert* ein Zusammenhang in Höhe von $r = .24$ ($p > .05$). Zu *Kernmodul* und *simulativem Modul* waren die Zusammenhänge deutlich geringer und sind als sehr schwach einzustufen ($r = .04$ respektive .08, $p > .05$). Auf Stufenebene variierten die Korrelationen zwischen $r = -.09$ ($p > .05$) für die Stufe *5 Ausarbeitung und Entwicklung eines Lösungsansatzes* und $r = .23$ ($p < .05$) für die Stufe *8 Implementierung*.

Ein Blick auf die beiden Subskalen des *WPI* zeigt differenzielle Effekte: mit *intrinsischer Motivation* ergaben sich stets deutlich stärkere Zusammenhänge (zwischen $r = .01$ bis .39) als mit *extrinsischer Motivation*, für die sich nur sehr schwache bzw. überhaupt keine Zusammenhänge zeigten (zwischen $r = -.18$ bis .01). Der Unterschied in der Höhe der Zusammenhänge zur *DBK-TE* zwischen intrinsischer und extrinsischer Motivation wurden sowohl auf Gesamtwert- als auf Stufenwertebene jeweils signifikant.

10.2.4 Zusammenfassung und Diskussion der Ergebnisse der diskriminanten Konstruktvalidierung

In der konvergenten Konstruktvalidierung wurde der Zusammenhang der *DBK-TE* zu weiteren Kreativitätsmaßen betrachtet um daraus Rückschlüsse darüber ziehen zu können, ob mit dem Verfahren auch tatsächlich Kreativität gemessen wird. Die diskriminante Konstruktvalidierung hatte zur Aufgabe, die Abgrenzung der *DBK-TE* zu anderen Konstrukten zu untersuchen, die zwar mit Kreativität verwandt, aber doch eigenständige psychologische Merkmale sind. Auf Basis des nomologischen Netzes der Kreativität wurden Intelligenz, Persönlichkeit und Motivation als relevante Konstrukte identifiziert.

Intelligenz

Um das Intelligenzkonstrukt in seiner Breite abzudecken und damit möglichst keinen Konstruktbereich zur Validierung der *DBK-TE* auszulassen, wurden sowohl Verfahren eingesetzt, welche die allgemeine Intelligenz (*WPT, BIS-4-K AI*) messen als auch Intelligenztests, die Verarbeitungskapazität (*BIS-4-K VK*) und Schlussfolgerndes Denken (*ASK-SD, IST-Screening*) erfassen. Mit der *CFT-20R*, dem *HMT* und dem *HMT-S* kamen drei Tests zum Einsatz, welche Matrizenaufgaben umfassen. Dieser Itemtyp wird zur Erfassung von Schlussfolgerndem Denken eingesetzt; so enthält beispielsweise der *IST-Screening* ebenfalls Matrizenaufgaben.

Die stärksten Zusammenhänge der *DBK-TE* ergeben sich für Maße der *allgemeinen Intelligenz*. Insbesondere *allgemeine Intelligenz* aus dem *BIS-4* korreliert stark mit dem *DBK-TE*-Gesamtwert ($r = .46$, $p < .01$; *AI*-Skala des *BIS-4-K* ohne die drei Einfallsreichtumsitems). Leider kann die Korrelation des ebenfalls via *BIS-4-K* gemessenen *Einfallsreichtums* mit dem *DBK-TE*-Gesamtwert nicht berechnet werden, da hierzu keine Daten vorliegen. Allerdings können die Zusammenhänge zwischen einerseits *BIS-4-K allgemeiner Intelligenz* (ohne Einfallsreichtum) und andererseits *BIS-4-K Einfallsreichtum* mit der *DBK-TE*-Version 1J verglichen werden. Die Leistungen in der *DBK-TE* Version 1J, welche auf den Stufen *1 Problementdeckung* und *8 Implementierung* nur die simulativen Items enthält, korrelieren mit dem *Einfallsreichtum* signifikant stärker als mit *allgemeiner Intelligenz* ($r_{Einfallsreichtum} = .68$, $p < .05$, $r_{AllgemeineIntelligenz} = .41$, $p < .05$; $z = 2.32$, $p < .05$).

Auch für die beiden Testteile der *ASK* zeigt sich der gewünschte differenzielle Effekt: mit *Kreativem Denken* korreliert die *DBK-TE* Version 1J beträchtlich höher als mit *Schlussfolgerndem Denken* ($r_{KD} = .53$, $p < .05$, $r_{SD} = .28$, $p < .05$). Dieser Effekt wird jedoch – vermutlich aufgrund der vergleichsweise kleinen Stichprobengrößen – nicht signifikant ($z = 1.31$, $p < .05$). Zusammengefasst erweisen sich die Korrelationen der *DBK-TE* zu Intelligenzmaßen in der zu erwartenden, niedrigen bis mittleren Höhe. Die Zusammenhänge der *DBK-TE* zu Kreativitätsleistungstests sind dabei sowohl auf Gesamtwert- als auch auf Stufenwertebene stärker, was die Konstruktvalidität der *DBK-TE* als Kreativitätsleistungstest bestätigt.

Persönlichkeit

Zur Validierung der *DBK-TE* an Persönlichkeitsvariablen wurden als theoretische Basis sowohl das FFM als auch das HEXACO-Modell herangezogen. Somit ist auch für den Persönlichkeitsbereich eine breite Validierung sichergestellt.

FFM

Zur Messung des FFM kamen drei verschiedene Verfahren zum Einsatz: der *NEO-PI-R*, das *NEO-FFI* und das *BFI-10*. Die Zusammenhänge zu den fünf Dimensionen sind über die drei Verfahren nicht immer einheitlich. Dies mag zum einen auf unterschiedliche Abbildungen der jeweiligen Dimension in den Verfahren zurückzuführen sein. So erfasst der *NEO-PI-R* die fünf Faktoren der Persönlichkeit wesentlich breiter als das *NEO-FFI* oder gar das *BFI-10*. Zum anderen ist dieser Befund sicherlich auch den verschieden großen Stichproben geschuldet, welche die jeweiligen Verfahren bearbeiteten.

Die Persönlichkeitsdimension, für die sich die stärksten Zusammenhänge der *DBK-TE*-Ergebnisse zeigen, ist – wie erwartet – *Offenheit für Erfahrungen*. Die Öffnung gegenüber intellektuellen Reizen und Gedanken aller Art ist bekanntermaßen ein enges Korrelat zu Kreativität (s. Kapitel 4.2.2.2). Die mittelstarken Korrelationen zur *Offenheit für Erfahrungen* bestätigen die konstruktvalide Konstruktion der *DBK-TE* als Kreativitäts(leistungs)test.

Auffällig ist jedoch, dass sich für *Offenheit für Erfahrungen*, wenn sie mittels *BFI-10* gemessen wird, keine bzw. wesentlich schwächere Korrelationen zur *DBK-TE* ergeben. Die Korrelationen der *DBK-TE* zur Offenheit gemessen über das *BFI-10* fallen damit nicht wie erwartet aus. Da die Skala lediglich aus zwei Items besteht, lohnt ein genauerer Blick auf die beiden Offenheitsitems. Mit „Ich habe eine aktive Vorstellungskraft, bin fantasievoll" und „Ich habe nur wenig künstlerisches Interesse" wird zum einen die Imagination als Teil der Offenheit (und Kern der Kreativität) abgefragt, zugleich aber auch der künstlerisch-musische Aspekt von Offenheit thematisiert. Die *DBK-TE* hingegen fokussiert nicht auf künstlerische Tätigkeiten, sondern berufsbezogene Kreativität im technisch-entwicklungsbezogenen Bereich. Demgemäß fallen die Korrelationen für dieses Item, wie aus Tabelle 44 ersichtlich wird, niedrig bis nahe der Nullkorrelation aus (r = -.10 bis .03, p > .05). Die Korrelationen für das Vorstellungskraft-Item fallen jedoch ebenfalls gering (r = .06 bis .15, p > .05) aus.

Tabelle 44: Korrelationen der *DBK-TE* mit den *BFI-10*-Offenheitsitems

	DBK-TE		
	Gesamtwert	Kernmodul	simulatives Modul
BFI-10-Offenheit: Ich habe eine aktive Vorstellungskraft, bin fantasievoll.	.06 (N = 56)	.15 (N = 57)	.12 (N = 56)
BFI-10-Offenheit: Ich habe nur wenig künstlerisches Interesse.	.03 (N = 56)	.01 (N = 57)	-.10 (N = 56)

Mit nur zwei Items – einem davon zudem auf den musischen Kreativitätsaspekt abzielend – ist das *BFI-10* zur Konstruktvalidierung eines berufsbezogenen Kreativitätstests nicht geeignet. Der abgebildete Bereich des Konstrukts *Offenheit für Erfahrungen* ist zu eng gefasst und zudem unpassend zur Aufklärung gemeinsamer Varianz zwischen Offenheit und Kreativität.

Zu *Neurotizismus* ergeben sich für die Messung über *NEO-FFI* und *BFI-10* erwartungsgemäß negative Korrelationen. Anders ausgedrückt: kreative Leistung in der *DBK-TE* geht mit emotionaler Stabilität (dem Gegenpol von Neurotizismus) einher. Neben dem Zusammenhang auf Konstruktebene könnte gerade aber auch durch die Verfahrensart der *DBK-TE* eine positive Korrelation zwischen Emotionaler Stabilität und Kreativität gefördert werden. So verlangt die Bearbeitung eines 65-minütigen Leistungstests sicher mehr emotionale Stabilität als das Ausfüllen eines Fragebogens. Man denke hier zum Beispiel an die Bedeutung, Impulse also zum Beispiel Ablenkungen jeglicher Art, kontrollieren zu können oder sich nicht vor dem Vergleich mit anderen zu fürchten.

In Kapitel 4.2.2.2 wurde die heterogene Befundlage zum Zusammenhang von Kreativität und *Gewissenhaftigkeit* diskutiert. Die Ergebnisse aus der Validierung der *DBK-TE* an Gewissenhaftigkeit zeigen eine ebenfalls uneinheitliche Struktur auf. Während Gewissenhaftigkeit über den *NEO-PI-R* und das *NEO-FFI* gemessen niedrige positive Zusammenhänge zu den *DBK-TE*-Gesamt- und Stufenwerten aufweist, ergeben sich bei Messung von Gewissenhaftigkeit mittels *BFI-10* mittlere negative Zusammenhänge zu Kreativität. Den Korrelationen mit dem *NEO-FFI* liegt eine größere Datenbasis zugrunde. Zudem basiert die Messung von Gewissenhaftigkeit hier auf mehr Items als beim *BFI-10*. Sofern man sich mit dieser Argumentation eher auf die Ergebnisse der Validierung anhand des *NEO-FFI* verlassen möchte, erzielen gewissenhaftere Personen auch bessere Ergebnisse im *DBK-TE*-Kernmodul und auf den Stufen *3 Konzeptkombination, 4 Ideenfindung* und *7 Anpassung und Umsetzung*. Dieses Ergebnis ist für einen Leistungstest nicht verwunderlich. So korreliert Gewissenhaftigkeit unter anderem mit Beharrlichkeit ($r = .59$, $p < .01$; Schuler & Prochaska, 2000) und Selbstkontrolle ($r = .67$, $p < .01$). Die Leistungen im *simulativen Modul* hingegen sind mit Gewissenhaftigkeit unkorreliert.

Mit *Extraversion* liegen verfahrensunabhängig niedrige, positive Zusammenhänge zu den *DBK-TE*-Ergebnissen auf Gesamtwert- und Stufenebene vor. Bei der Bearbeitung von Aufgaben bzw. Prozessstufen, die vom guten Kontakt zu anderen Personen profitieren, sollten die Korrelationen zu Extraversion höher sein. Gerade in Interaktionsaufgaben, wie *S8 Vorstandspräsentation*, ist ein stärkerer Einfluss von Extraversion auf die Leistung zu erwarten. Dieser zeigt sich auch in einem Zusammenhang von $r = .22$ ($p < .05$, $N = 91$; Extraversion erfasst über *NEO-FFI*. Für *NEO-PI-R* Extraversion: $r = .22$, $p > .05$, $N = 31$. Für *BFI-10* Extraversion: $r = .15$, $p > .05$, $N = 56$). Auch für die Stufenwerte *2 Informationssuche, -aufnahme und -bewertung* und *3 Konzeptkombination* ergeben sich höhere Zusammenhänge zur Extraversion als auf den übrigen Stufen des kreativen Prozesses. Der Kontakt zu anderen Menschen, wie zum Beispiel Kunden, Teammitgliedern, Freunden und Bekannten, dürfte den Zugang zu relevanten und vor allem auch unterschiedlichen Informationen erleichtern, die dann zu neuen Ideen kombiniert werden können.

Für die *DBK-TE*-Gesamt- und -Stufenwerte zeigen sich nahezu keine interpretierbaren, da ausreichend ausgeprägten Korrelationen zu *Verträglichkeit*. Dieser Befund geht mit den in Kapitel 4.2.2.2 bereits diskutierten Ergebnissen zum Zusammenhang von Kreativität und Verträglichkeit einher. Im Berufskontext ist für Verträglichkeit zum einen eine förderliche Wirkung zu erwarten. So werden verträgliche Personen gute Teamplayer sein und sich in Entwicklungs- oder anderen kreativen Teams schnell und erfolgreich integrieren können. Zum anderen ergibt sich aus einer zu hohen Verträglichkeit jedoch insofern eine hinderliche Wirkung, als ein zu geringer Durchsetzungswille aus Rücksicht auf ein harmonisches Miteinander die Verbreitung und Implementierung kreativer Ideen verhindern könnte. Diese komplexen Zusammenspiele mit anderen Personen werden in der *DBK-TE* jedoch nicht abgebildet. Insofern erweisen sich die Befunde eines sehr niedrigen Zusammenhangs kreativer Leistung mit Verträglichkeit als erwartungskonform.

HEXACO

Das HEXACO-200 wurde bei 124 Personen eingesetzt. Auch für dieses Persön-lichkeitsmodell ergeben sich die stärksten Korrelationen der kreativen Leistun-gen in der *DBK-TE* mit *Offenheit* ($r = .33$, $p < .01$ für das Kernmodul). Die Kor-relation für Offenheit, gemessen via HEXACO-200, lässt sich in Höhe und Rich-tung mit den Korrelationen für Offenheit, gemessen auf Basis des FFM (*NEO-PI-R* bzw. *NEO-FFI*), vergleichen. Offenheit erweist sich also nicht nur verfah-rens-, sondern auch modellunabhängig als ein Korrelat mittlerer Höhe für Krea-tivität, wenn letztere über die *DBK-TE* erfasst wird. Dieses Ergebnis spricht für die Konstruktvalidität der *DKB-TE*.

Mit den fünf weiteren Persönlichkeitsdimensionen des HEXACO (*Emotiona-lität, Gewissenhaftigkeit, Extraversion, Verträglichkeit* und *Ehrlichkeit-Bescheidenheit*) ergeben sich keine nennenswerten Korrelationen. Sowohl das *DBK-TE*-Kernmodul als auch die Stufenwerte weisen Korrelationen in sehr nied-riger bis niedriger Höhe auf. Eine Ausnahme bildet hier der Zusammenhang zwischen *Emotionalität* und dem Wert der Stufe *6 Ideenbewertung* mit $r = -.20$ ($p < .05$): weniger emotionale Menschen erbringen bessere Leistungen bei der Bewertung kreativer Ideen. Ihre Beurteilungen sind vermutlich nicht so sehr von eigenen Ängsten und anderen Emotionen geleitet, sondern auf rationalerer Basis getroffen. Auch für *Neurotizismus*, der mit Emotionalität verwandten Dimension aus dem FFM, haben sich, wie bereits geschildert, negative Zusammenhänge zur *DBK-TE* gezeigt.

Need for Cognition

Die Benennung der FFM-Persönlichkeitsdimension *Offenheit für Erfahrungen* war und ist aufgrund der heterogenen Struktur des Konstrukts nicht immer ein-deutig. Vielfach wird Offenheit für Erfahrungen als *Intellekt* bezeichnet oder mit *intellektueller Neugierde* gleichgesetzt (Mussel et al., 2011). Personen mit hohen Werten in Offenheit für Erfahrungen sind gegenüber neuen und alternativen kognitiven Reizen, Ideen, Theorien u. ä. nicht nur offen, sondern suchen diese Form der geistigen Anregung oft auch aktiv. Mit *Need for Cognition* definierten Cacioppo, Petty und Kao (1984) „an individual's tendency to engage in and en-joy effortful endeavors" (S. 306) als eigenes Konstrukt.

Das Durchlaufen des kreativen Prozesses erfordert Denkvorgänge unter-schiedlicher Art. Somit ist zu erwarten, dass *Need for Cognition*, also der Spaß am Denken (Bless et al., 1994), auch mit Kreativität assoziiert ist. Die Korrelati-onen von *Need for Cognition* mit dem *Kernmodul* ($r = .32$, $p < .01$) und den *DBK-TE*-Stufenwerten bestätigen diesen Zusammenhang. Im Prozessmodell der Kreativität von Schuler und Görlich wird *Need for Cognition* gerade für Stufe *1*

Problementdeckung als Anforderung herausgehoben (Schuler et al., 2013). Der Stufenwert *1 Problementdeckung* der *DBK-TE* weist eine Korrelation in Höhe von $r = .27$ ($p < .01$, $N = 115$) auf und wird auf Stufenebene nur noch von Stufe *7 Anpassung und Umsetzung* geringfügig übertroffen ($r = .30$, $p < .01$). Der Zusammenhang von *Need for Cognition* mit *S1 Problementdeckung* ist beim Einsatz der *DBK-TE* noch einmal höher als bei Einsatz der *DBK-PG*, die eine Korrelation zwischen *S1 Problementdeckung* und *Need for Cognition* in Höhe von $r = .25$ ($p < .05$, $N = 101$) aufweist (Gelléri, 2012). Die Korrelationen unterscheiden sich jedoch nicht signifikant voneinander ($z = .54$, $p > .05$).

Für die Kreativitätsforschung könnte *Need for Cognition* über die Intelligenz hinaus einen Erklärungsbeitrag kreativer Leistungen leisten (Dollinger, 2003). Intelligenz wäre demgemäß als kognitive Basis zu verstehen; *Need for Cognition* könnte als Persönlichkeitsdisposition bzw. als Motivationsmaß[45] bewirken, dass die kognitiven Ressourcen auch zum kreativen Denken genutzt werden. Tabelle 45 enthält die Ergebnisse einer schrittweisen Regression mit den beiden Prädiktoren Intelligenz (erfasst über *IST-Screening*) und *Need for Cognition* und dem *DBK-TE-Kernmodul* als abhängige Variable.

Tabelle 45: Ergebnisse der schrittweisen Regression für Need for Cognition

							Korrelationen	
							Nullter Ordnung	Partial-korrelation
	R^2	$\triangle R$	F	p	$ß$	p		
Schritt 1	.08		9.83	.00				
Intelligenz					.29	.00		
Schritt 2	.15	.06**	9.29	.00				
Intelligenz					.22	.02	.29**	.22*
Need for Cognition					.26	.01	.32**	.26**

Anmerkungen. Abhängige Variable: *DBK-TE*-Kernmodul. Methode: schrittweise. $N = 112$. * $p < .05$, ** $p < .01$.

Durch die Hinzunahme von *Need for Cognition* können zusätzliche 6 Prozent Varianz in den Ergebnissen im *DBK-TE-Kernmodul* erklärt werden. Der Spaß am Denken bzw. die Motivation sich mit unterschiedlichen kognitiven Konzepten und Anreizen zu beschäftigen, sagt kreative Leistungen über die intellektuellen Fähigkeiten hinaus voraus.

---

[45] Die Korrelation von *Need for Cognition* mit dem Gesamtwert des *WPI* beläuft sich auf $r = .31$; der Zusammenhang mit *WPI-Intrinsischer Motivation* beträgt sogar $r = .70$ (beide Korrelationen: $p = .00$, $N = 210$). Mit *HEXACO-Offenheit* korreliert *Need for Cognition* mit $r = .66$ ($p = .00$, $N = 207$) in ähnlicher Höhe wie mit *intrinsischer Motivation*.

Perfektionismus

Auch wenn, wie in Kapitel 4.2.2.2 diskutiert wurde, ein positiver Zusammenhang von Gewissenhaftigkeit und kreativen Leistungen im Berufskontext erwartet werden kann und sich auch für die *DBK-TE* positive Korrelationen ergeben, wird eine zu starke Regelverliebtheit, das Streben nach absoluter Perfektion oder eine zu große Angst davor, Fehler zu machen, das Erbringen kreativer Leistungen eher behindern. Für die *DBK-TE* ergeben sich jedoch für die *Perfektionismus*-Skalen *Angst vor Fehlern* und *Streben nach Perfektion* keine nennenswerten Korrelationen. Die Subskala *Persönliche Standards* hingegen weist Zusammenhänge niedriger bis mittlerer Höhe mit den kreativen Leistungen in der *DBK-TE* auf. Das Setzen persönlicher Standards als generell leistungsförderliches Merkmal hängt auch mit der Erbringung kreativerer Leistungen zusammen.

Persönliche Standards haben eine Leistungskomponente, insofern verwundert es nicht, dass die *MPCI-G*-Subskala *Persönliche Standards* stark mit Leistungsmotivation (gemessen über *WPI*-Gesamtscore) zusammenhängt ($r = .53$, $p < .01$, $N = 160$). Auch zeigt sich erwartungsgemäß ein signifikanter Zusammenhang zur *Gewissenhaftigkeit* (erfasst über *HEXACO-200*; $r = .39$, $p < .01$, $N = 157$).

Werden sowohl *Gewissenhaftigkeit (HEXACO)*, *Leistungsmotivation (WPI)* und *Persönliche Standards (MPCI-G)* als unabhängige Variablen in eine schrittweise Regression mit dem *DBK-TE-Kernmodul* als abhängiger Variablen einbezogen, so erweist sich lediglich das Setzen persönlicher Standards als signifikanter Prädiktor ($\beta = .21$, $p = .047$). Allerdings werden hierdurch auch nur 4 Prozent der Varianz aufgeklärt. Betrachtet man Leistungsmotivation durch die Trennung in intrinsische und extrinsische Motivation hingegen genauer, ergeben sich die in Tabelle 46 dargestellten Ergebnisse.

Tabelle 46: Ergebnisse der schrittweisen Regression für Persönliche Standards

	R^2	$\triangle R$	F	p	β	p	Korrelationen Nullter Ordnung	Korrelationen Partialkorrelation
Schritt 1	.04		4.04	.05				
Persönliche Standards					.21	.05		
Schritt 2	.09	.08*	4.59	.01				
Persönliche Standards					.24	.02	.21*	.24*
Extrinsische Motivation					-.23	.03	-.19*	-.23*

Anmerkungen. Abhängige Variable: *DBK-TE*-Kernmodul. Methode: schrittweise. Ausgeschlossene Variablen: Gewissenhaftigkeit, intrinsische Motivation. $N = 92$. * $p < .05$.

Das Setzen persönlicher Standards, also das Streben nach guten bzw. besten Leistungen, hängt mit dem Erbringen kreativer Leistungen zusammen ($\beta = .24$, $p < .02$). Für einen Leistungstest wie die *DBK-TE* ist dieses Ergebnis ebenso zu erwarten wie für kreative Leistungen im realen Berufskontext. Ob sich hier allerdings tatsächlich Perfektionismus zeigt, ist angesichts der hohen Korrelationen der *MPCI-G*-Subskala *Persönliche Standards* zu *Gewissenhaftigkeit* und *Leistungsmotivation* und den Ergebnissen der Regression fraglich. Allen drei Merkmalen – *Perfektionismus, Gewissenhaftigkeit, Leistungsmotivation* – ist per Konstruktdefinition Leistungsstreben gemein. *Gewissenhaftigkeit* etwa enthält dem FFM folgend die Facette *Leistungsstreben*. In der Skalenbeschreibung von *Gewissenhaftigkeit* analog des *HEXACO* findet sich *Perfektionismus* als eine von vier Facetten. Wird *Leistungsmotivation* gemäß dem *LMI* operationalisiert, so umfasst die Facette *Zielsetzung* „hohe Ansprüche an das, was sie [die leistungsmotivierten Personen] noch leisten und erreichen wollen" (Schuler & Prochaska, 2000, S. 16). Und *intrinsische Motivation*, wie sie über das *WPI* erfasst wird, enthält mit *Challenge* eine Subskala, die das Setzen herausfordernder Ziele repräsentiert.

Angesichts der definitorischen Überlappungen und den damit einhergehenden Interkorrelationen sollte für Kreativität weniger vom dezidierten Einfluss von Gewissenhaftigkeit, dem Zusammenhang zu Perfektionismus oder der Korrelation mit Leistungs- bzw. intrinsischer Motivation gesprochen werden. Viel eher lässt sich zusammenfassend feststellen: Kreativität umfasst nicht (nur) das spielerische Ausloten neuer Möglichkeiten, sondern hat auch klare Leistungskomponenten. Die Ergänzung der bestehenden Kreativitätsverfahren durch einen

Leistungstest wie der *DBK-TE* wird damit einer wichtigen Komponente des Kreativitätskonstrukts gerecht.

Leistungsmotivation

Im vorhergien Abschnitt wurde bereits dargelegt, dass *Leistungsstreben* als Facette der *Leistungsmotivation* mit kreativeren Leistungen in der *DBK-TE* einhergeht. Auch für das *LMI-K*, der Kurzform des *Leistungsmotivationsinventars*, ergaben sich mittlere Zusammenhänge zur *DBK-TE*. Wird auf Ebene der Motivation nach intrinsischer und extrinsischer Motivation unterschieden, zeigt sich, dass die *intrinsische Motivation* signifikant stärker bzw. überhaupt in inhaltlich interpretierbarer Höhe mit den kreativen Leistungen in der *DBK-TE* zusammenhängt. Die niedrigen bis mittleren Korrelationen zu Kreativität sind erwartungskonform. Dass gerade die Bearbeitung realitätsnäherer und damit auch augenscheinvalideren, berufsbezogenen Aufgaben mit Leistungsmotivation einhergeht, zeigt sich in den vergleichsweise hohen Korrelation zum *simulativen Modul* (r = .31, p < .05, N = 56) bzw. zu den beiden simulativen Items *S1 Keksentwicklung* (r = .22, p < .01, N = 164) und *S8 Vorstandspräsentation* (r = .30, p < .05, N = 56).

Aus der Diskussion zum Zusammenhang von Kreativität und *extrinsischer Motivation* (Kapitel 4.3.2) sind auch für extrinsische Motivation positive Korrelationen zu kreativen Leistungen zu erwarten. Dass sich diese beim Einsatz der *DBK-TE* nicht zeigen, mag daran liegen, dass für die Bearbeitung der *DBK-TE* keinerlei extrinsische Anreize geboten waren. Wie in Kapitel 4.3.2 diskutiert, dürfte sich der Zusammenhang zwischen kreativer Leistung und extrinsischer Motivation vornehmlich dann zeigen, wenn es gelingt, extrinsisch motivierten Personen auch die für sie individuell passenden extrinsischen Anreize zu bieten. Eine reine Messung, ob die Testanden prinzipiell auch extrinsisch motiviert sind, verspricht folglich keinen so großen Erfolg in der Aufklärung der Kontruktzusammenhänge wie die Darbietung realer extrinsischer Anreize in einer echten Leistungssituation. Ob die Leistungen in der *DBK-TE* durch die Schaffung extrinsischer Anreize zu steigern sind, wird sich in weiteren Studien erst zeigen.

11 Kriterienvalidierung der *DBK-TE*

Einsatzbereich der *DBK-TE* soll neben der eignungsdiagnostischen Forschung vor allem die betriebliche Praxis sein. Anwendungsmöglichkeiten sind hier zum Beispiel die Berufsberatung oder die Bewerberauswahl. In diesem Kontext ist vor allem die Kriteriumsvalidität, sprich die Prognosekraft des Tests (bzw. seiner Ergebnisse) entscheidend.

Inwiefern sich die *DBK-TE* zur Vorhersage kreativer Leistungen eignet, wird in diesem Kapitel anhand einer retrograden (Kriterienbeispiel: Schulnoten) bzw. konkurrenten (Kriterienbeispiel: Anzahl Mitgliedschaften in Vereinen und Parteien) Validierungsstrategie überprüft. Da die *DBK-TE* zur Messung berufsbezogener Kreativität enwickelt wurde, interessieren zunächst die Zusammenhänge der Testleistungen mit beruflichen Kriterien (Kapitel 11.2). In Erweiterung des Berufsbegriffs sollen auch Kriterien aus Schule, Studium und Ausbildung hinzugezogen werden (s. Kapitel 11.1). Typischerweise wird zur Validierung von Kreativitätsverfahren zudem der Bereich privater Interessen und Aktivitäten betrachtet. Um die Kriterienvalidität der *DBK-TE* im Vergleich zu alternativen Verfahren bewerten zu können, wird daher auch eine Validierung an Freizeitkriterien (Kapitel 11.3) vorgenommen.

Es werden je die Ergebnisse zu den *DBK-TE*-Gesamt- und -Stufenwerten berichtet. Die Korrelationen bzw. Unterschiede auf Itemebene können Online Plus entnommen werden.

11.1 Kriterien zu Schule, Studium und Ausbildung

Der erste Kriterienbereich, der für die Validierung der *DBK-TE* betrachtet wird, stellen Kriterien aus Schule, Studium und Ausbildung dar. Neben den Noten als „harte Erfolgskennzahl" wird auch geprüft, ob das Engagement, eigene Ideen einzubringen, auch mit einer höheren Kreativität wie sie mit der *DBK-TE* gemessen wird einhergeht.

11.1.1 Noten

In Tabelle 47 sind die deskriptiven Statistiken zu den Abschlussnoten aus Schule, Studium und Ausbildung dargestellt.

Tabelle 47: Deskriptive Statistiken der Noten

	N	*M*	*SD*	*Min*	*Max*
Abschlussnote Schule	264	2.17	0.60	1.00	3.75
Abschlussnote Studium	58	1.73	0.59	0.75	3.00
Abschlussnote Ausbildung	37	1.97	0.66	1.00	3.00

Die Zusammenhänge der *DBK-TE*-Werte mit Noten aus Schule, Studium und Ausbildung sind in Tabelle 48 aufgeführt. Sofern die Testanden zum Zeitpunkt der Testung noch Schüler waren, ging in das Kriterium Abschlussnote Schule der Notenschnitt des letzten Zeugnisses ein.[46] Sofern die Getesteten bei der Testung aktuell noch studierten, ging in das Kriterium Abschlussnote Studium der aktuelle Notenschnitt ein[47].

Tabelle 48: *DBK-TE* und Noten

	Abschlussnote Schule[a]	Abschlussnote Studium[b]	Abschlussnote Ausbildung
DBK-TE Gesamtwert	-.14* ($N = 264$)	-.07 ($N = 58$)	-.08 ($N = 37$)
DBK-TE Kernmodul	-.15** ($N = 372$)	-.06 ($N = 79$)	-.09 ($N = 40$)
DBK-TE simulatives Modul	-.08 ($N = 521$)	.07 ($N = 250$)	-.28 ($N = 37$)
Stufe 1	-.20[a] ($N = 268$)	.07 ($N = 58$)	-.16 ($N = 40$)
Stufe 2	-.08* ($N = 848$)	-.06 ($N = 301$)	-.29 ($N = 40$)
Stufe 3	-.16[a] ($N = 599$)	-.09 ($N = 249$)	-.11 ($N = 40$)
Stufe 4	-.06 ($N = 602$)	-.04 ($N = 249$)	-.07 ($N = 40$)
Stufe 5	-.04 ($N = 600$)	-.07 ($N = 249$)	.04 ($N = 40$)
Stufe 6	-.07 ($N = 601$)	-.02 ($N = 249$)	.13 ($N = 40$)

---

[46] Von den 264 Personen, welche die *DBK-TE* bearbeitet und Noten ihrer schulischen Leistung angegeben hatten, waren 55 Personen (21 Prozent) aktuell noch Schüler.

[47] Von den 58 Personen, welche die *DBK-TE* bearbeitet und Noten ihrer universitären Leistung angegeben hatten, waren 5 Personen (9 Prozent) aktuell noch Studenten.

	Abschlussnote Schule[a]	Abschlussnote Studium[b]	Abschlussnote Ausbildung
Stufe 7	-.12 [a]	.07	.03
	($N = 814$)	($N = 278$)	($N = 40$)
Stufe 8	-.14*	.01	-.33*
	($N = 264$)	($N = 58$)	($N = 37$)

Anmerkungen. [a] bei 55 Personen, die aktuell noch zur Schule gingen, wurde hier der Notenschnitt des letzten Zeugnisses berücksichtigt. [b] bei 5 Personen, die noch studierten, wurde hier der aktuelle Notenschnitt berücksichtigt. * $p < .05$, ** $p < .01$, [a] $< \alpha'$ $= .0015$.

Zunächst sei daran erinnert, dass die deutsche Notenskala bei inhaltlich positiven, also gleichgerichteten, Zusammenhängen („je besser die Note, desto höher die Leistung in der *DBK-TE*") aufgrund ihrer inversen Logik (1 als die beste Note, 6 als die schlechteste Note) numerisch negative Korrelationen ergibt.

Die Abschlussnoten der Schule korrelierten zu $r = -.14$ ($p < .05$) mit dem *DBK-TE*-Gesamtwert. Für das *Kernmodul* ergab sich mit $r = -.15$ ($p < .01$) eine fast gleich starke Korrelation. Der Zusammenhang mit dem *simulativen Modul* fiel mit $r = -.08$ ($p > .05$) schwächer aus. Auf Stufenebene variierten die Korrelationen zwischen $r = -.04$ ($p > .05$) für Stufe *5 Ausarbeitung und Entwicklung eines Lösungsansatzes* und $r = -.20$ ($p < .01$) für Stufe *1 Problementdeckung*.

Während sich für die Schulnoten also schwache Zusammenhänge zu den Leistungen in der *DBK-TE* ergaben, hingen die Studiennoten nicht mit der mittels *DBK-TE* gemessenen Kreativität zusammen. Für den *DBK-TE*-Gesamtwert ergab sich ein Zusammenhang von $r = -.07$ ($p > .05$), für das *Kernmodul* von $r = -.06$ ($p > .05$) und für das *simulative Modul* von $r = .07$ ($p > .05$). Die Korrelationen der Studiennote mit den *DBK-TE*-Stufenwerten schwankten zwischen $r = .07$ ($p > .05$) für die Stufen *1 Problementdeckung* und *7 Anpassung und Umsetzung* und $r = -.09$ ($p > .05$) für Stufe *3 Konzeptkombination*.

Mit der Ausbildungsnote korrelierten der *DBK-TE*-Gesamtwert und das *Kernmodul* ebenfalls nicht in praktisch bedeutsamer Höhe ($r = -.08$ respektive -.09; $p > .05$). Für das *simulative Modul* ergab sich hingegen ein mittlerer Zusammenhang von $r = -28$ ($p > .05$). Die Stufen der *DBK-TE* korrelierten mit der Ausbildungsnote zwischen $r = .13$ ($p > .05$) für Stufe *6 Ideenbewertung* und $r = -.33$ ($p < .05$) für Stufe *8 Implementierung*.

Für das Kriterium Abschlussnote Schule konnte zudem die inkrementelle Validität der *DBK-TE* über ein Intelligenzmaß (hier: *WPT*) nachgewiesen werden. Die zugehörige Statistik ist Tabelle 49 zu entnehmen.

Tabelle 49: Inkrementelle Validität für Abschlussnote Schule

	R^2	$\triangle R$	F	p	β	p
Schritt 1	.10		6.07	.02		
WPT					-.32	.02
Schritt 2	.18	.08*	5.83	.01		
WPT					-.30	.02
DBK-TE					-.28	.03

Anmerkungen. Abhängige Variable: Abschlussnote Schule, Methode: schrittweise. $N = 55$. * $p < .05$.

Als erster Prädiktor wurde Intelligenz, gemessen über den *Wonderlic Personnel Test*, aufgenommen ($\beta = -.32$, $p < .05$). Mit diesem Prädiktor wurden 10 Prozent der Varianz im Kriterium Schulnoten erklärt. Im zweiten Schritt ging Kreativität, gemessen über den *DBK-TE*-Gesamtwert, in die Regressionsgleichung ein ($\beta = -.28$, $p < .05$). Durch die Hinzunahme von Kreativität wurden 8 Prozent mehr Varianz im Kriterium aufgeklärt. In diesem signifikanten Zuwachs an Varianzaufklärung zeigt sich die inkrementelle Validität von Kreativität bei der Erklärung schulischen Erfolgs über Intelligenz hinaus.

11.1.2 Abschlussart

Obwohl die *DBK-TE* für die Zielgruppe (junger) Erwachsener mit Bildungsvoraussetzung Abitur entwickelt wurde, wurden zur Validierung auch Personen mit anderem Schulabschluss einbezogen. Damit soll geprüft werden, inwiefern sich das Verfahren auch bei Personen ohne Abitur zur Kreativitätsdiagnostik eignet. Die Ergebnisse hierzu werden in Kapitel 12.4 unter Bildungshintergrund besprochen.

11.1.3 Umsetzen eigener Ideen

Mit der Frage „Konnten Sie eigene Ideen in Schule, Studium oder Beruf umsetzen?" [48] wurde unabhängig davon, ob es sich bei den Testanden um Schüler, Studenten oder Berufstätige handelte, ein Kernkriterium kreativer Leistung erfasst. Inwiefern sich die Testanden, die in ihrem beruflichen Umfeld bereits Ideen implementiert haben von Testanden, die angaben, noch keine Ideen implementiert zu haben, auch in den Testleistungen der *DBK-TE* unterschieden, ist

---

[48] Hier wird auf das aktuelle Umfeld abgezielt, d. h. Schüler wurden nach der Umsetzung eigener Ideen in der Schule, Studenten nach der Umsetzung eigener Ideen im Studium und Berufstätige nach der Umsetzung eigener Ideen bei der Arbeit gefragt.

in Tabelle 50 für die *DBK-TE*-Gesamt- und Stufenwerte und in Tabelle 51 für die *DBK-TE*-Aufgabenwerte dargestellt.

Tabelle 50: *DBK-TE* und Umsetzen eigener Ideen in Schule, Studium und Beruf

	Konnten Sie bereits eigene Ideen in der Schule/im Studium/im Beruf umsetzen?									Hedges
	nein			ja						
	N	*M*	*SD*	*N*	*M*	*SD*	*t*	*df*	*p*	*g*
DBK-TE Gesamtwert	141	-1.01	5.78	61	-0.66	6.15	-1.04	200.00	.30	-0.06
DBK-TE Kernmodul	232	-1.13	5.91	84	-0.01	6.22	-1.47	314.00	.14	-0.18
DBK-TE sim. Modul	314	-0.19	1.22	129	0.20	1.59	-2.49*	192.39	.01	-0.27
Stufe 1	141	0.11	1.42	61	0.13	1.41	-0.08	200.00	.94	-0.01
Stufe 2	569	-0.13	0.92	222	0.09	0.93	-2.98[a]	789.00	.00	-0.24
Stufe 3	393	-0.17	1.32	134	0.07	1.39	-1.80	525.00	.07	-0.18
Stufe 4	394	-0.14	1.65	136	0.24	1.73	-2.29*	528.00	.02	-0.22
Stufe 5	391	0.07	1.52	136	0.43	1.72	-2.16*	213.24	.03	-0.22
Stufe 6	393	-0.28	1.61	136	0.06	1.81	-1.92	213.40	.06	-0.20
Stufe 7	552	-0.21	1.54	204	0.09	1.70	-2.17*	334.60	.03	-0.18
Stufe 8	141	-0.27	1.27	61	0.01	1.53	-1.24	97.42	.22	-0.20

Anmerkungen. * $p < .05$, [a] $< α' = .0045$.

Auf Gesamtwertebene lagen die kreativen Leistungen der Personen, die bereits eigene Ideen im beruflichen Umfeld umgesetzt haben, im *simulativen Modul* signifikant über den Ergebnissen der Personen, die bislang noch keine eigenen Ideen umgesetzt haben ($t(192.39)$ = -2.49, $p < .05$). Dasselbe Ergebnis zeigte sich auf den Stufen *2 Informationssuche, -aufnahme und -bewertung, 4 Ideenfindung, 5 Ausarbeitung und Entwicklung eines Lösungsansatzes* und *7 Anpassung und Umsetzung.* Auch hier waren bei kleinen Effekten jene Personen besser, die bereits eigene Ideen umsetzen konnten.

Dass sich für den *DBK-TE*-Gesamtwert und für das *Kernmodul* keine signifikanten Effekte zeigten, mag der jeweils zu kleinen Stichprobe geschuldet sein. Ein Blick in Tabelle 51, welche die *DBK-TE*-Aufgabenwerte enthält, zeigt, dass sich auf Itemebene bei acht der 15 Items wieder die erwarteten signifikanten Unterschiede ergaben. Wer sich im Kreativitätstest *DBK-TE* als kreativer erwies, zeichnete sich auch in der Praxis als Person aus, die eigene Ideen hat und diese auch im beruflichen Umfeld umsetzen kann.

Tabelle 51: *DBK-TE* und Umsetzen eigener Ideen in Schule, Studium und Beruf (Items)

	Konnten Sie bereits eigene Ideen in der Schule/im Studium/im Beruf umsetzen?									Hedges
	nein			ja						
	N	M	SD	N	M	SD	t	df	p	g
S1: Keksentwicklung	315	6.67	3.09	129	7.33	3.82	-1.73	199.75	0.09	-0.19
S1: Warngeräte im Garten	395	5.52	2.41	154	5.48	2.26	0.16	295.96	0.87	0.02
S2: Kraftsch. Gartengeräte	569	10.00	3.48	222	10.82	3.51	-2.98[a]	789.00	0.00	-0.23
S3: Kisten packen	501	13.38	4.80	183	14.23	5.19	-2.00*	682.00	0.05	-0.17
S3: Marmelade	507	2.64	1.64	176	2.90	1.71	-1.78	681.00	0.08	-0.16
S4: Verstecke	433	16.39	4.88	163	17.09	5.07	-1.55	594.00	0.12	-0.14
S4: Wasser ableiten	463	4.47	1.86	177	4.94	2.00	-2.84**	638.00	0.01	-0.24
S5: Milchabfüllanlage	529	5.14	2.54	184	5.73	2.87	-2.48*	288.40	0.01	-0.22
S5: Skulptur	432	4.91	2.02	163	5.02	2.22	-0.58	593.00	0.56	-0.05
S6: Gewächshaus	552	5.81	2.46	204	6.32	2.60	-2.50*	754.00	0.01	-0.20
S6: R&K-Maschine	463	3.27	1.51	177	3.48	1.68	-1.44*	290.40	0.15	-0.13
S7: Aufsitzrasenmäher	576	3.84	1.66	211	4.13	1.87	-2.00*	337.47	0.05	-0.16
S7: Thermometer	552	3.95	1.76	204	4.25	1.89	-2.04*	754.00	0.04	-0.16
S8: City Cruiser	236	9.14	3.68	88	9.50	4.13	-0.71	141.62	0.48	-0.09
S8: Vorstandspräsentation	314	20.75	7.10	129	22.64	9.45	-2.04*	190.16	0.04	-0.23

Anmerkungen. * $p < .05$, ** $p < .01$, [a] $< \alpha' = .0033$.

11.1.4 Eingeschätzte Innovationsfreundlichkeit des Umfelds

An dem eben berichteten Kriterium konnte gezeigt werden, dass die Ergebnisse der *DBK-TE* eine Prädiktion der praktischen Umsetzung eigener Ideen erlaubt. Analog zur *Attraction-Selection-Attrition-Theorie* (*ASA-Theorie*) von Schneider (1987), die eine wechselseitige Prüfung auf Passung von Bewerber- bzw. Mitarbeiter-Eigenschaften einerseits und tätigkeitsbezogenen sowie organisationalen Anforderungen andererseits beschreibt, ist zu erwarten, dass sich kreativere Personen bewusst ein berufliches Umfeld suchen, das ihnen die Umsetzung eigener Ideen ermöglicht. Die Zusammenhänge der *DBK-TE* zur eingeschätzten Innovationsfreundlichkeit des beruflichen Umfelds[49] sind in Tabelle 52 angeführt.

---

[49] Zur Erfassung der eingeschätzten Innovationsfreundlichkeit des Umfelds wurde das folgende Item vorgegeben: „Ich kann eigene Ideen umsetzen" (Skala: 0 = nein bis 4 = ganz sicher).

Tabelle 52: *DBK-TE* und Einschätzung der Innovationsfreundlichkeit des Umfelds

| | Einschätzung der Innovationsfreundlichkeit des Umfelds | |
	Schüler, Studenten & Berufstätige	nur Berufstätige
DBK-TE Gesamtwert	-.12 (*N* = 220)	.18 (*N* = 48)
DBK-TE Kernmodul	-.09 (*N* = 310)	.20 (*N* = 51)
DBK-TE simulatives Modul	-.17[a] (*N* = 414)	.04 (*N* = 53)
Stufe 1	-.15* (*N* = 223)	.05 (*N* = 51)
Stufe 2	-.01 (*N* = 737)	.19 (*N* = 77)
Stufe 3	-.02 (*N* = 474)	.12 (*N* = 52)
Stufe 4	-.07 (*N* = 477)	.18 (*N* = 52)
Stufe 5	-.03 (*N* = 475)	.24 (*N* = 52)
Stufe 6	-.11* (*N* = 476)	.05 (*N* = 52)
Stufe 7	-.05 (*N* = 703)	.09 (*N* = 73)
Stufe 8	-.17* (*N* = 220)	.17 (*N* = 48)

Anmerkungen. $* p < .05$, $^{a} < \alpha$ ' $= .0023$.

Mit $r = -.17$ für das *simulative Modul* ($p < .01$) und Stufe *8 Implementierung* ($p < .05$) bis $r = -.01$ für Stufe *2 Informationssuche, -aufnahme und -bewertung* ergaben sich für die Stichprobe aus Schülern, Studenten und Berufstätigen geringe und vor allem den Erwartungen widersprechend negative Korrelationen. Wurde hingegen nur die Gruppe der Berufstätigen betrachtet, ergaben sich die erwartet positiven Zusammenhänge zwischen der eingeschätzten Innovationsfreundlichkeit des Umfelds und den Kreativitätswerten. Sie bewegten sich zwischen $r = .04$ ($p > .05$) für das *simulative Modul* und $r = .24$ ($p > .05$) für Stufe *5 Ausarbeitung und Entwicklung eines Lösungsansatzes*.

11.1.5 Auslandsaufenthalt

Eine Möglichkeit bereits in der Schul- bzw. Studienzeit, aber auch später im Berufsleben bewusst neue Situationen aufzusuchen und somit vielfältigen, neuen Reizen zu begegnen, bietet ein Auslandsaufenthalt. Ein Zusammenhang zwischen Auslandsaufenthalten und Kreativität lässt sich über zwei Wege erwarten. Zum einen suchen in der Terminologie der Big Five bevorzugt *offenere* (und häufig auch *extravertiertere*) Personen diese Erfahrung. Beide Persönlichkeitseigenschaften sind eine gute Voraussetzung für Kreativität (s. Kapitel 4.2.2.2). Zum anderen erlangen Personen, die einige Zeit im Ausland, also in einem ihnen unbekannten Umfeld, waren, ganz neue Eindrücke und geistige Anreize und sehen manch Altbekanntes in einem anderen Licht. So wird durch einen Auslandsaufenthalt nicht nur die Wissensbasis als weitere Voraussetzung für Kreativität (s. Kapitel 4.1.4) ausgebaut, sondern en passant auch das Einnehmen verschiedener Perspektiven trainiert. Diese Fähigkeit wiederum dürfte das Denken in Analogien und damit die Konzeptkombination als wesentliches Element des kreativen Prozesses befördern. Während dies allgemein für Reisen gelten dürfte, interessiert bei der Validierung eines berufsbezogenen Verfahrens wie der *DBK-TE* vornehmlich der berufsbedingte Aufenthalt. Inwieweit sich unter den Personen mit schul-, studien- oder berufsbedingter Auslandserfahrung tatsächlich Kreativere finden lassen als unter den Personen ohne Auslandserfahrung stellt Tabelle 53 dar.

Tabelle 53: *DBK-TE* und Auslandsaufenthalt

	Haben Sie bereits schul-, studien- oder berufsbedingt Zeit im Ausland verbracht?									*Hedges*
	nein			ja						
	N	M	SD	N	M	SD	t	df	p	g
DBK-TE Gesamtwert	46	-1.18	4.39	70	1.46	4.52	-3.11[a]	114.00	.00	-0.59
DBK-TE Kernmodul	46	-0.94	4.29	70	2.15	4.66	-3.60[a]	114.00	.00	-0.69
DBK-TE sim. Modul	46	-0.12	1.43	70	-0.31	0.98	0.79	72.53	.43	0.15
Stufe 1	46	0.45	1.39	70	0.57	1.20	-0.47	86.42	.64	-0.09
Stufe 2	46	-0.56	0.71	70	-0.02	0.60	-4.25[a]	85.27	.00	-0.82
Stufe 3	46	-0.03	1.08	70	0.50	1.04	-2.68**	114.00	.01	-0.50
Stufe 4	46	-0.49	1.28	70	0.22	1.47	-2.73**	105.54	.01	-0.51
Stufe 5	46	0.17	0.96	70	0.69	1.53	-2.23*	113.76	.03	-0.40
Stufe 6	46	-0.18	1.15	70	0.29	1.17	-2.12*	114.00	.04	-0.40
Stufe 7	46	-0.20	1.15	70	0.28	1.41	-2.02*	108.65	.05	-0.37
Stufe 8	46	-0.32	1.47	70	0.35	1.19	-2.70**	114.00	.01	-0.50

Anmerkungen. $* p < .05$, $** p < .01$, $^{a} < \alpha$' = .0045.

Ausser im *simulativen Modul* und auf Stufe *1 Problementdeckung* ergaben sich für alle *DBK-TE*-Werte auf Gesamtwert- und Stufenebene signifikante Unterschiede in der Kreativitätsleistung zugunsten jener Personen, die bereits schul-, studien- oder berufsbedingt Auslandsaufenthalte absolvierten. Mit einem Hedges *g* von -.59 auf Gesamtwertebene und von -.69 für das *Kernmodul* lagen mittlere Effekte vor.

11.2 Kriterien zum Berufserfolg

Als berufsbezogen konzipiertes Verfahren und mit der Eignungsdiagnostik als vornehmlich angestrebtem Anwendungsbereich liegt ein wesentliches Augenmerk der Kriterienvalidierung der *DBK-TE* auf Kriterien, die beruflichen Erfolg widerspiegeln. Neben dem Zusammenhang zu Gehalt, Leistungsbeurteilung und bisherigen Erfolgen, spielen dabei auch Zufriedenheit und Engagement sowie Führungsaspekte eine Rolle.

11.2.1 Gehalt

Das Gehalt stellt sicherlich eines der naheliegenden Kriterien zur Fassung beruflichen Erfolgs dar und wird häufig als Berufserfolgsindikator herangezogen.

Allerdings geht mit diesem „harten" Maß auch eine Problematik aller globalen Erfolgsmaße einher. Berufserfolg (und hier gleichgesetzt: das Gehalt) ist multideterminiert. Der faktische Einfluss einzelner Prädiktoren, wie etwa Kreativität, ließe sich damit nur bei einer gleichzeitigen Betrachtung aller Einflussvariablen identifizieren. Dieser Aufwand ist sicherlich nicht zu leisten. Zugleich ergibt sich bei der Wahl des Gehalts als Berufserfolgsmaß noch ein weiteres Problem. Sind Gehälter – wie heutzutage in vielen Positionen üblich – an Leistungsbeurteilungen gekoppelt, kann ein Zusammenhang zwischen Kreativität und Gehalt nur dann vorliegen, wenn kreative Leistungen explizit bewertungsrelevant sind. Vor diesen Hintergründen sind die folgenden Zusammenhänge zu interpretieren.

Die berufstätigen Testanden wurden gebeten, ihr Bruttojahresgehalt anzugeben. Um die Akzeptanz der Testanden für diese Angabe zu erhalten, wurde bei der Gehaltsabfrage eine Klassifizierung mit den folgenden Gruppen gewählt: unter 20 000 €, 20 000 bis 50 000 €, 50 001 bis 70 000 €, 70 001 bis 100 000 € und über 100 000 €. In Tabelle 54 sind die Mittelwerte und Standardabweichungen der drei *DBK-TE*-Gesamtwerte getrennt nach den fünf Gehaltsgruppen aufgeführt.

Da höhere Gehaltsstufen gewöhnlich erst nach einer gewissen Berufserfahrung erreicht werden, sollte das mittlere Alter der Testanden hin zu den höheren Gehaltsstufen ansteigen. In der letzten Spalte ist der Altersmittelwert pro Gehaltsstufe angegeben; die Vermutung in den höheren Gehaltsklassen zunehmend ältere Personen zu finden, bestätigte sich deskriptiv.

Tabelle 54: Deskriptive Statistiken der Gehaltsgruppen

| | | **DBK-TE** | | | | | |
| | | Gesamtwert | | Kernmodul | | simulatives Modul | | Alter |
Gehaltsgruppe	*N*	*M*	*SD*	*M*	*SD*	*M*	*SD*	*M*
< 20 000 €	23	0.51	5.32	2.37	6.10	-1.54	1.02	30.87
20 000 € – 50 000 €	41	-1.24	7.64	1.12	7.14	-1.15	1.34	34.37
50 001 € – 70 000 €	8	1.59	6.84	2.70	6.05	-0.67	1.07	39.38
70 001 € – 100 000 €	5	5.06	7.30	4.52	5.93	0.68	0.67	36.40
> 100 000 €	4	1.37	4.47	-1.04	5.75	1.02	1.50	43.25

Auch wenn mit der Kategorisierung des Gehalts ein Informationsverlust einhergeht, wird der Zusammenhang der *DBK-TE*-Ergebnisse mittels Regression berechnet. Dieses Vorgehen findet sich beispielsweise auch bei Hossiep und Paschen (2003). Wie sich aus den Altersmittelwerten der verschiedenen Gehaltsgruppen bereits andeutet, lag ein Zusammenhang zwischen Alter und Gehalt vor

($r = .25$, $p < .05$, $N = 81$). Daher wurde der Zusammenhang zwischen den kreativen Leistungen in der *DBK-TE* und dem Gehalt um den Einfluss des Alters kontrolliert. Die Regressionsergebnisse sind in Tabelle 55 dargestellt.

Tabelle 55: *DBK-TE* und Gehalt

Variable	*B*	*SE*	*β*	Nullter Ordnung	Partial	*R*	*R²*
				Korrelationen			
Konstante	1.09	.36				.33	.11
DBK-TE Gesamtwert	.04	.02	.23*	.12	.22*		
Alter	.03	.1	.33**	.25*			
Konstante	1.51	.37				.29	.08
DBK-TE Kernmodul	.02	.02	.15	.05	.15		
Alter	.03	.01	.30*	.25*			
Konstante	1.38	.29				.62	.38
DBK-TE sim. Moduls	.44	.07	.58**	.49**	.58**		
Alter	.03	.01	.38**	.25*			
Konstante	.93	.35				.44	.19
Stufe 1	.27	.08	.38**	.26*	.37**		
Alter	.03	.01	.37**	.25*			
Konstante	1.20	.36				.29	.09
Stufe 2	.15	.11	.16	.08	.16		
Alter	.03	.01	.29*	.25*			
Konstante	1.17	.39				.27	.07
Stufe 3	.07	.08	.10	-.01	.10		
Alter	.03	.01	.29*	.25*			
Konstante	1.21	.36				.28	.08
Stufe 4	.07	.06	.13	.07	.13		
Alter	.03	.01	.28*	.25*			
Konstante	1.27	.36				.26	.07

Variable	B	SE	β	Korrelationen Nullter Ordnung	Partial	R	R^2
Stufe 5	.04	.06	.08	.03	.08		
Alter	.02	.01	.27*	.25*			
Konstante	1.23	.36				.28	.08
Stufe 6	.08	.07	.13	.05	.13		
Alter	.03	.01	.29*	.25*			
Konstante	1.11	.36				.34	.11
Stufe 7	.12	.06	.23*	.14	.23*		
Alter	.03	.01	.32**	.25*			
Konstante	1.18	.34				.36	.13
Stufe 8	.18	.08	.27*	.17	.27*		
Alter	.03	.01	.33**	.25*			

Anmerkungen. $N = 81$. * $p < .05$, ** $p < .01$.

Berufsbezogene Kreativität in der Operationalisierung der *DBK-TE* erwies sich als signifikanter Prädiktor für Gehalt ($\beta = .23$, $p < .05$). Wurde der Einfluss des Alters aus dem Zusammenhang herausgerechnet[50], ergab sich eine mittlere Korrelation von $r = .22$ ($p < .05$) zwischen Kreativität und Gehalt. Mit nur 11 Prozent klärten Alter und Kreativität, wie erwartet, jedoch nur einen vergleichsweise geringen Teil der Varianz im Gehalt auf.

Für das *Kernmodul* ergab sich mit $\beta = .15$ ein geringeres und nicht signifikantes Betagewicht. Die Korrelation des *Kernmoduls* mit dem Gehalt war mit $r = .15$ zwar auf einem schwachen Niveau gegeben, wurde allerdings ebenfalls nicht signifikant ($p > .05$).

Wurde Kreativität über simulative Aufgaben erfasst, war dieser Wert hingegen ein starker Prädiktor des Gehalts ($\beta = .58$ $p < .01$). Die Korrelation zwischen den kreativen Leistungen im *simulativen Modul* und Gehalt betrug $r = .58$ ($p < .01$). Ein so hoher Zusammenhang bzw. eine Varianzaufklärung von 38 Prozent im Kriterium Gehalt allein durch die beiden Prädiktoren Alter und simulativ gemessene Kreativität ist beachtlich. Umso bemerkenswerter ist die Vorhersagekraft des *simulativen Moduls* als dieser Wert aus nur 2 Items besteht.

---

[50] Der Zusammenhang zwischen Alter und *DBK-TE-Gesamtwert* betrug analog zur Gesamtstichprobe (s. Kapitel 12.1) auch in dieser Stichprobe $r = -.03$ ($p > .05$, $N = 81$) und ist damit zu vernachlässigen. Die Differenz zwischen den Partialkorrelationen und den Korrelationen nullter Ordnung kommt damit allein durch die Bereinigung des Kriteriums Gehalt um den Alterseinfluss zustande.

Von den acht Stufenwerten erwiesen sich drei Stufen als signifikante Prädiktoren in der Vorhersage des Gehalts bei gleichzeitiger Berücksichtigung des Alters: Stufe *1 Problementdeckung* ($\beta = .38$, $p < .01$), Stufe *7 Anpassung und Umsetzung* ($\beta = .23$, $p < .05$) und Stufe *8 Implementierung* ($\beta = .27$, $p < .05$). Die Varianzaufklärung im Kriterium Gehalt schwankte dabei von 11 Prozent mit den Prädiktoren Stufe *7 Anpassung und Umsetzung* und Alter bis 19 Prozent mit den Prädiktoren Stufe *1 Problementdeckung* und Alter. Für Stufe *1 Problementdeckung* ergab sich eine vom Einfluss des Alters bereinigte Korrelation mit Gehalt in Höhe von $r = .37$ ($p < .01$). Für Stufe *7 Anpassung und Umsetzung* betrug der Zusammenhang $r = .23$ ($p < .05$) und für Stufe *8 Implementierung* ergab sich eine Korrelation von $r = .27$ ($p < .05$) Die bereinigten Korrelationen zwischen Gehalt und den *DBK-TE-* Stufenwerten, für die sich keine signifikante Prädiktionsleistung ergab, reichten von $r = .08$ ($p > .05$) für Stufe *5 Ausarbeitung und Entwicklung eines Lösungsansatzes* bis $r = .16$ ($p > .05$) für Stufe *2 Informationssuche, -aufnahme und -bewertung.*

11.2.2 Leistungsbeurteilung

Als Fremdbeurteilung kreativer Leistung wurde erhoben, ob Kollegen in den vergangenen 12 Monaten Verbesserungsvorschläge der Testanden lobten. Wenn die *DBK-TE* dazu geeignet ist, berufsbezogene Kreativität zu messen, dann müssten Testanden mit besseren Testwerten auch ihrem beruflichen Umfeld durch kreative Beiträge, wie Verbesserungsvorschläge, auffallen. Tabelle 56 enthält die Mittelwertsvergleiche der *DBK-TE*-Werte für die Gruppe, die von ihren Kollegen gelobt wurde und die Gruppe, die keine positive Rückmeldung erhalten hat.

Tabelle 56: *DBK-TE* und Lob für Verbesserungsvorschläge

	Haben sich Ihre Kollegen in den letzten 12 Monate positiv über Ihre Verbesserungsvorschläge geäußert?									Hedges
	nein			ja						
	N	*M*	*SD*	*N*	*M*	*SD*	*t*	*df*	*p*	*g*
DBK-TE Kernmodul	59	1.18	6.44	67	2.98	5.79	-1.66	124	.10	-0.29
Stufe 1	56	0.18	1.50	62	0.79	1.67	-2.09*	116	.04	-0.38
Stufe 2	59	0.14	1.03	67	0.48	1.01	-1.90	124	.06	-0.34
Stufe 3	59	0.61	2.19	67	0.69	1.76	-0.24	124	.81	-0.04
Stufe 4	59	0.40	1.70	67	0.95	1.81	-1.76	124	.08	-0.31

	Haben sich Ihre Kollegen in den letzten 12 Monate positiv über Ihre Verbesserungsvorschläge geäußert?									Hedges
	nein			ja						
	N	M	SD	N	M	SD	t	df	p	g
Stufe 5	59	0.16	1.38	67	0.64	1.76	-1.70	124	.09	-0.30
Stufe 6	59	0.30	1.64	67	0.67	1.54	-1.32	124	.19	-0.23
Stufe 7	59	0.20	1.97	67	0.77	1.78	-1.72	124	.09	-0.30
S8: City Cruiser	59	9.69	3.48	67	10.46	3.30	-1.27	124	.21	-0.23

Anmerkungen. * $p < .05$.

Außer auf Stufe *1 Problementdeckung* ($t(301) = -2.09$, $p < .05$) wurden die Mittelwertsunterschiede nicht signifikant. Allerdings lagen auch für das *Kernmodul* und die anderen Stufen kleine bis mittlere Effekte in der erwarteten Richtung vor. Einzig für Stufe *3 Konzeptkombination* ergab sich kein Effekt.

Der berufliche Erfolg wurde weiterhin über eine Selbsteinschätzungsskala erhoben. Die Skala besteht aus fünf Einzelfragen, die zu einem Summenwert aggregiert werden können (Cronbach's $\alpha = .80$). Die Zusammenhänge des selbsteingeschätzten Berufserfolgs mit den Leistungen in der *DBK-TE* sind in Tabelle 57 dargestellt.

Tabelle 57: *DBK-TE* und selbsteingeschätzter Berufserfolg

	Summe	Insgesamt bin ich beruflich erfolgreich	Meine berufliche Entwicklung war erfolgreich	Ich bin beruflich erfolgreicher als Kollegen, die in einer ähnlichen Position arbeiten.	Von Kollegen legen werde ich häufig um Rat gefragt.	Ich erfülle sämtliche Arbeitsaufgaben zur vollsten Zufriedenheit.
			Selbsteinschätzung Berufserfolg			
DBK-TE Gesamtwert	-.03 (N = 84)	-.03 (N = 85)	.00 (N = 85)	.15 (N = 85)	-.11 (N = 84)	-.15 (N = 85)
DBK-TE Kernmodul	-.01 (N = 215)	-.01 (N = 216)	-.05 (N = 216)	.00 (N = 216)	.02 (N = 215)	-.02 (N = 216)
DBK-TE sim. Modul	.00 (N = 168)	.01 (N = 170)	-.03 (N = 170)	-11 (N = 168)	-.02 (N = 169)	-.05 (N = 170)
Stufe 1	.05 (N = 181)	.04 (N = 182)	.01 (N = 182)	.01 (N = 182)	.07 (N = 181)	.04 (N = 182)
Stufe 2	.00 (N = 299)	.02 (N = 301)	-.02 (N = 302)	.01 (N = 300)	.01 (N = 301)	-.03 (N = 302)
Stufe 3	-.01 (N = 299)	.00 (N = 301)	-.03 (N = 302)	.00 (N = 300)	-.01 (N = 301)	-.01 (N = 302)
Stufe 4	-.05 (N = 299)	-.04 (N = 301)	-.10 (N = 302)	-.01 (N = 300)	.02 (N = 301)	-.05 (N = 302)
Stufe 5	-.01 (N = 299)	-.03 (N = 301)	-.06 (N = 302)	.02 (N = 300)	.00 (N = 301)	.02 (N = 302)
Stufe 6	-.03 (N = 299)	-.05 (N = 301)	-.04 (N = 302)	-.02 (N = 300)	.03 (N = 301)	-.03 (N = 302)
Stufe 7	-.07 (N = 299)	-.06 (N = 301)	-.11 (N = 302)	-.04 (N = 300)	.00 (N = 301)	-.03 (N = 302)
Stufe 8	.03 (N = 84)	.06 (N = 85)	.09 (N = 85)	.16 (N = 85)	-.09 (N = 84)	-.12 (N = 85)

Der selbsteingeschätzte Berufserfolg korrelierte nicht bzw. nur sehr schwach mit den Ergebnissen in der *DBK-TE*. Die einzelnen Korrelationen schwankten für den Summenwert des eingeschätzten Berufserfolgs zwischen $r = -.07$ ($p > .05$) für Stufe *7 Anpassung und Umsetzung* und $r = .05$ ($p > .05$) für Stufe *1 Problemdeckung*. Die Zusammenhänge der einzelnen Fragen zum beruflichen Erfolg mit den *DBK-TE*-Werten variierten zwischen $r = -.15$ ($p > .05$) für den *DBK-TE*-Gesamtwert und das Item „Ich erfülle sämtliche Arbeitsaufgaben zur vollsten Zufriedenheit" und $r = .16$ ($p > .05$) für Stufe *8 Implementierung* und das Item „Ich bin beruflich erfolgreicher als Kollegen, die in einer ähnlichen Position arbeiten". Eine Auspartialisierung des Alters erhöhte die Zusammenhänge nicht signifikant und nur in geringem und damit praktisch nicht bedeutsamen Maße. So stieg die Korrelation zwischen *DBK-TE*-Gesamtwert und dem eingeschätzten Berufserfolg von $r = -.03$ ($p > .05$, $N = 84$) auf $r = .04$ ($p > .05$). Für das *Kernmodul* erhöhte sich die Korrelation mit dem eingeschätzten Berufserfolg von $r = -.01$ auf $r = .00$ ($p > .05$, $N = 215$) nach Auspartialisierung des Alters und für das *simulative Modul* erhöhte sich der Zusammenhang zum eingeschätzten Berufserfolg von $r = .00$ auf $r = .04$ ($p > .05$, $N = 168$).

11.2.3   Feldspezifische Erfolge

Neben den globalen Berufserfolgsindikatoren Gehalt und Leistungsbeurteilung werden nachfolgend auch spezifischere Erfolgskriterien betrachtet.

Im beruflichen Umfeld direkt messbar werden neuartige Ideen in der Anzahl der Patente, die von Mitarbeitern eines Unternehmens erarbeitet werden. Daher wird dieses Kriterium häufig in Kreativitätsstudien zur Validierung herangezogen (s. Kapitel 1). In der Anforderungsanalyse zur *DBK-TE* wurde seitens der Gesprächspartner allerdings bereits darauf hingewiesen, dass eine personenbezogene Anmeldung von Patenten in vielen Unternehmen nicht üblich ist. Daher wurde nicht nach der Anzahl der auf den eigenen Namen angemeldete Patente gefragt, sondern erfasst, ob die Testanden bereits an Patententwicklungen mitgearbeitet haben. Die Ergebnisse hierzu sind in Tabelle 58 dargestellt.

Tabelle 58: *DBK-TE* und Mitarbeit an Patententwicklungen

	Haben Sie bereits an Patententwicklungen mitgearbeitet?									**Hedges**
	nein			**ja**						
	N	*M*	*SD*	*N*	*M*	*SD*	*t*	*df*	*p*	*g*
DBK-TE Gesamtwert	35	0.48	7.91	5	2.71	6.44	-.0.60	38	.55	-0.30
DBK-TE Kernmodul	35	0.75	8.21	10	4.62	7.82	-1.33	43	.19	-0.47
DBK-TE sim. Modul	35	-0.11	1.08	10	0.08	1.27	-0.48	43	.63	-0.16
Stufe 1	35	0.44	1.42	8	1.24	2.03	-1.32	41	.20	-0.45
Stufe 2	35	0.00	1.19	16	0.66	1.22	-1.83	49	.07	-0.54
Stufe 3	35	0.24	1.51	14	0.39	1.35	-0.32	47	.75	-0.10
Stufe 4	35	0.50	2.28	15	1.31	2.42	-1.13	48	.26	-0.34
Stufe 5	35	0.13	2.10	14	0.48	1.54	-0.55	47	.58	-0.18
Stufe 6	35	-0.09	2.11	15	0.68	1.60	-1.27	48	.21	-0.41
Stufe 7	35	0.27	2.26	15	1.39	2.41	-1.58	48	.12	-0.47
Stufe 8	35	-0.18	1.59	5	0.28	1.03	-0.62	38	.54	-0.33

Die Gruppe der Personen, die bereits an Patententwicklungen mitgearbeitet hatte, unterschied sich weder auf den *DBK-TE*-Gesamtwerten noch in den Stufenwerten signifikant von der Gruppe jener Personen, die (noch) nicht an der Entwicklung von Patenten mitgearbeitet hatten ($p > .05$). Ein Blick auf die Mittelwertsunterschiede und vor allem auf die berechneten Effektstärken zeigen allerdings kleine bis mittlere Effekte. Personen, die bereits an Patententwicklungen mitgearbeitet hatten, erwiesen sich besonders auf den Stufen *1 Problementdeckung, 2 Informationssuche, -aufnahme und -bewertung* und *7 Anpassung und Umsetzung* auch als kreativer.

Natürlich besteht nicht in jeder Branche oder Position die Möglichkeit aktiv an neuen Patenten mitzuarbeiten. Aus diesem Grund wurden noch weitere berufsbezogene Kreativitätsindikatoren erfasst. Neben Kriterien aus Forschung und Wissenschaft, wurden auch künstlerische Erfolgskriterien erhoben. In Tabelle 59 werden die Berechnungen zur Validierung der *DBK-TE* an diesen feldspezifischen Erfolgen aufgeführt[51]. Aus Platzgründen werden auf Online Plus für die Zusammenhänge zu feldspezifischen Erfolgen keine Korrelationen auf Itemebene berichtet.

---

[51] Wie auch aus der Anmerkung zu Tabelle 59 ersichtlich, liegen die Kriteriendaten nur für die Stichprobe vor, die lediglich das *DBK-TE-Kernmodul* bearbeitet hat.

Tabelle 59: *DBK-TE* und feldspezifische Erfolge

Kriterium: Haben Sie bereits ...	*t*-Test									Wie viele?
	ja			nein						
	N	*M*	*SD*	*N*	*M*	*SD*	*t*	*df*	*p*	*Hedges g*	*r*
Ausschreibungen gewonnen	26	2.71	7.20	100	1.99	5.87	0.53	124	.60	0.11	-.17
Kongressbeiträge gehalten	10	4.33	5.49	116	1.95	6.18	1.18	124	.24	0.40	.16
in wissenschaftlichen Zeitungen publiziert	8	3.46	1.60	118	2.05	6.24	0.63	124	.53	0.31	-.01
Artikel in Zeitungen & Zeitschriften veröffentlicht	12	5.62	5.98	114	1.77	6.07	2.09*	124	.04	0.64	.16
Bücher veröffentlicht	4	0.82	4.04	122	2.18	6.21	-0.44	124	.67	-0.26	-.07
Gedichte/Geschichten veröffentlicht	2	9.83	9.34	124	2.01	6.06	1.80	124	.07	0.99	.16
Kunstwerke ausgestellt	9	3.98	4.57	117	2.00	6.24	1.22	10.44	.25	0.36	.18*
sich an Bühnenstücken beteiligt	13	5.02	5.86	113	1.81	6.11	1.80	124	.07	0.53	.17
an Filmen mitgewirkt	7	4.16	6.24	119	2.02	6.14	0.90	124	.37	0.34	.04
in TV und Radiobeiträgen mitgewirkt	7	4.92	3.99	119	1.97	6.22	1.23	124	.22	0.56	.12
Musikstücke komponiert	3	2.42	6.79	123	2.13	6.18	.08	124	.94	0.04	-.08
Konzerte gegeben	12	5.53	6.21	114	1.78	6.05	2.03*	124	.04	0.61	.14
Musik veröffentlicht	2	4.68	2.20	124	2.10	6.18	0.59	124	.56	0.55	.05

Anmerkungen. Die Kriterien wurden mit dem *DBK-TE-Kernmodul* korreliert. * $p < .05$.

Signifikant höhere kreative Leistungen im *DBK-TE-Kernmodul* ergaben sich für jene Testanden, die bereits *Artikel in Zeitungen und Zeitschriften veröffentlicht* hatten sowie für jene, die bereits *Konzerte gegeben* hatten ($p < .05$). Mit $g = 0.64$ respektive $g = 0.61$ lagen mittlere bis große Effekte vor. Außer für *Ausschreibungen gewonnen, Bücher veröffentlicht* und *Musikstücke komponiert* lagen alle Effektstärken über $g = 0.31$. Für die übrigen Kriterien ergab sich also – auch wenn die zugehörigen *t*-Tests keine signifikanten Mittelwertsunterschiede anzeigten – ebenfalls der erwartete Effekt, dass sich Personen, welche bereits erfolgreich eigene kreative Beiträge erbracht hatten, in der *DBK-TE* ebenfalls als kreativer erwiesen.

11.2.4 Verbesserungsvorschläge

Neben Patenten werden häufig auch Verbesserungsvorschläge als berufliches Kreativitätskriterium herangezogen. Außer der Anzahl an eingereichten Verbesserungsvorschlägen kann auch erfasst werden, wie oft kreative Ideen in einem bestimmten Zeitraum dann tatsächlich zu Veränderungen in Arbeitsabläufen oder Organisationsstrukturen geführt haben. Damit werden nicht nur die Ideen erfasst, die im Rahmen eines betrieblichen Verbesserungssystems geäußert werden, sondern auch jene Impulse, die ganz allgemein zur Optimierung der Arbeit eingebracht werden. Dass kreativere Personen auch mehr Verbesserungsvorschläge einreichen und Ideen äußern, die häufiger auch tatsächliche Veränderungen bewirken, kann Tabelle 60 entnommen werden.

Tabelle 60: *DBK-TE* und Verbesserungsvorschläge

	Wie viele Verbesserungsvorschläge haben Sie in den letzten 12 Monaten eingereicht?	Wie oft haben Ihre kreativen Ideen in den letzten 12 Monaten zu einer Veränderung (kleine und größere) von Arbeitsabläufen geführt?	Wie oft haben Ihre kreativen Ideen in den letzten 12 Monaten zu einer Veränderung (kleine und größere) von Organisationsstrukturen geführt?
DBK-TE Kernmodul	.18*	.21*	.26**
Stufe 1	.07	.01	.13
Stufe 2	.19*	.25**	.24**
Stufe 3	.37[a]	.18*	.47[a]
Stufe 4	-.03	.17	.02
Stufe 5	-.02	.12	.03
Stufe 6	.17	.17	.26**
Stufe 7	.19*	.11	.21*
S8: City Cruiser	.10	.25**	.17

Anmerkungen. $N = 126$, außer für Stufe 1: $N = 118$. * $p < .05$, ** $p < .01$, [a] $< \alpha' = .0019$.

Der Zusammenhang des *Kernmoduls* mit der Anzahl, der in den letzten 12 Monaten eingereichten Verbesserungsvorschlägen betrug $r = .18$ ($p < .05$). Die Korrelationen auf Stufenebene variierten für dieses Kriterium zwischen $r = -.03$ ($p > .05$) für Stufe *4 Ideenfindung* und $r = .37$ ($p < .01$) für Stufe *3 Konzeptkombination*.

Der Zusammenhang zwischen dem *Kernmodul* und der Häufigkeit, in der die geäußerten eigenen Ideen auch eine Veränderung der Arbeitsabläufe bewirkten, betrug $r = .21$ ($p < .05$); mit der Häufigkeit, in der sich Organisationsstrukturen änderten belief sich die Korrelation auf $r = .26$ ($p < .01$). Die Stufenwerte variierten zwischen $r = .01$ ($p > .05$) für Stufe *1 Problementdeckung* und Häufigkeit der veränderten Arbeitsabläufe und $r = .47$ ($p < .01$) für Stufe *3 Konzeptkombination* und Häufigkeit der veränderten Organisationsstrukturen.

11.2.5 Laufbahnzufriedenheit

Beruflicher Erfolg ist nicht allein über harte Erfolgskriterien, wie Gehalt, Position oder Leistungsbeurteilungen, bestimmt. Gerade in Branchen oder auf Karrierestufen, in denen die ebengenannten Kriterien kaum Varianz erlauben, kommt den „weichen" Erfolgskriterien wie Zufriedenheit und Engagement eine große Bedeutung zu.

Zufriedenheit wiederum umfasst unterschiedliche Facetten, wie zum Beispiel die Zufriedenheit mit den aktuellen Arbeitsbedingungen oder aber mit der eigenen Laufbahn (Career Satisfaction). Zur Validierung eines berufsbezogenen Kreativitätstests ist die Zufriedenheit mit der beruflichen Entwicklung insofern interessant als sich in diesem subjektiven Kriterium sowohl die Zufriedenheit mit der Entwicklung harter Maße, wie Gehalt oder Aufstieg, als auch mit weichen Maßen, wie das Erreichen eigener Ziele oder der Weiterbildung, zeigt. Die Zusammenhänge der *DBK-TE* zur Laufbahnzufriedenheit können Tabelle 61 entnommen werden.

Tabelle 61: *DBK-TE* und Laufbahnzufriedenheit

	Summen-wert	... dem, was ich in meiner (bisherigen) Berufslaufbahn erreicht habe.	... dem Fortschritt, den ich im Hinblick auf meine beruflichen Ziele ge-macht habe.	... dem Fortschritt, den ich hinsichtlich meiner Gehaltsent-wicklung gemacht habe.	... dem Fortschritt, den ich im Hinblick auf meinen Aufstieg gemacht habe.	... dem Fortschritt, den ich im Hinblick auf meine Ziele zum Aufbau neuer Fähig-keiten und Fertigkeiten gemacht habe.
DBK-TE Gesamtwert	.36*	.43**	.33*	.08	.21	.36*
DBK-TE Kernmodul	.32*	.37**	.28	.04	.19	.37*
DBK-TE sim. Modul	.18	.31*	.31*	.01	.07	-.05
Stufe 1	.23	.37*	.27	.02	.09	.11
Stufe 2	.42**	.47**	.36*	.23	.21	.32*
Stufe 3	.08	.20	.10	-.05	-.11	.20
Stufe 4	.30*	.29*	.22	.09	.24	.33*
Stufe 5	.33*	.24	.19	.15	.28	.40**
Stufe 6	.17	.16	.10	-.03	.14	.32*
Stufe 7	.16	.27	.16	-.06	.00	.29*
Stufe 8	.29	.37*	.41**	-.06	.26	.15

Laufbahnzufriedenheit (Career Satisfaction) Ich bin zufrieden mit ...

Anmerkungen. Laufbahnzufriedenheit wurde auf Basis der Career Satisfaction Scale von Greenhaus, Parasuraman und Wormley (1990) erhoben (eigene Übersetzung). Cronbach's α = .78. $N = 47$; für *DBK-TE* simulatives Modul und Stufe 8: $N = 44$.* $p < .05$, ** $p < .01$.

Kreative Leistungen, gemessen mit dem *DBK-TE*-Gesamtwert, hingen zu $r = .36$ ($p < .05$) mit der Laufbahnzufriedenheit zusammen. Nach Auspartialisierung von *allgemeiner Intelligenz* (*BIS-AI ohne E*) erhöhte sich der Zusammenhang auf $r = .42$ ($p < .01$). Für das *Kernmodul* ergab sich eine leicht geringere Korrelation zur Laufbahnzufriedenheit von $r = .32$ ($p < .05$). Das *simulative Modul* korrelierte mit $r = .18$ schwächer und auch nicht signifikant ($p > .05$) mit dem Kriterium Laufbahnzufriedenheit.

Auf Stufenebene fand sich der schwächste Zusammenhang für Stufe *3 Konzeptkombination* ($r = .08$, $p > .05$) und der stärkste Zusammenhang mit $r = .42$ ($p < .01$) für Stufe *2 Informationssuche, -aufnahme und -bewertung.*

Von den fünf Items der Career Satisfaction Scale (Greenhaus et al., 1990) hing die Frage nach der Zufriedenheit mit dem, was in der bisherigen Berufslaufbahn erreicht wurde, am stärksten mit Kreativität zusammen ($r = .43$, $p < .01$ für den *DBK-TE*-Gesamtwert; geringste Korrelation mit $r = .16$, $p > .05$ für Stufe 6 *Ideenbewertung*). Die Zufriedenheit mit der Gehaltsentwicklung und mit dem Aufstieg korrelierte jeweils nicht signifikant mit den Kreativitätsmaßen.

11.2.6 Führung

Ein weiteres sichtbares Kriterium für beruflichen Erfolg ist die Begleitung einer leitenden Position. Wie schon beim Gehalt lässt sich hier die Bedeutung kreativer Leistungen nur schwer fassen. Auch die Beförderung in eine erste Führungsposition (und auf alle weiteren Hierarchiestufen) ist sicherlich nicht allein auf kreative Beiträge zurückzuführen. Insofern sind auch für die beiden betrachteten Führungskriterien (Leitende Position ja/nein, Alter bei Übernahme der ersten Führungsposition) die Ergebnisse vor dem Hintergrund zu interpretieren, dass keine allzu großen Effekte zu erwarten sind.

Inwiefern sich Personen in einer leitenden Position von Personen ohne Führungsaufgaben in ihren Kreativitätswerten unterscheiden, ist in Tabelle 62 dargestellt.

Tabelle 62: *DBK-TE* und leitende Position

| | Sind Sie in einer leitenden Position? | | | | | | | | | |
| | ja | | | nein | | | | | | Hedges g |
	N	M	SD	N	M	SD	t	df	p	
DBK-TE Gesamtwert	13	1.07	5.50	68	-0.18	7.00	0.61	79.00	.54	0.20
DBK-TE Kernmodul	57	2.83	6.16	198	1.26	6.28	1.67	253.00	.10	0.25
DBK sim. Modul	30	-0.32	1.90	140	-0.37	1.46	0.14	36.605	.89	0.03
Stufe 1	53	0.60	1.49	163	0.29	1.54	1.26	214.00	.21	0.20
Stufe 2	76	0.35	1.00	285	0.13	1.02	1.72	359.00	.09	0.22
Stufe 3	74	0.46	2.12	266	0.26	1.50	0.75	94.22	.46	0.11
Stufe 4	74	0.76	1.62	266	0.32	1.82	1.89	338.00	.06	0.25
Stufe 5	74	0.68	1.71	265	0.13	1.66	2.51*	337.00	.01	0.33
Stufe 6	74	0.34	1.67	266	0.17	1.64	0.81	338.00	.42	0.10
Stufe 7	76	0.57	1.75	280	0.15	1.70	1.92	354.00	.06	0.24
Stufe 8	13	-0.81	1.52	68	-0.53	1.55	-0.60	79.00	.55	-0.19

Anmerkung. * $p < .05$.

Die Mittelwertsvergleiche für den *DBK-TE*-Gesamtwert, das *Kernmodul* und das *simulative Modul* zeigten keine signifikanten Unterschiede. Auf Stufenebene wurde hingegen für Stufe *5 Ausarbeitung und Entwicklung eines Lösungsansatzes* ein signifikantes Ergebnis erreicht. Die *t*-Tests auf den Stufen *4 Ideenfindung* und *7 Anpassung und Umsetzung* verfehlten die Signifikanzgrenze von $p = .05$ nur knapp (.060 respektive .056). Mit Ausnahme des *simulativen Moduls* und den Stufen *3 Konzeptkombination,* Stufe *6 Ideenbewertung* und Stufe *8 Implementierung* wurde jedoch der erwartete Effekt gefunden: Führungskräfte zeichneten sich durch eine höhere Kreativität aus als Personen, die keine leitende Position begleiteten.

In Kapitel 3 wurde dargelegt, dass Kreativität und die treibende Mitarbeit an Innovationen in einer Vielzahl an Branchen und Berufen zentrale Anforderungen darstellen. Wenn Kreativität ein so wichtiges Erfolgsmerkmal ist, ist zu erwarten, dass Personen, die früh durch kreative Leistungen auffallen (ceteris paribus) auch rascher befördert werden. Tabelle 63 führt die Korrelationen zwischen Kreativität und dem Alter bei Übernahme der ersten Führungsposition ($M = 29.71$, $SD = 8.35$) an.

Tabelle 63: *DBK-TE* und Alter bei Übernahme der ersten Führungsposition

	Alter bei Übernahme der ersten Führungsposition
DBK-TE Gesamtwert	-.29
DBK-TE Kernmodul	-.29
DBK-TE simulatives Modul	-.16
Stufe 1	-.45*
Stufe 2	-.18
Stufe 3	-.28
Stufe 4	-.10
Stufe 5	-.11
Stufe 6	-.02
Stufe 7	-.39
Stufe 8	-.06

Anmerkungen. $N = 23$, außer bei *Gesamtwert* und Stufe *8 Implementierung*: $N = 22$. * $p < .05$.

Angesichts der bereits thematisierten vielfältigen Punkte, die in die Entscheidung Mitarbeitern eine Führungsaufgabe zu übertragen einfließen, sind die Korrelationen zwischen dem Alter bei Übernahme der ersten Führungsposition und Kreativität, wie sie in der *DBK-TE* operationalisiert und gemessen wird, beachtlich hoch. Allerdings sei auf die kleine Stichprobe von $N = 23$ (bzw. $N = 22$ bei *Gesamtwert* und Stufe *8 Implementierung*) verwiesen. Sie bewirkt zum einen, dass die Signifikanzgrenze nur für die außerordentlich hohe Korrelation von $r = -.45$ ($p < .05$) auf Stufe *1 Problementdeckung* unterschritten wurde. Zum anderen sind die Zusammenhänge unbedingt noch an einer größeren Stichprobe zu replizieren.

11.3   Kriterien zu Interessen und Freizeit

Obwohl für den beruflichen Kontext entwickelt, wird die *DBK-TE* auch an einer kleinen Auswahl an Kriterien zu Interessen und Freizeit validiert. In Anlehnung an den Biografie-Index von Hell (2003) werden hierbei die Bereiche Hobbys und Mitgliedschaft in Vereinen bzw. Parteien abgedeckt.

11.3.1   Hobbys

Kreativität geht mit Offenheit für Erfahrungen einher (s. Kapitel 4.2.2.2). Dies zeigt sich im Alltag darin, dass kreative Personen auf der Suche nach vielfältigen (An-)Reizen oftmals auch gleich mehreren Hobbys nachgehen. Die Zusammenhänge der *DBK-TE*-Werte mit der Anzahl an Hobbys ($M = 3.21$, $SD = 1.62$, $N = 247$) werden in Tabelle 64 dargestellt.

Tabelle 64: *DBK-TE* und Anzahl Hobbys

	Anzahl Hobbies	
DBK-TE Gesamtwert	.18[a]	($N = 247$)
DBK-TE Kernmodul	.19[a]	($N = 362$)
DBK simulatives Modul	.15[a]	($N = 494$)
Stufe 1	.16**	($N = 248$)
Stufe 2	.18[a]	($N = 912$)
Stufe 3	.15[a]	($N = 614$)
Stufe 4	.21[a]	($N = 688$)
Stufe 5	.17[a]	($N = 648$)
Stufe 6	.11**	($N = 616$)
Stufe 7	.17[a]	($N = 904$)
Stufe 8	.19[a]	($N = 247$)

Anmerkung. ** $p < .01$, [a] $< \alpha$ ' $= .0045$.

Sowohl für den *DBK-TE*-Gesamtwert, das *Kernmodul* und das *simulative Modul* wie auch für die acht Stufenwerte zeigten sich sehr signifikante ($p < .01$) Zusammenhänge in kleiner bis mittlerer Höhe. Die schwächste Korrelation der Anzahl an Hobbys mit Kreativität ergab sich für Stufe *6 Ideenbewertung* ($r = .11$, $p < .01$), der stärkste Zusammenhang kam mit $r = .21$ ($p < .01$) auf Stufe *4 Ideenfindung* vor.

11.3.2 Mitgliedschaft in Vereinen und Parteien

Vereins- bzw. Parteimitgliedschaften zeigen ein besonderes Interesse für ein bestimmtes Thema auf, ganz gleich ob Freizeitaktivität oder politisches Anliegen. Demzufolge ist zu erwarten, dass das Engagement in gleich mehreren Vereinen oder Parteien analog zu einer Vielzahl an Hobbys ein breites Interesse widerspiegelt und mit Kreativität korreliert sein sollte. Die Zusammenhänge zwischen der Anzahl an Mitgliedschaften in Vereinen und Parteien ($M = 0.98$, $SD = 1.11$) und den kreativen Leistungen in der *DBK-TE* sind in Tabelle 65 aufgeführt.

Tabelle 65: *DBK-TE* und Mitgliedschaft in Vereinen und Parteien

	In wie vielen Vereinen und Parteien sind Sie Mitglied?
DBK-TE Gesamtwert	.29*
DBK-TE Kernmodul	.32*
DBK simulatives Modul	-.07
Stufe 1	.09
Stufe 2	.35*
Stufe 3	.19
Stufe 4	.38*
Stufe 5	.37*
Stufe 6	.05
Stufe 7	.36*
Stufe 8	.19

Anmerkungen. $N = 47$. ** $p < .01$.

Die geringste Korrelation der Vereins- und Parteimitgliedschaften zeigte sich mit $r = -.07$ ($p > .05$) für das *simulative Modul*. Der stärkste Zusammenhang ergab sich auf Stufe *4 Ideenfindung* ($r = .38$, $p < .05$).

11.4   Zusammenfassung und Diskussion der Ergebnisse der Kriterienvalidierung

Zur Prüfung, inwiefern die Ergebnisse in der *DBK-TE* mit Außenkriterien der Kreativität zusammenhängen, wurden Kriterien aus Schule, Studium und Ausbildung, Maße des beruflichen Erfolgs und Kriterien aus dem Freizeitbereich herangezogen.

Kriterien zu Schule, Studium und Ausbildung

Für Kreativität, gemessen über die *DBK-TE*, ergeben sich schwache, aber signifikante Korrelationen zu Schulnoten. Zudem erklären die *DBK-TE*-Ergebnisse in der Vorhersage der Schulnoten acht Prozent Varianz über die Kriterienvalidität von Intelligenz hinaus auf. Der Zusammenhang zwischen kreativem Potenzial und schulischem Erfolg ist damit empirisch bestätigt. Für die Noten in Studium und Ausbildung ergeben sich hingegen keine Zusammenhänge. Die Leistungsbewertung in Studium und Ausbildung hängt von anderen Fähigkeiten als dem kreativen Potenzial ab. Selbstverständlich lässt sich hier jedoch auch ein feldspezifischer Effekt erwarten. In der Studierenden-Stichprobe waren kaum Studierende mit kreativen Studienfächern, sondern vornehmlich Studierende wirtschaftlicher und technischer Studiengänge vertreten. Für Studiengänge wie etwa Freie Kunst oder Journalistik dürften sich wesentlich höhere Zusammenhänge zu Kreativität ergeben. Selbiges gilt für den Zusammenhang der Abschlussnote kreativer Ausbildungsberufe und Kreativität.

Kreativität wird als das Generieren neuartiger und nützlicher Ideen verstanden. Wie wir in Kapitel 5 bereits gesehen haben, ist es mit dem reinen Ausbrüten kreativer Ideen aber nicht getan. Um einen kreativen Beitrag zu leisten müssen die Ideen auch umgesetzt werden. Damit ist die Implementierung kreativer Ideen eine Fähigkeit, die bei Kreativen besonders ausgeprägt sein sollte. Erwartungskonform zeigen sich signifikant höhere Ergebnisse in der *DBK-TE* für Personen, die bereits Ideen in Schule, Studium und Beruf umsetzen konnten. Dieser Befund ist insofern beachtenswert als in der Stichprobe auch Schüler, Studierende und Personen in Berufen mit weniger Handlungsspielraum enthalten sind. In diesen Leistungskontexten dürfte die Möglichkeit zum Einbringen kreativer Ideen wesentlich geringer sein als in Berufen mit höherer Autonomie und dennoch ergeben sich Effekte in niedriger bis mittlerer Höhe.

Wie bereits gezeigt wurde, weisen Personen mit kreativen Leistungen in der *DBK-TE* zugleich auch eine besonders hohe intrinsische Motivation auf. Wenn Kreativität einen so starken motivationalen Anteil hat, dann ist zu erwarten, dass Kreative sich bewusst ein Umfeld suchen, in dem sie ihr kreatives Potenzial ausspielen können. Die Korrelationen zur eingeschätzten Innovationsfreundlichkeit waren für die Stichprobe aus Schülern, Studierenden und Berufstätigen jedoch negativ. Gerade das schulische Umfeld – sicher gilt das leider aber auch für Universitäten – bietet aber auch wenig Möglichkeiten, innovative Ideen der Schüler bzw. Studenten zu berücksichtigen. Viel eher müssen hier feste Lehr- und Stundenpläne verfolgt werden. Allenfalls im Sinne des Organizational Citizenship Behaviors wäre es vielleicht denkbar, eigene Ideen etwa zu Schulfeiern oder der gemeinsamen Lernorganisation einzubringen. Die negativen Korrelationen dürften sich damit insofern erklären, dass kreative Schüler und Studenten bei der Einbringung eigener Ideen häufig auf Widerstände treffen und so eine (zurecht?) negative Einschätzung der Innovationsfreundlichkeit von Schule bzw. Universität treffen. Die Suche nach einem innovationsfreundlichen Umfeld durch kreative Personen und die Auswahl einer eher auf Routinevorgänge fokussierten Umgebung seitens weniger kreativer Personen kommt erst im Berufsleben richtig zum Tragen. Erwartungskonform ergeben sich bei isolierter Betrachtung der berufstätigen Testanden positive Zusammenhänge zwischen der eingeschätzten Innovationsfreundlichkeit des Umfelds und den *DBK-TE*-Kreativitätswerten.

Ebenfalls wie erwartet zeigen sich höhere Kreativitätswerte für Personen, die bereits schul-, studiums- oder berufsbedingt einige Zeit im Ausland verbracht haben. Durch das Leben und Arbeiten in einer fremden Umgebung werden wertvolle Eindrücke gewonnen, welche die Wissensbasis erweitern und somit die Konzeptkombination erleichtern. Zugleich werden kreative Ideen auch dadurch gefördert, dass Bekanntes aus der Heimat durch die Zeit im Ausland oftmals unter einem anderen Blickwinkel betrachtet wird und so eine neue Anwendung oder Umgestaltung erfahren kann.

Zusammengefasst weisen die Ergebnisse der Validierung an Kriterien zu Schule, Ausbildung und Studium in die gewünschte Richtung. Mit der *DBK-TE* können Personen identifiziert werden, die eigene Ideen im schulischen bzw. beruflichen Umfeld einbringen und sich bewusst innovationsfreundlichere Arbeitsumgebungen suchen. Zudem zeigt sich eine inkrementelle Validität von .08 für die *DBK-TE* in der Vorhersage von Schulnoten über Intelligenz hinaus.

Kriterien zum Berufserfolg

Die *DBK-TE* erweist sich (bei gleichzeitiger Kontrolle um das Alter) als guter Gehaltsprädiktor ($\beta = .23$, $p < .05$). Insbesondere das Abschneiden im *simulativen Modul* der *DBK-TE* korreliert sehr signifikant mit dem um den Einfluss des Alters korrigierten Gehalt ($\beta = .58$, $p < .01$). Demnach bilden besonders die simulativen Items berufserfolgsrelevante und damit augenscheinvalide Anforderungen ab. Die beiden simulativen Aufgaben sind sicherlich ebenso multideterminiert wie das Kriterium Gehalt. So wird hier nicht nur kreatives Potenzial erfordert, sondern auch generell erfolgsrelevantes Sozialverhalten (social skills, wie Zuhören, Überzeugen usw.). Bei den simulativen Aufgaben liegt damit eine größere Prädiktor-Kriteriums-Symmetrie zum ebenfalls multideterminierten Kriterium Gehalt vor. Besonders interessant ist die differenzielle Validität des *simulativen Moduls* im Vergleich zum *Kernmodul* unter dem Aspekt, dass sich faktorenanalytisch ja eben kein Methodeneffekt zwischen den beiden Testteilen gezeigt hat. In der Binnenanalyse erwiesen sich die simulativen Aufgaben als zwei homogene, zur Gesamtskala Kreativität passende Items. Dennoch erzielen sie für das Kriterium Gehalt diese deutlich höhere Kriterienvalidität.

Als Maße der Leistungsbeurteilung wurden zum einen das Lob von Kollegen für Verbesserungsvorschläge und andererseits die Selbsteinschätzung beruflichen Erfolgs erfasst. Für das erste Kriterium ergeben sich zwar mit Ausnahme der Stufe *3 Konzeptkombination* durchgängig kleine bis mittlere Effekte in der Richtung, dass höhere Leistungen in der *DBK-TE* in der Gruppe jener Personen zu finden sind, die ihren Kollegen durch Verbesserungsvorschläge aufgefallen waren. Allerdings werden diese Effekte nicht signifikant. Einzige Ausnahme bildet hier Stufe *1 Problementdeckung*. Personen, die ihrem kollegialen Umfeld durch Verbesserungsvorschläge auffallen und für diese auch Lob erhalten, erbringen signifikant bessere Leistungen in der Problementdeckung. Dieses Ergebnis lässt sich damit erklären, dass im betrieblichen Vorschlagswesen auch vornehmlich die Hinweise, *wo* – und in Ansätzen *wie* – etwas besser gemacht werden könnte, zählen und weniger schon konkrete und ausgearbeitete Lösungsstrategien erwartet werden. Die Impulse, Arbeitsprozesse zu optimieren, sind „sichtbarer" und werden folglich von den Kollegen eher wahrgenommen als Überlegungen zur Entwicklung und Umsetzung passender Ideen.

Die Selbsteinschätzungen des beruflichen Erfolgs hängen nicht mit den Leistungen in der *DBK-TE* zusammen. Dieses Ergebnis ist zunächst verwunderlich. Denn die Selbsteinschätzung beruflichen Erfolgs korreliert zu $r = .28$ ($p < .05$; $N = 81$) mit dem Jahresgehalt. Die Testanden definieren ihren beruflichen Erfolg also zu einem gewissen Teil über ihr Gehalt. Und das Gehalt wiederum ließ sich (sofern um den Einfluss des Alters bereinigt) durch die *DBK-TE* doch recht gut vorhersagen. Warum also ergeben sich für den selbsteingeschätzten Berufserfolg dann nicht auch Zusammenhänge zu den Leistungen in der *DBK-TE*? Eine mögliche Erklärung für diesen Befund könnte sein, dass Personen bei der Selbsteinschätzung ihres beruflichen Erfolgs keine kreativen Leistungen in ihre Definition von Berufserfolg miteinbeziehen. Dann wäre Kreativität im Kriterium selbsteingeschätzter Berufserfolg nicht repräsentiert und folglich zeigten sich auch keine Zusammenhänge zu Maßen kreativer Leistung.

Sicherlich wären Leistungsbeurteilungen durch Vorgesetzte hier ein „geschickteres" Kriterium zur Validierung der *DBK-TE*. Die Befunde zur Gehaltsprognose durch die *DBK-TE* weisen bereits darauf hin, dass Kreativität ein wichtiges Element von beruflichem Erfolg repräsentiert. Demgemäß müsste die *Inno-*

vationskraft, wie wir kreatives Potenzial in diesem Kontext wohl eher bezeichnet finden, auch als Bewertungsgrundlage in Leistungsbeurteilungen durch Vorgesetzte enthalten sein. Und folglich wären dann für das Kriterium Vorgesetztenbeurteilung auch höhere Kriteriumsvaliditäten der *DBK-TE* zu finden. Zum aktuellen Zeitpunkt liegen diese Kriteriendaten noch nicht vor, was eine Limitation der Kriterienvalidierung an beruflichen Erfolgsdaten darstellt.

Um konkretere Erfolgsmaße beruflichen Erfolgs zu berücksichtigen wurde unter anderem erfragt, ob die Testanden bereits an der Entwicklung von Patenten mitgearbeitet haben. Leider war die Anzahl an Personen, die hierzu Erfahrungen berichten konnten, sehr klein ($N = 5 - 16$). Damit ist erklärt, warum die Signifikanzgrenze von keinem der berechneten Mittelwertsunterschiede auf Gesamt- oder Stufenebene der *DBK-TE* unterschritten wurde. Die mittleren bis hohen Effektstärke weisen dennoch darauf hin, dass Personen, die in der beruflichen Praxis an Patententwicklungen mitarbeiten und damit neuartige Produkte oder Verfahrensweisen schaffen, auch in der *DBK-TE* besser abschneiden. Sollte sich dieser Befund auf Basis einer größeren Stichprobe bestätigen, eignet sich die *DBK-TE* entsprechend ihrem Entwicklungsziel gerade im technischen und entwicklungsbezogenen Bereich zur Vorhersage kreativer Leistung.

Neben den Patenten wurden weitere feldspezifische Erfolgsdaten erhoben. So liegen Angaben zu Erfolgen in Forschung und Wissenschaft, aber auch im künstlerischen Bereich vor. Für nahezu alle Kriterien aus diesen ganz unterschiedlichen Bereichen ergaben sich mittlere bis starke Effekte in der erwarteten Richtung: Personen, die bereits erfolgreich eigene kreative Beiträge geleistet haben, lassen sich mittels der *DBK-TE* als Personen höheren kreativen Potenzials identifizieren. Bedauerlicherweise waren jedoch auch bei diesen spezifischeren Erfolgskriterien die Gruppen jener Personen, die bereits Erfolge vorweisen konnten, sehr klein. Die Befunde sind infolgedessen unbedingt noch einmal an größeren Stichproben oder gezielt an Extremgruppen zu replizieren.

Dass Personen, die sich in der *DBK-TE* als kreativ erweisen, auch ihren Kollegen durch neue Impulse zur Arbeitsgestaltung positiv auffallen, wurde bereits diskutiert. Zugleich wurde neben der Leistungsbeurteilung durch Kollegen das Einbringen von Verbesserungsvorschlägen auch unter dem Aspekt betrachtet, ob aus diesen Vorschlägen tatsächlich Veränderungen resultieren. Mit einer Korrelation von $r = .18$ ($p < .01$) hängen höhere kreative Leistungen in der *DBK-TE* auch mit einer höheren Anzahl an eingebrachten Verbesserungsvorschlägen zusammen. Wenn auch leicht, so doch noch etwas stärker ist der Zusammenhang zwischen dem anhand der *DBK-TE* gemessenen kreativen Potenzial und der Häufigkeit, in der dann wirkliche Veränderungen in Arbeitsabläufen ($r = .21, p < .05$) und Organisationsstrukturen ($r = .26, p < .01$) vollzogen werden. Ein Blick auf die Stufenebene der *DBK-TE* zeigt, dass insbesondere die auf den Stufen *2 Informationssuche, -aufnahme und -bewertung* und *3 Konzeptkombination* erforderten Fähigkeiten zu erfolgreichen Veränderungen im Arbeitskontext beitragen.

Sofern also interne Strukturen verändert werden sollen, kommt es darauf an, die richtigen Informationen zu finden und zu kombinieren. Das gerade diese beiden Stufen so wichtig sind, dürfte ein Hinweis darauf sein, dass Neuerungen im Arbeitskontext wohl eher Adaptionen oder Weiterentwicklungen von bestehenden Prozessen oder Organisationsformen sind und weniger einen gänzlich neuartigen Kern haben. Bei der Veränderung von Arbeitsabläufen scheint es zudem vor allem darauf anzukommen, die Ideen auch gut umzusetzen („Einfach machen!"; Zusammenhang mit Aufgabe *S8 City Cruiser*: $r = .25$, $p < .01$). Für die Änderung von organisationalen Strukturen hingegen hat besonders die Auswahl zur Organisation passender bzw. an die spezifischen Bedürfnisse angepasster Ideen eine Bedeutung (Zusammenhang mit *S6 Ideenbewertung*: $r = .26$, $p < .01$ und mit *S7 Anpassung und Umsetzung:* $r = .21$, $p < .05$).

In Ergänzung zu den „harten" Kriterien beruflichen Erfolgs, die zur Kriterienvalidierung herangezogen wurden, wurde auch die Zufriedenheit mit der beruflichen Laufbahn erfragt. Mit einer Korrelation von $r = .36$ ($p < .05$) ergibt sich ein mittlerer Zusammenhang zwischen der Laufbahnzufriedenheit und den kreativen Leistungen in der *DBK-TE*. Demgemäß wären Kreativere auch zufriedener mit ihrer beruflichen Entwicklung. Doch warum sollte das eigene kreative Potenzial mit Laufbahnzufriedenheit einhergehen? Bei Betrachtung der fünf Items der eingesetzten *Career Satisfaction Scale* (Greenhaus et al., 1990) klärt sich der Befund etwas auf. So sind Kreativere besonders bezüglich ihrer erreichten (beruflichen) Ziele und dabei insbesondere bezüglich ihrer persönlichen Entwicklungsziele zufriedener. Im Aufbau neuer Fähigkeiten und Fertigkeiten spiegelt sich das lebenslange Lernen, also die ständige Erweiterung an Wissen und Kompetenzen. Wie in Kapitel 4.1.4 bereits diskutiert wurde ist ein breiter Erfahrungsschatz eine gute Voraussetzung zur Erbringung kreativer Leistungen. Gleichwohl ist gerade die Neugierde auf Dinge, die man noch nicht kennt und kann, charakteristisch für Kreative. Wenn es ihnen im Beruf gelingt, ihre Neugierde durch die Erweiterung ihrer Kompetenzen zu befriedigen, trägt dies sicherlich zur Laufbahnzufriedenheit bei.

Aus den Korrelationen der *DBK-TE*-Stufenwerte zur Laufbahnzufriedenheit soll an dieser Stelle ein Ergebnis herausgehoben werden. Die Zufriedenheit mit dem Fortschritt im Hinblick auf die Realisierung eigener beruflicher Ziele hängt in großem Maße mit den auf Stufe *8* geforderten Fähigkeiten zur *Implementierung* zusammen ($r = .41$, $p < .01$). Sofern die befragten Testanden als Ziele vornehmlich den beruflichen Aufstieg und eine zunehmende Verantwortungsübernahme formulieren, lässt sich der Zusammenhang wie folgt erklären: in der Regel werden Mitarbeiter vor allem aufgrund ihrer Ergebnisse befördert. Damit kommt der Durchsetzung kreativer Ideen bzw. Lösungen ein besonderes Gewicht für die Karriereentwicklung zu. Denn durch das Verkaufen neuer Konzepte werden Mitarbeiter sichtbar – und das ganz unabhängig davon, ob die Lösungen auf ihren eigenen Vorüberlegungen beruhen oder nicht. Wenn vornehmlich jene

Personen als erfolgreich erachtet und in Konsequenz befördert werden, die kreative Ideen auch um- und durchsetzen, werden Personen, die über die notwendigen Fähigkeiten zur Implementierung verfügen auch eher mit ihrer beruflichen
Entwicklung zufrieden sein können.

Ob die Beförderung auf eine Führungsposition von kreativen Beiträgen abhängt, mag branchen- und positionsspezifisch unterschiedlich sein. Sicherlich
wird von Führungskräften übergreifend erwartet, zur Verbesserung der Arbeitsabläufe beizutragen. Bedeutete Führung früher vor allem die Durchsetzung der
Ziele der Geschäftsführung, wird von modernen Führungskräften heutzutage
aber auch eigenes unternehmerisches Denken erwartet. Durch die frühzeitige
Identifikation von neuen Chancen und die Fähigkeit, erfolgsversprechende Konzepte zu erkennen, leisten sie einen wertvollen Beitrag zum Unternehmenserfolg.
Insofern stellt Kreativität auch für Führungskräfte eine wichtige Anforderung
dar. Für die *DBK-TE* ergeben sich jedoch (mit einer Ausnahme) keine signifikant
höheren Kreativitätswerte bei Führungskräften als bei Personen ohne Leitungs-
funktion. Allerdings zeigen die Effektstärken in die Richtung, dass Führungskräfte kreativere Leistungen erbrachten als Nicht-Führungskräfte. Einzige Ausnahme bildet Stufe *8 Implementierung*; hier sind die Führungskräfte schwächer
als die übrigen Personen. Gerade dieses Ergebnis ist nicht erwartungskonform.
Allerdings bestand die Stichprobe der Führungskräfte nur aus 13 Personen. Es
bleibt abzuwarten, ob es sich bei einer größeren Personenzahl replizieren lässt
oder ob sich dann auch für diesen Wert höhere Leistungen ergeben.

Ein weiterer Beleg für die Bedeutung kreativen Potenzials für die Übernahme
einer Führungsposition sind die Korrelationen zwischen den Leistungen in der
DBK-TE und dem Alter bei Übernahme der ersten Führungsposition. Je kreativer
die Leistungen der Testanden, desto früher wurden sie zu Führungskräften befördert. Kreativität scheint folglich eine berufserfolgsrelevante Variable darzu-
stellen. Wer durch kreative Beiträge auffällt, wird als Leistungsträger erkannt
und folglich auch bereits in jüngerem Alter befördert. Insbesondere Personen, die
auf Verbesserungspotenziale hinweisen oder Probleme bzw. Herausforderungen
sehen, die andere bislang nicht sahen, werden früher Führungsaufgaben übertragen (Zusammenhang für Stufe *1 Problementdeckung*: $r = -.45, p < .05$).

Zusammengefasst erweist sich die *DBK-TE* als valider Prädiktor beruflicher
Erfolgskennzahlen. Sowohl harte Kriterien, wie Gehalt oder hierarchische Position, sowie weichere Kriterien, wie Laufbahnzufriedenheit und auch ganz konkrete Erfolge, wie Patententwicklungen oder andere Erfolge, hängen mit kreativen Leistungen, wie sie in der *DBK-TE* erfasst werden zusammen. Auch wenn
einzelne Befunde an größeren Stichproben repliziert werden sollten und sicherlich noch weitere Kriterien (wie z. B. Vorgesetztenbeurteilungen) von Interesse
sind, ist es gelungen, ein berufsbezogenes Verfahren zu konzipieren, dass die
erfolgsrelevanten, kreativen Anforderungen der Praxis abbildet.

Kriterien Interessen und Freizeit

Die Zusammenhänge der kreativen Leistungen in der *DBK-TE* mit der Anzahl an Hobbys und der Mitgliedschaft in Vereinen und Parteien waren erwartungskonform in mittlerer, positiver Höhe. Beide Kriterien fassen die Breite an Interessen, denen die Testanden in ihrer Freizeit nachgehen. In einer höheren Anzahl an Hobbys und breitem Engagement zu unterschiedlichen Themen spiegelt sich ein breites Interessenspektrum wieder (Golléri, 2012; Hell, 2003), das einerseits charakteristisch für Kreative ist (s. Kapitel 4.2.2.2 zu Offenheit für Erfahrungen bzw. Neugierde) und andererseits als Informations- und Erfahrungsgrundlage zur Konzeptkombination, Ideenfindung und Ausgestaltung von kreativen Lösungen dienen kann.

12 Zusammenhänge zu Demografischen Variablen

Die *DBK-TE* wurde zur Kreativitätsdiagnostik im beruflichen Kontext entwickelt. In diesem Anwendungsfeld sollten Verfahren weder geschlechts- noch altersdiskriminierend sein.

Um zu prüfen, ob die Ergebnisse der *DBK-TE* in Abhängigkeit demografischer Variablen variieren, wurden die Zusammenhänge zum Alter der Testanden berechnet. Weiterhin wurde geprüft, ob sich Männer und Frauen in ihren kreativen Leistungen unterscheiden und inwiefern Muttersprache und Bildungshintergrund einen Unterschied in den Ergebnissen bewirken. Es werden je die Ergebnisse zu den *DBK-TE*-Gesamt- und -Stufenwerten berichtet. Die Korrelationen bzw. Unterschiede auf Itemebene können Online Plus entnommen werden.

12.1 Alter

Die Zusammenhänge der *DBK-TE-Gesamt-* und *-Stufenwerte* zum Alter sind in Tabelle 66 dargestellt.

Weder der *DBK-TE-Gesamtwert*, das *Kernmodul*, das *simulative Modul* noch die *Stufenwerte* zeigten einen praktisch bedeutsamen Alterseffekt. Mit $r = -.07$ ($p > .05$) für Stufe *8 Implementierung* bis $r = .08$ ($p < .01$) für Stufe *7 Anpassung und Umsetzung* variierten die Korrelationen nur knapp um die Nullkorrelation.

Tabelle 66: *DBK-TE* und Alter

	Alter
DBK-TE Gesamtwert	-.03
	($N = 303$)
DBK-TE Kernmodul	.01
	($N = 792$)
DBK-TE sim. Modul	-.06
	($N = 585$)
Stufe 1	-.03
	($N = 656$)
Stufe 2	.04
	($N = 1\ 399$)

	Alter
Stufe 3	-.01 ($N = 1\,044$)
Stufe 4	.07* ($N = 1\,120$)
Stufe 5	.06* ($N = 1\,115$)
Stufe 6	.01 ($N = 1\,047$)
Stufe 7	.08[a] ($N = 1\,355$)
Stufe 8	-.07 ($N = 303$)

Anmerkungen. * $p < .05$, [a] $< \alpha$' $= .0045$.

12.2 Geschlecht

Wie die Teststatistiken in Tabelle 67 zeigen, traten auf Ebene der *DBK-TE-Gesamtwerte* keine Geschlechtseffekte auf ($p > .05$).

Tabelle 67: *DBK-TE* und Geschlecht

	männlich			weiblich						Hedges.
	N	*M*	*SD*	*N*	*M*	*SD*	*t*	*df*	*p*	*g*
DBK-TE Gesamtwert	110	0.12	6.76	189	-0.69	5.07	1.09	180.63	.28	.14
DBK-TE Kernmodul	356	0.53	6.97	430	0.70	6.20	-0.35	717.37	.72	-.03
DBK-TE sim. Modul	254	-0.04	1.54	327	-0.25	1.28	1.79	487.00	.07	.15
Stufe 1	266	0.33	1.78	382	0.29	1.63	0.33	537.48	.75	.02
Stufe 2	701	-0.01	1.01	695	0.01	0.99	-0.42	1394.00	.68	-.02
Stufe 3	489	0.01	1.76	549	0.29	1.47	-2.76*	1036.00	.01	-.17
Stufe 4	520	0.07	1.80	594	0.00	1.77	0.66	1112.00	.51	.04
Stufe 5	517	0.31	1.87	592	-0.01	1.64	3.02[a]	1035.23	.00	.18
Stufe 6	491	0.21	1.73	550	-0.11	1.64	3.13[a]	1012.37	.00	.19
Stufe 7	681	0.12	1.83	671	-0.09	1.66	2.20*	1340.93	.03	.12
Stufe 8	110	-0.12	1.70	189	-0.28	1.31	0.87	185.44	.38	.11

Anmerkungen. * $p < .05$, [a] $< \alpha$' $= .0045$.

Wurden hingegen die Leistungen auf Stufenebene betrachtet, ergaben sich vereinzelte Effekte. So zeigten Frauen auf Stufe *3 Konzeptkombination* signifikant höhere Leistungen. Auf den Stufen *5 Ausarbeitung und Entwicklung eines Lösungsansatzes*, *6 Ideenbewertung* und *7 Anpassung und Umsetzung* ergaben sich dagegen für die Männer höhere Mittelwerte. Die Effekte sind mit $g < .20$ allerdings als klein einzustufen.

12.3 Muttersprache

Aufgrund der hohen verbalen Komponente in der Bearbeitung der *DBK-TE* ist die Abhängigkeit der Ergebnisse von der Muttersprache der Testanden zu prüfen. Die Ergebnisse hierzu finden sich in Tabelle 68.

Tabelle 68: *DBK-TE* und Muttersprache

	Andere			Deutsch						Hedges.
	N	*M*	*SD*	*N*	*M*	*SD*	*t*	*df*	*p*	*g*
DBK-TE Gesamtwert	69	-3.74	5.13	234	0.59	5.52	-5.82[a]	301.00	.00	-.81
DBK-TE Kernmodul	452	0.90	7.01	342	0.24	5.82	1.43	785.13	.15	.10
DBK-TE sim. Modul	85	-0.84	1.02	500	-0.04	1.42	-6.28[a]	146.22	.00	-.65
Stufe 1	418	0.27	1.83	238	0.37	1.38	-0.80	605.28	.43	-.06
Stufe 2	537	0.04	1.13	867	-0.02	0.91	1.09	952.72	.28	.06
Stufe 3	467	0.28	1.88	579	0.06	1.35	2.09*	821.81	.04	.13
Stufe 4	510	-0.03	1.91	612	0.08	1.66	-1.04	1015.97	.30	-.06
Stufe 5	509	0.06	1.91	608	0.20	1.60	-1.29	991.02	.20	-.08
Stufe 6	469	0.04	1.80	580	0.04	1.59	0.00	942.45	.99	.00
Stufe 7	528	0.14	1.99	832	-0.07	1.58	2.10*	936.91	.04	.12
Stufe 8	69	-0.86	1.14	234	-0.02	1.50	-4.99[a]	144.30	.00	-.63

Anmerkungen. $* p < .05,$ [a] $< \alpha' = .0045.$

Signifikante Unterschiede zwischen den Ergebnissen von Deutsch-Muttersprachlern und Personen, die eine andere Sprache als Muttersprache angegeben haben, fanden sich für den *Gesamtwert* und das *simulative Modul* ($t(301)$ = -5.82, $p < .01$ respektive $t(146.22) = -5.82$, $p < .01$). Deutsch-Muttersprachler waren hier im Vorteil, d. h. sie erreichten bessere Leistungen. Mit *Hedges g* = -.81 bzw. -.65 lagen starke bzw. mittlere Effekte vor.

Auf Stufenebene fanden sich nur vereinzelte und uneinheitliche Effekte. So erzielten Personen, deren Muttersprache eine andere als Deutsch ist, auf den Stufen *3 Konzeptkombination* und *7 Anpassung und* Umsetzung signifikant bessere Leistungen ($t(821.81) = 2.09$, $p < .05$ respektive $t(936.91) = 2.10, p < .05$).

Mit $g = .13$ bzw. $.12$ sind diese Effekte jedoch nur schwach. Auf Stufe *8 Implementierung* waren wieder die Deutsch-Muttersprachler im Vorteil. Sie erreichten signifikant höhere Ergebnisse ($t(144.30) = -4.99$, $p < .01$). Der Einfluss der Muttersprache zeigte sich hier mit einer mittleren Effektstärke.

12.4 Bildungshintergrund

Um den Effekt des Bildungshintergrunds auf das Abschneiden in der *DBK-TE* zu überprüfen wurde eine einfaktorielle ANOVA berechnet. Der Bildungshintergrund der Testanden wurde über die Variable „Höchster Bildungsabschluss" erhoben. Zur Auswahl standen: Keiner, Hauptschule, Realschule, (Fach-)Hochschulreife und abgeschlossenes Studium inkl. Promotion, Habilitation. Die Ergebnisse sind in Tabelle 69 aufgeführt. Aus Platzgründen werden auf Online Plus für den Einfluss des Bildungshintergrunds keine Analysen auf Itemebene berichtet.

Tabelle 69: *DBK-TE* und Bildungshintergrund

Abhängige Variable (N)	Quelle der Varianz	Quadrat-summe	df	Mittel der Quadrate	F	p	η^2
DBK-TE-Gesamtwert	Höchst. Bildungsabschluss	875.99	3	292.00	10.79**	.00	0.12
(N = 239)	Fehler	6358.01	235	27.06			
	Gesamt	7322.20	239				
DBK-TE Kernmodul	Höchst. Bildungsabschluss	2447.47	4	611.87	17.98**	.00	0.12
(N = 557)	Fehler	18789.94	552	34.04			
	Gesamt	21473.68	557				
DBK-TE sim. Modul	Höchst. Bildungsabschluss	85.12	4	21.28	11.57**	.00	0.08
(N = 520)	Fehler	947.00	515	1.84			
	Gesamt	1033.04	520				
Stufe 1	Höchst. Bildungsabschluss	107.35	4	26.84	14.46**	.00	0.12
(N = 432)	Fehler	792.82	427	1.86			
	Gesamt	950.01	432				
Stufe 2	Höchst. Bildungsabschluss	35.61	4	8.90	10.06**	.00	0.04
(N = 1 089)	Fehler	958.93	1084	0.89			
	Gesamt	995.66	1089				
Stufe 3	Höchst. Bildungsabschluss	137.60	4	34.40	15.83**	.00	0.07
(N = 808)	Fehler	1744.63	803	2.17			
	Gesamt	1895.34	808				

Abhängige Variable (N)	Quelle der Varianz	Quadrat-summe	df	Mittel der Quadrate	F	p	η^2
Stufe 4	Höchst. Bildungsabschluss	112.11	4	28.03	10.05**	.00	0.05
(N = 811)	Fehler	2247.47	806	2.79			
	Gesamt	2379.02	811				
Stufe 5	Höchst. Bildungsabschluss	74.58	4	18.65	7.24**	.00	0.04
(N = 808)	Fehler	2068.10	803	2.58			
	Gesamt	2182.96	808				
Stufe 6	Höchst. Bildungsabschluss	87.40	4	21.85	8.52**	.00	0.04
(N = 810)	Fehler	2064.42	805	2.56			
	Gesamt	2153.86	810				
Stufe 7	Höchst. Bildungsabschluss	273.68	4	68.42	25.30**	.00	0.09
(N = 1 054)	Fehler	2836.38	1049	2.70			
	Gesamt	3117.27	1054				
Stufe 8	Höchst. Bildungsabschluss	66.06	3	22.02	11.33**	.00	0.13
(N = 239)	Fehler	456.70	235	1.94			
	Gesamt	522.84	239				

Anmerkungen. Einfaktorielle Varianzanalyse. ** $p < .01$.

Es zeigte sich sowohl für den *DBK-TE*-Gesamtwert, das *Kernmodul* und das *simulative Modul* wie auch für die acht *DBK-TE*-Stufen ein jeweils sehr signifikanter Einfluss des höchsten erreichten Bildungsabschlusses auf das Abschneiden in der *DBK-TE*. Der schwächste Effekt ergab sich mit η^2 = .04 auf den Stufen *2 Informationssuche, -aufnahme und -bewertung, 5 Ausarbeitung und Entwicklung eines Lösungsansatzes* und *6 Ideenbewertung.* Der stärkste Effekt zeigte sich auf Stufe *8 Implementierung* (η^2 =.13). Diese Effektstärken sind gemäß Cohen's Klassifikation als mittel bis groß einzustufen.

Um herauszufinden, zwischen welchen Bildungsabschlüssen sich der jeweilige *DBK-TE*-Wert signifikant voneinander unterscheidet, wurden Post-hoc-Mehrfachvergleiche auf Basis des konservativen Scheffé-Tests gerechnet. Die Ergebnisse finden sich auf Online Plus. Zusammengefasst ergaben sich für Personen mit Realschulabschluss über die drei Gesamtwert- und die acht Stufenwerte hinweg je signifikant schlechtere Ergebnisse als für die Gruppe der Personen mit (Fach-)Hochschulreife und abgeschlossenem Studium. Eine Ausnahme stellten die Stufen *2 Informationssuche, -aufnahme und -bewertung* und *6 Ideenbewertung* dar; hier ergaben sich für die Personen mit Realschulabschluss nur schlechtere Ergebnisse im Vergleich zu Personen mit abgeschlossenem Studium und nicht auch zu Personen mit (Fach-)Hochschulreife.

Für die Personen mit Hauptschulabschluss zeigte sich im *Kernmodul*, im *simulativen Modul* und auf den Stufen *1 Problemdeckung, 3 Konzeptkombination, 6 Ideenbewertung* und *8 Implementierung* ein signifikant schlechterer

Wert als bei Personen mit (Fach-)Hochschulreife. Im *Kernmodul*, im *simulativen Modul* und auf den Stufen *1 Problementdeckung, 2 Informationssuche, -aufnahme und -bewertung, 3 Konzeptkombination, 6 Ideenbewertung, 7 Anpassung und Umsetzung* und *8 Implementierung* schnitten Personen mit Hauptschulabschluss auch schlechter ab als Personen mit abgeschlossenen Studium. Im *simulativen Modul* ergaben sich für Personen mit Hauptschulabschluss als maximalem Bildungsabschluss signifikant geringere Werte als für Personen mit Realschulabschluss. Und im *simulativen Modul* sowie auf *Stufe 3 Konzeptkombination* ergaben sich für die Personen mit Hauptschulabschluss sogar schlechtere Werte als für die Testanden ohne Bildungsabschluss.

12.5 Zusammenfassung und Diskussion der Ergebnisse zu den demografischen Variablen

Eine wichtige Anforderung an die *DBK-TE* als berufsbezogener Kreativitätsleistungstest ist es, dass ihr Einsatz ohne die Diskriminierung bestimmter Personengruppen erfolgen kann. Zwar führen Schuler und Görlich (2007) aus, dass Kreative zumeist im mittleren Erwachsenenalter die größten und meisten Beiträge leisten, hierin zeigt sich jedoch nur die Altersabhängigkeit der Implementierung realer Produkte. Kreatives Potenzial hingegen sollte nicht altersabhängig sein. Natürlich nehmen manche der kreativitätsförderlichen Fähigkeiten im Laufe des Lebens ab (z. B. fluide Intelligenz). Zugleich werden andere kreativitätsbegünstigenden Fähigkeiten weiter ausgebaut (z. B. Wissen). In der zur Prüfung auf Altersunabhängigkeit der *DBK-TE*-Ergebnisse herangezogenen Stichprobe sind überwiegend junge Menschen (Median: 23 Jahre), so dass zur abschließenden Bewertung der Altersabhängigkeit noch weitere ältere Personen getestet werden sollten. Auf Basis der aktuell vorliegenden Ergebnisse, zeichnen sich allerdings wie erwartet keine Alterseffekte im kreativen Potenzial ab.

Ebenso wenig ergeben sich auf Ebene der *DBK-TE*-Gesamtwerte Geschlechtereffekte. Dieses Ergebnis ist insofern besonders erfreulich, als die vordergründig auf technische und entwicklungsbezogene Tätigkeiten zugeschnittenen Aufgaben nicht zur Aktivierung des Geschlechtsstereotyps „Frauen können und mögen keine Aufgaben im technischen Kontext lösen" zu führen scheint. Auf Ebene der Stufenwerte zeigen sich jedoch für die Stufen *3 Konzeptkombination, 5 Ausarbeitung und Entwicklung eines Lösungsansatzes, 6 Ideenbewertung* und *7 Anpassung und Umsetzung* kleine Geschlechtsunterschiede in den kreativen Leistungen. Sofern sich die Stufen der *DBK-TE* in nachfolgenden Studien empirisch als unabhängige Werte bestätigen lassen und eine Rückmeldung der *DBK-TE*-Ergebnisse auch auf Stufenebene erfolgen soll, könnten die Geschlechtseffekte in der Normierung berücksichtigt werden.

In Kapitel 7.3.1 wurde bereits darauf hingewiesen, dass die *DBK-TE* aufgrund des sprachlastigen Aufgabenmaterials nur bei Personen eingesetzt werden sollte, die Deutsch auf ausreichendem Niveau sprechen. Der Einfluss des Sprachniveaus der Testanden zeigte sich zwar nicht für alle Items und Stufen und auch für das *Kernmodul* ergab sich kein signifikanter Unterschied zwischen Deutsch-Muttersprachlern und Personen mit anderem sprachlichen Hintergrund, allerdings sollte vorsichtshalber vor jedem Einsatz der *DBK-TE* das Sprachniveau der Testnehmer abgeklärt werden.

Die *DBK-TE* wurde für Erwachsene mit Bildungsvoraussetzung Abitur entwickelt. Wie in einer begleitenden Studie zur Validierung der *DBK-TE* gezeigt wurde, unterscheiden sich Abiturienten an Regel-Gymnasien in ihren *DBK-TE*-Ergebnissen – auch nach Kontrolle um Intelligenz – weder auf Gesamtwert- noch auf Stufenwertebene von Waldorfschülern (Spieker, 2014). Die Schulform an der das Abitur gemacht wird, spielt also keine Rolle. Allerdings schneiden Personen mit niedrigerem Bildungsabschluss (Haupt- oder Realschulabschluss) signifikant schlechter in der *DBK-TE* ab als Personen mit (bzw. auf dem Weg zum) Abitur. Der Einsatz des Verfahrens bei Personen ohne gymnasialen Bildungshintergrund ist daher abzuwägen bzw. in der Normierung der *DBK-TE* durch eigene Referenzgruppen zu berücksichtigen.

13 Nebengütekriterien

Als Nebengütekriterien zählen unter anderem die Nützlichkeit, Einsatzbreite, Ökonomie und Akzeptanz von Verfahren. In diesem Kapitel wird berichtet, inwiefern diese Kriterien bei der *DBK-TE* ausgeprägt sind. Während sich Nützlichkeit, Einsatzbreite nicht und Ökonomie nur bedingt empirisch bestimmen lassen, wurde die Akzeptanz gegenüber der *DBK-TE* jedoch mit einem Fragebogen erhoben, der eine empirische Untersuchung der Akzeptanz und ihrer Facetten erlaubt.

13.1 Nützlichkeit

Die *DBK-TE* ermöglicht als erstes psychologisches Testverfahren die berufsbezogene Kreativitätsdiagnose bei technischen und entwicklungsbezogenen Tätigkeiten und bedient damit ein starkes praktisches Bedürfnis. Als valides und akzeptiertes Kreativitätsverfahren erfüllt die *DBK-TE* gleichermaßen die Anforderungen von Forschung und Praxis, Anwendern, Testleitern und Testanden.

13.2 Einsatzbreite

Zwar wurde die *DBK-TE* speziell für technische und entwicklungsbezogene Tätigkeiten entwickelt, da jedoch keinerlei Vor- oder Fachwissen vorausgesetzt werden muss und die Anwendung des Verfahrens auch nicht auf bestimmte Tätigkeitsbereiche oder Hierarchieebenen beschränkt wurde, ist auch ein breiterer Einsatz möglich. Die Bildungsvoraussetzung Abitur hingegen ist aufgrund der an diese Zielgruppe angepassten Itemschwierigkeiten strikter einzuhalten.

13.3 Ökonomie

Der vorliegende Kreativitätstest ist in Bezug auf die folgenden Punkte als ökonomisches Verfahren zu bewerten:

- *Durchführungszeit*: Die Durchführungszeit wurde in Bezug auf den Anwendungskontext minimiert. Die komplette Testung dauert 65 Minuten. Wird das simulative Modul nicht eingesetzt, verkürzt sich die Bearbeitungszeit der *DBK-TE* auf 45 Minuten.

- *Material*: Zur Durchführung der *DBK-TE* sowie zur Auswertung und Interpretation der Testergebnisse wird kein aufwendiges Material benötigt. Die *DBK-TE* wird als paper-pencil-Test dargeboten. Lediglich bei Einsatz des simulativen Moduls sind ein digitales Abspielgerät, ein Monitor bzw. eine Projektionsfläche sowie ein Aufnahmegerät erforderlich. Das Manual der *DBK-TE* wurde anwenderfreundlich gestaltet und enthält sowohl wissenschaftlich relevante Informationen zum Hintergrund des Verfahrens als auch direkt anwendungsbezogene Hinweise.
- *Testleiter*: Die Durchführung der *DBK-TE* erfordert einen Testleiter. Um die Verfahrensqualität zu gewährleisten, ist der Einsatz eines geschulten Testleiters zu empfehlen. Die Beschränkung auf eine rein quantitative Auswertung und leicht nachvollziehbare Beispiele zur Auswertung der Testbögen im Manual ermöglichen es, die Auswertung (nicht aber die Interpretation und Rückmeldung!) auch in die Hände von Hilfskräften zu geben.
- *Einzel- vs. Gruppentestung*: Die *DBK-TE* kann sowohl zur Einzeltestung als auch in paralleler Testung mehrerer Personen eingesetzt werden. Lediglich für die Rollenspielaufgabe ist eine Einzeltestung notwendig. Die Positionierung dieser Aufgabe an das Testende ermöglicht eine Gruppentestung bis fast zuletzt. Dann werden die Testteilnehmer nacheinander und einzeln in dieser simulativen Aufgabe getestet.
- *Auswertung und Interpretation*: Die Ergebnisse der *DBK-TE* sind schnell und bequem auswertbar. Für die Auswertung eines *DBK-TE*-Testhefts sind durchschnittlich 5 Minuten zu veranschlagen. Im Manual wird die Auswertungsprozedur anhand leicht verständlicher Beispiele erläutert. Zudem werden zur Interpretation der Ergebnisse Normtabellen bereitgestellt werden. Eine computergestützte Auswertung ist angedacht, steht aber derzeit noch nicht zur Verfügung.

13.4 Akzeptanz

Neben den psychometrischen Qualitäten eines Tests ist auch die Akzeptanz für das Verfahren seitens der getesteten Personen von nicht zu vernachlässigendem Interesse. Denn Hausknecht, Day und Thomas (2004) konnten meta-analytisch zeigen, dass die positive Einstellung gegenüber Bewerberauswahlprozessen und damit auch der darin eingesetzten Verfahren sich sowohl auf das Bild des auswählenden Unternehmens auswirkt als auch die Entscheidung im Falle einer Zusage das Stellenangebot auch anzunehmen fördert. Neben diesen praxisrelevanten Aspekten ist zudem der Effekt zu erwarten, dass sich das Urteil über die Akzeptanz eines Verfahrens auch auf das (Test-)Verhalten und damit die Validität des Verfahrens auswirkt (Kersting, 2008b).

Um die Akzeptanz der *DBK-TE* zu prüfen wurden die Bewertungen der Testanden zu Augenscheinvalidität, Belastungsfreiheit, Kontrollierbarkeit und Messqualität der *DBK-TE* mittels des *Akzept!-L* (Kersting, 2008b) eingeholt. Die Akzeptanzwerte, die für die *DBK-TE* auf den vier Skalen *Augenscheinvalidität*, *Belastungsfreiheit*, *Kontrollierbarkeit* und *Messqualität* erzielt werden, sind in Tabelle 70 enthalten. Aus diesen vier Subskalen wurde ein Gesamtwert gebildet. Zudem wurde jeweils per single-item-Messung nach der Schulnote (von 1 = sehr gut bis 6 = ungenügend) gefragt, mit der die Testanden die *DBK-TE* bewerten. Auch eine Einschätzung des eigenen Abschneidens in der *DBK-TE* wurde erfasst (ebenfalls im Schulnotenformat).

Hier werden wie bereits zuvor die Ergebnisse zu den *DBK-TE*-Gesamt- und -Stufenwerten berichtet. Die Korrelationen bzw. Unterschiede auf Itemebene können Online Plus entnommen werden.

Tabelle 70: *DBK-TE* und Akzept!-L

				Akzept!-L			
	Gesamt	Augenschein-validität	Belastungs-freiheit	Kontrollier-barkeit	Mess-qualität	Schulnote	Eig. Ab-schneiden
	($N = 78$)	($N = 86$)	($N = 87$)	($N = 87$)	($N = 79$)	($N = 86$)	($N = 83$)
M	4.11	3.39	4.33	4.94	3.67	2.62	2.83
(SD)	(0.54)	(0.91)	(0.87)	(0.75)	(0.81)	(0.84)	(0.85)
DBK-TE Gesamtwert	.17	.01	.11	.23*	.21	-.30**	-.35**
DBK-TE Kernmodul	.19	.03	.08	.24*	.23*	-.32**	-.35**
DBK-TE sim. Modul	.11	.03	.11	.04	.01	-.16	-.09
Stufe 1	.26*	.08	.22*	.22*	.18	-.34**	-.27*
Stufe 2	.07	-.03	.01	.11	.23*	-.25*	-.26*
Stufe 3	.13	-.04	.17	.30**	.00	-.15	-.32**
Stufe 4	.23*	.13	-.01	.16	.31**	-.32**	-.28**
Stufe 5	.23*	.14	.03	.15	.28*	-.31**	-.29**
Stufe 6	.17	-.08	.18	.28**	.16	-.21*	-.37**
Stufe 7	.15	.02	.03	.18	.22	-.32**	-.29**
Stufe 8	.03	-.07	-.02	.12	.11	-.18	-.20

Anmerkungen. * $p < .05$, ** $p < .01$. Skala von 1 = trifft nicht zu bis 6 = trifft genau zu. Für Schulnote und Eigenes Abschneiden von 1 = sehr gut bis 6 = ungenügend.

Abbildung 23 ist die Gesamtbeurteilung sowie das Urteil zu den vier Subskalen nochmals grafisch veranschaulicht.

Abbildung 23: Items zur Selbsteinschätzung der Kreativität

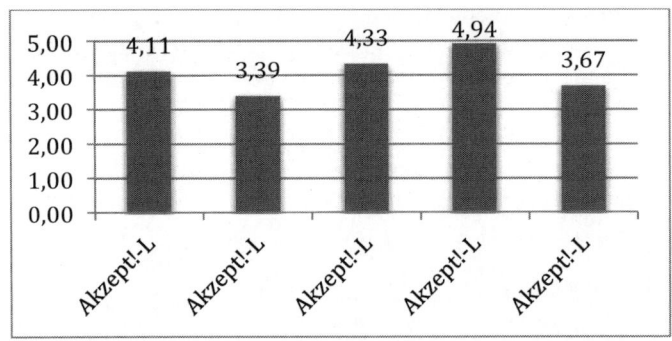

Anmerkung. Über den Balken sind die Mittelwerte der Akzept!-L-Skalen angeführt.

Das Gesamturteil für die *DBK-TE* fiel mit einer mittleren Beurteilung von 4.11 (*SD* = 0.54) positiv aus. Der geringste Wert wurde für die Skala Augenscheinvalidität erzielt (*M* = 3.39, *SD* = 0.81). Am positivsten wurde die Kontrollierbarkeit eingeschätzt (*M* = 4.94, *SD* = 0.75).

Um die Frage zu klären, ob die Akzeptanzeinschätzung mit den eigenen Leistungen einhergeht, wurden Korrelationen berechnet. Auf Ebene der Gesamtwerte für Akzeptanz und *DBK-TE* ergaben sich hier geringe und nicht signifikante Zusammenhänge zwischen r = .11 (*DBK-TE simulatives Modul*) und r = .19 (*DBK-TE Kernmodul*). Die Korrelationen der Stufenwerte blieben mit Ausnahmen der Stufen *1 Problementdeckung, 4 Ideenfindung* und *5 Ausarbeitung und Entwicklung eines Lösungsansatzes* ebenfalls auf diesem geringen Niveau. Für die Stufen *1, 4* und *5* jedoch zeigten sich mit r = .26 ($p < .05$; Stufe 1) respektive r = .23 ($p < .05$; Stufen 4 und 5) etwas stärkere Zusammenhänge.

Werden die Subskalen des Akzept!-L betrachtet, so zeigten sich für die Einschätzung der Augenscheinvalidität und Belastungsfreiheit keine nennenswerten (da durchweg geringe und nicht signifikante) Zusammenhänge zu den *DBK-TE*-Gesamtwerten und -*Stufen*. Einzige Ausnahme stellt hier die Korrelation zwischen Belastungsfreiheit und dem Abschneiden auf Stufe *1 Problementdeckung* mit r = 22 ($p < .05$) dar. Die Einschätzung der Kontrollierbarkeit und Messqualität der *DBK-TE* hingegen hing auf niedrigem bis mittlerem und teils signifikantem Niveau ($p < .05$) mit dem Abschneiden im Verfahren selbst zusammen. Für den *DBK-TE-Gesamtwert* und das *Kernmodul* ergaben sich Zusammenhänge zwischen $r = .21$ ($p > .05$; Messqualität und *DBK-TE-Gesamtwert*) bis $r = .24$ ($p < .05$; Kontrollierbarkeit und *DBK-TE-Kernmodul*). Die Einschätzung dieser beiden Akzeptanzfacetten korrelierte allerdings nicht mit den Leistungen im *simulativen Modul* ($r = .04$, $p > .05$ für Kontrollierbarkeit; $r = .01$, $p > .05$ für Messqualität). Auf Ebene der Stufen variierten die Zusammenhänge für die Skala Kontrollierbarkeit zwischen $r = .11$ ($p > .05$) für Stufe 2 *Informationssuche, -aufnahme und -bewertung* bis $r = .30$ ($p < .01$) für Stufe *3 Konzeptkombination*. Für die Skala Messqualität ergab sich kein Zusammenhang zur Stufe *3 Konzeptkombination* ($r = .00$, $p > .05$); der stärkste Zusammenhang fand sich mit Stufe *4 Ideenfindung* ($r = .31$, $p < .01$).

Die 86 Personen, von denen Schulnoten vergeben wurden, stuften die *DBK-TE* mit 2.62 ($SD = 0.84$) als gut bis befriedigend ein. Auch für die Bewertung der *DBK-TE* über Schulnoten wurden die Zusammenhänge zur Leistung im Verfahren untersucht. Da Schulnoten mit geringerem Wert positivere Einschätzungen repräsentieren, sind negative Korrelationen als positive gleichförmige Zusammenhänge zu verstehen. Es ergaben sich mit $r = -.30$ für den *DBK-TE-Gesamtwert* bzw. -.32 für das *Kernmodul* (beide Korrelationen $p < .01$) sehr signifikante und inhaltlich gleichgerichtete Zusammenhänge in mittlerer Höhe. Das bedeutet: Personen, die in der *DBK-TE* insgesamt bzw. im *Kernmodul* besser abschnitten, bewerteten das Verfahren auch besser. Zu den Leistungen im *simulativen Modul* ergab sich mit $r = .16$ ($p > .05$) ein nicht signifikanter und schwacher Effekt.

Neben den Antworten auf den vier Skalen Augenscheinvalidität, Belastungsfreiheit, Kontrollierbarkeit und Messqualität sowie der Schulnote für das Verfahren insgesamt, wurde auch nach einer Einschätzung der eigenen Leistung in der *DBK-TE* gefragt. Hierfür wurde ebenfalls die Notenskala eingesetzt, so dass auch hier wieder negative Korrelationen einen gleichgerichteten inhaltlichen Zusammenhang („je besser meine eingeschätzte Leistung, desto besser auch das tatsächliche Testergebnis") ausweisen. Im Mittel schätzten die Testanden ihre Leistung als befriedigend ($M = 2.83$, $SD = 0.85$) ein. Die Korrelationen zwischen dem eingeschätzten eigenen Abschneiden und den Ergebnissen im *DBK-TE-Gesamtwert* bzw. *Kernmodul* (je $r = -.35$, $p < .01$) zeigten, dass die befragten Personen ihre Leistungen im Test gut einschätzen konnten. Mit den Ergebnissen im *simulativen Modul* hing die Einschätzung hingegen kaum zusammen ($r = -.09$, $p > .05$). Auf Ebene der Stufen fand sich der schwächste Zusammenhang zwischen der eigenen Leistungseinschätzung und der tatsächlichen Leistung in der *DBK-TE* für Stufe *8 Implementierung* ($r = -.20$, $p > .05$) und der stärkste Zusammenhang mit Stufe *6 Ideenbewertung* ($r = -.37$, $p < .01$).

13.5 Zusammenfassung und Diskussion der Ergebnisse zu den Nebengütekriterien

Neben den Hauptgütekriterien Objektivität, Reliabilität und Validität kommt gerade beim Praxiseinsatz von Testverfahren auch den Nebengütekriterien Nützlichkeit, Einsatzbreite, Ökonomie und Akzeptanz eine hohe Bedeutung zu. Aufgrund der psychometrischen Güte und der positiven Einschätzung des Verfahrens seitens der Testanden erweist sich die *DBK-TE* als nützliches Verfahren zur Kreativitätsdiagnostik in Personalauswahl und -entwicklung, das aber auch zu Forschungszwecken eingesetzt werden kann. Obwohl das Verfahren auf den Kontext technischer und entwicklungsbezogener Tätigkeiten zugeschnitten wurde, ist sein Einsatz nicht auf bestimmte Personengruppen, Tätigkeitsbereiche oder Entwicklungs- bzw. Hierarchiestufen beschränkt. Wie die Ergebnisse in Kapitel 12 zeigen, ergeben sich bei Testungen mit der *DBK-TE* weder geschlechts- noch altersdiskriminierende Effekte. Einzig die Bildungsvoraussetzung Abitur sollte strikter eingehalten oder über entsprechende Korrekturen (z. B. eigene Normen, längere Bearbeitungszeiten für Personen mit anderem Bildungshintergrund) ausgeglichen werden. Durch den modularen Aufbau, die Möglichkeit zur Gruppentestung und eine kurze Auswertungsdauer erweist sich die *DBK-TE* als ökonomisches Verfahren.

Werden Verfahren seitens der Testnehmer akzeptiert, wirkt sich das nicht nur auf die Bearbeitung des Verfahrens selbst (und damit eventuell auch auf dessen prognostische Güte) aus, sondern beeinflusst auch das Urteil, welches über die Testgeber gefällt wird. So ist in Personalauswahlsituationen vielleicht weniger entscheidend für die Akzeptanz des Auswahlprozesses, ob Tests herausfordern oder gar anstrengend sind, sondern vielmehr, ob die erforderte Anstrengung als sinnvoll erscheint.

Die Akzeptanz der *DBK-TE* wurde anhand des *Akzept!-L* (Kersting, 2008b) bewertet. Mit diesem Instrument können vier verschiedene Aspekte beurteilt werden: die Augenscheinvalidität, die Belastungsfreiheit, die Kontrollierbarkeit und die Messqualität. Für alle vier Werte ergeben sich gute bis sehr gute Werte. Besonders die Kontrollierbarkeit der *DBK-TE* wird als sehr gut bewertet (M = 4.94, SD = 0.75). Während die Beurteilung der Augenscheinvalidität und der Belastungsfreiheit vom eigenen Abschneiden in der *DBK-TE* unabhängig erfolgt, bewerten Personen mit kreativeren Leistungen die *DBK-TE* auch als kontrollierbarer (r = .23, p < .05). Auch die Einschätzung der Messqualität geht mit den eigenen Leistungen einher (r = .21, p > .05).

Die Beurteilung der *DBK-TE* mit Schulnoten ergibt eine mittlere Bewertung von 2.62 (SD = 0.84). Damit wird das Verfahren im Vergleich zu kognitiven Leistungstests zur Intelligenzdiagnostik wesentlich positiver bewertet. Zum Vergleich: in einer Untersuchung von Kersting (2008b) wurde der *I-S-T 2000 R* mit 3.33 (SD = 0.76) beurteilt, für den *BIS-4* wurde ein Mittelwert von 3.24 (SD =

0.94) erzielt. Die bessere Beurteilung der *DBK-TE* mag einerseits auf das abgebildete Konstrukt rückführbar sein. Gegenüber Kreativität als beliebtes und schillerndes Konstrukt liegen vermutlich weniger Vorbehalte vor als gegenüber Intelligenz(tests). Andererseits spricht die gute Bewertung der *DBK-TE* für eine auch von diagnostischen Laien akzeptierte Verfahrensform und Itemauswahl.

Interessanterweise wird der *DBK-TE* über die Schulnoten eine absolut gute und relativ zu den Intelligenzverfahren höhere Akzeptanz bescheinigt, die Bewertung der *DBK-TE* anhand der vier Subskalen (und damit auch des Gesamtwerts) fällt jedoch nicht positiver aus als für die Intelligenztests. Dies deutet darauf hin, dass in die globale Verfahrensbewertung via Schulnoten noch andere Aspekte einfließen als sie der *Akzept!-L* erfasst. Hier könnten „weiche" Faktoren wie etwa Spaß bei der Bearbeitung, Flow oder eine geringere Hemmung bei der Bearbeitung von Kreativitätsverfahren im Vergleich zu Intelligenztests (Reaktanz, Prüfungsangst, stereotype threat) eine Rolle spielen.

Das eigene Abschneiden in der *DBK-TE* wird mit $M = 2.83$ ($SD = 0.85$) bewertet. Dabei liegt für die Einschätzung des eigenen Abschneidens im *Akzept!-L* ein stärkerer Zusammenhang mit dem *DBK-TE*-Gesamtwert vor ($r = -.35$, $p < .01$) als mit der in Kapitel 10.1.2 bereits berichteten Selbsteinschätzung der Kreativität ($r = .14$, $p < .05$). Dieser Unterschied lässt sich durch den Zeitpunkt der Kreativitätseinschätzungen erklären. Die Selbsteinschätzung von Kreativität wurde *vor* der Durchführung der *DBK-TE* erfasst, die Einschätzung des eigenen Abschneidens in der *DBK-TE* wurde im Rahmen des *Akzept!-L* direkt *im Anschluss* der *DBK-TE* erhoben. Zum ersten Zeitpunkt aktivieren die Testanden ihr eigenes implizites Kreativitätsbild und gleichen sich damit ab. Im *Akzept!-L* wird hingegen nicht nach einer allgemeinen Kreativitätsselbsteinschätzung, sondern konkret nach dem soeben wahrgenommenen Erfolg in der Bearbeitung der *DBK-TE* gefragt. Als akzeptierter und besonders hinsichtlich der Kontrollierbarkeit und Messqualität gut bewerteter Kreativitätsleistungstest ermöglicht die *DBK-TE* eine gute Reflektion der eigenen Leistung.

Wie die geringe Korrelation zwischen der Selbsteinschätzung von Kreativität und der Ergebnisse in der *DBK-TE* ($r = .14$, $p < .05$) bereits gezeigt hat, deckt sich die zur Selbsteinschätzung herangezogene implizite Kreativitätsdefinition der Testnehmer nicht mit dem in der *DBK-TE* abgebildetem Konstruktbereich. Gleichwohl können die Testnehmer ihr Abschneiden im Verfahren aber doch recht gut einschätzen. Wird die Selbsteinschätzung aus dem Zusammenhang der eingeschätzten Leistung (*Akzept!-L*) mit der Leistung in der *DBK-TE* auspartialisiert, verbleibt ein Zusammenhang von $r = -.27$ ($p < .05$, $N = 77$). Die Einschätzung der eigenen Leistung nach der Bearbeitung der *DBK-TE* wird also nur bedingt durch das Selbstbild verzerrt.

Zusammengefasst zeigt sich Kreativität in diesen Ergebnissen einmal mehr als diffuses Konstrukt. Bei der Einschätzung der eigenen Kreativität scheinen viele Personen eher an musische Komponenten zu denken als prozessuale und berufsbezogene Aspekte in ihre Bewertung einzubeziehen. Und trotzdem attestieren sie der *DBK-TE* eine gute Messqualität ($M = 3.67$, $SD = 0.81$).

Das Ziel, ein Verfahren zur berufsbezogenen Kreativitätsdiagnostik für Erwachsene mit Bildungsvoraussetzung Abitur zu entwickeln, das weder geschlechts- noch altersdiskriminierend ist und von den Testnehmern angenommen wird, wurde mit der Entwicklung der *DBK-TE* erreicht.

Teil IV
Empirische Näherung an das nomologische Netz der Kreativität

14 Nomologisches Netz der Kreativität

Trotz beachtenswerter Befunde zur prognostischen Validität von kreativen Fähigkeiten, ist die Verankerung des Kreativitätskonstrukts in einem nomologischen Netz noch recht vage, was sich auch in einem Pluralismus an Definitionen für Kreativität niederschlägt. Als Determinanten kreativer Leistung werden besonders Intelligenz und Offenheit für Erfahrung angeführt (s. Kapitel 1). So konnte der Zusammenhang von Kreativität und Intelligenz bzw. Offenheit bereits in vielen Studien nachgewiesen werden. Auch zum Zusammenhang von Kreativität und Motivation liegen bereits zahlreiche Ergebnisse vor, wenngleich hier die Korrelationen geringer und wesentlich uneinheitlicher ausfallen (s. Kapitel 4.3). Doch wie wirken diese Determinanten zusammen? Lässt sich kreative Leistung durch eine Kombination aus kognitiven Fähigkeiten, sowie personalen und motivationalen Dispositionen erklären? Das komplexe Zusammenspiel verschiedener Merkmale bezogen auf Kreativität wurde bislang selten untersucht.

In diesem Kapitel werden drei erste Studien vorgestellt, die das Wechselspiel der Konstrukte Intelligenz, Offenheit und Motivation im Hinblick darauf betrachten, wie sie gemeinsam kreative Leistungen erklären können. Die Prüfung des nomologischen Netzes der Kreativität bezieht eine theoriebasierte Auswahl an Konstrukten ein, erfolgt aber weitgehend explorativ. Daher wird auch hier auf die Formulierung konkreter Hypothesen verzichtet.

14.1 Studie 1

Für die erste Studie zur Prüfung des nomologischen Netzes der Kreativität wurde eine Stichprobe von $N = 31$ Personen herangezogen. Im Mittel waren die Testanden 31.48 Jahre alt ($SD = 12.49$, Min: 19 Jahre, Max: 58 Jahre). Mit nur acht Männern (25.8 Prozent) lag eine ungleiche Geschlechterverteilung vor. Die Mehrheit der Testanden waren Berufstätige (51.61 Prozent), gefolgt von Studenten (45.16 Prozent) und einer nicht berufstätigen Person (3.23 Prozent).

Um Aussagen auf Ebene der Konstrukte zu treffen, wurden die Variablen über jeweils mehrere Instrumente erfasst. So wird Kreativität beispielsweise mittels eines simulationsbasierten Leistungstests (der *DBK-TE*) und einem Selbstbeschreibungsinventar (*IPIP Kreativitätsskala*) gemessen. In Kapitel 1 wurde gezeigt, dass durch die unterschiedlichen diagnostischen Zugänge auch unterschiedliche Komponenten des Konstrukts Kreativität betont werden. Durch das gewählte multimethodale Vorgehen wird folglich eine breite Abdeckung der

Konstrukte erreicht. Aus ökonomischen Gründen wurde in dieser ersten Studie lediglich die *DBK-TE* in einem Präsenztermin durchgeführt, die Verfahren zu den weiteren Konstrukten wurden zuvor online dargeboten. Tabelle 71 enthält eine Übersicht über die eingesetzten Verfahren zur Messung der Konstrukte Intelligenz, Persönlichkeit (in dieser ersten Studie wurde lediglich die Dimension *Offenheit für Erfahrungen* einbezogen), Motivation und Kreativität sowie die Anzahl an Items der Verfahren bzw. relevanten Skalen.

Tabelle 71: Eingesetzte Verfahren in Studie 1 zum nomologischen Netz der Kreativität

Konstrukt	Verfahren	Anzahl Items
Intelligenz	• Kurzversion des Hagener Matrizen Tests (HMT-S; Heydasch & Haubrich, 2013)	6
Offenheit für Erfahrungen	• Offenheit aus dem NEO-Fünf-Faktoren-Inventar (NEO-FFI; Borkenau & Ostendorf, 2008)	12
	• Offenheit aus dem Big-Five-Inventory-10 (BFI-10; Rammstedt & John, 2007)	2
Motivation	• Work Preference Inventory (WPI; Amabile et al., 1995; Amabile et al., 1994)	30
	• Kurzversion des Leistungsmotivationsinventars (LMI-K; Schuler & Prochaska, 2000)	30
Kreativität	• Diagnose berufsbezogener Kreativität – Technik und Entwicklung	15
	• IPIP Kreativitätsskala (*International Personality Item Pool: A Scientific Collaboratory for the Development of Advanced Measures of Personality Traits and Other Individual Differencess*)	35

Die je zwei Verfahren zur Messung von Offenheit für Erfahrungen, Motivation und Kreativität wurden pro Konstrukt einer gemeinsamen Trennschärfeanalyse unterzogen. Aus den Items mit Trennschärfen > .3 wurden die Offenheits-, Motivations- und Kreativitätsskala gebildet. Die Skalenbildung wurde jedoch nicht an der kleinen Stichprobe dieser Studie vorgenommen, sondern anhand der zu diesem Zeitpunkt vorliegenden Datenpunkte (inkl. der Testanden dieser Studie). Die Skalenstatistiken finden sich in Tabelle 72.

Tabelle 72: Beschreibung der Skalen in Studie 1

Skala	N zur Skalenbildung	Anzahl Items	Cronbach's α (N = 31)
Offenheit für Erfahrungen	58	12	.75
Motivation	41	38	.94
Kreativität	55	36	.91

Der gemeinsame Erklärungsbeitrag der drei Konstrukte Intelligenz, Offenheit für Erfahrungen und Motivation für Kreativität wurde mittels einer schrittweisen Regression geprüft. Die Ergebnisse der Regression sind in Tabelle 73 dargestellt.

Tabelle 73: Ergebnisse der schrittweisen Regression in Studie 1

	R^2	$\triangle R$	F	p	β	p	Korrelationen Nullter Ordnung	Partial-korrelation
Schritt 1	.42		20.91	.00				
Motivation					.65	.00		
Schritt 2	.50	.08*	14.13	.00				
Motivation					.55	.00	.65***	.60
Offenheit					.30	.04	.48**	.38

Anmerkungen. Abhängige Variable: Kreativität. Methode: schrittweise. Ausgeschlossene Variable: Intelligenz. N = 31. ** p < .01, *** p < .001.

Als erster Prädiktor wurde *Motivation* aufgenommen (β = .65, p < .01). Im zweiten Schritt fand auch *Offenheit* Eingang in die Vorhersage von Kreativität (β = .30, p < .05). Durch die Hinzunahme von *Offenheit* wurden 8 Prozent mehr Varianz im Kriterium aufgeklärt. Mit einer gesamten Varianzaufklärung von 50 Prozent wird die *Kreativitätsskala*, in die sowohl kreative Leistungen als auch Selbstbeschreibungen eingehen, durch die beiden Prädiktoren *Motivation* und *Offenheit* in einem beachtlichen Maße vorhergesagt. *Intelligenz* leistete keinen signifikanten Erklärungsbeitrag und wurde daher aus dem Regressionsmodell ausgeschlossen.

Mit dem *HMT-S* kam jedoch ein rein aus Matrizenitems bestehender und vergleichsweise schwerer Intelligenztest zum Einsatz. Durch die Fokussierung auf figurales schlussfolgerndes Denken wird nur ein Teilbereich des Intelligenzkonstrukts erfasst. Mit einem breiteren Verfahren wäre ein höherer Zusammenhang zu Kreativität zu erwarten. So sollte unter anderem die Hinzunahme von

Items zur Erfassung verbaler Intelligenz zu einer konzeptionellen Überlappung mit der sprachlastigen Kreativitätsskala führen.

14.2   Studie 2

Ziel der zweiten Studie war es, die Ergebnisse aus Studie 1 an einer größeren Stichprobe und an anderen Verfahren zu replizieren. Diese Änderungen sorgen für eine höhere Generalisierbarkeit der Ergebnisse. Für die zweite Studie konnten 109 Personen gewonnen werden. Im Schnitt waren die Testanden 35.51 Jahre alt (SD = 12.17, Min: 14 Jahre, Max: 66 Jahre). Der Anteil männlicher Testanden war mit 38.5 Prozent zwar höher als in Studie 1, dennoch ist auch hier die Geschlechterverteilung nicht ausgeglichen. In der Stichprobe sind 81.65 Prozent Berufstätige, 13.76 Prozent Studenten und 3 Prozent Schüler. Von 1.83 Prozent fehlte eine Angabe zur aktuellen Tätigkeit.

Intelligenz, Persönlichkeit und Motivation wurden über drei etablierte Verfahren erfasst. Im Vergleich zu Studie 1 sind zwei Veränderungen anzumerken. Erstens wurde *Intelligenz* nun nicht mit dem isolierten Fähigkeitsbereich figurales Reasoning (Aufgabentyp: Matrizen lösen) erfasst, sondern um verbale und numerische kognitive Kompetenzen ergänzt (Aufgabentypen: Analogien und Zahlenreihen, Verfahren: IST-Screening[52]). Zweitens wurde anstatt des Big Five-Modells nun das *HEXACO-Persönlichkeitsmodell* unterlegt um abzusichern, dass sich die Ergebnisse auch für dieses Modell replizieren lassen. Weiterhin wurde nun nicht nur *Offenheit* berücksichtigt, sondern auch die anderen Persönlichkeitsdimensionen erfasst. Zur Messung von *Kreativität* wurde eine Skala aus zwei prozessbasierten Kreativitätsleistungstests gebildet. Die eingesetzten Instrumente sind in Tabelle 74 aufgeführt.

---

[52] Das *IST-Screening* (Liepmann et al., 2012) ist eine Kurzform des *I-S-T 2000 R* (Liepmann et al., 2007). Der Zusammenhang zwischen *IST-Screening* und dem *I-S-T 2000 R* beträgt r = .80. Der *HMT-S* korreliert zu r = .49 mit dem *I-S-T 2000 R*.

Tabelle 74: Eingesetzte Verfahren in Studie 2 zum nomologischen Netz der Kreativität

Konstrukt	Verfahren	Anzahl Items	Cronbach's α (N = 101)
Intelligenz	• Intelligenz-Struktur-Test – Screening (IST-S; Liepmann et al., 2012)	60	.83
Persönlich-keit	• HEXACO-200 (Lee & Ashton, 2014)	192[a] (je 32 pro Dimension)	• Ehrlichkeit-Bescheidenheit: .93 • Emotionalität: .91 • Extraversion: .89 • Verträglichkeit: .90 • Gewissenhaftigkeit: 90 • Offenheit: .91
Motivation	• Work Preference Inventory (WPI; Amabile et al., 1995; Amabile et al., 1994)	30	.77
Kreativität	• Diagnose berufsbezogener Kreativität – Technik und Entwicklung (DBK-TE ohne Item Vorstandspräsentation (Stufe 8))	14	.93
	• Diagnose berufsbezogener Kreativität – Planung und Gestaltung (DBK-PG; Schuler et al., 2013)	8	

Anmerkung. [a] Die *Altruismus*-Items der *HEXACO-200* wurden nicht eingesetzt.

Für die 22 Items der *DBK*-Verfahrensfamilie wurde eine Trennschärfenanalyse durchgeführt um jene Items mit einer Trennschärfe > .3 für eine Kreativitätsskala auszuwählen. Allerdings lagen alle Trennschärfen über diesem Grenzwert (Min: .39), so dass keine Auswahl getroffen werden musste und alle Items in einen gemeinsamen Kreativitätswert eingingen.

Wieder wurde zur Prüfung des nomologischen Netzes eine schrittweise Regression mit den Prädiktoren Intelligenz, Persönlichkeit und Motivation gerechnet, deren Ergebnisse in Tabelle 75 dargestellt sind.

Tabelle 75: Ergebnisse der schrittweisen Regression in Studie 2

	R^2	$\triangle R$	F	p	β	p	Korrelationen Nullter Ordnung	Partial-korrelation
Schritt 1	.09		10.03	.00				
Offenheit					.30	.00		
Schritt 2	.14	.05*	7.75	.00				
Offenheit					.26	.01	.30**	.26
Intelligenz					.22	.03	.27**	.22

Anmerkungen. Abhängige Variable: Kreativitätsskala. Methode: schrittweise. Ausgeschlossene Variablen: HEXACO Verträglichkeit, Gewissenhaftigkeit, Emotionalität, Ehrlichkeit-Bescheidenheit, Extraversion, Motivation (unabhängig davon, ob der *WPI*-Gesamtscore oder die beiden Subskalen Intrinsische Motivation und Extrinsische Motivation in die Regression einbezogen wurden). $N = 101$. * $p < .05$, ** $p < .01$.

Als erster signifikanter Prädiktor von Kreativität wurde *Offenheit* in die Regression aufgenommen ($\beta = .30$, $p < .01$). Im zweiten Schritt fand *Intelligenz* Eingang in das Regressionsmodell ($\beta = .22$, $p < .05$). Die Hinzunahme von *Intelligenz* klärte weitere 5 Prozent der Varianz im Kriterium Kreativität auf. Insgesamt wurden durch die beiden Prädiktoren *Offenheit* und *Intelligenz* 14 Prozent der Varianz in der Kreativitätsskala erklärt.

Motivation – unabhängig, ob als Gesamtwert oder getrennt nach den Subskalen Intrinsische und Extrinsische Motivation in die Regression aufgenommen – war kein signifikanter Prädiktor von Kreativität. Allerdings fällt die hohe Korrelation von *Offenheit* und *Intrinsischer Motivation* ($r = .50$, $p < .01$) auf.

Da sich die beiden Konstrukte (oder exakter: die zu deren Messung eingesetzten Verfahren) so sehr überlappen, wurde eine Mediationsanalyse gerechnet. Die Ergebnisse sind Tabelle 76 und Abbildung 24 zu entnehmen.

Tabelle 76: Mediationsanalyse zu Studie 2

Regressionsmodell	Prädiktor(en)	β	$\triangle R^2$	Sobel Test z	p
Modell 1[a]			.25***		
	Intrinsische Motivation	.50***			
Modell 2[b]					
	Schritt 1		.04[c]		
	Intrinsische Motivation	.19[c]			
	Schritt 2		.06*	2.29*	.02
	Intrinsische Motivation	.05			
	Offenheit	.28*			

Anmerkungen. $N = 101$. [a] Abhängige Variable: Offenheit. [b] Abhängige Variable: Kreativität. [c] $p = .057$. * $p < .05$, ** $p < .01$., *** $p < .001$.

Abbildung 24: Mediationseffekt durch Offenheit

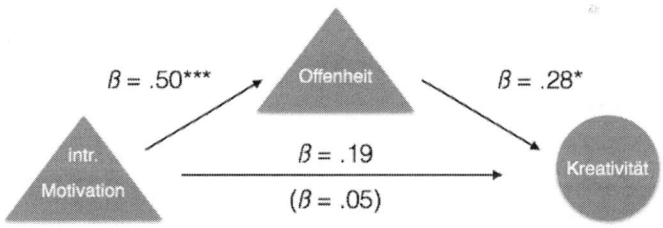

Intrinsische Motivation wies mit Kreativität einen schwachen und signifikanten bivariaten Zusammenhang auf ($r = .19$, $p < .05$). Als Prädiktor für den Regressanden Kreativität verfehlte sie die Signifikanzgrenze von $\alpha = .05$ allerdings knapp ($\beta = .19$, $p = .057$).

Durch die Aufnahme von *Offenheit* als zweiten Prädiktor, sank das β-Gewicht von *Intrinsischer Motivation* auf $\beta = .05$ bei einer Signifikanz von $p = .65$. Wie der Sobel-Test ($z = 2.29$, $p < .05$) bestätigte, mediierte *Offenheit* den Einfluss von *Intrinsischer Motivation* auf Kreativität vollständig und signifikant.

14.3   Studie 3

Während der Entwicklung und Validierung der *DBK-TE* wurden, wie in Kapitel 7.2 beschrieben, unterschiedliche Verfahren zur Messung von Intelligenz, Persönlichkeit und Leistungsmotivation eingesetzt. Zusätzlich wurde auch stets eine Selbsteinschätzung der Kreativität erhoben. Auf Basis dieser Daten konnte in einer dritten Studie das nomologische Netz der Kreativität mit einem anderen Kreativitätsmaß geprüft werden: statt Daten aus Leistungstests oder Selbstbeschreibungsverfahren zu verwenden, soll nun das kreative Selbstbild durch Intelligenz, Persönlichkeit und Motivation vorhergesagt werden.

Von 738 Personen lagen Daten zu den in Tabelle 77 aufgeführten Verfahren vor. Die Stichprobe war im Mittel 21.93 Jahre alt (*SD* = 6.63, Min: 15 Jahre, Max: 74 Jahre). Die Testanden waren überwiegend männlich (59.3 Prozent). Die Stichprobe setzte sich zu 61.2 Prozent aus Schülern, zu 26.8 Prozent aus Studenten bzw. Personen in Ausbildung und zu 11.9 Prozent aus Berufstätigen zusammen.

Tabelle 77: Eingesetzte Verfahren in Studie 3 zum nomologischen Netz der Kreativität

Konstrukt	Verfahren	Anzahl Items	Cronbach's α (*N* = 738)
Intelligenz	• Wonderlic Personnel Test (WPT; Wonderlic, 1992)	50	[a]
Persönlichkeit	• NEO-Fünf-Faktoren-Inventar (NEO-FFI; Borkenau & Ostendorf, 2008)	60 (12 pro Dimension)	• Neurotizismus: .83 • Extraversion: .78 • Offenheit: .70 • Verträglichkeit: .72 • Gewissenhaftigkeit: .83
Motivation	• Kurzversion des Leistungsmotivations-inventars (LMI-K; Schuler & Prochaska, 2000)	30	.92
Kreativität	• Selbstbeschreibung der Kreativität („Wie hoch schätzen Sie Ihre eigene Kreativität ein?"; von 0 = sehr gering bis 6 = sehr hoch)	1	-

Anmerkung. [a] von den *WPT*-Items liegt nur der Gesamtwert vor, so dass Cronbach's α nicht berechnet werden kann.

Die Ergebnisse der schrittweisen Regression mit der Selbsteinschätzung von Kreativität als Regressand können Tabelle 78 entnommen werden.

Tabelle 78: Ergebnisse der schrittweisen Regression in Studie 3

	R^2	$\triangle R$	F	p	β	p	Korrelationen Nullter Ordnung	Partial-korrelation
Schritt 1	.06		43.74	.00				
Motivation					.24	.00		
Schritt 2	.09	.03***	35.67	.00				
Motivation					.22	.00		
Offenheit					.18	.00		
Schritt 3	.11	.02***	31.06	.00				
Motivation					.17	.00		
Offenheit					.18	.00		
Neurotizismus					-.16	.00		
Schritt 4	.13	.01**	26.11	.00				
Motivation					.18	.00		
Offenheit					.18	.00		
Neurotizismus					-.17	.00		
Intelligenz					-.11	.00		
Schritt 5	.13	.01*	22.34	.00				
Motivation					.17	.00		
Offenheit					.19	.00		
Neurotizismus					-.18	.00		
Intelligenz					-.11	.00		
Verträglichkeit					-.09	.01		

	R^2	$\triangle R$	F	p	β	p	Korrelationen Nullter Ordnung	Korrelationen Partial-korrelation
Schritt 6	.15	.02***	21.01	.00				
Motivation					.15	.00	.24***	.15
Offenheit					.19	.00	.20***	.20
Neurotizismus					-.15	.00	-.21***	-.15
Intelligenz					-.10	.00	-.09**	-.11
Verträglichkeit					-.13	.00	-.06	-.13
Extraversion					.14	.00	.18***	.13

Anmerkungen. Abhängige Variable: Selbstbeschreibung der Kreativität. Methode: schrittweise. Ausgeschlossene Variablen: Gewissenhaftigkeit. $N = 738$. ** $p < .05$, *** $p < .001$.

Bis auf *Gewissenhaftigkeit* gingen alle weiteren Variablen, also sowohl *Intelligenz*, *Motivation* wie auch die übrigen vier Dimensionen der Persönlichkeit (*Offenheit, Neurotizismus, Verträglichkeit* und *Extraversion*) als hoch signifikante Prädiktoren in die Regressionsgleichung ein. Als stärkster Prädiktor erwies sich *Offenheit* ($\beta = .19$, $p < .01$). Für *Intelligenz* ergab sich mit $\beta = -.10$ ($p < .01$) das kleinste β-Gewicht. *Motivation, Offenheit* und *Extraversion* wiesen einen positiven Zusammenhang mit der Kreativitätsselbsteinschätzung auf. Für *Neurotizismus, Intelligenz* und *Verträglichkeit* ergaben sich negative Zusammenhänge. Allerdings erreichte hier nur *Neurotizismus* eine zumindest schwache Korrelation mit der Kreativitätsselbsteinschätzung ($r = -.21$, p $< .01$). Die Zusammenhänge von *Intelligenz* und *Verträglichkeit* waren mit $r = .09$ ($p < .01$) und $r = -.06$ ($p < .01$) nahe der Nullkorrelation. Insgesamt konnten *Intelligenz, Offenheit, Neurotizismus, Verträglichkeit, Extraversion* und *Motivation* 15 Prozent der Varianz im Kriterium Selbsteinschätzung der Kreativität erklären.

Wie bereits in Studie 2 ließ der Blick in die Interkorrelationen der Prädiktoren einen Mediationseffekt erwarten. So korrelierte die ausgeschlossene Variable *Gewissenhaftigkeit* zu $r = .48$ ($p < .01$) mit *Leistungsmotivation*. Die Ergebnisse der Prüfung einer Mediation des Zusammenhangs von *Gewissenhaftigkeit* und Kreativität durch *Leistungsmotivation* sind in Tabelle 79 und Abbildung 25 dargestellt.

Tabelle 79: Mediationsanalyse zu Studie 3

Regressionsmodell	Prädiktor(en)	β	$\triangle R^2$	Sobel Test	
				z	p
Modell 1[a]			.23***		
	Gewissenhaftigkeit	.48***			
Modell 2[b]					
	Schritt 1		.00**		
	Gewissenhaftigkeit	.11**			
	Schritt 2		.05***	5.15***	.00
	Gewissenhaftigkeit	-.01			
	Leistungsmotivation	.24***			

Anmerkungen. N = 738. [a] Abhängige Variable: Leistungsmotivation. [b] Abhängige Variable: Kreativität (Selbsteinschätzung). * $p < .05$, ** $p < .01$., *** $p < .001$.

Abbildung 25: Mediationseffekt durch Leistungsmotivation

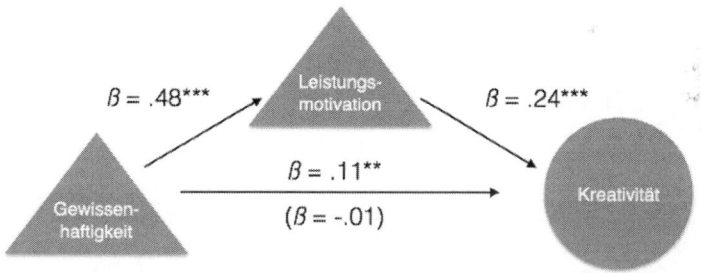

Für *Gewissenhaftigkeit* ergab sich eine bivariate Korrelation mit der Kreativitätsselbsteinschätzung von r = .11 ($p < .01$). Durch die Aufnahme von *Leistungsmotivation* als zweiten Prädiktor, sank das β-Gewicht von *Gewissenhaftigkeit* auf β = -.01 bei einer Signifikanz von p = .85. Wie der Sobel-Test (z = 5.15, $p < .001$) bestätigte, mediierte *Leistungsmotivation* den Einfluss von *Gewissenhaftigkeit* auf Kreativität vollständig und signifikant.

14.4   Zusammenfassung und Diskussion der Ergebnisse

Die empirische Prüfung des nomologischen Netzes der Kreativität bestätigt die aus der Theorie erwarteten Zusammenhänge: Persönlichkeit, Motivation und Intelligenz sind verwandte Konstrukte des kreativen Potenzials. Wurden die drei

Merkmalsbereiche bislang vornehmlich bivariat auf ihren Einfluss auf Kreativität getestet, erlauben die drei Studien in diesem Kapitel einen ersten Einblick auf ihr Zusammenwirken bei der Kreativitätsprognose.

Leistungsmaße der Kreativität

In der ersten Studie konnte gezeigt werden, dass Motivation und Offenheit für Erfahrungen gemeinsam 50 Prozent der Varianz im Kriterium Kreativität (Leistungstest und Selbstbeschreibung) aufklären. Intelligenz erwies sich in dieser Untersuchung als nicht signifikanter Prädiktor. Aus den theoretischen Befunden zum Zusammenhang zwischen Intelligenz und Kreativität (s. Kapitel 4.1) und auch im Hinblick auf die Ergebnisse der diskriminanten Konstruktvalidierung der *DBK-TE* an verschiedenen Intelligenzverfahren (s. Kapitel 10.2.1), ist jedoch eine Korrelation zwischen Kreativität und kognitiven Fähigkeiten zu erwarten. Dass sich diese in Studie 1 nicht zeigt, mag durch das gewählte Verfahren zur Intelligenzmessung begründet sein. Mit dem *HMT-S* kam ein Intelligenztest zum Einsatz, der ausschließlich figurales Reasoning erfasst. Für sprachbasierte Intelligenzverfahren ergeben sich hingegen höhere Zusammenhänge zu Kreativitätsmessungen. Insbesondere wenn Kreativität über zwei sprachbasierte Instrumente wie die *DBK-TE* und die *IPIP-Kreativitätsskala* erfasst wird, wird sich durch die Hinzunahme verbaler Inhalte bei der Intelligenztestung der erwartete Zusammenhang zeigen.

Aus diesem Grund wurde in der Folgestudie (Studie 2) das Intelligenzdiagnostikum durch den *IST-Screening* ersetzt. Mit diesem Verfahren werden alle drei Inhaltsbereiche kognitiver Leistungen abgedeckt: verbale, numerische und figurale Intelligenz. Sodann erweist sich auch Intelligenz als signifikanter Prädiktor von Kreativität (hier operationalisiert als Gesamtwert der beiden *DBK*-Verfahren *DBK-TE* und *DBK-PG*). Motivation als Korrelat kreativer Leistungen erreicht in der Regressionsgleichung nun allerdings kein signifikantes Gewicht mehr. Bei näherer Betrachtung der Konstruktzusammenhänge erklärt sich dieses Ergebnis durch die vollständige Mediation des Zusammenhangs von intrinsischer Motivation und Kreativität durch Offenheit. Auch hier ist die Erklärung des Befunds in den eingesetzten Verfahren zu sehen. Das *Work Preference Inventory* (*WPI*, Amabile et al., 1995; Amabile et al., 1994), das zur Messung intrinsischer und extrinsischer Motivation eingesetzt wurde, enthält Items, die nur schwer von klassischen Offenheits-Items zu unterscheiden sind. So wird zum Beispiel in der Skala *Intrinsische Motivation* des *WPI* die folgende Aussage präsentiert „Ich bevorzuge Arbeit, von der ich weiß, dass ich sie gut kann, im Vergleich zu Arbeit, die meine Fähigkeiten erweitert". Im *HEXACO-200* findet sich „Ich ziehe es vor, Dinge so zu tun, wie ich sie schon immer getan habe, anstatt meine Zeit mit der Suche nach einem neuen Weg zu verschwenden". Diese beiden augenscheinlich sehr ähnlichen Items korrelieren zu $r = .46$ ($p < .01$, $N = 112$) miteinander, obwohl die erste Aussage intrinsische Motivation und die zweite Aussage Offenheit erfassen soll. Bei einer solchen Überlappung des Konstruktbereichs zwischen Motivation und Offenheit bzw. der nicht diskriminanten Itemauswahl zur Messung der beiden Konstrukte ist vorerst keine inhaltliche Interpretation des Mediationseffekts erlaubt. Denn durch die methodische unscharfe Messung der beiden eigentlich als distinkt zu betrachtenden Merkmalsbereiche ist unklar, ob der Mediationseffekt auf diese Messungenauigkeit zurückzuführen ist oder ob Offenheit tatsächlich das Bindeglied zwischen Motivation und Kreativität darstellt. In weiteren Untersuchungen zum nomologischen Netz der Kreativität sind folglich alternative Instrumente zur Motivations- und Offenheitsmessung einzusetzen um eine Abhängigkeit von den Verfahren auszuschließen und Aussagen auf Konstruktebene treffen zu können.

Auffällig ist die unterschiedliche Varianzaufklärung in den Studien 1 und 2 (50 respektive 14 Prozent). Beides mal flossen in das Kriterienmaß kreative Leistungen ein. In Studie 1 wurde mit der *IPIP-Kreativitätsskala* zusätzlich jedoch noch ein Selbstbeschreibungsverfahren eingesetzt. Die höhere Varianzaufklärung in der ersten Studie könnte sich durch die methodische Ähnlichkeit der *IPIP-Kreativitätsskala* und der ebenfalls als Selbstbeschreibung vorliegenden Verfahren zur Messung von Offenheit und Motivation ergeben haben. Zugleich basieren die Ergebnisse von Studie 1 auf einer Stichprobe von nur 31 Personen. Die breitere Grundlage von $N = 101$ in Studie 2 lässt eine geringere Varianzaufklärung für Kreativität erwarten.

Selbsteinschätzung der Kreativität

Wie in Kapitel 6.1 ausgeführt wurde und sich in Kapitel 10.1.2 bei der Validierung der *DBK-TE* an Selbsteinschätzungen gezeigt hat, unterliegt die Erfassung von Kreativität durch Selbsteinschätzungen ganz eigenen Problematiken. Vielfach haben sich Selbsteinschätzungen der Kreativität als unkorreliert mit tatsächlichen kreativen Leistungen gezeigt. Trotzdem wurde in Studie 3 geprüft, inwiefern sich die Selbsteinschätzung von Kreativität durch Intelligenz, Persönlichkeit und Motivation vorhersagen lässt. Auf den ersten Blick scheint es keinen großen Unterschied zwischen der Vorhersage kreativer Leistungen und kreativer Selbsteinschätzungen zu geben. Die Selbsteinschätzung der Kreativität wird durch die drei Merkmalsbereiche zu 15 Prozent erklärt und damit vergleichsweise gut vorhergesagt wie kreative Leistungen. Ein genauerer Blick auf die schrittweise Regression weist allerdings auf drei Unterschiede hin.

Erstens werden mit Ausnahme von Gewissenhaftigkeit alle Prädiktoren signifikant. Auch Neurotizismus, Verträglichkeit und Extraversion sagen die Selbsteinschätzung von Kreativität neben den „üblichen Verdächtigen" Intelligenz,

Offenheit und Motivation voraus. Angesichts der großen Stichprobe (N = 738) wird die Signifikanzgrenze von α = .05 jedoch bereits bei geringen β-Gewichten unterschritten. Um die tatsächliche Relevanz der Prädiktoren in der Vorhersage bewerten zu können, ist damit ein besonderes Augenmerk auf den Zuwachs an Varianzaufklärung zu legen, der durch die einzelnen Prädiktoren erzielt wird. Durch die Motivation der befragten Personen konnten 6 Prozent ihrer Selbsteinschätzung erklärt werden. Die Hinzunahme der Persönlichkeitsvariablen und auch der Intelligenz erbrachte nur geringe inkrementelle Validitäten (Min: Intelligenz und Verträglichkeit mit 1 Prozent, Max: Offenheit mit 3 Prozent). Hierin bestätigt sich die in Kapitel 6.1 bereits vorgestellte Annahme, dass Selbsteinschätzungen der Kreativität eher als ein Maß für die Motivation zu kreativem Verhalten zu verstehen (und einzusetzen) sind denn als tatsächliches Kreativitäts(leistungs)kriterium. Gestützt wird diese Hypothese durch die vergleichsweise schwache Korrelation zwischen den Selbsteinschätzungen der Kreativität und der in Studie 1 verwendeten Kreativitätsskala in Höhe von r = .22 ($p < .01$).

Zweitens ist der Erklärungsbeitrag von Intelligenz, Persönlichkeit und Motivation für eine Selbstbeschreibung von Kreativität mit den Ergebnissen für Kreativitätsleistungsdaten insofern nicht vergleichbar, als sich für Intelligenz unterschiedliche Vorzeichen ergeben. Während kognitive Fähigkeiten für kreative Leistungen förderlich sind (β = .26, $p < .01$), führen sie zu geringeren Selbsteinschätzungen von Kreativität (β = -.10, $p < .01$). Auch für Neurotizismus und Verträglichkeit ergeben sich in Studie 3 negative β-Gewichte (β = -.15 respektive -.13). Diese beiden Variablen wurden in Studie 2 zur Vorhersage kreativer Leistungen aus der schrittweisen Regressionsgleichung ausgeschlossen. Allerdings weisen sie dort ebenfalls negative Vorzeichen auf.

Drittens zeigt sich auch in Studie 3 ein Mediationseffekt. Wieder überlappen die Messwerte von Persönlichkeit und Motivation. Während in Studie 2 der Zusammenhang von intrinsischer Motivation auf kreative Leistungen komplett durch Offenheit mediiert wurde, wird in Studie 3 nun der Einfluss von Gewissenhaftigkeit auf die selbsteingeschätzte Kreativität vollständig durch Leistungsmotivation mediiert. Gewissenhaftigkeit korreliert mit dem Mediator Leistungsmotivation (gemessen via *LMI-K*) zu r = .48 ($p < .001$). Im Manual des *LMI* (Schuler & Prochaska, 2000) wird ein Zusammenhang zwischen der Langversion des Leistungsmotivationsinventars mit Gewissenhaftigkeit (ebenfalls über das *NEO-FFI* gemessen) von r = .57 ($p < .01$) ausgewiesen. Die Langversion korreliert wiederum mit der in dieser Studie eingesetzten Kurzversion *LMI-K* zu r = .93. Der in dieser Studie gefundene Zusammenhang von Gewissenhaftigkeit und Leistungsmotivation ist folglich kein stichprobenbedingtes Artefakt, sondern Ausdruck der konzeptionellen Nähe dieser beiden Konstrukte.

Zusammengefasst erweisen sich Intelligenz, Offenheit und Motivation bei einer empirischen Prüfung als wichtige Korrelate zur Erklärung des individuellen kreativen Potenzials. Allerdings wird deutlich, dass noch weitere Studien notwendig sind, um einerseits methodische Effekte in den Griff zu bekommen und andererseits die differenziellen Unterschiede im Erklärungsbeitrag der drei Prädiktoren Intelligenz, Offenheit und Motivation für Selbstbeschreibungsverfahren und Leistungstests zur Kreativitätsmessung zu verstehen.

Die simultane Betrachtung von kognitiven, motivationalen und persönlichkeitsbezogenen Dispositionen leistet einen wertvollen Beitrag zur weiteren Klärung des nomologischen Netzes der Kreativität. Bei aller noch zu leistenden Forschung scheint aber besonders auf den Leistungskontext bezogen eines sicher: weder kreative Leistungen noch das kreative Selbstbild lassen sich durch eine Kombination von Intelligenz, Offenheit und Motivation ausreichend erklären, als dass es sich nicht lohnen würde, Kreativität als eigenes Konstrukt weiter zu erforschen.

Hierbei sollten vor allem die Limitationen der ersten explorativen Studien aufgehoben werden. So ist der Kriterienraum noch durch den Einbezug realer kreativer Leistungen zu erweitern. Sobald geeignete Kriteriendaten zur berufsbezogenen Kreativität vorliegen, können die Verfahren zur Kreativitätsdiagnostik als Prädiktoren in die Regression miteinbezogen werden. Dadurch könnten die Zusammenhänge zwischen den Ergebnissen aus Kreativitäts-, Intelligenz- und Persönlichkeitstests in der Vorhersage von Kreativitätsleistungen im (beruflichen) Alltag geklärt werden. Somit könnte die wichtige Frage beantwortet werden, ob und in welchem Maße Kreativitäts(leistungs)tests einen inkrementellen Beitrag über die bereits bestehenden Möglichkeiten zur Kreativitätsprognose erbringen können. Zudem wäre der Unterschied zwischen kreativem Leistungspotenzial und kreativem Selbstbild besser zu verstehen.

Sobald Daten von ausreichend vielen Personen vorliegen, sind die Hypothesen zum nomologischen Netz der Kreativität auch mittels Strukturgleichungsmodellen zu prüfen.

Weiterhin wäre die Prozessperspektive auf Kreativität in die Prüfung ihres nomologischen Netzes zu integrieren. Hierdurch könnten einerseits die Abgrenzung und Abfolge der Prozessstufen weiter untersucht werden und darauf aufbauend Aussagen über differenzielle Validitäten der drei Konstrukte Intelligenz, Persönlichkeit und Motivation für die einzelnen Herausforderungen entlang des kreativen Prozesses gewonnen werden.

Teil V
Fazit und Ausblick

15 Integration der Befunde aus Theorie und Empirie sowie Ausblick zu weiterer Forschung

Kreativität ist zugleich Anforderung und Ziel (Schuler & Görlich, 2007) in einer Vielzahl von Domänen und Lebensbereichen. In der vorliegenden Arbeit wurde Kreativität gezielt im Berufskontext betrachtet. Die umfassende Beschäftigung mit den personalen Voraussetzungen von Innovationen schließt dabei konsequenterweise auch einen Überblick über die diagnostischen Möglichkeiten zur Erfassung von Kreativität mit ein.

Aus der Sichtung der unterschiedlichen Messansätze zur Kreativitätsdiagnostik wurde deutlich, dass bis dato kein berufsbezogenes, prozessbasiertes und multimethodales Kreativitätsverfahren vorliegt. Allerdings scheint die Kombination unterschiedlicher diagnostischer Ansätze eine genauere Messung kreativen Potenzials möglich zu machen. Zu diesem Zweck wurde die *Diagnose berufsbezogener Kreativität – Technik und Entwicklung* (*DBK-TE*) entwickelt. Das Instrument erfüllt die testtheoretischen Anforderungen an ein Verfahren der Individualdiagnostik (s. Kapitel 9)[53]. Die *DBK-TE* erweist sich als ein reliabler Kreativitätsleistungstest mit trennscharfen Items und mittlerem Schwierigkeitsniveau für die Zielgruppe Erwachsener mit Bildungsvoraussetzung Abitur.

Bei der praktischen Anwendung des Verfahrens, also der Messung des berufsbezogenen kreativen Potenzials von Bewerbern bzw. Mitarbeitern, interessiert vornehmlich die Kriterienvalidität des Verfahrens. Die Zusammenhänge der *DBK-TE* zu beruflichen Erfolgs- und Zufriedenheitsmaßen weisen das Verfahren als geeignet zur Prognose beruflichen Erfolgs aus (s. Kapitel 1). Die Korrelationen mit generellen Erfolgskriterien sowie kreativitätsspezifischen Kriterien aus Schule, Ausbildung, Studium und Freizeit bestätigen die Kriterienvalidität auch für diese Bereiche. Mit der *DBK-TE* ist eine bezüglich demografischer Kriterien wie etwa Alter und Geschlecht faire Kreativitätsdiagnostik möglich (s. Kapitel 12). Zudem wird der Test von den Testanden gut bewertet und akzeptiert, womit eine weitere wichtige Anforderung an psychometrische Verfahren im Praxiseinsatz erfüllt ist (s. Kapitel 1).

Aus Forschungssicht interessieren hingegen besonders die Ergebnisse aus der Konstruktvalidierung der *DBK-TE*. Die hohen konvergenten Validitäten zu alternativen Kreativitätsverfahren und die größtenteils erwartungskonformen Zusammenhänge zu Konstrukten, die mit Kreativität assoziiert sind, sprechen dafür,

---

[53] Die Limitationen bei der Validierung der *DBK-TE* sind in den jeweiligen Kapiteln aufgeführt.

dass mittels der *DBK-TE* tatsächlich kreatives Potenzial erfasst wird (s. Kapitel 1).

Doch was genau umfasst kreatives Potenzial? Trägt die eingangs vorgestellte und hier nochmals wiederholte Kreativitätsdefinition von Plucker et al. (2004), der zufolge Kreativität sich in neuen und nützlichen Produkten äußert, die aus der Interaktion aus Eignung, Prozess und Umwelt resultieren?

> *„Creativity is the interaction among aptitude, process, and environment by which an individual or group produces a perceptible product that is both novel and useful as defined within a social context." (S. 90)*

Im Rahmen dieser Arbeit wurden sowohl Umweltaspekte (*environment*) als auch Gruppenprozesse (*group*) nicht weiter verfolgt, da der Fokus auf den personalen Voraussetzungen von Kreativität und Innovation unter Berücksichtigung einer prozessualen Perspektive lag. Einflüsse von Umwelt und Gruppenprozessen sind in der beruflichen Praxis bei der Erbringung kreativer Leistungen jedoch von Bedeutung. Sie sind auch bereits gut erforscht, so dass eine Gesamtschau der Befunde erfolgen und als Basis für weitere Forschungen dienen kann. Die verschiedenen Anforderungen auf den Stufen des kreativen Prozesses könnten beispielsweise von unterschiedlichen Personen mit der jeweils notwendigen Expertise bzw. von speziellen Expertenteams bewältigt werden. Forschungsseitig wäre damit die optimale Zusammensetzung und Steuerung von Kreativitätsteams entlang des kreativen Prozesses zu untersuchen.

Problematisch an der vorgestellten Definition ist die Herausstellung kreativer Produkte als wesentlicher Indikator von Kreativität. Die Fokussierung auf kreative Ergebnisse verleitet einige Kreativitätsforscher, wie etwa Amabile (1982, 1983, 1988) oder Westmeyer (2009) dazu, Personen nur dann als kreativ zu erachten, wenn diese bereits kreative Produkte geschaffen haben. In Kapitel 2.1.2.1 wurde bereits diskutiert, dass die Bewertung von Produkten als neuartig und nützlich – und somit kreativ – immer auch vom sozialen Kontext bzw. den Kenntnissen und Erfahrungen sowie dem guten Willen der Beurteiler abhängt (*social context*). Neben diesem Aspekt stellt eine ausschließlich produktbezogene Zuschreibung von Kreativität die Berufseignungsdiagnostik jedoch vor ein weiteres grundlegendes Problem: wie kann kreatives Potenzial bei jungen bzw. noch nicht so erfahrenen Bewerbern diagnostiziert werden, die noch keine Gelegenheit zur Schaffung kreativer Produkte hatten und damit noch keine „kreative Vita" haben?

Gleichwohl die Bewertung bisheriger Ergebnisse *ein* möglicher Messansatz kreativen Potenzials ist und bei erfahrenen Berufstätigen ein schnelles Kreativitätsscreening erlaubt, ist Kreativität vor allem auch als Trait zu betrachten. Die Definition von Plucker et al. (2004) muss also nicht um die Beachtung erkennbar (*perceptible*) kreativer Produkte gekürzt werden. Viel eher ist die Interaktion aus

Eignung (*aptitude*), Prozess und Umwelt als Voraussetzung der Schaffung kreativer Produkte näher zu beschreiben.

Die Frage, was Eignung für kreative Leistungen ausmacht, kann auf Basis der theoretischen und empirischen Beschäftigung mit dem nomologischen Netz der Kreativität beantwortet werden (s. Kapitel 1, 5 und 1). Hier ergaben sich im Wesentlichen zwei Befunde: erstens erweisen sich Intelligenz, Persönlichkeit und Motivation als Personmerkmale, die über die einzelnen Stufen des kreativen Prozesses hinweg (mit unterschiedlichem Gewicht) kreativitätsförderlich sind. Zweitens hängt die Vorhersage von kreativen Leistungen[54] durch die drei Konstrukte Intelligenz, Persönlichkeit und Motivation davon ab, welches theoretische Modell und welche Operationalisierung dem jeweiligen Konstrukt zugrunde gelegt werden. Auf individualdiagnostischer Ebene ist damit eine kombinierte Messung von Intelligenz-, Persönlichkeits- und motivationalen Merkmalen zur Vorhersage kreativer Leistungen geeignet.

Dennoch ist Kreativität mehr als ein *compound* aus Intelligenz, Persönlichkeit und Motivation. Durch die Integration der Prozesssicht auf Kreativität können stufenspezifische Anforderungen an Kreative abgeleitet werden. Damit führt die Erweiterung des Kreativitätskonzepts um eine prozessuale Sichtweise zu einem detaillierteren Konstruktverständnis. Vor allem aber scheint durch die Interaktion zwischen Prozess und Personmerkmalen eine eigene diagnostisch relevante Fähigkeit sichtbar zu werden: die Fähigkeit, die prozessstufenspezifisch nötigen Ressourcen aktivieren zu können. Gelänge es, diese Fähigkeit messbar zu machen, dürfte sie zusätzliche Varianz in der Vorhersage kreativer Leistungen erklären. Ist diese Fähigkeit nur gering oder überhaupt nicht ausgeprägt – und sieht man von externen Hinderungsgründen (wie etwa mangelnde Unterstützung durch Kollegen, Vorgesetzte etc. oder ein generell schwaches Innovationsklima) ab – dürfte sich vermutlich erklären, warum es Personen, die alle kreativitätsrelevanten Personmerkmale tragen, nicht zwangsläufig gelingen mag, erfolgreich kreativ tätig zu sein.

Auch wenn sich in der Literatur nur wenig Hinweise auf distinkte Prozessstufen finden lassen, die empirische Prüfung von Prozessmodellen eine erhebliche Herausforderung darstellt (s. Kapitel 5.2) und auch die in der vorliegenden Arbeit dargestellten empirischen Befunde zur *DBK-TE* gegen das angenommene Prozessmodell sprechen, sollte die Forschung zum kreativen Prozess keinesfalls aufgegeben werden. Besonders die Interaktion von Person und Prozess erfordert weitere Beachtung. Wie andiskutiert, dürfte eine Diagnose der Fähigkeit zur prozessstufenspezifischen Aktivierung der jeweils nötigen personalen Ressourcen einen wichtigen Erklärungsbeitrag zur Vorhersage kreativer Leistungen erbringen. Hinweise darauf, dass sich Kreative beim Durchlaufen des kreativen

---

[54] Kreative Leistungen sind hier nicht mit kreativen Produkten gleichzusetzen, sondern umfassen die Ergebnisse in Kreativitätsleistungstests. Damit werden die oben diskutierten Probleme bei der Verwendung von realen Produkten als Kreativitätskriterium vermieden.

Prozesses nicht nur im Leistungsniveau von weniger Kreativen unterscheiden finden sich bei Lubart (2001). So wurde beispielsweise bereits gezeigt, dass Kreative eine andere Abfolge der Prozessstufen (mehr Schleifen, frühzeitiges evaluierendes Denken) wählen, was die Annahme eines *dynamischen* Prozesses stärkt. Zudem zeichnen sich Kreative im Durchlaufen des kreativen Prozesses durch andere Verweildauern in den einzelnen Prozessstufen aus. Ob die Fähigkeit, die prozessstufenspezifisch jeweils nötigen Ressourcen aktivieren zu können und den gesamten kreativen Prozess möglichst erfolgreich zu steuern, nun auf Intuition oder Erfahrung zurückzuführen ist oder tatsächlich eine eigenständige Fähigkeit zur Anpassung an die Herausforderung des kreativen Prozesses im Sinne prozeduralen Wissens existiert, ist in weiterer Forschung zu untersuchen.

Weitergedacht lässt sich aus der Idee einer solchen Fähigkeit auch eine mögliche praktische Implikation ableiten. Wie bereits in Kapitel 5.2 erläutert, ist nicht zu erwarten, dass kreative Personen kontinuierlich in allen Prozessstufen hohe Leistungen erbringen. Ursächlich hierfür könnte zum einen sein, dass Personen nur über einen bestimmten Teil der über den kreativen Prozess hinweg relevanten personalen Voraussetzungen verfügen. Zum anderen ist jedoch mit dem Konzept der stufenspezifischen Aktivierung relevanter Ressourcen ebenso denkbar, dass Personen eben jener Wechsel nicht immer gelingt und hierdurch die Anforderungen einzelner Stufen nicht erfüllt werden. Beide Erklärungen verdeutlichen die Relevanz einer prozessbezogenen Kreativitätsdiagnostik.

Im Unternehmenskontext zeigt sich die Abbildung der Stufen des kreativen Prozesses bereits sehr deutlich. Auch hier wird nicht die gesamte Produktentwicklung, -testung und -vermarktung von ein und derselben Person verlangt. Vielmehr werden die einzelnen Aufgabenschritte in spezialisierten Abteilungen bearbeitet. Beispielsweise werden Konzeptkombinationen als Basis neuer Produktideen vornehmlich von Entwicklungs- und Forschungsabteilungen erwartet, während Marktforschungsteams kundenseitige Anforderungen und Wünsche zur Produktanpassung einholen und sich Marketing- und PR-Abteilungen um die Durchsetzung innovativer Produkte kümmern. Sofern sich das Prozessmodell der Kreativität von Schuler und Görlich (2007) in Kombination mit der Diagnostik kreativitätsrelevanter Personmerkmalen sowohl zur Identifizierung individueller Stärken und Schwächen als auch zur Abbildung organisationaler Innovationsprozesse eignet, wäre eine gezielte Zuordnung von Mitarbeitern zu den entsprechenden Tätigkeitsbereichen möglich.

Mit diesen Überlegungen lässt sich zum Ende dieser Arbeit die Kreativitätsdefinition, wie folgt, erweitern:

> *Creativity is the interaction between intelligence, expertise, personality traits, and motivation as individual dispositions with process stage dependent demands and environmental conditions by which an individual or group produces a perceptible product that is both novel and useful as defined within a social context.*

Literatur

Acar, S. & Runco, M. A. (2012). Psychoticism and Creativity: A Meta-analytic Review. *Psychology of Aesthetics, Creativity, and the Arts, 6*(4), 341-350.

Acar, S. & Sen, S. (2013). A multilevel meta-analysis of the relationship between creativity and schizotypy. *Psychology of Aesthetics, Creativity, and the Arts, 7*(3), 214-228.

Ackerman, P. L. (1996). A theory of adult intellectual development: Process, personality, interests, and knowledge. *Intelligence, 22*(2), 229-259.

Agars, M. D., Kaufman, J. C., Deane, A. & Smith, B. (2012). Fostering Individual Creativity Through Organizational Context. In M. D. Mumford (Hrsg.), *Handbook of organizational creativity* (S. 271-291). New York, NY: Elsevier.

Allport, G. W. (1937). The Functional Autonomy of Motives. *The American Journal of Psychology, 50*(1/4), 141-156.

Amabile, T. M. (1982). Social psychology of creativity: A consensual assessment technique. *Journal of Personality and Social Psychology, 43*(5), 997-1013.

Amabile, T. M. (1983). The social psychology of creativity: A componential conceptualization. *Journal of Personality and Social Psychology, 45*(2), 357-376.

Amabile, T. M. (1985). Motivation and creativity: Effects of motivational orientation on creative writers. *Journal of Personality and Social Psychology, 48*(2), 393-399.

Amabile, T. M. (1988). A model of creativity and innovation in organisations. In B. M. Staw & L. L. Cummings (Hrsg.), *Research in Organizational Behaviour. Vol. 10* (S. 123-167). Greenwich C.T.: JAI Press.

Amabile, T. M. (1996). *Creativity in context: Update to "The Social Psychology of Creativity"*. Boulder, CO: Westview Press.

Amabile, T. M. (1998). How to kill creativity. *Harvard Business Review, 76*(5), 76-87.

Amabile, T. M., Hil, K. G., Hennessey, B. A. & Tighe, E. M. (1995). "The Work Preference Inventory: Assessing intrinsic and extrinsic motivational orientations": Correction. *Journal of Personality and Social Psychology, 68*(4), 580.

Amabile, T. M., Hill, K. G., Hennessey, B. A. & Tighe, E. M. (1994). The Work Preference Inventory: Assessing Intrinsic and Extrinsic Motivational Orientations. *Journal of Personality and Social Psychology, 66*(5), 950-967.

Amelang, M. & Schmidt-Atzert, L. (2006). *Psychologische Diagnostik und Intervention*. Berlin, Heidelberg: Springer.

Anderson, N., Potocnik, K. & Zhou, J. (2014). Innovation and Creativity in Organizations: A State-of-the-Science Review, Prospective Commentary, and Guiding Framework. *Journal of Management, 40*(5), 1297-1333.

Andreasen, N. C. (2005). *The Creating Brain: The Neuroscience of Genius*. Washington, DC: Dana Press.

Andresen, B. (2001). Konzepte und Fragebogenskalen zur Einordnung von Psychosetendenzen in die differentiell-psychologischen Faktoren der Persönlichkeit. In B. Andresen & R. Maß (Hrsg.), *Schizotypie – Psychometrische Entwicklungen und piopsychologische Forschungsansätze* (S. 4-43). Göttingen: Hogrefe.

Andresen, B. & Beauducel, A. (2008). TBS-TK Rezension: »NEO-Persönlichkeitsinventar nach Costa und McCrae, Revidierte Fassung (NEO-PI-R)«. *Report Psychologie, 11/12*, 543-544.

Arden, R., Chavez, R. S., Grazioplene, R. & Jung, R. E. (2010). Neuroimaging creativity: A psychometric view. *Behavioral Brain Research, 214*(143-156).

Asendorpf, J. (2007). *Psychologie der Persönlichkeit* (Bd. 4). Berlin: Springer.

Ashton, M. C. & Lee, K. (2007). Empirical, theoretical, and practical advantages of the HEXACO model of personality structure. *Personality and Social Psychology Review, 11*(2), 150-166.

Ashton, M. C. & Lee, K. (2009). The HEXACO-60: A short measure of the major dimensions of personality. *Journal of Personality Assessment, 91*, 340-345.

Atkinson, J. W. (1957). Motivational determinants of risk-taking behavior. *Psychological Review, 64*(6), 359-372.

Axtell, C. M., Holman, D. J., Unsworth, K. L., Wall, T. D. & Waterson, P. E. (2000). Shopfloor innovation: Facilitating the suggestion and implementation of ideas. *Journal of Occupational & Organizational Psychology, 73*(3), 265-385.

Backhaus, K., Erichson, B., Plinke, W. & Weiber, R. (2006). *Multivariate Analysemethoden. Eine anwendungsorientierte Einführung*: Springer.

Baddeley, A. D. (1968). A 3-min reasoning test based on grammatical transformation. *Psychonomic Science, 10*(10), 341-342.

Baer, J. (2008). Commentary: Divergent thinking tests have problems, but this is not the solution. *Psychology of Aesthetics Creativity and the Arts, 2*(2), 89-92.

Baer, M., Oldham, G. R. & Cummings, A. (2003). Rewarding creativity: when does it really matter? *Leadership Quarterly, 14*(4/5), 569.

Bagozzi, R. P. & Foxall, G. R. (1995). Construct validity and generalizability of the Kirton Adaption–Innovation Inventory. *European Journal of Personality, 9*(3), 185-206.

Baron, R. A. (2000). Psychological perspectives on entrepreneurship: cognitive and social factors in entrepreneurs' success'. *American Psychological Society, 9*(1), 5-18.

Barrick, M. R. & Mount, M. K. (1991). The Big Five personality dimensions and job performance: A meta-analysis. *Personnel Psychology, 44*(1), 1-26.

Barron, F. (1955). The disposition toward originality. *The Journal of Abnormal & Social Psychology, 51*(3), 478-485.

Barron, F. & Harrington, D. M. (1981). Creativity, intelligence, and personality. *Annual Review of Psychology, 32*(1), 439-476.

Basadur, M. (1994). Managing the creative process in organizations. In M. A. Runco (Hrsg.), *Problem finding, problem solving, and creativity* (S. 237-268). Westport: Ablex Publishing.

Basadur, M. (1995). *The power of innovation. How to make innovation a way of life and how to put creative solutions to work*. London: Pitman Professional Publishing / Applied Creativity Press.

Batey, M. (2007). *A Psychometric Investigation of Everyday Creativity*. Unpublished doctoral thesis. University of London.

Batey, M. (2012). The Measurement of Creativity: From Definitional Consensus to the Introduction of a New Heuristic Framework. *Creativity Research Journal, 24*(1), 55-65.

Batey, M., Chamorro-Premuzic, T. & Furnham, A. (2009). Intelligence and personality as predictors of divergent thinking: The role of general, fluid and crystallised intelligence. *Thinking Skills and Creativity, 4*(1), 60-69.

Batey, M., Chamorro-Premuzic, T. & Furnham, A. (2010). Individual Differences in Ideational Behavior: Can the Big Five and Psychometric Intelligence Predict Creativity Scores? *Creativity Research Journal, 22*(1), 90-97.

Batey, M. & Furnham, A. (2006). Creativity, intelligence, and personality: A critical review of the scattered literature. *Genetic, Social, and General Psychology Monographs, 132*(4), 355-429.

Batey, M. & Furnham, A. (2008). The relationship between measures of creativity and schizotypy. *Personality and Individual Differences, 45*(8), 816-821.

Batey, M., Furnham, A. & Safiullina, X. (2010). Intelligence, general knowledge and personality as predictors of creativity. *Learning and Individual Differences, 20*(5), 532-535.

Batey, M., Rawles, R. & Furnham, A. (2009). Divergent Thinking and Interview Ratings. *Journal of Psychoeducational Assessment, 27*(1), 57-67.

Baughman, W. A. & Mumford, M. D. (1995). Process-analytic models of creative capacities: Operations influencing the combination-and-reorganization process. *Creativity Research Journal, 8*(1), 37-62.

Beaty, R. E. & Silvia, P. J. (2013). Metaphorically speaking: cognitive abilities and the production of figurative language. *Memory & Cognition, 41*(2), 255-267.

Beauducel, A. & Kersting, M. (2002). Fluid and Crystallized Intelligence and the Berlin Model of Intelligence Structure (BIS). *European Journal of Psychological Assessment, 18*(2), 97-112.

Beauducel, A. & Wittmann, W. (2005). Simulation Study on Fit Indexes in CFA Based on Data With Slightly Distorted Simple Structure. *Structural Equation Modeling, 12*(1), 41-75.

Beaussart, M. L., Kaufman, S. B. & Kaufman, J. C. (2012). Creative Activity, Personality, Mental Illness, and Short-Term Mating Success. *Journal of Creative Behavior, 46*(3), 151-167.

Beermann, D. & Heilmann, K. (2014). Wie passen Kompetenzen und Persönlichkeitseigenschaften zusammen? Ein kompetenzorientierter Ansatz der Persönlichkeitsdiagnostik. *Wirtschaftspsychologie, 1*, 66-80.

Beitz, L. E. (1996). *Schlüsselqualifikation Kreativität – Begriffs-, Erfassungs- und Entwicklungsproblematik.* Hamburg: Steuer- und Wirtschaftsverlag.

Berlyne, D. E. (1978). Curiosity and learning. *Motivation and Emotion, 2*(2), 97-175.

Bless, H., Wänke, M., Bohner, G., Fellhauer, R. F. & Schwarz, N. (1994). Need for Cognition: Eine Skala zur Erfassung von Engagement und Freude bei Denkaufgaben. *Zeitschrift für Sozialpsychologie, 25*, 147-154.

Bolin, A. U. & Neuman, G. A. (2006). Personality, process, and performance in interactive brainstorming groups. *Journal of Business and Psychology, 20*(4), 565-585.

Borkenau, P. & Ostendorf, F. (1993). *Neo-Fünf-Faktoren-Inventar (NEO-FFI) nach Costa und McCrae. Handanweisung.* Göttingen: Hogrefe.

Borkenau, P. & Ostendorf, F. (2008). *NEO-Fünf-Faktoren-Inventar. 2., neu normierte und vollständig überarbeitete Auflage.* Göttingen: Hogrefe.

Bortz, J. & Döring, N. (2006). *Forschungsmethoden und Evaluation für Human- und Sozialwissenschaftler.* Berlin, Heidelberg: Springer.

Bortz, J., Lienert, G. A. & Boehnke, K. (2010). *Verteilungsfreie Methoden in der Biostatistik.* Berlin, Heidelberg: Springer.

Bortz, J. & Schuster, C. (2010). *Statistik für Human- und Sozialwissenschaftler* (7., vollständig überarbeitete und erweiterte Auflage). Berlin, Heidelberg: Springer.

Bowling, N. A. & Burns, G. N. (2010). A comparison of work-specific and general personality measures as predictors of work and non-work criteria. *Personality and Individual Differences, 49*(2), 95-101.

Bühner, M. (2006). *Einführung in die Test- und Fragebogenkonstruktion* (2., aktualisierte Auflage). München u.a.: Pearson.

Bühner, M. (2010). *Einführung in die Test- und Fragebogenkonstruktion* (3., aktualisierte Auflage). München u.a.: Pearson.

Cacioppo, J. T., Petty, R. E. & Kao, C. F. (1984). The efficient assessment of need for cognition. *Journal of Personality Assessment, 48*(3), 306-307.

Caroff, X. & Lubart, T. (2012). Multidimensional Approach to Detecting Creative Potential in Managers. *Creativity Research Journal, 24*(1), 13-20.

Carroll, J. B. (1993). *Human cognitive abilities: A survey of factor-analytic studies.* New York, NY: Cambridge University Press.

Carroll, J. B. (1996). A three-stratum theory of intelligence: Spearman's contribution. *Human abilities: Their nature and measurement*, 1-17.

Carroll, J. B. (1997). The three-stratum theory of cognitive abilities. In D. P. Flanagan, J. L. Genshaft & P. L. Harrison (Hrsg.), *Contemporary intellectual assessment: Theories, tests, and issues* (S. 122-130). New York, NY: Guilford Press.

Carson, S. H., Peterson, J. B. & Higgins, D. M. (2005). Reliability, validity, and factor structure of the creative achievement questionnaire. *Creativity Research Journal, 17*(1), 37-50.

Cattell, R. B. (1943). The measurement of adult intelligence. *Psychological Bulletin, 40*(3), 153-193.

Cattell, R. B. & Butcher, H. J. (1968). The Prediction of Achievement and Creativity. In P. E. Vernon (Hrsg.), *Creativity* (S. 312-326). Harmondsworth: Penguin Books.

Cattell, R. B., Eber, H. W. & Tatsuoka, M. (1970). *Handbook for the Sixteen Personality Factor Questionnaire*. Champaign, IL: Institute for Personality and Ability Testing.

Cattell, R. B. & Horn, J. L. (1978). A check on the theory of fluid and crystallized intelligence with descripton of new subtest designs. *Journal of Educational Measurement, 15*(3), 139-164.

Chamorro-Premuzic, T. & Reichenbacher, L. (2008). Effects of personality and threat of evaluation on divergent and convergent thinking. *Journal of Research in Personality, 42*(4), 1095-1101.

Chand, I. & Runco, M. A. (1993). Problem finding skills as components in the creative process. *Personality and Individual Differences, 14*(1), 155-162.

Charyton, C. & Snelbecker, G. E. (2007). General, artistic and scientific creativity attributes of engineering and music students. *Creativity Research Journal, 19*(2-3), 213-225.

Choi, J. N. (2004). Individual and contextual predictors of creative performance: The Mediating Role of Psychological Processes. *Creativity Research Journal, 16*(2/3), 187–199.

Clapham, M. M. & King, W. R. (2010). Psychometric Characteristics of the CREA in an English Speaking Population. *Anales de Psicologia, 26*(2), 206-211.

Clegg, C., Unsworth, K. L., Epitropaki, O. & Parker, G. (2002). Implicating trust in the innovation process. *Journal of Occupational & Organizational Psychology, 75*(4), 409-422.

Cohen, J. (1988). *Statistical power analysis for the behavioral sciences*. Hillsdale: Lawrence Erlbaum Associates.

Comadena, M. E. (1984). Brainstorming Groups: Ambiguity Tolerance, Communication Apprehension, Task Attraction, and Individual Productivity. *Small Group Research, 15*(2), 251-264.

Condry, J. (1977). Enemies of exploration: Self-initiated versus other-initiated learning. *Journal of Personality and Social Psychology, 35*(7), 459-477.

Costa, P. T. & McCrae, R. R. (1992). *Revised NEO Personality Inventory (NEO-PI-R) and NEO Five Factor Inventory (NEO-FFI)*. *Professional Manual*. Psychological Assessment Resources.

Costello, A. B. & Osborne, J. W. (2005). Best Practices in Exploratory Factor Analysis: Four Recommendations for Getting the Most From Your Analysis. *Practical Assessment Research & Evaluation, 10*(7), Verfügbar online: http://pareonline.net/getvn.asp?v=10&n=17.

Cronbach, L. J. & Gleser, G. C. (1965). *Psychological tests and personnel decisions*. Oxford: University of Illinois Press.

Cropley, A. J. (1996). Recognizing Creative Potential: An Evaluation of the Usefulness of Creativity Tests. *High Ability Studies, 7*(2), 203-219.

Cropley, A. J. (1997). Creativity: A bundle of paradoxes. *Gifted and Talented International, 12*, 8-14.

Cropley, A. J. (2006). In Praise of Convergent Thinking. *Creativity Research Journal, 18*(3), 391-404.

Cropley, A. J. & Cropley, D. (2008). Resolving the paradoxes of creativity: an extended phase model. *Cambridge Journal of Education, 38*(3), 355-373.

Cropley, D. & Cropley, A. J. (2011). Understanding value innovation in organizations: A psychological framework. *International Journal of Creativity and Problem-Solving, 21*(1), 17-36.

Csikszentmihalyi, M. (1975). *Beyond Boredom and Anxiety*. San Francisco, CA.: Jossey-Bass.

Csikszentmihalyi, M. (1990). *Flow: The Psychology of Optimal Experience*. New York, N.Y.: Harper and Row.

Csikszentmihalyi, M. (2000). *Beyond boredom and anxiety*. San Francisco, CA: Jossey Bass.

Cummings, A. & Oldham, G. R. (1997). Enhancing creativity: Managing work contexts for the high potential employee. *California Management Review, 40*(1), 22-38.

Curran, P. J., West, S. G. & Finch, J. F. (1996). The robustness of test statistics to nonnormality and specification error in confirmatory factor analysis. *Psychological Methods, 1*(1), 16-29.

Dailey, L. & Mumford, M. D. (2006). Evaluative Aspects of Creative Thought - Errors in Appraising the Implications of New Ideas. *Creativity Research Journal, 18*(3), 367-384.

Davis, C. D., Kaufman, J. C. & McClure, F. H. (2011). Non-Cognitive Constructs and Self-Reported Creativity by Domain. *Journal of Creative Behavior, 45*(3), 188-202.

de Jesus, S. N., Rus, C. L., Lens, W. & Imaginario, S. (2013). Intrinsic Motivation and Creativity Related to Product: A Meta-analysis of the Studies Published Between 1990-2010. *Creativity Research Journal, 25*(1), 80-84.

Deci, E. L., Koestner, R. & Ryan, R. M. (1999a). A meta-analytic review of experiments examining the effects of extrinsic rewards on intrinsic motivation. *Psychological Bulletin, 125*(6), 627-668.

Deci, E. L., Koestner, R. & Ryan, R. M. (1999b). The Undermining Effect Is a Reality After All-Extrinsic Rewards, Task Interest, and Self-Determination: Reply to Eisenberger, Pierce, and Cameron (1999) and Lepper, Henderlong, and Gingras (1999). *Psychological Bulletin, 125*(6), 692-700.

Deci, E. L. & Ryan, R. (1985). *Intrinsic motivation and self-determination in human behavior.* New York: Plenum Press.

Diedenhofen, B. & Musch, J. (2014). cocor: A comprehensive solution for the statistical comparison of correlations. Manuscript submitted for publication.

Dillon, J. T. (1982). Problem finding and solving. *Journal of Creative Behavior, 16*(2), 97-111.

DIN. (2002). DIN 33430: Anforderungen an Verfahren und deren Einsatz bei berufsbezogenen Eignungsbeurteilungen. Berlin: Beuth.

Dollinger, S. J. (2003). Need for uniqueness, need for cognition, and creativity. *Journal of Creative Behavior, 37*(2), 99-116.

Dollinger, S. J., Urban, K. K. & James, T. A. (2004). Creativity and openness: Further validation of two creative product measures. *Creativity Research Journal, 16*(1), 35-47.

Domino, G. (1970). Identification of potentially creative persons from the Adjective Check List. *Journal of Consulting & Clinical Psychology, 35*(1, Pt 1), 48-51.

Domino, G. & Giuliani, I. (1997). Creativity in Three Samples of Photographers: A Validation of the Adjective Check List Creativity Scale. *Creativity Research Journal, 10*(2/3), 193-200.

Dr. Ing. h.c. F. Porsche AG. (29.05.2008). Verfügbar unter: http://www.porsche.com/germany/aboutporsche/pressreleases/archiv-2008/quarter2/?pool=germany&id=2008-05-29 [31.07. 2014].

Driskell, J. E., Hogan, R. & Salas, E. (1987). Personality and group performance. In C. Hendrick (Hrsg.), *Group processes and intergroup relations: Review of personality and social psychology* (Bd. 9, S. 91-112). Newbury Park, CA: Sage.

Duden Band 5. (2001). *Duden. Das Fremdwörterbuch* (7., neu bearbeitete und erweiterte Auflage). Mannheim [u.a.]: Bibliographisches Institut & F.A. Brockhaus AG.

Eid, M., Gollwitzer, M. & Schmitt, M. (2011). *Statistik und Forschungsmethoden* (2., korr. Aufl.). Frankfurt am Main: Beltz.

Eisenberger, R. & Armeli, S. (1997). Can Salient Reward Increase Creative Performance Without Reducing Intrinsic Creative Interest? *Journal of Personality & Social Psychology, 72*(3), 652-663.

Eisenberger, R., Pierce, W. D. & Cameron, J. (1999). Effects of Reward on Intrinsic Motivation-Negative, Neutral, and Positive: Comment on Deci, Koestner, and Ryan (1999). *Psychological Bulletin, 125*(6), 677-691.

Eisenberger, R. & Rhoades, L. (2001). Incremental Effects of Reward on Creativity. *Journal of Personality & Social Psychology, 81*(4), 728-741.

Eisenberger, R., Rhoades, L. & Cameron, J. (1999). Does pay for performance increase or decrease perceived self-determination and intrinsic motivation? *Journal of Personality and Social Psychology, 77*(5), 1026-1040.

Eisenberger, R. & Shanock, L. (2003). Rewards, Intrinsic Motivation, and Creativity: A Case Study of Conceptual and Methodological Isolation. *Creativity Research Journal, 15*(2&3), 121-130.

Ellwood, S., Pallier, G., Snyder, A. & Gallate, J. (2009). The Incubation Effect: Hatching a Solution? *Creativity Research Journal, 21*(1), 6-14.

Estes, Z. & Ward, T. B. (2002). The Emergence of Novel Attributes in Concept Modification. *Creativity Research Journal, 14*(2), 149-156.

Eysenck, H. J. (1992). The Definition and Measurement of Psychoticism. *Personality and Individual Differences, 13*(7), 757-785.

Eysenck, H. J. (1995). *Genius. The Natural History of Creativity.* Cambridge: Cambridge University Press.

Fabrigar, L. R., Wegener, D. T., MacCallum, R. C. & Strahan, E. J. (1999). Evaluating the use of exploratory factor analysis in psychological research. *Psychological Methods, 4*(3), 272-299.

Faullant, R., Schwarz, E. J., Krajger, I. & Breitenecker, R. J. (2012). Towards a Comprehensive Understanding of Lead Userness: The Search for Individual Creativity. *Creativity and Innovation Management, 21*(1), 76-92.

Feist, G. J. (1998). A meta-analysis of personality in scientific and artistic creativity. *Personality and Social Psychology Review, 2*(4), 290-309.

Feist, G. J. (1999). The influence of personality on artistic and scientific creativity. In R. J. Sternberg (Hrsg.), *Handbook of creativity* (S. 273-296). New York: Cambridge University Press.

Feist, G. J. & Barron, F. X. (2003). Predicting creativity from early to late adulthood: Intellect, potential, and personality. *Journal of Research in Personality, 37*(2), 62-88.

Fink, A. & Neubauer, A. C. (2006). EEG alpha oscillations during the performance of verbal creativity tasks: Differential effects of sex and verbal intelligence. *International Journal of Psychophysiology, 62*(1), 46-53.

Flanagan, J. C. (1954). The critical incident technique. *Psychological Bulletin, 51*(4), 327-358.

Ford, C. M. (1996). Theory of individual creative action in multiple social domains. *Academy of Management Review, 21*(4), 1112-1142.

Funke, U., Krauss, J., Schuler, H. & Stapf, K. H. (1987). Zur Prognostizierbarkeit wissenschaftlich-technischer Leistungen mittels Personvariablen: Eine Metaanalyse der Validität diagnostischer Verfahren im Bereich Forschung und Entwicklung. *Gruppendynamik, 18*(4), 407-428.

Furnham, A. & Bachtiar, V. (2008). Personality and intelligence as predictors of creativity. *Personality and Individual Differences, 45*(7), 613-617.

Furnham, A., Batey, M., Anand, K. & Manfield, J. (2008). Personality, hypomania, intelligence and creativity. *Personality and Individual Differences, 44*(5), 1060-1069.

Furnham, A., Batey, M., Booth, T. W., Patel, V. & Lozinskaya, D. (2011). Individual difference predictors of creativity in Art and Science students. *Thinking Skills and Creativity, 6*(2), 114-121.

Furnham, A. & Crump, J. (2013). The sensitive, imaginative, articulate art student and conservative, cool, numerate science student: Individual differences in art and science students. *Learning and Individual Differences, 25*, 150-155.

Furnham, A. & Nederstrom, M. (2010). Ability, demographic and personality predictors of creativity. *Personality and Individual Differences, 48*(8), 957-961.

Furnham, A. & Ribchester, T. (1995). Tolerance of ambiguity: A review of the concept, its measurement and applications. *Current Psychology, 14*(3), 179-199.

Gängl-Ehrenwerth, C., Faullant, R. & Schwarz, E. J. (2013). Kundenintegration in den Neuproduktentwicklungsprozess. In D. E. Krause (Hrsg.), *Kreativität, Innovation und Entrepreneurship* (S. 371-384). Wiesbaden: Springer.

Geiser, C. (2011). *Datenanalyse mit Mplus. Eine anwendungsorientierte Einführung* (2., durchgesehene Auflage). Wiesbaden: VS Verlag für Sozialwissenschaften.

Gelléri, P. (2012). *Die kreative Persönlichkeit und der kreative Prozess: Entwicklung und Validierung des Tests zur berufsbezogenen Kreativität für gestaltungs- und sprachbezogene Tätigkeiten.* Münster: Monsenstein und Vannerdat.

Gelléri, P., Borstendorfer, I., Winzen, J., Winter, C. & Schuler, H. (2009, Sep). *Beeinflusst ein extrinsischer Anreiz die kreative Leistung?* Poster präsentiert auf der 10. Arbeitstagung der Fachgruppe Differentielle Psychologie, Persönlichkeitspsychologie und Psychologische Diagnostik, Landau.

Gelléri, P., Garda, I. & Winter, C. (2011). Kreativität im beruflichen Kontext. In P. Gelléri & C. Winter (Hrsg.), *Potenziale der Personalpsychologie: Einfluss personaldiagnostischer Maßnahmen auf den Berufs- und Unternehmenserfolg* (S. 165-176). Göttingen: Hogrefe.

Gelléri, P. & Winter, C. (2012, Sep). *Ist die DBK auch für Realschüler geeignet? Eine Überprüfung der konstrukt- und kriterienbezogenen Validität.* Poster präsentiert auf dem 48. Kongress der DGPs, Bielefeld.

Gelléri, P., Winter, C. & Schuler, H. (2011, Sep). *Entwicklung und Validierung des Tests zur berufsbezogenen Kreativität für gestaltungs- und sprachbezogene Tätigkeiten.* Poster präsentiert auf der 11. Arbeitstagung der Fachgruppe Differentielle Psychologie, Persönlichkeitspsychologie und Psychologische Diagnostik, Saarbrücken.

Gelléri, P., Winzen, J., Schwarzinger, D., Görlich, Y. & Schuler, H. (2008, Jul). *Fluency, flexibility and originality – Does scoring method affect the relationship of creativity, intelligence and personality?* Paper präsentiert auf dem XXIX International Congress of Psychology, Berlin.

Gentner, D., Brem, S., Ferguson, R., Wolff, P., Markman, A. B. & Forbus, K. (1997). Analogy and creativity in the works of Johannes Kepler. In T. B. Ward, S. M. Smith & J. Vaid (Hrsg.), *Creative thought: An investigation of conceptual structures and processes.* (S. 403-459). Washington D.C.: American Psychological Association.

George, J. M. & Zhou, J. (2001). When openness to experience and conscientiousness are related to creative behavior: An interactional approach. *Journal of Applied Psychology, 86*(3), 513-524.

Getzels, J. W. (1979). Problem finding: A theoretical note. *Cognitive science, 3*(2), 167-172.

Getzels, J. W. & Jackson, P. W. (1962). *Creativity and intelligence: Explorations with gifted students:* Wiley: Oxford.

Gibbs jr., R. W. (1997). How language reflects the embodied nature of creative cognition. In T. B. Ward, S. M. Smith & J. Vaid (Hrsg.), *Creative thought: An investigation of conceptual structures and processes.* (S. 351-373). Washington D.C.: American Psychological Association.

Gilhoolya, K. J., Georgioua, G. & Deverya, U. (2013). Incubation and creativity: Do something different. *Thinking & Reasoning, 19*(2), 137-149.

Gill, T. & Dubé, L. (2007). What is a Leather Iron or a Bird Phone? Using conceptual combinations to generate and understand new product concepts. *Journal of Consumer Psychology, 17*(3), 202-217.

Goffin, R. D., Rothstein, M. G. & Johnston, N. G. (1996). Personality Testing and the Assessment Center: Incremental Validity for Managerial Selection. *Journal of Applied Psychology, 81*(6), 746-756.

Gong, Y. P., Cheung, S. Y., Wang, M. & Huang, J. C. (2012). Unfolding the Proactive Process for Creativity: Integration of the Employee Proactivity, Information Exchange, and Psychological Safety Perspectives. *Journal of Management, 38*(5), 1611-1633.

Görlich, Y. & Schuler, H. (2006). Personalentscheidungen, Nutzen und Fairness. In H. Schuler (Hrsg.), *Lehrbuch der Personalpsychologie* (2., überarbeitete und erweiterte Auflage, S. 797-840). Göttingen: Hogrefe.

Gosling, S. D., Rentfrow, P. J. & Swann, W. B., Jr. (2003). A very brief measure of the Big- Five personality domains. *Journal of Research in Personality, 37*(6), 504-528.

Götz, K. O. & Götz, K. (1979). Personality characteristics of successful artists. *Perceptual and Motor Skills, 49*(3), 919-924.

Gough, H. G. (1960). The Adjective Check List as a personality assessment research technique. *Psychological Reports, 6*(1), 107-122.

Gough, H. G. (1979). A creative personality scale for the Adjective Check List. *Journal of Personality and Social Psychology, 37*(8), 1398-1405.

Greenhaus, J. H., Parasuraman, S. & Wormley, W. M. (1990). Effects of Race on Organizational Experiences, Job Performance Evaluations, and Career Outcomes. *Academy of Management Journal, 33*(1), 64-86.

Guilford, J. P. (1950). Creativity. *American Psychologist, 5*(9), 444-454.

Guilford, J. P. (1967). *The nature of human intelligence*. New York, NY: McGraw-Hill.

Guilford, J. P. (1971). Some Misconceptions Regarding Measurement of Creative Talents. *The Journal of Creative Behavior, 5*(2), 77-87.

Guilford, J. P. (1982). Cognitive psychology's ambiguities: Some suggested remedies. *Psychological Review, 8*(1), 48-59.

Guilford, J. P. & Hoepfner, R. (1976). *Analyse der Intelligenz*. Weinheim: Beltz.

Hair, J., Black, W., Babin, B. & Anderson, R. (2005). *Multivariate Data Analysis* (6th Edition). Upper Sadle River, NJ: Prentice Hall.

Haller, C. S. & Courvoisier, D. S. (2010). Personality and Thinking Style in Different Creative Domains. *Psychology of Aesthetics Creativity and the Arts, 4*(3), 149-160.

Hammond, M. M., Neff, N. L., Farr, J. L., Schwall, A. R. & Zhao, X. Y. (2011). Predictors of Individual-Level Innovation at Work: A Meta-Analysis. *Psychology of Aesthetics Creativity and the Arts, 5*(1), 90-105.

Hancock, G. R. & Liu, M. (2012). Bootstrapping Standard Errors and Data–Model Fit Statistics in Structural Equation Modeling, . In R. H. Hoyle (Hrsg.), *Handbook of structural equation modeling* (S. 296-306). New York, NY: Guilford Publications.

Hanenberg, R. G. (2008). *Wissenschaftliche Kreativität und Phantasie in der Psychoanalyse Freuds*. Frankfurt am Main: Edition Déjà-vu.

Hargadon, A. & Sutton, R. I. (2000). Wie Innovationen systematisch erarbeitet werden. *Harvard Business Manager, 6*, 46-54.

Harter, S. (1981). A new self-report scale of intrinsic versus extrinsic orientation in the classroom: Motivational and informational components. *Developmental Psychology, 17*(3), 300-312.

Harvey, R. J. (1991). Job Analysis. In M. Dunnette (Hrsg.), *Handbook of industrial and organizational psychology* (S. 71-163). Palo Alto, CA: Consulting Psychologists Press.

Harvey, S. & Kou, C.-Y. (2013). Collective Engagement in Creative Tasks: The Role of Evaluation in the Creative Process in Groups. *Administrative Science Quarterly, 58*(3), 346-386.

Hausknecht, J. P., Day, D. V. & Thomas, S. C. (2004). Applicant Reactions to Selection Procedures: An Updated Model and Meta-Analysis. *Personnel Psychology, 57*(3), 639–683.

Hayes, J. R. (1989). Cognitive processes in creativity. In J. A. Glover, R. R. Ronning & C. R. Reynolds (Hrsg.), *Handbook of creativity* (S. 135-145): Plenum Press: New York.

Heckhausen, J. & Heckhausen, H. (2010). *Motivation und Handeln* (4., überarb. u. aktualisierte Auflage). München: Springer.

Hedges, L. V. & Olkin, I. (1985). *Statistical Methods for Meta-Analysis*. Orlando, FL: Academic Press.

Hélie, S. & Sun, R. (2010). Incubation, insight, and creative problem solving: a unified theory and a connectionist model. *Psychological Review, 117*(3), 994-1024.

Hell, B. (2003). *Kognitive Leistungsfähigkeit in der Berufseignungsdiagnostik: Forschungsüberblick und Entwicklung eines neuen Instruments zur Erfassung Schlussfolgernden und Kreativen Denkens*. Berlin: dissertation.de.

Helson, R., Roberts, B. & Agronick, G. (1995). Enduringness and Change in Creative Personality and the Prediction of Occupational Creativity. *Journal of Personality & Social Psychology, 69*(6), 1173-1183.

Hennessey, B. A. & Amabile, T. M. (1998). Reality, intrinsic motivation, and creativity. *American Psychologist, 53*(6), 674-675.

Hewitt, P. L. & Flett, G. L. (2007). When does conscientiousness become perfectionism? *Current Psychiatry, 6*, 53-64.

Heydasch, T. & Haubrich, J. (2013). HMT-S. Kurzform des Hagener Matrizen-Tests. In C. J. Kemper, M. Zenger & E. Brähler (Hrsg.), *Psychologische und sozialwissenschaftliche Kurzskalen: Standardisierte Erhebungsinstrumente für Wissenschaft und Praxis*. Berlin: MWV.

Heydasch, T., Renner, K.-H., Haubrich, J., Hilbig, B. E. & Zettler, I. (2014). *A free web-based intelligence test: The Hagen Matrices Test (HMT)*. Manuskript in Vorbereitung.

Hocevar, D. (1979). Ideational fluency as a confounding factor in the measurement of originality. *Journal of Educational Psychology, 71*(2), 191-196.

Hocevar, D. (1979, Apr). *The development of the Creative Behavior Inventory (CBI)*. Paper präsentiert auf dem Annual Meeting of the Rocky Mountain Psychological Association.

Hocevar, D. (1980). Intelligence, divergent thinking, and creativity. *Intelligence, 4*(1), 25-40.

Hocevar, D. & Bachelor, P. (1989). A taxonomy and critique of measurements used in the study of creativity. In J. A. Glover, R. R. Ronning & C. R. Reynolds (Hrsg.), *Handbook of creativity* (S. 53-75). New York: Plenum Press.

Höft, S. (2006). Erfolgsüberprüfung personalpsychologischer Arbeit. In H. Schuler (Hrsg.), *Lehrbuch der Personalpsychologie* (2., überarbeitete und erweiterte Auflage, S. 761-796). Göttingen: Hogrefe.

Höft, S. & Funke, U. (2006). Simulationsorientierte Verfahren der Personalauswahl. In H. Schuler (Hrsg.), *Lehrbuch der Personalpsychologie* (2., überarbeitete und erweiterte Auflage, S. 145-188). Göttingen: Hogrefe.

Hogan, J. & Roberts, B. W. (1996). Issues and non-issues in the fidelity-bandwidth trade-off. *Journal of Organizational Behavior, 17*(6), 627-637.

Hossiep, R. & Paschen, M. (2003). *Bochumer Inventar zur berufsbezogenen Persönlichkeitsbeschreibung (BIP) (2. Auflage)*. Göttingen: Hogrefe.

Hossiep, R. & Schulte, M. (2008). *BOWIT – Bochumer Wissenstest*. Göttingen: Hogrefe.

Houtz, J. C. & Frankel, A. D. (1992). Effects of incubation and imagery training on creativity. *Creativity Research Journal, 5*(2), 183-189.

Houtz, J. C. & Krug, D. (1995). Assessment of creativity: Resolving a mid-life crisis. *Educational Psychology Review, 7*(3), 269.

Houtz, J. C., Selby, E., Esquivel, G. B., Okoye, R. A., Peters, K. M. & Treffinger, D. J. (2003). Creativity styles and personal type. *Creativity Research Journal, 15*(4), 321-330.

Howard, T. J., Culley, S. J. & Dekoninck, E. (2008). Describing the creative design process by the integration of engineering design and cognitive psychology literature. *Design Studies, 29*(2), 160-180.

Hughes, D. J., Furnham, A. & Batey, M. (2013). The structure and personality predictors of self-rated creativity. *Thinking Skills and Creativity, 9*, 76-84.

International Personality Item Pool: A Scientific Collaboratory for the Development of Advanced Measures of Personality Traits and Other Individual Differencess. Verfügbar unter: http://ipip.ori.org/

Isaksen, S. G. & Treffinger, D. J. (1985). *Creative problem solving: The basic course*. Buffalo, NY: Bearly Limited.

Ivcevic, Z. (2007). Artistic and everyday creativity: An act-frequency approach. *Journal of Creative Behavior, 41*(4), 271-290.

Ivcevic, Z. & Mayer, J. (2009). Mapping Dimensions of Creativity in the Life-Space. *Creativity Research Journal, 21*(2-3), 152-165.

Jackson, D. (1984). *Personality research form manual*. Port Huron: Research Psychologists Press.

Jackson, S. A. (1995). Factors influencing the occurrence of flow state in elite athletes. *Journal of Applied Sport Psychology, 7*(2), 138-166.

Jäger, A. O. (1982). Mehrmodale Klassifikation von Intelligenzleistungen. Experimentell kontrollierte Weiterentwicklung eines deskriptiven Intelligenzstrukturmodells. *Diagnostica, 28*, 195–226.

Jäger, A. O. (1984). Intelligenzstrukturforschung: Konkurrierende Modelle, neue Entwicklungen, Perspektiven. *Psychologische Rundschau, 35*, 21-35.

Jäger, A. O., Süß, H. M. & Beauducel, A. (1997). *Berliner Intelligenzstruktur-Test (BIS, Form 4)*. Göttingen: Hogrefe.

Jalota, S. S. (1960). *Manual of directions for the Group Test of General Mental Ability*. Varanasi: Rupa.

Jausovec, N. & Bakracevik, K. (1995). What can heart rate tell us about the creative process? *Creativity Research Journal, 8*, 11-24.

Johnson, J. A. & Ostendorf, F. (1993). Clarification of the FFM with Abridged Big Five Dimensional Circumplex. *Journal of Personality and Social Psychology, 65*(3), 563-576.

Johnson, W. & Bouchard Jr, T. J. (2005). The structure of human intelligence: It is verbal, perceptual, and image rotation (VPR), not fluid and crystallized. *Intelligence, 33*(4), 393-416.

Judge, T. A., Colbert, A. E. & Ilies, R. (2004). Intelligence and leadership: A quantitative review and test of theoretical propositions. *Journal of Applied Psychology, 89*(3), 542-552.

Jung, J. H., Lee, Y. & Karsten, R. (2012). The Moderating Effect of Extraversion-Introversion Differences on Group Idea Generation Performance. *Small Group Research, 43*(1), 30-49.

Jung, R. E., Segall, J. M., Bockholt, H. J., Flores, R. A., Smith, S. M., Chavez, R. S.et al. (2010). Neuroanatomy of Creativity. *Human Brain Mapping, 31*(3), 398-409.

Kasperson, C. J. (1978). An analysis of the relationship between information sources and creativity in scientists and engineers. *Human Communication Research, 4*(2), 113-119.

Kaufman, J. C. (2006). Self-reported differences in creativity by ethnicity and gender. *Applied Cognitive Psychology, 20*(8), 1065-1082.

Kaufman, J. C., Baer, J., Cole, J. C. & Sexton, J. D. (2008). A Comparison of Expert and Nonexpert Raters Using the Consensual Assessment Technique. *Creativity Research Journal, 20*(2), 171-178.

Kaufman, J. C. & Beghetto, R. A. (2009). Beyond big and little: The four c model of creativity. *Review of General Psychology, 13*(1), 1-12.

Kaufman, J. C. & Beghetto, R. A. (2013). Do people recognize the four Cs? Examining layperson conceptions of creativity. *Psychology of Aesthetics, Creativity, and the Arts, 7*(3), 229-236.

Kaufman, J. C., Cole, J. C. & Baer, J. (2009). The Construct of Creativity: Structural Model for Self-Reported Creativity Ratings. *Journal of Creative Behavior, 43*(2), 119-134.

Kaufmann, G. (1979). The Explorer and the Assimilator: A Cognitive Style Distinction and Its Potential Implications for Innovative Problem Solving. *Scandinavian Journal of Educational Research, 23*(3), 101-108.

Kersting, M. (2008a). *Qualität in der Diagnostik und Personalauswahl: Der DIN Ansatz*. Göttingen: Hogrefe.

Kersting, M. (2008b). Zur Akzeptanz von Intelligenz- und Leistungstests. *Report Psychologie, 33*(9), 420-433.

Kersting, M. (2010). Akzeptanz von Assessment Centern: Was kommt an und worauf kommt es an? *Wirtschaftspsychologie, 12*, 58-65.

Kersting, M. & Birk, M. (2011). Zur zweifelhaften Validität und Nützlichkeit von Anforderungsanalysen für die Interpretation eignungsdiagnostischer Daten. In P. Gelléri & C. Winter (Hrsg.), *Potenziale der Personalpsychologie: Einfluss personaldiagnostischer Maßnahmen auf den Berufs- und Unternehmenserfolg* (S. 83-95). Göttingen: Hogrefe.

Khatena, J. & Torrance, E. P. (1976). *Khatena–Torrance creative perception inventory*. Chicago: Stoelting.

Kim, K. H. (2005). Can Only Intelligent People Be Creative? A Meta-Analysis. *Journal of Secondary Gifted Education, 16*(2-3), 57-66.

Kim, K. H. (2008). Meta-analyses of the relationship of creative achievement to both IQ and divergent thinking test scores. *Journal of Creative Behavior, 42*(2), 106-130.

Kim, K. H. (2011). The APA 2009 Division 10 Debate: Are the Torrance Tests of Creative Thinking Still Relevant in the 21st Century? *Psychology of Aesthetics Creativity and the Arts, 5*(4), 302-308.

King, B. J. & Pope, B. (1999). Creativity as a factor in psychological assessment and healthy psychological functioning. *Journal of Personality Assessment, 72*(2), 200-207.

King, L. A., McKee Walker, L. & Broyles, S. J. (1996). Creativity and the five-factor model. *Journal of Research in Personality, 30*(2), 189-203.

King, N., West, M. A. & Farr, J. L. (1990). Innovation at work: The research literature. In *Innovation and creativity at work: Psychological and organizational strategies* (S. 15-59). Oxford: John Wiley & Sons.

Kirton, M. J. (1976). Adaptors and innovators: A description and measure. *Journal of Applied Psychology, 61*(5), 622-629.

Kirton, M. J. (1978). Have adaptors and innovators equal levels of creativity? *Psychological Reports, 42*(3, Pt 1), 695-698.

Kirton, M. J. (1989). Adaptors and innovators at work. In M. Kirton (Hrsg.), *Adaptors and innovators: Styles of creativity, and problem solving* (S. 1-36). New York, NY: Routledge.

Klingner, Y. (2003). *Integration von Tests und Arbeitsproben. Entwicklung eines neuen Verfahrenkonzepts am Beispiel der Arbeitsprobe zur Berufsbezogenen Intelligenz für Büro- und kaufmännische Tätigkeiten (AZUBI-BK)*. Berlin: dissertation.de.

Kolenikov, S. & Bollen, K. A. (2012). Testing Negative Error Variances Is a Heywood Case a Symptom of Misspecification? *Sociological Methods & Research, 41*(1), 124-167.

Krampen, G. (1993). Diagnostik der Kreativität. In G. Trost, K. Ingenkamp & R. S. Jäger (Hrsg.), *Tests und Trends 10. Jahrbuch der Pädagogischen Diagnostik* (S. 11-39). Weinheim: Beltz.

Krause, D. E. (2013). *Kreativität, Innovation und Entrepreneurship*. Wiesbaden: Springer.

Krug, R., Finn, M., Pietrowsky, R., Fehm, H.-L. & Born, J. (1996). Jealousy, general creativity, and coping with social frustration during the menstrual cycle. *Archives of Sexual Behavior, 25*(2), 181-199.

Kuha, J. (2004). AIC and BIC: Comparisons of Assumptions and Performance. *Sociological Methods & Research, 33*(2), 188-229.

Kumar, G. & Raina, M. (1976). Creative behavior and achievement motivation. *Psychological Reports, 39*(3, Pt 1), 766.

Kunda, Z., Miller, D. T. & Claire, T. (1990). Combining social concepts: The role of causal reasoning. *Cognitive Science, 14*(4), 551-577.

Lee, K. & Ashton, M. C. *The HEXACO Personality Inventory - Revised. A Measure of the Six Major Dimensions of Personality*. [Webpage]. Verfügbar unter: http://hexaco.org

Lee, K. & Ashton, M. C. (2004). Psychometric properties of the HEXACO personality inventory. *Multivariate Behavioral Research, 39*(2), 329-358.

Lee, K. & Ashton, M. C. (2013). Prediction of self- and observer report scores on HEXACO-60 and NEO-FFI scales. *Journal of Research in Personality, 47*(5), 668-675.

Lee, K. & Ashton, M. C. (2014). *HEXACO-200*. Per E-Mail von K. Lee zur Verfügung gestellt.

Lepper, M. R., Greene, D. & Nisbett, R. (1973). Undermining children's intrinsic interest with extrinsic rewards: A test of the "overjustification" hypothesis. *Journal of Personality and Social Psychology, 28*(1), 129-137.

Lepper, M. R., Henderlong, J. & Gingras, I. (1999). Understanding the Effects of Extrinsic Rewards on Intrinsic Motivation-Uses and Abuses of Meta-Analysis: Comment on Deci, Koestner, and Ryan (1999). *Psychological Bulletin, 125*(6), 669-676.

Licuanan, B. F., Dailey, L. R. & Mumford, M. D. (2007). Idea evaluation: Error in evaluating highly original ideas. *Journal of Creative Behavior, 41*(1), 1-27.

Lienert, G. A. & Raatz, U. (1998). *Testaufbau und Testanalyse* (6. Auflage). Weinheim: BeltzPVU.

Liepmann, D. & Beaducel, A. (2010). BOWIT–Bochumer Wissenstest. *Zeitschrift für Arbeits- und Organisationspsychologie, 54*(1), 39-45.

Liepmann, D., Beauducel, A., Brocke, B. & Amthauer, R. (2007). *Intelligenz-Struktur-Test 2000 R (I-S-T 2000 R)*. *2., erweiterte und überarbeitete Auflage*. Göttingen: Hogrefe.

Liepmann, D., Beauducel, A., Brocke, B. & Nettelnstroh, W. (2012). *Intelligenz-Struktur-Test – Screening*. Göttingen: Hogrefe.

Lievens, F., De Corte, W. & Schollaert, E. (2008). A closer look at the frame-of-reference effect in personality scale scores and validity. *Journal of Applied Psychology, 93*(2), 268-279.

Lin, W. L., Hsu, K. Y., Chen, H. C. & Chang, W. Y. (2013). Different attentional traits, different creativities. *Thinking Skills and Creativity, 9*, 96-106.

Lin, W. L., Hsu, K. Y., Chen, H. C. & Wang, J. W. (2012). The Relations of Gender and Personality Traits on Different Creativities: A Dual-Process Theory Account. *Psychology of Aesthetics Creativity and the Arts, 6*(2), 112-123.

Lowe, E. A. & Taylor, W. G. K. (1986). Creativity in Life Sciences Research. *R&D Management, 16*(1), 45-61.

Lubart, T. L. (2001). Models of the creative process: Past, present and future. *Creativity Research Journal, 13*(3-4), 295-308.

Luh, D. B. & Lu, C. C. (2012). From Cognitive Style to Creativity Achievement: The Mediating Role of Passion. *Psychology of Aesthetics Creativity and the Arts, 6*(3), 282-288.

Ma, H.-H. (2009). The Effect Size of Variables Associated With Creativity: A Meta-Analysis. *Creativity Research Journal, 21*(1), 30-42.

Mackinnon, D. W. (1962). The nature and nurture of creative talent. *American Psychologist, 17*(7), 484-495.

Mackinnon, L. (2005). *Chapter II - the creative work processes of economists*. University of Queensland, Departments of Economics and Philosophy.

Maltby, J., Day, L. & Macaskill, A. (2011). *Differentielle Psychologie, Persönlichkeit und Intelligenz*. München u.a.: Pearson Studium.

Mardia, K. V. (1970). Measures of multivariate skewness and kurtosis with applications. *Biometrika, 57*(3), 519-530.

Maxeiner, D. (2007). Strategie: Interview mit Prof. Dr. Martin Winterkorn. In *Volkswagen AG. Geschäftsbericht 2007* (S. 14-17). Wolfsburg: Volkswagen AG.

McCann, S. J. H. (2011). Conservatism, Openness, and Creativity: Patents Granted to Residents of American States. *Creativity Research Journal, 23*(4), 339-345.

McClelland, D. C., Atkinson, J. W., Clark, R. A. & Lowell, E. L. (1953). *The achievement motive*. New York: Appleton-Century-Crofts.

McCrae, R. R. (1987). Creativity, divergent thinking, and openness to experience. *Journal of Personality and Social Psychology, 52*(6), 1258-1265.

McCrae, R. R. & John, O. P. (1992). An introduction to the five - factor model and its applications. *Journal of personality, 60*(2), 175-215.

McDonald, R. P. & Ho, M.-H. R. (2002). Principles and practice in reporting structural equation analyses. *Psychological Methods, 7*(1), 64-82.

McGrew, K. S. (2005). The Cattell-Horn-Carroll (CHC) theory of cognitive abilities: Past, present and future. In D. P. Flanagan, J. L. Genshaft & P. L. Harrison (Hrsg.), *Contemporary intellectual assessment: Theories, tests, and issues* (S. 136-181). New York: Guilford Press.

McGrew, K. S. (2009). CHC theory and the human cognitive abilities project: Standing on the shoulders of the giants of psychometric intelligence research. *Intelligence, 37*(1), 1-10.

Mednick, S. A. (1962). The associative basis of the creative process. *Psychological Review, 69*(3), 220-232.

Men, W., Falk, D., Sun, T., Chen, W., Li, J., Yin, D.et al. (2014). The corpus callosum of Albert Einstein's brain: another clue to his high intelligence? *Brain, 137*(4), 1-8.

Messick, S. (1995). Validity of psychological assessment: Validation of inferences from persons' responses and performances as scientific inquiry into score meaning. *American Psychologist, 50*(9), 741-749.

Metcalfe, S. (1986). Feeling of knowing in memory and problem solving. *Journal of Experimental Psychology: Learning, Memory and Cognition, 12*(2), 288-294.

Metzler, G. L. (2014). *Kreative Menschen haben mehr Sex, nehmen häufiger Drogen und bleiben länger wach.* [Webartikel]. Verfügbar unter: http://www.huffingtonpost.de/2014/11/27/kreative-menschen-sex-drogen_n_6232612.html [08.12. 2014].

Mieg, H. A., Bedenk, S. J., Braun, A. & Neyer, F. J. (2012). How Emotional Stability and Openness to Experience Support Invention: A Study with German Independent Inventors. *Creativity Research Journal, 24*(2-3), 200-207.

Miller, A. L. (2007). Creativity and cognitive style: The relationship between field-dependence-independence, expected evaluation, and creative performance. *Psychology of Aesthetics, Creativity, and the Arts, 1*(4), 243-246.

Mitchell, T. R. & Albright, D. W. (1972). Expectancy theory predictions of the satisfaction, effort, performance, and retention of naval aviation officers. *Organizational Behavior and Human Performance, 8*(1), 1-20.

Moneta, G. B. (2012). Opportunity for creativity in the job as a moderator of the relation between trait intrinsic motivation and flow in work. *Motivation and Emotion, 36*(4), 491-503.

Mooney, R. L. (1963). A conceptual model for integrating four approaches to the identification of creative talent. In C. W. Taylor & F. Barron (Hrsg.), *Scientific Creativity: Its Recognition and Development.* New York: Wiley.

Moosbrugger, H. & Kevala, A. (2007). *Testtheorie und Fragebogenkonstruktion.* Berlin, Heidelberg: Springer.

Moshagen, M., Hilbig, B. E. & Zettler, I. (2014). Faktorenstruktur, psychometrische Eigenschaften und Messinvarianz der deutschsprachigen Version des 60-Item HEXACO Persönlichkeitsinventars. *Diagnostica, 60*, 86-97.

Mount, M. K. & Barrick, M. R. (1995). The Big Five personality dimensions: Implications for research and practice in human resources management. *Research in personnel and human resources management, 13*, 153-200.

Mount, M. K., Barrick, M. R. & Stewart, G. L. (1998). Five-Factor Model of personality and performance in jobs involving interpersonal interactions. *Human Performance, 11*(2-3), 145-165.

Mukherjee, B. N. (1964). *Development of a forced choice test of Achievement motivation. Cooperative research project No. 5-113.* Bloomington, Indiana: Department of Psychology, Indiana University.

Mumford, M. D. (1998). Creative thought: Structure, components, and educational implications. *Roeper Review, 21*(1), 14-19.

Mumford, M. D. (2003). Where Have We Been, Where Are We Going? Taking Stock in Creativity Research. *Creativity Research Journal, 15*(2-3), 107-120.

Mumford, M. D., Antes, A. L., Caughron, J. J., Connelly, S. & Beeler, C. (2010). Cross-Field Differences in Creative Problem-Solving Skills: A Comparison of Health, Biological, and Social Sciences. *Creativity Research Journal, 22*(1), 14-26.

Mumford, M. D., Baughman, W. A., Maher, M. A., Costanza, D. P. & Supinski, E. P. (1997). Process-Based Measures of Creative Problem-Solving Skills: IV. Category Combination. *Creativity Research Journal, 10*(1), 59-71.

Mumford, M. D., Baughman, W. A., Supinski, E. P. & Maher, M. A. (1996). Process-Based Measures of Creative Problem-Solving Skills: II. Information Encoding. *Creativity Research Journal, 9*(1), 77-88.

Mumford, M. D., Baughman, W. A., Threlfall, K. V., Supinski, E. P. & Costanza, D. P. (1996). Process-Based Measures of Creative Problem-Solving Skills: I. Problem Construction. *Creativity Research Journal, 9*(1), 63-76.

Mumford, M. D., Connelly, S. & Gaddis, B. (2003). How creative leaders think. *The Leadership Quarterly, 14*(4-5), 411-432.

Mumford, M. D. & Gustafson, S. B. (1988). Creativity Syndrome: Integration, application, and innovation. *Psychological Bulletin, 103*(1), 27-43.

Mumford, M. D., Marks, M. A., Connelly, M. S., Zaccaro, S. J. & Johnson, J. F. (1998). Domain-Based Scoring of Divergent-Thinking Tests: Validation Evidence in an Occupational Sample. *Creativity Research Journal, 11*(2), 151-163.

Mumford, M. D., Mobley, M. I., Uhlman, C. E., Reiter-Palmon, R. & Doares, L. M. (1991). Process analytic models of creative capacities. *Creativity Research Journal, 4*(2), 91-122.

Mumford, M. D., Supinski, E. P., Threlfall, K. V. & Baughman, W. A. (1996). Process-Based Measures of Creative Problem-Solving Skills: III. Category Selection. *Creativity Research Journal, 9*(4), 395-406.

Muñoz-Doyague, M. F., González-Álvarez, N. & Nieto, M. (2008). An Examination of Individual Factors and Employees' Creativity: The Case of Spain. *Creativity Research Journal, 20*(1), 21-33.

Mussel, P. (2011, Jul). *A theoretical framework for the personality of intellectual achievements.* Paper präsentiert auf dem Treffen der International Society for the Study of Individual Differences, London.

Mussel, P. (2012). Introducing the construct curiosity for predicting job performance. *Journal of Organizational Behavior, 34*(4), 453-472.

Mussel, P. (2013). Intellect: A Theoretical Framework for Personality Traits Related to Intellectual Achievements. *Journal of Personality and Social Psychology, 104*(5), 885-906.

Mussel, P., Winter, C., Gelléri, P. & Schuler, H. (2011). Explicating the Openness to Experience Construct and its Subdimensions and Facets in a Work Setting. *International Journal of Selection and Assessment, 19*(2), 145-156.

Myers, D. G. (2008). *Psychologie* (2. erweiterte u. aktualisierte Aufl.). Berlin: Springer.

Mynatt, C., Oakley, D., Arkkelin, D., Piccione, A., Margolis, R. & Arkkelin, J. (1978). An examination of overjustification under conditions of extended Observation and multiple reinforcement: Overjustification or boredom? *Cognitive Therapy and Research, 2*(2), 171-177.

National Center for O*NET Development. *O*NET OnLine*Verfügbar unter: http://www.onetonline.org/ [05.01. 2010].

Nerdinger, F. W., Blickle, G. & Schaper, N. (2008). *Arbeits- und Organisationspsychologie.* Berlin, Heidelberg: Springer.

Netschitailo, L. (2014). *Der Einfluss von Testängstlichkeit auf die Kreativitätsdiagnostik im beruflichen Kontext.* Unveröffentlichte Bachelorarbeit, Justus-Liebig-Universität Gießen, Gießen.

Ng, A. K. & Rodrigues, D. (2002). A Big-Five personality profile of the adapter and innovator. *Journal of Creative Behavior, 36*(4), 254-268.

Ng, T. W. H. & Feldman, D. C. (2012). A comparison of self-ratings and non-self-report measures of employee creativity. *Human Relations, 65*(8), 1021-1047.

Nicholls, J. G. (1972). Creativity in the person who will never produce anything original and useful: The concept of creativity as a normally distributed trait. *American Psychologist, 27*(8), 717-727.

Nusbaum, E. C. & Silvia, P. J. (2011). Are intelligence and creativity really so different?: Fluid intelligence, executive processes, and strategy use in divergent thinking. *Intelligence, 39*(1), 36-45.

Okuda, S. M., Runco, M. A. & Berger, D. E. (1991). Creativity and the finding and solving of real-world problems. *Journal of Psychoeducational Assessment, 9*(1), 45-53.

Oldham, G. R. & Cummings, A. (1996). Employee creativity: Personal and contextual factors at work. *Academy of Management Journal, 39*(3), 607-634.

Ones, D. S. & Viswesvaran, C. (1996). Bandwidth-fidelity dilemma in personality measurement for personnel selection. *Journal of Organizational Behavior, 17*(6), 609-626.

Oppezzo, M. & Schwartz, D. L. (2014). Give your ideas some legs: The positive effect of walking on creative thinking. *Journal of Experimental Psychology: Learning, Memory, and Cognition, 40*(4), 1142-1152.

Ostendorf, F. & Angleitner, A. (2004). *NEO-Persönlichkeitsinventar nach Costa und McCrae, Revidierte Fassung.* Göttingen: Hogrefe.

Pace, V. & Brannick, M. T. (2010). Improving prediction of work performance through frame-of-reference consistency: Empirical evidence using openness to experience. *International Journal of Selection and Assessment, 18*(2), 230–235.

Paletz, S. B. F. & Schunn, C. D. (2010). A Social-Cognitive Framework of Multidisciplinary Team Innovation. *Topics in Cognitive Science, 2*(1), 73-95.

Palmer, C. (in Vorbereitung). *Verhaltensbezogener Fragebogen zur berufsbezogenen Kreativität (VFbK).* Justus-Liebig-Universität Gießen, Gießen.

Palmer, C., Cesinger, B., Golléri, P., Putsch, D. & Winzen, J. (2015). Psychometrical testing of entrepreneurial creativity. *International Journal of Entrepreneurial Venturing, 7(2),* 194-210.

Palmer, C. & Schuler, H. (in Vorbereitung). *Diagnose berufsbezogener Kreativität - Technik und Entwicklung (DBK-TE). Manual.* Göttingen: Hogrefe.

Parkinson, J. & Taggar, S. (2006). Intelligence, personality and performance on case studies. *Journal of Business and Psychology, 20*(3), 395-408.

Patterson, F. (2002). Great minds don't thinkalike? Person-level predictors of innovation at work. *International Review of Industrial and Organizational Psychology, 17,* 115-144.

Pearine, N. E. & Brodersen, R. M. (2005). Artistic and scientific creative behavior: Openness and the mediating role of interests. *Journal of Creative Behavior, 39*(4), 217-236.

Penaloza, A. A. & Calvillo, D. P. (2012). Incubation Provides Relief from Artificial Fixation in Problem Solving. *Creativity Research Journal, 24*(4), 338-344.

Perkins, D. N. (1997). Creativity's camel: The role of analogy in invention. In T. B. Ward, S. M. Smith & J. Vaid (Hrsg.), *Creative thought: An investigation of conceptual structures and processes.* (S. 523-538). Washington D.C.: American Psychological Association.

Piffer, D. (2012). Can creativity be measured? An attempt to clarify the notion of creativity and general directions for future research. *Thinking Skills and Creativity, 7*(3), 258-264.

Plucker, J. A. (1999). Is the Proof in the Pudding? Reanalyses of Torrance's (1958 to Present) Longitudinal Data. *Creativity Research Journal, 12*(2), 103-114.

Plucker, J. A. & Beghetto, R. A. (2004). Why Creativity Is Domain General, Why It Looks Domain Specific, and Why the Distinction Does Not Matter. In R. J. Sternberg, E. L. Grigorenko & J. L. Singer (Hrsg.), *Creativity: From Potential to Realization* (S. 153-167). Washington D.C.: American Psychological Association.

Plucker, J. A., Beghetto, R. A. & Dow, G. T. (2004). Why isn't creativity more important to educational psychologists? Potentials, pitfalls, and future directions in creativity research. *Educational Psychologist, 39*(2), 83-96.

Plucker, J. A. & Runco, M. A. (1998). The death of creativity measurement has been greatly exaggerated: Current issues, recent advances, and future directions in creativity assessment. *Roeper Review, 21*(1), 36-40.

Pospeschill, M. (2010). *Testtheorie, Testkonstruktion, Testevaluation.* München: Utb.

Post, F. (1994). Creativity and Psychopathology - a Study of 291 World-Famous Men. *British Journal of Psychiatry, 165,* 22-34.

Potočnik, K. & Anderson, N. (2013). Innovationsorientierte Personalauswahl. In D. E. Krause (Hrsg.), *Kreativität, Innovation und Entrepreneurship* (S. 155-173). Wiesbaden: Springer.

Prabhu, V., Sutton, C. & Sauser, W. (2008). Creativity and Certain Personality Traits: Understanding the Mediating Effect of Intrinsic Motivation. *Creativity Research Journal, 20*(1), 53-66.

Preckel, F., Holling, H. & Wiese, M. (2006). Relationship of intelligence and creativity in gifted and non-gifted students: An investigation of threshold theory. *Personality and Individual Differences, 40*(1), 159-170.

Preckel, F., Wermer, C. & Spinath, F. M. (2011). The interrelationship between speeded and unspeeded divergent thinking and reasoning, and the role of mental speed. *Intelligence, 39*(5), 378-388.

Raftery, A. E. (1995). Bayesian model selection in social research. *Sociological methodology, 25,* 111-164.

Rammstedt, B. & John, O. P. (2007). Measuring personality in one minute or less: A 10-item short version of the Big Five Inventory in English and German. *Journal of Research in Personality, 41*(1), 203-212.

Rammstedt, B., Kemper, C. J., Klein, M. C., Beierlein, C. & Kovaleva, A. (2012). *Eine kurze Skala zur Messung der fünf Dimensionen der Persönlichkeit: Big-Five-Inventory-10 (BFI-10) (GESIS-Working Papers Nr. 2012/23).* Mannheim: GESIS Leipniz-Institut für Sozialwissenschaften.

Reiter-Palmon, R., Robinson-Morral, E. J., Kaufman, J. C. & Santo, J. B. (2012). Evaluation of Self-Perceptions of Creativity: Is It a Useful Criterion? *Creativity Research Journal, 24*(2-3), 107-114.

Reuter, M., Panksepp, J., Schnabel, N., Kellerhoff, N., Kempel, P. & Hennig, J. (2005). Personality and biological markers of creativity. *European Journal of Personality, 19*(2), 83-95.

Rheinberg, F. (2010). Intrinsische Motivation und Flow-Erleben. In J. Heckhausen & H. Heckhausen (Hrsg.), *Motivation und Handeln* (4., überarb. u. aktualisierte Auflage, S. 331-354). München: Springer.

Rhodes, M. (1961). An analysis of creativity. *Phi Delta Kappa, 42,* 305-310.

Rickards, T. (1996). The management of innovation: Recasting the role of creativity. *European Journal of Work and Organizational Psychology, 5*(1), 13-27.

Robert, C. & Cheung, Y. H. (2010). An examination of the relationship between conscientiousness and group performance on a creative task. *Journal of Research in Personality, 44*(2), 222-231.

Robertson, I. T., Gibbons, P., Baron, H., MacIver, R. & Nyfield, G. (1999). Understanding management performance. *British Journal of Management, 10*(1), 5-12.

Robinson, E. J., Reiter-Palmon, R., Kaufman, J. C., Ashley, G. & Wigert, B. (2010, Apr). *Is Self-Evaluation of Creativity a Useful Criterion?* Poster präsentiert auf der 25th Annual Conference of the Society of Industrial and Organizational Psychology, Atlanta, GA.

Root-Bernstein, R. & Root-Bernstein, M. (2004). Artistic Scientists and Scientific Artists: The Link Between Polymathy and Creativity. In R. J. Sternberg, E. L. Grigorenko & J. L. Singer (Hrsg.), *Creativity: From Potential to Realization* (S. 127-151). Washington D.C.: American Psychological Association.

Rossman, B. B. & Horn, J. L. (1972). Cognitive, Motivational and Temperamental Indicants of Creativity and Intelligence. *Journal of Educational Measurement, 9*(4), 265-286.

Roth, P. L., Bobko, P. & McFarland, L. A. (2005). A meta-analysis of work sample test validity: updating and integrating some classic literature. *Personnel Psychology, 58*(4), 1009-1037.

Rothernberg, A. (1996). The Janusian Process in Scientific Creativity. *Creativity Research Journal, 9*(2/3), 207-231.

Rothstein, M. G. & Goffin, R. D. (2006). The use of personality measures in personnel selection: What does current research support? *Human Resource Management Review, 16*(2), 155-180.

Runco, M. A. (2004). Creativity. *Annual Review of Psychology, 55,* 657-687.

Runco, M. A. (2006). Introduction to the Special Issue: Divergent Thinking. *Creativity Research Journal, 18*(3), 249-250.

Runco, M. A. & Chand, I. (1994). Problem finding, evaluative thinking, and creativity. In *Problem finding, problem solving, and creativity* (S. 40-76). Westport: Ablex Publishing.

Runco, M. A. & Chand, I. (1995). Cognition and creativity. *Educational Psychology Review, 7*(3), 243-267.

Runco, M. A. & Okuda, S. M. (1988). Problem discovery, divergent thinking, and the creative process. *Journal of Youth and Adolescence, 17*(3), 211-220.

Runco, M. A., Plucker, J. A. & Lim, W. (2000-2001). Development and Psychometric Integrity of a Measure of Ideational Behavior. *Creativity Research Journal, 13*(3&4), 393–400.

Runco, M. A. & Smith, W. R. (1992). Interpersonal and intrapersonal evaluations of creative ideas. *Personality and Individual Differences, 13*(3), 295-302.

S & F Personalpsychologie Managementberatung GmbH. (2003). *BMT-A.* Unpublished test.

Salgado, J. F. (1997). The five factor model of personality and job performance in the European Community. *Journal of Applied Psychology, 82*(1), 30-43.

Salgado, J. F. (2005). Personality and Social Desirability in Organizational Settings: Pracitcal Implications for Work and Organizational Psychology. *Papeles del Psicólogo, 26,* 115-128.

Salgado, J. F. & Tauriz, G. (2014). The Five-Factor Model, forced-choice personality inventories and performance: A comprehensive meta-analysis of academic and occupational validity studies. *European Journal of Work and Organizational Psychology, 1,* 3-30.

Sanchez, J. I. & Levine, E. L. (2001). Analysis of work in the 20th and 21st centuries. In N. Anderson, D. S. Ones, H. K. Sinangil & C. Viswesvaran (Hrsg.), *Handbook of Industrial, Work and Organizational Psychology* (S. 71-89). Thousand Oaks, CA: Sage Publications.

Sanchez-Ruiz, M. J., Hernandez-Torrano, D., Perez-Gonzalez, J. C., Batey, M. & Petrides, K. V. (2011). The relationship between trait emotional intelligence and creativity across subject domains. *Motivation and Emotion, 35*(4), 461-473.

Sapp, D. D. (1995). Creative problem-solving in art: A model for idea inception and image development. *Journal of Creative Behavior, 29*(3), 173–185.

Schermer, J. A., Johnson, A. M., Vernon, P. A. & Jang, K. L. (2011). The Relationship Between Personality and Self-Report Abilities A Behavior-Genetic Analysis. *Journal of Individual Differences, 32*(1), 47-53.

Schmidt, F. L. & Hunter, J. E. (1998). The validity and utility of selection methods in personnel psychology: Practical and theoretical implications of 85 years of research findings. *Psychological Bulletin, 124*(2), 262-274.

Schmidt-Atzert, L. & Amelang, M. (2012). *Psychologische Diagnostik und Intervention* (5., vollst. überarb. u. erw. Aufl.). Berlin, Heidelberg: Springer.

Schneewind, K. A. & Graf, J. (1998). *Der 16-Persönlichkeits-Faktoren-Test, revidierte Fassung 16 PF-R.* Bern: Huber.

Schneider, B. (1987). The people make the place. *Personnel Psychology, 40*(3), 437-453.

Schoppe, K.-J. (1975). *Verbaler Kreativitäts-Test (VKT). Verfahren zur Erfassung verbalproduktiver Kreativitätsmerkmale.* Göttingen: Hogrefe.

Schreier, M. & Prugl, R. (2008). Extending lead-user theory: Antecedents and consequences of consumers' lead userness. *Journal of Product Innovation Management, 25*(4), 331-346.

Schuler, H. (2002). *Das Einstellungsinterview.* Göttingen: Hogrefe.

Schuler, H. (2006). Arbeits- und Anforderungsanalyse. In H. Schuler (Hrsg.), *Lehrbuch der Personalpsychologie* (2. , S. 45-68). Göttingen: Hogrefe.

Schuler, H. (2008). Kreativität wird überall gefordert - aber lässt sie sich auch messen? *Wirtschaftspsychologie aktuell, 15*(4), 31-34.

Schuler, H. (2014a). Kreativität – statt unscharfer Beschreibungen prozessbezogene Diagnosen nutzen. *Wirtschaftspsychologie aktuell, 21*(2), 36-40.

Schuler, H. (2014b). *Psychologische Personalauswahl: Eignungsdiagnostik für Personalentscheidungen und Berufsberatung* (4., vollständig überarbeitete und erweiterte Auflage). Göttingen: Hogrefe.

Schuler, H. & Frintrup, A. (2002). Das Leistungsmotivationsinventar (LMI). *Wirtschaftspsychologie, 2,* 78-82.

Schuler, H., Gelléri, P., Winzen, J. & Görlich, Y. (2013). *Diagnose berufsbezogener Kreativität - Planung und Gestaltung (DBK-PG). Manual.* Göttingen: Hogrefe.

Schuler, H. & Görlich, Y. (2007). *Kreativität. Ursachen, Messung, Förderung und Umsetzung in Innovation.* Göttingen: Hogrefe.

Schuler, H. & Hell, B. (2005). *Analyse Schlussfolgernden und Kreativen Denkens (ASK)*. Bern: Huber-Verlag.

Schuler, H. & Marcus, B. (2006). Biografieorientierte Verfahren der Personalauswahl. In H. Schuler (Hrsg.), *Lehrbuch der Personalpsychologie* (2., überarbeitete und erweiterte Auflage, S. 189-229). Göttingen: Hogrefe.

Schuler, H. & Prochaska, M. (2000). *Leistungsmotivationsinventar (LMI). Dimensionen berufsbezogener Leistungsorientierung*. Göttingen: Hogrefe.

Schüttel, K., Bullinger, H.-J. & Hermann, S. (2000). *Wettbewerbsfaktor Kreativität. Strategien, Konzepte und Werkzeuge zur Steigerung der Dienstleistungsperformance*. Wiesbaden: Gabler.

Schweizer, K. (2010). Some Guidelines Concerning the Modeling of Traits and Abilities in Test Construction. *European Journal of Psychological Assessment, 26*(1), 1-2.

Scratchley, L. S. & Hakstian, A. R. (2000-2001). The measurement and prediction of managerial creativity. *Creativity Research Journal, 13*(3-4), 367-384.

Sedlmeier, P. & Renkewitz, F. (2007). *Forschungsmethoden und Statistik in der Psychologie*. München: Pearson Studium.

Segal, E. (2004). Incubation in Insight Problem Solving. *Creativity Research Journal, 16*(1), 141-148.

Shane, S. & Nicolaou, N. (2013). The genetics of entrepreneurial performance. *International Small Business Journal, 31*(5), 473-495.

Silvia, P. J. (2008a). Another look at creativity and intelligence: Exploring higher-order models and probable confounds. *Personality and Individual Differences, 44*(4), 1012-1021.

Silvia, P. J. (2008b). Creativity and intelligence revisited: A reanalysis of Wallach and Kogan (1965). *Creativity Research Journal, 20*(1), 34-39.

Silvia, P. J. & Beaty, R. E. (2012). Making creative metaphors: The importance of fluid intelligence for creative thought. *Intelligence, 40*(4), 343-351.

Silvia, P. J., Beaty, R. E., Nusbaum, E. C., Eddington, K. M., Levin-Aspenson, H. & Kwapil, T. R. (2014). Everyday Creativity in Daily Life: An Experience-Sampling Study of "Little c" Creativity. *Psychology of Aesthetics, Creativity, and the Arts, 8*(2), 183-188.

Silvia, P. J., Kaufman, J. C. & Pretz, J. E. (2009). Is Creativity Domain-Specific? Latent Class Models of Creative Accomplishments and Creative Self-Descriptions. *Psychology of Aesthetics Creativity and the Arts, 3*(3), 139-148.

Silvia, P. J., Kaufman, J. C., Reiter-Palmon, R. & Wigert, B. (2011). Cantankerous creativity: Honesty-Humility, Agreeableness, and the HEXACO structure of creative achievement. *Personality and Individual Differences, 51*(5), 687-689.

Silvia, P. J. & Kimbrel, N. A. (2010). A Dimensional Analysis of Creativity and Mental Illness: Do Anxiety and Depression Symptoms Predict Creative Cognition, Creative Accomplishments, and Creative Self-Concepts? *Psychology of Aesthetics Creativity and the Arts, 4*(1), 2-10.

Silvia, P. J., Nusbaum, E. C., Berg, C., Martin, C. & O'Connor, A. (2009). Openness to experience, plasticity, and creativity: Exploring lower-order, high-order, and interactive effects. *Journal of Research in Personality, 43*(6), 1087-1090.

Silvia, P. J., Wigert, B., Reiter-Palmon, R. & Kaufman, J. C. (2012). Assessing Creativity With Self-Report Scales: A Review and Empirical Evaluation. *Psychology of Aesthetics Creativity and the Arts, 6*(1), 19-34.

Simonton, D. K. (1999). *Origins of genius: Darwinian perspectives on creativity*. New York: Oxford University Press.

Simonton, D. K. (2000). Creativity: Cognitive, Personal, Developmental, and Social Aspects. *American Psychologist, 55*(1), 151-158.

Simonton, D. K. (2014). More method in the mad-genius controversy: A historiometric study of 204 historic creators. *Psychology of Aesthetics, Creativity, and the Arts, 8*(1), 53-61.

Smith, J. M. & Schaefer, C. E. (1969). Development of a Creativity Scale for the Adjective Check List. *Psychological Reports, 25*(1), 87-92.

Snyderman, M. & Rothman, S. (1987). Survey of expert opinion on intelligence and aptitude testing. *American Psychologist, 42*(2), 137-144.

Soldz, S. & Vaillant, G. E. (1999). The Big Five personality traits and the life course: A 45-year longitudinal study. *Journal of Research in Personality, 33*(2), 208-232.

Somech, A. & Drach-Zahavy, A. (2013). Translating Team Creativity to Innovation Implementation: The Role of Team Composition and Climate for Innovation. *Journal of Management, 39*(3), 684-708.

Spearman, C. (1927). *The ability of man.* London: McMillan.

Spieker, L. (2014). *"Sind Waldorf-Schüler kreativer?" – Prozessbasierte Kreativitätsdiagnostik im Kontext verschiedener Schulformen.* Unveröffentlichte Bachelorarbeit, Justus-Liebig-Universtität Gießen, Gießen.

Stairs, A. M., Smith, G. T., Zapolski, T. C., Combs, J. L. & Settles, R. E. (2012). Clarifying the construct of perfectionism. *Assessment, 19*(2), 146-166.

Steel, G. D., Rinne, T. & Fairweather, J. (2012). Personality, Nations, and Innovation: Relationships Between Personality Traits and National Innovation Scores. *Cross-Cultural Research, 46*(1), 3-30.

Stein, M. I. (1990). Anabolic and catabolic factors in the creative process. *Creativity Research Journal, 3*(2), 134-145.

Stemmler, G., Hagemann, D., Amelang, M. & Bartussek, D. (2011). *Differentielle Psychologie und Persönlichkeitsforschung* (7., vollständig überarbeitete Auflage). Stuttgart: Kohlhammer.

Sternberg, R. J. & Grigorenko, E. L. (1997). Are cognitive styles still in style? *American Psychologist, 52*(7), 700-712.

Sternberg, R. J. & Lubart, T. I. (1991). An investment theory of creativity and its development. *Human Development, 34*(1), 1-31.

Sternberg, R. J. & Lubart, T. I. (1999). The concept of creativity: Prospects and paradigms. In R. J. Sternberg (Hrsg.), *Handbook of creativity* (S. 3-15). New York: Cambridge University Press.

Sternberg, R. J. & O'Hara, L. A. (1999). Creativity and intelligence. In R. J. Sternberg (Hrsg.), *Handbook of creativity* (S. 251-272): Cambridge University Press: New York.

Stoeber, J., Kobori, O. & Tanno, Y. (2010). The Multidimensional Perfectionism Cognitions Inventory–English (MPCI–E): Reliability, validity, and relationships with positive and negative affect. *Journal of Personality Assessment, 92*(1), 16-25.

Stoeber, J., Otto, K. & Dalbert, C. (2009). Perfectionism and the Big Five: Conscientiousness predicts longitudinal increases in self-oriented perfectionism. *Personality and Individual Differences, 47*(4), 363-368.

Storm, B. C. & Patel, T. N. (2014). Forgetting as a consequence and enabler of creative thinking. *Journal of Experimental Psychology: Learning, Memory, and Cognition, 40*, 1594-1609.

Sung, S. Y. & Choi, J. N. (2009). Do Big Five Personality Factors Affect Individual Creativity? The Moderating Role of Extrinsic Motivation. *Social Behavior and Personality, 37*(7), 941-956.

Tabachnick, B. G. & Fidell, L. S. (2007). *Using Mulltivariate Statistics* (5th Ed.). Boston: Pearson Education.

Taggar, S. (2002). Individual creativity and group ability to utilize individual creative resources: A multilevel model. *Academy of Management Journal, 45*(2), 315-330.

Taylor, C. W. (1988). Various approaches to and definitions of creativity. In R. J. Sternberg (Hrsg.), *The nature of creativity: Contemporary psychological perspectives* (S. 99-121). New York: Cambridge University Press.

Tennyson, R. D. & Breuer, K. (2002). Improving problem solving and creativity through use of complex-dynamic simulations. *Computers in Human Behavior, 18*(6), 650-668.

Testkuratorium. (2010). TBS-TK - Testbeurteilungssystem des Testkuratoriums der Föderation Deutscher Psychologenvereinigungen. Revidierte Fassung vom 09. September 2009. *Psychologische Rundschau, 61*(1), 52-56.

Tett, R. P. (1998). Is conscientiousness always positively related to job performance? *The Industrial–Organizational Psychologist, 36*, 24-29.

Tett, R. P. & Christiansen, N. D. (2007). Personality tests at the crossroads: A response to Morgeson, Campion, Dipboye, Hollenbeck, Murphy, and Schmitt (2007). *Personnel Psychology, 60*(4), 967-993.

Tett, R. P. & Guterman, H. A. (2000). Situation Trait Relevance, Trait Expression, and Cross-Situational Consistency: Testing a Principle of Trait Activation. *Journal of Research in Personality, 34*(4), 397-423.

Thurstone, L. L. (1957). *Primary mental abilities* (Bd. 2). Chicago, Ill.: University of Chicago Press.

Tierney, P., Farmer, S. M. & Graen, G. B. (1999). An examination of leadership and employee creativity: The relevance of traits and relationships. *Personnel Psychology, 52*(3), 591-620.

Torrance, E. P. (1962). Causes for Concern. In *Guiding Creative Talent* (S. 1-15): Prentice-Hall.

Torrance, E. P. (1966). *Torrance Tests of Creative Thinking. Directions manual, and scoring guide.* Princetown, NJ: Personnel Press.

Torrance, E. P. (1988). The nature of creativity as manifest in its testing. In R. J. Sternberg (Hrsg.), *The nature of creativity: Contemporary psychological perspectives* (S. 43-75). New York: Cambridge University Press.

Torrance, E. P. & Goff, K. (1989). A quiet revolution. *Journal of Creative Behavior, 23*(2), 136-145.

Trapmann, S. (2008). *Mehrdimensionale Studienerfolgsprognose: Die Bedeutung kognitiver, temperamentsbedingter und motivationaler Prädiktoren für verschiedene Kriterien des Studienerfolgs.* Berlin: Logos.

Treffinger, D. J. (1995). Creative problem solving: Overview and educational implications. *Educational Psychology Review, 7*(3), 301-312.

Tullett, A. D. (1997). Cognitive style: Not culture's consequence. *European Psychologist, 2*(3), 258-267.

Undheim, J. & Horn, J. L. (1977). Critical evaluation of Guilford's structure-of-intellect theory. *Intelligence, 1*, 65-81.

Unsworth, K. L. (2001). Unpacking Creativity. *Academy of Management Review, 26*(2), 289-297.

Vartanian, O., Martindale, C. & Matthews, J. (2009). Divergent thinking ability is related to faster relatedness judgments. *Psychology of Aesthetics, Creativity, and the Arts, 3*(2), 99-103.

Vernon, P. E. (1961). *The Structure of Human Abilities.* London: Methuen.

Vincent, A. S., Decker, B. P. & Mumford, M. D. (2002). Divergent Thinking, Intelligence, and Expertise: A Test of Alternative Models. *Creativity Research Journal, 14*(2), 163-178.

von Hentig, H. (1998). *Kreativität. Hohe Erwartungen an einen schwachen Begriff.* München, Wien: Hanser.

von Wittich, D. & Antonakis, J. (2011). The KAI cognitive style inventory: Was it personality all along? *Personality and Individual Differences, 50*(7), 1044-1049.

Wagenmakers, E.-J. (2007). A practical solution to the pervasive problems of p values. *Psychonomic bulletin & review, 14*(5), 779-804.

Wagenmakers, E.-J., Wetzels, R., Borsboom, D. & van der Maas, H. L. J. (2011). Why psychologists must change the way they analyze their data: The case of psi: Comment on Bem (2011). *Journal of Personality and Social Psychology, 100*(3), 426-432.

Wallach, M. A. & Kogan, N. (1965a). *Modes of thinking in young children: A study of the creativity–intelligence distinction.* New York: Holt, Rinehart, & Winston.

Wallach, M. A. & Kogan, N. (1965b). A new look at the creativity-intelligence distinction. *Journal of Personality, 33*(3), 348-369.

Wallas, G. (1927). *The art of thought.* London: Jonathan Cape.

Ward, T. B. (2004). Cognition, creativity, and entrepreneurship. *Journal of Business Venturing, 19*(2), 173-188.

Watson, D. E. & Clark, L. A. (1992). On Traits and Temperament: General and Specific Factors of Emotional Experience and Their Relation to the Five-Factor Model. *Journal of personality, 60*(2), 441-476.

Weiber, R. & Mühlhaus, D. (2009). *Strukturgleichungsmodellierung: Eine anwendungsorientierte Einführung in die Kausalanalyse mit Hilfe von AMOS, SmartPLS und SPSS.* Berlin/Heidelberg: Springer.

Weiß, R. H. (2008). *Grundintelligenztest Skala 2 - Revision (CFT 20-R) mit Wortschatztest und Zahlenfolgentest - Revision (WS/ZF-R).* Göttingen: Hogrefe.

Welsh, G. S. (1967, Apr). *Adjective check list correlates of intelligence and creativity.* Paper präsentiert auf der Southeastern Psychological Association Convention, Atlanta, GA.

Welsh, G. S. (1975). *Creativity and intelligence: A personality approach.* Chapel Hill, N.C.: Institute for Research in Social Science.

Welsh, G. S. (1977). Personality correlates of intelligence and creativity in gifted adolescents. In J. C. Stanley, W. C. George & C. H. Solano (Hrsg.), *The gifted and the creative: A fifty-year perspective.* Baltimore, Md.: Johns Hopkins University Press.

Westmeyer, H. (2009). Kreativität als relationales Konstrukt. In E. H. Witte & C. H. Kahl (Hrsg.), *Sozialpsychologie der Kreativität und Innovation* (S. 11-26). Lengerich: Pabst.

Wigert, B., Reiter-Palmon, R., Kaufman, J. C. & Silvia, P. J. (2012). Perfectionism: The good, the bad, and the creative. *Journal of Research in Personality, 46*(6), 775-779.

Wiggins, J. S. (1973). *Personality and prediction: principles of personality assessment.* Reading, MA: Addison-Wesley.

Winston, A. S. & Baker, J. E. (1985). Behavior analytic studies of creativity: A critical review. *Behavior analytic studies of creativity: A critical review, 8*(2), 191–205.

Winter, C. (2012, Nov). *Berufsbezogene Kreativitätsdiagnose. Erfassung der personalen Voraussetzungen von Innovationen im Bereich technischer und erfindungsbezogener Tätigkeiten.* Vortrag bei der Abteilung für Differentielle Psychologie und Psychologische Diagnostik an der Goethe-Universität Frankfurt, Frankfurt.

Winter, C. (2012, Sep). *Kreativitätsdiagnostik bei Berufstätigen: Kriterienvalidität und Akzeptanz am Beispiel eines berufsbezogenen Kreativitätsverfahrens.* Poster präsentiert auf dem 48. Kongress der DGPs, Bielefeld.

Winter, C., Gelléri, P., Mussel, P. & Schuler, H. (2010, July). *Differential Validity of Openness for Experience Facets and Sub-dimensions.* Paper präsentiert auf dem 27th International Congress of Applied Psychology, Melbourne.

Winter, C., Gelléri, P. & Schuler, H. (2011, Sep). *Berufsbezogene Kreativitätsdiagnose: Erste Ergebnisse eines simulationsorientierten Ansatzes.* Poster präsentiert auf der 11. Arbeitstagung der Fachgruppe Differentielle Psychologie, Persönlichkeitspsychologie und Psychologische Diagnostik, Saarbrücken.

Winter, C. & Schuler, H. (2013, Sep). *Man muss auch wollen! - Offenheit und Motivation als Determinanten kreativer Leistung.* Paper präsentiert auf der 12. Arbeitstagung der Fachgruppe Differentielle Psychologie, Persönlichkeitspsychologie und Psychologische Diagnostik, Greifswald.

Winzen, J. (2009). *Kreativitätsmessung in der Berufseignungsdiagnostik. Entwicklung und Validierung eines Verfahrens zur Kreativitätsmessung unter Berücksichtigung kognitiver Fähigkeiten und Aspekten der kreativen Persönlichkeit.* München: Meidenbauer.

Wisniewski, E. J. (1997). Conceptual combination: Possibilities and esthetics. In T. B. Ward, S. M. Smith & J. Vaid (Hrsg.), *Creative thought: An investigation of conceptual structures and processes.* (S. 51-81). Washington D.C.: American Psychological Association.

Wittmann, W. W. (1990). Brunswik-Symmetrie und die Konzeption der Fünf-Datenboxen. Ein Rahmenkonzept für umfassende Evaluationsforschung. *Zeitschrift für Pädagogische Psychologie, 4,* 241-251.

Wolfradt, U. & Pretz, J. E. (2001). Individual differences in creativity: Personality, story writing, and hobbies. *European Journal of Personality, 15*(4), 297-310.

Wonderlic, E. F. (1992). *Wonderlic Personnel Test.* Libertyville, IL: E. F. Wonderlic Associates, Inc.

Yarnell, T. D. (1971). A Common Item Creativity Scale for the Adjective Check List. *Psychological Reports, 29*(2), 466-466.

Zenasni, F., Besançon, M. & Lubart, T. (2008). Creativity and tolerance of ambiguity: An empirical study. *Journal of Creative Behavior, 42*(1), 61-73.

Zeng, L., Proctor, R. W. & Salvendy, G. (2011). Can Traditional Divergent Thinking Tests Be Trusted in Measuring and Predicting Real-World Creativity? *Creativity Research Journal, 23*(1), 24-37.

Zhang, L.-F. & Sternberg, R. J. (2011). Revisiting the Investment Theory of Creativity. *Creativity Research Journal, 23*(3), 229-238.

Zhao, H. & Seibert, S. E. (2006). The big five personality dimensions and entrepreneurial status: a meta-analytical review. *Journal of Applied Psychology, 91*(2), 259-271.

Zhou, J. & Shalley, C. E. (2003). Research on employee creativity: A critical review and directions for future research. *Research in Personnel and Human Resources Management, 22*, 165-217.

Ziegler, M., Danay, E., Heene, M., Asendorpf, J. & Bühner, M. (2012). Openness, fluid intelligence, and crystallized intelligence: Toward an integrative model. *Journal of Research in Personality, 46*(2), 173-183.

Zimbardo, P. G. & Gerrig, R. J. (2004). *Psychologie*. München: Pearson Studium.

Tabellen- und Abbildungsverzeichnis

Druck: KN Digital Printforce GmbH · Schockenriedstraße 37 · 70565 Stuttgart